国家出版基金项目
NATIONAL PUBLICATION FOUNDATION

古代方言文獻叢刊

華學誠 主編

歷代方志方言文獻集成

曹小雲 曹嫄 輯校

第三册

中華書局

上海市 凡五十七種 附一種

〔正德〕松江府志

【解題】陳威等修，顧清纂。明清時期的松江府，轄境略有變化，大致包括華亭、上海、青浦、婁、奉賢、金山、南匯等縣以及川沙廳等地，與今上海市相當，府治在今上海市松江區。有正德七年（一五一二）刻本，方言部分多漫漶不清。「方言」見卷四《風俗》中。録文據上海古籍出版社二〇一一年版「上海府縣舊志叢書」本《正德松江府志》。

方言

語音皆與蘇、嘉同，間亦小異。如謂人曰渠，自稱曰儂。問如何曰寧馨。寧音如囊，馨音如沆。謂虹曰鱟。言罷必綴以休。及事際、受記、薄相之類，並見於蘇志。薄音如勃。又如謂此曰箇裏。箇音如格。謂甚曰忒煞。煞去聲。謂羞愧曰惡模樣。模音如没。謂醜惡曰潑賴。潑音如派。問多少曰幾許。音如夥。皆有古意。

至於音之訛，則有以二字爲一字，如世母爲嬸，舅母爲妗，什麼爲些之類。以上聲爲去聲，去聲爲上聲。呼想如相，呼相如想之類。韻之訛，則以支入魚，龜音如居，爲音如俞之類。以灰入麻，以泰入箇。槐音如華，大音如惰之類。如此者不一。細分之，則境内亦自不同。風涇以南類平湖，泖湖以西類吴江，吴淞以北類嘉定，趙屯以西類崑山。府城視上海爲輕，視嘉興爲重，大率皆吴音也。金山俗参五方，非南非北，蓋自設衛後始然。

〔康熙〕松江府志

【解題】郭廷弼修，周建鼎等纂。明清時期的松江府，轄境略有變化，大致包括華亭、上海、青浦、婁、奉賢、金山、南匯等縣以及川沙廳等地，與今上海市相當，府治在今上海市松江區。「方言」見卷五《風俗》中。録文據康熙二年（一六六三）刻本《松江府志》。

方言

語音皆與蘇、嘉同，閒亦小異。細分之，則境内亦自不同。風涇以南類嘉善，洙涇以南類平湖，泖湖以西類吴江，吴松以北類嘉定，趙屯以西類崑山。府城視上海爲輕，視姑蘇爲重，大率同爲吴音而微別耳。今就其有所本者並記之。

寧馨　寧，農黨切；馨，亨港切。《容齋隨筆》云：「晉宋間人語助，猶言若何也。」

孃子　通爲婦女之稱。謂穩婆爲老孃，女巫曰師孃，又曰某孃、幾孃。鄙之曰婆孃。見《輟耕録》。

温暾　暾，忒敦切。見王建《宫詞》。今湯茗諸類不冷不熱，以温暾呼之。謂寒則曰冰冷。

郎當　詩有「鮑老郎當舞袖長」之句。今呼人之衰憊者。

數説　出《左傳》。今謂責人者。

罷休　見《史記》。今謂罷必綴以休字。

多許　許，黑可切，出《隋書》。謂問多少也。

甂甎　出《魏・扈纍傳》，甎之通稱。

急須　《菽園雜記》云：「急須，飲器。以其應急而用也。」今以呼酒壺，而急音轉爲的，須更爲蘇云。

喝賜　唐時倡妓當筵舞者，有纏頭喝賜。今之言犒賞也。

飛風　唐制：凡細馬、次馬送尚乘局者，於尾側依左右閑印以三花，其餘雜馬送尚乘者，以風字印印右髆，以飛字印印左髆。今呼疾速爲飛風，蓋取義於馬耳。

斤九鼇　弋陽、德興間産棃頗大，有至一斤九兩者，土人謂之斤九棃，猶芋言魁也。今用以目時人之精慧者。

潑賴　潑，鋪拜切。謂醜惡也。

箇裏　箇音格。謂此也。

忒煞　忒去聲。謂甚也。

奔　逋悶切。呼疾走也。又曰跑，邦冒切，意亦同。

儂　我也。見古樂府，音屬徵陽聲，由鼻音出，則爾儂二字合謂汝也；由喉音出，則我儂二字合謂我也。

些　什麽二字合。

凡屬商音者，不從牙之内音，而從舌之外音。如書爲須、中爲宗之類。在八庚者，或開口呼，從七陽韻。如羹爲古郎切，争爲側羊切。或以灰入麻、以泰入箇。如槐音如華、大音如惰之類。又有呼字之切母者。如孔爲窟窿，團爲突欒之類〔一〕。

金山俗參五方，其音非南非北，蓋自設衛後始然。

〔嘉慶〕松江府志

【解題】宋如林修，孫星衍等纂。明清時期的松江府，轄境略有變化，大致包括華亭、上海、青浦、婁、奉賢、金山、南匯等縣以及川沙廳等地，與今上海市相當，府治在今上海市松江區。「方言」見卷五《疆域志》中。録文據嘉慶二十三年（一八一八）刻本《松江府志》。

方言

郡語音皆與蘇、嘉同，閒亦小異。細分之，則府境亦自不同。風涇以南類嘉善，朱涇以南

〔一〕團：原誤作「圓」。

類平湖，泖湖以西類吴江，吴松以北類嘉定，趙屯以西類崑山。府城視上海爲輕，視蘇州爲重，大率同爲吴音而微别耳。今就其有所本者並記之。至《通俗編》所載與他郡相同者，概未及云。

孃子　婦女之通稱。謂穩婆爲老孃，女巫曰師孃。鄙之曰婆孃。見《輟耕録》。

温暾　暾，忒敦切。見王建《宫詞》。今湯茗類不冷不熱以温暾呼之。謂寒則曰冰冷。

郎當　詩有「鮑老郎當舞袖長」之句。今呼人之衰憊者。

數説　出《左傳》。今謂責人者。

罷休　見《史記》。今謂罷必綴以休字。

多許　許，黑可切，出《隋書》。謂問多少也。

甂甌　出《魏·扈纍傳》，甌之通稱。

急須　《萩園雜記》云：「急須，飲器，以其應急而用也。」今以呼酒壺，而急音轉爲的，須更爲蘇云。

喝賜　唐時倡妓當筵舞者，有纏頭喝賜。今言犒賞也。

飛風　唐制：凡雜馬送尚乘者，以風字印印右髆，以飛字印印左髆。今呼疾速爲飛風，蓋取義于馬耳。

斤九鼇　弋陽、德興閒産鼇頗大，有至一斤九兩者，土人謂之斤九鼇，猶芋言魁也。今用以目時人之積慧者。

潑賴　潑，鋪拜切。謂凶惡也。

煤晦　運衰也，見《桐薪》。

以手取物曰揸。音查。劉熙《釋名》：「揸，叉也，五指俱往也。」

事穩曰妥帖。杜詩：「千里初妥帖。」

饋人曰作人情。杜詩：「粔籹作人情。」

習氣曰毛病。黄山谷《刀筆》云：「此荆南人毛病。」

閉門曰閂。音拴。石湖《桂海虞衡志》：「閂，門横關也。」

溼飯曰爛。《爾雅》云：「摶者謂之糷。」〔一〕

扶持曰擡舉。白樂天《高荷》詩：「亭亭自擡舉。」

虚而少實曰空。《北史·斛律金傳》：「空頭漢合殺。」

物之闊者曰扁。崔融《大禹碑》：「蝌書扁刻。」劉禹錫詩：「壓匾佳人纏臂金。」

匠斲木而復平之曰鉋。去聲。元微之詩：「巨礎荆山采，方椽郢匠鉋。」

有所倚曰靠。范致明《岳陽風土記》云：「江道回曲，或遠或近，雖無風濤之患，而常

〔一〕糷：原誤作「爛」，據《爾雅》改。

靠閣。」

不正曰差路。　去聲。唐詩云：「枯木巖前差路多。」

負而不償、許而不予，皆曰賴。　《晉語》云：「已賴其地，而又愛其實。」〔一〕

疾走曰跑。　跑，邦冒切。

稱我曰儂。　見古樂府，音屬陽聲，由鼻音出，則爾儂二字合謂汝也；由喉音出，則我儂二字合謂我也。《隋書》：「更能使儂誦五教耶？」

什麼二字合曰些〔二〕。

多謝　《漢書·趙廣漢傳》：「爲我多謝趙君。」

留神　《漢書·東方朔傳》。

子細　《漢書·源賀傳》。

打算　《元史·劉秉中傳》。

帳目　《宋史·孫何傳》。

營生曰經紀。　《蜀志·楊戲傳》。

本錢及七八折〔三〕。　《宋史·食貨志》。

〔一〕實：原誤作「實」，據《國語》改。

〔二〕及：疑爲「曰」之誤。

謂憚煩曰不耐煩。《宋書·庾炳之傳》。

謂人不慧曰獃。《唐韻》。

麤蠢曰笨。《王微傳》。

言人猶豫不前曰墨尿。音如眉癡。皮日休《反招魂》篇。

言人聆言不省曰耳邊風。音蟻。杜荀鶴詩：「百歲有涯頭上雪，萬般無染耳邊風。」

人有病曰不快。《華佗傳》〔一〕：「體有不快，起作五禽之戲。」

言不潔曰鏖糟。《霍去病傳》。

詬人傭工曰客作。《三國志》：「焦先飢則爲人客作。」〔二〕

呼女子之賤者曰丫頭。劉賓客詩：「花面丫頭十三四。」

謂嬉戲爲孛相。黄山谷《與范長老書》云：「韓十逐日上鄰學，且護其薄相耳。」薄相，當是孛相。

小食曰點心。《唐史》：「鄭傪夫人云：我未及餐，爾且可點心。」

謂絲帨之檾曰蘇頭。摰虞曰：「流蘇者，緝鳥尾，垂之若流然〔三〕。以其檾下垂，故

〔一〕佗：原作「陀」。

〔二〕先：原誤作「光」。

〔三〕「流」下原衍「蘇蘇」二字，據《集韻》删。

曰蘇。」

謂整齊曰修娖。娖音捉。唐中和二年，修娖部伍。俗誤修同搜音。

謂語不明曰含胡。《唐書·顔杲卿傳》。

謂指環曰手記。鄭康成《詩箋》。

翦柳　唐皋詩：「争奈京師翦柳多。」考《説文》：「緯十縷爲綹。」沈雲卿《七夕曝衣》篇「上有仙人長命綹」，則柳應爲綹。

電謂之霍閃。顧雲詩。

蝃蝀謂之鱟。《田家雜占》本雩字，《爾雅注》于句切，音之轉也。

簷冰謂之澤。《楚辭》。

溝納舟者謂之浜。《集韻》。

擘橙橘之屬曰朳。音如八，《廣雅》。

隱迹曰畔。陳時謡。

田畔曰田頭。《後漢書》。

小名冠以阿。《晉書·王藴傳》及《三國志·吕蒙傳》注。

呼詐騙謂黄六。黄巢行六而多詐，故詐騙人者曰黄六。沈自南《藝林彙考》。

太甚謂之忒嘫。朱子《答敬夫書》。

指目曰箇般，曰這箇之類，省作箇。 史彌寧詩、寒山詩、《傳鐙録》、朱子《語録》習用此。

問辭曰能亨。 《癸辛雜志》。

應辭曰嗄。 《龐居士傳》。

事煩無條理曰磊⿰立享。 趙宧光《長箋》。

石聲曰⿰足虎⿱髟乏。 《通志·六書略》。

浣衣曰汏。 《説文》。

滴水曰渧。

沈水底曰潭。 《廣韻》。

浮水曰氽。 《桂海虞衡志》。

視曰省。 桑何切。俗作睃。《廣韻》。

其他俚俗不典之語不備書。若夫村學易誤四聲，市井更多鄙倍，東冬罔辨，江陽不分，真庚同吻，亦不獨吾郡然矣。

〔嘉靖〕上海縣志

【解題】 鄭洛書修，高企纂。上海縣，轄境大致包括吴淞江以南的今上海老城區以及今松江區、青浦區、浦東新區、閔行區部分地區。「方言」見卷一《風俗》中。有嘉靖三年（一五二四）刻本。録文據民國二十一年（一九三二）《松江府屬舊志二種》本《嘉靖上海縣志》。

方言

語音視華亭爲重。邑西唐行以南與華亭相似，趙屯以西類崑山，吴淞以北類嘉定。

〔康熙〕上海縣志

【解題】史彩修，葉映榴等纂。上海縣，轄境大致包括吴淞江以南的今上海老城區以及今浦東新區、閔行區部分地區。「方言」見卷一《風俗》中。録文據康熙二十二年（一六八三）刻本《上海縣志》。

方言

語音較郡城爲重，亦同爲吴音而微别耳。今就其有本者並記之。

寧馨　寧，農黨切。馨，亨巷切。《容齋隨筆》云：「晉宋間人語助，猶言若何也。」

娘子　通爲婦人之稱。謂穩婆爲老娘，女巫曰師娘。又曰某娘、曰幾娘，鄙之曰婆娘。見《輟耕録》。

温暾　暾，忒敦切。見王建《宫詞》。今湯茗諸類不冷不熱，以温暾呼之。謂寒則曰冰冷。

數説　出《左傳》。今俗謂責人者。

多許　許，黑可切。出《隋書》〔一〕，謂問多少也。

甋磚　出《魏·扈累傳》。磚之通稱。

急須　《萩園雜記》云：「急須，飲器。以其應急而用也。」今以呼酒壺，而急音轉爲的，須更爲蘇云。

飛風　唐制：凡細馬、次馬送尚乘局者，于尾側依左右閑印以三花。其餘雜馬送尚乘局者，以風字印之右髆，以飛字印之左髆。今呼疾速爲飛風，蓋取義于馬耳。

斤九鼇　弋陽、德興間産棃頗大，有至一斤九兩者，土人謂之斤九棃，猶芋言魁也。今用以目時人之精慧者。

潑賴　潑，鋪拜切。謂醜惡也。

箇裏　箇音格。謂此也。

忒煞　忒，入聲。謂甚也。

跑　跑，邦冒切。呼疾走也。

儂　儂，我也。古樂府音屬徵，陽聲。由鼻音出，則爾儂二字合稱汝也。由喉音入，則我儂二字合謂我也。

〔一〕隋：原作「隨」。

些　什麽二字合。

凡屬在八庚者，或開口呼，從七陽韻。如羹爲古郎切，争爲側羊切之類。或以灰入麻、以泰入箇。如槐音如華、大音如惰之類。又有呼字之切母者。如孔爲窟籠、團爲突欒之類〔一〕。

〔乾隆十五年〕上海縣志

【解題】李文耀修，葉承等纂。上海縣，轄境大致包括吴淞江以南的今上海老城區以及今閔行區部分地區。「方言」見卷一《風俗》中。録文據乾隆十五年（一七五〇）刻本《上海縣志》。

方言

語音較郡城爲重，亦同爲吴音而微別耳。今就其有本者並記之。

寧馨　寧，農黨切。馨，亨巷切。《容齋隨筆》云：「晉宋間人語助，猶言若何也。」

娘子　通爲婦女之稱。謂穩婆爲老娘，女巫曰師娘，又曰某娘、曰幾娘。鄙之曰婆娘。見《輟耕録》。

温暾　暾，忒敦切。見王建《宫詞》。今湯茗諸類不冷不熱，以温暾呼之。謂寒則曰冰冷。

數説　出《左傳》。今俗謂責人者。

〔一〕團：原誤作「圓」。

多許　許，黑可切。出《隋書》〔一〕，謂問多少也。

甀磚　出《魏·扈累傳》。磚之通稱。

急須　《菽園雜記》云：「急須，飲器。以其應急而用也。」今以呼酒壺，而急音轉爲的，須更爲蘇云。

飛風　唐制：凡細馬、次馬送尚乘局者，于尾側依左右閑印以三花。其餘雜馬送尚乘局者，以風字印之右髆，以飛字印之左髆。今呼疾速爲飛風，蓋取義于馬耳。

斤九鳌　弋陽、德興間産梨頗大，有至一斤九兩者，土人謂之斤九梨，猶芋言魁也。今用以目時人之精慧者。

潑賴　潑，鋪拜切。謂醜惡也。

箇裏　箇音格。謂此也。

忒煞　忒，入聲。謂甚也。

跑　跑，邦冒切。呼疾走也。

儂　儂，我也。古樂府音屬徵，陽聲。由鼻音出，則爾儂二字合稱汝也。由喉音入，則我儂二字合謂我也。

〔一〕隋：原作「隨」。

些　什麽二字合。

凡屬在八庚者，或開口呼，從七陽韻。如羹爲古郎切，争爲側羊切之類。或以灰入麻、以泰入箇。如槐音如華、大音如惰之類。又有呼字之切母者。如孔爲窟籠、團爲突欒之類〔一〕。

〔乾隆四十九年〕上海縣志

【解題】范廷傑修，皇甫樞纂。上海縣，轄境大致包括吴淞江以南的今上海老城區以及今閔行區部分地區。「方言」見卷一《風俗》中。録文據乾隆四十九年（一七八四）刻本《上海縣志》。

方言

語音較郡城爲重，亦同爲吴音而微别耳。今就其有本者並記之。

寧馨　寧，農黨切。馨，亨巷切。《容齋隨筆》云：「晉宋間人語助，猶言若何也。」

娘子　通爲婦女之稱。謂穩婆爲老娘，女巫曰師娘，又曰某娘、曰幾娘。鄙之曰婆娘。見《輟耕録》。

温暾　暾，忒敦切。見王建《宫詞》。今湯茗諸類不冷不熱，以温暾呼之。謂寒則曰冰冷。

數説　出《左傳》。今俗謂責人者。

〔一〕團：原誤作「圜」。

多許　許，黑可切。出《隋書》〔一〕，謂問多少也。

甎磚　出《魏·扈累傳》。磚之通稱。

急須　《菽園雜記》云：「急須，飲器。以其應急而用也。」今以呼酒壺，而急音轉爲的，須更爲蘇云。

飛風　唐制：凡細馬、次馬送尚乘局者，于尾側依左右閑印以三花。其餘雜馬送尚乘局者，以風字印之右髆，以飛字印之左髆。今呼疾速爲飛風，蓋取義于馬耳。

斤九鼇　弋陽、德興間産棃頗大，有至一斤九兩者，土人謂之斤九棃，猶芋言魁也。今用以目時人之精慧者。

潑賴　潑，鋪拜切。謂醜惡也。

箇裏　箇音格。謂此也。

忒煞　忒，入聲。謂甚也。

跑　跑，邦冒切。呼疾走也。

儂　儂，我也。古樂府音屬徵，陽聲。由鼻音出，則爾儂二字合稱汝也。由喉音入，則我儂二字合謂我也。

〔一〕　隋：原作「隨」。

些　什麼二字合。

凡屬在八庚者，或開口呼，從七陽韻。如羹爲古郎切，争爲側羊切之類。或以灰入麻、以泰入箇。如槐音如華、大音如惰之類。又有呼字之切母者。如孔爲窟籠、團爲突欒之類〔一〕。

〔嘉慶〕上海縣志

【解題】王大同修，李林松纂。上海縣，轄境大致包括吴淞江以南的今上海老城區以及今閔行區部分地區。「方言」見卷一《疆域・風俗》中。録文據嘉慶十九年（一八一四）刻本《上海縣志》。

方言

同是吴音，而視府城稍重，郭《府志》所列略見其概，然亦他邑所同，可不贅。又云凡屬在八庚者，或開口呼從七陽韻，如羹爲古郎切，争爲側羊切類。以灰入麻，以泰入箇。如槐音如華，大音如惰類。又有呼字之切母者。如孔爲窟籠，團爲突欒之類〔二〕。今採邑恒譚之有據者，稍補一二。如：電謂之霍閃。見顧雲詩。螮蝀謂之鱟。見《田家雜占》，本雩字。《爾雅注》於句切，音之轉也。簷冰謂之澤。見《楚辭》。溝納舟者謂之浜。見《集韻》。子謂之囝。見顧況詩。妾謂之小。見「憂心悄悄」朱氏《集傳》。嬉遊謂之孛相。見《吴江志》。母謂之嬭。見《博雅》。擘橙橘之屬曰朳。音如八，見《廣雅》。隱迹曰

〔一〕〔二〕　團：原誤作「圓」。

畔。見陳時謡。田畔曰田頭。見《後漢書》。不正曰差路。差去聲，見唐詩。生子曰養。見《韓詩外傳》。小名冠以阿。見《晉書・王蘊傳》及《三國志・吕蒙傳》注。自稱曰我儂，指他人亦曰渠儂。見《隋書》及樂府、《湘山野録》。呼女兒曰孥。見《姑蘇志》。物多謂之多夥。見《説文》。語辭綴以看。見朱子集、《傳燈録》。甚麽爲些。申駕反，見《餘冬序録》並《通雅》。太甚謂之忒㬿。見朱子《答敬夫書》。指目曰箇般、曰這箇，類省作箇。見史彌寧詩、寒山詩、《傳燈録》、朱子《語録》，習用此。問辭曰能亨。見《癸辛雜志》。應辭曰嗄。見《龐居士傳》。事已然者曰哉。《詩》「歸哉」「已焉哉」。事煩無條理曰磊竨。見趙宧光《長箋》。石聲曰⿰⻊虎⿱髟是。見《通志・六書略》。浣衣曰汏。見《説文》。滴水曰渧。沈水底曰潭。均見《廣韻》。浮水曰氽。見《桂海虞衡志》。視曰⿱水目。桑何切，俗作睃，見《廣韻》。乳曰乃。俗作奶，見《直語類録》。

鬼如舉，歸如居，跪如巨，緯如喻，虧如去平聲，逵如衢，椅讀于據切，小兒毁齒之毁如許，聲相近而訛也。並見錢大昕《養新録》。

其他俚俗不典之語不備書，若夫村學易誤四聲，市井更多鄙倍，東冬罔辨，江陽不分，真侵同吻，亦不獨吾邑然矣。

〔同治〕上海縣志　附同治上海縣志札記

【解題】應寶時等修，俞樾等纂。上海縣，轄境大致包括吴淞江以南的今上海老城區以及今閔行區部分地區。「方言」見卷一《疆域・風俗》中。録文據同治十年（一八七一）刻本《上海縣志》。

方言

鄭志曰：「方言語音視華亭爲重，唐行以南與華亭相似，趙屯以西類崑山，吴淞以北類嘉定。」史志曰：「凡屬在八庚者，或開口呼，從七陽韻。如羹爲古郎切、争爲側羊切之類。或以灰入麻、以泰入箇。如槐音如華、大音如惰之類。又有呼字之切母者。如孔爲窟籠、團爲突欒之類。」〔一〕

前志曰：邑人恒談，如電謂之霍閃。見顧雲詩。蝃蝀謂之鱟。見《田家雜占》。《府志》云：本雩字，《爾雅注》：「于句切。」音之轉也。簷冰謂之凙。見《楚詞》。溝納舟者謂之浜。見《集韻》。嬉游謂之孛相。見《吴江志》《府志》引黄山谷《與范長老書》：「韓十逐日上學，且護其薄相耳。」疑即此。擘橙橘曰扒。音八，見《廣雅》。隱迹曰畔。見陳時謡。田畔曰田頭。見《後漢書》。不正曰差路。差去聲，見唐詩。小名冠以阿。見《晉書》及《三國志注》。語辭綴以看。見《朱子集》並《傳燈録》。甚麽合爲些。申駕反，見《餘冬序録》。太甚爲忒⿰口煞。見朱子《答敬夫書》。指目曰箇般、曰這箇，類省作箇。見《朱子語類》。問辭曰能亨。見《癸辛雜志》。應辭曰嗄。見《龐居士集》。已然者曰哉。《詩》：「歸哉歸哉。」事煩無條理曰磊谆。見趙宧光《長箋》。石聲曰⿰𧾷虒⿺辶髟。見《通志》。浣衣曰汏。見《説文》。滴水曰渧，沈水底曰潭。見《廣韻》。浮水曰氽。見《桂海虞衡志》。視曰眘。俗作睃，見《廣韻》。乳曰乃丨。見《直語類録》。

鬼如舉，歸如居，跪如巨，緯如喻，虧如軀，逵如衢，椅讀於據切，小兒毁齒之毁如許，聲相

〔一〕團：原誤作「圓」。

近而誤也。前志又有「子謂之囝」「母謂之嬭」等語，案囝音建，閩人稱子也，邑無是稱呼。母如咩音，不作嬭。呼祖母則有稱嬭嬭者，音如乃。又謂「自稱曰我儂，稱人曰渠儂」，亦皆郡城語，邑人則但稱我與渠而已。

附同治上海縣志札記

【解題】秦榮光纂。方言見卷一中。録文據光緒二十八年（一九〇二）鉛印本《同治上海縣志札記》。

卷一

方言。槐音如華。案槐今作開口音如淮。螮蝀謂之鱟。于句切。案鱟本音候，今呼如吼。聲音相近而誤也。案前志有注：「並見錢大昕《養新録》。」又案前志云：妾謂之小。見「憂心悄悄」《詩集傳》〔一〕。生子曰養。見《韓詩外傳》。乾李志云娘子。婦女之通稱，鄙之曰婆娘，見《輟耕録》。温暾。暾，忒敦切。見王建《宮詞》。今湯茗不冷不熱以温暾呼之，謂寒則曰冰冷。甌磚。出《魏・扈累傳》。磚之通稱。急須。《菽園雜記》云：「急須，飲器，以其應急而用也。」今以呼酒壺，而急音轉的，須更爲蘇云。飛風。唐制，雜馬送尚乘局者，以風字印右髆，以飛字印左髆。今呼疾速爲飛風，蓋取義於馬耳。潑賴。潑，鋪拜切，謂凶惡也。忒煞。謂甚也。案煞，今呼上聲開口，音如灑。跑。呼疾走也。

〔一〕詩集傳：原誤作「傳詩集」。

又宋《府志》云：以手取物曰摣。音查。劉熙《釋名》：「五指俱往也。」今呼一把摣。饋人曰作人情。杜詩：「粔籹作人情。」案，作今呼做。習氣曰毛病。黄山谷《刀筆》。閉門曰閂。音拴，《桂海虞衡志》：「門横關也。」濕飯曰爛。《爾雅》。扶持曰擡舉。白居易《高荷》詩：「亭亭自擡舉。」虚而少實曰空。《北史·斛律金傳》：「空頭漢合殺。」物之闊者曰扁。劉禹錫詩：「壓扁佳人纏臂金。」匠斲木而復平之曰鉋。去聲，元微之詩：「方椽郢匠鉋。」有所依曰靠。范致明《岳陽風土記》：「船常靠閣。」負而不償、許而不與皆曰賴。《晉語》：「已賴其地。」多謝。《漢書·趙廣漢傳》。留神。《漢書·東方朔傳》。子細。《漢書·源賀傳》。打算。《元史·劉秉中傳》。帳目。《宋史·孫何傳》。營生曰經紀。《蜀志·楊戲傳》。憚煩曰不耐煩。《宋書·庾炳之傳》。不慧曰獃。《唐韻》。墨屎[一]。音如眉癡。皮日休《反招魂》。耳邊風。耳音蟻。杜荀鶴詩：「百歲有涯頭上雪，萬般無染耳邊風。」不快。《華佗傳》[二]。鏖糟。《霍去病傳》。女子賤者曰丫頭。劉禹錫詩：「花面丫頭十三四。」嬉戲曰孛相。黄山谷《與范長老書》作薄相。小食曰點心。《唐書》。縧帨之橤曰蘇頭。摯虞曰：「流蘇下垂，故曰蘇。」整齊曰修娖。娖，音捉。唐中和二年，修娖部伍。修，俗音搜。語不明曰含胡。《唐書·顔杲卿傳》。翦柳。唐皋詩：「争奈京師翦柳多。」《説文》：「緯，十縷爲綹。」沈佺期《七夕曝衣》篇：「上有仙人長命綹。」柳，應作綹。詐騙曰黄六。沈自南《藝林彙考》：「黄巢行六而多詐，故名。」

又《川沙志》云：初旬曰月頭。花蕊夫人《宫詞》。明歲曰開年。庾信《銘》。久曰長遠。《晉書》。

[一] 屎：原誤作「尿」。
[二] 佗：原作「陀」。

祖輩曰公公。《石氏春秋》。父曰爺爺。《野老見聞》。舅姑曰公婆。明《孝慈録》。夫兄曰阿伯。《五代史補》。夫曰官人。《韓昌黎集》。妻父曰丈人。《鷄肋篇》。老婦曰太太。《甲乙賸言》。婦人曰娘娘。《龍川雜志》。處女曰小姐。見《玉堂逢辰録》。小兒曰寶寶，《留青日札》。曰小郎。《通鑑》。孕曰有喜。《番禺記》。戚屬曰親眷。鮑照詩。兵曰老將。《漢書》。僧道施主曰門徒。《册府元龜》。延僧道祈誦曰做功德。《説文》。酬神曰酌獻。范成大詩。妝飾曰打扮。黄公紹詩。富曰財主。《周禮注》。家産曰家私。《續漢書》。夥伴曰蜪伴。《韻學集成》。得意曰高興。殷仲文詩。心愛曰喜歡。《三國志》。諛人曰奉承。《尚書》。褻慢曰得罪。《韓詩外傳》。籌度曰打算。朱子文集。不利曰倒竈。《太玄經》。中節曰得法。《國語》〔一〕。與聞曰兜搭。《楊升庵外集》。不慧曰㤓。《集韻》，俗作笨，誤。嘈雜曰虀糟。《客座新聞》。將成曰幾乎。《水經注》。足饜曰够。《升庵外集》。誘人爲非曰攛掇。朱子《答陳同甫書》。起發曰升騰。《云笈七籤》。倖獲曰造化。《莊子》。適意曰受用。《語録》。異曰希奇。《十洲記》。急需曰連忙。《雲谷記事》。易曰便當，去聲，《元典章》。曰容易。《漢書》。白曰皙白。蔡襄詩。美曰俏。《五燈會元》。短小曰鯽令。《宋景文筆記》。不定曰活絡，《玉露》。曰尷尬。《通雅》。事竟作曰只管，《語録》。曰動不動，元曲。曰索性，朱子集。曰樂得。《樂記》。羞曰面光。元曲。有待曰等。《傳燈録》。不潔曰邋遢，《廣韻》。曰齷齪。《史記》。緩曰咹。《博雅》。訝詞曰咦，《説文》。曰阿哪。《傳燈録》。操業曰生活。《文子・道德

〔一〕語：光緒《川沙廳志》作「策」。

篇》。工作曰手藝。柳宗元文。避曰躲閃。《元典章》。臥曰踢。湯上聲，《吴都賦》。臥覺曰一寤。音忽，《五燈會元》。飲水曰呞。《風俗通》，案今呼作呷。以膏黏物曰餍。音贊，《内則》鄭注。合抱曰嬶。音咳，《集韻》。吐痰曰㱿。音壑，《左傳》。瘡潰曰虹。去聲，《詩箋》。較長短曰䁙。《廣雅》。緊縛曰帩。《越語肯綮録》。提物曰拎。《玉篇》。損壞曰走作。《語録》。色變曰黴。音梅，《楚辭》。物爛曰𣩓。《集韻》。色不鮮曰蔫。《楚辭》。物鎔化曰烊。《法苑珠林》。滴水聲曰滴瀝，《水經注》。曰答臘。《白帖》。墮水聲曰撲通。元曲。墮地聲曰朴漉。《冷齋夜話》。石聲曰砯砰。楊雄《羽獵賦》。竹木聲曰歷剌。音辣，林逋詩。物擊聲曰圐。音殼，《廣韻》。

有語辭疊字者，如煖烔烔、《博雅》。煖烘烘、唐詩。浮灟灟、探上聲。《越語肯綮録》。實辟辟、《素問》。漫愁愁、《巴渝竹枝詞》。呆鄧鄧、元曲。文傷傷、關漢卿曲。醉醺醺、岑參詩。白醿醿、《玉篇》。火焰焰、白居易詩。乾爆爆。音卜，《五登會元》。

〔民國〕上海縣續志

【解題】吴馨等修，姚文枏等纂。上海縣，轄境大致包括吴淞江以南的今上海老城區以及今閔行區部分地區。「方言」見卷一《疆域》中。録文據民國七年（一九一八）刻本《上海縣續志》。

方言

凡語音之異於讀音者，真方言也。由前志所載鬼歸跪等字爲讀音，舉居巨等則皆爲語音推之，若吴若魚，其語音皆如恒。若午忤仵同若五，其語音皆如恒之上聲。若母若姆若墓若畝，其語音皆如恒上聲之轉閉口，由鼻出音。妻母曰丈母，親家之妻曰親家母，姒婦曰大姆，妯娌間曰捌姆，産母曰揞姆，上墓標插曰挂墓，皆用此音。而臨文讀音，則各如其字，與語音絶不相同。

又若未若味，則讀音輕唇，語音重唇。若月若抈，則讀音喻母，語音疑母，似語音轉，足以存古音。若兒如倪若二如膩，則讀音支寘韻，語音齊薺韻。若車昌遮切若差音杈若茶若紗，則讀音皆麻韻，而浦東語音入蕭韻。又若幾許、多許、邪許之許，讀音語麌韻，而語音皓號韻。此又前志灰入麻、泰入箇之例也。最可異者，以寒入陽，太倉音也，吾邑無之，而獨於端午則呼當午。以虞入尤，無錫音也，吾邑無之，而獨於嚕囌則呼摟搜。至若及呼如忌、避呼如畔，前志所謂隱迹曰畔。又皆北方語音之偶見於吾邑者。此則方言特出，莫知其所自來矣。男兒、女兒、小兒之兒字，俗語呼如暖之平聲，其文字則寫作囝，故舊志云子謂之囝。然囝實無暖平聲之音，前志辨之良是。

又俗稱女子子呼如暖之去聲，其文字則寫作囡。然檢字書，則囡亦無暖去聲之音，并無女子子之義。音義皆非，而世俗通用相沿已久，幾於牢不可破矣。《嘉定志》謂暖平聲者係男兒二字合爲一，然俗語並非專指男兒。又據《姑蘇志》謂暖去聲者爲孥之轉音，然孥之詁訓亦非專指女子子。殆皆以意傅會，未敢信也。

電稱霍閃，已見前志，俗語閃音如顯。又打呵欠，俗語亦呼打霍顯。電與呵欠幾無辨别。人生三萬六千毛孔，有一孔則有一毛，遇寒則落而復生，故曰寒毛。見《晉書·夏統傳》。

《嘉定志》引之。

吴王女名二十，故諱二十爲念。見《兼明録》。邑人胡式鈺《語竇》引之。

黄巢行六而多詐，故詐騙曰黄六。見沈自南《藝林彙考》。府志引之。

此皆方言之有縁起可考者。至若呼留髮童子曰樓偷頭，樓偷爲留之反切。鼾睡聲曰打唔塗，唔塗爲呼之反切。又如精爲即零，秀爲即溜，並見青浦、嘉定、寶山各志。此又前志突欒、窟籠之例也。

志方言者每喜用文言證俗。如客氣，《左傳》。財主，《世説》。打算，《元史・劉秉忠傳》。毛病，山谷《刀筆》。連忙，《雲谷記事》。丫頭，劉賓客詩。温暾王建《宫詞》之類是。

又喜採取僻字之俗語通用者。如擤，虎梗切，撚鼻出涕也。拎，音零，手懸捻物也。刏，音機，以綫斷物也。潷，音筆，去汁也。寣，音忽，睡一覺爲一忽。[illegible]，蒲咸切，匐行也。鉛俗呼如巽，物漸磨去也之類是。

但披檢字書，則言文一致之字不可勝數，至通俗語言見於經史百家者，亦搜之不能盡也。兹故不具録。

〔光緒〕上海鄉土志

【解題】李維清編。上海，指上海縣，轄境大致包括吴淞江以南的今上海老城區以及今閔行區部分地區。「方言」見第三十六課。録文據光緒三十三年（一九〇七）鉛印本《上海鄉土志》。

方言

中國方言不能統一，甚至縣與縣異，城與鄉異。以本邑方言而論，音較華婁爲重，較南川爲輕。大抵浦東之音似南川，浦西之音似華婁。諸翟新涇之音似嘉寶。志云：邑人恒談，如浣衣曰汏、滴水曰渧、應曰嗄、視曰眥之類。此方言異於他處之大略也。

〔民國〕上海市指南（第二版）

【解題】沈伯經纂。上海市，轄境與今上海老城區相當。「方音俗語」見第三編《上海生活》第三章《風俗》中。録文據民國二十三年（一九三四）鉛印本《上海市指南（第二版）》。

方音俗語

上海之居民，既非常複雜，而言語亦殊歧異。普通所稱爲上海話者，其實乃上海社會中之一種混合語，而非純粹之上海方言也。真正之上海話，當於浦東話中求之，鼻音滋重，證見《縣志·雜志編·方言》中，兹不贅。

日本人在《支那研究號》中，曾將上海語言，加以研究，據其考察所得，分爲三大系：一曰蘇州系，佔有百分之七五；二曰寧波系，占百分之一〇；三曰廣東系，占百分之·五；其他占百分之一四·五。蘇州系中，包括上海、寶山、南匯、崑山、嘉興、崇明、湖州、無錫、常州、杭州等處口音在內；寧波系中，包含紹興、金華、嚴州、台州、衢州等處口音在內；其他，則指不在三系統之内如江北口音等是。

上海社會組織之複雜，下流遊民據爲藪澤，加以商工各業平素措詞之傖俗，於是創造各種奇特俚鄙之名詞，甚至見諸報紙記載所習用，略舉如下。

初至上海，最易入耳者，爲猪頭三、猪玀、赤老等辭。黄包車夫，碼頭小工，最爲口熟。其實猪頭三爲縮腳語，暗藏牲字，牲諧音生，言生客也。猪玀則爲詈辭，言人之麻木滯鈍，猶電線木頭、瓦老爺、阿木林、阿土生之類，而赤老則爲鬼之别名，猶徐大老爺、譚老三之類也。

此外滬人稱謂，每因特别地位而加以專呼：若公司或洋行之經理曰大班，或曰買辦。店主曰老闆，讀若班。老闆之子曰小開，商店所雇在外面接洽交易之售貨員曰跑街，店中代客搬送貨物之工役曰出店。專以口頭説合雙方之買賣，而居間賺取佣金者曰掮客等。又好借物喻。如稱妓之假母曰老鴇，遊妓曰野鷄，地皮房屋掮客曰白螞蟻，婦人老而淫猾者曰老蟹，外行曰死蟹，身體肥碩者曰大阿福，無用之人曰飯桶之類。而類似野鷄之蕩婦曰淌白，接應西人之妓曰鹹水妹等，亦成爲一種專用名詞矣。

大抵稱謂之最複雜者，尤屬於青樓。如：鴇母曰本家，龜奴曰相幫，跟妓之琴師曰烏師，妓院曰堂子，個中人自稱曰生意上，上讀如浪。妓之身體不能自主者曰討人，唤妓侑酒曰叫局，妓應召曰出堂差，叫局所寫之字條曰局票，在妓院小坐茶敘曰打茶圍，設席請客曰擺酒，擺酒犒賞之資曰下腳，鬭麻雀牌曰碰和，作葉子戲曰打撲克。住院曰落水，亦曰下廂。但借鋪宿曰乾鋪，妓院遇節祀神曰燒路頭，遷移住所曰調頭。妓女負債，藉嫁人以清宿負，未幾，即下堂求去仍操故業者曰淴浴。妓女之上等者曰長三，次曰幺二。生客入幺二妓院，諸妓盡出，任客自擇曰移茶。住夜曰跌倒，狎下等遊妓曰打野鷄，出瓜菓款客曰裝乾濕。

若夫兩性非正式同居曰姘，亦曰軋姘頭。及其仳離也曰拆姘頭。秘密賣淫者曰半開門，亦曰私門頭。男女相悦，眉目傳情，以相挑逗曰弔膀子。以房屋供人爲野合之所，而取得租金者曰台基，亦曰鹹肉莊。其以女色爲餌，誘他男子入室，始辱終縱，藉威嚇以取金錢者曰仙人跳，亦曰紮火囤，又曰活絡門閂。主人與僕有私曰搭腳。男女幽會所賃定之秘密處所曰小房子。

適意曰窩心，亦曰寫意。厭倦曰厭氣。自取其禍曰作孽。流品下劣曰著底。凡事莫明其妙，受人欺騙者曰洋盤，亦曰瘟生。懵懂呆笨者曰阿木林。虚僞狡詐者曰滑頭。無業之人專以浮浪爲事者曰流氓，亦曰白相人。

凡事之出人意外而成功，或驟然發達者，謂之邪氣。對於應盡之責任，不肯實行，僅以敷衍掩飾爲事者，謂之搭漿。不料曰弗殼張。佔便宜或取巧省錢曰揩油。人之面貌曰照會。少婦曰寡老。不知好惡不受擡舉之人曰蠟燭。鄉愚曰曲死，亦曰曲辮子，又曰壽頭碼子、阿土生。

對人爲無意識之談話曰打棒，亦曰搭赸，又曰摟白相，又曰尋開心。躡人之後，左則左之，右則右之，跬步不離者曰釘梢。以非法之舉動、恐嚇之手段，借端敲詐，勒索財物者曰拆梢。洋人侍役曰西崽。酷嗜鴉片曰老槍。物之不良曰桂花。事之不佳曰走油。因事實之發覺，致貽笑於人者曰坍臺，亦曰鴨尿臭。凡人有意令其事得不良之結果，而遺累他人者曰拆爛汙。

邂逅曰碰頭。遷居曰搬場。出其所長以炫人前曰出風頭。精熟一項之事業者曰老門檻。凡指一物而不明言其物之名曰老舉三。介紹男女雙方不相識者爲相識而逞其淫慾曰拉皮條。裝腔作勢曰搭架子。批頰曰喫耳光，亦曰五分頭。受人笞責曰喫生活。登門辱駡曰駡山門。以拳打人曰皮浪頭。對人故設疑陣以眩惑，或用空言搪塞者曰掉槍花。

詈人鬼曰接眚，豕曰猪玀，禽獸曰衆生，呆笨曰戇大。紙紮之輿夫曰扁面孔。死於道路曰路倒屍。罪大惡極曰殺千刀。

發怒曰光火。發狂曰熱昏。侘傺無聊，落拓不得志曰蹩腳。衣食住一無所有者曰癟三。出類拔萃曰大好老。先已許人任事，繼而失約者曰拔短梯。故尋謬誤之點以責難人曰板差頭。遇事之拂意者曰觸霉頭。男或女出種種引誘，與人好合，騙取財物者曰拆白黨。剪綹曰銃手。流氓擺設賭攤，雇用婦女爲餌者曰撬巴。撬音蹺。凡作事之不可靠者曰王伯伯。糾纏不休者曰牽絲扳藤。自以爲能，故意裝腔做勢，復恬不知恥者曰像煞有介事。凡此，雖爲居住上海者所常言，然非真正之上海方言也。

上海土音惟江灣城西及浦東一帶尚能保存萬一。如：兒讀如倪，二讀如膩，大讀如惰，差讀如叉，鬼讀如舉，歸讀如居，跪讀如巨，虧讀如驅，死讀如徙，羹爲古郎切，争爲側羊切，車爲昌遮切，吴、魚之音如恒，午、五之音皆如恒之上聲，而母、姆、墓、畝之音又如恒上聲之轉閉口由鼻出音者等是。

他如孔爲窟籠，團爲突欒，呼爲昏塗，精爲即零，秀爲即溜等，又將字之分母而緩呼者也。

至於辭之見於古書，而亦爲常談所及者，如：天上電閃謂之忽閃，閃音如顯。見顧雲詩。蟖蝀謂之鱟，見《田家雜占》。簷冰謂之澤。音宅。見《楚詞》。溝納舟者謂之浜，見《集韻》。嬉游謂之孛相，見《吴江志》。劈橙橘曰扒，音八。見《廣雅》。手提物曰拎，見《玉篇》。切肉薄片曰批，見《清異録》。隱迹曰畔，見陳時謡。田畔曰田頭，見《後漢書》。不正曰差路。見唐詩。負荷曰佗。見《説文》。問辭曰能亨，見《癸辛雜志》。應辭曰嗄，見《龐居士集》。訝詞曰咦，見《説文》。已然者曰哉。見《詩經》〔一〕。緩曰咹。見《博雅》。事煩無條理曰磊淳，淳，覩猥切，見趙宧光《長箋》〔二〕。太甚曰忒煞，見朱子《答張敬夫書》。損壞曰走作，見《語録》。石聲曰蹏髭，見《通志》。浣衣曰汏，見《説文》。滴水曰渧，沈水底曰潭，醰去聲。並見《廣韻》。浮水曰氽，見《桂海虞衡志》。視曰沓，俗作睃。見《廣韻》。乳曰奶，見《直語類録》。男女私合曰姘，見《倉頡篇》。小兒曰小巴戲，見《庸閒齋筆記》。物鎔化曰烊，見《法苑珠林》。以杓挹物曰舀，堯上聲。見《説文注》。緊縛曰綃，音俏。見《越語肯綮録》。按摩曰捼，音奴。見《説文》。强與人物曰搇，見《字彙》。擲曰敦，

〔一〕詩經：原作「經詩」。
〔二〕光：原誤作「先」。

音堆。見《毛詩》。立時曰登時，見《北史》。微煖曰温暾，見《輟耕録》。吐痰曰嗀，音鼜。見《左傳》。指皮逆起曰㪍，音鵲。見《爾雅》。合縫曰緍，見《莊子》，按亦作胳縫〔一〕。色不鮮妍曰蔫，見《楚辭》。較長短曰䁱，音偃。見《廣韻》。戲擾不已曰嬲，見嵇叔夜書。拂塵埃曰攤，音短。見《廣韻》。不潔曰邋遢，見《廣韻》。又曰齷齪，見《史記》。事棘手曰尷尬，見《通雅》。誘人爲非曰攛掇，見朱子《答陳同甫書》。嘈雜曰𧄸糟，見《客座新聞》。真憑實據曰𣠽柄。見張無垢詩〔二〕。

又有僻字之通用於俗語者，如：鼻塞曰齆，翁去聲。捻鼻出涕曰擤，虎梗切。以綫斷物曰㓦，音機。去汁曰潷，音筆。睡一覺曰㫚，音忽。匐行曰趥，蒲咸切。亦曰趥趿。趿音炭。物漸磨去曰鉛，讀如異。水溢出器外曰瀊，音盤。以指撮物曰揸，音查。遮蔽曰㶶，湯上聲。以手按物曰捺，輕入聲。掩物曰揞，庵上聲。揮曰揎，音宣。捉曰搦，讀如匿。手捧散物使之齊頭曰撴，音中。以油水煮物曰煠，音閘。隔水蒸米麵曰𤉛，音壯。縫製衣服曰絎，讀如杭。藏匿曰囥。音亢。

亦有名同實現〔三〕，驟聞而莫知所指者。如阿嬭，母也。嬭俗讀作媽。見《博雅》。娘姨，母之姊妹行也，而滬人並用以稱女傭。先生，爲男子之尊稱，小姐，爲未嫁女之通稱，而滬人亦用以稱妓女並有大先生、小先生、尖先生之别。長三稱先生，幺二以下稱小姐等是。

〔一〕 胳：原誤作「膍」。

〔二〕 無：原誤作「而」。

〔三〕 現：疑爲「異」之誤。

〔萬曆〕新修崇明縣志

【解題】張世臣、陳宇俊纂修。崇明縣，今上海市崇明區。「方言」見卷一《輿地·風俗》中。萬曆十三年（一五八五）修。録文據萬曆三十二年（一六〇四）刻本《新修崇明縣志》。

方言

有方言，如相謂曰儂。如隔户問人曰：誰儂？答曰：我儂。視之乃識，曰：卻是你儂。謂不慧曰獃。謂人粗厲曰夯物。謂虹爲鱟。蔑面，謂素昧平生者；即《左傳》蔑明言蔑心、蔑面之遺。薄相，謂嬉劣無益、兒童作戲之類。戠，凡謂已將然皆曰戠，猶北方人之曰了。遐個，猶言何人也。

〔康熙〕重修崇明縣志

【解題】朱依點修，黄國彝纂。康熙二十年（一六八一）修。崇明縣，今上海市崇明區。「方言」見卷六《風物》中。録文據康熙二十三年（一六八四）刻本《重修崇明縣志》。

方言

江南　舊隸揚州，故呼蘇郡曰江南，今此稱未變。

三州七縣　言人雜也。舊隸維揚，故此稱不絶。

謂人粗厲曰夯物。

白相　猶云頑頑，言無錢而觀看也。
哉　猶北音曰了。
蒔秧相公　呼栽秧者曰相公，穀以養生，尊之也。
老大　呼舵工曰老大，以一船之司命也。
流水　猶言作速，乃催促之詞。
該个　阿堵、寧馨之類，猶蘇云个星也。
從容　家計饒足之謂。

〔雍正〕崇明縣志

【解題】張文英修，沈龍翔等纂。崇明縣，今上海市崇明區。「方言」見卷九《風俗》中。録文據雍正五年（一七二七）刻本《崇明縣志》。

方言

江南　舊隸揚州，故以蘇郡爲江南，今猶不改。
三州七縣　言人雜也。舊隸維揚，故此稱不絶。
崇川　按《通州志》，宋仁宗天聖元年改爲崇州，一曰崇川；又曰復爲通州，崇明舊屬通州，故至今猶曰崇川云。

夯物　謂人粗厲。
白相　猶云頑頑，言無錢而覶看也。又曰薄相。
哉　猶北音曰了。
蒔秧相公　呼栽秧者曰相公，穀以養生，尊之也。
老大　呼舵工曰老大，以一船之司命也。
流水　猶言作速，乃催促之詞。
該箇　阿堵、寧馨之類，猶蘇云个星也。
從容　家計饒足之謂。
獃　謂不聰慧。俗作呆。
縮朒　謂不任事。《漢·五行志》：「王侯縮朒。」
儇　謂機巧曰儇。
唿塗　謂睡聲。北人謂之打呼。
修娖　謂葺理整齊。唐中和二年，修娖部伍。娖音捉。
那　語後也。乃賀切。《後漢書》：「公是韓伯休那？」注：「那，語餘聲。」
躟　謂走也。存養切。
來鰲　應人呼。俗音勒利。

囥　音亢[一]。藏物也。

敹　忍也。

䞞　妄語也。

屈　音去上聲。女人拜也。

戲謔　曰草曰摟。

㚫㚫　女子未嫁者。《前漢·西域傳》：「㚫㚫公主，乃女烏孫。」

〔乾隆〕崇明縣志

【解題】趙廷健修，鍾鶴慶等纂。崇明縣，今上海市崇明區。「方言」見卷十二《風俗志》中。録文據乾隆二十五年（一七六〇）刻本《崇明縣志》。

方言

江南　舊隸揚州，故以蘇郡爲江南，今猶不改。

三州七縣　言人雜也。舊隸揚州，故此稱不絶。

蒔秧相公　俗呼栽秧者曰相公，穀以養生，尊之也。

[一] 亢：原誤作「囥」。

老大　呼舵工曰老大，以一船之司命也。
㚴㚴　女子未嫁者之稱。《漢·西域傳》：「㚴㚴公主。」
流水　言其速也。
從容　家計饒足之謂。
該箇　阿堵、寧馨之類。
躟　謂走也，存養切。
囥　藏物也，音康去聲。
那　語餘聲，乃賀切。《後漢書》：「公是韓伯休那？」
哉　事已然曰哉，猶北音曰了。
儂　俗呼吾儂、你儂、渠儂，故崇明俗號三儂之地。
渠　俗呼他人曰渠。宋陳無己曰：「汝豈不知吾着渠家衣耶？」
爹　俗呼父曰爹。《楊公筆録》云：「爹，父也。」
爺娘　俗呼父爲爺，母爲娘。杜詩：「爺娘妻子走相送。」
婣嫪　《要雅》：「娼謂游壻曰婣嫪。」
蚼伴　蚼，蝗子，以其衆也。詳《韻學集成》。
白衣人　謂布衣也。

眼　俗呼晒爲眼。

月半　月之十五也。

日子　逐日計數也。

温暾　不冷不熱也。王建《宫詞》：「新晴草色煖温暾。」

修婭　俗以葺理爲修婭。唐中和二年，修婭部伍。

頓　俗呼飧爲頓。杜詩：「頓頓食黄魚。」《世説》：「羅友曰：欲乞一頓食。」

點心　凡糕餅之類謂之點心〔一〕。《唐史》：「鄭修夫人顧其弟曰：治粧未畢，我未及餐，爾且可點心。」

中飯　權德輿詩曰：「山僧相勸期中飯。」謂午飯也。

鏖糟　俗指汙穢曰鏖糟。

孛相　俗以嬉遊爲孛相。《吴江志》作白相，《寶山志》作薄相。

眼孔淺　謂小見也。《書言故事》云桑維翰愛錢，上曰：「措大眼孔小，與錢十萬貫，塞破屋子矣。」

耳邊風　不聽也。杜荀鶴詩云：「百歲有涯頭上雪，萬般無染耳邊風。」

〔一〕謂：原作「爲」。

坏　俗呼器物之未成者皆曰坏。

且　讀如嗟，俗語尾綴字。如來曰來且、去曰去且之類。

鶻突　呆鈍也，出朱子《語録》。

瘦瘠　俗稱人瘦曰瘦瘠。

唱喏　作揖也。

敇悬　音練見，不慷慨也。

郎當　謂衰憊也。古人云：「鮑老郎當舞袖長。」

欸誒　相應之聲曰欸，相惡之聲曰誒。

數説　數其罪而責之也。《左傳》：「乃執子南而數之。」〔一〕

惡心　胸膈中阻逆曰惡心，亦以喻物之醜者。

打唘塗　北人謂鼾睡聲曰打呼。

扈竹抖　俗以體寒震爲扈竹抖。

尷尬　可疑貌。

奃　大束曰奃。

〔一〕南：原誤作「商」，據《左傳》改。

崇明人古音。如大呼爲隋，晏呼爲按，歸龜呼爲居，鬼呼爲舉之類，皆古音也。
崇明人俗音。如授呼爲胄，江呼爲岡，瘧呼爲愕，霞呼爲華，圍呼爲圩之類，皆俗音也。

〔光緒〕崇明縣志

【解題】林達泉修，李聯琇纂。崇明縣，今上海市崇明區。「方言」見卷四《風土志》中。録文據光緒七年（一八八一）刻本《崇明縣志》。

方言

江南　舊隸揚州，稱蘇郡爲江南，今沿不改。
三州七縣　言人雜也。舊隸揚州，故沿此稱。
雙州壓頂，獨縣當頭　隸蘇州府時兼隸太倉州，故云。
丁丁著役，户户當差　明初地無遺丁，故傳此語。
蒔秧相公　呼栽秧者，以養生重之也。
糧苗　田曰糧苗，别於草灘塗蕩。
止田　止，不過、則之謂。
狀　田段之稱。
狼藉三十擔　言多收也。

奞　大束曰奞，音混。

老大　呼舵工，以一船司命也。

張挑　捕魚小艇，土名。

乒乓　俗讀若乒邦。無此字。縣境有乒乓橋。

戧水　言拒水也。

扒頭　言起頭也。

躟　音壤，疾行貌。傅毅《舞賦》：「擾躟就駕。」俗謂走也。

蹗　緩步。

儂　俗呼吾儂、你儂、渠儂，故崇明號三儂之地。

壯　自稱曰儂，亦曰壯。

奫　烏猛切。邑有奫口暨河。又謂占高阜曰奫積。按，太倉州治西地名奫子，元末方國珍趨奫子橋與張士誠戰。

扂竹抖　俗謂體寒而震。按《集韻》：「抖擻，舉貌。」

菁　俗謂種蘆曰種菁。又概花稻言之。

野鵝　雁也。古作駕鵝。揚雄《方言》：「雁，南楚之外謂之鵝。」郭璞注：「今江東通呼爲駉。」

邋遢《廣韻》：「不謹事也。」邑中有邋遢港。以上崇明所獨。

哉　已然之辭。又北音曰了。

那　語餘聲，乃賀切。《後漢書》：「公是韓伯休那？」

且　讀若嗟，語助聲。《詩》：「彼留子且。」

該箇　阿堵、寧馨之類。

㛂㛂　女未嫁者之稱。《漢·西域傳》：「㛂㛂公主。」

婣嫪　《廣雅》〔一〕：「倡謂游䠯曰婣嫪。」

白衣人　猶言白丁。

流水　言迅速不停也。

從容　家計饒足之謂。

利市　謂得財也。《易》：「爲近利市三倍。」

乖覺　葉盛《水東日記》：「世稱警悟人曰乖覺。」與韓退之、羅隱乖角字意正相反。今所謂乖，即古所謂黠也。

囥　藏物也，音康去聲。

〔一〕《廣雅》無此條，乾隆《崇明縣志》作「要雅」。

丢　棄也。

浜　溝納舟也。

瞟　目微白也。

顠　目略一過也。皆闢了切。

爹　父曰爹。《南史·梁始興王憺傳》：「徵召還朝〔一〕，人歌曰：『始興王，人之爹。』」

爺娘　謂父母。杜甫詩：「爺娘妻子走相送。」

笨　按當作体，俗稱粗体、呆体皆是。今誤笨，而体又誤爲體字便寫。

蜪伴　言衆也。蜪，蝗子。見《爾雅注》。

䀶　俗呼晒爲䀶。按，䀶與朗同，若曬曝，當作晾。《字彙補》。吕毖《小史》晒曝。

鱟　本魚名，音候，而俗謂虹爲鱟。朱子云：虹能吸水，必有形質，《詩》謂之蝃蝀，从俗謂之鱟，从魚。俗又謂之旱龍，依其形質而名之也。

霍閃　電也。

月半　月望日也。

日子　逐日計數也。

〔一〕徵召還：三字原無，據《南史》補。

家生　謂器具。
衆生　謂畜類。衆讀平聲。
温暾　不冷不熱也。王建《宫詞》：「新晴草色煖温暾。」
修娖　言葺理也。唐中和二年，修娖部伍〔一〕。
頓　呼餐爲頓。《世説》「羅友曰：欲乞一頓食」、杜甫詩「頓頓食黄魚」是也。若《唐書》「打汝一頓」，則非餐之謂。
點心　凡食糕餅之屬謂之點心。《能改齋漫録》：「鄭傪夫人曰：我未及餐，爾且可點心。」
中飯　午飯也。權德輿詩：「山僧相勸期中飯。」
鏖糟　汙穢也。《漢書・霍去病傳》注：「盡殺人爲鏖糟。」
孛相　俗以嬉游爲孛相。《吴江志》作白相。《寶山志》作薄相。黄庭堅《與范長老書》：「韓十逐日上學，且護其薄相耳。」
餿　謂飯壞，江以東皆然。
眠娗　不倜儻也。《列子》「眠娗諈諉」注：「眠，莫典切。娗，徒典切。」

〔一〕娖：原誤作「葺」。

眼孔淺　謂小見也。《五代史》：「桑維翰愛錢，上曰：措大眼孔小，與錢十萬貫，塞破屋子矣。」

耳邊風　不聽也。杜荀鶴詩：「萬般無染耳邊風。」

坏　器物之未成者俗曰坏。按，陶瓦未燒曰坏。《後漢·崔駰傳》：「坏冶一陶。」

瘦瘠　瘠亦瘦也。

連牽　連也。《晉書·五行志》童謡曰：「阿堅連牽三十年。」一曰牽連。

鶻突　呆鈍也。朱子《語録》有之。

冒失　不曉事也。

賣弄　自誇也。

没答煞　不知嫌也。

唱喏　俗謂揖也。按，《淮南子·道應訓》：「子發曰：喏。不問其詞而遣之。」是喏與諸同，應聲也，非謂揖。

敕㦁　音練見，不慷慨也。按，《集韻》：「敕，搥打物也。」㦁，古姦字。與俗解全别，且不連用。

郎當　謂衰憊也。楊億《傀儡》詩：「笑佗舞袖太郎當。」

尷尬　可疑貌。

欸誒　俗相應之聲曰欸，相惡之聲曰誒。按，《説文》：「唉，應也。」「欸，訾也。」一曰然也。「誒，可惡之辭。」

數説　數其罪而責之也。《左傳》：「乃執子南而數之。」

惡心　胸膈阻逆曰惡心，遂以指物之可厭棄者。

打惽塗　北人謂鼾睡聲曰打呼，惽塗反切即呼。

糝　《莊子》：「藜羹不糝。」俗謂米糝。又作散義，如糝鹽、糝沙之類。

捽　以手執人也。《左傳》：「捽而出之。」

蘇頭　絛帨之粲也。摯虞曰：「流蘇者。緝鳥尾，垂之若流然。以其粲下垂，故曰蘇。」

展布　抹布也。古稱幡布，船家忌與翻没同音，改此稱。

活計　謂治生理。白居易詩：「休厭家貧活計微。」

寒毛　《晉書》：「聞君之談，不覺寒毛盡戴。」〔一〕

蘆蓆　葦席也。

揕　力展切。俗呼搬茶揕水。《南史》：「何遠爲武昌太守，以錢買水，不受錢者揕水還之。」

〔一〕談：原誤作「信」。戴：原作「戰」。據《晉書》改。

直籠統　不委曲也，見《唐書》。

麩炭　鬆炭也，見《老學庵筆記》。

生活　謂以手作事。

家生子　謂奴婢所生。《漢書》：「免驪山徒人奴産子。」顔注：「即家生兒。」

瓜葛　有親曰瓜葛。王導與子園碁，争道，導笑曰：「相與有瓜葛，那得爾耶？」

瓦刺骨　瓦刺國人最醜陋，故俗呼婦女不美者曰瓦刺骨，轉音如歪懶姑。

黴顆　濕氣蒸物，色變青黑也。

姏婆　姏音虔，駡老婦曰姏婆，謂以甘言悦人也。

打滑澾　行步欲傾跌也。皮日休詩：「蘚地滑澾足。」

經紀　俗鄙人營生曰經紀。

耐可　寧可曰耐可。耐音能。李白詩：「耐可乘明月。」

天花板　藻井也。《山房隨筆》：「元好問妹子自補天花板。」

墨屎　音如瀰痴，猶豫不前也。《列子》：「墨屎單至。」

佁儗　音如滋膩，進退不果也。司馬相如賦：「仡以佁儗。」

看曰張，曰望，曰睃。臥曰困。移曰捅。音統。忍曰熬。按曰揿。音慶。轉曰跋。助曰幫。

避曰躲、曰叛。得利曰賺。巧曰摟搜、曰尖鑽。苛細曰魹毷〔一〕。音兜搭。一番曰一潑，有幾番曰頭潑、二潑。熱物曰頓，熱酒曰湯。去聲。遮攔曰擋。滿足曰彀。流曰淌。瀉曰筵。首飾曰頭面。鞋曰腳手。衣曰身命。屋旁曰山頭。節曰快。呆曰度。入聲。不循理曰蠻門。事難理曰累墜。誘人成事曰攛掇。不認曰賴。作事無據曰没雕當。

大爲惰。晏爲按。歸爲居。鬼爲舉。授爲肯。江爲岡。瘧爲愕。霞爲華。圍爲圩。兒爲倪。又爲異。死爲洗。争爲側。泰爲忒。厲爲賴。積爲際。二爲膩。格爲閣。尺爲察。

以上蘇、太屬所同。

〔民國〕崇明縣志

【解題】王清穆修，曹炳麟纂。民國十三年（一九二四）修。崇明縣，今上海市崇明區。「方言」見卷四《地理志》中。録文據民國十九年（一九三〇）刻本《崇明縣志》。

方言

邑民得江海澒洞之氣，故發音宏亮近江北，而語言同江南者什九。就地理推之，介兩戒之間，風土人情轉相傳習，則剛柔清濁，宜有以融合之矣。昔揚雄《方言》多識奇字，固博雅君子

〔一〕毷：原作「毷」。

所樂聞，而豈僅聲音之道通乎政事哉？

凡方言用奇字者。如：

奣　古猛切。崑山縣有奣子橋。《六書略》：「明也。」邑人稱兩沙中間截界後有餘地曰奣積。

　　眼　當作晾，曝也。

氽　《字彙》土墾切，音吞上聲。《字林撮要》：「人在水上爲氽。」俗謂溺水而浮去也。

旰　乃旦切。俗謂晚也。《左傳》：「日旰不召。」

丼　音黕。投物井中也。俗呼以物漬水曰丼。

坍　音塌。水壞岸也。邑地齧於海曰坍。

岙　音磡。俗稱岸斗曰嶄岙。

岔　音咤。俗稱歧路曰岔。

竇　音頁。地中有物負土突起也。《夷堅志》夢龍場窩條有云：「平地竇出一窟。」俗謂物在内動曰竇。小兒有蟮竇頭病。

　　寫　音弔。俗言甚遠曰寫遠。

　　塳　音蓬。塵也。俗謂塵曰塳塵。

砳　亦作囥。《廣韻》音殼，兩石相擊聲，鞭擊空硬物聲。俗謂空物墮聲曰砳托。

澤　音鐸。淞也。俗呼簷冰爲零澤。

戧　音創。《説文》：「傷也。」邑人呼圩東西岸曰戧水，言拒水也。亦作塏水。

圩　音于。岸也。《史記》：「孔子生而圩頂，故名丘。」邑人於新漲地築岸捍潮曰圩。

扒　《唐韻》博怪切，音拜。邑音讀如把，稱圩南北岸曰扒頭，言界之盡頭也。

砑　音牙去聲。凡物不光澤，以玉石類礱治之曰砑。陸游《書巢五詠》有《砑蠡》詩。

碇　音訂。船定泊也。俗謂定水沈滓爲碇。亦作淀。

濾　音慮。物漬水置絹去其渣滓也。

轑　音撈，轉音作掠。俗謂掠飯根。《漢書》：「羹盡轑釜。」

舀　音耀。《説文》：「抒臼也，挹彼注茲也。」俗謂之舀水。

㪷　音豁。《唐韻》：「去水曰㪷。」今俗轉滑。

揾　音温上聲。俗謂以物强置水令水入曰揾。

泲　音泡。以湯灌飯也。見《清波雜志》。

爛　音燬。熟食覆煮曰爛。

秚　音伴。俗謂和物曰秚。

笴　音擀。俗笴棰，所以擀麵者。《北夢瑣言》：「趙雄武能造大餅，以三斗麵擀一餅。」

渧　音帝。俗水滴曰渧。

輥　物轉也。陸游詩：「滿路楊花輥雪球。」俗作滚，非。

焐　音五。俗謂以體熱温乾濕冷物爲焐。

璺　音問。揚子《方言》：「秦晉器破而未離謂之璺。」邑音轉審。

峭　音峭。繩絞緊也。

縞　俗言懸物也。縊死曰縞。

𡸖　音薦。俗謂屋將傾用木斜支也。

𢻯　《肯綮録》音奠。俗謂以物支足令平也。

𢻳　音煞。俗以木削楗寬榫曰𢻳鉆。鉆音音針〔一〕。

櫎　關門横機也。俗作閂。豎機曰閅，音掌上聲。

榫　音筍。木器削鑿，凹凸兩竅相合也。俗言榫頭。

䚡　《俗書刊誤》音補，虚張曰綳䚡。

戤　《字彙補》渠蓋切，物相倚也。

豛　冬毒切，音篤。擲物曰豛。

甩　《智燈難字》音環，棄擲物也。一作擐。

〔一〕當衍一「音」字。

㨿《智燈難字》音臬，揭蓋曰㨿。
撬 音蹺。掀起也。
丟 音兜。俗謂去物曰丟，見李氏《俗呼録》。
椮 音札。刑法有椮指。俗呼以繩緊物曰拶。
戳 音擉。用物衝人也。作㦸，非。
搘 俗作扯，裂開也，平聲。
撏 音潛。撏，去毛也。
捻 音念入聲。俗謂以指捻物。
掐 音恰。俗謂指爪摘物。
揵 音虔。俗謂以肩舉物，見《史記》。
駝 音陀。俗謂以背負物。
揅 音罄。俗謂以手按物，見《南史》。
挼 音儺。俗謂以手摩物。
剾 音摳。俗謂以指剜物。
庹 音託。俗以兩手度物曰一庹、兩庹。見梁周子良《冥通記》云：「横展兩臂也。」
擠 音擠。手逼物出汁也。

𢭃 音湯。以手抵禦也。隋童謡：「提刀向前盪。」古只作盪。

揞 音庵。俗謂手覆物爲揞。東坡有《謝惠一揞巾》詩。

𢪃 焦氏《俗書刊誤》音擺。俗謂陳列物也。

夯 呼講切，近壑上聲。今造屋開牆溝布石子，羣舉重石，同用力擲下，俗謂石夯。金簫貢《洛陽》詩云：「郭威夯市又三朝。」已用此字。

鋬 音班。鋬鈕也。

篐 俗以篾束桶曰篐。

儾 音囊。俗謂蒙物中寬不緊爲儾。

𡘫 音捆。俗謂大束物也。

囥 音抗。俗謂藏物也。

銛 音忝去聲。鎖不開，以物銛之。

掭 音忝。以鍼剔燈火也。

斠 音教。斗斛不準比較之，謂之斠。《漢書》：「斠若畫一。」

掂 《字彙》丁練切，音點，以手稱物之輕重也。俗以難事叩人曰掂斤兩。

𪍿 音啾。俗音近九，謂物收縮曰𪍿攏來。

倞 音竟。俗謂用力爲起倞。

菱　音喎。俗用歪。凡物不正曰菱斜。白居易詩：「杭州蘇小小，人道最夭斜。」自注：「夭，伊耶切。」則菱斜可作夭斜。

㗲　音火竈切。《説文》：「不正也。」又：「㗲，口偏。」

獏　音騷。俗駡人淫賤也。

獃　俗呼士人爲書獃。

嘓　音摑，讀如固。俗謂漱曰嘓口。

吥　音匝。《集韻》：「唼也。」《風俗通》：「入口曰吥。」俗謂唼美而口作聲曰吥。

囝　音煖。戲呼幼賤者之稱。

𡘋　音窟。《唐韻》：「低頭曰𡘋。」

畣　音胖。俗呼肥碩者爲畣子，本諸《菽園雜記》。

㕯　音如哇。不正也。俗稱人口鼻不正曰㕯子。《元史》有徽政使㕯頭。

眨　音殺。俗呼目動也。史有殺人不眨眼將軍。

瞭　音氣。俗謂近視爲近瞭。

覭　音漂上聲。俗謂多白眼爲覭。

齆　音甕。俗謂鼻病。

齾　音呆入聲。器缺俗曰齾。見《成庵漫筆》。

齞　俗謂齒見唇也。

趼　足老皮也，俗曰趼。

皵　音竅。俗謂皮皵。

悛　音燥。俗謂快性。

嬲　音嬈。擾也。俗謂戲擾不休爲嬲。稽康《與山濤書》云：「足下若嬲之不置。」〔一〕

嗌　音盤。俗謂詰人曰嗌問。

㲉　音壑。俗謂引物從口出曰㲉。

㐁　音忝。俗謂舌取物也。《孟子》作餂，同䑙。

尿　音鳥。同溺。俗呼小兒陰曰小尿。小便亦曰尿。

糩　穀道氣也。

痳　音曹。俗謂腹如常餓曰心痳。

寣　音忽。俗謂睡一覺爲一寣。

趌　音排。俗謂身伏地手足並行也。

蹩　音擨。俗謂足不正爲蹩腳。

〔一〕置：原誤作「止」，據《稽康集》改。

餿 《唐韻》音搜。俗謂飯不中也。

殏 音殞。《説文》：「腐也。」《列子·殷湯篇》：「楚有炎人之國，其親戚死，殏其肉，然後薶其骨。」俗謂穢氣不堪曰殏，與臭殊。

䤈 音蘸。以食物染醬醢，俗曰䤈。

𤺌 音必。俗謂物乾縮曰𤺌。

𨂂 音寵。俗謂小兒行步不穩、作事圖僥倖，皆曰𨂂。

𣨼 音穌。

殎 音爛。俗謂物之腐也。

篛 音踏。俗謂蔽雨半扉也。亦作筲。

匟 音抗。坐榻謂匟。爲匟牀，北方冬生火作炕。

㭊 音調。邑俗嫁奩中春㭊，即長机。

屜 音替。桌便藏物皆有抽屜。

筤 音大。《集韻》：「海隅謂籃淺而長者曰筤。」《韻府萃音》：「淺攤敞者曰筤。」今邑俗概稱曰筤籃。

笊 音罩入聲。

籬 音鼇。笊籬，竹器，所以漉麵。

鬲斗 音戈。沙鍋，當從此。陸游詩：「沙鬲斗煮麥人。」

髿 音彭去聲。俗呼甏爲髿。

鐐 音弔。俗呼炊鐐爲茶鐐。

牀 音禾。《玉篇》：「棺首也。」俗謂之牀頭。亦作和。

甗 音感。器物之蓋。俗呼鑊甗、缸甗。

須 音須。俗稱排須。

襻 衣鈕襻也。

捆 音衮。俗稱衣緣曰捆邊。

摙 力碾切。俗呼搬茶摙水。《南史》：「何遠爲武昌太守，以錢買水，不受錢者摙水還之。」

擤 音亨。俗以手捻鼻出涕曰擤。

乒乓 俗讀若兵邦，無此字。縣境有乒乓橋之類。

用古語者。如：

哉 語了詞也。見經傳。

那 語餘聲，乃賀切。《後漢書》：「公是韓伯休那？」

也 語止詞。見經傳。邑語音合本字，而讀音誤轉爲宴。

作　音佐。俗用做，非。《後漢・廉范傳》：「廉叔度，來何暮。不禁火，民安作。」

扛　《說文》：「横關舉也。」《史記》：「項羽力能扛鼎。」

捋　取易也。

掇　《說文》：「拾取也。」俗謂兩手取物爲掇。並見《詩・芣苢》。

捘　音尊。俗謂手擠人。《左傳》定八年涉佗「捘衛侯之手及捥」。

扳　音攀。手高摘也。《公羊傳》隱元年：「諸大夫扳隱而立之。」

彀　滿足也。《孟子》：「羿之教人射，必志於彀。」蓋取其義。俗作够。

畔　俗謂躲避也。王隱《晉書》：「鄧攸避石勒難，負妻子以叛。」叛、畔通。

笨　俗謂鱻鹵也。《晉書》：「史疇爲人肥大，人目爲笨伯。」

坏　俗謂瓦器未燒曰坏，未成材亦曰坏。《後漢・崔駰傳》：「坏冶一陶。」

打　俗謂與人曰搭應，用打字輕唇讀入聲。唐寒山子詩：「東壁打西壁。」宋丁謂詩：「赤洪厓打白洪厓。」明楊慎記俗諺：「霜淞打霧淞。」皆作相連之詞。

賴　欺詐不踐約也。如俗謂賴債、悔賴之類。《左傳》：「鄭人貪賴其田，而不我與。」

頓　呼餐爲頓。《世說》：「羅友曰：欲乞一頓食。」杜甫詩：「頓頓食黄魚。」又打一頓，見《唐書》。

中飯　午餐也。唐權德輿詩：「山僧相期勸中飯。」

點心　清晨午後食物之稱。《能改齋漫録》：「鄭修夫人曰〔一〕：我未及餐，爾且可點心。」

生活　俗謂手做事也，見《孟子》。

活計　俗謂治生理也。白居易詩：「休厭家貧活計微。」

經紀　俗鄙人營生曰經紀，見《唐書》。

利市　得財。《易·繫辭》：「利市三倍。」

多許　見《隋書》。倒爲許多。

孛相　俗謂嬉遊曰孛相。《太倉志》作白相。《寶山志》作薄相。黄庭堅《與范長老書》：「韓十逐日上學，且護其薄相耳。」

荒唐　見《莊子》，語不經也。俗謂不事正經爲荒唐。

鏖糟　汙穢也。《漢書·霍去病傳》注：「盡殺人爲鏖糟。」

眠娗　不開通貌。《列子》：「眠娗諈諉。」注：「眠，莫典切。娗，徒典切。」

鶻突　呆鈍也。見朱子《語録》。

墨屎　音瀰癡。猶豫也。《列子》：「墨屎單至。」

佁儗　音熾膩。進退不決也。司馬相如《大人賦》：「佁以佁儗。」

〔一〕修：原誤作「修」。「夫」下原衍「謂」字。

襬襶　音挎搭。衣服厚重貌。俗謂呆劣之人。古樂府：「今世襬襶子。」
含糊　語不明也，見《唐書》。
耐可　猶那可也，見唐李白詩。
邪許　衆同力聲。俗呼若諧火，轉爲含夥，又若項吼。許、夥同音。《詩》：「伐木許許。」《淮南子·道應訓》：「今夫舉大木者，前呼邪許，後亦應之。」
彭亨　腹脹貌，見唐韓愈詩。
郎當　謂衰憊也。楊億《傀儡》詩：「笑他舞袖太郎當。」
修娖　葺理也。唐中和二年，修娖部伍。
連牽　連帶也。《晉書·五行志》童謡云：「阿堅連牽五十年。」
蚼伴　蚼，蝗屬，飛則羣聚，見《爾雅注》。俗假爲夥伴之稱。
瓜葛　俗謂親戚關連也。晉王導與子圍棋，争道，導笑曰：「相與有瓜葛，那得爾邪？」
雜種　駡人狡猾之詞。《晉·前燕紀》：「蠢兹雜種。」
倠傋　俗謂無知不敬事也。《集韻》：「不媢爲倠傋。」《漢書·五行志》云：「不敬而傋霿所致也。」《荀子·儒效篇》：「愚陋傋瞀。」
毛病　習氣也。黄庭堅《刀筆》云：「此荆南人毛病。」
習慣　練事也，見《賈子》。杜甫詩「習慣成自然」。

唱喏　俗謂揖也。《淮南・道應訓》：「子發曰：喏。不問其辭而遣之。」是喏與諸同爲應聲，但喏必揖耳。

數説　數其罪而責也。《左傳》：「乃執子南而數之。」

胡嚨　喉也。《漢書・五行志》：「請爲君鼓嚨胡。」

落度　音拓，見《宋書》。

流落　漂流在外也，見《明皇雜録》。

妥貼　平穩也。韓愈詩：「妥貼力排奡。」

子細　俗謂謹小也。《北史・源思禮傳》：「何必太子細也。」〔一〕

盩厔　俗言事不能徑遂直行也。音周折。山曲曰盩，水曲曰厔，故俗假此義。

温暾　不冷不熱也。蜀王建《宫詞》：「新晴草色煖温暾。」

米糝　《莊子》：「藜羹不糝。」又作散義，如糝鹽、糝沙之類。

麩炭　鬆炭也，見陸游《老學庵筆記》。

蘇頭　絛帨之檾也。摯虞曰：「流蘇者，緝鳥尾，垂之有若流然。以其檾下垂，故曰蘇。」今概稱⿱罒系爲蘇頭。

〔一〕太：原誤作「大」。

寒毛《晉書》：「聞君之談，不覺寒毛盡戴。」〔一〕

凍瘃《説文》：「中寒瘇瘃。」《玉篇》：「手足中寒瘡也。」《趙充國傳》：「手足皸瘃。」

眼孔淺《書言故事》云：「桑維翰愛錢，上曰：措大眼孔淺。」

耳邊風　見唐杜荀鶴詩。

赤骨律　俗謂赤膊也，見朱子《語録》引北澗禪師偈曰：「無位真人赤骨律。」

光辣撻　陳郁《話腴》「宋藝祖《詠日》詩云：欲出不出光辣撻，千山萬山如火發」之類。

其音之近古者。如：

兒音倪。漢倪寬本作兒，今稱兒子曰倪子。又音異。《詩》：「三爵不識，矧敢多又。」又音羽意切。死音洗。《廣韻》死，息姊切。本音澌上聲。水音使。李白詩「鳥宿蘆花裏」，下叶「歌聲逐流水」。土音杜。《詩》：「徹彼桑土。」土音動古切。大音馱。《唐韻》《集韻》並唐佐切，又《韻會》《正韻》並吐臥切，音墮。䶮音居。《集韻》䶮，居逵切。居爲䶮之音母。又王褒《僮約》「結網捕魚，繳雁彈鳧」，下云「入水獨䶮」，是䶮葉居，而俗又轉基。居音歸。邑人稱所得産物曰居，轉音曰歸。按，居，蓄積也。《皋陶謨》：「懋遷有無化居。」《貨殖傳》：「富商轉轂，百貨廢居。」徐廣注：「言有所廢、有所蓄也。」而俗又稱風之歸路曰居路。鋸亦曰櫬。鬼與貴並音舉，而舉又轉季，則皆根乎音母也。

其音之變者。魚曰宜。偶依切。雀曰將。上聲。雀，《唐韻》即略切；將，即諒切，以同音母轉。蛇曰茶。

〔一〕談：原誤作「信」。戴：原作「戰」。據《晉書》改。

《廣韻》食遮切。蠶曰射。是揞切平聲。人曰迎。賃曰佞。賒曰沙。商曰傷。式羊切，與生熟之生同音。江曰罔。學曰穫。圍曰圩。田四周岸也，俗謂圍身衣曰圩腰，圍頸巾曰圩頸。物曰末。鼻曰弼。覺曰谷。日曰聶。月曰兀，亦曰悦曰朒。音惡。耳曰膩。二亦曰膩。瘧曰愕。吹曰癡。讓曰釀。擊曰記。熱曰業。旺曰巷。密曰蒙。讀若孟。孝曰秏。虧曰區。忘曰茫。愈曰越。太曰忒。忌諱曰懼許。毀齒曰煦齒。無吴爲一音，讀如姆平聲。毋午五你爲一音，讀並如姆去聲。俱從鼻出。又支朱不分，王黄莫判。《詩》《書》等韻，河湖並聲，我吾齊音，驢騾同讀，言與鹽，輕與侵，辭與除，奇與齊，起與趣，争烝與真，家加與皆，虧刲與魁，星心與新，皆相淆亂。固不第烹庚彭撑盲横櫻耕之並作陽韻，硬梗賸冷之並作漾韻，石白宅尺額格客麥責嚇隻拆等之並作藥韻，已也而假與借，太與大，夜與雁，賀與和，去聲。如與時之以音轉而混者，又承訛久矣。

其以反切成字者。如：

弗曾曰分。勿要曰奥。是儂曰仲。讀如屬我切。是你讀如姆鼻音曰任。即項此處也曰降。該項彼處也曰備。古項切。則曰格末。故曰各路。路又轉落。孔曰窟窿。盤曰孛籃。轉爲薄欒。村爲邱根。俗謂不識好物爲邱根頭，言村夫也。呼曰惛塗。精曰節零俗呼筋骨瘦挺人曰節零光之類。

其語之異者。如：

何曰哈，或輕音作何矮切。曰舍。失雅切，哈之轉也。誰曰那。那箇，謂誰人也。那裏，謂誰處也。他曰伊，曰該。刻依反。此曰基。該依反。是曰唵。否曰啐。叱聲亦然。諾曰諛。訝曰嗄。驚曰呀。詫曰咦。恨曰哼。歎曰欸。斥曰啡。音丕。贊曰噯。驚喜曰噯唷。慢譍曰唉，輕讀。呼人亦曰唉，重讀，音哀。又曰誒，呼來切，音咍。又曰吾。輕聲呼人，音兜。指事曰哪。授物曰嗻。音遮，轉作招。《集韻》：「不要語也。」由曰打。與曰搭。在曰拉裏。頗曰蠻。盟還反，音如横，謂甚無理曰横門。尚曰還。如曰像。恰曰正好。甚曰直頭。略曰少微音違之類。

其稱謂之别者。如：

呼父爹爹。的爺切。呼母姆媽。祖父曰公公。祖母曰親婆。曾祖父母曰太公、太婆。高祖父母曰太又音異太。子婦曰媳婦。媳轉如新。媳稱舅姑曰公婆。從父以次稱，皆曰伯。或屬名稱之。伯母曰媽媽。轉音作嫚嫚。叔母曰嬸娘。亦稱媽媽。姑曰姑娘。亦稱媽媽。祖姑曰姑婆。兄曰哥。弟曰兄弟。或以次稱，或屬名稱之。兄妻曰嫂，答稱曰叔。或從夫稱某弟。弟妻曰弟婦，亦稱娘娘、曰奶奶。答稱曰伯。或從夫稱某哥。娣姒相稱妯娌，音軸輪。亦稱嫂嬸。兄弟之子曰姪。妾曰姑娘。賤之曰小。子稱父妾曰姨娘。外祖父母稱同祖父母。母舅曰娘舅。舅母曰妗媽。轉音嫚。從母曰大姨、娘姨，自稱曰甥。妻曰娘子。妻父母曰丈人、丈姆，自稱曰婿。妻兄弟曰阿舅。舅妻曰妗姆。妗轉音忌。妻姊妹曰姨。蓋假子女稱之，嫌於暱也。友婿曰連襟。男曰猴子。亦曰兒子，兒音倪，從鼻出。女曰丫頭。轉音豚。婢亦曰丫頭。叟曰老頭子。嫗曰老太婆。皆賤稱也。壯男曰小夥子。少女曰都都，尊之曰小姐。都，美也。俗妄作爹，則楚人稱其妣也，音提。少婦曰娘娘。尊之曰奶奶。老婦曰嫚嫚。尊之曰太太。紳富曰糧户。尊之曰老爺或先生。耕者曰佃人。商雇曰夥計。工徒曰徒弟。農傭曰長年。家傭曰幫工。義子曰寄子。即假子。養子曰螟蛉。奴曰鼻頭。吴音主同嘴，奴勢出主上，故假言鼻頭也。吏曰書辦。隸曰頭兒。成衣匠曰裁縫。醫生曰郎中。男巫曰童子。女覡曰師娘。僧曰和尚。尼曰道婆。羽士曰道士。典夥曰朝奉。舵工曰老大。乞丐曰叫化子。丐頭曰大頭。無賴曰流氓，上聲。亦曰浪蕩。皆平聲。諂媚人曰篾片。倡伎曰婊子。倡家主曰龜。游壻曰婣嫪。私生子曰蟹。謂人誠曰老實。狡曰刁。俊曰嫖緻。醜曰蠢。智曰先知。先音西遐反，知音支惹反。愚曰烏。

其名物，則虹曰鱟〔一〕。霞曰赮。音娃。電曰霍閃。霧曰迷露。霰曰雪珠。雹曰冰塊。晴曰好天。黎明曰黑朧朧。望日曰月半。斷港曰沙浜。沙間流水曰洪。田間路曰埂岸。田間水曰鄰溝。風信曰暴。音爆。潮信曰汛。音亨去聲。近海捕魚處亦曰汛。屋内堂曰前頭。廚曰竈下。廁曰坑棚。屋旁牆曰山頭。圍牆曰風牆。庭曰場心。鴟吻曰步鷄。地閣曰地平。承塵曰天面。旅舍曰下處。疏布曰單纂。夏布曰散績。績轉計去聲。鍼曰引線。箸曰筷。匙曰調羹。釜曰鑊。蒸餅曰餑餅。音如巴。角黍曰粽。麵糊曰漿。屎曰汙。尿曰尸。糞曰埡壅。物半曰爿。鄭樵《六書略》：「判木也。音戕。」俗音作𨑨。物碎曰拉圾。亦音力屑。貨劣曰秋。言殘落也。器具曰家生。工作曰庸生。畜類曰衆生。

〔一〕鱟：原誤作「鱟」。

呼鷄喌喌。《集韻》之六切，音祝。呼鴨嗘嗘。呼狗玀玀。呼猫咩咩。音咪。蝦蟆曰癩團。亦曰癩疙疤。蛙曰田鷄。蟋蟀曰賺績。莎鷄曰織布娘。螢曰遊火蟲。蟬曰紫蜩。螳螂曰突郎。粉蝶曰梁山伯。花蝶曰祝英臺。鼠曰老蟲。亦曰陳大伯伯。蚤曰跳蝨之類。

他如：看曰張，曰睃。走曰跑，曰躟，疾行也。曰踱。緩步也。取曰拿。臥曰困。移曰捅。音統。拔曰抈。音巖入聲，轉動物而拔之也。避曰躲。忍曰熬。提曰離。拎攜切。助曰幫。倚曰靠。瀞曰汏。流曰淌。熱物曰頓。熱酒曰燙。火乾曰㷕。早起曰出來。午睡曰晝寤。盹曰瞌春。去聲。得利曰賺。失意曰倒黴。亦曰倒運、曰灰氣。技能曰本事。適值曰偶湊。阻抑曰促狹。音如恰。浪費曰酵粥。不當心曰獺殈。不潔曰惡心、曰邋遢、曰齷齪不清。割曰離如。音羅。急作曰流星。讀如性。糾葛曰嚕唆、曰累墜。受騙曰上當。兩難曰尷尬。事敗曰黃落。懊悔曰懊憦。僥倖曰造化。不明曰糊塗。苛細曰扢搭。鄙嗇曰摟搜。懷嫌曰蹺蹊。多語曰嘮嘈。惹事曰战採。音點掇。凶横曰潑賴。潑音如派。呆鈍曰懵憧。巧刻曰尖鑽。逢迎曰湊奉。闊綽曰海外。相與曰答煞。體震曰㞘竹抖。袖手曰鑲籠空之類，則皆吳語相同者也。蓋聲音發於天籟，域於地勢，而辨其文質，則民俗之淳漓誠僞見矣。聽政者，烏可以言語不通哉。

〔乾隆〕寶山縣志

【解題】趙酉修，章鈅等纂。寶山縣，在今上海市寶山區。「方音」見卷一《地理志》中。録文據乾隆十一年(一七四六)刻本《寶山縣志》。

方音

儂　俗呼我爲吾儂，呼人曰你儂，對人呼他人曰渠儂，故號三儂之地。隋煬帝宫中喜效吴言，多有儂語。《錢王歌》：「你輩見儂的歡喜，記在我儂心子裏。」

渠　俗呼他人曰渠，他家曰渠家。宋陳無己曰：「汝豈不知我不着渠家衣耶？」

爹　俗呼父爲爹。《楊公筆録》：「爹，父也。當杜可切。今人呼父不用此音，語轉也。」《廣韻》《集韻》爹，皆陟遮切，獨章《韻》丁邪切，正合方音。章，嘉定人也。

傖　《晉陽秋》云：「吴人謂北人爲傖。」《韻會》：「吴人罵楚人曰傖。」今俗罵人曰個傖是也。陸抗曰：「幾忤傖鬼。」顧辟疆曰：「不足齒之傖。」陸機《與弟書》云：「此間有一傖父，欲擬作《三都賦》。」

爺　俗呼父爲爺。杜詩：「爺娘妻子走相送。」

那　乃可切。《韻會》：「何也。」今問何人曰那個。一曰問何人曰遐個。《詩》云：「遐不作人。」注：「遐，何也。」

癡種　罵人曰癡種。《越絶書》云：「慧種生聖，癡種生狂。」

花娘　罵婦人之賤者。《輟耕録》云：「娼妓爲花娘。」李賀《申鬍棠歌序》「命花娘出幙，徘徊拜客」是也。

客作　詬人傭工曰客作。《三國志》：「焦先飢則出爲人客作〔一〕，飽食而已。」

姏婆　罵老婦曰姏婆。姏音鉗。能以甘言悦人故曰姏。

婳嫪　《要雅》：「娼謂遊壻曰婳嫪。」《説文》「士無行者曰婳毐」〔二〕、「嫪，婳也」可証。

冤家　俗呼仇人。

亡賴　俗呼人之不習善者曰亡賴。謂無利人於家也。

啞㕧　鵶牙二音。俗以兒啼則口作啞㕧之聲以慰之。司空圖文「女則牙牙學語」，亦此説也。

賤累　俗呼妻子曰賤累。又子女多曰累重。

雜種　罵小兒桀猾不循理者曰雜種。《晉書·前燕載紀》贊曰：「蠢兹雜種。」〔三〕梁邱遲書：「姬漢舊邦，無取雜種。」

經紀　俗鄙人營生者曰經紀。唐高宗勅滕王、蔣王曰〔四〕：「滕叔蔣兄，自能經紀，不須賜物。」

〔一〕先：原誤作「光」。出：原脱，據《三國志》補。
〔二〕婳：《説文解字注》作「嫪」。
〔三〕蠢：原誤作「蠶」。
〔四〕高：原誤作「太」，據《資治通鑑》改。

娘子　俗通稱婦女曰娘子。隋柴紹妻李氏，唐平陽公主，典兵，皆號娘子軍。昌黎有《祭周氏二十娘子》文。花蘂夫人《宫詞》：「諸院各分娘子位。」《北里志》詩：「一曲高歌綾一匹，兩頭娘子謝夫人。」是不論貴賤皆得稱娘子也。

夫娘　俗駡婦女之淫賤者曰夫娘。蓋本元末苗寇平江、松江，以婦人豔而皙者畜爲婦，曰夫娘。今遂成此語，作駡詞。

男兒　俗凡生丈夫子則曰男兒，鄉音合男兒二字爲一，若以平聲呼熡字而稍輕；女兒則以去聲呼熡字稍重。

孥兒　《姑蘇志》：「俗呼女兒爲孥兒。」孥音如拿〔一〕，兒音如倪〔二〕。

財主　呼富室曰財主。

蚼伴　蚼，蝗子。蝗飛蔽野，過河則相銜而過，亹亹不絶。俗呼人衆相從爲蚼伴，義取諸此也。説載《韻學集成》。

瓜葛　俗以有親曰瓜葛。王導與子園碁争道，導笑曰：「相與有瓜葛，那得爾耶？」

老物　俗斥年長者爲老物，實非惡語，人亦物也。《周禮·籥祭章》：「祭蜡，以息老物。」

小家子　俗呼庸賤鄙薄之人曰小家子。《霍光傳》：「使樂成小家子得幸大將軍。」

〔一〕拿：原脱。
〔二〕如：原脱。

家生兒　凡奴婢所生子俗呼爲家生兒。《陳勝傳》：「免驪山徒、人奴産子。」師古曰：「奴産子，猶今人云家生奴也。」〔一〕

某家底　俗輕薄人呼爲某家。唐張嘉貞爲舍人，崔湜輕之，呼爲張底。

小鬼頭　俗駡人曰小鬼頭。《青樓集》曹娥秀呼鮮于伯機爲伯機，鮮于佯怒曰：「小鬼頭敢如此無禮。」

白衣人　俗呼未進身者爲白衣人。蓋本唐士子入試皆著白衣，故有「白袍子何太紛紛」之語。

瓦剌國　瓦剌國人最醜惡，故北人詆婦女之不正者曰瓦剌國。今俗轉其音，如呼歪獺鼓也。

樓偷頭　俗呼留髮童子曰樓偷頭。疑樓偷二字爲留字之反切，如云留頭也。

鬣　俗呼虹若許候切，字從鬣，音近於耗，故謂虹見則物耗。

䁪　俗呼曬爲䁪，音浪。如呼曬衣爲䁪衣之類。

晵晝　俗呼雨晝止曰晵晝，音牽去聲。諺云：「晝晵不如晚晴。」楊用修曰：「雨而晝見日曰晵。」

沫露　俗呼霧爲沫露，音轉如迷露。諺云：「十月沫露塘濫，十一月迷露塘乾。」

月半　俗呼望日爲月半，出《禮記》。

〔一〕今：原脱，據《漢書注》補。

日子　逐日計數也，出《魏書》。

温暾　俗呼物微煖曰温暾。王建《宫詞》：「新晴草色煖温暾。」

風花　雲如斑駁形，俗謂之風花。晁無咎詩：「明日揚帆應改駛，蒸雲散亂作風花。」

黴黰　《説文》黴音梅，物中久雨而青黑。今黄梅時，水潤土溽，蒸而成雨，服器皆著潮濕致黴，俗云黴黰是也。黰，音軫。

弄　俗呼屋下小巷爲弄。《南史》蕭諶接鬱林王出至延德殿西弄，弑之。俗作衖，非。

科座　《考槃》詩：「碩人之薖。」《説文》：「薖，草也。」音科。俗所云科座也。阿，即窩也。言考槃于山之阿，即我之科座也。

斯木　俗以細鋸解木曰梳，本作斯，析也。《詩》：「斧以斯之。」

修婬　俗謂葺理整齊之爲修婬。唐中和二年，修婬部伍。婬，音捉。

天花板　綺井謂之鬪八，又曰藻井。今俗云天花板也。《山房隨筆》：「元好問妹手自補天花板。」

欶　榛入聲。俗言吮物曰欶，亦作齰。俗言齰其滋味。

嘔　竹洽切，音劄。口噍物聲。俗語曰嘔醎、嘔淡是也。

滗　音筆。《玉篇》：「笮去汁也。」俗又謂之滯漮。滯音帝，漮音厲。

燜　音毁。俗呼物再煮爲燜。

鹽　以醝淹物俗謂之鹽，作去聲讀。《内則》「屑桂與薑，以洒諸上而鹽之」是也，亦作塩〔一〕。

蜇　俗謂貪惡味而傷其口爲蜇。《列子》「蜇于口，慘於腹」是也。蜇音哲，蟲螫也。《左傳》：「蜂蠆有毒。」謂傷口如蟲螫也。

刉　音機。俗以線斷物食之呼刉。

劆　俗以細剉肉糅以薑桂曰劆。齊東昏時謡「趙鬼食鴨」〔二〕。劆，謂細切物也。

頓食　俗呼餐爲頓。《世説》羅友曰：「欲乞一頓食。」杜詩：「頓頓食黄魚。」

米糝　桑感切。《毛韻》：「米粒和羹也。」孔子厄於陳蔡，藜羹不糝。今俗呼米糝、飯糝，祇謂米粒耳。又散於物上曰糝，如糝鹽、糝椒之類。

點心　俗以早飯前及午前、午後小食爲點心。《唐史》：「鄭傪夫人顧其弟曰：『治粧未畢，我未及餐，爾且可點心。』」知此語唐時已然矣。

齁欱　上音邱加切，下音火洽切。《楊公筆録》云：「俗謂大齧爲齁，大歠爲欱。當用此二字。」

白殕　音斧。俗呼食物生白毛曰白殕。

〔一〕塩：原作「鹽」，據康熙《嘉定縣志》改。
〔二〕食：原作「入」，據《南史》改。

欨呴　上呼郎切，下音吼平聲。俗呼貪食爲欨呴。舊云欨飲。

敹炭　《老學庵筆記》：「浮炭曰敹炭。」今俗正如此語。

中飯　俗謂午餐曰中飯。權德輿詩：「山僧相勸期中飯。」

飽蓬蓬　古謡云：「一尺布，煖融融。一斗粟，飽蓬蓬。兄弟二人不相容。」蓬蓬，俗音訛同同。

蘓頭　俗呼絛帨之蘂爲蘓頭，即古流蘓之義也。蘓，猶鬚也。吴音蘓、鬚同呼耳。

棉絮　俗呼棉花衣爲棉絮。《徐則傳》：「隆冬沍寒，不服棉絮。」

襴褑　上音唻，下音灑。俗呼衣服破碎也。猶言襤褸。

褓裙　小兒被爲褓，如俗呼褓裙、褓被是也。今則轉呼褓爲抱矣，誤。

幡布　晉人云：「不見酒家幡布乎？」今俗呼幡布爲抹布，船中則云轉布，忌翻、抹也。

紉緘補綴　俗謂補整舊衣也。紉，方音如鄰聲，本尼鄰切。《禮記》「衣裳綻裂，紉箴請補綴」是也。

坏　音丕。俗呼器物之未成者皆曰坏。又，孕一月未成曰胚，酒之未漉者曰醅，肉醬未成醬者曰㕻，皆與坏同音，皆取物未成之義。

縳　繩縳之縳，音符遇切，如俗謂草索爲草縳、篾索爲篾縳是也。繫縳之縳，音符約切，如俗謂縳牛、縳馬之類。

磨鋊　物漸磨去曰磨鋊。鋊音裕。今俗呼如異。宋孔顗《鑄錢議》曰：「五銖錢，周郭其上下，令不可磨鋊。」

東奞　奞音古本切。俗呼小束爲束，大束爲奞。

橙梑　上音登去聲，下音條上聲。坐具。俗呼狹者爲橙，廣者爲梑。

急須　今人以煖酒器爲急須，音如的藕，蓋吴音須與藕同也。

離提　提音時。《毛詩》：「其桐其椅，其實離離。」注：「垂也。」又「歸飛提提」，亦訓垂也。然則方言離提二字合動植而爲言也。

黄撰　俗呼好錢曰黄撰。漢武造白金三品，一曰白撰。錢故俗呼黄撰。

匡當　當去聲。《韓子》：「人主漏言，如玉巵無當。」《廣韻》：「當，底當也。」徐鉉云：「今俗猶有匡當之言。」

籠籃　俗呼小兒臥具爲籠籃。籠音歐，竹器，以息小兒。

手記　俗呼指鐶曰手記，出鄭玄《詩箋》。

抽替　俗呼器皿之抽頭曰抽替。《南史》：殷妃死，孝武思見之〔一〕，遂爲抽替棺〔二〕，欲見則引。

〔一〕見：原脱，據《南史》補。
〔二〕抽：《南史》作「通」。

蘆蔽　俗呼蘆葦或蘆席。宋琅邪王敬胤遺命〔一〕：「蘆蔽藉下。」

甗甎　俗呼磚曰甗甎，出《扈累傳》：「獨居道旁，以甗甎爲障。」

那　俗於語後必綴一那字。《後漢書》：「公是韓伯休那？」注：「那，語餘也。音乃賀切。」

哉　俗謂事已然曰哉。《詩》：「盍云歸哉，亦已焉哉。」皆止語詞，猶云了也，如俗云罷哉、住哉之類。

且　音若嗟。語尾綴字。如來曰來且、去曰去且之類。《國風》：「彼留子且。」

越　音薰入聲。忽來忽去也。俗語越來越去。

始　草木穉而初萼者曰始，音如試。《月令》：「桃始華。」林間翁曰：「始，試也。」宋人詞「褪粉梅梢〔二〕，試花桃樹」是也。

猫　俗呼猫作毛音。《山海經》「三苗」，一名「三毛」。知苗、毛同呼古有之矣。

捘　音尊去聲。揪捉物也。《左傳》：「捘衛侯之手。」今俗呼捘爲平聲。

敐　音真。擲物擊人也。又謂之掭，音當入聲。俗有此二音。

〔一〕胤：原誤作「徹」。

〔二〕褪：原誤作「腿」。

捽　音卒。持人頭髮爲捽髮。漢金日磾捽胡。

捥　音烏歡切，音剜。俗稱揉物使折也。

挒　音列。俗呼以手捺物也。亦作捩。《送窮文》：「捩手翻羹。」亦作攦，《莊子》：「攦工倕之指。」

搡　音顙。俗呼以手推去物也。

盪　音湯。俗呼以手推止物也。

𢫬　音堆上聲。俗呼以手扯住物也。

撳　音欽去聲。俗呼以手按住物也。

𢷐　音譖平聲。俗呼以手握物也。

𢹿　音蠶。俗呼以手探物也。

扚　音的。俗呼以手掐物也。

摙　力展切。般運也。《南史》：「何遠爲武昌太守，錢買井水，不受錢者，摙水還之。」今俗語般茶摙水。

揵　音乾。俗呼以肩擔物也，出《史記》。

抈　音月。俗呼如巖入聲。以手攧物也。

拎　音零。俗呼以手提物也。

扤　音點入聲。今拳棍家扤打是也。俗訛作跌打。

𢯽　俗呼跌打之甚也。

擤　音虎梗切，亨上聲。捻鼻出膿也。俗云擤鼻涕。

䐠　音美隕切。兩合無漏貌。俗呼合脣曰䐠。又呼䐠縫。《莊子》亦作緡。

瘖　音省。俗稱人瘦曰瘦瘖。

嬲　言人戲擾不已及作事不循理者曰嬲。音如裊。稽叔夜書：「嬲之不置。」

兒　俗呼兒爲倪，漢兒寬亦然。後兒姓改爲倪也。

争　俗呼争爲側羊反。《詩·烈祖》：「時靡有争。」

亨　俗呼如普羊反。如煮物、亨酒、亨醋之類。《墨子》：「鼎成三足而方，不炊而自亨，不舉而自臧，不遷而自行。」

横　俗呼如胡羊反。魏文帝詩「三五正縱横」，與長、凉叶。

羮　俗呼如古涼反。《魯頌》《楚辭》《急就章》與陽、房、漿爲韻。

坑　俗呼如苦央反。《莊子》：「在坑滿坑。」《楚辭》：「導帝之兮九坑。」皆叶陽韻。

更　俗呼如岡音。《長門賦》「鬱鬱其不可再更」，叶「季秋之降霜」。他若盲、箏、撑、錚、生、聲、轟，俗呼皆入陽韻也。

又　俗呼又與以音同。《詩·賓之初筵》「矧敢多又」「室人入又」，並叶於記反。

死　俗呼死與洗音同。《詩・陟岵》：「猶來無死。」叶想止反。
壞　俗呼與毁音同。《詩》：「譬彼壞木。」
兄　俗呼兄爲況。《毛詩》：「倉兄填兮。」
魄　俗呼如匹藥反。古稱貧無家業曰落魄。本音拓也。
格　俗呼如閣音。古稱廢閣曰廢格。《唐書》：「其議遂格。」
客　俗呼如苦藥反。《易林》：「野鳥山鵲〔一〕，來集六博〔二〕，三梟四散，主人勝客。」《甘氏星經》：炎火之狀名曰格澤。「不有土功，必有大客。」澤音鐸，客音恪。他若白、百、宅、尺、赤、額、擇、迫、拍、陌、麥、嚇，俗呼皆入藥韻也。
湯〔三〕　俗呼熱水灼曰湯，去聲。《禮・月令》：「如以熱湯。」
寣　音忽。俗呼睡一覺爲一寣。睡正熟謂之寣頭，睡多不即醒謂之失寣。
邊幅　俗稱修整容貌曰修邊幅。《馬援傳》：「修飾邊幅。」注言：「若布帛修飾其邊幅也。」

〔一〕野鳥山鵲：原作「山鳥野鵲」，據《易林》改。
〔二〕來：原誤作「飛」，據《易林》改。
〔三〕湯：原誤作「湯」。

鏖糟　俗指汙穢之物曰鏖糟。本《霍去病傳》「鏖皋蘭下」注云〔一〕：「世俗以盡死殺人爲鏖糟。」蓋血汙狼籍之意。

勃窣　俗呼人體笨，行步不輕脱者曰勃窣。窣音孫入聲。《司馬相如傳》「媻珊勃窣上金隄」是也。

夭邪　夭音歪。俗呼婦人身容不正曰夭邪。唐詩：「錢塘蘇小小，人道最夭邪。」作歪邪，非。

不快　俗稱人有病曰不快活。《華佗傳》〔二〕：「體有不快，起作一禽之戲。」

娩娩　俗謂人柔纏曰娩娩。《列子》作眠娗。音免腆。《太倉州志》謂「不倜儻任事也」。

卒暴　俗謂人性急曰卒暴。《前漢·陳湯傳》：「興卒暴之師。」注：「卒，讀曰猝。」

數説　俗謂責人曰數説。《左傳》：「乃執子南而數之。」〔三〕又如漢高之數項羽、范雎之數須賈，所謂數其罪而責之也。

縮朒　俗謂人不任事爲縮朒。《漢·五行志》：「王侯縮朒。」《説文》：「朔而月見東方謂之縮朒。」亦取不申達之象。

〔一〕霍去病：原誤作「王霸」。

〔二〕佗：原作「陀」。

〔三〕南：原誤作「商」，據《左傳》改。

鶻突　俗謂人憒憒不曉事曰鶻突，出朱子《語録》。《宋史·吕端傳》作糊涂。《明道雜録》：錢穆内相決大滯獄，蘓長公譽以霹靂手。錢曰：「僅免葫蘆蹄。」《灼艾集》云：「葫蘆，音鶻突。」

鈔暴　俗謂生事凌人曰鈔暴。漢建武九年，匈奴轉盛，鈔暴日增。

欸誒　二字俱音愛。俗相應之聲曰欸，相惡之聲曰誒。只在呼詞嗔喜輕重之間耳。

䟢屑　上音廾，下音孫入聲。小兒覆行曰䟢，坐地行曰屑。屑亦作𨄢。《集成》云：「𨄢䟢，學行也。」䟢，《集韻》：「步渡水也。」如今俗言䟢水。

彭亨　俗呼腹脹曰彭亨。韓文公《石鼎聯句》：「豕腹脹彭亨。」

罝斜　眼小一縫，俗呼罝斜。罝，彌耶切。《中原雅音》作乜斜。

懊憹　俗稱心悔也。

放手　俗謂貪縱爲非爲放手。《後漢書》：「殘吏放手。」

發笑　俗指可鄙笑者曰發笑。《司馬遷傳》：「適足以發笑而自點耳。」

噓噓　許甲切。俗笑聲，出《莊子》。

咍嚴　上音海平聲，下音酷。咍咍，笑聲。嚴嚴，哭聲。二字最與俗發聲相似。

唱諾　俗謂作揖曰唱諾。喏音惹。《玉篇》：「喏，敬言。」謂作揖以道敬意也。《春渚紀聞》云：「才仲攜一麗人登舟，即前聲喏。」《崔煒傳》：「使者唱喏。」

縮囊　俗呼人以漸貧窘曰縮囊。出《易林》「利少囊縮」。

梢梢　若骨切。用力之甚。《莊子》〔一〕：「梢梢然。」

歡喜　《史記》：「民得以接歡喜。」俗祀竈曰謝歡喜，諱竈如躁音也。

寒毛　人身三萬六千毛孔，有一孔則有一毛，過寒則落而復生，故曰寒毛。亦鳥獸之毛毨謂之過寒毛也。《晉·夏統傳》：「聞君之談，不覺寒毛盡戴。」猶俗謂言嚇得寒毛孑豎也。

面孔　俗呼顔面爲面孔。唐《傳信記》：「面孔不似胡孫。」

含胡　俗呼語言不明曰含胡。唐安禄山斷顔杲卿舌，曰：「復能駡否？」杲卿含胡而絶。

活計　俗謂生理者曰活計。白樂天詩：「休厭家貧活計微。」

即零　俗呼精曰即零。精字反切也。

良鬆　俗呼以袖籠手曰良鬆。蓋良鬆爲籠字之翻切。相良鬆，謂相籠也。

臭莫　音烈契二音。俗謂人胸次不平坦，舉事執拗，以乖忤人爲賢者也。《漢書》：「臭莫而無志節。」

有身　俗呼懷孕者爲有身。《高帝紀》：「已而有娠。」孟康曰：「娠，音身。」《漢書》身多作娠〔二〕，古今字也。

〔一〕莊：原作「壯」。

〔二〕書：原作「史」，據康熙《嘉定縣志》改。

憁鬡　憁，呼關切。俗呼小兒之頑者爲憁鬡。《中原雅音》：「憁，頑慢也。」《漢皐詩話》又載豨字云：「呼關切，頑也。」劉夢得詩：「盃前膽不豨。」《禮部韻》《唐韻》俱不收。

襬襶　人性乖劣，俗呼襬襶。俗音襬如賴。古樂府：「今世襬襶子，觸熱向人家。」

墨杘　音如眉癡。俗言人猶豫不前猛者曰墨杘。《列子》：「墨杘單至。」皮日休《反招魂》：「上曖昧而下墨杘。」

蘙苴　上朗假切，下音鮓。俗謂人放縱無檢也。山谷曰：「蘙苴，泥不熟也。中州人謂蜀人放誕不遵軌轍曰川蘙苴。」

佁儗　音如熾膩。俗謂人進退不果曰佁儗。相如賦：「仡以佁儗。」柳子厚：「紛若倚而佁儗兮。」師古：「又音態儗。」今俗謂人遲慢自大亦如此音。

跳槽　今娼家以嫖客他戀爲跳槽。本元人傳奇謂魏明帝爲跳槽。案明帝納虞氏爲妃，及毛氏有寵而黜虞氏，其後寵郭夫人，而毛氏愛弛，故云跳槽也。

流落　俗謂人飄流在外曰流落。《明皇雜録》〔一〕：「李白、杜甫、孟浩然，雖有文名，俱流落不偶。」

功夫　俗云工夫，本作功字。《王肅傳》：「太極以前，功夫尚大也。」

〔一〕皇：原作「王」。

惡心　俗呼胸膈中阻逆曰惡心。案，惡，糞穢也。《昌邑王傳》：「如是青蠅惡矣。」〔一〕師古曰：「惡即矢也。」矢，古屎字。越王爲吴王嘗惡。蓋穀物入胃，精華流液四肢，其渣滓下而爲惡，小不運化，則惡氣上逆，致惡心也。

上頭　俗呼男女冠笄曰上頭。花蘂夫人《宫詞》：「新賜雲鬟使上頭。」

佽飛　俗呼惡少趫捷者曰佽飛。佽音如側，蓋即指漢佽飛。

郎當　俗呼人之衰憊者曰郎當。詩有「鮑老郎當舞袖長」之句。

羹庚　俗呼羹庚二字與岡音同。《詩·烈祖》「亦有和羹」，《蕩》「如沸羹」，並叶盧當反。

彭朋　俗呼彭朋二字爲皮良切。「出車彭彭。」劉向《九嘆》朋與光叶。《七月》「有鳴倉庚」，叶古郎反。

行衡　俗呼行衡二字與杭音同。《詩·北風》「攜手同行」，《閟宫》「夏而楅衡」，皆叶户郎反。

薄相　俗謂嬉游曰薄相。《吴江志》曰：「孛相，《太倉志》曰白相。」

石碩　俗呼二字實若反。《大學》碩與惡叶，《太玄》：「心孔碩，乃後有鑠。」

古音，如大呼爲惰、晏呼爲按、歸龜呼爲居、晷鬼呼爲舉、梗呼爲格養反之類，皆古音也。

〔一〕蠅：原誤作「蛇」。

俗音，如授呼爲胄、江呼爲岡、瘧呼爲愕、霞呼爲華、圍呼爲圩、愈呼爲越、姊呼爲姐、手記呼爲手巾、熨斗呼爲雲斗、尺赤拆呼爲察音，皆俗音也。

多許　《隋書》：「天下何處有多許賊。」許字俗音若黑可切。問人其物多少曰幾許。古詩「河漢清且淺，相去詎幾許」是也。問人何在曰許否。杜詩「我生本飄飄，今復在何許」是也。又謂裏面曰裏許。温歧詞「合歡桃核終堪恨，裏許源來别有人」是也。

忒殺　俗語太甚曰忒，殺音沙去聲。白樂天《半開花》詩：「西日凴輕照，東風莫殺吹。」自注：「殺，沙去聲，音廈。」亦作煞。元人傳奇：「忒風流。」「忒殺思。」升庵謂：「京師語大曰殺大，高曰殺高。」即今吾鄉猶曰殺能大、殺能高也。

習慣　俗謂人久慣曰習慣。《賈子》：「習慣如自然。」

耐可　俗言寧可曰耐可。李太白詩：「耐可乘流直上天。」又：「耐可乘明月。」耐皆讀如能。

利市　俗語利市其言古矣。《易·説卦》：「爲近利市三倍。」

寧馨　《容齋隨筆》云：「寧馨字，晉宋間人語助耳。今吴語多用寧馨爲問詞，言若何也。」王若虚曰：容齋引吴語爲證，是矣。而云若何，則義未允。惟《桑榆雜録》云：「寧，猶言如此；馨，語助也。」此得其當。今以晉山濤謂王衍「何物老媪生寧馨兒」，南宋王太后恚子業「那得生寧馨兒」，則《雜録》所釋爲的是。

突欒　俗呼團爲突欒。團字反切也。

窟籠　俗呼孔曰窟籠。孔字反切也。

儱侗　音籠統。《集韻》：「儱侗，未成器也。」今俗謂凡物散漫無成爲儱侗。宋人不識，其語録中止以音發之，就作籠統字，此何意義耶？

子細　俗呼子細。《北史·源思禮傳》：「爲政當舉大綱，何必太子細也。」杜詩：「野橋分子細。」

飛風　唐制，馬入尚乘局者，依左右閑印以三花，其餘雜馬，以風字印右髆，以飛字印左髆。今俗呼疾速爲飛風，蓋取義于馬耳。

停待　俗所謂停待，《晉書》已有此語。《愍懷太子傳》「陛下停待」是也。

留婁　俗呼婁爲樓，太倉之劉家港，志疑爲婁，嘉定之婁塘，俗呼爲劉塘，蓋以劉、婁二音通呼也。案，《史記》婁敬，高祖賜姓劉，曰婁，乃劉也。《漢儀》注「立秋貙膢」，《律歷志》作貙劉，《北堂書鈔》云：膢音劉。劉，殺也。俗於正月十五爆糯穀，名爲卜流，俗云孛婁可證。一曰嘉定有瞜城，瞜音留，避吴越王鏐諱，改呼婁也。

鯽溜　俗呼秀曰鯽溜。秀字翻切也。

一出　俗謂一番爲一出。《世説》林道人云：「今日與謝孝劇談一出來。」

眼孔淺　俗謂人見物生羡曰眼孔淺。《書言故事》云：「桑維翰愛錢，上曰：『措大，眼孔小，與錢十萬貫，塞破屋子矣。』」

打唔塗　北人謂鼾睡聲曰打呼。今俗則曰打唔塗。疑唔塗二字即呼字之反切也。

懸羊頭　俗諺：「懸羊頭，賣狗肉。」謂人虚僞不實也。嘗閲漢光詔中有懸羊頭賣馬脯、盜蹠行孔子語，則知此言古矣。

亡聊賴　俗謂無所事事曰亡聊賴。《張釋之傳》：「尉窘亡聊賴。」

一片響　唐薛能《省試夜》詩：「一片承平雅頌聲。」今俗呼謂衆聲高曰一片響。

阿㿉㿉　古外切。士卒吶喊作力曰作㿉聲。淮人寇江南，齊聲大喊阿㿉㿉是也。又口唱痛也。《朝野僉載》：郭勝静因姦被鞭，羞諱其事，曰「勝静不被打，口唱阿㿉㿉」是也〔一〕。按，㿉，《集韻》：「病也；又心悸也。」於義不合。當從阿㑿㑿爲正。㑿，於罪切，音偉。《廣韻》：「㑿，痛而呼也。」

没雕當　俗言人作事無據者曰没雕當。當，讀入聲。又曰没巴鼻。東坡詩：「没些巴鼻作奸邪。」

不耐煩　俗謂人疏朗曰不耐煩。《庾炳之傳》「爲人强急而不耐煩」是也。

耳邊風　俗謂人聆言不省曰耳邊風。杜荀鶴詩：「百歲有涯頭上雪，萬般無染耳邊風。」

〔一〕被：原誤作「破」，據《朝野僉載》改。口唱：原脱，據《朝野僉載》補。

看嘴鼻　俗見人有不當意者曰看嘴鼻。《金史》宋破金泗州，守將畢資倫不肯降，及盱眙守將納合買住降，北望哭拜謂之辭故主，資倫罵買住曰：「國家未嘗負汝，何所求死不可？乃作如此嘴鼻也。」

問到底　俗見人詰問不已，必曰打碎砂鍋問到底。不知其義。按，問乃璺字，器瑕也。砂鍋質薄，損則其璺到底，故怪詰問之多遂借斯語。《方言》：「器破而未離謂之璺。」注：「璺，音問。」

不中用　俗語不中用謂不堪用也。《左傳》：「郤子曰：克於先大夫，無能爲役使。」注：「不中爲之役使。」《陳平傳》：「事魏不中，亡歸楚；不中，亡歸漢。」不中，謂不中用也。二中字俱去聲。

裏頭空　俗諺：「外頭閃電裏頭空。」本宋謠也：「臻蓬蓬，外頭花䰀裏頭空。」

人道我　今人嘖嚏必曰「有人道我」〔一〕。《毛詩》：「願言則嚏。」注曰：「今俗人嚏曰『人道我』。」乃知此語甚古。

剥人面皮　俗語剥人面皮。按，《語林》賈充謂孫皓曰：「何以剥人面皮？」皓曰：「憎其皮之厚也。」

〔一〕嘖：原作「幘」。

笑得齒冷　俗語笑得齒冷。《樂預傳》曰：「此事，人笑褚公，至今齒冷，無爲效也。」

没傝倸　不謹貌。

醲醲

干瘍　音干別。

薑當

敕悬　音練姦。

㶸珈

〔光緒〕寶山縣志

【解題】梁蒲貴等修，朱延射等纂。寶山縣，在今上海市寶山區。「方音」見卷十四《志餘·風俗》中。録文據光緒八年（一八八二）刻本《寶山縣志》。

方音

儂　俗呼我爲吾儂，呼人曰你儂，對人呼他人曰渠儂，故稱三儂之地。隋煬帝宫中戲效吴言，多有儂語。又見《錢王歌》。

渠　俗呼他人曰渠。見宋陳無己語。今惟江東人呼之。

爹　俗呼父爲爹。《楊公筆録》：「爹，父也。當作杜可切。」《廣韻》《集韻》皆涉遮切，獨章黼《韻學集成》作丁邪切，正合方音。章，大場人也。

傖　《晉陽秋》云：「吴人謂北人爲傖。」《韻會》：「吴人罵楚人曰傖。」今俗罵人曰傖傖是也。見陸機《與弟書》。

爺　俗呼父爲爺。見杜詩。

那　乃可切。《韻會》：「何也。」今問何人曰那箇。

丫頭　俗呼小婢。見劉賓客詩。

百姓　俗呼鄉民。見《蒯通傳》。

冤家　俗呼仇人。見《梁書》。

亡賴　俗呼不習善者。見《漢·高帝紀》。

賤累　俗呼妻子。又子女多曰累重。見《西域傳》。

經紀　俗呼營生者。見唐高宗勅滕王、蔣王語〔一〕。

娘子　俗通稱婦女。隋柴紹妻李氏，唐平陽公主，典兵，號娘子軍。又見昌黎文、花蘂夫人詞、《北里志》。

孥兒　俗呼女兒。孥音如拿〔二〕，兒音如倪。見《姑蘇志》。

〔一〕高：原誤作「太」，據《資治通鑑》改。

〔二〕孥：原作「拏」。

財主　俗呼富室。見《世説》陳仲弓語。

蚼伴　蚼，蝗子。蝗飛蔽野，過河則相銜不絶，俗稱人衆爲蚼伴，即此意也。見《韻學集成》。

瓜葛　俗以有親曰瓜葛。見晉王導與子語。

老物　俗斥年長者。見《晉書》宣帝謂宣穆后「老物堪憎」。

小家子　俗呼庸賤之人。見《漢·霍光傳》。

小鬼頭　俗罵人。見《青樓集》鮮于伯機語。

白衣人　俗呼未進身者。本唐人白袍應試之意。

月半　俗呼望日。見《禮記》。

日子　逐日計數也。見《魏書》。

温暾　俗呼物微煖。見王建《宫詞》。

風花　雲如斑駁形，俗謂之風花。見晁無咎詞。

弄　俗呼小巷，誤作衖。見《南史》蕭諶事。

修娖　俗謂葺理整齊。唐中和二年，修娖部伍。

天花板　綺井，又曰藻井。今俗云天花板也。見《山房隨筆》。

滰　音筆，笮去汁也。見《玉篇》。

鹽　以醝淹物，俗謂之鹽，作去聲。見《禮記·内則》。

頓食　俗呼飯次曰一頓。見《世説》羅友語，又見杜詩。

米糝　桑感切。米粒和羹也。見《毛韻》。俗呼米糝、飯糝，只謂米粒耳〔一〕。又散於物上亦曰糝。

點心　俗呼小食。二字在唐時已有之。見《唐史》鄭傪夫人語。

麩炭　浮炭曰麩炭，今俗音正如此語。見《老學庵筆記》。

中飯　俗謂午餐。見權德輿詩。

紉補　俗謂補整舊衣也。紉，音如鄰聲，本尼鄰切。見《禮記》。

磨鋊　物漸磨去曰鋊。音裕。今俗呼如異。見宋孔顗《鑄錢議》。

離提　提音時。《毛詩》：「其實離離。」又：「歸飛提提。」俱訓垂也。方言亦如此義。

抽替　俗呼器皿之抽頭。見《南史》孝武事。

甋甎　俗呼磚。見《扈累傳》。

猫　俗呼猫作毛。《山海經》「三苗」，一名「三毛」。苗、毛同呼，古有之矣。

捘　音尊去聲。揪捉物也。見《左傳》。今俗呼爲平聲。

〔一〕謂：原脱，據《乾隆寶山縣志》補。

捽　持人頭髮爲捽髮。見《漢書·金日磾傳》。

挒　音列，俗呼以手捺物也。亦作捩，見《送窮文》。又作攦，見《莊子》。

脗　音美隕切，俗呼合脣曰脗。又呼脗縫。《莊子》亦作緡。

嬲　言人戲擾不已。音如裊。見嵇叔夜書。

兒　俗呼兒爲倪，漢兒寬亦然，後兒姓改爲倪也。

争　俗呼如側羊反，叶陽韻。見《詩·商頌》。

亨　俗呼如普羊反，叶陽韻。如亨酒、亨醋之類。見《墨子》。

横　俗呼如胡羊反，叶陽韻。見魏文帝詩。

羹　俗呼如古涼反，叶陽韻。見《魯頌》及《楚詞》。

坑　俗呼如苦羊反，叶陽韻。見《莊子》《楚詞》。

更　俗呼如岡音，叶陽韻。見司馬相如《長門賦》。

又　俗呼如以音，叶于記反。見《詩·賓筵》章。

死　俗呼如洗音，叶想止反。見《詩·陟岵》章。

格　俗呼如閣音。古稱廢閣曰廢格。見《唐書》。

客　俗呼如苦藥反。見《易林》。

湯　俗呼熱水曰湯，去聲。見《月令》。

鏖糟　俗指汙穢之物。見《霍去病傳》〔一〕。

縮朒　俗謂人不任事。見《漢·五行志》及《説文》。

鶻突　俗稱人不曉事。見朱子《語録》及《明道雜録》。

鈔暴　俗謂生事淩人。見《漢書》。

躄肻　上音爿，下音孫。小兒覆行曰躄，坐地行曰肻。肻亦作虥。《集成》云：「學行也。」躄，《集韻》：「步渡水也。」如今俗言躄水。

彭亨　俗呼腹脹。見韓昌黎《聯句》。

發笑　俗指可笑之事。見《司馬遷傳》。

唱喏　俗謂作揖。喏音惹。見《玉篇》及《崔煒傳》。

寒毛　人身三萬六千毛孔，有一孔則有一毛，過寒則落而復生，故曰寒毛。見《晉書·夏統傳》。

面孔　俗呼顔面。見唐《傳信記》。

含糊　俗呼語言不清。安禄山斷顔杲卿舌，曰「復能駡否?」杲卿含胡而絶。

活計　俗謂治生理。見白樂天詩。

〔一〕霍去病：原誤作「王霸」。

墨屎　音如眉癡。俗言人猶豫不前。見《列子》，又見皮日休《反招魂》。

流落　俗謂人飄流在外。見《明皇雜録》。

功夫　俗云工夫，本是功字。見《王肅傳》。

惡心　俗呼胸膈中阻。按，惡，糞穢也。見《昌邑王傳》。

上頭　俗呼男女冠笄。見花蘂夫人詞。

薄相　俗謂嬉遊。《吴江志》曰：「孛相，《太倉志》曰白相。」

多許　許，俗音若黑可切，見《隋書》。又問人多少曰幾許，見古詩。問人何在曰何許，見杜詩。又謂裏面爲裏許，見温岐詞。

利市　俗呼利市，其言古矣。見《易・説卦》。

哉　俗謂已然者曰哉。見《毛詩》。

儱侗　音籠統。俗謂凡物散漫。《集韻》：「未成器也。」

子細　俗呼子細。見《北史・源思禮傳》及杜詩。

一出　俗謂一番爲一出。見《世説》林道人語。

蘆蓆　俗呼蘆席爲蘆蓆。見《琅琊王傳》。

不耐煩　俗謂人疏朗。見《庾炳之傳》。

耳邊風　俗謂人聆言不省。見杜荀鶴詩。

不中用　俗謂不堪用。見《陳平傳》。

裹頭空　俗云「外頭閃，裹頭空」。見宋謡。

綿絮　俗呼棉花衣爲綿絮。見《徐則傳》。

人道我　今人嘖嘖必曰「人道我」。見《毛詩》注。

剥人面皮　見《語林》賈充謂孫皓語。

笑得齒冷　見《樂預傳》。

以上方言之近古者。

男兒　俗呼二字爲一，男以平聲呼燰字而稍輕，女兒則以去聲呼燰字而稍重。

樓偷頭　俗呼留髮童子也。樓偷二字，疑爲留字之反切，如云留頭也。

鬣　俗呼虹若許候切，其音近於耗。虹見則物耗。

晱　俗呼曬爲晱，音浪。如晱衣之類。

沬露　俗呼霧爲沬露，音轉如迷露。

黴黰　黴音梅，物因久雨而青黑，世俗云黴黰是也。黰音軫。

欶　榛入聲〔一〕，俗言吮物也。亦作齰。

〔一〕榛：原作「椊」，據乾隆《寶山縣志》改。

嘺　竹洽切，音劄。口嚍物聲。俗云嘺鹹、嘺淡。

㓒　音機，俗以綫斷物。

欴呁　上呼郎切，下音吼平聲。俗呼貪食。舊云欴飲。

蘇頭　俗呼絛帨之蘂爲蘇頭。蘇猶鬚，吴音蘇、鬚同呼。

襰䙰　音唻灑，俗言衣服破碎。

褓裙　小兒被爲褓。今則轉呼褓爲抱矣。

坯　音丕。俗呼器物之未成者皆曰坯。

朿夵　夵音古本切。俗呼小朿爲朿，大朿爲夵。

橙梯　上登去聲，下條上聲。俗呼狹者橙，廣者梯。

𣪠　音真。擲物擊人也。又謂之㧣，音當入聲。俗有此二音。

捥　音烏歡切，俗稱揉物使折。

𣺢　音湯。俗呼以手推住物。

捦　欽去聲。俗呼以手按住物。

撏　音蠶。俗呼以手探物。

揵　音乾。俗呼以肩擔物。

抈　音月。俗呼如嚴入聲。以手攓物。

拎 音零。俗呼以手提物。

揕 音點入聲。俗誤作跌打。

擤 音虎梗切，亨上聲。捻鼻出涕。

瘄 音忽。俗呼睡一覺爲一瘄。

尺 赤 坼 俗呼爲瘵。

邪 俗呼爲歪。

姥 俗呼爲媽。

泰 俗呼爲忒。

水 俗呼爲暑。

癩 俗呼爲瘷，音臘。

愈 俗呼爲越。

二 俗呼爲膩。

罥斜 眼小一縫，俗音如瀰淒二字。

懊憦 俗稱心悔。

良鬆 俗呼以袖籠手曰相良鬆。良鬆爲籠字之反切。

大 俗呼爲惰。

晏　俗呼爲按。

歸　龜　俗呼爲居。

晷　鬼　俗呼爲舉。

梗　俗呼爲格養反。

授　俗呼爲胄。

江　俗呼爲岡。

瘧　俗呼爲愕。

姊　俗呼爲姐。

手記　俗呼爲手巾。

熨斗　俗呼爲雲斗。

突欒　俗呼團爲突欒。

窟籠　俗呼孔爲窟籠。

留　婁　俗呼婁爲留，亦呼留爲婁。

打唔塗　北人謂鼾睡聲曰打呼，今俗曰打唔塗，即呼字之反切。

問到底　俗見人詰問不已曰「打碎砂鍋問到底」。

没傝㑩　俗言不謹。

醲醹　俗言膩。
乾癟　音干别。俗言不鮮潤。
䩑髡　音練奸。俗言糾纏不已。
獭𤥷　俗言物不中程。
張睃　俗言看。
掇　俗言兩手舉物。
困　俗言臥。
囥　俗言藏。
捅　俗言移。
熬　俗言忍。
幫　俗言助。
叛　俗言避。
賺　俗言得利。
尖鑽　俗言巧。
㲊毻　音兜搭，俗言苛細。
𢶍㩬　俗言約。

頓　俗言熱物。
攩　俗言遮攔。
坐　俗言貯物。
囊　俗言蓋。
彀　俗言滿足。
汆　俗言浮。
淌　俗言流。
網　俗言密。
稀　俗言疏。
家生　俗言器。
牢曹　俗言物。
落葉　俗言夾室。
浜　俗言斷港。
猴子　俗言奴。
聯襟　俗言内姊妹之夫。
犺　俗言獃。

度　入聲，俗言呆。
篾片　俗言媚人。
從容　俗言富。
僂兜　俗言事難理。
攛掇　俗言誘人成事。
賴　俗言不認。
賠　俗言償物。
擺架子　俗言好爲張大。
胖　俗言體肥。
嚕唆　俗言糾纏。
衝撞　俗言犯上。
粃細　俗言煩瑣。
垃圾　音勒色，俗言積穢。
促恰　俗言不滿意。
碰　俗言相觸。
戳　俗言倚物。

犳　俗言爪掐。

賺績　俗呼蟋蟀。

調羹　俗呼杓。

樓上樓　俗言物一賣再賣。

玀玀　俗言豕。

零星　俗言少。

撤打　俗言整物。

耜頭　俗言鋤。

褥子　俗言花衣。

以上方言之通俗者。

〔光緒〕重修寶山縣志稿

【解題】陳如升纂輯。光緒間修，未刊。寶山縣，在今上海市寶山區。「方音」見《疆域志》中。録文據光緒鈔本《重修寶山縣志稿》。

方音

儂　俗呼我爲吾儂，呼人曰你儂，對人呼他人曰渠儂，故稱三儂之地。隋煬帝宮中戲效吴言，多儂語。又見《錢王歌》。

渠　俗呼他人曰渠。見宋陳無己語。今惟江東人呼之。

爹　俗呼父爲爹。《楊公筆録》：「爹，父也。當杜可切。」《廣韻》《集韻》皆涉遮切，獨章《韻》丁邪切，正合方音。章，嘉定人也。

傖　《晉陽秋》云：「吴人謂北人爲傖。」《韻會》：「吴人駡楚人曰傖。」今俗駡人個傖是也。見陸機《與弟書》。

爺　俗呼父爲爺。見杜詩。

那　乃可切。《韻會》：「何也。」今問何人曰那箇。

丫頭　俗呼小婢。見劉賓客詩。

百姓　俗呼鄉民。見《蒯通傳》。

冤家　俗呼仇人。見《梁書》。

亡賴　俗呼不習善者。見《漢·高帝紀》。

賤累　俗呼妻子。又子女多曰累重。見《西域傳》。

經紀　俗稱營生者。見唐高宗勅滕王、蔣王語〔一〕。

〔一〕高：原誤作「太」，據《資治通鑑》改。

娘子　俗通稱婦女。　隋柴紹妻李氏，唐平陽公主，典兵，號娘子軍。　又見昌黎文、花蘂夫人詞、《北里志》。

拏兒　俗呼女兒。　拏音如拿，兒音如倪。　見《姑蘇志》。

財主　俗呼富室。　見《世説》陳仲弓語。

蝻伴　蝻，蝗子。　蝗飛蔽野，過河則相啣不絶，俗稱人衆爲蝻伴，即此意也。　見《韻學集成》。

瓜葛　俗以有親曰瓜葛。　見晉王導與子語。

老物　俗斥年長者。　實非惡語，人亦物也。　見《周禮》。

小家子　俗呼庸賤。　見《漢·霍光傳》。

小鬼頭　俗駡人。　見《青樓集》鮮于伯機語。

白衣人　俗呼未進身者。　本唐人白袍應試之意。

月半　俗呼望日。　見《禮記》。

日子　逐日計數也。　見《魏書》。

温暾　俗呼物微煖。　見王建《宫詞》。

風花　雲如斑駁形，俗謂之風花。　見晁無咎詩。

弄　俗呼小巷，誤作衖。　見《南史》蕭諶事。

修娖　俗謂葺理整齊。唐中和二年，修娖部伍。

天花板　綺井，又曰藻井。今俗云天花板也。見《山房隨筆》。

潷　音筆，笮去汁也。見《玉篇》。

鹽　以醝淹物，俗謂之鹽，作去聲。見《禮記・内則》。

頓食　俗呼飯次曰一頓。見《世説》羅友語，又見杜詩。

米糝　桑感切。米粒和羹也。見《毛韻》。俗呼米糝、飯糝，只謂米粒耳〔一〕。又散於物上亦曰糝。

點心　俗呼小食。二字在唐時已有之。見《唐史》鄭傪夫人語。

麩炭　浮炭曰麩炭，今俗音正如此語。見《老學庵筆記》。

中飯　俗謂午餐。見權德輿詩。

紉補　俗謂補整舊衣也。紉，音如鄰聲，本尼鄰切。見《禮記》。

磨鋊　物漸磨去曰鋊。音裕。今俗呼如異。見宋孔顗《鑄錢議》。

離提　提音時。《毛詩》：「其實離離。」又：「歸飛提提。」俱訓垂也。方言亦如此義。

抽替　俗呼器皿之抽頭。見《南史》孝武事。

〔一〕謂：原脱，據乾隆《寶山縣志》補。

甋甎　俗呼磚。見《扈累傳》。

猫　俗呼猫作毛。《山海經》「三苗」，一名「三毛」。苗、毛同呼，古有之矣。

捘　音尊去聲。揪捉物也。見《左傳》。今俗呼爲平聲。

捽　持人頭髮爲捽髮。見《漢書·金日磾傳》。

挒　音列，俗呼以手捺物也。亦作捩，見《送窮文》。又作攦，見《莊子》。

脗　音美隕切，俗呼合脣曰脗。又呼脗縫。《莊子》亦作緡。

嬲　言人戲擾不已。音如裊。見嵇叔夜書。

兒　俗呼兒爲倪，漢兒寬亦然，後兒姓改爲倪也。

争　俗呼如側羊反，叶陽韻。見《詩·商頌》。

烹　俗呼如普羊反，叶陽韻。如烹酒、烹醋之類。見《墨子》。

横　俗呼如胡羊反，叶陽韻。見魏文帝詩。

羹　俗呼如古涼反，叶陽韻。見《魯頌》及《楚詞》。

更　俗呼如岡音，叶陽韻。見司馬相如《長門賦》。

又　俗呼如以音，叶于記反。見《詩·賓筵》章。

死　俗呼如洗音，叶想止反。見《詩·陟岵》章。

格　俗呼如閣音。古稱廢閣曰廢格。見《唐書》。

客　俗呼如苦藥反。見《易林》。
湯　俗呼熱水曰湯，去聲。見《月令》。
鏖糟　俗指汙穢之物。見《霍去病傳》〔一〕。
縮朒　俗謂人不任事。見《漢·五行志》及《説文》。
鶻突　俗稱人不曉事。見朱子《語録》及《明道雜録》。
鈔暴　俗謂生事凌人。見《漢書》。
蹉屑　上音廾，下音孫。小兒覆行曰蹉，坐地行曰屑。屑亦作𨇾。《集成》云：「學行也。」蹉，《集韻》：「步渡水也。」如今俗言蹉水。
彭亨　俗呼腹脹。見韓昌黎《聯句》。
發笑　俗指可笑之事。見《司馬遷傳》。
唱喏　俗謂作揖。喏音惹。見《玉篇》及《崔煒傳》。
寒毛　人身三萬六千毛孔，有一孔則有一毛，過寒則落而復生，故曰寒毛。見《晉書·夏統傳》。
面孔　俗呼顔面。見唐《傳信記》。

〔一〕霍去病：原誤作「王霸」。

含糊 俗呼語言不清。安禄山斷顔杲卿舌，曰「復能駡否？」杲卿含胡而絶。

活計 俗謂治生理。見白樂天詩。

墨床 音如眉癡。俗言人猶豫不前。見《列子》及皮日休《反招魂》。

流落 俗謂人飄流在外。見《明皇雜録》。

功夫 俗云工夫，本是功字。見《王肅傳》。

惡心 俗呼胸膈中阻。按，惡，糞穢也。見《昌邑王傳》。

上頭 俗呼男女冠笄。見花蘂夫人詞。

薄相 俗謂嬉遊。《吴江志》曰：「孛相，《太倉志》曰白相。」

多許 許，俗音若黑可切，見《隋書》。又問人多少曰幾許，見古詩。問人何在曰何許，見杜詩。又謂裏面爲裹許，見温岐詞。

利市 俗呼利市，其言古矣。見《易·説卦》。

哉 俗謂已然者曰哉。見《毛詩》。

儱侗 音籠統。俗謂凡物散漫。《集韻》：「未成器也。」

子細 俗呼子細。見《北史·源思禮傳》及杜詩。

一出 俗謂一番爲一出。見《世説》林道人語。

不耐煩 俗謂人疏朗。見《庚炳之傳》。

蘆蘣　俗呼蘆席爲蘆蘣。見《琅琊王傳》。
耳邊風　俗謂人聆言不省。見杜荀鶴詩。
不中用　俗謂不堪用。見《陳平傳》。
裏頭空　俗云「外頭閃，裏頭空」。本宋謡。
綿絮　俗呼棉花衣爲綿絮。見《徐則傳》。
人道我　今人噴嚏必曰「人道我」。見《毛詩》注。
剥人面皮　見《語林》賈充謂孫皓語。
笑得齒冷　見《樂預傳》。
以上方言之近古者。
男兒　俗呼二字爲一，男以平聲呼煖字而稍輕，女兒則以去聲呼煖字而稍重。
樓偷頭　俗呼留髮童子也。樓偷二字，疑爲留字之反切，如云留頭也。
鬠　俗呼虹若許候切，其音近於耗。虹見則物耗。
哴　俗呼曬爲哴，音浪。如哴衣之類。
沫露　俗呼霧爲沫露，音轉如迷露。
黴黰　黴音梅，物因久雨而青黑，俗云黴黰是也。黰音軫。
欶　榛入聲，俗言吮物也。亦作齺。

嘱 竹洽切，音劄。口嘸物聲。俗云嘱醎、嘱淡。

刉 音機，俗以綫斷物。

欨呴 上呼郎切，下音吼平聲。俗呼貪食。舊云欨飲。

蘇頭 俗呼儵帨之蘂爲蘇頭。蘇猶鬚，吴音蘇、鬚同呼。

𧝞𧞤 音唻灑，俗言衣服破碎。

褓裙 小兒被爲褓。今則轉呼褓爲抱矣，誤。

坯 音丕。俗呼器物之未成者皆曰坯。

東奞 奞音古本切。俗呼小東爲東，大東爲奞。

橙桃 上登去聲，下條上聲。俗呼狹者橙，廣者桃。

㱏 音真。擲物擊人也。又謂之㧻，音當入聲。俗有此二音。

捥 音烏歡切，俗稱揉物使折。

盪 音湯。俗呼以手推住物。

揿 欽去聲。俗呼以手按住物。

㨮 音蠶。俗呼以手探物。

揵 音乾。俗呼以肩擔物。

抈 音月。俗呼如嚴入聲。以手攫物。

拎　音零。俗呼以手提物。

抵　音點入聲。俗誤作跌打。

擤　音虎梗切，亨上聲。捻鼻出膿。

寣　音忽。俗呼睡一覺爲一寣。

罥斜　眼小一縫，俗音如瀰淒二字。

懊憹　俗稱心悔。

良鬆　俗呼以袖籠手曰相良鬆；良鬆爲籠字之反切。

大　俗呼爲惰。

晏　俗呼爲按。

尺　赤　拆　俗呼爲察。

邪　俗呼爲歪。

姥　俗呼爲媽。

泰　俗呼爲忒。

水　俗呼爲暑。

癩　俗呼爲瘷，音臘。

愈　俗呼爲越。

二 俗呼爲膩。
歸 龜 俗呼爲居。
晷 鬼 俗呼爲舉。
梗 俗呼爲格養反。
授 俗呼爲胄。
江 俗呼爲岡。
瘧 俗呼爲愕。
姊 俗呼爲姐。
手記 俗呼爲手巾。
熨斗 俗呼爲雲斗。
突欒 俗呼團爲突欒。
窟籠 俗呼孔爲窟籠。
留 婁 俗呼婁爲留，亦呼留爲婁。
打唔塗 北人謂鼾睡聲曰打呼，今俗曰打唔塗，即呼字之反切。
問到底 俗見人詰問不已曰「打碎砂鍋問到底」〔一〕。

〔一〕「問」上原衍「到」字。

没傝僫　俗言不謹。
醲釅　俗言膩。
乾𤺥　音干別。俗言不鮮潤。
𣫍𢘱　音練姦。俗言糾纏不已。
瀨㚙　俗言物不中程。
張睃　俗言看。
掇　俗言兩手舉物。
困　俗言臥。
囥　俗言藏。
捅　俗言移。
熬　俗言忍。
幫　俗言助。
叛　俗言避。
賺　俗言得利。
尖鑽　俗言巧。

㲘㲋〔一〕 音兜搭，猶俗言苛細。

㨢㨰 俗言弱〔二〕。

頓 俗言熱物。

攩 俗言遮攔。

坐 俗言貯物。

㽗 俗言蓋。

彀 俗言滿足。

氽 俗言浮。

淌 俗言流。

網 俗言密。

稀 俗言疏。

家生 俗言器。

牢曹 俗言物。

落葉 俗言夾室。

〔一〕㲋：原誤作「㲘」。

〔二〕弱：光緒《寶山縣志》作「約」。

浜　俗言斷港。

猴子　俗言奴。

聯襟　俗稱内姊妹之夫。

犺　俗言獃。

度　入聲，俗言呆。

篾片　俗言媚人。

從容　俗言富。

僂兜　俗言事難理。

攛掇　俗言誘人成事。

賴　俗言不認。

賠　俗言償物。

擺架子　俗言好爲張大。

胖　俗言體肥。

嚕唆　俗言糾纏。

衝撞　俗言犯上。

粃細　俗言煩瑣。

垃圾　音勒塞，俗言積穢。
促恰　俗言不滿意。
碰　俗言相觸。
戤　俗言倚物。
扚　俗言爪掐。
賺績　俗呼蟋蟀。
調羹　俗呼杓。
樓上樓　俗言物一賣再賣。
玀玀　俗言豕。
零星　俗言少。
撤打　俗言整物。
耜頭　俗言鋤。
褥子　俗言花衣。
以上方言之通俗者。

〔民國〕寶山縣再續志

【解題】吴葭修，王鍾琦纂。寶山縣，在今上海市寶山區。「方言」見卷五《禮俗志·風俗》中。録文據民國二十年（一九三一）鉛印本《寶山縣再續志》。

方言　續舊志方言

方言多有音無字，或音近其字而義不可曉者，故前志多不載。今就紀載所見足證沿襲有自者補之如下。

滑汏　謂無立足也，見蘇東坡《秧馬歌》。汏音闥。

絮　謂濡滯不決絶，猶絮之柔軟牽連無邊幅也，見元周密《浩然齋意抄》。

欹　以箸取物也，音羈。或如入聲，見宋趙叔向《肯綮録》。

顱　頭凹也，於交反〔一〕，見《肯綮録》。

窅　目深也，於交反，見《肯綮録》。

眑　面不平也，於交反，見《肯綮録》。

佗　以肩負物也，音陀，見《肯綮録》。

〔一〕交：原誤作「變」。下二條同。

銈　鐵臭也，見《肯綮録》。

鮭　魚臭也，見《肯綮録》。

腌臢　不潔也，庵匝平聲，見《肯綮録》。

尲尬　不正也，音間介，見《肯綮録》。

傀儱　矗而不媚也，上武當切，下音近講，見《肯綮録》。

搏風　屋榮翼也，見宋吴曾《能改齋漫録》。搏音粕。

貼恰　適當也，見宋俞成《螢雪叢説》。

清脱　謂了事也，見宋王巖叟《厚德録》。

贖藥　買藥也，見宋龐元英《談藪》。

歙薄　極薄也，見宋米芾《畫史》。

兹疏　即髭鬚也，見林屋山人《席上腐談》。

柴積　積薪也，積，子賜反，今訛爲際，見《席上腐談》。

摟攬　引取也，見宋晉陽王栐《燕翼詒謀録》〔一〕。

爹爹　稱父也，見宋葉紹翁《四朝聞見録》。

〔一〕詒：原誤作「詔」。

脈肬　腹大也，音孤都，亦作骨朵，朵平聲，見《宋景文筆記》。
籠東　昏迷也，東上聲，見宋羅大經《鶴林玉露》。
僂儸　狡猾也，見宋黄朝英《湘素雜記》。
閴閴霍霍　笑聲也，見宋吕居仁《軒渠録》。
溰河　步涉也，見宋沈存中《夢溪筆談》。
聚笠　傘也，見宋孫穆《鷄林類事》。
家裹　妻也，見宋姚寬《西溪叢話》。
溲　以水和麪也，見皇甫枚《三水小牘》。
顛　圓也，音混，見《肯綮録》。
蠢搓　不謹愿也，上力免切，下除瓦切，見《肯綮録》。
躘踵　行不正也，上良用切，下丑用切，見《肯綮録》。
籹　米不佳也，音糙，見《肯綮録》。
溢瀼　濁也，上音盎，下音怒浪切，見《肯綮録》。
掭　挑燈杖也，添去聲，見《肯綮録》。
竒　支物不平也，音奠，見《肯綮録》。
斗　去水也，音近豁，見《肯綮録》。

唉　飽聲也，哀上聲，見《肯綮録》。

蛻　蛇退皮也，音唾，見《肯綮録》。

掊　弃物也，於陷切，見《肯綮録》。

心曹　心中不快也，曹即愁之轉音，見宋趙德麟《侯鯖録》。

鄒　謂不知禮也，見宋朱翌《猗覺寮雜記》。

〔光緒〕羅店鎮志

【解題】又題《羅谿鎮志》。王樹棻修，潘履祥纂。光緒五年（一八七九）修。羅店鎮，在今上海市寶山區。「方音」見卷一《疆里志上》中。録文據光緒十五年（一八八九）刻本《羅店鎮志》。

方音

五方之民，言語不通，固已。而吾謂言語之異，即同隸一邑，亦若有稍别者，昔人所謂江南寸地鑾也。然而三儂舊俗素産人文，故文雖不雅馴，考其義，半根經史語，雖多陋俗，繹其字不悖古音，豈曰委巷瑣談無關學問，而不節録其概，遂使採風者之無以考鏡哉！

爹　俗呼父爲爹。《楊公筆録》：「爹，父也。杜可切。」《廣韻》《集韻》皆陟遮切，獨章黼《韻學》作丁邪切，正合方音，蓋章吾里人也。

爺　俗呼父爲爺。杜詩：「爺孃妻子走相送。」

媽　俗呼母曰阿媽。《博雅》：「媽，母也。」《字典》俗讀馬平聲。稱母曰媽，正合方音。

坏　俗呼器物之未成者。《後漢·崔駰傳》：「坏冶一陶，羣生得理。」注：「陶瓦未燒曰坏。」又，孕一月未成曰胚，酒之未漉者曰醅，肉臠未成醬者曰肧，皆與坏同音，皆取物未成之義。

哉　謂事已然曰哉。《詩》「蓋云歸哉」「亦已焉哉」，皆止語辭，猶云了也。如俗云罷哉、往哉之類。

猫　俗呼作毛。《山海經》「三苗」一名「三毛」。苗、毛同呼，古有之。

争　俗呼如側羊反，叶陽韻。《詩》：「時靡有争。」

烹　俗呼如普羊反，叶陽韻。如烹酒、烹醋之類。《墨子》：「鼎成三足而方，不炊而自烹，不舉而自臧，不遷而自行。」

横　俗呼如胡羊反，叶陽韻。魏文帝詩：「三五正縱横。」與長、涼叶。

羹　俗呼如古涼反，叶陽韻。《魯頌》《楚詞》《急就章》與陽、房、漿叶。

更　俗呼如公良反，叶陽韻。司馬相如《長門賦》「鬱鬱其不可再更」，叶「季秋之降霜」。

他若盲、撑、生、聲、庚，俗呼皆入陽韻。

又　俗呼如以音。《詩·賓之初筵》「矧敢多又」「室人入又」，並叶於記反。

坑　俗呼如苦央反。《莊子》「在坑滿坑」、《楚詞》「導帝之兮九坑」，皆叶陽韻。

死　俗呼如洗音。《詩·陟岵》：「猶來無死」，叶想止反。

格　俗呼如閣音。古稱廢閣曰廢格。《唐書》：「其議遂格。」

客　俗呼如苦藥反。《易林》：「野鳥山鵲〔一〕，來集六博〔二〕。三梟四散，主人勝客。」《甘氏星經》：炎火之狀，名曰格澤。不有土功，必有大客。澤音鐸，客音恪。他若百、宅、尺、赤、額、陌、麥、坼，俗呼皆入藥韻。

湯　俗呼熱水灼曰湯〔三〕，去聲。《禮·月令》：「如以熱湯。」

兒　俗呼兒爲倪音，漢兒寬亦然，後兒姓改爲倪。《孟子》：「反其旄倪。」注：「小兒也。」

嬲　言人戲擾及作事不循理者，音如裊。嵇叔夜書：「嬲之不置。」

脗　美隕切。兩合無漏貌。俗呼合脣曰脗，又呼脗縫。《莊子》亦作緡。

鹽　以醝淹物俗謂之鹽，作去聲。《禮記·内則》：「屑桂與薑，以洒諸上而鹽之。」亦作鹽。

滭　音筆。《玉篇》：「笮去汁也。」俗又謂之滯漉。滯音帝，漉音厲。

〔一〕野鳥山鵲：原作「山鳥野鵲」，據《易林》改。
〔二〕來：原誤作「飛」，據《易林》改。
〔三〕俗：原誤作「浴」。

弄 俗呼小巷，誤作衖。《南史》：蕭諶接鬱林王出至延德殿西弄，弑之〔二〕。

捘 音尊去聲，揪捉物也。《左傳》：「捘衛侯之手及腕。」今俗呼爲平聲。

捩 音列，俗呼以手捺物。亦作捩，《送窮文》：「捩手翻羹。」又作攦，《莊子》：「攦工倕之指。」

娘子 婦女通稱。隋柴紹妻李氏，平陽公主，典兵，號娘子軍。昌黎《祭周氏二十娘子文》。花蕊夫人《宫詞》：「諸院各分娘子位。」《北里志》詩：「一曲高歌綾一匹，兩頭娘子謝夫人。」是不論貴賤皆稱娘子。今俗稱妻爲娘子。

丫頭 俗呼小婢。劉賓客詩：「花面丫頭十三四。」

百姓 俗呼鄉民。《蒯通傳》：「臣范陽百姓蒯通也。」

鼻頭 俗嘲家奴爲鼻頭，以爲家主所牽制也。《北史》爾朱榮謂兆曰：「汝終當爲其穿鼻。」

冤家 俗呼仇人。梁簡文生，志公賀梁武曰：「冤家亦生矣。」蓋指侯景亦生於是歲也。

亡賴 俗呼不習善者。見《漢・高帝紀》。

財主 俗呼富家。《世説》陳仲弓曰：「盜殺財主，何如骨肉相殘？」

〔二〕弑：原誤作「殺」，據《南史》改。

花娘　罵婦人之賤者。《輟耕録》云：「娼妓爲花娘。」李賀《申屠築歌序》：「命花娘出幙，徘徊拜客。」

蝱伴　蝱，蝗子，蝗飛蔽野，過河則相銜不絶。俗稱人衆爲蝱伴，義取此。見《韻學集成》。

瓜葛　俗以有親曰瓜葛。晉王導與子園綦争道，導笑曰：「相與有瓜葛，那得爾耶？」

日甲　俗呼日如逆。呼日子爲日甲者，以日必從甲而記也。《禮記・郊特牲》：「日用甲，用日之始也。」

月半　俗呼望日，以當一月之半也。《禮記・祭義》：「朔月，月半。」

温暾　俗呼物微煖。王建《宫詞》：「新晴草色煖温暾。」

修娖　俗謂葺理整齊。唐中和二年，修娖部伍。娖音捉，修音轉如搜。

米糝　桑感切。《毛韻》：「米粒和羹也。」孔子厄於陳蔡，藜羹不糝。今俗呼米糝、飯糝，祇謂米粒耳。又，散於物上亦曰糝。

點心　俗以早飯前及午前後小食爲點心。《唐史》：鄭傪夫人顧其弟曰：「治妝未畢，我未及餐，爾且可點心。」知此語唐時已有之。

中飯　俗謂午餐。權德輿詩：「山僧相勸期中飯。」

麩炭　浮炭曰麩炭，見《老學庵筆記》，今俗正如此語。

抽替　俗呼器皿之抽頭。《南史》：殷妃死，孝武思見之，遂爲抽替棺〔一〕，欲見引替覩屍。今或書作抽屜。

蘆蓆　俗謂蘆席爲蘆蓆〔二〕。瑯琊王敬胤遺命〔三〕，一蘆蓆藉下。

褓裙　《玉篇》：「褓，小兒衣也。」孟康曰：「小兒被也。」今俗轉呼褓爲抱，誤。

頓食　俗呼飯次曰一頓。《世説》：「羅友曰：欲乞一頓食。」杜詩：「頓頓食黄魚。」

棉絮　俗呼棉花爲棉絮。《徐則傳》：「隆冬沍寒〔四〕，不服棉絮。」

一出　俗謂一番爲一出。《世説》：「林道人云：今日與謝孝劇談一出來。」

含胡　俗謂言語不清。安禄山斷顔杲卿舌，曰：「復能罵否？」杲卿含胡而絶。

面孔　俗呼顔面。唐《傳信記》：「面孔不似胡孫。」

鏖糟　俗謂汙穢之物。《霍去病傳》〔五〕：「鏖臯蘭下。」注云：「世俗以盡死殺人爲鏖糟。」蓋血肉狼藉之意。

〔一〕抽：《南史》作「通」。

〔二〕謂：原誤作「爲」。

〔三〕胤：原誤作「徹」。

〔四〕沍：原誤作「臥」，據《隋書》改。

〔五〕霍去病：原誤作「王霸」。

功夫　俗云工夫，本功字。《王肅傳》：「太極以前，功夫尚大也。」

流落　俗謂人飄流在外。《明皇雜録》：李白、杜甫、孟浩然雖有文名，俱流落不偶。

寒毛　人身三萬六千毛孔，有一孔則有一毛，過寒則落而復生，故曰寒毛。如鳥獸之毛毨謂之過寒毛。《晉・夏統傳》：「聞君之談，不覺寒毛盡戴。」猶俗言嚇得寒毛直豎也。

惡心　俗謂胸膈中阻。按，惡，糞穢也。《昌邑王傳》：「如是青蠅惡矣。」師古曰：「惡即矢也。」矢，古屎字。越王爲吴王嘗惡。蓋穀物入胃，精華流液四肢，其渣滓下而爲惡，少不運化，則惡氣上逆致惡心也。

年夜　俗呼除夕爲大年夜，前一日爲小年夜。唐人《除夕》詩：「一年將盡夜，萬里未歸人。」

利市　《易・説卦》：「爲近利市三倍。」

中意　俗以心所好者爲中意。《漢書・杜周傳》：「奏事中意，任用。」

一點　俗謂無多物。杜子美詩：「關山同一點。」

自然　俗與人言而深然之，輒曰自然。賈誼《新書》云：「習慣自然。」

響亮　俗以語出高爽爲響亮。《文選・吴都賦》：「鳴條律暢，飛音響亮。」

滋味　《禮記・月令》：「薄滋味。」

留難　俗謂作事故意遲留。焦贛《易林》：「行道留難，不可以涉。」

機關　焦贛《易林》：「甘露醴泉，太平機關。」
料理　《晉書·王徽之傳》：「桓沖嘗謂徽之曰：卿在府日久，比當相料理。」
支持　《魯靈光殿賦》：「豈非神明依憑支持，以保漢室者也。」
冤屈　俗謂冤抑曰冤屈。屈原《九歌》：「撫情效志兮，冤屈而自抑。」
泰謙　《漢書·張安傳》：「上笑曰：君言泰謙，君而不可〔一〕，尚誰可者？」
自在　俗謂自適曰自在。《魏志·齊王紀》注引《魏書》曰：「我作天子不得自在耶？」
一概　《後漢書·王符傳》：「一概悉蒙赦罪。」
性急　《左傳》：「皆笑，曰：公孫之亟也。」杜預曰：「亟，急也。言其性急不能受屈。」
强盗　《後漢書·陳忠傳》：「穿窬不禁，則致强盗。」
時髦　《後漢書》贊云：「孝順初立，時髦允集。」
單身　俗謂無父母妻子者。《左傳》：「收介特。」杜預曰：「介特，單身民也。」
底裹　《後漢書·竇融傳》：「自以底裹上露，長無纖介。」
相打　《晉書·諸葛長民傳》：「富貴之後，常一月中輒十數夜眠中驚起跳踉，如與人相打。」〔二〕

〔一〕而：原脱，據《漢書》補。
〔二〕人：原脱，據《晉書》補。

相罵　《左傳》：「伏已而鹽其腦。」服虔曰：「如俗語相罵云：『嗁女腦矣。』」〔一〕

生事　《公羊傳》：「遂者何？生事也。」何休曰：「生猶造也。」《漢書·陳湯傳》：「禹復爭，以爲吉往必爲國取悔生事〔二〕，不可許。」

著意　《楚辭·九辨》：「罔流涕以聊慮兮，惟著意而得之。」

兩便　《漢書·溝洫志》：「空居與行役，同當衣食。衣食縣官〔三〕，而爲之作，迺兩便。」

比校　《齊語》：「管仲曰：昔我先君，合羣叟，比校民之有道者。」

比方　韋昭《齊語注》：「比，比方也。」《論語注》：「比方人物。」

多許　許，俗音若黑可切。《隋書》：「天下何處有多許賊？」又，問多少曰幾許。《古詩》云：「河漢清且淺，相去詎幾許？」

彭亨　俗呼腹脹。昌黎《石鼎聯句》：「冢腹脹彭亨。」

磨鎔　物漸磨去曰鎔，音裕，今俗呼如異。宋孔顗《鑄錢議》曰：五銖錢，周郭其上下，令不可磨鎔。

〔一〕俗：原脱。女：原誤作「其」，據《左傳正義》改。
〔二〕取悔：原誤作「所悔」，據《漢書》改。
〔三〕衣食：原脱，據《漢書》補。

甋甎　俗呼磚。《扈累傳》：「獨居道側〔一〕，以甋甎爲陣。」

飛風　唐制：馬入上乘局者，依左右閑印以三花，其餘雜馬，以風字印右髆，以飛字印左髆。今俗呼疾速爲飛風，蓋取義於馬耳。

子細　《北史·源思禮傳》：「爲政當舉大綱，何必太子細也。」杜甫詩：「野橋分子細。」

留婁　俗呼婁爲留，亦呼留爲婁。嘉定婁塘呼爲劉塘。《史記》婁敬，高祖賜姓，劉曰婁。《漢儀注》「立秋貙膢」〔二〕，《律歷志》作「貙婁劉」。《北堂書鈔》云：膢音劉。劉，殺也。俗於正月十五爆糯穀，名爲卜流，俗云孛婁。嘉定𨞩城或曰音留，避吴越王鏐名，改呼婁。今俗女兒留髮曰留頭，留亦呼婁。

鈔暴　俗謂生事凌人。漢建武九年匈奴轉盛，鈔暴日增。

勃窣　俗呼人體笨，行步不輕脱者。《司馬相如傳》：「媻珊勃窣上金隄。」

𨁈屑　上音丬，下音孫。小兒覆行曰𨁈，坐地行曰屑。屑亦作𧺆。《集成》云：「學行也。」𨁈，《集韻》：「步渡水也。」如今呼云𨁈水。

經紀　俗稱小本營生者。唐高宗曰〔三〕：「滕王蔣王，自能經紀，不須賜物。」

〔一〕側：原作「旁」，據《三國志》改。

〔二〕貙：原作「貙」，據《爾雅》改。下《律歷志》下同。

〔三〕高：原誤作「太」，據《資治通鑑》改。

縮朒　俗言畏事也。《漢書·五行志》：「王侯縮朒不任事。」

匡當　俗稱被誑曰上匡當。《廣韻》：「當，底當也。」〔一〕徐鉉云：「俗有匡當之言。」

㧜犽　兒啼聲也。《集韻》㧜，於家切，音鴉。犽，牛加切，音牙。楊子《方言》：「吴人謂赤子曰㧜犽。」〔二〕

白衣人　俗呼未進身者。蓋本唐士子入試皆著白衣，故有「白袍子何太紛紛」之語。

小家子　俗呼庸賤人。《漢·霍光傳》：「使樂成小家子得幸大將軍。」

小鬼頭　俗駡人。《青樓集》：曹娥秀呼鮮于伯機爲伯機，鮮于佯怒曰：「小鬼頭，敢如此無禮！」

不中用　俗謂不堪用。《左傳》：「郤子曰：克於先大夫，無能爲役。」注：「不中爲之役使。」《陳平傳》：「事魏不容〔三〕，亡歸楚；歸楚不中〔四〕，亡歸漢。」謂不中用也。中，平聲。

不耐煩　《庚炳之傳》：「爲人强急而不耐煩。」

眼孔淺　俗謂人見物生羡。《書言故事》：桑維翰愛錢，上曰：「措大眼孔小，與錢十萬

〔一〕下「當」字原脱，據《廣韻》補。
〔二〕《方言》無此條，出《集韻》。「犽」字原誤在「加」字下。
〔三〕容：原誤作「中」，據《史記》改。
〔四〕歸：原誤作「事」，據《史記》改。

貫，塞破屋子矣。」

裹頭空　俗云「外頭閃、裹頭空」。宋謠：「臻蓬蓬，外頭花艷裹頭空。」

人道我　今人噴嚏必曰有人道我。《毛詩》：「願言則嚏。」注曰：「今俗人嚏曰人道我。」

剥面皮　俗謂無顔見人。《語林》：「賈充謂孫皓曰：『何以剥人面皮？』皓曰：『憎其顔之厚也。』」

天花板　綺井，又曰藻井。今俗云天花板。見《山房隨筆》。

耳邊風　俗謂人聆言不省。杜荀鶴詩：「百歲有涯頭上雪，萬般無染耳邊風。」

笑得齒冷　《欒預傳》：「此事人笑褚公，至今齒冷，無爲效也。」

以上方音之近古者。

鬣　俗呼虹若吼，音近耗，故謂虹見則物耗。

搇　欽去聲，俗呼以手按住物。

揵　音乾，俗呼以肩擔物。

擤　虎梗切，亨上聲，捻鼻出涕也。俗云擤鼻涕。

寣　言忽，俗呼睡一覺爲一寣。

盪　音湯，俗呼以手推住物。

抈　音月，俗呼如巖入聲，以手攩物。

邪　俗呼爲歪。

姥　俗呼爲母。

水　俗呼爲暑。

二　俗呼爲膩。

大　俗呼爲惰。

晏　俗呼爲按。

鬼　俗呼爲舉。

江　俗呼爲岡。

瘧　俗呼爲鶴。

愈　俗呼爲越。

授　俗呼爲胄。

霞　俗呼爲華。

圍　俗呼爲圩。

石　俗呼爲實若反。

鼻　去聲，俗呼爲别入聲。

嚅　竹洽切，音劄，口嗍物聲。俗云嚅鹹嚅淡。

刉 音機，俗謂以綫斷物。
梗 俗呼爲格養反。
霧 俗呼爲迷露。
魄 俗呼如柏。
太 俗呼爲忒。
掇 俗言兩手舉物。
困 俗言臥。
囥 俗言藏。
捅 俗言移。
熬 俗言忍。
幫 俗言助。
賺 俗言得利。
頓 俗言熱物。
攩 俗言遮攔。
坐 俗言貯物。
匲 俗言蓋。

㲉　俗言滿足。

氽　俗言浮。

淌　俗言流。

網　呼如孟，俗言密。

稀　俗言疏。

浜　俗言斷港。

犺　俗言猷。

度　入聲，俗言呆。

賴　俗言不認。

賠　俗言償物。

胖　俗言體肥。

碰　俗言相觸。

戤　俗言倚物。

扚　音的，俗言爪掐。

㕞　音真，擲物擊人也。又謂之掿，音當入聲。

囝　音煖平聲，俗呼小兒。

哥　俗呼兄。

跪　俗呼如巨。《韻會》跪，巨委切。跪、巨雙聲。

捥　俗稱直者曲之曰捥。《集韻》：「烏丸切，捩也。」

虧　俗呼如驅。《韻會》虧，驅爲切。虧、驅雙聲。

歸　俗呼如居。《廣韻》居有□音〔一〕。攴、微古通。

䜣　《集韻》桑何切，音娑。《類篇》：「視之略也。」俗作睃。字書無睃音，殆因與䜣同切之梭、唆二字而譌轉歟？

拎　俗言以手提物也。《廣韻》郎丁切。《玉篇》：「手懸捻物也。」

燜　俗言物再煮也。《集韻》虎猥切，音賄。

晾　俗呼曬也。《集韻》：「郎宕切，暴也。」

男兒　俗生丈夫子則曰男兒。合二字爲一音，男以平聲呼熮字稍輕，女以去聲呼熮字稍重。

黴黰　《説文》黴音梅，黄梅時物因久雨而青黑，俗云黴黰。黰音軫。

窟籠　俗呼孔爲窟籠。孔字反切也。

〔一〕原爲空格。

乾癟　音干別，俗言不鮮潤。

能哼　俗問詞也。《正字通》能音奈。《集韻》哼，虚庚切。俗呼去聲。

簹籃　俗呼小兒臥具也。《集韻》：「烏侯切，竹器，以息小兒。」

畔　俗呼隱迹也，見《龐居士集》。

懊憦　俗言悔也。《集韻》懊，烏浩切；憦，郎到切。

馬厲　俗言伶俐也。

薄相　俗謂嬉遊。錢大昕詩：「延緑軒前薄相回。」《吴江志》曰孛相，《太倉志》曰白相。

罥斜　眼小一縫。俗言如瀰淒二字。

良鬆　俗呼以袖籠手曰相良鬆。良鬆爲籠字之反切，謂相籠也。

家生　俗言器。

牢曹　俗言物。

零星　俗言少。

垃圾　音勒塞，俗言積穢。

僂兜　俗言事難理。

攛掇　俗言誘人成事。

從容　俗言富。

篾片　俗言媚人。
快活　俗言歡喜。
醲釅　俗言膩。
嚕唆　俗言糾纏。
促恰　俗言不滿意。
天好　俗言晴。
衝撞　俗言犯上。
調羹　俗言杓。
耜頭　俗言鉏。
突欒　俗呼團爲突欒，即團字之反切。
冰片　俗言雹。
橙䟫　上登去聲，下條上聲，坐具。俗呼狹者爲橙，廣者爲䟫。
落葉　俗言夾室。
玀玀　俗言豕。
賺績　俗言蟋蟀。
褥子　俗言花衣。

撤打　俗言整物。
雲斗　俗呼熨斗。
敕悬　音練姦，俗言糾纏不已。
慣常　俗謂向來如此，慣習也，常久也，言習之已久也。
尖鑽　俗言巧於尋事。
龜　俗呼爲居。
彭朋　俗呼皆如皮良反。
蘇頭　俗呼絛帨之蕊爲蘇頭。蘇猶鬚，吴音蘇、鬚同呼。
擺架子　俗謂好爲張大。
問到底　俗語：「打碎砂鍋問到底。」汪价曰：問音璺。《方言》：「器破未離謂之璺。」砂鍋質薄，損則其璺到底。故詰問不已假借斯語。
打唔塗　北人謂鼾睡聲曰打呼，今俗曰打唔塗，即呼字之反切。
樓上樓　俗言物一賣再賣。
雲頭喝馬　俗言作事不根者。
陰司秦檜　俗言暗地損人者。

〔光緒〕月浦志

【解題】張人鏡纂。月浦，今上海市寶山區月浦鎮。「方音」見卷九《風俗志》中。録文據光緒十四年（一八八八）稿本《月浦志》。

方音

看曰張、曰望、曰睃。執曰當。去聲。兩手曰掇。臥曰困。藏曰囥。移曰捅。音統。忍曰熬。按曰揿。音慶。助曰幫。積物曰頓。避曰躲、曰叛。得利曰賺。巧曰摟搜、曰尖鑽。苛細曰甦毸〔一〕。音兜搭。能曰張主。弱曰偎㑳。機變曰乖、曰唧嗰。無著落曰尷尬。一番曰一潑，有幾番曰頭潑、二潑。已往曰過頭。熱物曰頓。熱酒曰湯。去聲。遮攔曰攩。貯物曰坐。蓋曰㔶。滿足曰觳。浮曰氽。音吞上聲。帛薄曰澆。瀉曰篩。稠曰綢。疏曰稀。首飾曰頭面。鞋曰腳手。器曰家生。物曰牢曹。火室曰落葉。屋旁曰山頭。階磴曰礓礤。斷港曰浜。筯曰快。閒遊曰白相。手記曰巾。

子女曰大細。男曰囝。音煖平聲。女曰囡。音煖去聲。奴曰猴子。婢曰丫頭。妾曰姬娘。内姊妹之夫曰聯襟。謂人之僕曰鼻頭。隨母再嫁曰他有名。俗呼如拖油瓶。

〔一〕毸：原誤作「毸」。

猷謂之犺。呆謂之度。入聲。媚于人者曰篾片。拙于逢時曰秋。富人曰財主、曰從容。不循理曰蠻門。事難理曰累墜，又爲僂兜。誘人成事曰攛掇。不認曰賴。償物曰賠。習聲歌者曰清客。作事無據曰没雕當。入聲。好爲張大曰擺架子。眼作細縫曰眲斜。音瀰妻。目脂曰眼眵。體肥曰胖。體瘦曰清減。不豪爽曰敕㥩。音練簡。糾纏曰嚕唆。悔心曰懊憹。犯上曰衝撞。事煩瑣曰粃細。物穢曰鏖糟。積穢曰垃圾。音勒塞。衣服破曰襴裰。袖籠手曰相籠鬆。太甚曰忒煞。物不中程曰癩痂頭。物不適用曰呆剩貨。物下垂曰離提。音如。不滿人意曰促恰。物不鮮潤曰乾癟。膩曰醲醲。據地行曰躄。細行曰趀。音色。相觸曰碰。倚物曰戤。提物曰拎。擲物曰㞟〔一〕，音真。亦曰摜。手扳曰挧。音巖入聲。手握曰捘。音尊。爪掐曰扚。音的。去涕曰擤。音狠。平曰戳子。酒壺曰注子。蟋蟀曰賺績。杓曰調羹。物已賣再賣曰樓上樓。霧曰迷路。豕曰玀玀。少曰零星。全曰蔥當。整物使潔曰撤打。犂曰鐵笴。鋤曰耜頭。針曰引線。筐曰籃。舂米曰碓。醋曰秀才。浄花曰縟子。賣買曰生意。虹曰鱟。圍曰圩。授爲胄。江爲岡。瘧曰痵。泰爲忒。水爲暑。霞爲華。厲爲賴。積爲穄。如柴穄之類。癩爲癞。音朧。愈爲越。團爲突欒。孔爲窟籠。圈爲屈攣。精爲即零。壺爲葫蘆。鬼爲舉。大爲惰。二爲膩。歸、龜爲居。姊爲姐。緣爲沿。姥爲嫣。捝爲捏。懣爲悶。盤摶爲剥。者爲這。核

〔一〕㞟：原誤作「殿」。

桃爲胡桃。幺邪爲歪。燙斗爲雲斗。

〔民國〕楊行鄉志

【解題】陳亮熙纂，陳克襄補。楊行鄉，在今上海市寶山區。「方音」見卷五《風俗志》中。有民國三十二年（一九四三）鈔本。録文據上海社會科學院出版社二〇〇五年版「上海鄉鎮舊志叢書」本《民國楊行鄉志》。

方音

儂，稱你曰儂。例如「這東西是你們的」，鄉音曰「第個物事儂嗒噶」。

伊，稱他曰伊，或伊塔堨。

我，自稱曰吪。吾之轉音。例如「這東西是我們的」，鄉音曰「第格物事吪哩噶」。

祖父稱公公也，又曰大爹。

祖母稱親媽也，又曰阿婆。

父親稱爹爹，又曰爺爺，或叫阿爸，或稱爺。

母親稱阿媽，又稱姆媽，又叫娘。

夫稱官人，俗曰伊帶爺。

妻稱娘子，又曰屋裡向，俗曰伊帶娘。

子稱呢子，又曰小囝，再稱猴子。
女稱丫頭，又曰阿囝。
小兒作踐曰蠻囝。誇獎小孩子曰伶俐，又稱活靈。
小兒肥胖曰扎頓來。
催促小兒吃飯曰快點吼。
稱小兒轉變快曰派剌貨。
小兒不會走曰碰小兒。
貪嘴曰饞得來。
謂人性急曰像個捉勿着。
作事不成曰弄僵忒。
洗衣曰汏衣裳。
説謊曰滑頭。
纏勿明白曰天曉得。
謂人不識貨曰洋盤。
作事無精神曰勿起勁。
作事求人幫助叫船幫水、水幫船。

稱人兇暴曰大好佬，又曰大哼，又稱哼頭。
謂人懦弱無用曰嘸猛用。
控制他人曰捏得住，又曰三雙指頭扫讀兀粒螺螄。
物完整而不殘缺曰囫圇。
多言多語曰嚕嗦。
事之難措辦者曰尲尬。同尷尬。
地方狹窄曰偪促。
瞎説亂話曰嚼蛆。
堆積穢物曰垃圾。讀勒色。
不潔凈曰齷齪。讀惡戳。
羊叫曰麥咩咩。
鷄鳴曰喔喔啼。
呼狗曰噁嚨嚨。
呼猫曰阿咪咪。
造屋曰哼房子。
反悔曰噢咾噶。

答應作事曰噢，又曰曉得哉。

方音迨寶山一邑亦各各不同，所謂鄉音處處別。或有音無字，或音近其字而義不可究詰者，今就本鄉之土白約記如上。

〔萬曆〕嘉定縣志

【解題】韓浚修，張應武纂。嘉定縣，在今上海市嘉定區。「方言」見卷二《疆域考·風俗》中。録文據萬曆三十三年（一六〇五）刻本《嘉定縣志》。

方言

土人以九九識寒暄之節，其言曰：一九二九，相見不出手。三九廿七，樹頭吹觱栗。四九三十六，夜眠如露宿。五九四十五，窮漢接頭舞。六九五十四，樹頭青漬漬。七九六十三，布衲兩頭擔。八九七十二，猫狗討陰地。九九八十一，犂耙一齊出。

其在夏至後者曰：一九二九，扇子不離手。三九二十七，飲水甜如蜜。四九三十六，拭汗如出浴。五九四十五，頭帶黄葉舞。六九五十四，乘涼入佛寺。七九六十三，牀頭尋被單。八九七十二，思量蓋夾被。九九八十一，家家打炭墼。此語稍僻，人或未有知者。見太倉王司寇《宛委餘編》。

〔康熙〕嘉定縣志

【解題】趙昕修，蘇淵纂。嘉定縣，在今上海市嘉定區。「方言」見卷四《風俗》中。録文據康熙十二年（一六七三）刻本《嘉定縣志》。

方言

儂　俗呼我爲吾儂，呼人曰你儂，對人呼他人曰渠儂。故嘉定號三儂之地。隋煬帝宫中喜效吴言，多有儂語。《錢王歌》：「你輩見儂的歡喜，永在我儂心子裏。」

渠　俗呼他人曰渠，他家曰渠家。宋陳無己曰：「汝豈不知我不著渠家衣耶？」

爹　俗呼父爲爹。《楊公筆録》：「爹，父也。當杜可切。今人呼父不用此音，語轉也。」《廣韻》《集韻》爹皆陟遮切，獨章《韻》丁邪切，正合方音。章，嘉定人也。

傖　《晉陽秋》云：「吴人謂北人爲傖。」《韻會》：「吴人駡楚人曰傖。」今俗駡人曰個傖是也。陸抗曰：「幾作傖鬼。」顧辟疆曰：「不足齒之傖。」陸機《與弟書》云：「此間有一傖父，欲擬作《三都賦》。」

爺　俗呼父爲爺。杜詩：「爺娘妻子走相送。」盧仝：「憑仗添丁莫惱爺。」

那　那，乃可切。《韻會》：「何也。」今問何人曰那個。一曰問何人曰遐個。《詩》云：「遐不作人。」注：「遐，何也。」

癡種　俗駡人曰癡種。《越絶書》云：「慧種生聖，癡種生狂。」

花娘　俗駡婦人之賤者曰花娘。《輟耕録》云：「娼妓爲花娘。」李賀《申胡觱篥歌序》「命花娘出幙，徘徊拜客」是也。

客作　俗訴人傭工曰客作。《三國志》：「焦先饑則出爲人客作〔一〕，飽食而已。」

丫頭　俗呼小婢曰丫頭。劉賓客詩：「花面丫頭十三。」

姏婆　俗駡老婦曰姏婆。姏音鉗。《晉書》：「姏姆尼僧。」〔二〕姏婆之老者能以甘言悦人，故曰姏。

百姓　俗呼鄉民爲百姓。蓋亦有本。《蒯通傳》：「臣范陽百姓蒯通也。」

奴材　俗呼人之不肖者曰奴才。郭子儀云：「子儀諸子皆奴材也。」

婟嫪　《要雅》：「娼謂遊壻曰婟嫪。」俗作孤老，字無謂。《説文》「士無行者曰婟毐」「嫪，婟也」可証。

冤家　俗呼讎人爲冤家。梁簡文始生，志公賀梁武曰：「冤家亦生矣。」蓋指侯景亦生于是歲也。

亡賴　俗呼人之不習善者曰亡賴。《漢高帝紀》：「始大人常以臣亡賴。」注：「謂無利入

〔一〕先：原誤作「光」。出：原脱，據《三國志》補。
〔二〕尼僧：原誤作「傳尼」，據《晉書》改。

于家也。」

囊家　俗呼醵酒爲囊家。《塵史》云：「世之糾率蒲博者，謂之囊家。」

賴子　俗呼攘奪無恥者爲賴子。《五代史》高從誨爲高賴子。

老狗　俗駡人曰老狗。《漢武故事》：「栗姬嘗駡上爲老狗。」

老奴　俗駡人曰老奴。單故謂嵇康曰〔一〕：「老奴，汝死是其分。」

孲𡥋　鴉牙二音。俗以兒啼則口作孲𡥋之聲以慰之。司空圖文「女則牙牙學語」，亦此説也。

賤累　俗呼妻子曰賤累。又子女多曰累重。《西域傳》：「募民壯健有累重敢徙者詣田所。」注：「累謂妻子家屬也。」

雜種　俗駡小兒桀猾不循理者曰雜種。《晉書·前燕載紀》贊曰：「蠢茲雜種。」〔二〕梁邱遲書：「姬漢舊邦，無取雜種。」

經紀　俗鄙人營生者曰經紀。唐高宗勅滕王、蔣王曰〔三〕：「滕叔、蔣兄自能經紀，不須賜物。」

〔一〕故：《三國志注》作「固」。
〔二〕蠢：原誤作「蠶」，據《晉書》改。
〔三〕高：原誤作「太」，據《資治通鑑》改。

娘子　俗通稱婦女曰娘子。隋柴紹妻李氏，唐平陽公主，典兵，皆號娘子軍。昌黎有《祭周氏二十娘子》文。花蘂夫人《宫詞》：「諸院各分娘子位。」《北里志》詩：「一曲高歌綾一匹，兩頭娘子謝夫人。」是不論貴賤皆得稱娘子也。

夫娘　俗駡婦女之淫賤者曰夫娘。蓋本元末苗寇平江、松江，以婦人豔而皙者畜爲婦，曰夫娘。今遂成此語，作駡詞也。

男兒　俗凡生丈夫子則曰男兒，鄉音合男兒二字爲一，若以平聲呼煖字而稍輕；女兒則以去聲呼煖字而稍重。

拏兒　《姑蘇志》：「俗呼女兒爲拏兒。」拏音如拿，兒音如倪。

財主　呼富室曰財主。《世説》：「陳仲弓曰：盜殺財主，何如骨肉相殘？」

蝻伴　蝻，蝗子。蝗飛蔽野，過河則相銜而過，亹亹不絶。俗呼人衆相從爲蝻伴，義取諸此也。説載《韻學集成》。

瓜葛　俗以有親曰瓜葛。王導與子圍棊争道，導笑曰：「相與有瓜葛，那得爾耶？」

老物　俗斥年長者爲老物，實非惡語，人亦物也。《周禮·籥祭章》：「祭蜡，以息老物。」

小家子　俗呼庸賤鄙薄之人曰小家子。《霍光傳》：「使樂成小家子得幸大將軍。」

家生兒　凡奴婢所生子俗呼爲家生兒。《陳勝傳》：「免驪山徒、人奴産子。」師古曰：「奴

産子，猶今人云家生奴也。」〔一〕

某家底　俗輕薄人呼爲某家底。唐張嘉貞爲舍人，崔湜輕之，呼爲張底。

小鬼頭　俗駡人曰小鬼頭。《青樓集》曹娥秀呼鮮于伯機爲伯機，鮮于佯怒曰：「小鬼頭敢如此無禮。」

白衣人　俗呼未進身者爲白衣人。蓋本唐士子入試皆著白衣，故有「白袍子何太紛紛」之語。

瓦剌國　瓦剌國人最醜惡，故北人詆婦女之不正者曰瓦剌國。今俗轉其音，如呼歪癩鼓也。

樓偷頭　俗呼留髮童子曰樓偷頭。疑樓偷二字爲留字之反切，如云留頭也。

虁　俗呼虹若許候切，字從虁，音近於耗，故謂虹見則物耗。

晲　俗呼曬爲晲，音浪。如呼曬衣爲晲衣之類。

晵晝　俗呼雨晝止曰晵晝，音牽去聲。諺云：「晝晵不如晚晴。」楊用修曰：「雨而晝見日曰晵。」

沫露　俗呼霧爲沫露，音轉如迷露。諺云：「十月沫露塘濫，十一月迷露塘乾。」

〔一〕今：原脱，據《漢書注》補。

月半　俗呼望日爲月半，出《禮記》。

日子　逐日計數也，出《魏書》。

温暾　俗呼物微煖曰温暾。王建《宫詞》：「新晴草色煖温暾。」

風花　雲如斑駁形，俗謂之風花。晁無咎詩：「明日揚帆應改駛，蒸雲散亂作風花。」

黴黰　《説文》黴音梅，物中久雨而青黑。今黄梅時，水潤土溽，蒸而成雨，服器皆著潮濕致黴，俗云黴黰是也。黰音軫。

弄　俗呼屋下小巷爲弄。《南史》蕭諶接欝林王出至延德殿西弄，弑之。俗作衖，非。

科座　《考槃》詩：「碩人之薖。」《説文》：「薖，草也。」音科。俗所云科座也。阿，即窩也。言考槃于山之阿，即我之科座也。

斯木　俗以細鋸解木曰梳，本作斯，析也。《詩》：「斧以斯之。」

修娖　俗謂葺理整齊之爲修娖。唐中和二年，修娖部伍。娖音捉。

天花板　綺井謂之鬬八，又曰藻井。今俗云天花板也。《山房隨筆》：「元好問妹手自補天花板。」

欿　榛入聲。俗言吮物曰欿，亦作齸。俗言齸其滋味。

嘱　竹洽切，音劄。口嗍物聲。俗語曰嘱鹹、嘱淡是也。

滗　音筆。《玉篇》：「笮去汁也。」俗又謂之滯漉。滯音帝，漉音厲。

燘　音毁。俗呼物再煮爲燘。

鹽　以鹺醃物俗謂之鹽。作去聲。《内則》「屑桂與薑，以洒諸上而鹽之」是也。亦作塩。

蜇　俗謂食惡味而傷其口爲蜇。《列子》「口惨于腹」是也。蜇音哲，蟲螫也。《左傳》：「蜂蠆有毒。」謂傷口如蟲螫也。

饑　音機。俗以線斷物食之呼爲饑。

劗　俗以細剉肉糅以薑桂曰劗。齊東昏時謡「趙鬼食鴨」〔一〕。劗，謂細切物也。

頓食　俗呼飯次曰一頓。《世説》羅友曰：「欲乞一頓食。」杜詩：「頓頓食黄魚。」

米糝　桑感切。《毛韻》：「米粒和羹也。」孔子厄于陳蔡，藜羹不糝。今俗呼米糝、飯糝，祇謂米粒耳。又散于物上曰糝，如糝鹽、糝椒之類。

點心　俗以早飯前及午前、午後小食爲點心。《唐史》：「鄭傪夫人顧其弟曰：『治粧未畢〔二〕，我未及餐，爾且可點心。』」知此語唐時已然矣。

齁欱　上音丘加切，下音火洽切。《楊公筆録》云：「俗謂大齧爲齁，大歠爲欱。當用此二字。」

白𤸎　音斧。俗呼食物生白毛曰白𤸎。

〔一〕食：原誤作「入」，據《南史》改。

〔二〕粧：原誤作「粎」。

欱呴　上呼郎切，下音吼平聲。俗呼貪食爲欱呴。舊云欱歆。

麩炭　《老學庵筆記》：「浮炭曰麩炭。」今俗正如此語。

中飯　俗謂午餐曰中飯。權德輿詩：「山僧相勸期中飯。」

飽蓬蓬　古謡云：「一尺布，煖融融。一斗粟，飽蓬蓬。兄弟二人不相容。」蓬蓬，俗音訛同同。

蘇頭　俗呼絛帨之蘂爲蘇頭，即古流蘇之義也。蘇猶鬚也，吴音蘇、鬚同呼耳。

綿絮　俗呼綿花衣爲綿絮。《徐則傳》：「隆冬沍寒，不服綿絮。」

襰䙰　上音唻，下音灑。俗呼衣服破碎也。猶言襤褸。

褓裙　小兒被爲褓，如俗呼褓裙、褓被是也。今則轉呼褓爲抱矣，誤。

幡布　晉人云：「不見酒家幡布乎？」今俗呼幡布爲抹布。船中則云轉布，忌翻、抹也。

紉箴補綴　俗謂補整舊衣也。紉，方音如鄰聲，本尼鄰切。《禮記》「衣裳綻裂，紉箴請補綴」是也。

坏　音丕。俗呼器物之未成者皆曰坏。又，孕一月未成曰胚，酒之未漉者曰醅，肉醬未成醬者曰㕽，皆與坏同音，皆取物未成之義。

縛　繩縛之縛，音符遇切，如俗謂草索爲草縛、篾索爲篾縛是也。繫縛之縛，音符約切，如俗謂縛牛、縛馬之類。

磨鋊　物漸磨去曰磨鋊。鋊音裕。今俗呼如異。宋孔顗《鑄錢議》曰：「五銖錢，周郭其上下，令不可磨鋊。」

束奞　奞音古本切。俗呼小束爲束，大束爲奞。

橙兆　上音登去聲，下音條上聲。坐具。俗呼狹者爲橙，廣者爲兆。

急須　今人以煖酒器爲急須，音如的蘇，蓋吴音須與蘇同也。

離提　提音時。《毛詩》：「其桐其椅，其實離離。」注：「垂也。」又「歸飛提提」，亦訓垂也。然則方言離提二字合動植而爲言也。

黄撰　俗呼好錢曰黄撰。漢武造白金三品，一曰白撰。錢乃銅造〔一〕，故俗呼黄撰。

匡當　當去聲。《韓子》：「人主漏言，如玉卮無當。」《廣韻》：「當，底當也。」徐鉉云：「今俗猶有匡當之言。」

䉱籃　俗呼小兒臥具爲䉱籃。䉱音歐，竹器，以息小兒。

手記　俗呼指鐶曰手記，出鄭玄《詩箋》。

抽替　俗呼器皿之抽頭曰抽替。《南史》：殷妃死，孝武思見之，遂爲抽替棺〔二〕，欲見則引替覩屍。

〔一〕乃銅造：原脱，據乾隆《蘇州府志》等補。
〔二〕抽：《南史》作「通」。

蘆蔙　俗呼蘆蓆爲蘆蔙。琅邪王敬胤遺命〔一〕，一蘆蔙藉下。

甀甎　俗呼磚曰甀甎，出《扈累傳》：「獨居道旁，以甀甎爲障。」

那　俗於語後必綴一那字。《後漢書》：「公是韓伯休那？」注：「那，語餘聲也。音乃賀切。」

哉　俗謂事已然曰哉。《詩》：「蓋云歸哉，亦已焉哉。」皆止語詞，猶云了也，如俗云罷哉、住哉之類。

且　音若嗟。語尾綴字。如來曰來且、去曰去且之類。《國風》：「彼留子且。」

越　音薰入聲。忽來忽去也。俗語越來越去。

始　草木穉而初萼者曰始，音如試。《月令》：「桃始華。」林間翁曰：「始，試也。」宋人詞「褪粉梅梢〔二〕，試花桃樹」是也。

猫　俗呼猫作毛音。《山海經》「三苗」，一名「三毛」。知苗、毛同呼古有之矣。

捘　音尊去聲。揪捉物也。《左傳》：「捘衛侯之手。」今俗呼捘爲平聲。

㪅　音真。擲物擊人也。又謂之㧻，音當入聲。俗有此二音。

〔一〕胤：原誤作「徹」。

〔二〕褪：原誤作「腿」。

捽　音卒。持人頭髮爲捽髮。漢金日磾捽胡。

捥　音烏歡切，音剜。俗稱揉物使折也。

挒　音列。俗呼以手捺物也。亦作捩。《送窮文》：「捩手翻羹。」亦作攦。《莊子》：「攦工倕之指。」

搡　音顙。俗呼以手推去物也。

盪　音湯。俗呼以手推止物也。

𠠻　音堆上聲。俗呼以手扯物也。

揿　音欽去聲。俗呼以手按住物也。

撍　音譖平聲。俗呼以手握物也。

撏　音蠶。俗呼以手探物也。

扚　音的。俗呼以手掐物也。

搌　力展切。般運也。《南史》：「何遠爲武昌太守，錢買井水，不受錢者，搌水還之。」今俗語般茶搌水。

揵　音乾。俗呼以肩擔物也，出《史記》。

抈　音月。俗呼如巖入聲。以手攑物也。

拎　音零。俗呼以手提物也。

𢷐 音點入聲。今拳棍家𢷐打是也。俗訛作跌打。

𡐝 俗呼跌打之甚也。

擤 音虎梗切，亨上聲。捻鼻出膿也。俗云擤鼻涕。

脗 音美隕切。兩合無漏貌。俗呼合唇曰脗。又呼脗縫。《莊子》亦作緡。

㾪 音省。俗稱人瘦曰瘦㾪。

𪏭 言人戲擾不已及作事不循理者曰𪏭。音如梟。稽叔夜書：「𪏭之不置。」

兒 俗呼兒爲倪，漢兒寬亦然。後兒姓改爲倪也。

争 俗呼争爲側羊反。《詩・烈祖》：「時靡有争。」

烹 俗呼如普羊反。如煮物、烹酒、烹醋之類。《墨子》：「鼎成三足而方，不炊而自烹，不舉而自臧，不遷而自行。」

横 俗呼如胡羊反。魏文帝詩「三五正縱横」，與長、凉叶。

羹 俗呼如古凉反。《魯頌》《楚辭》《急就章》與陽、房、漿爲韻。

坑 俗呼如苦央反。《莊子》：「在坑滿坑。」《楚辭》：「導帝之兮九坑。」皆叶陽韻。

更 俗呼如岡音。《長門賦》「鬱鬱其不可再更」，叶「季秋之降霜」。他若盲、筝、撑、錚、生、聲、轟，俗呼皆入陽韻也。

又 俗呼又與以音同。《詩・賓之初筵》「矧敢多又」「室人入又」，並叶于記反。

死　俗呼死與洗音同。《詩·陟岵》：「猶來無死。」叶想止反。

壞　俗呼與毁音同。《詩》：「譬彼壞木。」

兄　俗呼兄爲況。《毛詩》：「倉兄填兮。」

魄　俗呼如匹藥反。古稱貧無家業曰落魄。本音拓也。

格　俗呼如閣音。古稱廢閣曰廢格。《唐書》：「其議遂格。」

客　俗呼如苦藥反。《易林》：「野鳥山鵲〔一〕，來集六博〔二〕，三梟四散，主人勝客。」《甘氏星經》：炎火之狀名曰格澤。「不有土功，必有大客。」澤音鐸，客音恪。他若白、百、宅、尺、赤、額、擇、迫、拍、陌、麥、嚇，俗呼皆入藥韻也。

湯　俗呼熱水灼曰湯，去聲。《禮·月令》：「如以熱湯。」

寣　音忽。俗呼睡一覺爲一寣。睡正熟謂之寣頭，睡多不即醒謂之失寣。

邊幅　俗稱修整容貌曰修邊幅。《馬援傳》：「修飾邊幅。」注言：「若布帛修飾其邊幅也。」

鏖糟　俗指汙穢之物曰鏖糟。本《霍去病傳》「鏖皋蘭下」注云〔三〕：「世俗以盡死殺人爲

〔一〕野鳥山鵲：原作「山鳥野鵲」，據《易林》改。
〔二〕來：原誤作「飛」，據《易林》改。
〔三〕霍去病：原誤作「王霸」。

鏖糟。」蓋血肉狼籍之意也。

勃窣　俗呼人體笨，行步不輕脱者曰勃窣。窣音孫入聲。《司馬相如傳》「嫛珊勃窣上金隄」是也。

夭邪　夭音歪。俗呼婦人身容不正曰夭邪。唐詩：「錢塘蘇小小，人道最夭邪。」作歪邪，非。

不快　俗稱人有病曰不快活。《華佗傳》[一]：「體有不快，起作一禽之戲。」

娩娩　俗謂人柔纏曰娩娩。《列子》作眠娗。音免腆。《太倉州志》謂「不倜儻任事也」。

卒暴　俗謂人性急曰卒暴。《前漢・陳湯傳》：「興卒暴之師。」注：「卒，讀曰猝。」

數説　俗謂責人曰數説。《左傳》：「乃執子南而數之。」[二]又如漢高之數項羽、范睢之數須賈，所謂數其罪而責之也。

縮朒　俗謂人不任事爲縮朒。《漢・五行志》：「王侯縮朒。」《説文》：「朔而月見東方謂之縮朒。」亦取不申達之象。

鶻突　俗謂人憒憒不曉事曰鶻突，出朱子《語録》。《宋史・吕端傳》作糊塗。《明道雜

[一] 佗：原作「陀」。
[二] 南：原誤作「商」，據《左傳》改。

録》：錢穆内相決大滯獄，蘇長公譽以霹靂手〔一〕。錢曰：「僅免葫蘆蹄。」《灼艾集》云：「葫蘆，音鶻突。」

鈔暴　俗謂生事凌人曰鈔暴。漢建武九年，匈奴轉盛，鈔暴日增。

欸誒　二字俱音愛。俗相應之聲曰欸，相惡之聲曰誒。只在呼詞嗔喜輕重之間耳。

⿱並疋屑　上音爿，下音孫入聲。小兒覆行曰⿱並疋，坐地行曰屑。屑亦作⿰甚九。《集成》云：「⿰甚九⿱並疋，學行也。」⿱並疋，《集韻》：「步渡水也。」如今俗言⿱並疋水。

彭亨　俗呼腹脹曰彭亨。韓文公《石鼎聯句》：「豕腹脹彭亨。」

罝斜　眼小一縫，俗呼罝斜。罝，彌耶切。《中原雅音》作乜斜。

懊憹　俗稱心悔也。

放手　俗謂貪縱爲非爲放手。《後漢書》：「殘吏放手。」

發笑　俗指可鄙笑者曰發笑。《司馬遷傳》：「適足以發笑而自點耳。」

嗑嗑　許甲切。俗笑聲，出《莊子》。

哈嚴　上音海平聲，下音酷。哈哈，笑聲。嚴嚴，哭聲。二字最與俗發聲相似。

唱諾　俗謂作揖曰唱諾。喏音惹。《玉篇》：「喏，敬言。」謂作揖以道敬意也。《春渚紀

〔一〕公：原脱，據《明道雜録》改。

聞》云：「才仲攜一麗人登舟，即前聲喏。」《崔煒傳》：「使者唱喏。」

縮囊　俗呼人以漸貧窘曰縮囊。出《易林》「利少囊縮」。

榾榾　若骨切。用力之甚。《莊子》：「榾榾然。」

歡喜　《史記》：「民得以接歡喜。」俗祀竈曰謝歡喜，諱竈如躁音也。

寒毛　人身三萬六千毛孔，有一孔則有一毛，過寒則落而復生，故曰寒毛。亦鳥獸之毛毨謂之過寒毛也。《晉·夏統傳》：「聞君之談，不覺寒毛盡戴。」猶俗謂言嚇得寒毛孑豎也。

面孔　俗呼顏面爲面孔。唐《傳信記》：「面孔不似胡孫。」

含胡　俗呼語言不明曰含胡。唐安禄山斷顏杲卿舌，曰：「復能駡否？」杲卿含胡而絕。

活計　俗謂生理者曰活計。白樂天詩：「休厭家貧活計微。」

即零　俗呼精曰即零。精字反切也。

良鬆　俗呼以袖籠手曰相良鬆。蓋良鬆爲籠字之翻切。相良鬆，謂相籠也。

㚩㚩　音烈挈二音。俗謂人胸次不平坦，舉事執拗，以乖忤人爲賢者也。《漢書》：「㚩㚩而無志節。」

有身　俗呼懷孕者爲有身。《高帝紀》：「已而有娠。」孟康曰：「娠，音身。」《漢書》身多作娠〔二〕，古今字也。

〔一〕　書：原誤作「史」。

懁蠻　懁，呼關切。俗呼小兒之頑者爲懁蠻。《中原雅音》：「懁，頑慢也。」《漢皋詩話》又載豩字云：「呼關切，頑也。」劉夢得詩：「盃前膽不豩。」《禮部韻》《唐韻》俱不收。

襶襶　人性乖劣，俗呼襶襶。俗音襶如賴。古樂府：「今世襶襶子，觸熱向人家。」

墨屎　音如眉癡。俗言人猶豫不前猛者曰墨屎。《列子》：「墨屎單至。」皮日休《反招魂》：「上曖昧而下墨屎。」

蘿苴　上朗假切，下音鮓。俗謂人放縱無檢也。山谷曰：「蘿苴，泥不熟也。中州人謂蜀人放誕不遵軌轍曰川蘿苴。」

佁儗　音如熾膩。俗謂人進退不果曰佁儗。相如賦：「仡以佁儗。」柳子厚：「紛若倚而佁儗兮。」師古：「又音態礙。」今俗謂人遲慢自大亦如此音。

跳槽　今娼家以嫖客他戀爲跳槽。本元人傳奇謂魏明帝爲跳槽。案，明帝納虞氏爲妃，及毛氏有寵而黜虞氏，其後寵郭夫人，而毛氏亦愛弛，故云跳槽也。

流落　俗謂人飄流在外曰流落。《明皇雜録》〔一〕：「李白、杜甫、孟浩然，雖有文名，俱流落不偶。」

功夫　俗云工夫，本作功字。《王肅傳》：「太極以前，功夫尚大也。」

〔一〕皇：原作「王」。

惡心　俗呼胸膈中阻逆曰惡心。案，惡，糞穢也。《昌邑王傳》：「如是青蠅惡矣。」師古曰：「惡即矢也。」矢，古屎字。越王爲吴王嘗惡。蓋穀物入胃，精華流液四肢，其渣滓下而爲惡，小不運化，則惡氣上逆，致惡心也。

上頭　俗呼男女冠笄曰上頭。花蕊夫人《宫詞》：「新賜雲鬟使上頭。」

飲飛　俗呼惡少趫捷者曰飲飛。飲音如側，蓋即指漢飲飛。

郎當　俗呼人之衰憊者曰郎當。詩有「鮑老郎當舞袖長」之句。

羹庚　俗呼羹庚二字與岡音同。《詩·烈祖》「亦有和羹」，《蕩》「如沸羹」，並叶盧當反。

彭朋　俗呼彭朋二字爲皮良切。「出車彭彭」。劉向《九嘆》朋與光叶。

行衡　俗呼行衡二字與杭音同。《詩·北風》「攜手同行」，《閟宫》「夏而楅衡」，皆叶户郎反。《七月》「有鳴倉庚」，叶古郎反。

薄相　俗謂嬉游曰薄相。《吴江志》曰：「孛相，《太倉志》曰白相。」

石碩　俗呼二字實若反。《大學》碩與惡叶，《太玄》：「心孔碩，乃後有鑠。」

古音　如大呼爲惰、晏呼爲按、歸龜呼爲居、晷鬼呼爲舉、梗呼爲格養反之類，皆古音也。

俗音　如授呼爲胄、江呼爲岡、瘧呼爲愕、霞呼爲華、圍呼爲圩、愈呼爲越、姊呼爲姐、手記呼爲手巾、熨斗呼爲雲斗、尺赤拆呼爲察音，皆俗音也。

多許　《隋書》：「天下何處有多許賊。」許字俗音若黑可切。問人其物多少曰幾許。古詩「河漢清且淺，相去詎幾許」是也。問人何在曰在許否。杜詩「我生本飄飄，今復在何許」是也。又謂裏面曰裏許。温歧詞「合歡桃核終堪恨，裏許源來别有人」是也。

忒殺　俗語太甚曰忒，殺音沙去聲。白樂天《半開花》詩：「西日凴輕照，東風莫殺吹。」自注：「殺，沙去聲，音廈。」亦作煞。元人傳奇：「忒風流。」「忒殺思。」升庵謂：「京師語大曰殺，大高曰殺高。」即今吾鄉猶曰殺能大、殺能高也。

習慣　俗謂人久慣曰習慣。《賈子》：「習慣如自然。」

耐可　俗言寧可曰耐可。李太白詩：「耐可乘流直上天。」又：「耐可乘明月。」耐皆讀如能。

利市　俗語利市其言古矣。《易·説卦》：「爲近利市三倍。」

寧馨　《容齋隨筆》云：「寧馨字，晉宋問人語助耳。今吴語多用寧馨爲問，猶言若何也。」王若虚曰：容齋引吴語爲證，是矣。而云若何，則義未允。惟《桑榆雜録》云：「寧，猶言如此；馨，語助也。」此得其當。今以晉山濤謂王衍「何物老媪生寧馨兒」，南宋王太后恚子業「那得生寧馨兒」，則《雜録》所釋爲的是。

突欒　俗呼團爲突欒。團字反切也。

窟籠　俗呼孔曰窟籠。孔字翻切也。

儱侗　音籠統。《集韻》：「儱侗，未成器也。」今俗謂凡物散漫無成爲儱侗。宋人不識，其語録中止以音發之，就作籠統字，此何意義耶？

子細　俗呼子細。《北史·源思禮傳》：「爲政當舉大綱，何必太子細也。」杜詩：「野橋分子細。」

飛風　唐制，馬入尚乘局者，依左右閑印以三花，其餘雜馬，以風字印右髆，以飛字印左髆。今俗呼以疾速爲飛風，蓋取義于馬耳。

停待　俗所謂停待，《晉書》已有此語。《愍懷太子傳》「陛下停待」是也。

留婁　俗呼婁爲樓，太倉之劉家港，志疑爲婁，嘉定之婁塘，俗呼爲劉塘，蓋以劉、婁二音通呼也。按，《史記》婁敬，高祖賜姓劉，曰婁者，乃劉也。《漢儀》注「立秋貙膢」，《律歷志》作貙劉，《北堂書鈔》云：膢音劉。劉，殺也。俗于正月十五爆糯穀，名爲卜流，俗云孛婁可證。一曰嘉定有鄮城，鄮音留，避吴越王鏐諱，改呼婁也。

鯽溜　俗呼秀曰鯽溜。秀字翻切也。

一出　俗謂一番爲一出。《世説》林道人云：「今日與謝孝劇談一出來。」

眼孔淺　俗謂人見物生羨曰眼孔淺。《書言故事》云：「桑維翰愛錢，上曰：『措大，眼孔小，與錢十萬貫，塞破屋子矣。』」

打唔塗　北人謂鼾睡聲曰打呼。今俗則曰打唔塗。疑唔塗二字即呼字之反切也。

懸羊頭　俗諺：「懸羊頭，賣狗肉。」謂人虚僞不實也。嘗閲漢光詔中有懸羊頭賣馬脯、盜蹠行孔子語，則知此言古矣。

亡聊賴　俗謂無所事事曰亡聊賴。《張釋之傳》：「尉窘亡聊賴。」

一片響　唐薛能《省試夜》詩：「一片承平雅頌聲。」今俗呼謂衆聲高曰一片響。

阿癐癐　古外切。士卒呐喊作力口作癐聲。淮人寇江南，齊聲大喊阿癐癐是也。又口唱痛也。《朝野僉載》：郭勝静因姦被鞭，羞諱其事，曰「勝静不被打，口唱阿癐癐」是也〔一〕。按，癐，《集韻》：「病也；又心悸也。」於義不合。當從阿㾯㾯爲正。㾯，于鬼切，音偉。《廣韻》：「㾯，痛而呼也。」

没雕當　俗言人作事無據者曰没雕當。當，讀入聲。又曰没巴鼻。東坡詩：「没些巴鼻作奸邪。」

不耐煩　俗謂人疏朗曰不耐煩。《庾炳之傳》「爲人强急而不耐煩」是也。

耳邊風　俗謂人聆言不省曰耳邊風。杜荀鶴詩：「百歲有涯頭上雪，萬般無染耳邊風。」

看嘴鼻　俗見人有不當意者曰看嘴鼻。《金史》：宋破金泗州，守將畢資倫不肯降，及盱眙守將納合買住降，北望哭拜謂之辭故主，資倫駡買住曰：「國家未嘗負汝，何所求死不可？

〔一〕口唱：原脱，據《朝野僉載》補。

乃作如此嘴鼻也。」

問到底　俗見人詰問不已，必曰打碎砂鍋問到底。不知其義。按，問乃璺字，器瑕也。砂鍋質薄，損則其璺到底，故怪詰問之多遂借斯語。《方言》：「器破而未離謂之璺。」注：「璺，音問。」

不中用　俗語不中用謂不堪用也。《左傳》：「郤子曰：克于先大夫，無能爲役使。」注：「不中爲之役使。」《陳平傳》：「事魏不中，亡歸楚；不中，亡歸漢。」謂不中用也。二中字俱去聲。

裏頭空　俗諺：「外頭閃電裏頭空。」本宋謡也，「臻蓬蓬，外頭花豔裏頭空」。

人道我　今人噴嚏必曰「有人道我」。《毛詩》：「願言則嚏。」注曰：「今俗人嚏曰『人道我』。」乃知此語甚古。

剥人面皮　俗語剥人面皮。按，《語林》賈充謂孫皓曰：「何以剥人面皮？」皓曰：「憎其顔之厚也。」

笑得齒冷　俗語笑得齒冷。《樂預傳》曰：「此事，人笑褚公，至今齒冷，無爲效也。」

曩著《儂雅》四卷證辯方言，以竊比輶軒之使。向塵篋中，兹者濫竽邑乘，因簡出之。擇其根據經史，文尤雅訓者載之篇。雖曰委巷瑣談，節録其概，俾採風者亦足考鏡云。三儂汪价謹記。

〔光緒〕嘉定縣志

【解題】程其玨修，楊震福等纂。嘉定縣，在今上海市嘉定區。「方言」見卷八《風土志》中。録文據光緒八年（一八八二）刻本《嘉定縣志》。

方言

儂　俗自呼爲吾儂，對人呼他人曰渠儂，並見《正韻》。呼人曰入儂，入即人之轉，見《六書故》。邑號三儂之地以此。

良鬆　俗以褭籠手曰相良鬆。良籠雙聲，松籠疊韻。

江　俗呼如岡。《唐韻》江，古雙切。《廣韻》岡，古郎切。江岡同紐。

龜　俗呼如鳩。《廣韻》居求切。

虧　俗呼如驅。《韻會》虧，驅爲切。虧驅雙聲。

離提　俗言不振作也。提，《集韻》市之切，音時。《詩》「其實離離」「歸飛提提」，注並訓垂。

歸　俗呼如居。《廣韻》居有基音。支、微古通。

刉　俗以線斷物曰刉，音幾。《廣韻》：「斷切也。」

打啫塗　俗言鼾睡聲也。啫，音義並同昏，見《集韻》。塗，猶言糊塗，見《宋史・吕端傳》。

欸誒　俗相應之聲曰欸，相惡之聲曰誒。以意之嗔喜爲聲之輕重。《集韻》並於開切。《説文》：「欸，然也。」「誒，可惡之辭。」

㪂　俗呼擲物也。《集韻》音真，訓擊。

温暾　俗呼物微暖也。王建詩：「新晴草色暖温暾。」

不耐煩　俗言疏嬾也。見《庾炳之傳》。

捥　俗稱直者曲之曰捥。《集韻》烏丸切，捩也。

揵　俗言以肩舉物也。《唐韻》渠焉切，舉也。

甌㼽　俗呼㼽也。見《玉篇》。

猫　俗呼作毛。《山海經》「三苗」，一名「三毛」。苗、毛古韻同。

䵼糟　俗稱汙穢也。本《霍去病傳》注〔二〕。

婆　俗呼老嫗也。《字典》〔三〕：「方俗稱舅姑曰公婆。」

㳻　《集韻》桑何切，音娑。《類篇》：「視之略也。」俗作睃。字書睃無娑音，殆因與㳻同切之梭、唆二字而譌轉歟？

爺　俗呼父也。《玉篇》以遮切。《木蘭詩》：「軍書三十卷，卷卷有爺名。」

〔二〕霍去病：原誤作「王霸」。

〔三〕字典：原誤作「説文」。

爹　俗呼父也。《正韻》丁邪切。

寃家　俗呼讐人也。見《梁書》。

啞犽　兒啼聲也。《集韻》啞，於家切，音鴉。犽，牛加切，音牙。揚子《方言》：「吴人謂赤子曰啞犽。」〔一〕

夭邪　婦人身容不正也。

風花　煙雲散亂，俗稱風花。

盪　《字彙》他郎切。以手推止也。

烹　俗開口呼，音如普羊反。如烹酒、烹醋之類。《詩·小雅》烹與蹌叶，實古音也。

能哼　俗問詞也。《正字通》能音奈。《集韻》哼，虚庚切。俗呼去聲。

拎　俗言以手提物也。《唐韻》郎丁切。《玉篇》：「手懸捻物也。」

即零　俗呼精曰即零。即精雙聲，精零通韻。

欱呴　俗言貪食也。《集韻》欱，虚郎切；呴，呼侯切。

丫頭　俗呼婢也。劉賓客詩：「花面丫頭十三。」

蘇頭　俗呼流蘇也。蘇須疊韻，吴人亦呼鬚頭。

〔一〕《方言》無此條，出《集韻》。

樓偷頭　俗呼留髮童子也。樓偷即留之切音。

點心　俗謂清晨及午後小食也。《唐書》：「鄭傪夫人顧其弟曰：我未及餐，爾且可點心。」

惡心　俗呼胸膈阻逆曰惡心。呼汙穢亦曰惡心。《漢書·昌邑王傳》注曰：「惡，矢也。」蓋惡氣上逆致惡心也。

揩　俗言以手握物也。《唐韻》側吟切，音簪。

籠籃　俗呼小兒臥具也。《集韻》烏侯切，竹器，以息小兒。

跧　俗言跧水徒涉也。《集韻》皮咸切。

窟籠　俗呼孔也。《篇海》：「窟，孔穴也。」《韻會》籠，魯孔切。以聲音求訓詁，籠有孔義。

面孔　俗呼顏面也。

跪　俗呼如巨。《韻會》跪，巨委切。跪巨雙聲。

姊　俗開口呼，音如姐。《漢書·馮奉世傳》注：「姐音紫。」是姐有姊音也。

經紀　俗稱小本營生者也。唐高宗曰[一]：「滕王蔣王，自能經紀，不須賜物。」

孃子　俗婦人通稱也。隋柴紹妻唐平陽公主，典兵，皆號孃子軍。韓愈有《祭周氏十二孃

〔一〕高：原誤作「太」，據《資治通鑑》改。

子文》。是貴賤通稱也。

問到底　俗語打碎砂鍋問到底。汪价曰：「問音璺。《方言》：『器破未離謂之璺。』沙鍋質薄，損則其璺到底，故詰問不已假借斯語。」

利市　見《易・説卦傳》。

鬼　俗呼如舉，音之轉也。

多許　《集韻》火五切，音虎。俗呼黑可切。

乳　《唐韻》而主切。俗呼奴亥切，音奶。

財主　俗呼富室也。《世説》：「陳仲弓曰：盜殺財主，何如骨肉相殘。」

燘　俗言物再煮也。《集韻》虎猥切，音賄。

㧹　俗言以手扯物也。《篇海》都罪切，着力牽也。

磊𥫩　俗言難事也。《説文》：「重聚也。」《廣韻》𥫩，都罪切。

囝　俗呼兒也。《集韻》九件切，音蹇。俗讀若暖平聲。

蝤伴　俗呼人夥爲蝤伴。章黼曰：蝤，蝗子也。蝗過河，每相銜不絶。

天花板　俗呼藻井也。《山房隨筆》云：「元好問妹手自補天花板。」

眼孔淺　俗謂人見物生羨也。《書言故事》云：「桑維翰愛錢，上云：『措大眼孔小，與錢十萬貫，塞破屋子矣。』」

那　俗問何人曰那箇。《廣韻》奴可切。《集韻》：「何也。」《廣韻》〔一〕：「俗言那事。」

人道我　人嘖嚏則曰有人道我。見《詩》「願言則嚏」箋。

唱喏　俗言作揖也。《集韻》音惹。《玉篇》：「敬言也。」

擤　俗言擤鼻涕也。《篇海》呼梗切。亨上聲。手捻鼻膿也。

梗　俗開口呼。

霍閃　俗呼電也。霍閃二字合轉爲電之反切。

米糝　俗謂米粒也。散於物上亦曰糝。《廣韻》桑感切。

衖　俗呼如弄。《廣雅》胡絳切。《説文》：「里中巷也。」

椅　俗呼如幼。《正韻》：「隱綺切，坐凳也。」

手記　俗呼指鐶也。見《詩》鄭箋。

未　俗呼如米。

抽替　俗呼器皿抽頭也。見《南史》。

馬厲　俗言伶俐也。

大　俗呼如惰。《集韻》吐囝切。

〔一〕廣韻：原誤作「玉篇」。

汏　俗言洗衣也。《説文》：「淅瀡也。」

亡賴　俗稱不習善者也。《漢·高帝紀》注謂：「無利於人家也。」

尷尬　俗言難事也。《正字通》尷，俗㯺字。《廣韻》㯺，古咸切。《正韻》尬，居拜切。《説文》：「㯺尬，行不正也。」

阿瘖瘖　俗呼痛聲也。《集韻》古外切。音儈。病甚也。《字彙補》：「影規切。喊聲也。」

忒殺　俗言太甚也。白居易曰：「殺音沙去聲。」亦作煞。

褦襶　褦俗音如賴，言人性乖劣也。《集韻》音耐。褦襶〔一〕，《類篇》：「不曉事也。」

黴䵋　俗言梅雨黦器物也。《正字通》音梅軫。

氽　俗言浮水也。《字彙》土墾切。《字林撮要》：「人在水上爲氽。」

中飯　俗謂午餐也。權德輿詩：「山僧相勸期中飯。」

頓　俗呼飯一次曰一頓。杜甫詩：「頓頓食黄魚。」

捘　俗言手捉物也。《唐韻》子寸切。《增韻》：「掐也。」俗呼平聲。

晏　俗呼如按。《廣韻》烏旰切。

畔　俗呼隱迹也。見《龐居士集》。

〔一〕褦襶：原誤作「戴」，據《類篇》釋義改。

懊憦　俗言悔也。《集韻》懊，烏浩切；憦，郎到切。

嗄　俗應辭也。《廣韻》所嫁切。

搡　俗言以手推進也。《集韻》四浪切。桑去聲。

眼　俗呼曬也。《集韻》：「郎宕切，暴也。」

薄相　俗言嬉游也。錢大昕詩：「延緑軒前薄相回。」

匡當　俗稱被誑曰上匡當。《廣韻》：「當，底也。」徐鉉云：「俗有匡當之言。」

授　俗呼如胄，重讀輕讀之别。

鬻　俗呼虹也。《廣韻》胡遘切。

揿　俗言以手按住也。《集韻》邱禁切。

磨鋊　俗言物漸磨去也。見《漢書·食貨志》。《唐韻》餘足切。音欲。俗呼如異。

修娖　俗謂葺理也。唐中和二年，修娖部伍。娖，《説文》訓謹。

潷　俗言笮去汁也。《廣韻》鄙密切。《博雅》：「盝也。去汁也。」俗又謂之滯。《廣韻》都計切。《集韻》曰「滴水」〔一〕。

抈　俗言以手攓物也。《唐韻》魚厥切，音月。俗呼如嚴入聲。

〔一〕集韻：原誤作「埤蒼」。

窟　俗言睡一覺爲一窟。《廣韻》呼骨切，音忽，覺也。
勃窣　俗言肥人行步不便也。《子虛賦》：「嫳珊勃窣。」
鶻突　俗言含胡也。
縮朒　俗言畏事也。《漢書·五行志》：「王侯縮朒不任事。」
瓜葛　俗謂有親者也。王導與子圍棋，争道，曰：「相與有瓜葛，何得爾邪？」
瘧　俗呼如愕。《集韻》瘧，逆約切；愕，逆各切。瘧、愕同紐。
扚　俗言以手掐物也。《集韻》丁歷切，音的，引也。
齁欱　俗謂大齧爲齁，大歠爲欱。《集韻》齁，邱加切；欱，呼合切。
嘱　俗云嘱鹹、嘱淡也。《集韻》側治切，音眨。俗呼如劄。

汪氏价著《儂雅》四卷，趙志録其尤雅馴者爲方言篇。今增補音訓以究通轉之原。錢徵士所謂一話一言不可無所依據也。

〔民國〕嘉定縣續志

【解題】陳傳德等修，黄世祚等纂。嘉定縣，在今上海市嘉定區。「方言」見卷五《風土志》中。録文據民國十九年（一九三〇）鉛印本《嘉定縣續志》。

方言

目録〔一〕

嘉定語音，與蘇、松、太各縣相差無多，然細分之，則東南與西北清濁迥殊。陳店、江橋類上海紀王、諸翟，視上海爲輕，視青浦爲重。黄渡、西勝塘與青浦相似。安亭類昆山而略重，陸渡橋似太倉而罕用鼻音，南翔較各鬻鄉爲特殊。一字之音，有時舌尖與唇齒有並用者，如呼喫爲缺之類。就全邑而言，大概東與冬、真與蒸、庚青侵皆混淆莫辨。有平仄互易者，如椅音近幼、下輔之輔音近爬之類。有上去入不分者，如猪圈之圈音近倦、鬻音近鋪、繳音近爪之類。又有呼字之切母者，如團爲突欒〔二〕、孔爲窟籠之類。借轉錯綜，隨俗而異。今就通常之語，著之於篇。緣聲據典，擬之《爾雅》釋物，雖諺亦經詳識，備輶軒之研考云爾。

〔一〕目録爲編者所加。
〔二〕團：原誤作「圓」。

實詞

名詞

爺。爹。囝。椅。頓。黨。寣。𥨪。猫。婆。姊。乳。衖。鬼。甗甎。蘇頭。冤家。丫頭。點心。面孔。𥳆籃。窟籠。財主。蚼伴。抽替。米糝。中飯。以上已見前志。

嬸　俗呼叔母曰嬸娘，呼夫弟之妻曰阿嬸，見《野客叢書》。又叔、審雙聲，故通語呼叔母爲嬸，見《新方言》。錢大昕曰：「今人呼叔母爲嬸，嬸乃叔母二字之合耳。」

𠂎　俗言乳也，音奶，見《真語類録》。

囡　俗呼女兒也。《集韻》昵立切，音淰，俗讀若暖。《柳南續筆》：「生女瑩白者，多名白囡。」案，鄉音合女兒二字爲一，若以去聲呼暖字而稍重。今通作囡。

料　俗謂用玻璨質所造之假珠玉等物曰料。

浜　俗言絶潢斷港曰浜。《集韻》：「溝納舟者曰浜，布梗切。」

眚　俗謂目病生點曰眚，讀如星。《説文》：「眚，目病生翳也。」

稜　俗指田遠近多少曰幾稜。《韻會》魯鄧切，楞去聲。俗讀平聲，音如鄰。唐杜甫詩：「塹抵公畦稜。」

墐　俗言田畦也。如云一墐田，音覲。溝上道也。《周語》：「陸阜陵墐。」

趟　俗以走一次爲一趟，讀若倘。

襻　俗言衣系也。如曰鈕襻等。《集韻》普患切。唐韓愈詩：「妻瘦臢腰襻。」

鋬　俗呼器之提繫也。《集韻》普患切。

䉬　俗謂籧篨也。《方言注》：「江南謂籧篨斜文者爲䉬。」《宋書・琅邪王敬胤傳》遺命〔一〕，一蘆䉬藉下，一枚覆上。案䉬、發同，《集韻》音廢。

涸　俗言點滴也。《田家占候》：「上火不落，下火滴涸。」亦省作沰，沰，滴也。《字彙》音橐，俗讀到入聲。

惡　俗呼糞也，讀烏路切。顏師古曰：「惡，即矢也。」越王句踐爲吳王嘗惡。俗寫惡多作屎或屙屎，音矢，非。吾邑方言屙音烏何切，上廁也，係動字，非名字也。

黕　俗言身上之垢也。《唐韻》都感切，俗讀如肯。《說文》：「滓垢也。」

珓　俗呼占卜之具也。猶言卦也。《廣韻》音教，俗讀如照。《類篇》：「巫以占吉凶者。」

⿱竹大　俗呼籃之無鋬而淺者曰⿱竹大，音大，亦讀大上聲。《集韻》：「籃淺而長者曰⿱竹大。」

庹　俗謂兩腕引長之度曰庹，音託，見《字彙補》。諺有「有仔七庹做八庹」語。

艄　俗呼般尾曰船艄，音稍，見《集韻》。

⿱竹扇　俗稱半扉也。如云門⿱竹扇。《集韻》⿱竹扇，敵盍切，窗也。俗讀若達。

〔一〕胤：原誤作「徽」。

䋁　俗謂韈管爲䋁，音如統，見《方言箋疏》。

㴝　俗呼水㴝也，眉波切，見《字彙》。

圈　俗呼豕檻曰圈，讀如倦。《説文》：「牢，閑。養牛馬圈也。」俗呼養牛馬之檻不曰圈，而曰棚。唯豕曰圈。

籂　俗於賭博時所記負方之款數曰籂。《集韻》音庛，博籌也。俗讀如敝。

巧　七月初七日䴵麪油煎之曰巧，俗讀如考。

疤　俗呼瘡痕也，音巴。

达　俗謂一达猶言一遭也。《博雅音》：「達，通也，迭也。」俗讀若大。

䐗　俗呼胃曰䐗子，曰食䐗，讀若睹，見《正字通》。

搭　俗言痕迹也。盧仝《月蝕》詩：「當天一搭如煚煤。」《集韻》德合切，音答。

膘　俗謂介於革肉間者曰膘，音如標，見《説文》。

髈　俗謂股爲大髈，脛爲小髈，讀普朗切。錢大昕《古今方音説》：「吴人呼髀爲髈。」

兒子　俗呼如後子。兒亦呼如倪。漢兒寬御史，兒、倪並用。《孟子》：「反其旄倪。」注：「小兒也。」

寶寶　俗呼小孩曰寶寶，言如珍寶也，見《留青日札》。亦呼保保，含保護意，本《明史》。

我媽　俗呼母也，見《廣雅》。俗讀我作鼻音，近日本文之ン字。

大姆　俗呼姒婦也。大讀如度。

嬭嬭　俗少婦之尊稱。《廣韻》奴蟹切。《焦仲卿妻詩》：「媒人下牀去，諾諾復嬭嬭。」俗作奶。柳耆卿詞：「願奶奶蘭心蕙性。」

孃孃　俗婦人通稱也。宋蘇軾《龍川雜志》：「仁宗稱劉氏爲大孃孃，楊氏爲小孃孃。」

大細　俗稱子女曰大細。大讀若度。《吴下諺聯》：「子女多者統言大男小女，一似大屬男、小屬女者。自錢塘蘇小小名噪後，稱兒女者諱大小，而曰大細。」

娘子　俗稱妻曰娘子，見《輟耕録》。

家小　俗呼妻妾也，見《談徵》。

東家　俗謂主人也。唐杜甫詩：「來問爾東家。」

老板　俗稱店主曰老板。陶岳《泉貨録》：「閩王審知鑄大鐵錢，五百文爲貫，俗謂之銠劢。」《通俗編》：「今云老板，似當作銠劢。」案，銠劢當作銠鈑。《正字通》：「鉼金曰鈑。」此二字並當從金，以有錢言之也。

趁工　俗呼臨時傭於農家，按日計工者曰趁工。

主故　俗謂頻相交易者爲主故，係市井語。案，《後漢書》有「主故」字，俗作主顧。顧，當是故之譌。

生客　俗稱客之初見者曰生客。蘇軾《志林》：「他日人山，不爲生客也。」

大老　俗呼富室也，大讀若度。《南史·沈慶傳》：「吾處世無才能，圖作大老子耳。」案，與《孟子》所言之「大老」異。

喜孃　於婚姻喜事專事服役之婦女，俗呼之曰喜孃，亦稱嬸嬸。其伴送新嫁孃者曰伴房孃，亦曰伴房嬸嬸。

同行　俗謂同執一職業以謀生者曰同行。商家所定貨物之市價謂之行情。行，俗均讀如杭。

潑皮　俗言無賴也，見《元典章》。俗讀潑若撻。潑皮，費葵作獺皮，有《獺皮歌》載前志。《方言箋疏》作㶟疲，㶟，他各切，亦音壘。

老手　俗呼老於其事者曰老手。蘇軾詩：「老手王摩詰。」

郎中　俗稱醫生也。《夷堅志》：「劉郎中細審此病，不可醫也。」

江湖　俗呼醫卜星相等人爲江湖。宋謝靈運詩：「范蠡走江湖。」

嚄頭　俗呼出言無度者曰嚄頭。《廣韻》嚄，徒落切。

夥計　俗稱店肆之傭雇曰夥計。《正韻》夥，户買切。俗讀如伙計，同伙之義也。《字典》：「夥計本作火計。」《新方言》：「朋輩謂之火計。」

㾴諞　俗呼媚於人者曰箆片。案，當作㾴諞。揚子《方言》：「㾴，慧也。」《説文》：「諞，便巧言也。」《新方言》：「今通謂善欺者爲㾴諞。㾴讀如覓。」

家生　俗呼日用器具也。《夢粱録》：「家生動事有桌、凳、涼牀、交椅之類。」

栚頭　俗呼屋之兩頭曰山頭。案，山當作栚。《集韻》栚，所鑒切。《六書故》：「屋東西榮柱外之宇爲栚。」范成大詩：「稻堆高於屋山頭。」山，係栚之遺聲。

阜牙　俗呼阜牙之阜音如倍。阜，本音負，大也。

頭面　俗謂婦人首飾也。《乾淳起居注》：「入幕次换頭面。」

鷂子　俗呼紙鳶曰鷂子。《七修類稿》：「以紙鳶比擬鷂子者，因鷂飛不甚高，而翅挺直也。」《企喻歌》：「鷂子經天飛。」

攋揰　俗謂塵土穢積也，讀若勒颯。《集韻》：「攋揰，和雜也。」後省筆作拉扱。拉、攋雙聲。衆物和雜亦曰拉雜。以箕歛物曰扱。二字意義頗完善。俗因有塵土之義，改用土旁爲垃圾。垃字，字書未見。圾義同岌，實不可通。第《夢粱録》有「諸河載垃圾糞土之船」句，則沿用亦久矣。

角落　俗謂室隅也。《禮》：「公室視豐碑。」疏：「角落相望。」

天井　俗稱室外院落曰天井。《新方言》：「《説文》：『廷，朝中也。』古者朝皆露立。音轉爲唐。《爾雅》：『廟中路謂之唐。』注曰：『唐，庭也。』庭者，廷之借字。今謂廷爲天井，即廷之切音。或云本《孫子》『地陷曰天井』句。」

戳子　俗稱圖記曰戳子。《篇海》戳，敕角切。俗讀黜屋切。

押頭　俗謂抵押品也，見《正字通》。

糞箕　俗呼拚箕也。係掃除所用之器。

艞板　舟泊岸，置長板於船首與岸相接，以通往來，俗呼之曰艞板。艞，異妙切，音耀。俗讀如跳，見《正字通》。

葷辛　俗稱臭菜也。《翻譯名義集》：「葷而非辛，阿魏是也；辛而非葷，薑芥是也。」《宋史·顧忻傳》：「忻以母病，葷辛不入口者十載。」

葷腥　俗謂肉食也。《論語》：「君賜腥，必熟而薦之。」案，葷辛之葷，葷腥之葷，本音熏，今皆讀若昏。《韻表》文在十三部，元在十四部，音得相轉，故葷可讀昏也。

酒粋　俗呼酒孃也。粋音板。

爊料　俗呼調味之質料也。顏師古曰：「炰，毛炙肉。」即今所謂爊也。爊，一高切，俗讀如凹。

蜜瀸　俗以密漬果實謂之蜜瀸。《說文》：「瀸，漬也。」子廉切。俗作餞。

飥餅　俗稱粉餈曰飥餅。飥，《集韻》闔各切，俗讀闔。

騎縫　俗謂跨於兩紙之中者曰騎縫。《莊子》注：「中兩閒而立，俗所謂騎縫也。」

矆睒　俗謂電光也。《文選·海賦》：「矆睒無度。」注引《說文》：「矆，大視。」「睒，暫視。」狀電光之疾也。俗有「眼睛像矆睒」之語，本此。《太玄經》注：「忽雷。」矆睒，音若霍顯。案，前志作霍閃。

下晝　俗謂午後也。《新方言》：「淮西、浙江謂日昃時爲下晝。」

高敦　俗謂小阜也。《説文》自，即今堆字。《廣韻》：「敦，聚也。」古敦、屯皆可讀自。《爾雅》郭注：「今江東呼地高者爲敦。」是敦借爲堆也。俗作墩者，後起字也。

麩炭　俗呼炭也。白居易詩：「日莫半爐麩炭火。」

爆仗　俗呼爆竹也。《通俗編》：「古皆以真竹燃火爆之[一]，故唐人詩亦稱爆竿。後人卷紙爲之，稱曰爆仗。」亦作爆杖。《朱子語類》云：「雷如今之爆杖，蓋鬱積之極而迸出者也。」

筳子　俗謂紡紗筟也。《正韻》筳音庭。《説文》：「筳，維絲筦也。」

桁條　俗稱屋中横木也，見《事物紺珠》。桁，《集韻》音衡，俗讀若杏。

瓦瓯　俗言瓦礫也。《説文》：「瓯，敗瓦也。」補綰切。俗讀辦平聲。

饒頭　俗買物請益謂之討饒頭，見《説文通訓定聲》。《説文》：「饒，益也。」俗讀裹平聲。

外敌　俗謂意外所得之錢曰外敌。《篇海》敌，口外切，音檜，錢也。俗讀若快。

簾丁　俗呼丁之兩頭尖者曰簾丁。《周禮·春官·小師》注：「簾，編小竹。」編則有横關。今凡有横關皆謂之簾，簾丁其一也。丁，俗作釘。

[一] 真：原誤作「直」，據《通俗編》改。

竹桃　俗呼竹牀也。《廣韻》：「桃，牀子。」音窕。《方言箋疏》云：「今人謂坐具之廣而長者爲桃，音如條上聲，亦桃聲之轉也。」

桯凳　俗坐具之一也。《説文》：「桯，牀前几也。」《方言》：「榻前几。江沔之閒曰桯。」音如桯。《事物紺珠》：「凳有春凳、靠凳。」案春凳與桯凳同。

籍丌　俗呼漉米竹器爲籍丌。《説文》：「飯筥也。」俗讀如稍箕。《新方言》：「淮南謂飯筥爲籍箕，箕當爲丌。」

調羹　俗謂杓也。《説文通訓》匙下注：「蘇俗所謂茶匙、湯匙、調羹、飯操者也。」

行傢　俗謂妝匳也。行本音衡，傢，傢伙也。言行傢伙於壻家也。

人情　俗稱喜慶、喪葬所送之禮曰人情，見杜詩。

花紅　俗稱商家之獎勵金曰花紅，見《居易録》。

東西　俗稱物曰東西。案，五行之説，東屬木，西屬金，皆有質之物，故云。見《堅瓠集》。

行貨　俗謂枯窳之器物曰行貨。《新方言》：「行，粗惡也。」王安石詩：「於今行貨正當時。」行，讀如杏。

𥂕盌　俗謂常盌也。《説文》：「𥂕，小桮也。」古送切，讀如工。《新方言》：「𥂕盌固非甚小，特較閜盌則爲小耳。」「閜，呼雅切，今音轉如海。」案，王士禛《居易録》作宮椀。

圍巾　圍字尋常讀若韋，唯呼圍巾之圍音如于。

郎當　俗謂物之冗雜者曰郎當，見《唐書》。一作鋃鐺。《六書故》：「鋃鐺之爲物，連牽而重。」

胡嚨　俗稱喉曰胡嚨。本《後漢書》：「請爲諸君鼓嚨胡。」見梁同書《直語補證》。

寒毛　俗呼膚上細毛也。《晉書·夏統傳》：「聞君之談，不覺寒毛盡戴。」

話欛　俗言話柄也。《羅湖野録》：「冷地看他成話欛。」欛，一作靶。

話頭　俗言談之端緒也。《鶴林玉露》：「陳了翁日必舉一話頭令家人相答。」

蜚蝨　俗呼牀蝨也。《爾雅疏》：「蜚，臭惡之蟲。」俗讀如壁。古音無輕脣，蜚本讀比，轉入則爲壁矣。

白食　俗謂欺詐人財物也，即素餐之意。

土宜　俗言土産物也，本《左傳》「物土之宜」。

家私　俗言財産也。《續漢書》：「靈帝寄小黄門常侍家私錢至數千萬。」

手腳　俗謂舉動也。韋莊詩：「上屋探雛手腳輕。」

手勢　俗稱舉手示意爲做手勢。《舊五代史》：「酒酣爲手勢令。」

弼鍼　俗呼無孔之鍼曰弼鍼。案，《説文》：「銿，郭衣鍼也。」《集韻》：「銿，綴衣鍼。」王筠曰：「郭者，匡圍也。製衣者，平鋪其衣，以長鍼周帀連綴之，然後施功也。」

椏杈　俗呼叉物具也。椏，讀如鴉。

面子　俗謂有光榮曰有面子。《舊唐書·張濬傳》：「濬笑曰：『賊平之後方見面子。』」又凡物之表亦呼爲面子。案，子爲語助辭。

花頭　俗謂狡獪弄術曰花頭。揚子《方言》：「楚鄭謂獪曰蔿。」花係蔿之譌。

孬頭　俗詆懦弱者爲孬頭。《新方言》：「《漢書·張耳傳》孟康曰：『冀州人謂懦弱爲孬。』今謂下劣爲孬頭。孬，本旨究切。」俗讀若粲。

下輔　俗稱頤下曰下輔。《新方言》：「凡言胡下者通謂之下輔。輔讀如爬。輔轉爲爬者，古音無輕脣，輔讀如補，魚模轉麻，遂爲爬音。」

眼眵　俗言目凝汁也。眵音此。《説文通訓定聲》：「覭，目蔽垢也。蘇俗謂之眼眵。」

胸脯　俗呼胸也。《通俗編》：「《類篇》：『脯，蓬逋切，雉膺肉。』俗亦呼人之胸曰胸脯。元曲作胸脯，蓋通借。」

疿子　俗稱夏日因濕熱而生之小瘡曰疿子。《黄帝·素問》：「汗出見濕，乃生痤疿。」《正字通》：「俗以觸熱膚疹如沸者曰疿子。」疿音方未切，俗讀若佩上聲。

塳塵　俗呼塵也。《字彙》：「塳音蓬，塵隨風起也。」

桹頭　俗呼槌也。桹音郎。

絡錢　清明前後標插於墳墓之紙錢。即古之寓錢也。

椹礅　宰肉所用之木塾，俗稱椹礅，音如真敦。

笊籬　俗呼撩具也。《集韻》音蚤離，訓竹器。

栲栳　柳條編成之盛物器也。《廣韻》音考老。俗讀如克老。

光片　俗稱錢之過薄者曰光片。

横財　俗謂倖得之財也。陸游詩：「地下無人鑄横財。」

磨㮂　俗呼推磨之具曰磨㮂。㮂，《廣韻》音昏，俗讀如亨。

髲子　俗呼婦人所用之益髮也。髲音被，俗讀如皮。《儀禮注》：「古者或剔賤者、刑者之髮，以被婦人之紒爲飾，因名髲鬄。」

肉曩　俗謂皮裏肉外白脂曰肉曩，見《方言箋疏》。《集韻》曩，如陽切。俗讀如釀。

月枷　俗謂月暈也。

芊茇　柴草之一種。俗讀看窠，見《農政全書》。

陣頭　俗謂夏日黑雲陣陣而起者曰陣頭，即《漢書》所云之「陣雲」，言雲疊起如兵陣也。

連枷　俗呼打穀具也。《方言箋疏》：「《釋名》云：『枷，加也。加杖於柄頭，以撾穗而出其穀也。或曰羅枷。』今人猶連竹爲之，謂之連枷。羅、連聲之轉也。」

椏枝　俗呼樹木歧出之枝曰椏枝。椏，讀如鵶。

哺坊　俗以火煏鷄鴨卵數日而成雛，以千百計者謂之哺坊。哺音捕。哺亦作孵，見《方言箋疏》。

猪婁　俗呼豕也。《左傳》：「既定爾婁猪，盍歸我艾豭。」婁音樓，俗亦讀如羅。

趲織　俗呼蟋蟀也。讀如暫即。《方言箋疏》云：「蟋蟀，梁國謂之蛬。郭注云：『今促織也。』幽州謂之趨織。宋均注云：『趣織，蟋蟀也。』吴下名曰趲織。促、趨、趣、趲，並字異義同。」織與績義近，故俗呼織如績。

槍籬　俗呼竹笆曰槍籬。

六陳　俗呼寒豆、小麥、圓麥、大麥、菜子、豌豆曰六陳，謂皆隔年所播之種也。

流氓　俗呼無業之人專以浮浪爲事者曰流氓。氓，眉庚切，俗讀如莽。

混堂　俗稱浴池也。案，《明史·職官志》有混堂司，宦者掌沐浴之事。

白拉　俗呼商家之代人買賣而無牙帖者也。

腳錢　親友饋贈以錢犒其僕役也。《朝野僉載》記李畬母事，有「御史禄米不出腳錢」之説。

生泔　俗呼未煮熟之黄酒也。錢大昕詩：「生泔醶醋出新篘，令節分冬一醉休。」

瞇睍眼　俗呼短視也。《集韻》瞇音弭，「眇目也」。「睍，七計反。」《玉篇》：「視也。」《類篇》：「察也。」

兩面羌　俗言人周旋於兩方面之間者曰兩面羌。本《唐書·西域傳》：東女，羌别種也。貞元九年，其王湯立，悉代附入朝，然陰附吐蕃，故謂兩面羌。

小把戲　俗呼小兒也。把讀若伯，見《庸閒齋筆記》。

小娘子　俗稱妾曰小娘子。又納妾曰討小。案，《漢書》之小妻、小婦皆謂妾也。故今俗通以小名之。

底下人　俗稱奴僕曰底下人。本唐趙臣《議選舉疏》：「授官多底下之人。」

打頭風　俗言逆風也。打字在梗韻，俗讀若頂。元積詩：「船怕打頭風。」

䟘頭地　俗謂田上地也。《説文》：「趙魏謂陌爲䟘。」古郎切。今讀胡郎切。

猈兒狗　俗呼短脛犬也，見《説文》。猈，一作罷，同音，部買切。《博雅》：「罷，短也。」

支蟟蟬　俗呼蜩螗也。《方言箋疏》云：「小蟬謂之蝭蟧，今東吴人謂爲支蟟蟬，聲如支遼，即蝭蟧之轉也。」

醬瓿帽　俗呼醬缸罩也。《正韻》瓿音部。土音亦讀若篷。《前漢・揚雄傳》：「吾恐後人用覆醬瓿也。」

噫腑氣　俗稱吐口爲噫腑氣。李匡乂《資暇集》：「噫音隘，藏腑氣噫出也。」今俗讀噫腑如愛富。

竈突　俗讀如竈肚。

爪袖　俗謂袂端接袖爲爪袖。《釋名》：「爪，紹也。」案，古音爪、紹同。

盤纏　俗言行資也。蕭千巖《樵夫》詩：「盤纏一日頗優游。」案，《元典章・户部》例有「長行馬斟酌盤纏」條。

⿰勞少⿰曹少　俗言什物也。《集韻》：「物未精也。」音勞曹。

浜兜　俗呼港之不通者曰浜兜。

惡壅　俗呼糞田之肥料曰惡壅。糞田曰惡田。《漢書·昌邑王傳》注：「惡，矢也。」烏故切。今俗讀如丫去聲。

日甲　俗呼日如逆，呼日子爲日甲，以日必從甲而記也，本《禮記》。

牙齗　俗呼齒本也。《説文》：「齗，齒本也。」語斤切。

褓裙　俗呼小兒衣也，見《玉篇》。褓，俗呼如抱。

行竈　俗呼烓竈也。《説文》：「烓，行竈也。」行讀如杏。

篅條　俗呼盛米具也。《説文》：「篅，以判竹。圜以盛穀也。」《廣韻》：「盛穀圓⿱竹屯也。市緣切。」

死血　俗言寒瘡曰死血，亦呼凍瘃。瘃，珠玉切，音斸。

事體　俗言事端也，本《後漢書·胡廣傳》「練達事體」。

苗頭　俗言事之端緒也。郭璞引《左傳》「前茅慮無」杜解云「茅，明也」。凡標幟明目者皆得云茅，今語爲苗。諸細物爲全部耑兆及標準者，皆曰苗頭。

關子　俗謂事之緊要處也，見《唐書》。

欛柄　俗言真實憑據也，見張無垢詩。

自斟壺　俗呼酒壺也，見《堅瓠集》。

叫化子　俗呼乞丐也。《新方言》：「《公羊》桓六年《傳》：『化，我也。』《解詁》曰：『行過無禮謂之化。』今人謂過人乞貸爲募化，乞食者爲叫化子。叫，俗讀如告。告，號韻；叫，嘯韻，古通。」

叫哥哥　秋深籠養蟈蟈，聽鳴聲爲玩，俗呼之曰叫哥哥。

暴發户　俗言暴富之家也。《五代史·安重榮傳》：「重榮起於軍，卒暴至富貴。」案，暴發户當作暴發富，因富音稍侈，遂轉爲户。

舍母娘　俗稱産婦也，本《禮記·内則》「妻將生子，及月辰，居側室」句。今言舍母娘，意謂居産婦於他舍也。

化人壇　俗稱公塚地也。昔時死而無後者，則舁至叢葬處焚之，後謂之厲壇。俗呼化作火啞切。

五箇一花　俗數錢以五箇爲一花，見《俗呼小録》。《通俗編》：「案，凡花五出者爲多，故諺云爾。」

代詞

朕　俗自呼爲朕。《集韻》直稔切，俗讀若直，尾聲帶鼻音。又聲轉讀儲用切。《爾雅》：

「朕，我也。」注：「古者貴賤皆自稱朕。」案，自秦以來文字無敢稱朕者，而語言不禁也。

戎　俗對人呼曰戎，音如農、如呈。《唐韻》如融切。今音皆聲轉也。《詩·大雅》：「戎雖小子，纘戎祖考。」注：「汝也。」

伊　俗對人呼他人曰伊。《集韻》於夷切。《詩·秦風》：「所謂伊人，在水一方。」

我　自稱也，亦曰我儂，亦曰若我，多數則曰我儀、我俚。我，五可切，俗多作深腭音，由鼻而出。若，讀如入。

儂　對稱也，亦曰若儂，多數則曰儂搭、汝搭。儂字古作自稱，與爾、汝、你、若同爲舌音，乃轉爲對人之呼，實則應以戎字爲正。戎儂一聲之轉。汝，忍與切，俗呼如忍音，與戎同，爲聲轉。搭，猶言儕輩也。

箇　俗呼如格，與箇箇同爲指示代詞。如云「睏末睏箇無腳牀」，又如「箇箇擺勒箇箇裏」。《舊唐書·李密傳》：「帝謂宇文述曰：『箇小兒視瞻異常。』」〔一〕

伊儂　他稱也。指多數曰伊搭。

第箇　指示代詞，言此事、此物也。指多數曰第點。點，猶言些也。

第搭　與此地同爲指示代詞之指地方者。搭，猶言所在也。

〔一〕視瞻：原作「瞻視」，據《舊唐書》改。

格點　言那些也。

格搭　言彼處也。案，格搭係阿堵之轉音。

爲舍　與做舍同爲疑問代詞。做，亦讀如足。

動詞

歸。殿。揵。捥。瀴。烹。拎。踱。跪。燗。擤。搡。撳。與欽同。汏。汆。撥。畔。眼。潷。抈。扚。嘱。薄相。與孛相同。唱喏。修妮。相良鬆。以上已見前志。

賴　俗謂負債不償，或事已定而悔議，或實有其事而否認之，皆曰賴。《新方言》：「古字厲、賴相通，若《左氏春秋經》『滅賴』，《公羊》作『滅厲』是也。」《説文》段氏注：「抵讕，猶今俗語言抵賴。」《晉語》：「已賴其地，又愛其實。」〔一〕又俗言取亦曰賴。《廣雅》：「賴，取也。」與抵賴之賴並讀如拉。

困　俗言臥也。《新方言》：「《説文》：『困，故廬也。』有居處之義。古文作朱。今江浙謂寢曰困，亦取從止之義。」俗作睏。

跻　俗言登也。《玉篇》：「跻，行貌。」音禄。《吴下諺聯》：「黄狼跻鷄棚上。」跻，亦作蹗。

賺　俗言商賈有餘利曰賺。《集韻》賺，直陷切。俗讀若湛。諺有「喫力弗賺錢，賺錢弗喫

〔一〕實：原誤作「室」，據《國語》改。

力」語。

啅　俗謂鳥食也。《集韻》竹角切。俗呼在各切。杜甫詩：「雀啅江頭黄柳花。」

擾　俗謂受人飲食曰擾。司馬温公《書儀》：「凡弔及送喪葬者必助其事而弗擾也。」

餧　俗謂飼也。《集韻》於僞切。俗讀若幼。《禮·月令》：「餧獸之藥。」注：「餧者，啗之也。」

撍　俗言用皂潔手曰撍。《集韻》音曹去聲，手攪也。土音讀若操。

繞　俗讀如梟。如曰繞緊。《正韻》：「爾紹切，纏也。」

齧　俗讀如牙。《正韻》音臬。

刌　俗言削也，音詮。與刋、劉聲義並同。

擐　俗言置也。如云擐背箱等。《集韻》古患切，繫也。俗讀如環去聲。

搙　俗言捻搙也。如云搙麪、搙粉等。俗讀女郁切。《集韻》奴沃切。

拶　俗言排擠也。《集韻》子末切，相排迫也。俗讀如詐。《唐書》：「太宗遣使取熬餹法，詔揚州上諸蔗，拶瀋如其劑。」拶與拃通，俗作榨，係名詞，非動詞。

注　俗言灌水於器物中也。《説文》：「灌也。」音註。俗讀如坐。

喊　俗喚也。《集韻》火斬切。《方言箋疏》云：「吴人謂呵爲喊，讀呼陷切，蓋古之遺語也。」

怪　俗言爲人怨尤曰怪。如見怪、招怪之類。

扛　俗謂兩人共舉一物曰扛。《唐韻》古雙切。《説文》：「橫關對舉也。」

扣　俗以物之當與而不盡與者謂之扣。《唐韻》苦候切。

扯　俗謂牽引挪移曰扯，讀昌者切。《宋史·杜紘傳》：「乞紘連扯之。」

抬　俗言兩人以上共舉物曰抬，讀若台。

拌　俗謂調和之曰拌，讀畔上聲。

挨　俗謂强進曰挨。《方言》倚亥切。

捻　俗以兩指相搓曰捻。《正韻》音聶，俗讀如碾。

掉　俗謂交换曰掉。《正韻》杜弔切。

掏　俗謂探手取物也。《唐韻》徒刀切。

搬　俗謂遷也，音般，見《字彙》。

擎　俗謂撩開曰擎開。《集韻》擎音略，「撩取也」。

撏　俗謂去牲畜之毛曰撏毛。《韻會》音蠶，取也。《方言箋疏》：「以指摘物曰撏。」

斯　俗謂析物使碎曰斯。《廣雅》：「斯，分也。」《詩·陳風》：「斧以斯之。」案，有破析之義，俗作撕。

撦　俗謂裂開也。梅堯臣詩：「日畏撦裂防嬰孩。」《韻會》齒者切。

撬　俗謂以物捎起之曰撬。《集韻》牽幺切。

擀　俗謂造麪時擠壓而伸長之曰擀麪。《集韻》古旱切。

㩝　俗言測多少曰㩝。《集韻》音豪，俗讀豪去聲。

攩　俗謂遮遏也，讀如倘。《廣雅》：「當，直也。」今謂遮遏曰攩，兼取當直義。

攪　俗言調和液體曰攪。《正韻》古巧切。

放　俗言置也，如曰安放。又言擴大之曰放，如放寬、放大之類。

絎　俗謂粗縫衣服曰絎。《玉篇》：「行孟切，縫紩也。」俗讀若杭。

毻　俗謂鳥獸易毛及蛇蟬之屬解皮俱曰毻，或謂之蜕。《集韻》毻，吐臥切；蜕，吐内切。

毻、蜕聲義相轉也。庾信詩：「毻毛新鵠小。」

泡　俗謂以沸水浸漬曰泡。

淌　俗言水順下也，讀如湯上聲。

燉　俗以隔湯熟物爲燉，讀去聲。

㔁　俗謂乘隙脱走曰㔁，音如溜。《説文》：「㔁，側逃也。」盧候切。

熯　俗言火幹也，音漢。《易》：「燥萬物者，莫熯乎火。」

睁　俗以張目爲睁，讀如争。《字林》：「眳睁，不悦視也。」

罅　俗言裂也，喜亞切。韓愈文：「補苴罅漏。」或作閜。《説文》：「閜，大開也。」火下切。

蘸　俗言以物沾水曰蘸。《正韻》莊陷切。俗讀讚。

踱　俗謂緩步曰踱。《説文》:「蹗,蹢蹗也。」音如獨。俗作踱。《廣韻》徒落切。《史記·司馬相如傳》:「跮踱輵轄。」

齦　俗言齧也,如云「齦脱一塊」。《集韻》音懇。

批　俗言剖肉也。《集韻》音披,一作批。

㩟　俗言物之飛動曰㩟。有「㩟勒㩟」語。《集韻》音葉,「㩟㩟,動貌」。

傳　俗言插也,如曰傳進去,音事。《廣韻》側吏切,以物插地也。

朵　俗謂鳥集於木曰朵,音多果反,見吴麦雲遺著。

鐓　俗言去畜勢曰鐓,音敦,見《臞仙肘後經》。《字林》作騬。

闖　俗謂無所顧忌也,如尋釁曰闖禍,突入人席曰闖席。又言莽夫曰闖漢,見《左傳注》。

漉　俗言滲也。《廣韻》音麗。《埤蒼》:「滯、漉,漉也。」

搵　俗言湛於水中也。《集韻》温去聲。《説文》:「没也。」

舀　俗謂以器抒水爲舀水。《正韻》伊烏切,遥上聲。《説文》:「抭彼注此爲舀。」

焐　俗言温之使暖或乾也。《通俗編》:「元雜劇《硃砂擔》曲有『濕衣焐乾』語。」焐讀若好惡之惡。焐與㷇通。《集韻》㷇,音倭,「㷇貌」。

坌　俗謂埽除也,讀若奔,如言坌灰、坌泥等是。

㧴　俗謂屋斜使正曰㧴。《字彙》：「音薦，屋斜用㧴。」

㕳　俗以石臼豎木柄連横木而對舉之，以固牆基曰㕳。《五音集韻》烏郎切。

𩠐　俗謂仰首也，讀若鶴。《虞書》：「毋若丹朱𩠐。」音傲。段注：「傲者昂頭，故從頁。」俗以身臥而頭欲擡者，亦曰頭𩠐起來。

鬌　俗言髮墮也，如曰鬌頭髮，見《説文》。案，《廣韻》云：「鬌，髮落。」《匡謬正俗》引《字林》直垂反。《廣雅》云：「鬌，墮也，落也。」揚子《方言》云：「㽧，脱也。」「毻，易也。」注云：「謂解毻也。音他臥反。」鬌、㽧、毻聲同，義並相近。

冐　俗呼烟冐起來之冐音如味。

痥　俗謂心中作惡而欲吐也。《集韻》芳反切。反上聲，心惡吐疾也。

㪂　俗言平斗斛也。《正韻》音覺。俗讀如告。

隑　俗謂倚曰戤。案，戤應作隑。《集韻》巨代切。《新方言》：「負牆立曰隑，仰胡牀而坐亦曰隑。」

瘊　俗謂膚腄曰瘊。《廣韻》音侯，「結肉也」。讀若漢平聲。

㪍　俗謂推排重物曰㪍。《説文》：「㪍，排也。」

孚　俗凡捋取花草子等物皆謂之孚下來，讀若鸞入聲。《詩·芣苢》：「薄言捋之。」當作孚。《説文》：「孚，五指孚也。」

墯　俗謂落也，如物從手落謂之墯下來，讀若騰入聲。《集韻》：「墯，悉盍切，土墮貌。」〔一〕案，衣部有褨字，是埀當作墯，《集韻》訛也〔二〕。

捅　俗謂前後移也。《集韻》吐孔切，「進前也」。如移動桌椅必曰捅捅等是也。

覂　俗謂擲棄曰泛。按泛本作覂。《廣雅·釋詁》：「棄也。」《漢書·武帝紀》集注：「泛，本作覂，後通用耳。」土音讀若呼患切。

园　俗謂藏匿也。《集韻》口浪切。

攙　俗謂扶也，見《博雅》。《集韻》初銜切。俗讀若剗。

揬　俗謂揭蓋曰揬，音臭，見《智燈難字》。

敁　俗以手稱物曰敁。《字彙》音點平聲。俗讀若等。

拽　俗言拖也。《集韻》羊列切。俗讀如亦，如云「拖來娘舅，拽來外甥」等。

蹨　俗謂蹂也，如足蹂毒蟲謂之蹨殺。《集韻》音撚，「踐也」。

㩻　俗謂以箸取物曰㩻。案，㩻應作敧。《廣韻》音羈。俗讀若堅或潔，皆聲轉。

掗　俗謂强與人者曰掗。《字彙》音亞，「强與人物也」。俗讀若丫。

縒　俗言縮也，如云縒筋等。《集韻》音遣。

〔一〕墯：原誤作「埀」。土墮貌：原誤作「墮聲」。據《集韻》改。
〔二〕《集韻》本作「墯」，不訛。

㓞　俗謂磨礪也。《説文》：「刀不利，於瓦上㓞之。」《集韻》音儈。俗讀若畀。《韻表》十五部會聲、气聲、畀聲同列，故謂磨刀曰㓞。㓞者，可讀若畀畀也。又俗以綫斷物曰㓞，音幾。《廣韻》：「切也。」

盇　俗謂盛也。《集韻》盇，音海，以器盛酒也。

䰕　俗謂水溢也。《説文》：「䰕，炊釜鬻溢也。」〔一〕《集韻》音勃。俗讀若鋪。蓋轉音也。案，勃聲若鋪，猶齊魯閒言皤如酺也。或作畐。《説文》：「畐，滿也。」《玉篇》音普逼切。俗讀如潑。

劗　俗謂切肉細碎曰劗。《集韻》音巑，「切也」。

葅　俗以鹽酒醃蝦蟹曰葅。《釋名》：「葅，阻也。」《廣雅》：「醃，葅也。」今人治菜作葅謂之醃，亦謂之將。將，七羊切。將、且雙聲相轉。

佗　俗言背負荷也。《集韻》音駝。《漢書·趙充國傳》：「以一馬佗負三十日食。」佗，亦作馱。

烊　俗言物鎔化曰烊。《法苑珠林》：「灌以烊銅。」《廣韻》音陽。

嬯　俗謂兩手合抱也。《集韻》：「訖得切，束也。」俗作𢪃，讀該合切。

〔一〕鬻：原脱，據《説文解字》補。

渧　俗言滴水也，如滴水不止曰搭搭渧。《集韻》音帝。《埤蒼》：「漵漉也。一曰滴水。」

𤇃　俗謂炊粉餈曰𤇃餻，音壯，見《字彙》。

摐　俗謂捧散物使之齊頭曰摐，見《通俗文》。音中。俗或讀松。

鞔　俗言覆也，見《説文》。音瞞。《廣韻》：「鞔，靴履。」《酉陽雜俎》：「寧王當夏中揮汗鞔鼓。」謂以皮張之，使四周與框相附著也。

行　俗言治或爲並曰行。《集韻》下孟切〔一〕，胻去聲。《説文通訓定聲》：「《墨子·經上》：『行，爲也。』《論語》：『吾無行而不與二三子者。』皇疏：『猶爲也。』《荀子·大略》叶行興。案，讀如恒也。」俗呼若亨去聲者，蓋轉音也。案，呼行若亨，猶吴語讀寧馨作那亨也。

胥　俗謂視也。《爾雅》：「胥，相也。」《詩·大雅》：「聿來胥宇。」音轉如梭。俗作睃。前志作眢。

黨　俗謂了解曰懂。案，懂應作黨。《方言》：「黨，知也。」音如董。懂係黨聲之轉。

隱　俗謂以身及手比絜物之高下長短曰𥈍。案，𥈍當作隱。《爾雅》：「隱，占也。」《廣雅》：「隱，度也。」今俗讀隱若偃。偃、隱雙聲，古通用。

繳　俗謂以錢估物有餘而返其錢曰繳。讀若爪。《漢書》：「名家苛察繳繞。」如淳曰：

〔一〕集：原誤作「廣」。

「繳繞，猶纏繞也。」纏繞則有返歸之義，故謂返錢爲繳。吉了切，聲轉讀爪，俗作找。

攦　俗謂拂塵埃曰攦。音短，見《廣雅·釋詁》。

迦　俗謂强止人行曰迦住。《説文》：「迦互，令不得行也。古牙切。」俗讀若軋。

挼　俗謂按摩也。《説文》：「挼，兩手相切摩也。」奴禾切。俗誤用挪，非也。

𢹟　俗謂提引也。《説文》：「𢹟，引也。」里之切。俗作捙。

華　俗謂以刀分物爲華開。《曲禮》：「爲天子削瓜者副之，爲國君者華之。」注：「華，中裂不四析也。」

兜　俗謂以裳承物曰兜。《廣韻》受，都導切，可讀到，今音轉如兜。兜即受也。

廢　俗謂置物曰擺。案，擺當是廢之轉音。《廣雅》：「廢，置也。」古無輕脣，廢讀如拜，其音由拜轉擺，俗遂用擺爲置矣。

髲　俗謂忽見爲髲著。《説文》：「髲，㲈也。」「㲈，忽見也。」髲音蒲浪切，俗作碰。

介　俗謂交友曰軋朋友。案，軋應作介。《新方言》：「介，賓之貳也。」

璺　俗謂蓄水器有裂痕而漸漬者曰璺。《廣雅》：「璺，裂也。」音義與釁同。《方言箋疏》云：「璺即釁之異文，亦作舋，器破而未離謂之舋，取牲血以塗器之罅隙亦謂之釁。」

嚌　俗訶責人食曰嚌。《説文》：「嚌，嘗也。」《正韻》音劑。

鹽　俗謂以醝醃物也，讀去聲。《禮·内則》：「屑桂與薑，以灑諸上而鹽之。」

䵍　俗謂厚積貨物曰䵍。如云䵍貨、䵍米等。《集韻》音榻，「積厚也」。

摣　俗言取也，見《集韻》，音查。即一把摣之摣字。摣，亦作攎。《方言箋疏》云：「俗謂五指取物曰攎，聲如渣。」

挩　俗謂棉田鋤草曰挩花。挩與脱聲義並同。《廣韻》：「挩，除也。」

捽　俗言棄也。《五音類聚》山律切，俗讀如舍。《字彙》：「捽，棄於地也。」

砑　俗言强插入也。諺有「砑食弗飽」語。布帛以石摩之使發光澤者亦曰砑。《韻會》：「五駕切，碾砑也。」

攋　俗言爬梳也。如曰攋攋開、攋柴耙等。《集韻》音辣，撥攋，手披也。又音賴上聲，把攋，棄去也。

䀹　俗言目動，如云眼梢上䀹過。或裂開也。《集韻》音轄，「空大也」。《元包經》：「豐睛之䀹。」

蹺　俗言舉足也。《廣韻》去堯切，與蹻同。《前漢·高帝紀》：「可蹻足待也。」

煠　俗謂熟煮也。《集韻》實洽切，俗讀如閘。

碓　俗呼擣粟也。如云碓米、碓粉等。《廣韻》音對，「舂具」。顔師古曰：「碓，所以舂也。」

瞞　俗謂匿情相欺也，音滿平聲，見《廣韻》。諺有「有病不可瞞郎中」語。與謾聲義並同。

《錢塘遺事》有「謾天謾地」語，《宣政雜録》有「謾上不謾下」語。均言欺蔽也。

捪　俗言擣也。《唐韻》書容切，音舂。

戾　俗言扭轉也。《韻補》音力。案揚子《方言》云：「軫，戾也。」許慎《淮南子注》：「軫，轉也。」《廣雅・釋訓》云：「軫、軳、轉，戾也。」一作捩。《鷄肋編》：「婦人笑而回，以手捧兒面捩之。」

擙　俗言磨也，如云擙磨，音奥，見《字彙》。

孵　俗稱鳥伏卵而生雛曰孵。《集韻》音孚，俗讀若步。案，孵與孚聲義並同。《説文》：「孚，卵孚也。」徐鍇傳曰：「鳥裒恒以爪反覆其卵也。」《通俗文》云：「卵化曰孚。」音方付反。《廣雅》同，字作桴。亦作孵，揚子《方言》：「伏鷄曰抱。」桴、孵、孚，皆抱聲之轉也。今讀如步者，古之遺聲也。

⿰扌鬱　俗言拗戾也。《集韻》音鬱。

跽　俗言跪也。《集韻》巨几切，讀如技。《説文》：「長跪也。」

⿰扌斑　俗言絆也，讀班去聲，見《集韻》。

⿰歹尞　俗言敗也，如云⿰歹尞家當。《集韻》力弔切，音料。

𧿒　俗言追隨也，音丁。《玉篇》：「跉𧿒，行貌。」

䀹　俗謂目動也，讀如殺，與眨同，側洽切，見《集韻》。

哮　俗言呼犬使吠也。《集韻》虚交、孝狡二切，訓呼也。揚子《方言》：「使犬曰哨。」音騷，哨、哮一聲之轉。

煏　俗言焙之使乾也。《集韻》音弼力切，俗讀如筆力切。《玉篇》：「火乾也。」本作㷶。《説文》：「㷶，以火乾肉也。」與糒、僃聲義均相近。

烘　俗以火乾物，或藉火取煖皆謂之烘。《正韻》音呼洪切。《説文》：「烘，燎也。」「燎，乾也。」烘乃爞聲之轉。揚子《方言》：「爞，火乾也。」

踼〔一〕　俗言臥也。《集韻》坦朗切，音儻，「申足伏臥」。

噆　俗言惹也，音齋，見《篇海》。

敺　俗言吐痰曰敺。《集韻》黑角切，歐貌。俗讀如壑。哀二十五年《左氏傳》：「臣有疾，異於人。若見之，君將敺之。」杜預注：「敺，嘔吐也。」徐鍇傳：「心惡未至於歐，因敺出之也。」

帩　俗言緊縛曰帩，見《越語肯綮録》。《廣韻》七肖切，音俏，「縛也」。

拖　俗言以手挽進也，見《漢書·揚雄傳》注。與拕同。《唐韻》託何切，「曳也」。

抓　俗言以手指止癢曰抓，音蚤，見《字林》。

呷　俗言吸水也。《説文長箋》：「吸而飲曰呷。」《唐韻》呼甲切。

〔一〕踼：原誤作「踢」。

頞　俗言溺水也。《集韻》烏没切，「内頭水中也」。

揚　俗言排揚也，如云揚稻等。《唐韻》音湯去聲。

墊　以物襯托使厚而高者，俗謂之墊，讀若田去聲。

渻　俗取肉或菜於沸湯中，薄熟出之曰渻。《集韻》側洽切，《博雅》：「瀹也。」

車　以機器製物使成圓形，俗曰車，讀如叉。

充　俗謂以假亂真也。桓元篡立，恥無隱士，給王甫齋資用，使居山林，徵爲著作郎，又使固辭，然後詔旌高士，時謂之充隱。

皵　俗謂與人不睦曰皵，亦曰皵口。《集韻》音鵲。又有皵皮、皵起等語。《爾雅》云：「大而皵，楸；小而皵，榎。」

搥　俗呼擲物也。《唐韻》都回切，音堆。《廣韻》：「擿也。」《增韻》：「擲也。」揚子《法言》：「搥提仁義。」俗讀入聲。

背　俗言牽挽也，如云背縴等，讀如卑。

過　俗言洗而重以清水滌之也。

緄　俗稱衣服緣邊曰緄邊，俗謌書滾，見《新方言》。

吣　俗謂猫犬吐曰吣。《集韻》七鴆切，音沁，「犬吐也」。俗亦讀如祲。

銲　俗謂妝合金類，令相附著也。《廣韻》：「釬，金銀器令相著。侯旰切。」與銲通。

硨　俗言伐也，如云伐竹爲硨竹，讀若作。陸放翁詩：「硨竹東岡自築籬。」

釃　俗言執壺傾茶酒曰釃。《詩·小雅》：「釃酒有藇。」《廣韻》所宜切。

拗　俗言折也。《正韻》於巧切。元稹詩：「今朝誰是拗花人。」

越　俗言動摇也，如云移火曰越來越去，摇旗曰越東越西。《左傳》：「風不越而殺。」注：「散也。」《爾雅·釋言》：「越，揚也。」

欶　俗言吮物曰欶，讀榛入聲。《集韻》音卒。《玉篇》：「吮也。」

落　俗言乾没也。李白詩：「風流肯落他人後。」落，有遺下意。

緯　尋常讀緯音如胃，唯呼緯紗之緯音如于。《説文》：「緯，織横絲也。」

巇　俗言器物有釁隙也，音羲。揚子《法言》：「巇可抵乎？」

八　俗謂以物與人曰撥。案，撥應作八。《説文》：「八，别也。」段注：「以物與人則分别矣。」

鑽　俗謂善夤緣也。《漢書》：「商鞅挾三術以鑽孝公。」蘇軾詩：「不敢包裹鑽權倖。」

嬲　俗言人戲擾不已曰嬲弗清。嬲，音如裹。嵇叔夜書：「嬲之不置。」

門　俗言閉門也，見范石湖《虞衡志》。讀如閂平聲。

借　俗言典屋也，讀若積，見《篇海》。案，杜注《左傳》：「借音積，假也。」借、借古通用。

掐　俗言爪按，或以爪摘取植物，俱曰掐〔一〕。《集韻》乞洽切，音恰，與搯通。《晉書》：「掐鼻灸眉頭。」《顔氏家訓》：「居家唯以掐摘供廚。」

攛掇　俗謂勸人有所舉動曰攛掇。朱子《答陳同甫書》：「告老兄，且莫相攛掇。」

嗆白　俗謂言不順而聲爲之抗曰嗆白。《集韻》嗆，千羊切。案，王有光云：「方孝孺詰成王子弟，劉璟以死争殿下之名，便嗆白得好。」

作撻　俗言暴殄或虚度也。楊廷秀詩：「懊惱遊人作撻春。」作字俗呼如糟。案，《大雲山房雜記》作作蹋，意同。

會得　俗言能之也。《十國春秋》：「宋太宗時，或問劉昌言閩語，恐奏對難會。太宗曰：『我自會得。』」會與魏義同。《方言箋疏》：「盧氏云：《逸周書·謚法》：『克威捷行曰魏，克威惠禮曰魏。』是魏爲能也。」

奉承　俗言阿諛也。《左傳》：「奉承以來，弗敢失隕。」

做弄　俗謂故意播弄也。金完顔璹詩：「緑荷風底飛來雨，做弄今年甲子秋。」

出恭　俗謂如廁曰出恭。案，明時考試，設有出恭入敬牌，防閑士子擅離坐位，士子通大便時恒領此牌。俗因謂通大便爲出恭。

〔一〕掐：原誤作「搯」。下同。

將息　俗謂將養休息也。唐王建詩：「千萬求方好將息。」

打水　俗謂車水灌田曰打水，見《歸田録》。

瞌𥉌　俗謂假寐也。《新方言》：「淮南謂假寐爲𥉌𥉕，吴越曰打瞌𥉌。𥉌音如沖。」俗讀去聲。

王六　俗以言行紿人者曰王六。《方言箋疏》云：「《廣韻》：『迋，誤人也。』音旺。迋與㤜同。《説文》：『誑，欺也。』《曲禮》：『幼子常視無誑。』鄭注云：『以正教之，無誑欺。』誑、㤜古今字。俗語猶謂詐獪曰王六，是其遺義。説者又以黄巢行六，厥性欺詐，故稱黄六，非也。」

嚼蛆　俗謂所談不經者曰嚼蛆，見《曉讀書齋雜録》。《唐韻》蛆，子魚切。俗讀千西切。

打扮　俗謂修飾也，見《中原雅音》。黄公紹詩：「十分打扮是杭州。」

掙脱　俗謂用力脱去也。《字彙》掙，音諍。

搳拳　俗言兩人相對出手，各猜其所伸手指之數，而合計之以分勝負曰搳拳，見《六研齋筆記》。一作豁拳。

擡舉　俗言尊崇其人也。元稹詩：「大都只在人擡舉。」

包荒　俗謂代人掩過也。《易》：「包荒，用馮河。」

著落　俗言歸宿也。朱子《語録》：「看道理，要看得他分合各有著落。」

計較　俗謂争論也。《漢書》：「反脣相稽。」注：「相與計較。」

走作　俗謂軼出本有之規範也。朱子《語録》：「小小走作。」

關亡　俗謂巫覡召死者之魂以言禍福曰關亡。亡，讀如忙。

關礙　俗謂妨阻也。《舊唐書》：「令監門司與仗家引奏，不許關礙。」

上鴮　俗謂自縊也。《玉篇》鴮，丁了切，「懸物也」。今多譌作弔。

天打　俗謂電擊也。人體觸電被擊處傷痕擴散，每有各種朱色紋線，迷信者誤認爲天書，故曰天打。

驚動　俗言煩擾他人曰驚動。《晉書》：「不勞驚動將士。」

點頭　俗言微動其首也。點，讀若得，蓋聲轉。

瀡瀺　俗言小兒吐沫也，讀若麗才。《説文通訓定聲》：「蘇俗謂涎衣爲圍瀺，讀若由才。」

覘覘　俗謂伺視也。《類篇》：「覘，窺也。」與覘同。揚子《方言》：「凡相竊視，南楚謂之覘。」今音轉如張或齋。

上當　俗爲被欺也，見《遊覽志餘》。

打聽　俗言偵察也。

莔緊　俗謂置物覆器中，不令泄氣者曰莔緊。《字彙補》：「莔，無穿孔狀也。」音如悶。

銛鎖　失鑰筦而以他物探之，俗曰銛鎖。《方言注》：「銛，挑取也，音忝。」

當心　俗言謹慎也。《禮》：「凡奉者當心。」

開骻　俗謂衣旁開處也。《綱目集覽》：「開骻者，名缺骻。」《集韻》音跨。

敨氣　俗謂開口呼吸也。《集韻》他口切。俗讀偷上聲。

亯飯　俗謁客喫飯曰亯飯。《説文》：「亯，自知臭香所食也。」〔一〕讀若庸。今言用飯、用酒之用字，當作亯。本段玉裁説。

罱泥　俗謂農人於河底取泥糞田曰罱泥，見《説文通訓定聲》。《玉篇》：「罱，夾魚具。魯敢切。」俗讀若念。

撒私　俗謂溲溺也。案，撒，放也，音薩，俗讀若拆。襄十五年《左氏傳》：「師慧過宋朝，將私焉。」杜注：「私，小便也。」案，私，今俗多寫作尿。尿音鳥去聲，非吾邑方言。

曉得　俗言知悉也。

害痧　俗謂觸暑所成之疾曰痧。害，猶言患也，讀若赫。《瘵治痧證》曰：「括痧曰摘痧。」

拌命　俗謂棄身也。《博雅》：「拌，捐棄也。」音潘。今轉爲甹。《説文》：「三輔謂輕財者爲甹。」

滾蛋　俗驅人走曰滾蛋。《新方言》謂奔逃爲滾蛋，當作逭遯。《説文》：「逭，逃也。」「遯，逃也。」揚子《方言》：「逭，轉也。音管。」今由管音轉如滾。

〔一〕臭香：原誤作「香臭」，據《説文解字》改。

有喜　俗謂懷妊曰有喜。案，廣州謂婦人娠者曰有歡喜，見《番禺記》。

淘氣　俗言不睦或鬥口也。《集韻》淘音陶。

攀親　俗言締婚也。

賣誑　俗言欺人也。《説文》：「誑，欺也。」居況切。俗讀如王。

打惡　俗謂胸滿欲吐也。

鐫講　俗謂以言諷刺人也。顔師古曰：「鐫謂琢鑿也。」以器琢鑿謂之鐫，以言鐫説人亦謂之鐫，義相通也。今吴俗謂以刀塹物及以言説人並有是語，音近籤，皆古之遺語也，見《方言箋疏》。

亂道　俗言妄言也。《漢書·張禹傳》：「新學小生，亂道誤人。」

挂墓　清明前後，折竹枝以紙錢挂插於墳墓曰挂墓。墓，俗以閉口音讀，如崑山人之呼陳墓。本五有光説。

打孛　俗謂調弄人以自取樂也。孛，俗讀若彭。《吴下諺聯》：「任爾穿花來打孛。」

裻角　俗呼衣角補綴處也。《晉語》：「衣偏裻之衣。」釋文裻音篤。俗讀刀入聲。

搣搕　俗言撞也。搕，讀如克。

拼湊　俗言積少成多曰拼湊。拼，讀丕丁切。

摺襉　成衣者蹙布帛之廣而摺疊之曰摺襉。襉，音澗，俗讀如減。

達月　俗謂孕婦十月滿足，臨産之月也。

埋怨　俗言訓斥也。

碰頭　俗謂邂逅也。

殼賬　俗言料到或預備也。

作成　俗言照顧或挑逗也。

畜産　俗詈罵辭也。《後漢書・劉寬傳》：「客不堪之，罵曰：『畜産！』」錢大昕曰：「畜産，即畜生也。」

摇兀　俗謂摇動也。蘇東坡詩：「千摇萬兀到樊口。」兀與杌通。《説文》：「杌，動也。」俗讀兀如額，如云「摇兀弗動」之類。

打算　俗謂籌畫或預備俱曰打算。《錢塘遺事》：「賈似道忌害一時任事閫臣，行打算法，以汙之。」

彆氣　俗言力反平日之行，而令人不測者謂之彆氣。《集韻》：「彆，必結切。弓戾也。」取反轉之意，猶言争氣也。

受記　俗言責人而警之也。記，亦讀如句，本釋氏語。

衝撞　俗言犯上也。

公醵　俗謂斂錢團飲曰公醵，讀若扛具。《禮・禮器》：「周禮其猶醵與。」注：「合錢飲酒爲醵。」音噱。

出氣　俗言泄憤也。案，《北史》作吣氣。《陔餘叢考》云：「氣鬱於中而借事以泄之。」當以出氣爲是。

穿觔斗　俗言倒旋其身以爲戲也，見《樂府雜録》。朱子詩作「打筋斗」。俗讀觔斗如根堵或根倒。

不來三　俗言不願或不成也。《吴下諺聯》云：「明季一學臣，遣人在外招摇，每名秀才需三百兩，許於入場示之徵。其童生坐來字三號，言來三百金也。出乃急付之，榜發獲雋。自後得售者，皆隱語『來三』。不照者曰『不來三』，凡事皆然，不但考試矣。」

跕下來　俗言下墮也。《正韻》跕，音喋，「落也」。俗讀如疊，與墶通。

做匹帛　喪家成衣，俗稱做匹帛。

曝日晃　俗於嚴寒時曝坐日光之下曰曝日晃，音如步日旺。

打官司　俗謂興訟也，見元人《抱粧盒》曲。

打抽豐　俗謂阿諛人以賺財物也。《雪濤諧史》：「一客慣打抽豐，所遇郡縣官輒以諛詞動之。」《七修類稿》云：「米芾札中有抽豐二字，即俗云秋風之義。蓋彼處豐稔，往抽分之耳。」

打噴嚏　俗言鼓鼻出聲曰打噴嚏。

討便宜　俗謂利己自便也。寒山詩：「盡愛討便宜。」俗稱討如撻。《齊書》顧憲之疏云：

「便宜者，便於公，宜於私也。」

發脾氣　俗謂性情乖張者曰發脾氣。案，脾氣二字不通，實即贔屓也。贔，平秘切。屓，虛器切。《説文》作㬅眉，與脾氣同音。㬅从三目，乃怒目之意。眉从尸自，乃鼻息之意。張目噴氣，正今所謂發脾氣。《毛傳》謂「不醉而怒謂之㬅」，正脾氣二字之確解。

説大話　俗謂過甚之辭也。《傳燈録》：「雲門偃曰：『忽一日眼光落地，無汝掠虛説大話處。』」

做生活　俗言工作也。《摭言》：「裴令公夜宴聯句，楊汝士曰：『笙歌鼎沸，勿作此冷淡生活。』」《通俗編》：「案，作字當讀去聲。」音做。

放白鴿　蟻媒以婦女嫁於人，而令其捲逃，復向他處重施其技，俗謂之放白鴿。唐雍陶詩：「自起開籠放白鷳。」按鴿與鷳同爲禽類，放白鴿疑即放白鷳之借。

弗轉頭　俗呼弗如弼。《説文》：「弗，撟也。」弼，弗之古音也。

打呵欠　俗謂人於勞倦時張口呼吸曰打呵欠。欠，讀若顯或撼。《水東日記》云：「今人以大舒氣作聲爲打呵欠。」

背娘舅　俗呼夜劫行人財物曰背娘舅。蓋盜自行人背後以索套其頸項負之而行，厥狀似負酒鬼，俗有謂酒爲娘舅，故云。

出辔頭　俗謂飛奔疾走也，見《通俗編》。辔，兵媚切，俗讀如披。

咬耳睡　俗謂向人耳邊作密談也。睡，音朵。

喫講茶　因事争執，雙方往茶肆中，將事宣之於衆，孰是孰非，聽憑公論，俗謂之喫講茶。

踏穿鑊蓋　俗謂姦情破露也。

静詞

大。温暾。暾，一作黁。利市。塵糟。以上已見前志。

强　俗呼價賤爲强。《廣韻》：「剛，强也；健也。」今訓爲賤，相反爲義也。案，《方言箋疏》云：「凡一字兩訓而反覆旁通者，若亂之爲治，擾之爲安，臭之爲香，唏之爲痛，不可悉數。」賤謂之强，亦此例也。《禮·中庸》注：「南方以舒緩爲强。」今訓强爲賤，頗合舒緩之義。或曰北人讀賤作在將切，邑音呼賤爲强者，實在將切之聲轉。

揸　俗謂攲斜也。《集韻》七夜切，且去聲，「衺捂也」。

貴　俗言價值昂曰貴，讀如救。案，貴字，朱駿聲收入履韻，《釋名》「汝潁言貴聲如歸」〔一〕，《廣韻》歸有居音。

俏　俗謂婦容美好也。《集韻》俏，砌要切。《三夢記》：「鬟梳嬚俏學宫妝。」案，揚子《方言》：「鈔，好也。」錢繹曰「鈔亦作俏」，引《廣韻》「俏醋，好貌」，「俏醋，雙聲形容之辭，亦方俗語

〔一〕釋名：原誤作「説文」。

也」。

旺　俗謂興盛也，讀曰項切。

够　俗謂多曰够，少曰不够。《廣韻》音遘。左思《魏都賦》：「繁富夥够，不可殫究。」

墡　俗言堊也。《六書故》：「墡，白埴土也。」案，今以之和油塗飾門屏，謂之白墡。

垛　俗言器物凸出處曰垛，如曰城垛及面孔垛起等。《廣韻》垛，徒果切。

闊　俗謂榮顯豪侈曰闊。

餿　俗謂食物久留而變味者曰餿，音收。

𡡉　俗謂美好也。《集韻》音贊。俗讀若斬。《説文》：「𡡉，白好也。」蓋指婦女而言者。

勚　俗謂物消磨曰勚。《正韻》音異。《説文》：「勚，勞也。」凡物勞劇則損，故今謂器物磨損爲勚。案，前志作鎰。

菸　俗謂色不鮮也。《正韻》音烟。宋玉《九辨》〔一〕：「菸邑而無色。」

皴　俗謂皮膚不潤也。《説文》：「皴，皮細起也。」音逡，俗讀若春。

㗭　俗謂辛烈之味曰㗭。《説文》：「食辛㗭也。」火沃切。今轉平讀若蒿。

煬　俗言火傷或熱甚也。《新方言》：「煬，熾也。」音如盪，俗作燙。

〔一〕辨：原誤作「辯」。

念　俗言二十也。案，念字係避吴王女名二十之諱，見《兼明録》。宋人碑陰題名多用之，如曰「元祐辛未陽月念五日題」。

戇　俗言悻直也。《説文》：「戇，愚也。」陟絳切。俗讀渠絳切。《史記》：「甚矣，汲黯之戇也。」

䰻　俗謂慧也。《集韻》謨皆切。今轉如乖。案，《方言箋疏》云：「今俗以小兒慧者曰乖。」當是䰻之轉音。

𡘋　俗稱頭邪側爲𡘋，讀烏買切。《説文》：「𡘋，頭衺骫𡘋態也。从夨圭聲。」雖相承讀胡結切，而圭聲自可讀烏買切。

胮　俗謂體肥也。《集韻》：「匹降切，脹也。」顧亭林《唐韻正》云：「今人謂體肥爲胮，即古之豐字。」

奤　俗言漲大也，如曰發奤。《集韻》普伴切，俗讀如朴。

𦩠　俗言密也。《玉篇》：「蒲庚切。禾密也。」俗讀孟去聲。

阿　俗於小名之上輒冠以阿，如呼阿大、阿林等。案，以阿字繫名者，始於漢，盛於南北朝，見唐陸龜蒙《小名録》。

幺　俗呼一爲幺。《説文》：「幺，小也。」《漢書·食貨志》有幺錢、幺貝等貨名，皆指小也。顧亭林曰：「數之初，可以小名之。骰子之謂一爲幺是也。」

齾　俗言缺也，讀若額。《方言箋疏》云：「憖者，缺之貌。今人猶謂缺爲憖也。」《説文》：「齾，缺齒也。」音五轄切。齾、憖聲義並同。

䶕　俗言齒出也，如䶕牙齒等。《集韻》音杷，「䶕䶛〔一〕，齒出貌」。

嫭　俗言嬌麗也，如云嫭流流等。《説文》：「嫭，嬌也。」音俹，俗讀如趣。

奘　俗言肥碩也，音葬。揚子《方言》：「人大謂之奘，或謂之壯。」

䯞　俗言高起也，如云䯞嘴脣等。《篇海》：「音竅，高也。」

㕦　俗言低下也，音浥，見《類篇》。㕦，銅錫器磕碰有窪也，見《越諺》注。

㪟　俗謂有能力也，見《蒙賥書》。《集韻》雄皆切。俗讀若笳。

怺　俗謂劣也。《廣韻》音惆，「戾也」。俗讀若邱。

腈　俗言肉之粹者曰腈。《玉篇》：「腈肉。」音精。

甥　俗讀蠻很不肯相下曰甥。《説文》：「甥，迫也。」《廣韻》其兩切。

殨　俗言爛也，音蘇，見《集韻》。

瘠　俗言短小也，如云矮瘠瘠、音薺。一瘠瘠，音濟。或云一瘠瘠等。《方言箋疏》引《廣雅》「瘠，𪍿，短也」，《釋文》「瘠，在亦反；或作瘠，才細反」，瘠、瘠聲轉字異耳。郭讀如薺菜〔二〕，王

〔一〕　䶛：原誤作「齗」，據《集韻》改。

〔二〕　菜：原脱，據《方言箋疏》補。

懷祖曰：「薺，菜之小者。」薺亦通作濟。」《左傳》：「濟澤，小澤也國。」

慉　俗謂暴戾也。《廣韻》音酋。《博雅》：「慉，惡也；傲也。」

怽　俗言不慧也，見《集韻》。俗作笨，粗率也。

痀　俗言卷曲也，如云痀背等。《集韻》音劬。俗讀如權。《莊子》「見痀僂者」，痀，曲脊也。

滚　煮水至沸俗曰滚，音古本切。

鏽　俗言鐵器不磨而生之褐色曰鏽，音秀，見《集韻》。

叛　俗言樹木斜倒、房屋倚側俱曰叛，讀如敝。《韻會》音拔上聲，「折也」。

㖞　俗言不正也，火竈切，見《説文》。俗作歪。

丁倒　俗言顛倒也。宋彭城王詩：「丁倒欺人目。」一作釘倒。據《爾雅翼》，釘倒爲孑孓之别名，蓋狀其態也。

乾瘪　俗言枯瘦也。《堅瓠集》：「一夜西風起，乾瘪。」音如干畢。

標致　俗謂美好也。宋陳傅良詩：「蠟梅微著色，標致亦背時。」

囫圇　俗言物完整而不殘缺也。朱子《語録》：「道是箇有條理底，不是囫圇底物。」《字彙》呼骨切、龍春切。俗讀若活倫。

土氣　俗言專局一能而不通大方者曰土氣，見《路史》。

鬇鬆　俗言尨茸也。《廣韻》薄紅切、私崇切，髮亂貌。

時髦　俗謂出色當行也，本《後漢書·順帝紀》贊：「孝順初立，時髦允集。」

木頭　俗譏人不靈活者曰木頭。寒山詩：「世有一等流，悠悠似木頭。」木，一作罧。如淳曰：「罧，謹愿之貌。」

滑澾　俗謂路濘滑不便駐足也。朱子《楚辭注》：「突梯，滑澾貌。」

弸硬　俗狀物之堅强也。《説文》：「弸，弓彊貌。」讀如崩。

結縐　俗狀物之緊密也。《集韻》縐音撮，俗讀如作。《玉篇》：「縐，結縐也。」

强健　俗呼强健之强音如笳。

滑溜　俗謂輕脱者曰滑溜。

鄉惷　俗呼鄉愚也。《集韻》惷音衝，俗讀如銃。

尖奈　俗呼物之尖鋒也，如云火尖奈、尖奈頭等，音簪年。《廣韻》尖，子廉切；奈，以冉切。

講究　俗謂事物之精美者曰講究，本《宋史》「神宗講究方田利害」〔一〕。

簇新　俗謂極新也，本花蕊夫人《宫詞》「厨船進食簇時新」。

〔一〕害：原誤作「弊」，據《宋史》改。

鑠鑠　俗狀光明也。江淹詩：「鑠鑠電上影。」鑠，音爍。

鬧熱　俗言繁盛也。白居易詩：「紅塵鬧熱白雲冷。」

泌清　俗謂去汁曰泌，引申之謂甚清曰泌清，如云水泌清是也。前志泌作滗。案，古無滗字，故醫書但作分泌。《集韻》音秘，亦音筆。

瞢矒　俗以新睡起而視不明者謂之倦眯瞢矒，音如蒙春。《説文》：「矒，視不明也。」丑尨切。

赤髆　俗謂裸上體曰赤髆。《通俗編》：「《周禮》『掌戮』注：『膊謂去衣磔之。』今俗以裸體爲赤膊，不通，應作赤髆。髆音博。」

岇縫　俗謂兩物相覆無罅者曰岇縫。《説文》：「岇，冥合也。」音如泯。案，岇或作脗，《正字通》音敏，《莊子》作緡，音美隕切，胥言兩合無漏貌。

葷香　俗謂香盛也。《説文》：「葷，雜香草也。」音墳，俗讀如噴。

炍炂　俗言半乾也，音幼紐，見《集韻》。

䵵䵶　俗謂物之陳久而臭惡者曰䵵䵶。《通俗編》：「南楚凡大而多謂之䵵，凡言過度謂之䵶，烏孔、奴動二反。」俗亦讀若瓮洞。

邋遢　俗言不潔也。《廣韻》音臘榻。《海篇》訓「物不蠲潔也」。《女論語·營家章》：「灑掃灰塵，撮除邋遢。」

蹁腳　俗言窮困或惡劣也，如云蹁腳貨等。本《方言注》「腳蹁不能行也」。俗寫作蹩，讀如別。

僄偞　俗謂美而輕也。《廣韻》：「僄，身輕便也。」音剽，俗讀若飄。《集韻》偞，音葉，「美容也」。

嬾㩢　俗狀衣破貌，有「嬾嬾㩢㩢」語，音洛駭、師駭切，讀如癩洒。

出客　俗稱舉事豪華曰出客，或云即闊綽之轉音。

㪿腳　俗言跛也。諺有「㪿腳怕快跑」語。㪿同折，音舌，斷而猶連也。

時鮮　俗謂及時之鮮味也。晉張華詩：「虞人獻時鮮。」

謟嘴　俗謂小兒未能正言者曰謟嘴，見《説文》。謟，音陶，俗讀若刁，見《集韻》。

枼薄　俗言薄也。《説文》：「枼，薄也。」《集韻》音葉。俗亦讀吸。

晳白　俗言白也，見蔡襄詩。

婁空　俗謂刳物中空爲婁空。《説文》：「婁，空也。」

從容　俗言富裕也，取寬展意，即充字之緩聲。

齆鼻　俗以鼻不清亮者爲齆鼻。齆，音翁去聲。《陔餘叢考》云：「不知香臭者爲癰，聲多鼻音者爲齆。」

三腳猫　俗有人於各種技術均略有門徑，而未入堂奥者曰三腳猫。《七修類稿》云：「嘉靖閒，南京神樂觀有三腳猫一頭，極善捕鼠，而走不成步。」

有才情　俗言富有才思也。《世説新語》：「二賢故自有才情。」

十八變　俗謂事物之多變化者曰十八變，如云「黄梅天，十八變」「姐姐家，十八變」等。《易》：「十有八變而成卦。」

光辣撻　俗狀光滑貌。陳郁《話腴》：「藝祖詠日詩：『欲出未出光辣撻。』」〔一〕

光蕩蕩　俗謂修潔也。《史記》：「佳哉光蕩蕩。」

實辟辟　俗狀堅實也。《素問》：「脈搏而實，如指彈石辟辟然。」

鏃鏃新　俗謂極新也，亦曰新簇簇。《世説》謝鎮西道敬仁：「文學鏃鏃，無能不新。」

熱烔烔　俗狀温熱也。《廣韻》烔，徒紅切。《字林》：「熱氣烔烔。」

涼颼颼　俗言薄寒也。《吴趨風土録》：「朝立秋，涼颼颼。」

白醶醶　俗謂面瘠而神減也。《玉篇》醶，力小切，「面白醶醶」。俗讀若僚。

白迷迷　俗狀霧露之貌。《吴趨風土録》：「白露白迷迷。」

直挺挺　俗狀直貌也。《左傳》「周道挺挺」注：「直貌。」

硬綳綳　俗狀堅硬之貌。黄溥言《閑中古今録》載應履平題部門詩有「衣裳糨得硬綳

〔一〕未：原作「不」，據《話腴》改。

綳」句。

熱吽吽　俗狀燠煖也。《吴趨風土録》：「夜立秋，熱吽吽。」土音吽讀如漢。

花簇簇　俗言華麗也。《續燈録》：「四時花簇簇。」《廣韻》簇，千木切。

酸⿰酉留⿰酉留　俗形容醋味也。《集韻》⿰酉留，音溜。

醉醺醺　俗狀醉態也。杜牧詩：「高臥醉醺醺。」《韻會》醺與熏通。

甜迷迷　俗形容餹味也。

黄晃晃　俗狀黄色也。《釋名》：「黄，晃也。猶晃晃，象日光色也。」〔二〕《集韻》晃，户廣切，音幌。

黑窣窣　俗狀黑色也。朱子《語録》：「内外黑窣窣地。」《集韻》窣音猝。

亮奣奣　俗狀清明也。奣，音懵，見《六書略》。

一㛹㛹　俗言短小也。《字彙》㛹音倔。《篇海類編》：「㛹㛹，短貌。」一作孑孑。王念孫曰：「孑之言麼也。凡物之直而短者謂之麼。」

沬沬亮　俗言黎明也。《易》「日中見沬」注：「王氏曰：微昧之明也。」《正韻》暮佩切，俗讀若母紅切。

〔二〕猶：原脱，據《釋名》補。光色：原誤作「出光」，據《釋名》改。

濕蘁蘁　俗言物含水之狀也，亦曰濕溦溦。《二老堂詩話》：「黄菊濕蘁蘁。」蘁音躋，溦音致。

潮潪潪　俗謂地下潮濕及人身有汗者並曰潮潪潪。《集韻》潪音答，「濕也」。

煖烘烘　俗呼温煖也，見《全唐詩》。《許彦周詩話》：「有人題嵩山詩云：『争似滿爐煨榾柮，漫騰騰地煖烘烘。』」

黑洞洞　俗言深邃無光之處曰黑洞洞，見元人《賺蒯通》曲。

紅糖糖　俗狀赤色也。《集韻》糖音唐，「赤色」。

紅赬赬　俗狀赤色也。《正韻》赬音檉。《詩·周南》：「魴魚赬尾。」傳：「赬，赤也。」

紅趝趝　俗狀紅色也。《集韻》趝，呼含切。《類篇》：「赤色。」俗讀若漢。

黄黆黆　俗狀黄色也。《集韻》黆音充。《玉篇》：「黄色。」

鹹鱭鱭　俗狀鹽味也。《集韻》鱭音嚌。《玉篇》：「鹹也。」

乾爆爆　俗言乾燥也。《五燈會元》：「雲門尋常只乾爆爆地。」《廣韻》爆，音剥。

光䌷䌷　俗狀光之色態也，亦云烏䌷䌷。《集韻》余救切，通作油，訓「物有光也」。

雨瀰瀰　俗狀微雨貌。瀰瀰，猶言濛濛也。《正韻》音米，「水流貌」。

痧郎當　患風痧者留連而皮生斑癩，俗稱痧郎當。

亮赤赤　俗狀明亮也。諺有「東天日出亮赤赤」語，見《吴下諺聯》。

小尐伶伶　俗狀小巧貌。《集韻》尐，音即，「少也」。伶，伶俐也。

狀詞

瘧。晏。忒殺。殺與噱、煞聲義並同。噁心。磊竨。離提。唔塗。㐫豣。能哼。即零。欿呴。經紀。尷尬。馬厲。懊憹。勃窣。以上已見前志。

泥　俗以柔言要求曰泥。元稹詩：「泥他沽酒拔金釵。」

𨙫　俗應辭也，與是之意同，音胡南切，見揚子《方言》。

闥　俗形容迅疾也。嵇康賦：「闥爾奮逸。」音撻。

越　俗稱事之更甚者爲越，本《禮記》「戒勿越」。

餕　俗謂飽食息也。又噎聲也。《集韻》乙得切。俗讀若戳。元稹詩：「酒聲頻餕餕。」

饞　俗謂貪食曰饞，音讒。蘇軾詩：「料得清貧饞太守〔一〕，渭川千畝在胸中。」

舍　俗問辭也。《新方言》：「《説文》余訓何，通借作舍。今通言曰甚麽，即舍之切音。其作舍者，本余字也。」俗凡問何事、何物，皆呼曰舍。一作啥，讀始夜切。

閛　俗言門扉聲也，音怦，見《廣韻》。

對　俗謂是也。今言對，猶古之言侻也。《廣雅》：「侻，可也。」隋曹憲音侻爲他括切。今

〔一〕得清貧：原作「想洋州」，據《東坡詩集》改。

人言愜可曰對，不愜可曰不對。對字正與他括切密近。

晦　俗呼晦塞之晦音如昏去聲。

眅　俗狀反目貌，見《六書故》。諺有「殺人不眅眼」語。《集韻》音攀上聲，從反得聲，故俗讀若反。《説文》：「眅，多白眼也。」

訇　俗呼聲之大者曰訇，音轟，見《廣韻》。《史記·司馬相如傳》：「砰磅訇磕。」

嗛　咳聲也。《集韻》口朗切，音慷。俗亦呼喘息曰嗛，讀呼朗切。

癮　俗謂嗜好久而成癖不能遽去者曰癮，音隱。俗讀年上聲。

逗　俗言奔走忙碌也。《集韻》音豆，「曲行也」。

獠　俗言女態狎蕩也。《南史》：王琨，獠婢所生。獠，音騷。今詈婦女曰獠，本此。

蕩　俗言緩也，讀如嘆，如云蕩一蕩、蕩一艫等。晉灼曰：「佚蕩，緩也。」張晏曰：「蕩，音讜。」讜、嘆聲之轉耳。

欸　俗應辭也。揚子《方言》：「凡言然者曰欸。」音埃。俗亦讀哀上聲。案，欸與唉，聲義並同。《説文》：「唉，譍也。」

殻　俗謂物皮空也。《唐韻》苦角切。《列子》：「木葉幹殻。」

忺　俗言意所欲也。《正韻》虛嚴切。俗讀如軒。

饛　俗謂食物過飽曰饛，音他登切，見《類篇》。

㖃　俗狀飛聲也，音洪。

佯　俗謂内不然而外僞飾曰佯，如云假佯頭、佯解勸等。

希　俗言極也，如曰希破、希臭、希濕、希爛等。

白　俗言無故、無效、無所用力俱曰白，讀藥韻開口呼。李白《越女詞》：「白地斷肝腸。」《西湖志餘》：「名曰獻助，實則白取。」

阿堵　俗言其處也，見《雅量》篇注。俗呼阿堵音如革搭或革堂，皆轉音也。

唧溜　俗言敏捷也。盧仝詩：「不唧溜鈍漢。」

幾許　俗問幾何曰幾許。古音許讀若虎，轉音作化。

些少　俗言微少也，見《空同集》。《正韻》些音瀉平聲，俗讀若須。

倒竈　俗謂不利也，見《通俗編》。

惽懣　俗言煩悶也，音昏悶。《莊子・知北遊》：「惽然若亡而存。」《史記・倉公傳》：「使人煩懣食不下。」

不睬　俗言不理也，見《北齊書》。或作倸，《陔餘叢考》云：「俗語不禮人爲不倸，本《北史》：后既封以陸令萱爲母，更不倸輕霄。」

乾笑　俗言笑之不情者曰乾笑。《宋書》：「范蔚宗就刑於市，妻孥別罵，范乾笑而已。」

亭當　俗稱事已盡畢也。《新方言》：「亭當，謂物之安、事之定也。《説文》：『亭，民所安定也。』」朱子《語録》作停當。

含胡　俗以言語不明白或治事不清楚者俱曰含胡。《唐書·顔杲卿傳》：禄山斷其舌，曰：「復能罵否？」杲卿含胡而絶。一作含糊，《舊唐書》：「朝廷每爲含糊，未嘗窮究曲直。」

咕嚕　俗以語煩絮而不分明者曰咕嚕，見《吴下方言考》。亦曰嘰哩咕嚕，見元人《凍蘇秦》劇。

謱疏　俗謂語多支離曰謱疏。《新方言》：「淮南、吴越謂人言煩絮爲謱疏。」讀如羅瑣，俗作嚕囌。

嘮叨　俗謂多言也。《集韻》嘮，郎刀切；叨，他刀切。

大意　俗謂不經意也。《韓非子》：「大意無所怫悟。」〔一〕

大家　俗言共同也。《摭遺》：唐人《梅花》詩「憑仗高樓莫吹笛，大家留取倚欄看」。

趤趤　俗稱戲蕩不事正業曰趤趤。《集韻》趤，郎宕切；趤，大浪切。《類篇》：「趤趤，逸遊。」

客氣　俗謂舉動謙謹曰客氣。《左傳》：「陽虎僞不見冉猛者，猛逐之，僞顛，虎曰：『盡客氣也。』」

〔一〕悟：原誤作「忤」，據《韓非子》改。

將就　俗稱事不滿意，聊復如此曰將就。本《詩》：「將予就之。」

巴急　俗謂殷勤奉承也。本張國賓《合汗衫》曲「空急空巴」語。

擔閣　俗謂遲延也。宋林逋詩：「聊爲夫君一擔閣。」

放心　俗稱事已妥善，不必更注意者曰放心。《書》：「雖收放心。」

正經　俗謂矜莊也。本《論語注疏》：「人不學正經善道，而治乎異端之書。」

潑賴　俗謂乖巧也，讀若派拉。又謂婦女之凶惡者亦曰潑賴，讀若潑辣。見《餘冬序録》。

稱心　俗謂與己所想望者適合也。陶潛詩：「人亦有言，稱心易足。」

放鵰　俗言使乖也。見《朱子大全集》。俗作放刁。

索性　俗於難決時逕行決之，謂之索性。《朱子文集》：「騁意過當，遂煞不住，不免索性説了。」索，俗亦讀若喪，蓋由入轉爲去耳。

能幹　俗謂能辦事者曰能幹。《後漢書·循吏傳》：「孟嘗君靖行出俗，能幹絶羣。」

虀糟　俗謂瑣言嘈雜也。沈周《客座新聞》載顧成章俚語詩：「姑姑嫂嫂會虀糟。」或作蹐遭。《方言箋疏》云：「吴人謂小兒煩懣懊惱聲如蹐遭，即氐惆之轉。《史記·倉公傳》注：氐惆，猶懊憹也。」

交關　俗謂極多也。《晉書·裴秀傳》：「交關人事。」

託大　俗謂大意，或自高其身分也。《世説》：「時人目庾中郎善於託大。」

頑皮　俗謂頑劣也。皮日休詩：「頑皮死後鑽須偏。」《新方言》云：「《爾雅》：『婆娑，舞也。』《説文》婆作媻，《文選·神女賦》注：『婆娑，猶媻姍。』即今謂游戲爲頑要。小兒游戲無度爲頑皮。皮即婆之聲轉也。」

觩囉　俗謂聲迭蕩相雜曰觩囉。王褒賦：「行鍖銋而觩囉。」

僻脱　俗稱人之敏捷而事無留滯者曰僻脱。何晏賦：「僻脱承便。」

濊濊　俗言罟入水聲也，讀如豁。《詩》：「施罟濊濊。」

艷艷　俗狀静默貌，如云艷艷弗響，音萌僧。《集韻》：「艷艷，神不爽也。」

著實　俗謂極實在也。張説文：「篤學勵行，著實飛聲。」

尖嘴　俗呼巧舌多言者爲尖嘴。《揮塵餘話》：「嘴尖如此，誠姦人也。」

癡笑　俗謂笑之不已，狀如癡也。盧仝詩：「卻生癡笑令人嗟。」

嚇殺　俗於猝然受驚者輒曰嚇殺。喻汝礪詩：「幾回嚇殺生仲達。」

畫一　俗謂確定不移也。《漢書》：「講若畫一。」

齊頭　俗言平頭也。如計數逢十輒謂之齊頭數。或言恰如其數則曰齊頭正好。見《通俗編》。

衰頽　俗言勞頓，或慰勞人，俱曰衰頽，讀如篩塗。《鷄肋編》：「今日衰頽來澤國。」一作弛瘏。《周禮》「弛力」注：「息徭役也。」《楚辭》：「躬劬勞而瘏悴。」瘏悴，憊也。

惡縮　俗言慚惡畏縮也。《唐書》：「士良等惡縮不得對。」

掉皮　俗謂狡獪也。或單曰掉。《禮·内則》鄭注云：「雖有勤勞，不敢掉磬。」掉皮之語本此。《新方言》云：「揚子《方言》：『陂傜，衺也。』今謂欺詐曰掉皮，即傜陂也。」

撲通　物墜水聲也。元曲：「撲通的缾墜井。」

扻揦　俗言辦事精明幹練也。如曰手段扻揦等，音插辣。《篇海》：「扻，利也。」

生疏　俗謂情意闊疏也。《傳燈録》：「生疏處常令熱熟，熱熟處放令生疏。」

脱空　俗言費盡勞力一無成就也。《十國春秋》：「今一旦反作脱空漢乎？」

過飯　俗謂以肴蔬下飯曰過飯。《齊民要術》：「鯉魚脯過飯下酒。」

適意　俗謂意志愉快自得也。《晉書》：「張翰曰：人生貴適意爾。」

遷就　俗謂舍此取彼、委屈求合也。賈誼文：「尚遷就而爲之諱。」

隨手　俗言任手所之，不加擇别也。杜甫詩：「曉粧隨手抹。」

霸道　俗謂行事之蠻横者，或藥性之劇烈者，俱曰霸道。本《漢書》：「齊桓公會諸侯而行霸道。」

發婞　俗言男子與婦女有所私也。《集韻》婞，衣檢切。《説文》：「女有心婞婞也。」

漂亮　俗以人作事清脱、出言爽而合理者，或衣服麗都引人注目者，並謂之漂亮。《説文》：「縹，絲色也。」段注：「如在水中時色。今人謂之漂亮。」

豪悛　俗促人趕速曰豪悛。《玉篇》：「悛，快性也。」《集韻》音燥。

剛剛　俗謂適纔也。王逸《離騷章句》：「羌，楚人語辭也。」《廣雅》〔一〕：「羌，乃也。」《漢書》言乃者，適纔也。今人言羌音剛，故俗言適纔謂之剛剛。俗亦讀如姜。

熚爆　俗狀火聲也。《集韻》音必剥。

皴頒　俗言少，或輕，或相距過甚，並謂之皴頒。《集韻》皴音推去聲，从差，舛也，少意也。又《説文》：「寡，少也。从宀从頒省。」「頒，分賦也。」故爲少。據此則寡字從宀從頒省，頒即有寡意也。今俗云皴頒，當是此二字。

通共　俗稱兼包一切爲通共。《漢書·原涉傳》：「官賦斂送葬皆千萬以上，妻子通共受之。」

拆空　俗謂事成畫餅曰拆空，空讀作貢。諺有「拆空老壽星」語。

活絡　俗言不定也。《鶴林玉露》：「大抵看詩要胸次玲瓏活絡。」

頂真　俗言不苟也。案，頂真，實訂真之譌。見《論衡》。

窮忙　俗自謙無暇辭也。見《宋史》。

弗局　俗言不善也。《爾雅》：「淑，善也。」《廣雅》：「孎，善也。」局即淑、孎之音變。

〔一〕雅：原誤作「韻」。

一齊　俗言俱也。《莊子》：「萬物一齊。」

合仆　俗謂墜地俛者爲合仆，仆音如朴。見《新方言》。《説文》：「仆，頓也。」

高興　俗謂有興致也，反之曰不高興。杜甫詩：「晚來高興盡。」

不消　俗謂不須也，亦曰不消得。《漢書·禮樂志》：「神奄留，臨須摇。」晉灼謂即消摇，須、消音本相通。《五燈會元》：「巖見一婆子抱兒，曰：不遇知音，衹這一箇，也不消得。」

喌喌　俗呼鷄聲也。《説文》：「喌喌，呼鷄重言之，讀若祝。」

嘍嘍　呼狗聲，良遇切。見《廣韻》。一作喔嘍嘍。

咂咂　嘗味聲也。《風俗通》：「入口曰咂。」《集韻》：「唊也。」作答切，音札。

把穩　俗謂謹愼也。《晉書》：「諸將謂姚萇曰：『陛下將牢太過。』」注云：「將牢，猶俗言把穩。」

一霎　俗言轉瞬也。陳造詩：「蝶夢蘧蘧纔一霎。」

踜蹬　俗狀猛烈之聲也。《集韻》：「踜蹬，蹋地聲。」音凭僜。

肉痛　俗謂不忍割舍也。《南史·孝義傳》：「肉痛心煩，有如割截。」

令丁　俗言傾危不安之貌也。見《方言箋疏》。

嗹嘍　俗謂多言曰嗹嘍，或曰嗹嗹嘍嘍。《廣韻》：「嗹嘍，言語煩絮貌。」俗讀若禮羅。

無寫　俗言無恙，或事物尚稱合意也。寫，讀若舍。《方言箋疏》：「《釋詁》云：『恙、寫，憂也。』郭注云：『今人云無恙，謂無憂也。寫，有憂者思散寫也。』案，恙與寫並訓爲憂。郭以恙爲無恙，則無寫猶無恙也。今人相存問猶言無憂，即無寫之意。」

㝩㝗　俗狀空虛也。《五音集韻》：「凡物空者皆曰㝩㝗。音康郎。」今轉呼如哭龍，與窟籠聲義相若。

裏鄉　俗謂内曰裏鄉。《詩·采芑》：「於此中鄉。」《匡謬正俗》：「俗呼某人處爲某享。」是鄉聲之轉。

裏頭　俗謂内曰裏頭。《鷄肋編》：「土洞裏頭行十日。」

長遠　俗言久也。見《晉書》。

得法　俗言中節也。見《國策》。

連忙　俗謂急迫也。見《雲谷記事》。

便當　俗言容易也。見《元典章》。

舒徐　俗言事不迫促也。見《詩·召南》傳。

劈朴　俗狀聲之急速者曰劈朴。案，劈朴雙聲字，《廣雅》訓猝也。

湊巧　俗言不期而恰合曰湊巧。

外行　俗言不善其事曰外行。

刮皮　俗謂刻刮人之小利而謀己之利也。

精刮　俗謂貪小便宜也。

寫意　俗謂愉快也。本《國策》。

熱昏　俗詈人惛瞀也。

邪氣　俗詫異事物過甚之詞也。

坍㙮　俗謂不榮譽也，如因事實之發現，致貽笑於他人，或不齒於社會，無面目以對人者，均謂之坍㙮。

搭漿　俗言作事敷衍掩飾者曰搭漿。

登時　俗謂立時也。《後漢書·方術傳》：「侯㓜三人，登時仆地。」

行當　俗言有勢力也，行讀若杭。

勝如　俗言猶如也。

賽過　俗言賽過猶言勝如也。錢大昕曰：「賽爲争勝之義，與勝聲亦相近也。」

寒賤　俗言卑鄙無恥也。

擹鼞　俗言羞澀也，音胎銃。

既往　俗言適纔也。既讀如溉。徐廣曰：古既字作水旁，見《史記·五帝紀注》。往，亦讀若亡。

平復　俗言疾瘳也。《漢書·韋元成傳》：「疾病平復。」

連牽　俗言完成也。《宋書·五行志》：「阿堅連牽三十年。」
連蹇　俗狀糾纏不休貌。《楚辭》：「驢騾連蹇而齊足。」揚雄文：「孟軻雖連蹇，猶爲萬乘師。」一爲行不進貌，一爲言語不便利也。今云不休者，相反爲義也。
擊轂　俗狀人物作聲也。《國策》：「車擊轂。」
横神　俗詈人狠戾也。
乍可　俗言寧可也，亦曰乍使。元稹詩：「乍可沈爲香。」
活像　俗言酷似也。
終歸　俗言結果也。
蠻門　俗言不循理也，蠻讀如孟。
一概　俗言皆也。《後漢書·王符傳》：「一概悉蒙赦釋。」
底裏　俗言内容也。《後漢·竇融傳》：「自以底裏上露，長無纖介。」
著力　俗謂用力也。《齊書》：「誰復爲汝著力。」
不大　俗言不甚也。《漢書·田叔傳》：「吾王暴露，獨何爲舍？王以故不大出游。」
罪過　謙抑辭也。俗對於謙不敢當之事，多自稱罪過。罪，俗讀如在。語本《史記》信陵君竊符救趙，趙王迎之，信陵自言罪過。
不能轂　俗言不勝任也。《漢書·匈奴傳》：「七日不食，不能轂弩。」

呆鄧鄧　俗狀癡獃貌。見《元曲選·賺蒯通》劇。一作呆頓頓。

文傷傷　俗謂文貌似也。見《元曲選》關漢卿《謝天香》曲。焦竑《俗用雜字》傷音縐。

死搭搭　俗狀不活潑之貌。朱子《語録》：「今言道無不在，無適而非道〔一〕，固是，只是死搭搭地云。」

眼巴巴　俗言期望之極也。見元人小説。

舍不得　俗言不忍棄也。本《侯鯖録》蘇東坡答王晉卿語。

面皮厚　俗謂不知羞愧也。或曰老面皮。《南史·卞彬傳》：「面皮厚如許。」

大帽子　俗稱憑藉顯貴之勢以占優勝者曰大帽子。見《中華古今注》。

驀地裏　俗謂忽然也。驀音陌，俗讀密。本《貴耳集》驀地焮天、驀地空。

擺架子　俗謂裝門面也。《通俗編》俚語對句：「擺架子，撑棍兒。」

没奈何　俗言無可奈何也。《唐書》：「事已爾，没奈何。」

露馬腳　俗謂秘密之計畫或行爲於無意中暴露也。《通俗編》：「雲端裏放轡頭，露出馬腳來。」

氣豧豧　俗言發怒太息也。《説文》：「豧，豕息也。」音如鋪。見《新方言》。

〔一〕「無適」下衍「非道」二字，據《朱子語類》删。

約約乎 俗謂隨便也。約，猶言約略或簡約也。乎，語助辭。

踍踍跳 俗言心悸也。踍音勃，又轉若别。《五燈會元》：「楊大年與石霜圓參證，楊曰：二腳蝦蟆跳上天。圓曰：一任踍跳。」

幾幾乎 俗謂將及也。《水經·澮水注》：「魯定公問：一言可以喪邦，有諸？孔子以爲幾乎。」以乎字爲語絶，即俗云幾幾乎也。

瘌豁豁 俗謂疼痛也。《説文通訓》：「蘇俗言蟲螫痛曰瘌豁豁。」

塌塌䨴 俗狀溢貌也。䨴，俗讀如鋪。

䟴哼哼 俗謂行遲也。《説文》：「䟴，行遲也。」《詩》「大車哼哼」傳：「哼哼，重遲之貌。」《集韻》䟴音蠻，哼音暾。俗讀若慢吞吞。

重㞩㞩 俗狀物之重也。《集韻》㞩音頂。《博雅》：「重也。」俗讀若等，等與頂皆上聲迥韻。

一窩蜂 俗言集衆作蜂起狀者曰一窩蜂。案，一窩蜂原係宋時盜賊之號，見陸務觀《入蜀記》。

極邐邐 俗狀窮窘也。《書·洪範》「威用六極」注：「六極，窮極惡事也。」極，亦作竭。《史記》：「神大用則竭。」《吴諺集》：「竭，窘也。」《正韻》邐音里。《説文》：「行邐邐也。」邐邐，連延也，俗狀吝嗇之態。又有竭吽吽之語，見《元曲選》李文蔚《同樂院轉魚》曲。《廣韻》吽，呼后切，聲也。

趵趵跳　俗狀跳躍也。元稹詩：「旱塊敲牛蹄趵趵。」趵，足擊聲也，音剝。《集韻》：「趵，跳躍也。」跳音迢。俗讀如挑去聲。

項項能　俗狀不豫貌。項音旭。《莊子·天地》篇注：「項項，自失貌。」

呼吸道　俗言因此也。呼吸，讀如好顯，取語意相應之義。

爛窳窳　俗狀物爛貌。窳音庚，瓜瓠在地不自立也。俗狀嬾惰貌曰嬾窳窳。《集韻》：「窳，嬾也。」

赤骨立　俗言裸體也。《朱子語類》：「脱得赤骨立。」俗亦呼立若侖。

不識丁董　俗謂不知事理也。本《後漢書》「劉備曰：公不見丁建陽、董太師乎？」見《陔餘叢考》。

呼幺喝六　俗以盛氣臨人者爲呼幺喝六。見元人《氣英布》曲。

汲汲忙忙　俗言人行動急迫也。《論衡》：「汲汲忙忙，何暇著作。」

云頭喝馬　俗言作事不根或鹵莽也。

瀄瀄汩汩　俗狀水聲也，讀若節骨。枚乘《七發》：「瀄汩潺湲。」

行情行市　俗言甚多也，行讀若杭。

腷腷膊膊　俗狀擊聲也，讀若逼博。古《兩頭織織》詩：「腷腷膊膊鷄初鳴。」

一竅不通　俗謂渾沌不知事理者曰一竅不通。見《吕氏春秋·貴直》篇。

不上不下　俗謂遇事兩難，或心志不定，曰不上不下。見《唐書·田季安傳》。

巴弗有彀　俗言盼之不遑也。《恒言録》：「今人之盱衡望遠曰巴，不足而營曰巴。」引吴潛《水調歌頭》詞：「巴得西風起，吾亦問前程。」

羅羅清疏　俗狀清疏貌。見《世説》。

吧吧嗁嗁　俗狀器聲也。《廣韻》吧音葩，大口貌。《集韻》嗁音題。《説文》：「嗁，號也。」俗亦呼若帝。

䟫𨇨勿動　俗言足不能行也。䟫𨇨讀若爿透，見《篇海》。

一齊攏總　俗呼如一狀浪章，皆提高讀也。

板板六十四　俗言呆板也。本《豹隱紀譚》「宋時鑄錢，每一板六十四文，乃定例也」。

虚詞

介詞

搭　俗言與也、爲也、替也。

勒　俗言在也。

拿　俗言以也。

被　俗呼如八，表示所受也。

个　俗言之也，與箇個同，讀如格。

爲仔　俗言爲也、因也。仔，爲語尾字，用處甚多，如云用仔、拿仔、搭仔等。

連詞

格末　俗言則也。

乃末　俗言則也，即那麽。乃字讀如難。

並且。況且。既然。倘然。雖然。若然。若使。假使。假如。倘若。然而。

自然　俗言當然也。

自從。但是。

就是　俗言則也、即也、就令也。

也是　俗言亦也。也字讀如呀。

便是。

又是　俗言又也。

還是　俗言抑也、又也、猶也。

倒是　俗言卻是也。

不過　俗言衹也、唯也。

所以。

或者　俗言或也。者字亦讀如載。
必定。特爲。因爲。恐怕。
搭仔　俗言以及也。
講到　俗言若夫也。
反而。
難道　俗言豈也。
與其。寧使。寧可。弗如。既經。
弗單是　俗言不獨也。
實蓋能　俗言如此也。蓋，一作格。

助詞

末　叙述助詞。如云喫末喫個薄粥湯，著末著個破衣裳。
咾　叙述助詞，讀如洛。
來　叙述助詞。如云跳起來、拆開來、學弗來等。《莊子》：「當以語我來。」李商隱詩：「一樹濃姿獨看來。」
看　叙述助詞，含姑一試之義。如云喫喫看、試試看等。《傳燈録》：「且説箇超佛越祖道理看。」

哉　決定助詞，謂事已然曰哉。如云好哉、罷哉之類。《書》：「僉曰於鯀哉。」《詩》：「亦已焉哉。」皆止語辭，猶云了也。

格　指定助詞，一作箇，猶言的也。

得　指定助詞。如云走得快、大得多。

嗄　助語態詞。《廣韻》所嫁切，俗讀如浩如吓，若爲應辭，則讀如坳。

呢　助語態詞，義與乎、邪、哉、歟同。

囉　制限助詞，猶言而已也。讀如陸平聲。

呀　助語態詞，義與也、邪同。

子　語尾助詞。或作仔。如云扇子、兒子、喫仔、做仔等。元微之詩：「隔是身如夢。」是字即子也、仔也。是有子聲，猶時從之聲，古本皆通用。

能　命令助詞，或敘述助詞。如云好好能、老來還學少年能。

勒　敘述助詞。或作啦。

阿　疑問助詞，或感歎助詞。或作啊，義與乎、邪、哉、歟同，且同爲腭類音。

否　疑問助詞，呼如無邪之合聲。

煞　語尾助詞。一作殺或嗽。如云快活殺、鬧忙殺等。

去　命令助詞，讀如氣。如云拿進去、走出去等。

噓　命令助詞，音虐，俗亦呼如彥。如云去噓、做噓等。

頭　語尾助詞。如云鼻頭、舌頭、鉢頭、好人頭等。

著　語尾助詞。如云得著、碰着。許用晦詩：「逢著仙人莫下棋。」

哩　助詞態詞。如云好哩、勒哩，皆語已詞也，義同矣。矣从矢㠯聲。《説文》相或作梩，㠯、里聲本相通，故哩實矣字。古音之轉，有時用哩字之語亦用咧字，哩、咧雙聲之轉也。

呵　感歎助詞。

罷　疑歎助詞。罷之義與夫同。夫屬奉紐輕脣音，罷屬並紐重脣音，古無輕脣音，夫字古音重脣，罷字乃夫字古音之轉。

那　語尾助詞，或作哪，音乃賀切。《後漢書》：「公是韓伯休那。」注：「那，語餘聲也。」

格呀　感歎助詞。

來些　感歎助詞。如鼻聞香臭，則云香來些、臭來些。有時僅云香來、臭來。身感冷熱，則云冷來些、熱來些，或僅云冷來、熱來。案，來些，即《詩·小雅》「來思」之遺，思字古讀些，流傳日久，譌些爲死，死字北音近思，南音近些。些、死實一音之轉。

嘆詞

阿瘖瘖　已見前志。

哼　拂意聲。《集韻》虚庚切。

咦　驚怪辭。《集韻》延知切。《説文》：「南陽謂大呼曰咦。」

啐　驚憤辭。《廣韻》七内切。

呸　俗争叱聲，見《字彙》《篇海》，音丕。《新方言》：「哇，相與語唾而不受也。天口切，音轉如剖，俗作呸。」

嚄　俗失聲驚愕辭也，音獲。《史記》：「武帝下車，泣曰：嚄。」

嘻　驚異詞。見《史記》。有時亦用以表喜悦，與譆、熙同。

噫　驚異詞。其用與咦字略同。

唉　歎聲，有悔恨痛苦之詞。《史記·項羽本紀》：「唉！豎子不足與謀。」其用與咳字略同，俱爲腭類音。

啊　與呀字同爲表詠歎、疑歎之詞。

邪許　俗舉挽重物，衆同致力之聲也。《淮南子》：「今夫舉大木者，前呼邪許，後亦應之。」俗讀若呀化。

阿侑　俗呼痛聲也。《顔氏家訓》：「《倉頡篇》侑字訓詁云：痛而謼也。」魏李登《聲類》侑，于耒切。《集韻》何交切。俗讀由或育皆通。

阿耶　俗驚駭或呻吟辭也。《傳燈録》：「僧問德山鑒：『如何是不病者？』曰：『阿耶阿耶。』」亦作阿呀。

唉呀　與哎喲同爲表悔恨之詞。

阿唷唷　俗呼痛聲也。《朝野野僉》載郭勝静被鞭諱言曰：「勝静不被打阿唷唷。」

〔民國〕嘉定疁東志

【解題】吕舜祥修，武嘏純纂。一九四八年油印本。嘉定，古稱疁東，在今上海市嘉定區。「方音」見卷四。録文據上海社會科學院出版社二〇〇四年版「上海鄉鎮舊志叢書」本《嘉定疁東志》。

方音

名詞

爹　俗呼父，讀若多，或爹爹疊呼之。

爺　俗呼父，讀若矣挨切。

媽　俗呼母，或上加阿字，讀若米鞋切。

兒　俗呼兒爲倪音，下加以子字。

囝　俗呼小兒，讀若暖平聲，或上加小字。

囡　俗呼女兒，讀若暖。

哥　俗呼兄，讀若歌乎切，或上加阿字。

姊　開口呼，音如姐，或上加阿字，或姊姊疊呼之。

姐　俗呼姊，讀若祭矮切，或上加阿字，或姐姐疊呼之。

婆　俗呼祖母，或夫之母，或妻，讀若薄乎切。

嬸　俗呼叔母，讀若笋。

婿　俗呼女之夫，讀若細。

客　讀若克匣切。

儂　俗呼對方人，讀若濃去聲。

汝　俗呼對方人，讀若樹恨切。

伊　俗呼第三者，讀若矣。

喉　讀若胡，如喉嚨讀若胡龍。

乳　讀若納挨切，上聲。

頭　新涇河西人讀若團。

鼻　讀若白。

膝　讀若漆，如膝面頭讀漆滿頭。

魄　讀若拍。

指　俗讀若節，如指頭讀若節頭。

眚　俗謂目疾生點曰眚，讀若星。

瘧　讀若愕。

惡　俗呼糞便，讀若烏路切。

默　俗言身上之汙垢，讀若克恨切，上聲。

髈　俗謂股爲大髈，脛爲小髈，讀若普浪切。

睹　俗呼胃曰睹子、曰食睹，讀若睹。

膘　俗謂介於革肉間者曰膘，讀若摽。

疤　俗呼瘡痕，讀巴音。

牙　讀若兀挨切。

龜　讀若九，居求切，如烏龜讀若烏九。

鬼　同上。

魚　讀若嘸平聲。

猫　讀若毛。

鼠　讀若四，如老鼠讀若老四。

水　讀若四。

江　讀若缸。

豆　新涇附近人讀若斷。

蛋　讀斷。
船　近羅店人讀若篙。
碗　近羅店人讀若烏嘔切。
浜　讀若布粳切。
坑　讀若苦杏切。
鬨　俗呼虹，讀若胡遘切。
簸　俗呼以竹篾或蘆片編作曬曝五穀與遮蓋用者，若箬簸、蘆簸等，讀若廢。
筞　俗呼籃之無鋬而淺者，讀若大。
艄　俗呼船尾，讀若梢。
圈　俗呼豕檻，讀若倦。
箹　俗呼半扉，讀若達。
鋬　俗呼籃之提繫物，讀若普患切。
襻　俗呼衣系，讀若普患切。
裥　俗呼襪管，讀若統。
椅　讀若幼去聲。
珓　俗呼占卜之具，猶言卦也，讀若照。

肉　讀若玉。

霞　讀若華。

石　讀若實著切。

狗　新涇河西人讀若趕。

墓　讀若嘸去聲。

畝　讀同上。

吴　俗讀同上。

鴨　俗讀若阿。

庹　俗呼兩腕引長之度，讀若託。

簌　俗呼賭博時用以記負方款數者，讀若敝。

滮　俗呼水滮，讀若眉波切。

眉　俗讀若迷。

稜　俗指田遠近多少曰幾稜，讀若鄰，或作疄。

墐　俗呼田畦，如言一墐，讀若覲。

涸　俗言點滴也。《田家占候》：「上火不落，下火滴涸。」亦省作沰。沰，滴也，俗讀若到。

巧　剪麵油煎之曰巧，讀若考。

趟　俗以走一次爲一趟，讀若忒巷切。
坯　俗稱器物之未成者，讀若魄喉切。
羹　讀若古粱切。
華　讀若鞋，如蒲華塘讀若蒲鞋塘。
王　讀若奚昂切。
夏　讀若旱。
房　讀若旁，如房間讀若旁間。
家　讀若格挨切。
畝　讀若閉口鼻音。前已列目。
稗　讀若勃挨切。
麥　讀若襪。
槿　讀若窨。
桌　讀若足。
錢　讀若田。
鴉　讀若安。
雨　讀若異。

角　讀若各。

棺　羅店人讀若歸。

傘　讀若四按切。

車　讀若差。

舍　讀若四按切。

穗　讀若色，如稻穗讀若稻色。

孝　讀若黑奥切。

人　讀若壬。

莢　讀結。

榆　讀奚。

鯽　讀即奚切。

蚊　讀門。

蕈　讀浄。

網　讀夢。

核　讀物。

鳥　讀刁奥切。

䗲　讀稱。
蜆　讀若獻。
江　讀岡。
霞　讀若華。前已列目。
鍬　讀若妻腰切。
墓　讀若嘸，如挂墓俗讀若挂嘸。前已列目。
兒子　俗呼子，兒讀若倪。
後子　俗呼子，後，新涇河西人讀若旱。
大細　俗呼子，大讀若度。
囡女　俗呼女兒，女讀若閉口鼻音。
我媽　俗呼母，我讀若閉口鼻音，近日本文之ン字。
阿媽　俗呼母，阿讀若兀嘸切。
媽媽　俗呼伯母、姑母，兼稱分長一輩之婦人，音讀若墨挨切。
大姆　俗呼姒婦，大讀若度，姆讀若閉口鼻音。
大姨　俗呼母之姊，大讀若度。
蛋腐　俗呼以蛋搗碎和水燉熟而食者，蛋讀若斷。

日甲　日讀若逆，呼日子也。
褓裙　俗呼小兒之衣，褓讀若抱。
棉絮　俗呼棉花衣，絮讀若洗。
婁塘　嘉定北鄉之大鎮，婁讀若留。
嚄頭　俗呼出言無度者，嚄讀若徒落切。
𧸘諞　俗呼媚於人者曰篾片，案當作𧸘諞，𧸘讀若覓。
家生　俗呼日用器具，家讀若格挨切。
棪頭　俗呼屋之兩頭曰山頭。案山當作棪，讀若所鑒切。
阜牙　俗呼阜牙之音如盤，阜木負大也。
耜頭　俗呼鋤，耜讀若樹。
褥子　俗呼棉花衣，褥讀若玉。
艞板　舟泊岸旁，置長板於船首與岸相接以通往來，俗呼艞板。艞讀若跳。
爊料　俗呼調味之質料，爊讀若凹。
矆睒　俗呼電光，讀若霍顯。
酒粋　俗呼酒釀，粋音板。
飥餅　俗呼粉餈，飥讀若闔。

桁條　俗呼屋中横木，桁讀若杏。
饒頭　俗謂請益曰討饒頭，饒讀若梟平聲。
外㲄　俗謂意外所得者，讀若牙快。
桯凳　俗坐具之一也，桯音若樘，牀前几也。
箱丌　俗呼淘米竹器，讀若梢箕，或作箱箕。
行貨　俗謂枯窳之器物。行，粗惡也，讀若杏。
䰼盌　俗謂常盌也。䰼讀若工，或作宫盌。
下輔　俗呼頤下，輔讀若爬。
眼眵　俗言眼凝汁也，眵讀此。
胸蒱　俗呼胸，蒱讀蓬逋切。
痱子　俗稱夏日因温熱而生之小瘡，痱讀若佩。
椹礅　宰肉所用之木墊，讀若真敦。
肉𦞦　俗謂皮裹肉外曰脂，曰肉𦞦，讀若玉釀。
月枷　俗呼月暈，月讀若兀。
㙜塵　俗呼塵，㙜讀若蓬。
磨棔　俗呼推磨之具，棔讀若亨。

豬婁　俗呼豬，婁讀樓，亦讀羅。
惡壅　俗呼糞田之肥料。糞田曰惡田，惡讀若丫。
篅條　俗呼盛米具也，篅讀市緣切。
籠籃　俗呼小兒睡臥之摇籃，籠讀若烏候切。
壽頭　新涇附近人讀若蛇斷。
鶴膝　水車中之裝斗板取水者，膝讀若色。
鳳仙　讀若蓬仙。
小菜　讀若小川。
野菜　野讀若謝。
對頭　新涇附近人讀對若得旱切，頭若突安切。
鯽魚　鯽讀若積衣切，魚讀若閉口鼻音。
木犀　俗呼桂花，犀讀若細，又凡秀字音均如此讀。
耳朵　俗呼耳，讀若泥篤。
茭白　讀若高白。
番瓜　讀若飯瓜。
赤豆　赤讀若尺。

蘆菔　菔讀若蒲。
露粟　粟讀若蘇。
割子　俗呼鏈刀，割讀若急。
栗子　栗讀若勒。
女人　女讀若匿椅切。
田岸　讀若庭眼。
蓬蒿　蒿讀若黑浩切。
芥菜　芥讀革鞋切。
甌甎　甌讀若落。
嘉定　嘉讀若街，如嘉定讀若街定。
芋艿　讀若奚奶，又凡芋音均讀若奚音。
喜酒　喜讀許。
櫻桃　櫻讀厄杏切。
梧桐　梧讀胡。
牡丹　牡讀帽。
芊芠　讀若看窠。

麻雀　雀讀將。
黄脰　脰讀籐。
蜻蜓　蜻讀新。
薔薇　薇讀皮。
薄荷　讀蓬富。
老鼠　鼠讀死。
尾巴　尾讀匿椅切。
鯖魚　鯖讀七奚切。
鰷鰷　讀叉條。
黄雖　魚名，讀若横鑽。
蹧績　即蟋蟀，蹧讀暫。
棧條　棧讀樹旱切。
丫頭　俗稱女兒，讀若安屯。
垃圾　俗稱穢物，讀若勒塞。
引綫　俗稱縫衣針，綫讀若現。
雄黄　雄俗讀若濃。

指頭　指讀若節。
小鬼頭　俗罵人，鬼讀若舉。
醬瓿帽　俗呼醬缸罩，瓿讀若翁去聲。
噫腑氣　俗稱吐口爲噫腑氣，俗讀噫腑若愛富。
舍母娘　俗稱産婦，舍讀若書按切，母讀若嘸去聲。
化人壇　俗稱義塚，化讀若火按切。
他有名　俗呼隨母再嫁者，讀若拖油瓶。
鵶臼樹　鵶讀若安。
枸杞頭　杞讀若戲。
蔓條草　蔓讀若面〔一〕。
香附子　讀獻婆子。
護居竹　護居二字讀部箕。
鱖鱸魚　鱖讀吉異切。
餓飩飩　俗又名羊奶奶草，讀胡飩飩。

〔一〕讀：原脱，據體例補。

木賊草　賊讀若絶。

代名詞

汝　讀若樹恨切。

儂　讀若上聲。

戎　俗對人呼曰戎，讀若農、若呈。

箇　讀若格，與箇箇同爲指示代名詞，如去哂末哂箇。近羅店人又讀若干，如一箇兩箇。

是　俗稱此處曰是個上，是讀若地。

我儂　俗自稱，亦曰若我，多數曰我儀、我俚。

爲舍　疑問代名詞，舍讀若書挨切。

做舍　疑問代名詞，做讀若足，舍讀若書挨切。

汝搭　俗對稱多數，汝讀若樹恨切。

哪哼　疑問代名詞，哪讀納鞋切，哼讀黑杏切。

是個上　讀若地個浪。

動詞

㪉　俗言擲物，讀真。

揵　俗言以肩舉物，讀渠焉切。

捥　俗言直者曲之曰捥，讀烏丸切，上聲。
㶕　以手推止也，讀他浪切，上聲。
烹　俗開口呼音，普羊切，如烹酒、烹醋之類。
拎　俗言以手提物，讀若郎丁切。
䟐　俗徒涉也，讀若蒲鹹切。
跪　俗讀若巨，又讀若反己切。
煨　俗言物再煮也，虎猥切，音賄。
擤　俗言擤鼻涕也，呼梗切，上聲，手捻鼻膿也。
搡　俗言以手推進也，四浪切，桑去聲。
望　俗讀若夢，看也。
揿　俗言以手按住也，邱禁切。
汏　俗言洗衣，讀若特挨切，上聲。
氽　俗言浮水，土懇切。
捘　俗言手捉物也，讀真。
晾　俗呼曬也，朗宕切。
滗　俗言笮去汁也，鄙密切。

渧　義同前，都計切。

抈　俗言以手攧物，讀若巖入聲。

扚　俗言以手掐物，讀的。

嘔　俗言嘔鹹嘔淡也，讀若劄。

瘖　俗言睡一覺爲一瘖，音忽。

掇　俗言兩手舉物，讀若篤。

攩　俗言遮攔，讀若忒杭切。

賴　俗言負債不償，或事已定而悔議，或實有其事而否認之，皆曰賴，並讀若勒挨切，上聲。

踈　俗言登也，讀禄，亦作蹗。

啅　俗謂鳥食也，讀在角切。

餧　俗謂飼也，讀若幼。

撍　俗言用皂漈手曰撍，讀若操。

罊　讀若兀挨切。

擐　俗言置也，如云擐背箱等，讀若環去聲。

拶　俗言排擠也，讀若詐。

繞　俗讀若梟，如曰繞緊。
刓　俗言削也，音詮。
搙　俗言捻搙也，如云搙麵、搙粉，讀女郁切。
撒　讀若拆，如撒尿、撒屎之類。
撏　俗謂去牲畜之毛曰撏，音蠶。
斯　俗謂析物使碎曰斯，俗作撕。
注　讀若坐，俗言灌水於器物中也。
扯　俗謂率引挪移曰扯，讀昌者切。
捻　俗以兩指相搓曰捻，讀若碾。
擘　俗謂撩開曰擘，音略。
擀　俗謂造麵時擠壓而伸長之也，讀古旱切。
毻　俗謂鳥獸易毛及蛇蟬之屬之解皮俱曰毻，讀吐臥切。
熯　俗言火乾也，音漢。
蘸　俗言以物沾水曰蘸，讀若讚。
摷　俗言測多少曰摷，讀若號。
絎　俗謂粗縫衣服曰絎，讀若杭。

匜　俗謂乘隙脱走曰匜，讀若溜。

搉　俗言剖肉，讀拔，一作批。

擛　俗言物之飛動曰擛，音葉。

漉　俗目滲也，音麗。

舀　俗謂以器取水曰舀，讀伊奥切。

焐　俗言温之使暖或乾也，讀若好惡之惡。

坌　俗謂掃除也，讀若奔，如言坌灰。

石　俗以石臼堅木柄連横木而對舉之以固牆基曰石，讀烏郎切。

昻　俗謂仰首也，讀若鶴。

鬌　俗言髮墮也，如曰鬌頭髮，讀他臥切，與墮、毻聲同，義并相反。

傳　俗言插也，如曰傳進去，音事。

鐓　俗言去畜勢曰鐓，音敦。

揾　俗言湛於水中也，讀若温，去聲。

竿　俗謂屋斜使正曰竿，音薦。

冒　俗呼烟冒起來之冒音若昧。

痮　俗謂心中作惡而欲吐也，讀芳反切。

隑　俗謂倚曰戤，戤應作隑，讀巨代切。

瘊　俗謂膚腫曰瘊，讀若黑侯切。

寽　俗凡捋取花草子等物皆謂之寽下來，讀若鸞入聲。

墥　俗謂落也，如物從手落謂之墥下來，讀若騰入聲。

捅　俗謂前後移也，讀吐孔切，如移動桌椅必曰捅捅等是也。

覂　俗謂擲棄曰泛，按泛本覂，土音讀若呼患切。

囥　俗謂藏匿也，讀口浪切。

搡　俗謂揭蓋曰搡，音臬。

揭　俗讀若歇。

拽　俗言拖也，讀若亦，如曰「拖來娘舅，拽來外甥」等是也。

攲　俗謂以箸取物曰搛，應作攲，音羈，俗讀若堅或潔，皆聲轉。

斠　俗言車斗解也，音覺，讀若告。

勃　俗謂推排重物曰勃。

攙　俗謂扶也，讀若剗。

敁　俗謂以手稱物曰敁，讀若等。

蹨　俗謂蹂也，如足蹂毒蟲謂之蹨殺，音撚。

壓　讀若客押切。

射　讀若昨。

揠　俗謂强與人者曰揠，讀若黑安切。

刉　俗謂磨礪也，讀若畀。又俗以綫斷物曰刉，音幾。

鬻〔一〕　俗謂水溢也，讀若鋪，又讀若潑。

烊　俗言熔化曰烊，音陽。

焋　俗謂炊粉瓷曰焋糕，音壯。

鞔　俗言覆也，音瞞，如謂以皮張之使四周與框相附著曰鞔鼓。

繸　俗言縮也，如云繸筋，音遺。

㿢〔二〕　俗謂盛也，音海。

㔖　俗謂切肉細碎曰㔖，音嶻。

嬯　俗謂兩手合抱也，俗作㮽，讀該合切。

搜　俗謂捧散物使之齊頭曰搜，音中，或讀松。

行　俗言治或爲并曰行，讀若亨去聲。

〔一〕鬻：原誤作「鬻」，據民國《嘉定縣續志》改。
〔二〕㿢：民國《嘉定縣續志》作「盒」。

胥　俗謂視也，讀若梭，俗作睃，或眝。

隱　俗謂以身及手比絜物之高下長短曰暱，案，暱當作隱，今讀若偃。

挼　俗謂按摩也，奴禾切，俗誤用挪，非也。

華　俗謂以刀分物爲華開，讀若蝦。

兜　俗謂以裳承物曰兜，讀若得侯切。

撴　俗謂拂塵埃曰撴，音短。

𢾾　俗謂提引也，里之切，俗作捚〔一〕。

璺　俗謂蓄水器有裂痕而漸漬者曰璺，音義與釁同。

鹽　俗謂以鹺醃物也，讀去聲。

喝　讀若黑匣切。

挩　俗謂棉田鋤草曰挩，挩與脱音義并同。

攋　俗言爬梳也，如曰攋攋開、攋柴耙等，音賴上聲。

蹺　俗言舉足也，去堯切，與蹻同。

𧷤　俗言厚積貨物曰𧷤，如云𧷤貨、𧷤物等，音榻。

〔一〕捚：原誤作「捏」，據民國《嘉定縣續志》改。

捽　俗言棄也，讀若舍。

煠　俗謂熟食也，讀若閘。

戾　俗言扭轉也，音力，一作捩。

孵　俗稱鳥伏卵而生雛曰孵，讀若步。

欝　俗言拗戾也，音欝。

跀　俗言追隨也，音丁。

哮　俗言呼犬使吠也，孝狡切。

擙　俗言磨也，如云擙磨，音奥。

殦　俗言敗也，如云殦家當，音料。

眣　俗謂目動也，讀若殺。

熇　俗言焙之使乾也，讀若筆力切。

踢　俗言臥也，音儻。

殼　俗言吐痰曰殼，讀若壑。

呷　俗言吸水也，呼甲切。

搗　俗言排搗也，如云搗稻，音湯去聲。

湉　俗言取肉或菜於沸湯中薄熟出之曰湉，側洽切。

嗺　俗言惹也，音齋。
帩　俗言緊縛曰帩，音俏。
車　以機器製物使成圓形俗曰車，讀若叉。
背　俗言牽挽也，如云背縴等，讀若卑。
緄　俗稱衣服縫邊緣曰緄邊，音棍。
釃　俗言執壺傾茶酒曰釃，所宜切。
越　俗言動摇也，如云移火曰越來越去。
吣　俗謂猫犬吐曰吣，讀若祲。
拗　俗言折也，於巧切。
巇　俗言器物有釁隙也，音羲。
嬲　俗言人戲擾不已曰嬲弗清，音如裹。
死　俗讀若尸己切。
脗　美隕切，兩合無漏貌，俗呼合脣曰脗。
閂　俗言閉門也，讀若閃。
坐　俗謂貯物於罎甏中曰坐。
拾　讀若絶。

圍　以物繞之也，讀若圩。

蓋　掩遮也，讀若敢。

換　近羅店之人讀若會。

更　讀若梗。

榨　讀若作。

望　讀若夢。

鍬　讀若砌要切，如鍬田讀若俏田。

降　讀若革杭切。

耕　讀若庚，如耕田讀若庚田。

退　新涇沿岸人讀若忒晏切。

浮　俗讀若武，如浮橋讀若武橋。

生　讀若施杏切。

撈　讀若廖。

學　讀若合惡切。

垩　讀若按，以肥料肥田也。

化　俗稱焚燒紙錠曰化錠，化讀漢。

癩 讀而挨切。

酵 讀告。

佔 讀即丫切，如從踏板頭上佔起佔到牀口上。

色 作動詞解時讀赤，如染顔色布曰赤布。

挨 讀若茄，如挨上去，讀若茄上去。

攛掇 俗謂勸人有所舉動曰攛掇，讀若差篤。

嗆白 俗謂言不順而聲爲之抗曰嗆白，嗆讀若砌様切。

作撻 俗言暴殄或虚度也，作讀若糟。

瞌甆 俗謂假寐也，讀若克沖。

擡舉 俗言尊重其人也，舉讀若記。

關亡 俗謂巫覡召死者之魂以言禍福曰關亡，亡讀若忙。

潥瀺 俗謂小兒吐沫也，讀若麗才，俗謂涎衣爲圍瀺，讀若剪才。

眲眲 俗謂伺親也，讀若張或齋。

㒼緊 俗謂置物器中不令泄氣者曰㒼緊，㒼讀若悶。

銛鎖 失鑰箟而以他物探之，俗曰銛鎖，銛讀若探。

亯飯 俗謁客吃飯曰亯飯，亯讀若庸，或作用飯。

撒私　俗謂溲溺也，撒讀若拆，私今多寫作屎。

敨氣　俗謂開口呼吸也，敨他口切，讀若偷上聲。

害痧　俗謂觸暑所成之疾曰害痧，害讀若赫。

賣誑　俗言欺人也，誑讀若王。

鐫講　俗謂以言諷刺人也，鐫讀若籤。

打孛　俗謂調弄人以自取樂也，孛讀若彭。

搕搕　俗言撞也，搕讀若克。

薄相　俗謂嬉遊也，或作孛相、白相。

唱喏　俗言作揖也，喏讀樹旱切。

摺襉　成衣者蹙布帛之廣而摺疊之曰摺襉，襉讀若減。

摇兀　俗謂摇動也，兀讀若額，如摇兀弗動之類。

彆氣　俗言力反平日之行而令人不測者謂之彆氣，彆，必結切。

公醵　俗言斂錢團飲曰公醵，讀若扛具。

趨奉　俗言阿諛也，趨讀若砌。

拼湊　俗言積少成多也，拼讀丕丁切。

修娖　俗謂修葺整齊曰修娖。讀若搜捉。

葺理　義同前，葺讀出。
叩頭　叩讀克。
顛倒　讀若丁倒。
穿觔斗　俗言倒旋其身以爲戲也，觔斗讀若根堵，或根倒。
跕下來　俗言下墮也，跕讀若疊。
曝日晃　俗稱嚴寒時曝坐日光之下曰曝日晃，讀若步日旺。
打抽豐　俗謂阿諛人以賺財物也，抽讀催或趨。
出轡頭　俗謂飛奔疾走也，轡讀若披。
咬耳睡　俗謂向人耳邊作密語也，讀若咬膩朵。
踏穿鑊蓋　俗謂奸情破露也，蓋讀若敢。

静詞

貴　俗謂價昂曰貴，讀若救。
俏　俗謂婦容美好也，砌要切。
(上女下贊)　俗謂美好也，讀若宰。
勚　俗謂物消磨曰勚，音異。
餿　俗謂物久留而變味者曰餿，音收。

皴　俗謂皮膚不潤也，讀若春。
𠹌　俗謂辛烈之味曰𠹌，讀若蒿。
𢡄　俗謂慧也，今俗以小兒慧者曰乖，當是𢡄之轉音。
奋　俗言漲大也，如曰發奋，讀若樸。
䶑　俗言缺，讀若額。
齙　俗言齒出也，音白韓切。
煬　俗言火傷或熱甚也，俗作燙。
𦓤　俗言密也，讀孟，去聲。
嫭　俗言嬌麗也，讀若趣。
大　讀吐怒切。
奘　俗言肥碩也，音葬。
㕑　俗言低下也，音浥。
怺　俗謂劣也，讀若邱。
㔍　俗謂蠻狠不肯相下曰㔍，其兩切。
㾣　俗言短小也，如云矮㾣㾣，音薺。
𢢥　俗謂暴戾也，樹油切。

痀　俗言卷曲也，如云痀背等，讀若權。

殃　俗言樹木斜倒，房屋倚側俱曰殃，讀若敝。

骯　俗言高起也，音竅。

腈　俗言肉之粹者曰腈，音精。

殨　俗言爛也，音蘇。

完　近羅店人讀若浮。

臭　俗讀若出侯切，新涇沿岸人讀若竄。

敢　羅店附近人讀若狗。

繞　俗讀兀奧切，如全間屋讀若梟間屋。

白　讀若拔。

狹　讀若匣。

光　讀若骨杏切，平聲。

甘　羅店附近人讀若溝。

外　讀兀挨切。

單　讀若端，如讀單布衫爲端布衫。

對　新涇河西人讀得按切。

二　讀匿意切。

五　讀鼻音。

百　讀八匣切。

胖　讀潑盎切。

半　近羅店人讀背。

鏖糟　俗言汙穢也，鏖，兀奥切，平聲。

温暾　俗呼微暖也，暾，忒恒切。

緩緩　不快也，烏嘔切。

十五　十俗讀四按切，五俗讀鼻音。

滑㵬　俗謂路濘滑不便駐足也，㵬音塔。

結緝　俗狀物之緊密也，緝讀若作。

尖𡘋　俗呼物之尖鋒也，如云尖𡘋頭等，讀簪年。

鬔鬆　俗言尨茸也，鬔，薄紅切。

硼硬　俗狀物之堅强也，硼讀若崩。

鄉𢠵　俗呼鄉愚也，𢠵讀若銃。

泌清　俗謂去汁曰泌，引申之謂甚清曰泌清，泌音必。

赤髆　俗謂裸上體曰赤髆，讀尺博。

穹縫　俗謂兩物相覆無罅者曰穹縫，穹或作脗，音敏。

蕡香　俗謂香盛也，蕡讀噴。

貔貗　俗謂之陳久而臭惡者曰貔貗，讀若瓮洞。

邋遢　俗言不潔也，音臘榻。

蹩腳　俗言窮困或惡劣也，蹩俗寫蹩，讀若别。

僄傑　俗謂美而輕也，讀若飄葉。

蹠腳　俗言跛也，蹠同折，音舌。

焫炪　俗言半乾也，音幼紐。

詾嘴　俗謂小兒未能正言者曰詾嘴，詾讀若刁。

楪薄　俗言薄也，楪讀若吸。

婁空　俗謂刳物中空爲婁空，婁讀樓。

齆鼻　俗以鼻不清亮者爲齆鼻。齆讀厄洪切。

罪過　罪讀若暫。

壽頭　新涇沿岸人壽讀若蛇，頭讀若突旱切。

尖沿　俗稱尖端曰尖沿，沿讀碾。

大亨　亨讀黑杏切。
滿好　滿讀若蠻。
篤定　篤讀若低惡切。
白醿醿　俗謂面瘠而神減也，醿讀若僚。
硬綳綳　俗狀堅硬之貌，綳，撥杏切。
熱吽吽　俗狀燠暖也，吽讀若漢，或讀黑侯切。
黑猝猝　俗狀黑色也，猝音猝。
一𡳞𡳞　俗言短小也，𡳞音倔。
濕蘁蘁　俗言物含水之狀也，亦曰濕潡潡。
沬沬亮〔一〕　俗言黎明也，沬，母紅切。
潮溚溚　俗謂地下潮濕及人身有汗者並曰潮溚溚，溚，得阿切。
紅赬赬　俗狀赤色也，赬音榿。
紅obj紅䞓䞓　俗狀紅色也，䞓讀若漢，或讀黑侯切。
乾爆爆　俗言乾燥也，爆音剥。

〔一〕沬：原誤作「沫」，據《周易·丰卦》改。下同。

雨瀰瀰　俗狀微雨，瀰音米。
紅糖糖　俗狀赤色也，糖音唐。
黃㶴㶴　俗狀黃色也，㶴音充。
熱些昏　俗駡人昏瞶，些，濕鞋切。
小尐伶伶　俗狀小巧，尐音即。
深庚半夜　俗言夜深，深讀陳。
狀詞
瘧　讀若愕。
晏　讀若按，不早也。
泥　俗以柔言要求曰泥，匿意切。
餘　俗謂飽食息也，又噎氣也，讀若戤。
饞　俗謂貪食也，音讒。
舍　俗問辭也，一作啥，始夜切。
渺　俗應辭也，與是之意同，胡南切。
晦　俗呼晦塞之晦，音如昏去聲。
獵　俗言女態狎蕩也，音騷。

欵　俗應辭也，讀若哀上聲。

㱿　俗謂物皮空也，苦角切。

𦢊　俗謂食物過飽曰𦢊，他登切。

嗛　咳聲也，俗亦呼喘息曰嗛，呼朗切。

逗　俗言奔走忙碌也，音豆。

忺　俗言意所欲也，讀若軒。

䎘　俗言飛聲也，讀若洪。

磊　諄　俗言難事也，諄，都罪切。

離提　俗言不振作也，提讀時。

能哼　俗問詞也，能讀若奈，哼，呼庚切。

即零　俗呼精曰即零，即、精雙聲，精、零通韻。

懊憦　俗言悔也，懊，烏浩切；憦，朗到切。

幾許　俗問幾何曰幾許，許讀若化，又若黑按切。

些少　俗言微少也，些讀若須。

惛懣　俗言煩悶也，懣讀若悶。

謱㖿　俗謂語多支離曰謱㖿，讀若羅瑣，俗作嚕嗦。

趨趦　俗稱戲蕩不事正業曰趨趦，趨，郎宕切；趦，大郎切。
潑賴　俗謂乖巧也，讀若派拉，又謂婦女之兇惡者。
艷艷　俗狀静默也，如云艷艷弗響，讀若萌僧。
衰頹　俗言勞頓，或慰勞人俱曰衰頹，讀若篩塗。
扠諫　俗言辦事精明干練也，如曰手段扠諫，讀插辣。
豪悛　俗促人趕速曰豪悛，悛讀燥。
皴頒　俗言少或輕或相距過甚並曰皴頒，皴讀若推去聲。
弗局　俗言不善也，弗，胡佛切。
嘤嘤　呼狗聲，良遇切，一作喔嘤嘤。
燁爆　俗狀火聲也，讀必剥。
㸦㸦　俗呼鷄聲也，讀若祝。
吥吥　嘗味聲也，作答切。
嗹嘍　俗謂多言曰嗹嘍，讀若禮羅。
無寫寫　俗謂無恙或事物尚稱合意也，無，鼻音；寫，書丫切。
㾩㾿　俗狀空虚也，讀若哭龍。
外行　俗言不善其事也，讀若牙杭。

攤㤥　俗言羞澀也，讀胎銃。

蠻門　俗言不情理也〔一〕，蠻讀若孟。

挑皮　挑讀調。

氣豧豧　俗言發怒嘆息也，豧，𤞞胡切。

趨哼哼　俗謂行遲也，趨讀慢，哼讀若吞。

重㡓㡓　俗狀物之重也，㡓讀若等。

塌塌鬻〔二〕　俗狀溢貌也，鬻讀若鋪也。

趵趵跳　俗狀跳躍也，趵音剥。

項項能　俗狀不豫貌，能讀若倫。

赤骨立　俗言裸體也，立讀若倫。

雲頭喝馬　俗言不根或鹵莽也，喝讀黑。

行情行市　俗言甚多也，行讀若杭。

膈膈膊膊　俗狀擊聲也，讀逼逼愽愽。

巴弗能𣪊　俗言盼之不遑也。弗，呼合切。

〔一〕情：民國《嘉定縣續志》作「循」。

〔二〕鬻：原誤作「鬻」，據《嘉定縣續志》改。下同。

吧吧嘸嘸 俗狀哭聲也。吧讀扒，啼讀題，亦讀若帝。

躉曌弗動 俗言足不能行也。躉，勃鹹切。曌，忒按切。弗，呼合切。

介詞

被 讀若八，表示所受也。

個 俗言之也，與个、箇同，讀若格。

連詞

乃末 俗言則也，乃讀若難。

也是 俗言亦也，也讀若呀。

實蓋能 俗言如此也，蓋一作格，能讀若倫。

助詞

咾 叙述助詞，讀若洛。

嗄 助語態詞，讀若浩，如嚇。若爲應辭，則讀若坳。

囉 制限助詞，猶言而已也，讀若陸平聲。

能 命令助詞，或叙述助詞，如云緩緩能、老來還學少年能，讀若倫。

嘘 命令助詞，讀若彦，如云去嘘、做嘘。

哉 疑問助詞，讀則。

嘆詞

哼　拂意聲，虚庚切。

咦　驚怪辭，延知切。

呸　俗争叱聲，潑侯切。

啐　驚憤辭，七内切。

阿耶　俗驚駭或呻吟辭也，亦作阿呀，阿或讀若挨。

〔咸豐〕黄渡鎮志

【解題】章樹福纂修。黄渡鎮，在今上海市嘉定區。「風俗」見卷二《疆域》中。有咸豐三年（一八五三）刻本。録文據民國十二年（一九二三）重印鉛印本《黄渡鎮志》。

風俗

鎮介吴淞，語音亦小異。大率吴淞以北語簡而音急，吴淞以南語緩而音遲。

〔同治〕廠頭鎮志

【解題】錢以陶纂。同治七年（一八六八）修，未刊，僅存王乾德祖傳鈔本。廠頭鎮，在今上海市普陀區。「方言」見卷八中。録文據上海社會科學院出版社二〇〇五年版「上海鄉鎮舊志叢書」本《廠頭鎮志》。

方言

謂求爲登，謂得爲來，謂乳爲縠，謂虎爲於菟，語音之異，非譯不能通，此揚子所以有《方言》之作也。邑志向有「方言」一則，程國楝修志，以爲吴中略同而削之。不知以異地人聽吴音，大略原若相同，而一入於土人之耳，即我邑四鄉，聲口猶然各判。昔人謂江南寸地蠻，豈無所聞而云然耶？程志之削，未免臆見。

日甲　俗呼日如逆，呼日子爲日甲者，以日必從甲而記也。《禮記·郊特牲》云：「日用甲，用日之始也。」

月半　俗呼望日爲月半，以當一月之半也。《禮記·祭義》云：「朔月，月半。」

沫露　俗呼霧爲沫露，音轉如迷露。

鱟　俗呼虹也，音若吼。

眼　俗呼曬爲眼，音浪。

冰片　俗呼雹也。

年夜　俗呼除夕爲大年夜，前一日爲小年夜。唐人《除夕》詩：「一年將盡夜，萬里未歸人。」

天好　俗呼晴爲天好。

弄　俗呼屋邊小巷爲弄。《南史》：蕭諶接鬱林王出至延德殿西弄，弑之。今寫作衖。

科座　《考槃》詩：「碩人之薖。」《説文》：「薖，草也。」音科，俗所云科座也。阿即窩也，言考槃於山之阿，即我之科座也。

天花板　《山房隨筆》：「元好問妹手自補天花板。」

天井　俗謂中庭爲天井。

修婕　婕音捉，修音轉如搜。唐中和二年，修婕部伍。

爹　俗呼父爲爹。《楊公筆録》：「爹，父也。杜可切。」今人呼父不用此音，語之轉也。

爺孃　俗呼父爲爺，母爲孃。杜甫詩：「爺孃妻子走相送。」《廣韻》《集韻》皆陟遮切，獨章黼《韻學》作了邪切，正合方音，蓋章固我里人也。

媽　俗呼母曰阿媽。《博雅》：「媽，母也。」《字典》：「俗讀若馬，平聲。」稱母曰媽，正合方音。

哥　俗呼兄爲阿哥。《廣韻》：「今呼爲兄。」《韻會》：「穎川語小曰哥。」今人以配姐字，爲兄弟之稱。

娘子　俗稱妻爲娘子。隋柴紹妻李氏，唐平陽公主，典兵，號娘子軍。韓昌黎有《祭周氏二十娘子》文。花蕊夫人《宫詞》：「諸院各分娘子位。」《北里志》詩：「一曲高歌綾一匹，兩頭娘子謝夫人。」

丫頭　俗稱小婢曰丫頭。劉賓客詩：「花面丫頭十三。」

囝　俗呼小兒爲小囝。《集韻》九件切。閩人呼兒曰囝。《正字通》：「閩音讀若宰。」我里不用此音，呼若暖平聲。

鼻頭　俗嘲家奴爲鼻頭，以爲家主所牽制也。《北史》爾朱榮謂兆曰：「汝終當爲其穿鼻。」

冤家　俗呼讐人爲冤家。梁簡文生，志公賀梁武曰：「冤家亦生矣。」蓋指侯景亦生於是歲也。

百姓　俗呼鄉民爲百姓。《蒯通傳》：「臣范陽百姓蒯通也。」

白衣人　俗呼未進身者爲白衣人。蓋本唐士子入試皆著白衣，故有「白袍子何太紛紛」之語。

財主　俗呼富室曰財主。《世説》陳仲弓曰：「盜殺財主，何如骨肉相殘？」

經紀　俗以小本營生爲經紀。唐高宗勅滕王、蔣王曰〔一〕：「滕叔蔣兄，自能經紀，不須賜物。」

蚼伴　蚼，蝗子。蝗飛蔽野，過河則相啣而過，亹亹不絶。俗呼人衆相從爲蚼伴，義取諸

〔一〕高：原誤作「太」，據《資治通鑑》改。

此。説載《韻學集成》。

樓偷頭　俗呼留髮童子曰樓偷頭。蓋樓偷二字爲留字之反切，如云留頭也。今則以物之中等者亦曰樓偷頭。

儂　古號嘉定爲三儂之地，以俗呼我爲吾儂，呼人曰你儂，對人呼他人曰渠儂也。今吾里專以呼人曰儂，并省其你字。

傖　《晉陽秋》云：「吴人謂北人爲傖。」《韻會》：「吴人駡楚人曰傖。」今俗駡人曰個傖，呼如錯。

嘔　音劄，口嘬物聲，俗語嘔醎嘔淡。

滗　音筆。《玉篇》：「笮去汁也。」俗又謂之渧漉。渧音帝，漉音厲。

燗　音毀，俗呼物再煮爲燗。

钊　音機，俗以綫斷物食之呼爲钊。

頓　呼飯一次曰一頓。《世説》：「羅友曰：欲乞一頓食。」杜詩：「頓頓食黄魚。」

米糁　糁，桑感切。《毛韻》：「米粒和羹也。」孔子厄於陳蔡，藜羹不糁。今俗呼米糁、飯糁，衹謂米粒耳。又散於物上曰糁，如糁鹽、糁椒之類。

中飯　俗謂午餐曰中飯。權德輿詩：「山僧相勸期中飯。」

點心　俗以早飯前及午前後小食爲點心。《唐史》鄭傪夫人顧其弟曰：「治粧未畢，我未及餐，爾且可點心。」知此語唐時已然矣。

油著檜　秦檜聽妻王氏語，害岳武穆，國人恨之，以麵作二人狀而油煎之，謂之油著檜。

綿絮　俗呼綿花衣爲綿絮。《徐則傳》：「隆冬沍寒，不服綿絮。」

褓裙　《玉篇》：「褓，小兒衣也。」孟康曰：「小兒被也。」呼褓裙、褓被也。今則轉呼褓爲抱矣。

幡布　晉人云：「不見酒家幡布乎？」今俗呼幡布爲抹布，船中則云轉布，忌翻、抹也。

蘇頭　俗呼絛帨之蘂爲蘇頭〔一〕，即古流蘇之義也。蘇猶鬚也，吴音蘇、鬚同呼耳。

紉　紉方音如鄰，俗謂補整舊衣也。《禮記·内則》：「衣裳綻裂，紉箴請補綴。」

坏　音丕，俗呼器物之未成者皆曰坏。《後漢·崔駰傳》：「坏冶一陶，羣生得理。」注「陶瓦未燒曰坏」是也。

磴　磴，俗亦呼杌，坐具也。　兆，音條上聲。狹者爲磴，廣者爲兆，有用藤穿者。

匡當　當去聲。《韓子》：「人主漏言，如玉卮無當。」《廣韻》：「當，底當也。」徐鉉云：「今俗猶有匡當之言。」

籠籃　俗呼小兒臥具爲籠籃。籠音歐。竹器，以息小兒。

〔一〕絛：原誤作「條」。

抽替　俗呼器皿之抽頭曰抽替。《南史》：殷妃死，孝武思見之，遂爲抽替棺〔一〕，欲見則引替睹屍。今或書作抽屜。

蘆蕟　俗呼蘆蓆爲蘆蕟。瑯琊王敬胤遺命〔二〕：「一蘆蕟藉下。」

甂甎　俗呼磚曰甂甎。《扈累傳》：「獨居道側〔三〕，以甂甎爲障。」

面孔　俗呼顏面爲面孔。唐《傳信記》：「面孔不似胡孫。」

發笑　俗指可鄙笑者曰發笑。《司馬遷傳》：「適足以發笑而自點耳。」

快活　俗呼歡喜曰快活。

懊憹　俗以心悔爲懊憹。

寒毛　人身三萬六千毛孔，有一孔則有一毛。過寒則落而復生，故曰寒毛。亦如鳥獸之毛毨謂之過寒毛。《晉書·夏統傳》：「聞君之談，不覺寒毛盡戴。」猶俗言嚇得寒毛豎也。

惡心　俗呼胸膈中阻逆曰惡心。按，惡，糞穢也。《昌邑王傳》：「如是青蠅惡矣。」師古曰：「惡，即矢也。」矢，古屎字。越王爲吴王嘗惡。蓋穀物入胃，精華流液四肢，其渣滓下而爲惡。小不運化則惡氣上逆，致惡心也。

〔一〕抽：《南史》作「通」。
〔二〕胤：原誤作「徹」。
〔三〕側：原作「旁」，據《三國志》改。

䟕 音爿，小兒覆行曰䟕。《集韻》：「步渡水也。」《類篇》：「涉也。」如今俗言䟕水。

薄相 俗謂嬉游曰薄相。《吴江志》曰孛相，《太倉志》曰白相。

唱喏 俗謂作揖曰唱喏。喏音惹。《玉篇》：「喏，敬言。」謂作揖以道敬意也。《崔煒傳》：「使者唱喏。」

寣 音忽，俗呼睡一覺爲一寣，睡正熟謂之寣頭，睡多不即醒謂之失寣。

打㖒塗 北人謂鼾睡曰打呼，今俗則曰打㖒塗。疑㖒塗二字即呼字之反切也。

眼孔淺 俗謂人見物生羡曰眼孔淺。《書言故事》云：桑維翰愛錢，上曰：「措大眼孔小，與錢十萬，塞破屋子矣。」

剥面皮 俗以無顔見人曰剥面皮。《語林》賈充謂孫皓曰：「何以剥人面皮？」皓曰：「憎其顔之厚也。」

耳邊風 俗謂人聆言不省曰耳邊風。杜荀鶴詩：「百歲有涯頭上雪，萬般無染耳邊風。」

人道我 今人嚏噴必曰有人道我。《毛詩》：「願言則嚏。」注云：「今俗人嚏曰人道我。」乃知此語甚古。

褦襶 音賴戴。俗嗤人不了當也。《古樂府》：「今世褦襶子，觸熱向人家。」

子細 《北史·源思禮傳》：「爲政當舉大綱，何必太子細也。」杜詩：「野橋分子細。」

流落　俗謂人飄流在外曰流落。《明皇雜録》〔一〕：李白、杜甫、孟浩然雖有文名，流落不偶。

功夫　俗亦作工夫。《王肅傳》：「太極以前，功夫尚大也。」

彭亨　俗呼腹脹曰彭亨。昌黎《石鼎聯句》：「豕腹脹彭亨。」

有身　俗呼懷孕爲有身。《詩·大雅》：「太任有身。」

哉　俗謂事已然曰哉。《詩經》「蓋云歸哉」「亦已焉哉」，皆止語詞，猶云了也。

捘　音尊去聲。揪捉物也。《左傳》：「捘衛侯之手。」今俗呼捘爲平聲。

揝　音潛平聲。俗呼以手握物也〔二〕。

敐　音真。擲物擊人也。又謂之掿，音當入聲。

捖　烏歡切。揉物使折也。

挒　音列。俗呼以手捺物也。亦作捩。《送窮文》：「捩手翻羹。」亦作攦。《莊子》：「攦工倕之指。」

擋　音湯。俗呼以手推止物也。

搇　音欽去聲。俗呼以手按住物也。

〔一〕皇：原作「王」。

〔二〕手：原誤作「水」。

扚　音的。俗呼以手掐物也。

拎　音零。俗呼以手提物也。

揵　音乾。俗呼以肩擔物也。出《史記》。

擤　音亨上聲。捻鼻出膿也。俗云擤鼻涕。

脗　美隕切。兩合無漏貌。俗呼合脣曰脗，又呼脗縫。

多許　《隋書》：「天下何處有多許賊？」許字俗音若黑可切。問人其物多少曰幾許。《古詩》：「河漢清且淺，相去詎幾許？」問人何在曰在許否。杜詩：「我生本飄飖，今復在何許？」又謂裏面曰裏許。温岐詞：「合歡桃核終堪恨，裏許原來别有人。」

忒殺　俗語太甚曰忒殺。殺音沙去聲。白樂天《半開花》詩：「西日憑輕照，東風莫殺吹。」自注：「殺，沙去聲。」音廈，亦作煞。元人傳奇：「忒風流」「忒殺思」。升庵謂京師語大曰殺，大高曰殺高，即吾鄉「殺能大」、「殺能高」之謂也。

慣常　俗以向來如此曰慣常。慣，習也，常久也，習之已久也。

突欒　俗呼團爲突欒，即團字反切也。

窟籠　俗呼孔曰窟籠，即孔字反切也。

利市　《易·説卦傳》：「爲近利市三倍。」

問到底　俗見人詰問不已，必曰「打碎砂鍋問到底」。按，問乃璺字，器瑕也。砂鍋質薄，損則其璺到底,故怪詰問之多遂借斯語。《方言》:「器破而未離謂之璺。」注:「璺,音問。」争,俗呼爲張。横,俗呼如胡羊反。坑,俗呼如苦央反。羹、庚、更,俗皆呼古涼反。彭、朋,俗皆呼如皮良反。死,俗呼如洗。魄,俗呼如拍。客,俗呼如苦藥反。石,俗呼爲實若反。尺、赤,俗皆呼如察。鬼,俗呼爲舉。龜,俗呼爲居。大,俗呼爲惰。晏,俗呼爲按。江,俗呼爲岡。瘧,俗呼爲愕。熨斗,俗呼爲雲斗。姊,俗呼爲姐。鼻,俗呼爲别。二,俗呼如毅。以上方言與邑志微有不同,因照我里口音而録之耳。其載在邑志而與我里口音不符者,概不登入。

〔民國〕真如志

【解題】又題《桃溪志》。王德乾纂。真如,原上海市寶山縣真如鎮,今屬上海市普陀區。「方言」見卷八《禮俗志》中。録文據民國二十年(一九三一)鈔本《真如志》。

方言

儂　俗呼我爲吾儂,呼人曰你儂,對人呼他人曰渠儂。韓文公詩:「鱷魚大於船,眼牙怖殺儂。」又《錢王歌》:「你輩見儂的歡喜,永在我儂心子裹。」今僅呼人曰儂,并省其你字。

爹　俗呼父爲爹。《楊公筆録》:「爹,父也。杜可切。」章黼《韻學集成》作丁邪切,正合方音。

爺　俗呼父爲爺，見杜詩。

丫頭　俗呼小婢，見劉賓客詩。

百姓　俗呼鄉民，見《蒯通傳》。

冤家　謂仇人，見《梁書》。

亡賴　俗呼不習善者，見《漢·高帝紀》。

經紀　俗呼營生者，見唐高宗敕滕王、蔣王語〔一〕。

娘子　俗通稱婦。隋柴紹妻李氏，唐平陽公主，典兵，號娘子軍。又見昌黎文、花蘂夫人詞、《北里志》。今俗稱妻爲娘子。

財主　俗呼富室，見《世説》陳仲弓語。

蝻伴　蝻，蝗子。蝗飛蔽野，過河則相銜不絶。俗稱人衆爲蝻伴，即此意也。見《韻學集成》。

瓜葛　俗以有親曰瓜葛，見晉王導與子語〔二〕。

老物　俗斥年長者，見《晉書》宣帝謂宣穆后「老物可憎」〔三〕。

〔一〕高：原誤作「太」，據《資治通鑑》改。
〔二〕導：原誤作「道」。
〔三〕可：原作「堪」，據《晉書》改。

小家子　俗呼庸賤之人，見《漢·霍光傳》。

小鬼頭　俗駡人，見《青樓集》鮮于伯機語。

白衣人　俗呼未進身者，本唐人白袍應試之意。

月半　俗呼望日，見《禮記》。

日甲　俗呼日如逆，呼日子爲日甲者，以日必從甲而記也。《禮記·郊特牲》亦云：「日用甲，用日之始也。」

温暾　俗呼物微暖，見王建《宫詞》。

弄　俗呼小巷，誤作衖，見《南史》蕭諶事。

修婼　俗謂葺理整齊。唐中和二年，修婼部伍。

天花板　綺井〔一〕，又曰藻井，今俗云天花板，見《山房隨筆》。

滰　音箄，箸去汁也，見《玉篇》。

齷　以鹺淹物，俗謂之齷，作去聲，見《禮記·内則》。

頓食　俗呼飯次曰一頓，見《世説》羅友語，又見杜詩。

米糝　桑感切，米粒也；又散于物上亦曰糝〔二〕。

〔一〕井：原誤作「中」。

〔二〕糝：原誤作「滲」。

點心　俗呼小食。二字在唐時已有之，見《唐史》鄭傪夫人語。
麩炭　浮炭曰麩炭，今俗音正如此，見《老學庵筆記》。
中飯　俗呼午餐，見權德輿詩。
紉補　俗謂補綴舊衣也。紉音如鄰聲，本尼鄰切，見《禮記》。
磨鋊　物漸磨去曰鋊，音裕，俗呼如異，見宋孔顗《鑄錢議》。
離提　提音時，《毛詩》：「其實離離。」又：「歸飛提提。」俱訓垂也。方言亦此義。
抽替　俗呼器物之抽頭，見《南史》孝武事。
甋甎　俗呼甎，見《扈累傳》。
捘　音尊去聲，揪捉物也，見《左傳》。今俗呼爲平聲。
嬲　言人戲擾不已，音如梟，見嵇叔夜書。
坑　俗呼如苦羊反，叶陽韻，見《莊子》《楚詞》。
又　俗呼如以音，叶于記反，見《詩·賓筵》章。
死　俗呼如細上聲，見《詩·陟岵》章〔一〕。
客　俗呼如苦藥反，見《易林》。

〔一〕陟：原誤作「涉」。章：原誤作「草」。

湯　俗呼熱水曰湯去聲，見《月令》。

䴀糟　俗呼汙穢之物，見《霍去病傳》〔一〕。

跍屑　上音卅，下音孫，小兒覆行曰跍，坐地行曰屑。屑亦作㲃。《集成》云：「學行也。」跍，《集韻》：「步渡水也。」〔二〕如今俗言跍浜。

彭亨　俗呼腹脹，見韓昌黎《聯句》。

發笑　俗指可笑之事，見《司馬遷傳》。

寒毛　人生三萬六千毛孔，有一孔則有一毛，過寒則落而復生，故曰寒毛。見《晉書·夏統傳》。

面孔　俗呼顏面，見唐《傳信記》。

含胡　俗呼言語不清。安禄山斷顏杲卿舌，曰：「復駡否？」杲卿含胡而絶。

流落　俗稱人飄流在外，見《明皇雜録》。

功夫　俗云工夫，本是功字，見《王肅傳》。

惡心　俗呼胸膈中阻。按，惡，糞穢也，見《昌邑王傳》。

薄相　俗謂嬉游。《吴江志》曰孛相，《太倉志》曰白相。

〔一〕霍去病：原誤作「王霸」。

〔二〕步：原誤作「走」，據《集韻》改。

利市　俗呼利市，其言古矣，見《易・説卦》。
一出　俗謂一番爲一出，見《世説》林道人語。
蘆藤　俗呼蘆席爲蘆藤，見《瑯琊王傳》。
不耐煩　謂人疏朗，見《庚炳之傳》。
不中用　俗謂不堪用，見《陳平傳》。
嗄　應辭，見《龐居士集》。
𠂢　乳也，見《真語類録》。
嚕囌　多言也，見《續燃燈録》。
斯　手裂物也。趙宣孟見桑下餓人，與之脯一朐〔一〕，曰：「斯食之。」高誘注：「斯，析也。」同撕。
打扮　言修飾也。《廣韻》：「扮，打扮也。」黄公紹《競歌》：「朝了霍山朝嶽帝，十分打扮是杭州。」
生活　百工作事曰生活。《南史・臨川王宏傳》武帝謂之：「阿六，汝生活大可。」〔二〕
賴　不償也。《晉語》。

〔一〕朐：原誤作「嘆」，據《吕氏春秋》改。
〔二〕可：原誤作「奇」，據《南史》改。

䲨　音吼，虹霓也。《述异記》：虹，龍吸水，俗謂自上吸下爲吼。

癩蛤霸　謂蝦蟆也，見《蟫史》。

田鷄　王志堅《表異録》云：水鷄，蛙也。多産田中，俗號田鷄。

樓偷頭　俗呼留髮童子也。樓偷二字，疑爲留字之反切，如云留頭也。

哴　俗呼曬爲哴，音浪。

沬露　俗呼霧爲沬露，音轉如迷露。

刏　音機，俗以線斷物。

袱裙　小兒被爲袱，今則轉呼袱爲抱矣。

㪾　擲物擊人也，音真。

盪　音湯，俗呼以手推住物。

揿　欽去聲，俗呼以手按住物。

掮　俗呼以肩擔物。

拎　俗呼以手提物。

擤　音虎梗切，亨上聲，捻鼻出涕。

寣　音忽，俗呼睡一覺爲一寣。

水　俗呼爲暑。

桼　俗呼爲忒。
癩　俗呼爲癞，音臘。
愈　俗呼爲越。
二　俗呼爲膩。
買斜　眼小一縫，俗音如瀰淒二字。
懊憹　俗稱心悔。
大　俗呼爲惰。
黿　俗呼爲居。
鬼　俗呼爲舉。
江　俗呼爲岡。
瘧　俗呼爲愕。
姊　俗呼爲姐。
熨斗　俗呼爲雲斗。
打唔塗　北人謂鼾睡聲曰打呼，今俗曰打唔塗，即呼字之反切。
醲釅　俗言膩。
乾癟　俗言不鮮潤。

敕㥯　音練奸，俗言糾纏不已。

困　俗言臥，本志海禪師「飢來吃飯困來眠」之語。

熬　俗言忍。

幫　俗言助。

尖鑽　俗言巧。

頓　俗言熱物。

攩　俗言遮攔。

坐　俗言貯物。

彀　俗言滿足。

氽　俗言浮。

淌　俗言流。

家生　俗言器。

聯襟　俗言内姊妹之夫。

度　入聲，俗言呆。

擺架子　俗言好爲張大。

衝撞　俗言犯上。

促恰　俗言不滿意。
拉圾　音勒塞，俗言積穢。
碰　俗言相觸。
戤　俗言倚物。
賺績　俗呼蟋蟀。
調羹　俗呼匙。
玀玀　俗言豕。
零星　俗言少。
耳邊風　謂聆言不省。
有身　俗呼懷孕。《詩·大雅》：「太任有身。」
争　俗呼爲張。
窟籠　俗呼孔曰窟籠，即孔字反切。
問到底　俗見人詰問不已，必曰「打碎砂鍋問到底」。
車　俗呼爲叉。
滑汏　謂無立足也。見蘇東坡《秧馬歌》。汏音闥。
欿　以箸取物也，音羈，或如入聲，見宋趙叔向《肯綮録》。

䫜　頭凹也，於交反〔一〕，見《肯綮録》。
窅　目深也，於交〔二〕，見《肯綮録》。
㘭　面不平也，於交反，見《肯綮録》。
佗　以肩負物也，音陀，見《肯綮録》。
腌臢　不潔也。庵匝平聲，見《肯綮録》。
貼恰　適當也，見宋俞成《螢雪叢説》。
清脱　謂了事也，見宋王巖叟《厚德録》。
贖藥　買藥也，見宋龐元英《談藪》。
歙薄　極薄也，見宋米芾《畫史》。
兹疏　即髭鬚也，見林屋山人《席上腐談》。
柴積　積薪也。積，子賜反，今訛爲際，見《席上腐談》。
胍肞　腹大也。音孤都，亦作骨朵，朵平聲，見《宋景文筆記》。
籠東　昏迷也，東上聲，見宋羅大經《鶴林玉露》。
澁河　步涉也，見宋沈存中《夢溪筆談》。

〔一〕〔二〕交：原誤作「變」，據《肯綮録》改。

家裹　妻也，見宋姚寬《西溪叢話》。
溲　以水和麵也，見皇甫枚《三水小牘》。
顛　圓也，音混，見《肯綮録》。
躘踵　行不正也，上良用切，下丑用切，見《肯綮録》。
皶　米不佳也，音糙，見《肯綮録》。
湓瀼　濁也。上音盎，下音怒浪切，見《肯綮録》。
掭　挑燈杖也，添去聲，見《肯綮録》。
蔙　支物不平也，音奠，見《肯綮録》。
㪷　去水也，音近豁，見《肯綮録》。
唉　飽聲也，哀上聲，見《肯綮録》。
蜕　蛇退皮也，音唾，見《肯綮録》。
揞　棄物也，於陷切，見《肯綮録》。
心曹　心中不快也。曹即愁之轉音，見宋趙德鄰《侯鯖録》。

〔道光〕川沙撫民廳志

【解題】何士祁修，姚椿等纂。川沙撫民廳，在今上海市浦東新區。「方言」見卷十一《雜志》中。録文據道光十七年（一八三七）刻本《川沙撫民廳志》。

方言

方言本吴音，與上南無異，較郡城爲稍重。凡屬在八庚者，或開口呼如七陽韻。如羹爲古郎切、争爲側羊切之類。以灰入麻、以泰入箇。如槐音如華、大音惰之類。聲相近而訛者，鬼如舉、歸如居、跪如巨、虧如墟、椅如預、逵如衢、小兒毁齒之毁如許。見《養新録》。電謂之霍閃。閃如顯，見顧雲詩。蝴蝀謂之鱟。見《田家雜占》。簷冰謂之凙。見《楚詞》。溝納舟謂之浜。見《集韻》。習氣曰毛病。見黄山谷《刀筆》。子謂之囝。見顧況詩。妾謂之小。見《毛詩集注》。嬉游謂之孛相。見《吴江志》。隱迹曰畔。見陳時詩。小名冠以阿。見《晉書》及《三國志》。多謂之多夥。讀如好，見《説文》。語辭綴以看。見《傳燈録》。太甚謂之忒嚥。見朱子《答張敬夫書》。負而不償曰賴。見《晉書》。飯濕曰爛。見《爾雅》。疾走曰跑。見古樂府。聆言不省曰耳邊風。見杜荀鶴詩。擘橙橘之屬曰朳。見《廣雅》。問辭曰能亨。見《癸辛雜志》。應曰嗄。見《龐居士傳》。事已然曰哉。見《毛詩》。石聲曰磆髭。見《通志·六書略》。浣衣曰汏。見《説文》。滴水曰滯。見《廣韻》。浮水曰氽。見《桂海虞衡志》。視曰眚。讀如蘇，見《廣韻》。乳曰乃[。俗作奶，見《真語類録》。誘人爲非曰攛掇。見朱子《答陳同甫書》。生子曰養。見《吹景録》。團曰突圞〔一〕。見《宋景文筆記》。微暖曰温暾。見《輟耕録》。稱人曰渠。俗如其，見《焦仲卿妻詩》。呼使女曰丫頭。見劉禹錫詩。

〔一〕團：原誤作「圓」。

以上載郡邑志。

起發曰升騰。見《雲笈七籤》。倖獲曰造化。見《莊子》。適意曰受用。見《語録》。俗曰邨氣。見《隋唐嘉話》〔一〕。異曰希奇。見《十洲記》。急需曰連忙。見《雲谷記事》。物損壞曰走作。見《語録》。避曰躲閃。見《元典章》。易曰便當，見《元典章》。曰容易。見《漢書》。白曰皙白。見蔡襄詩。美曰俏。見《五燈會元》。不定曰尷尬。尷如奸，見《通雅》。滴水聲曰滴瀝，見《水經注》。曰答臘。見《白帖》。物墮水聲曰撲通。見《元曲選》。墮地聲曰朴漉。見《冷齋夜話》。石聲曰砯砰。見楊雄《羽獵賦》。竹木聲曰歷刺。見林逋詩。物擊聲曰圐。音殼，見《廣韻》。物敗色變曰黴。音梅，見《楚詞》。色不鮮曰蔫。見《楚詞》。物爛曰殨。見《集韻》。臥一覺曰一寣。音忽，見《五燈會元》。臥曰踼。音湯上聲，見《吳都賦》。物鎔化曰烊。見《法苑珠林》。緩曰咹。見《博雅》。飲水曰呩。見《風俗通》。以膏粘物曰饡。音贊，見《禮記·内則》鄭注。兩手合抱曰𡣯。音咳，見《集韻》。吐痰曰㱿。音罄，見《鬱岡齋筆塵》〔二〕。瘡潰曰虹。去聲，見《毛詩箋》。較長短曰䁄。見《廣韻》。緊縛曰峭。見《越語肯綮録》。以手提物曰拎。見《玉篇》。初旬曰月頭。見花蕊夫人《宮詞》。明歲曰開年。見庾信《銘》。即時曰登時。見《魏志》。久曰長遠。見《晉書》。中節曰得法。見《國策》。饋送曰送人情。見杜甫詩。與聞曰兜搭。見《楊升庵外集》。不慧曰㤓。見《集韻》，作笨誤。虛詐曰黃六。見李氏《耀疑》。嘵雜曰䪢糟。見《客座新聞》。操業曰生活。見《文子·道德》篇。工作曰手藝。見柳

〔一〕話：原誤作「語」。
〔二〕岡齋：原誤作「輪岡」。

宗元文。

呼祖曰老爹。見《南史》。祖輩曰公公。見《石氏春秋》。呼父曰爺爺。見《野老見聞》。母曰阿嬭。見《博雅》。舅姑曰公婆。見明《孝慈録》。夫兄曰阿伯。見《五代史補》。稱夫曰官人。見《韓昌黎集》。稱妻曰娘子。見《輟耕録》。稱妻父曰丈人。見《鷄肋篇》。稱老婦曰太太。見《甲乙剩言》。稱婦人曰娘娘。見《龍川雜志》。呼弟曰小弟。見王季友詩。呼小兒曰寶寶，見《留青日札》。曰小郎。見《通鑑》。稱處女曰小姐。見《玉堂逢辰録》。孕曰有喜。見《番禺記》。戚屬曰親眷。見鮑照詩。

呼兵曰老將。見《漢書》。僧道施主曰門徒。見《册府元龜》。延僧道祈誦曰做功德。見《説文》。酬神曰酌獻。見范成大詩。粧飾曰打扮。見黄公紹詩。富曰財主。見《周禮注》。家産曰家私。見《續漢書》。夥伴曰蝺伴。見《韻學集成》。得意曰高興。見殷仲文詩。心愛曰喜歡。見《三國志》。諛人曰奉承。見《書》。褻慢曰得罪。見《韓詩外傳》。籌度曰打算。見朱子文集。不利曰倒竈。見《太玄經》。將成曰幾乎。見《水經注》。食半飽曰點心。見《唐書》。足饜曰够。見《楊升庵外集》。事竟作曰只管，見《語録》。曰動不動，見《元曲選》。曰索性，見朱子集。曰樂得。見《禮記》。訝詞曰咦，見《説文》。曰阿㖿。見《傳燈録》。速曰飛風。見《神異經》。羞曰面光。見《元曲選》。有待曰等。見《傳燈録》。不潔曰邋遢，見《廣韻》。曰齷齪。見《史記》。短小曰鯽令。見《宋景文筆記》。不定曰活絡。見《玉露》。

有語辭疊字者，如煖烔烔、見《博雅》。煖烘烘、見《全唐詩》。浮瀾瀾、探入聲，見《越語肯綮録》。實辟辟、見《素問》。漫悠悠、見《巴渝竹枝詞》。呆鄧鄧、見《元曲選》。文㑳㑳、見關漢卿曲。醉醺醺、見岑參詩。

白醭醭、見《玉篇》。直挺挺、見《左傳》。圓衮衮、見元稹詩。硬綳綳、見《閑中古今録》。火餤餤、見白居易詩。乾爆爆。音卜，見《五燈會元》。其他俚俗不典之語不備書，若夫村學易悮四聲，市井尤多鄙俚，東冬罔辨，江陽不分，真侵同吻，亦不獨海濱然也。

〔光緒〕川沙廳志

【解題】陳方瀛修，俞樾等纂。川沙廳，即川沙撫民廳，在今上海市浦東新區。「方言」見卷一《疆域·風俗》中。録文據光緒五年（一八七九）刻本《川沙廳志》。

方言

方言本吳音，與上南無異，較郡城爲稍重。凡屬在八庚者，或開口呼如七陽韻。如虁爲古郎切、争爲側羊切之類。以灰入麻、以泰入箇。如槐音如華、大音惰之類。又有呼字之切母者。如孔爲窟籠、團爲突欒之類〔一〕。聲相近而訛者，鬼如舉、歸如居、跪如巨、虧如墟、椅如預、逵如衢、小兒毁齒之毁如許。見《養新録》。電謂之霍閃。閃讀如憲，見顧雲詩。螮蝀謂之鱟。見《田家雜占》。簷冰謂之凙。見《楚詞》。溝納舟者謂之浜。見《集韻》。

〔一〕團：原誤作「圓」。

初旬曰月頭。見花蕊夫人《宫詞》。明歲曰開年。見庾信《銘》。即時曰登時。見《魏志》。久曰長遠。見《晉書》。

呼祖曰老爹。見《南史》。祖輩曰公公。見《石氏春秋》。父曰爺爺。見《野老見聞》。母曰阿嬭。見《博雅》。按居人稱祖母曰嬭嬭，音如乃。呼母如埋，音不作嬭。稱舅姑曰公婆。見明《孝慈録》。夫兄曰阿伯。見《五代史補》。夫曰官人。見《韓昌黎集》。稱妻曰娘子。見《輟耕録》。妻父曰丈人。見《鷄肋篇》。稱人曰渠。俗呼如其，見《焦仲卿妻詩》。稱老婦曰太太。見《甲乙剩言》。稱婦人曰娘娘。見《龍川雜志》。稱處女曰小姐。見《玉堂逢辰録》。呼弟曰小弟。見王季友詩。呼小兒曰寶寶，見《留青日札》。曰小郎。見《通鑑》。妾曰小。見《毛詩集注》。使女曰丫頭。見劉禹錫詩。孕曰有喜。見《番禺記》。生子曰養。見《吹景録》。戚屬曰親眷。見鮑照詩。

呼兵曰老將。見《漢書》。僧道施主曰門徒。見《册府元龜》。延僧道祈誦曰做功德。見《説文》。酬神曰酌獻。見范成大詩。妝飾曰打扮。見黄公紹詩。富曰財主。見《周禮注》。家産曰家私。見《續漢書》。夥伴曰蝺伴。見《韻學集成》。得意曰高興。見殷仲文詩。心愛曰喜歡。見《三國志》。諛人曰奉承。見《尚書》。褻慢曰得罪。見《韓詩外傳》。籌度曰打算。見朱子文集。不利曰倒竈。見《太玄經》。中節曰得法。見《國策》。與聞曰兜搭。見《楊升庵外集》。不慧曰体。見《集韻》，作笨誤。虚詐曰黄六。見李氏《耀疑》。嘵雜曰薹糟。見《座客新聞》。事繁無條理曰磊諄。見趙宧光《長箋》。將成曰幾乎。見《水經注》。食半飽曰點心。見《唐書》。足饜曰够。見《楊升庵外集》。多曰多夥。讀如好，見《説文》。誘人爲非曰攛掇。見朱子《答陳同甫書》。習氣曰毛病。見黄山谷《刀筆》。起發曰升騰。見《雲笈七籤》。倖獲曰造化。見《莊子》。適意曰受用。見《語録》。俗曰村氣。見《隋唐嘉話》〔一〕。異曰希奇。見《十洲記》。急需曰連忙。見《雲谷記事》。易曰便當，見《元典章》。曰容易。見《漢書》。白曰皙白。見蔡襄詩。美曰俏。見《五燈會元》。短小曰鯽令。見《宋景文筆記》。不定曰活絡，見《玉露》。曰尷尬。見《通雅》。事竟作曰只管，見《語録》。曰動不動，見《元曲選》。曰索性，見朱子集。曰樂得。見《禮記》。速曰飛風。見《神異經》。羞曰面光。見《元曲選》。有待曰等。見《傳燈録》。不潔曰邋遢，見《廣韻》。曰齷齪。見《史記》。嬉遊曰孛相。見《吴江志》《府志》引黄山谷《與范長老書》：「韓十逐日上學，且護其薄相耳。」疑即此。太甚謂之忒噉。見朱子《答張敬夫書》。負而不償曰賴。見《晉書》。聆言不省曰耳邊風。見杜荀鶴詩。緩曰咹。見《博雅》。訶詞曰咦，見《説文》。曰阿哪。見《傳燈録》。問辭曰能亨。見《癸辛雜志》。應曰嗄。見《龐居士傳》。事已然曰哉。見《毛詩》。小名冠以阿。見《晉書》及《三國志》。語辭綴以看。見《傳燈録》。饋送曰送人情。見杜甫詩。操業曰生活。見《文子·道德》篇。工作曰手藝。見柳宗元文。視曰眢。讀如蘇，見《廣韻》。乳曰乃丨。見《真語類録》。疾走曰跑。見古樂府。避曰畔，見陳時謡。曰躲閃。見《元典章》。臥曰踼。音湯上聲，見《吴都賦》。臥一覺曰一寣。音忽，見《五燈會元》。飲水曰呷。見《風俗通》。以膏黏物曰餍。音贊，見《禮記·内則》鄭注。兩手合抱曰孄。音咳，見《集韻》。吐痰曰殼。音謦，見《左傳》。瘡潰曰虹。去聲，見《毛詩箋》。較長短曰

〔一〕話：原誤作「語」。

⿰貝匽。見《廣韻》。緊縛曰帩。見《越語肯綮録》。浣衣曰汏。見《説文》。擘橙橘之屬曰扒。音八，見《廣雅》。以手提物曰拎。見《玉篇》。物損壞曰走作。見《語録》。物敗色變曰黴。音梅，見《楚詞》。物爛曰殕。見《集韻》。色不鮮曰蔫。見《楚詞》。物鎔化曰烊。見《法苑珠林》。微暖曰温暾。見《輟耕録》。飯濕曰爛。見《爾雅》。滴水曰渧。見《廣韻》。沈水底曰潭。見《廣韻》。浮水曰氽。見《桂海虞衡志》。滴水聲曰滴瀝，見《水經注》。曰答臘。見《白帖》。物墮水聲曰撲通。見《元曲選》。墮地聲曰朴漉。見《冷齋夜話》。石聲曰砯砰，見楊雄《羽獵賦》。又曰⿰足馬⿱髟乏。見《通志・六書略》。竹木聲曰歷剌。見林逋詩。物擊聲曰圕。音殼，見《廣韻》。

有語辭疊字者，如煖烔烔、見《博雅》。煖烘烘、見《全唐詩》。浮⿰氵闖⿰氵闖、音探入聲，見《越語肯綮録》。實辟辟、見《素問》。漫悠悠、見《巴渝竹枝詞》。呆鄧鄧、見《元曲選》。文㑳㑳、見關漢卿曲。醉醺醺、見岑參詩。白⿰酉尞⿰酉尞、見《玉篇》。火燄燄、見白居易詩。乾爆爆。音卜，見《五燈會元》。

其他俚俗不典之語不備書，若夫村學易誤四聲，市井尤多鄙俚，東冬罔辨，江陽不分，真侵同吻，亦不獨海濱然也。以上前志。

〔民國〕川沙縣志

【解題】方鴻鎧等修，黄炎培纂。川沙縣，在今上海市浦東新區。《川沙方言彙釋》《川沙方言述》見卷十四《方俗志》中。録文據民國二十六年（一九三七）鉛印本《川沙縣志》。

黄琮《川沙方言彙釋》

齆鼻曰齆。翁去聲，鼻塞也。見《禮記・雜記》注，又《通俗文》。 夢醒曰覺。俗音告，見《漢書・高帝紀》注，又《莊子・齊物論》注。 小孩曰小把戲。《庸閒齋筆記》。 莽夫曰闖漢。《左傳注》。 店夥曰朝奉。《庸閒齋筆記》。 鄉愚曰鄉憃。音銃，見《聲類》。 放縱曰横。《列子・黄帝》釋文。 裨償曰畀貼。《禮記・雜記》注。 刺履底曰緻。《類篇》。 事不迫促曰舒徐。《詩・召南》傳。 拂塵曰攦。音短，見《廣雅・釋詁》。 揚米去糠曰簸。音布，見《説文》。 以手指擦癢曰抓。見《字林》。 物沈於水而取之曰撈。見《廣雅・釋詁》。 手挽而進曰拖。見《漢書・嚴助傳》注。 以背負荷曰佗。見《説文》，又《漢書・趙充國傳》注。 手捧散物使之齊頭曰撥。音中，見《通俗文》。 兩人對舉曰扛。見《後漢書・費長房傳》注。 計正整數除零數曰擊零。音婆林，見《文選・射雉賦》徐注。 兩手相切摩曰挼。音奴，見《説文》。 懷孕曰有身。同娠，見《漢書・高帝紀》。 男女私合曰姘。見《蒼頡篇》。《漢律》：「與妻婢姦曰姘。」 足用曰够。音遘，或作彀，多也，足也。見左思《魏都賦》、《揚升庵外集》。 戲擾不已曰嬲。音鳥，見嵇叔夜書。 察看詳悉曰子細。《北史・源思禮傳》。 不慧曰獃。范成大詩：「千貫賣汝癡，萬貫賣汝獃。」 相敵曰抵當。見《漢書・禮樂志》集注。 償命曰抵罪。見《管子・小問》。 絭束曰捆。見《説文》。 交織曰辮。見《文選・思玄賦》注。 齒齧曰齩。見《字林》。 繩兩股相交曰絞。見《禮記・雜記》疏。 塞孔穴曰塡。見《荀子・大略》注。 事不循序曰顛倒。見《荀子・富國篇》。 取物交織曰編。見《字林》。 專精曰着魔。見《説文》。 持竿擣穴曰舂。見《左》文十一年《傳》注。 執意不同曰駁。見《漢書・薛宣傳》注。 捉而按之曰搦。鳥入聲，見《漢書・叙傳》注。 去汁曰潷。俗音壁，見《通俗文》。 吸水曰呷。見《説文》。 强與人物曰揘。見《字彙》。咀嚼曰嚼。見《通俗文》。懈曰嬾惰。見《論語·子罕》皇侃疏。發歌句曰唱。見《禮記·樂記》注。魚骨留喉中曰鯁。見《後漢書·來歙傳》注。夸誕曰放肆。見《文選·琴賦》，又《禮記·表記》注。泄漏曰露風。見《文選·長楊賦》注。娼嫉曰妒忌。見《詩·小星序》鄭箋。假貸人財物未償曰債。見《漢書·淮陽憲王欽傳》注。出本錢以規利曰放債。見《漢書·谷永傳》注。賤買貴賣曰販。見《漢書·貢禹傳》注。皮細起曰皴。音村，見《字略》。手團曰摶。見《通俗文》。手高舉曰擎。見《廣雅·釋詁》。以舌取物曰餂。見《説文》。商議曰斟酌。見《春秋》外傳《國語》。身上黑子曰痣。見《史記·高祖本紀》正義。文契各執曰合同。見《淮南·説林》。口液曰唾。見《説文》。腹滿曰脹。見《左》成十年《傳》注。卑賤之稱曰小底。見《宋史》。人生年月日時曰八字。見謝肇淛《五雜俎》。民之久居其所者曰土著。音若，見《史記·食貨志》：「如物之黏著而不他徙也。」妻母曰丈母。見柳子厚集。稱人母曰令堂。見《野客叢談》。短人曰矮子。見《説文》。十五曰月半。見《儀禮·士喪禮》，又《大司樂》「王大食，三侑」注，又岑參、韓愈、李商隱詩，又晉温嶠《與陶侃書》。身上汙穢曰鏖糟。見《漢書·霍去病傳》〔一〕。以物質錢曰當。去聲，見《正字通》。毫毛曰寒毛。《晉書·夏統傳》。一餐曰一頓。見《晉書》，又《世説》「羅友曰：欲乞一頓飯」，杜詩「頓頓食黄魚」。妥爲佈置曰安排。《莊子》。安排兩面曰調停。宋哲宗時事。謙恭曰客氣。《左》定八年《傳》。受辱曰失色。《禮記》。妻妾争風曰吃醋。《在閣知新録》：「世以妒婦比獅子。」《續文獻通考》：「獅子日食醋酪各一瓶。」吃醋之説本此。衆中添口曰插嘴。

〔一〕霍去病：原誤作「王霸」。

見《五燈會元》。耳聾失聰曰重聽。《漢書》許丞事。告訴屈枉曰伸冤。《易林》。得真憑實據曰攤柄。張無垢語。誕妄曰荒唐。《莊子》。墜其術中曰中計。《漢書·胡芳傳》。男女婚姻行聘曰定。《詩》：「文定厥詳。」事久習慣曰爛熟。齊王晞語。問好曰請安。《左傳》。反話離間之謀曰反間計。燕惠王事。揖曰唱喏。《老學庵筆記》。年輕無閱歷曰少不經事。晉桓沖語。女子心向壻家曰女生外向。《白虎通》。泊舟埠岸曰碼頭。《北史·楊侃傳》。無髮曰禿，見《禮記》。曰癩痢。見音韻。兒曰妮子。見《雜記》。貰買曰賒。見《説文》。不緊束曰鬔鬆。見《字林》。口拒人曰嚇。見《詩·大雅》鄭箋。貧曰落薄。見《史記》。以指甲去汙曰爬。見《廣韻》。瘋人曰癡子。見《前漢書》。痿病曰風癱。見《正字通》。呼汝曰儂。我也，見《大業拾遺記》，今世俗呼渠曰儂。呼彼曰伊。見《毛詩》。矜夸曰大拷挓。見《集韻》。呼痛曰嗳唷。見《玉篇》。起物於地曰掘。見《孟子》。

黃炎培《川沙方言述》

「這所房子火燬以後没人住了」，此燬字不依普通讀毁ㄏㄨㄟ，而讀如廢ㄏㄨㄧ。

指斥某甲行爲凶横，則説「某甲横來」，此横字不依土音讀ㄨㄤ，而讀古音ㄏㄨㄤ。

顧亭林説：江南之音，黃王不分，蓋由來久矣。吾鄉亦然，但有數字則否。蛋黃之黃、蟹黃之黃，皆不讀土音ㄨㄤ，而讀古音ㄏㄨㄤ。

鄉嫗口中，每多古音。如王姓之王，鄉嫗口中不如普通讀ㄨㄤ，而讀古音雨方切ㄩㄧㄤ。但讀此音者日少，鄉嫗亦惟高年者讀此耳。王二麻橋、王家港、王三房各鎮集，以及市區王前街之王，至今均讀ㄐ一ㄤ。

「爐裏火太旺了」，此旺字亦讀ㄐ一ㄤ。但「張家家道興旺」，此旺字仍讀ㄨㄤ。

大兒子家稱長房，次兒稱次房，此房讀ㄨㄤ。但張家兒寄名李家稱過房，此房字獨讀ㄏㄨㄤ。寄父稱過房爺，寄母稱過房娘，此房字皆讀ㄏㄨㄤ。

紅黄藍白黑之紅，土音讀ㄨㄥ，獨菜之一種雪裏紅之紅字，讀北音ㄏㄨㄥ。從此可知：㈠雪裏紅種來自北方；㈡連續數字之古名詞，讀音不易改變。又稱第一遭爲第一逄，此逄字亦讀ㄏㄨㄥ。

鄉音稱你曰農ㄋㄨㄥ，與吴儂軟語「唔儂」相反，蓋吾鄉以農稱他人，而蘇松間以「唔儂」稱自己也。故述吾鄉土語農，萬不可代以儂字。章太炎《新方言》謂即戎字，引《詩・大雅》「戎雖小子」「纘戎祖考」「以佐戎辟」，鄭箋皆訓戎爲汝。古音日紐歸泥，此音猶本於古云云。

「農肚皮痛麽？」「還好。不過畏畏能痛。」此畏畏能，實即微微然。吾鄉微字普通讀ㄨ一。但「稍微」則讀「稍ㄨㄟ」。故知ㄨㄟㄨㄟ能，實即微微能也。

風箏曰鷂子，有尾。此尾字不依普通讀ㄨ一，而讀ㄨㄟ。

然，鄉音讀能，作事從容曰慢慢能，曰叨叨能，曰安安能。假寐惺松曰懵懵能，歡喜曰欣欣能，飲酒微醉曰醺醺能。凡諸能字皆即然字，讀戎爲農，讀然爲能，實出一軌。

國語「什麽」，鄉語「那哼」。「那哼」實即「奈何」。奈轉爲那，何轉爲哼也。

國語「什麽」，鄉語「啥」。「啥」實即「什麽」之急讀。太炎謂《孟子・滕文公》篇「舍皆取諸其宮中而用之」，猶言什麽東西皆取之宮中也。

文言「地方」，鄉人急讀爲「堂」。「農地方」稱「農堂」，「我地方」稱「我堂」，「伊地方」稱「伊堂」，「什麽地方」稱「啥阿堂」。《新方言》謂江南運河而東至於浙江，謂所在曰「於黨」。於，讀如好惡之惡，黨讀如堂。於者，是也，黨者，所也，「於黨」即「阿堵」音轉云云。可見用此「阿堂」二字之區域甚廣，且亦甚古。然鄙意終認「堂」出「地方」二字急讀爲較確也。「勒拉啥阿堂」，實即「在那什麽地方」也。「勒拉啥絮中」，實即「在那什麽所中」也。「伊哈頭」「我哈頭」，此哈頭，又爲阿堂之轉。

「毫少！毫少！」爲催促快進之詞，沿用已久，故土謎，鄉下人不識癟痢，打一俗語「毫少」。實此「毫少」即「火速」二字，並非音轉。火音近毫，北方無入聲，故速音近少也。

兒童極聰明、能幹、稀罕，則稱「特箇小囝ㄒㄧㄚ罅ㄓㄜ抓來！」此「罅抓」二字，久莫知其來歷。最近悟得即是北語「奢遮」。奢變爲罅，猶息變爲歇，此二音往往互變爲用。崇明海門一帶人讀「危險」之險如蘇，蘇與險、奢與罅，一軌也。

早晚天見雲采，爲久晴之徵，鄉謡「早霞晚霞，河水燒茶」，讀霞如華。蓋茶ㄔㄚ鄉音讀爲ㄔㄨㄛ，故霞ㄒㄧㄚ讀爲ㄒㄨㄛ以叶之，而華實即ㄒㄨㄛ之誤也。

吾鄉稱「這箇」爲「特箇」，太炎《新方言》引《廣雅》，是此也。淮西蘄州謂此曰「時箇」，音如特。江南松江大倉謂此曰「是箇」，音如遞、如敵。古無舌上音，故齒音亦多作舌頭云云。此考證甚精確。得此，知吾鄉讀此爲特，其來源甚古且廣。

「難末」爲「那麼」之轉。太炎謂難即是然，黄州讀然直如難云云。

太炎謂然亦狀事之詞，今轉爲兒。《墨經》「佴，所然也」，兒亦佴字云云。吾鄉由兒、佴轉爲來，所謂遠來、近來、冷來、熱來，凡綴於静字下之來字，實皆古然字。

十五之十，讀作ㄕㄨ。太炎謂即蜀字。引揚雄《方言》「一，蜀也」，《廣雅》「蜀，弌也」。福州謂一尺、一丈、一百、一千爲蜀尺、蜀丈、蜀百、蜀千，音皆如束云云。此十五之十讀ㄕㄨ，疑出一源。

五ㄨ，吾鄉讀作ㄨㄥ。魚ㄩ，讀作ㄨㄥ。往年遊潮汕一帶，彼中多客家，説客話，其讀五、魚，竟與吾鄉一様。乃取吾鄉特別讀法之數字一一問之，竟無不與吾鄉同。如：

人，不讀ㄖㄣ，而讀ㄏㄣ。

黄，不讀ㄏㄨㄤ，而讀ㄨㄤ。

日，不讀ㄖ，而讀ㄕㄝ入聲。

縣，不讀ㄒㄧㄢ，而讀ㄒㄩㄢ。

成，不讀ㄔㄥ，而讀ㄕㄥ。

聲，不讀ㄕㄥ，而讀ㄕㄧㄤ。

二，不讀儿去聲，而讀广去聲。

異哉！其讀法竟無一不與吾鄉以及蘇松一帶相同，而與中州相異。乃進而究客家之來歷，乃知舊嘉應州屬之梅縣、五華、興寧、平遠、蕉嶺，舊潮州府屬之大埔、豐順，以及福建之永定，共八縣，爲一種語言，名其人曰客家，名其語曰客話。購讀《潮安縣志》《嘉應州志》，皆稱客老爲中原衣冠之遺，相傳黄巢作亂，自河南遷此。時閲千年，鄉音無改。頗疑蘇松人民與客家同出一源，抑或由江南轉徙嶺南，俱未可知也。

川沙之北部，僅面積一二百方里之内，有兩種特别之讀音如下：

〔一〕六麻之一部，讀如蕭、肴、豪。

茶ㄔㄚ，讀如樵ㄔㄧㄠ。

沙ㄕㄚ，讀如蕭ㄕㄧㄠ。

車ㄔㄜ，讀如七遥切ㄑㄧㄠ。

遮ㄓㄜ，讀如焦ㄓㄧㄠ。

叉ㄔㄚ，讀如七遥切ㄑㄧㄠ。

賒ㄕㄜ，讀如蕭ㄕㄧㄠ。

差ㄔㄚ，讀如七遥切ㄑㄧㄠ。

蛇ㄕㄜ，讀如樵ㄔㄧㄠ。

鴉ㄧㄚ，讀如豪ㄠ。

拏ㄋㄚ，讀難坳切ㄋㄧㄠ。

ㄚㄚ，讀如坳ㄠ。

些ㄒㄧㄝ陽平，讀如稍ㄙㄧㄠ。

但花不讀如ㄈㄧㄠ，家不讀如ㄐㄧㄠ。……

〔二〕十灰之一部，讀如支、微、齊。

灰ㄏㄨㄟ，讀如飛ㄏㄧ陽平。

回ㄏㄨㄟ陽平，讀如維ㄨㄧ陽平。

魁ㄎㄨㄟ陽平，讀苦迷切ㄎㄧ陽平。

媒ㄇㄟ陽平，讀如迷ㄇㄧ陽平。

雷ㄌㄟ陽平，讀如離ㄌㄧ陽平。

堆ㄉㄨㄟ陽平，讀如低ㄉㄧ陽平。

賠ㄆㄟ陽平，讀如皮ㄆㄧ陽平。

杯ㄅㄟ陽平，讀如篦ㄅㄧ陽平。

但開不讀如ㄎㄧ陽平，哀不讀如衣，臺不讀如提。……

余生川沙南部，幼時至北部，驟聆此音，深以爲異。既壯，聞有治方言之學者，對此特殊之鄉音，疑莫能明，所苦無從質證。因設兩種假定，其一，此一二百方里地之人家，在若干年以前，來自某地，而其地向用此特殊之音讀，迨子姓蕃衍，而鄉音無改。其二，在若干年以前，有外方人來此施政或施教，其人向用此特殊之讀音，化此一方，久而不變，如蘇東坡守儋州，至今儋縣有十五鄉用中州音，爲余南遊耳熟者。而此特殊之音讀，必且與古音有關。因於民國十七年馳書吾友駐日本公使音韻學專家汪君衮父（榮寶），得覆書，大意以各地語音之流轉，本不能以古韻相印證，然尋其來歷，要亦自有線索云云。其對第一項之答案，則謂：

麻之讀蕭，雖爲異聞，然古人本有魚、宵相通之例。（古韻魚、虞之字皆收 a 長音。今麻韻字大半古皆屬魚。蕭韻古與幽合，其收音爲 u。今蕭部之音 au，古韻爲宵。）如《西都賦》馬與鳥協，《易林》家與朝協，不勝枚舉。今湖南人讀無爲毛，無古音如 ma，ma 轉爲毛 mau，與茶之轉樵，沙之轉蕭，遮之轉焦，軌轍相同也。

其對第二項之答案，則謂：

支灰古韻分合，與今絶異。今四支在《廣韻》爲三（五支、六脂、七之），十灰在《廣韻》爲二（十五灰、十六咍）。以之上稽周秦之音，則之與咍爲一部，脂與灰及微、齊、皆（皆今混入佳）爲一部，支與佳爲一部，判然異用，絶無混淆。來書所舉陪、媒二字，於《廣韻》屬咍，古與之韻同用。雷字屬灰，古與脂、微、齊、皆等韻同用。三字原非同部，然今韻既合併爲一，則陪、媒屬支，雷亦不妨從同。（古韻支、脂、之三部之當分，自段若膺輩考訂以來，久成定論。顧三部發音若何差别，則前人未有能言之者。弟嘗以六朝譯梵及聲音自然之理求之，粗知支、佳之音收 ia，支、微、齊、皆、灰之音收 ɯi，之、哈之音收 oi。例證甚繁，不備舉。）

讀此兩答案，雖於所發疑問，認爲未能圓滿解答，而於汪君所學之塼篤，深致傾佩。因念一般鄉音魁、寬同讀，然寬絶無讀如苦迷切ㄎㄧ陽平者。賠、盤同讀，而盤絶無讀如皮者。知此轉變僅用之於十灰，絶不能用之於十四寒，似其間自有確定之軌道。又念《詩·小弁》譸、究與佗叶，《崧高》馬與寶、保叶，《楚辭·九辯》效與下叶，是麻與蕭、肴、豪之通叶，先例之多，誠如汪君言。然通叶與通讀究尚有間。又念拏之讀ㄎㄧㄠ（拏東西來），丫之讀ㄠ（丫頭），些之讀ㄙㄧㄠ（些須），吾鄉一般之讀法，僅僅存此數音，則前列茶、沙、車等吾鄉北部特殊之讀音，不久亦且歸於淘汰，殆可預卜。又念微讀ㄨㄟ陽平，前既言之，則此灰讀ㄏㄧ陽平等，仍在前述互變之一例中。如謂此種特殊讀法，傳自他方，就余旅行所經歷與所交接，尚未聞此，容更留意以覘其後。

吾鄉特殊讀法之逐漸消滅，自交通進步而更甚。老輩有讀「所以」之「所」爲ㄕㄧㄠ音者，略如「小」，今無聞矣。先外祖母去歲棄養，年近九十，往往彼所用語，絶不能聞之於他人。如稱「從前」爲「迭難」，類此者不少，亦無從索解人也。

時常曰牽常（伊牽常來的），詼諧惹笑曰發鬆（農説話頂發鬆），心頭愁慮曰吼肆（特幾天吼肆來），皆未及考證其來歷。

兒童相互間欲喚起對方羞恥心，往往以手括己之臉，或以指揭己之眼瞼以相示曰：「你毋眼麽？」蓋特裝爲坍眼之狀以侮辱之也。一般稱羞恥曰坍眼，幾成確定之名詞。近遊揚、鎮間，屢屢聞此名，及筆之於書，則爲「坍岸」二字。方知與吾鄉之「坍臺」二字意義相同。何以訛爲「坍眼」？則揚、鎮間之讀岸，與吾鄉之讀眼同音也。坍岸，又稱坍銃。

物已到手謂之着港，亦謂之進港，疑是從事海上生涯者所用之名詞。

《孟子》「山徑之蹊間介然」，馬融《長笛賦》「間介無蹊，人迹罕到」，此間介二字，太炎謂即直隸、山東間所稱介八，吾謂即吾鄉所稱尴尬。

《説文》：「磊竧，重器也。」太炎謂今稱物之重、事之艱者曰磊竧，即此。吾鄉亦有此語。

疲乏謂之衰惰，讀如ㄕㄚ陽平 ㄉㄨㄛ陽平。

其人能幹謂之强，讀如ㄑㄧㄚ。此同松江音。

馬ㄇㄚ，讀如ㄇㄨㄛ，然賣力之賣，反讀如ㄇㄚ。（某人真摩力）實即賣力也。

丸，讀如圓，丸藥稱圓藥。

彈ㄊㄜ，有時讀如團ㄊㄢ陽平（彈花衣），褪ㄊㄨㄟ去聲，有時讀如ㄊㄢ去聲（褪殼），皆同崇明音。

嚕囌，讀如摟搜，同無錫音。端午，讀作當午，同太倉音。

老人家讀作老娘家，大老婆、小老婆，讀作大老馬、小老馬，實以音之微轉而致誤也。

最可笑者，猫，讀如孟秧切ㄇㄨㄤ，實由吴江音微轉而致誤。蓋吴江讀猫爲孟銜切，音如漫

ㄇㄨㄜ陽平，而由此轉爲孟秧切ㄇㄨㄤ也。

鳥，讀如釣之上聲ㄉㄧㄠ上聲，實爲古音。《唐韻》鳥，都了切。《集韻》及《韻會》鳥，皆丁了切。都了及丁了兩切，皆ㄉㄧㄠ上聲音也。今北音猶讀納奧切ㄋㄧㄠ，去ㄉㄧㄠ實僅一間。

精明而流於苛刻，吾鄉稱爲扣。「張三太扣哩。」扣，實即刻之北音也。

鄉語中有包含歷史意義，乃至民族意義者。三箇王姓同桌，輒戲稱「今天三王造反了」，「三王造反」，則清初事實也。凡貌似小丑、態度滑稽者稱「小韃子」，童謠「端午喫粽子，家家殺韃子」，此皆滿清初年痛恨滿人之語。形貌醜穢者曰「野倭子」，小孩墨塗面曰「倭子黑鼻頭」，此明末沿海受倭寇騷擾時遺下之諺語。「伊是啥色目?」色目，尚是元代遺下之名詞。

吾鄉常談有「所以革落」一承接詞，蓋即文言「然則」二字之義。游日本亦常聞之於日本人口中，曰「ソレカラ」，其意義恰相近似。

民國二十三年一月二十九日述

〔民國〕三林鄉志

【解題】佚名纂。殘稿，記事止於民國十四年（一九二五）。三林鄉，在今上海市浦東新區三林鎮。「方言」見卷二中。録文據上海社會科學院出版社二〇〇六年版「上海鄉鎮舊志叢書」本《民國三林鄉志》。

方言

同治邑志謂：他人曰傭。讀去聲。讀羹如粳。讀争如張。謂孔曰窟籠。讀同洞。謂團曰突欒〔一〕。簷冰曰淋澤。即《楚詞》之澤。溝納舟者曰浜。嬉遊曰孛相。擘橙橘曰扒。音八。隱迹曰畔。田畔曰田頭。不正曰差路。差讀斜。甚麽合爲些。太甚爲忒嘫。見朱子《答敬夫書》。問何故曰那亨。應辭曰嘎。見《龐居士集》。事煩無條理曰磊竲。竲見趙宧光《長箋》。有聲曰踸踔。見《通志》。浣衣曰汏。見《説文》。滴水曰謕。浮水曰氽。見《桂海虞衡志》。視曰眚。俗作睃。乳曰乃。見《真語類録》。鬼如舉。歸如居。跪如巨。緯如喻。虧如軀。椅如與。於據切。小兒毀齒之毀如許。祖母曰阿嬭。嬭如乃。

《法華鄉志》增：睡曰困。本志海禪師「饑來吃飯困來眠」之語。習氣曰毛病。黄山谷《刀筆》云：「此荆南人毛病。」庋置曰閣。東坡《午窗坐睡》詩：「竹几閣雙肘。」閉門曰閂。范石湖《桂海虞衡志》云：「閂，門横關也。」微煖曰温暾。《致虚閣雜俎》云：「今人以性不爽利者曰温暾。言不冷不熱也。」修飾曰打扮。黄公紹《竸歌》：「朝了霍山朝嶽帝，十分打扮是杭州。」整理曰修妃。妃音捉。兇惡曰潑賴。見在曰目下。《晉書·曹志傳》：「目下將見責耶？」飯濕曰爛。《爾雅》云：「摶者謂之糷。」〔二〕幾何曰幾夥。語言支離曰嚕囌。《續傳燈録》：僧問慧寶

〔一〕團：原誤作「圓」。
〔二〕糷：原誤作「爛」，據《爾雅》改。

禪師至再三，曰嚕囌。今俗呼摟摟。扶持曰擡舉。白樂天《高荷》詩：「亭亭自擡舉。」手裂物曰斯。同撕。百工作事曰生活。《南史·臨川王宏傳》：「武帝謂云：阿六，汝生活大可。」〔一〕負而不償曰賴。《晉語》：「已賴其地，又愛其實。」〔二〕壜曰髭。虹霓曰鱟。音吼。《述異記》：「虹，龍吸水。」俗謂自上吸下爲吼。雹曰矆睒。王劭《太玄經注》云：忽雷矆睒。矆音況，入聲。睒音閃，俗呼作顯。同治邑志作霍閃。蝦蟆曰癩蛤霸。見《蟫史》。蛙曰田鷄。王志堅《表異録》：「水鷄，蛙也。多産田中，俗號田鷄。」蚓曰曲蟮。東坡試徐偃筆，云：「筆鋒如著鹽曲蟮，詰曲紙上。」子謂之囝。見顧況詩。妾謂之小。《詩》：「愠於羣小。」母謂之孋。見《博雅》。女子賤者曰丫頭。劉禹錫詩：「花面丫頭十三四。」詐騙曰黄六。沈自南《藝林彙考》：「黄巢行六而多詐，故云。」小食曰點心。《唐史》：「鄭傪夫人云：我未及餐，爾且可點心。」斂錢團飲曰扛具。即公具之轉音。舉事豪華曰出客。即闊綽之轉音。壃插。土人以挑生泥者，先築壃插。今插俗呼灘。猪踐。猪糞和灰以壅田者名猪踐，取踐踏之詞也。今踐俗呼謝。端午。端俗呼當。或即當五之誤。

《上海縣續志》：凡人身上之毛曰寒毛。見《晉書·夏統傳》。吴王女名二十，故諱二十爲念。見《兼明録》。呼留髪童子曰樓偷頭。樓偷爲留之反切。鼾睡聲曰打唔塗。唔塗爲呼之反切。精爲即零。秀爲即溜。並見青浦、嘉定、寶山各志。子謂之囝。俗讀平聲。女謂之囡。俗讀去聲。打呵欠俗云打霍顯。客氣。見《左傳》。財主。見《世説》。打算。見《元史·劉秉忠傳》。連忙。見《雲谷記事》。捻鼻出涕曰

〔一〕可：原誤作「奇」，據《南史》改。
〔二〕實：原誤作「寶」，據《國語》改。

摫。虎梗切。手懸捻物曰拎。音零。以線斷物曰钊。音機。去汁曰潷。音筆。睡一覺爲一寣。音忽。

匐行曰趥。蒲咸切。物漸磨去曰谽。俗呼如異。

〔嘉慶〕法華鎮志

【解題】王鍾纂。嘉慶十八年（一八一三）修，未刊。法華鎮，在今上海市長寧區。「方言」見卷二《風俗》中。録文據上海社會科學院出版社二〇〇六年版「上海鄉鎮舊志叢書」本《法華鎮志》。

方言 較邑志略備

謂他人曰儂。奴東切。吴音自稱曰儂。韓文公詩曰：「鱷魚大於船，牙眼怖殺儂。」又《湘山野録・錢王歌》云：「你輩見儂的歡喜，永在我儂心子裏。」此我儂二字連稱之始。又渠儂，他也。古樂府有《懊儂歌》，俗呼本此。今呼作去聲，音切《韻府》所無。

問那何故曰那亨。方氏《通雅》云：「即晉人寧馨之轉。」今人又云那向，蓋馨轉爲亨，亨又轉爲向也。

過甚曰忒𠺕。忒，去聲。

睡曰困。本志海禪師「饑來吃飯困來眠」之語。

物投水聲曰丼〔一〕。《説文》即古井字。丁度《集韻》都感切，投物水中聲。今俗轉其音曰凍。

〔一〕丼：原誤作「井」。

習氣曰毛病。黄山谷《刀筆》云：「此荆南人毛病。」

庋置曰閣。東坡《午窗坐睡》詩：「竹几閣雙肘。」

閉門曰閂。范石湖《桂海虞衡志》云：「閂，門横關也。」

典屋曰借。宋濂《篇海》借同借。吴任臣《字補》云：「子夜切，與也。」又杜注《左傳》借音積，假也。是借、借古通用。

物微煖曰温暾。見王建《宫詞》。又《致虚閣雜俎》云：「今人以性不爽利者曰温暾湯。」言不冷不熱也。

修飾曰打扮。《廣韻》：「扮，打扮也。」黄公紹《競歌》：「朝了霍山朝嶽帝，十分打扮是杭州。」

凶惡曰潑賴。潑，鋪拜切。

見在曰目下。車茂安《與陸雲書》云：「季甫恒在目下，卒有此役。」又《晉書·曹志傳》：「目下將見責耶？」

飯濕曰爛。《爾雅》云：「摶者謂之糷。」〔一〕

幾何曰幾夥。見《正字通》〔二〕，今呼如蝦去聲。

語言支離曰嚕嗦。《續傳燈録》：僧問慧賓禪師至再三，曰嚕嗦。

扶持曰擡舉。白樂天《高荷》詩：「亭亭自擡舉。」

不正曰差路。唐詩：「枯木巖前差路多。」

〔一〕糷：原誤作「爛」，據《爾雅》改。

〔二〕通：原誤作「道」。

匠斲木而復平之曰鉋。去聲。元微之詩：「巨礎荆山採，方椽郢匠鉋。」〔一〕

手裂物曰斯。趙宣孟見桑下餓人，與之脯一朐〔二〕，曰：「斯食之。」高誘注：「斯，析也。」

百工作事曰生活。《南史·臨川王宏傳》武帝謂云：「阿六，汝生活大可。」〔三〕

負而不償曰賴。《晉語》：「已賴其地，又愛其實。」

孔曰窟窿，團曰突欒〔四〕。此音之切母者。

壜曰甏。宋元字書無此字，梅氏《字彙》有之，音彭去聲。

虹霓曰鱟。音吼。《述異記》：「虹，龍吸水。」俗謂自上吸下爲吼。

電曰矆睒。王劭《太玄經注》云：忽雷矆睒。矆，音況入聲。睒，音閃，俗呼作顯。

蝦蟆曰癩蛤霸。見《蟫史》。

蛙曰田鷄。《格物總論》曰：「螻蟈，俗名田鷄。」誤。王志堅《表異録》云：「水鷄，蛙也。多産田中，俗號田鷄。」

蚓曰曲蟮。見《考工記》。東坡試徐偃筆，云：「筆鋒如著鹽曲蟮，詰曲紙上。」

嬉游曰孛相。見《吴江府志》。

〔一〕巨：《全唐詩》作「方」。方：《全唐詩》作「修」。

〔二〕朐：原誤作「嘆」，據《左傳》改。

〔三〕可：原誤作「奇」，據《南史》改。

〔四〕團：原誤作「圓」。

〔光緒〕法華鎮志

【解題】王鍾原纂，光緒金祥鳳補纂。王本修成於嘉慶十八年（一八一三），未刊；金氏補鈔本寫於光緒三十三年（一九〇七）。法華鎮，在今上海市長寧區。「方言」見卷二《風俗》中。録文據上海社會科學院出版社二〇〇六年版「上海鄉鎮舊志叢書」本《法華鎮志》。

方言　較邑志略備

謂他人曰儂。奴東切。吴音自稱曰儂。韓文公詩曰：「鱷魚大於船，牙眼怖殺儂。」又《湘山野録·錢王歌》云：「你輩見儂的歡喜，永在我儂心子裏。」此我儂二字連稱之始。又渠儂，他也。古樂府有《懊儂歌》，俗呼本此。今呼作去聲，音切《韻府》所無。

問那何故曰那亨。方氏《通雅》云：「即晉人寧馨之轉。」今人又云那向，蓋馨轉爲亨，亨又轉爲向矣。

應辭曰嗄。見《龐居士集》。

過甚曰忒嗷。忒，去聲。見朱子《答敬夫書》。

睡曰困。本志海禪師「饑來吃飯困來眠」之語。

乳曰㚢。見《直語類録》。

物投水聲曰丼〔一〕。《説文》即古井字。丁度《集韻》都感切，投物水中聲。今俗轉其音曰凍。

〔一〕丼：原誤作「井」。

習氣曰毛病。黄山谷《刀筆》云：「此荆南人毛病。」

皮置曰閣。東坡《午窗坐睡》詩：「竹几閣雙肘。」

閉門曰閂。范石湖《桂海虞衡志》云：「閂，門横關也。」

典屋曰借。宋濂《篇海》借同借。吴任臣《字補》云：「子夜切，與也。」又杜注《左傳》借音積，假也。借與借通。

物微煖曰温暾。見王建《宫詞》。又《致虚閣雜俎》云：「今人以性不爽利者曰温暾湯。」言不冷不熱也。

修飾曰打扮。《廣韻》：「扮，打扮也。」黄公紹《競歌》：「朝了霍山朝嶽帝，十分打扮是杭州。」

凶惡曰潑賴。潑，鋪拜切。

見在曰目下。車茂安《與陸雲書》云：「季甫恒在目下，卒有此役。」又《晉書·曹志傳》：「目下將見責耶？」

飯濕曰爤。《爾雅》云：「摶者謂之爤。」〔一〕

幾何曰幾夥。見《正字通》，今呼如蝦去聲。

語言支離曰嚕囌。《續傳燈録》：僧問慧賓禪師至再三，曰嚕囌。今俗呼摟搜。

扶持曰擡舉。白樂天《高荷》詩：「亭亭自擡舉。」

不正曰差路。唐詩：「枯木巖前差路多。」

匠斲木而復平之曰鉋。去聲。元微之詩：「巨礎荆山采，方椽郢匠鉋。」〔二〕

〔一〕爤：原誤作「爛」，據《爾雅》改。

〔二〕巨：《全唐詩》作「方」。方：《全唐詩》作「修」。

石聲曰䟕䰄。見吴志。

手裂物曰斯。趙宣孟見桑下餓人，與之脯一朐〔一〕，曰：「斯食之。」高誘注〔二〕：「斯，析也。」

百工作事曰生活。《南史·臨川王宏傳》武帝謂云：「阿六，汝生活大可。」〔三〕

負而不償曰賴。《晉語》：「已賴其地，又愛其實。」

孔曰窟窿，團曰突欒〔四〕。此音之切母者。

㙩曰髶。宋元字書無此字，梅氏《字彙》有之，音彭去聲。

虹霓曰鱟。音吼。《述異記》：「虹，龍吸水。」俗謂自上吸下爲吼。

電曰矆睒。王劭《太玄經注》云：忽雷矆睒。矆，音況入聲。睒，音閃，俗呼作顯。

蝦蟆曰癩蛤霸。見《蟫史》。

蛙曰田鷄。《格物總論》曰：「螻蟈，俗名田鷄。」誤。王志堅《表異録》云：「水鷄，蛙也。多産田中，俗號田鷄。」

蚓曰曲蟮。見《考工記》。東坡試徐偃筆〔五〕，云：「筆鋒如著鹽曲蟮，詰曲紙上。」

〔一〕朐：原誤作「胸」，據《左傳》改。
〔二〕誘：原誤作「年」。
〔三〕可：原誤作「奇」，據《南史》改。
〔四〕團：原誤作「圓」。
〔五〕筆：原誤作「華」。

嬉游曰孛相。見《吴江府志》。

〔民國〕法華鄉志

【解題】王鍾原纂，清末民初胡人鳳續補。法華鄉，在今上海市長寧區。「方言」見卷二《風俗》中。録文據民國十一年（一九二二）鉛印本《法華鄉志》。

方言

本鄉土音與上海城廂相近，浦東音近南匯，南鄉音近松江，吴淞江北音近嘉定，説者謂水土使然也。

謂他人曰儂。奴東切。吴音自稱曰儂。韓文公詩曰：「鱷魚大於船，牙眼怖殺儂。」又《湘山野録·錢王歌》云：「你輩見儂的歡喜，永在我儂心子裏。」此我儂二字連稱之始。又渠儂，他也。古樂府有《懊儂歌》，俗呼本此，今呼作去聲，音切《韻府》所無。

問那何故曰那亨。方氏《通雅》云：「即晉人寧馨之轉。」今人又云那向，蓋馨轉爲亨，亨又轉爲向矣。

應辭曰嗄。見《龐居士集》。

過甚曰忒𠷳。忒，去聲。見朱子《答敬夫書》。

睡曰困。本志海禪師「饑來吃飯困來眠」之語。

乳曰㚢。見《直語類録》。

習氣曰毛病。黄山谷《刀筆》云：「此荆南人毛病。」

皮置曰閣。東坡《午窗坐睡》詩：「竹几閣雙肘。」

閉門曰閂。范石湖《桂海虞衡志》云：「閂，門横關也。」

典屋曰借。宋濂《篇海》借同借。吴任臣《字補》云：「子夜切，與也。」又杜注《左傳》借音積，假也。是借、借古通用。

微煖曰温暾。見王建《宫詞》。又《致虚閣雜俎》云：「今人以性不爽利者曰温暾湯。」言不冷不熱也。

修飾曰打扮。《廣韻》：「扮，打扮也。」黄公紹《競歌》：「朝了霍山朝嶽帝，十分打扮是杭州。」

整理曰修娖。娖音捉。唐中和二年，修娖部伍。修俗音搜。

凶惡曰潑賴。潑，鋪拜切。

見在曰目下。車茂安《與陸雲書》云：「季甫恒在目下，卒有此役。」又《晉書·曹志傳》：「目下將見責耶？」

飯濕曰爤。《爾雅》云：「摶者謂之爤。」〔一〕

幾何曰幾夥。夥作許，見《正字通》，今呼如蝦去聲。

語言支離曰嚕嗦。《續傳燈録》：僧問慧寶禪師至再三，曰嚕嗦。今俗呼摟搜。

扶持曰擡舉。白樂天《高荷》詩：「亭亭自擡舉。」

石聲曰磈鼜。見《通志》。

〔一〕 爤：原誤作「爛」，據《爾雅》改。

手裂物曰斯。趙宣孟見桑下餓人，與之脯一朐〔一〕，曰：「斯食之。」高誘注：「斯，析也。」

百工作事曰生活。《南史·臨川王宏傳》：「武帝謂云：阿六，汝生活大可。」〔二〕

負而不償曰賴。《晉語》：「已賴其地，又愛其實。」〔三〕

壜曰甏。宋元字書無此字，梅氏《字彙》有之，音彭去聲。

虹霓曰鱟。音吼。《述異記》：「虹，龍吸水。」俗謂自上吸下爲吼。

雹曰矆睒。王劭《太玄經注》云：忽雷矆睒。矆，音況入聲。睒，音閃，俗呼作顯。

蝦蟆曰癩蛤霸。見《蟫史》。

蛙曰田鷄。《格物總論》曰：「螻蟈，俗名田鷄。」誤。王志堅《表異録》云：「水鷄，蛙也。多産田中，俗號田鷄。」

蚓曰曲蟮。見《考工記》。東坡試徐偃筆，云：「筆鋒如著鹽曲蟮，詰曲紙上。」

嬉游曰孛相。見黄山谷《與范長老書》：「韓十逐日上學，且護其薄相耳。」疑即此。

子謂之囝。見顧況詩。

妾謂之小。見「憂心悄悄」朱氏《集傳》。

母謂之嬭。見《博雅》。

〔一〕朐：原誤作「歑」，據《左傳》改。
〔二〕可：原誤作「奇」，據《南史》改。
〔三〕實：原誤作「寶」，據《國語》改。

女子賤者曰丫頭。劉禹錫詩：「花面丫頭十三四。」

詐騙曰黄六。沈自南《藝林彙考》：「黄巢行六而多詐，故云。」

小食曰點心。《唐史》：「鄭傪夫人云：我未及餐，爾且可點心。」

壜插。土人以挑生泥者，先築壜插。今插俗呼灘。

猪踐。猪糞和灰以壅田者名猪踐，取踐踏之詞也。今踐俗呼謝。

端午。端俗呼當。

歸去。歸俗呼居。

斂錢團飲曰扛具〔一〕。或云即公具之轉音也。

舉事豪華曰出客。或云即闊綽之轉音也。

〔光緒〕二十六保志

【解題】唐錫瑞纂。光緒十二年（一八八六）稿本，後陸續增補，民國十四年（一九二五）定稿。二十六保，在今上海市徐匯區。「方言」見卷一中。録文據上海社會科學院出版社二〇〇六年版「上海鄉鎮舊志叢書」本《光緒二十六保志》。

〔一〕扛：原誤作「打」，據民國《三林鄉志》引《法華鄉志》改。

方言

二十六保語音皆與上海城小異，因地界在華、婁交境之間。細分之，則四鄉亦有不同。以東類百步塘，二十四保交界。以東南類黄浦，三林塘之西。南類長橋，屬華亭。越里許曰華涇，十八保交界。西南類莘莊，西類華村廟、蔣家塘，西北類徐長橋，二十八保交界。北類小閘，視華、婁爲重，視上海城語爲小異。

史志曰：凡屬八庚，或開口呼，從七陽韻。如羹爲古郎切，争爲側羊切之類。或以灰入麻，以泰入箇。如槐如華〔一〕，大音如惰之類。或去聲呼近平聲〔二〕。如桂音近圭〔三〕，做音近租，用音近庸之類。又有呼字之切母者，如孔爲窟籠，團爲突欒之類〔四〕。同治邑志之所詳者，概不復載。

田畔曰田裡。

呼祖父曰大大。《史記》：「以大父、父五世相韓。」按小兒學語，多爲疊辭，以大父之大而重言之。

呼父曰爹爹。陸游《避暑漫鈔》：「太后回鑾，上設龍涎沈腦屑燭，后曰：『爾爹爹每夜嘗設。』上微謂憲聖曰：『如何比得爹爹富貴。』」

〔一〕華：原誤作「革」。
〔二〕平聲：原誤作「秤平」，據光緒《青浦縣志》改。
〔三〕桂：原誤作「桯」，據光緒《青浦縣志》改。
〔四〕團：原誤作「圓」。

稱舅姑曰公婆。明《孝慈録》：「舅姑即公婆。」《漢書》賈誼《策》：「抱哺其子，與公併居。」謂舅爲公也。晉樂府：「後來新婦今爲婆。」謂姑爲婆也。

呼伯母曰姆姆，弟婦呼兄嫂亦曰姆姆。吕祖謙《紫薇雜記》：「吕氏母母受嬸房婢拜，嬸見母母房婢拜即答。」《集韻》弟妻呼兄嫂爲姆姆。即母母也，音姥。

呼叔母曰嬸嬸，兄婦呼弟婦亦曰嬸嬸。《明道雜志》：「經傳無『嬸』與『妗』字，考其説『嬸』乃『世母』二字合呼，『妗』乃『舅母』二字合呼。」

呼夫兄曰阿伯。《五代史補》：「李濤弟澣取婦竇氏，出參濤，濤答拜。澣曰：『新婦參阿伯，豈有答禮。』」

呼祖母曰嬭嬭。音如乃。

相謂曰儂。《湖山野録》記《錢王歌》。

饋人曰送人情。杜詩：「粔敉作人情」。

濕飯曰爛飯。《爾雅》云：「摶者謂之糷。」〔一〕

習氣曰毛病。黄山谷《刀筆》云：「此荆南人毛病。」

閉門曰閂。《桂海虞衡志》：「閂，門橫關也。」

虚而少寔曰空。《北史·斛律金傳》：「空頭漢合殺。」

物闊曰扁。崔融《大禹碑》：「螺書扁刻。」劉禹錫詩「壓扁佳人纏臂金」之句。

〔一〕糷：原誤作「爛」，據《爾雅》改。

有所倚曰掮勢。

語不明白曰含胡。《唐書·顔杲卿傳》：「禄山斷其舌，曰：『復罵否？』杲卿含胡而死。」

多言曰齰糟。沈周《客座新聞》顧成章俚語詩有「姑姑嫂嫂會齰糟」句，喻瑣屑也。

呼詐騙曰黄六。沈自南《藝林彙考》：「黄巢行六而多詐，故詐騙人者曰黄六也。」

疲勞曰捨塗。

人衆相隨曰𧉥伴。

人有疾病曰不爽。

呼女子之賤者曰丫頭。呼男子之蕩者曰料批。

喫用曰伙食。《莊子》：「七日不火食。」《北史·張纂傳》：「家給其火食。」

謙虚曰客氣。《左傳》：「陽虎曰：盡客氣也。」

諂媚曰奉承。《禮記·祭義》：「奉承而進之。」樂毅《報燕惠王書》：「臣不佞，不能奉承王命。」

急於畢工曰幹忙。

貧無閒暇曰賤忙。俗曰窮忙。

弄人吃虧曰討便宜。《寒山詩》：「凡事莫過分，盡愛討便宜。」

月初曰月頭，月盡曰月底。望日曰月半，明年曰開年。

以肩舉物曰㨗。

藏物曰抗。

負而不償曰賴。

數錢五文曰一花，三花曰捨五。

醫生曰郎中。

紙傘曰豎笠〔一〕。

若村學易誤四聲，市井更多鄙俚，東、冬罔辨，江、陽不分，俗語不典者削之。

〔光緒〕青浦縣志

【解題】汪祖綬等修，熊其英等纂。青浦縣，在今上海市青浦區。「方言」見卷二《疆域・風俗》中。録文據光緒五年（一八七九）刻本《青浦縣志》。

方言

青浦語音皆與松郡同，間亦小異。然地界八邑之間，細分之，則四鄉亦有不同。七寶以東類上海，泗涇以南類華婁，雙塔以西類元和，泖湖以西類吴江，小蒸西南類嘉善，趙屯西北類崑山，吴淞以北類嘉定。視上海爲輕，視蘇州爲重。凡屬八庚或開口呼，從七陽韻。如羹爲古郎切、

〔一〕笠：原誤作「豎」。

争爲側羊切之類。或以灰入麻、以泰入箇。如槐音如華、大音如惰之類。或去聲呼近平聲。如桂音近圭、做音近租，用音近庸之類。又有呼字之切母者。如孔爲窟籠、團爲突欒之類〔一〕。今就其有所本者著于篇，至《通俗編》所載與他邑同者，概未及云。

電謂之霍閃。見顧雲詩。

蝍蝀謂之鱟。見《田家雜占》。《府志》云本雩字。《爾雅注》于句切，音之轉也。

簷冰謂之澤。見《楚辭》。

溝納舟者謂之浜。李翊《俗呼小録》：「絶潢斷港謂之浜。」

田畔曰田頭。見《後漢書》。

呼祖父曰大大。《史記》：「以大父、父五世相韓。」按小兒學語多爲疊辭，以大父之大而重言之。

呼父曰阿爹，又曰爹爹，又曰爺爺。戴良《失父零丁》有「今月七日失阿爹」語。陸游《避暑漫鈔》：「太后回鑾，上設龍涎沈腦屑燭。后曰：『爾爹爹每夜嘗設。』上微謂憲聖曰：『如何比得爹爹富貴。』」《宋書》：「王彧子珣六歲，讀《論語》『郁郁乎文哉』，何尚之戲曰：『可改耶耶乎文哉』。以郁乃其父彧嫌名也。」

稱舅姑曰公婆。明《孝慈録》：「舅姑即公婆。」《漢書》賈誼《策》：「抱哺其子，與公併居。」謂舅爲公也。晉樂府：「後來新婦今爲婆。」謂姑爲婆也。

呼伯母曰大姆，弟婦呼兄嫂亦曰大姆。吕祖謙《紫薇雜記》：「吕氏母母受嬸房婢拜，嬸見母母房婢拜，即

〔一〕團：原誤作「圓」。

答。」《集韻》弟妻呼兄嫂爲姆姆。即母母也。音姥。

呼叔母曰嬸嬸，兄婦呼弟婦亦曰嬸嬸。《明道雜志》：「經傳無嬸與妗字。考其説，嬸乃世母二字合呼，妗乃舅母二字合呼。」

呼夫兄曰阿伯。《五代史補》：「李濤弟澣取婦竇氏，出參濤，濤答拜。澣曰：『新婦參阿伯，豈有答禮？』」

相謂曰儂。《湘山野録》記《錢王歌》云：「你輩見儂的歡喜，在我儂心子裏。」隔户問人曰「誰儂」，應曰「我儂」，視之乃識，曰「卻是你儂」。指他人而稱之曰渠儂。

問辭曰能亨。《癸辛雜志》：「徐子淵詞云：『他年青史總無名，你也能亨，我也能亨。』自注：『能亨，鄉音也。』」

事穩曰妥帖。杜詩：「千里初妥帖。」

扶持曰擡舉。白樂天《高荷》詩：「亭亭自擡舉。」

饋人曰作人情。杜詩：「粔籹作人情。」

濕飯曰糷。《爾雅》云：「摶者謂之糷。」〔一〕

以手取物曰摣。劉熙《釋名》：「摣，叉也。五指俱往也。」

習氣曰毛病。黄山谷《刀筆》云：「此荆南人毛病。」

閉門曰閂。《桂海虞衡志》：「閂，門横關也。」

浮水曰氽。《桂海虞衡志》：「人在水上爲氽。」

〔一〕糷：原誤作「爛」，據《爾雅》改。

虛而少實曰空。《北史·斛律金傳》：「空頭漢合殺。」

物闊曰扁。崔融《大禹碑》：「蝸書扁刻。」劉禹錫詩：「壓扁佳人纏臂金。」

匠斲木而復平之曰鉋。元微之詩：「巨礎荆山采，方椽郢匠鉋。」

有所倚曰靠。范致明《岳陽風土記》云：「江道回曲，或遠或近，雖無風濤之患，而常靠閣。」

不正曰差路。唐詩云：「枯木巖前差路多。」

言人不慧曰獃。范成大有《賣癡獃》詞。

言人猶豫不前曰墨㞏。音如眉癡。皮日休《反招魂》：「上曖昧而下墨㞏。」

言人進退不果曰佁儗。音如熾膩。司馬相如賦：「仡以佁儗。」柳子厚《夢歸賦》：「紛若倚而佁儗兮。」

語不明曰含胡。《唐書·顔杲卿傳》：「祿山斷其舌，曰：『復罵否？』杲卿含胡而死。」

多言曰蘆嘈。沈周《客座新聞》〔一〕：顧成章俚語詩有「姑姑嫂嫂會蘆嘈」句，喻瑣屑也。

呼詐騙曰黃六。沈自南《藝林彙考》：「黃巢行六而多詐，故詐騙人者曰黃六。」

謂嬉戲爲薄相。黃山谷《與范長老書》云：「韓十逐日上學〔二〕，且護其薄相耳。」趙閑閑《遊華山寄元裕之》詩：「山神戲人亦薄相。」《吳江志》作孛相，《太倉志》作白相。

〔一〕新：原誤作「親」。

〔二〕「上」下原衍「鄰」字，據《山谷集》删。

疲勞曰喫力。邵子《擊壤集》：「未喫力時猶有説，到收功處更何言。」

人衆相隨曰蚼伴。《韻學集成》：「蚼，蝗子。蝗飛蔽野，遇水則銜而過，亹亹不絶。」《禮記》：「方以類聚。」注：「方，蟲名，即蚄也。」俗呼人衆相隨爲蚼伴，義取此。

言不潔曰鏖糟。《漢書·霍去病傳》：「鏖皋蘭下。」晉灼注：「俗以盡殺死人爲鏖糟。」血流狼籍意也。

言人聆言不省曰耳邊風。杜荀鶴詩：「百歲有涯頭上雪，萬般無染耳邊風。」

人有病曰不快。《華佗傳》〔一〕：「體有不快，起作五禽之戲。」

謂憚煩曰不耐煩。《宋書·庾炳之傳》：「爲人强急而不耐煩。」

訴人傭工曰客作。《三國志》：「焦先飢則出爲人客作。」〔二〕

不冷不熱曰温暾。王建《宫詞》：「新晴草色煖温暾。」白樂天詩：「池水煖温暾。」

呼女子之賤者曰丫頭。劉賓客詩：「花面丫頭十三四。」

小食曰點心。《唐書》：「鄭傪夫人云：『我未及餐，爾且可點心。』」

謂罷曰罷休。《史記》：「吴王謂孫武曰：『將軍罷休。』」

喫用曰火食。《禮·王制》：「蠻夷之俗有不火食者矣。」《莊子》：「七日不火食。」《北史·張纂傳》：「家給其火食。」

〔一〕佗：原作「陀」。

〔二〕出：原脱，據《三國志注》補。

謂謙讓爲客氣。《左傳》：「陽虎曰：『盡客氣也。』」

謂諂媚爲奉承。《禮記·祭義》：「奉承而進之。」樂毅《報燕惠王書》：「臣不佞，不能奉承王命。」

謂干進曰鑽刺。班固《答賓戲》：「商鞅挾三術以鑽孝公。」《古杭雜記》〔一〕：「史彌遠用事，士大夫多以鑽刺得官。」

急於畢工曰連忙。《朱子集·雲谷記事詩》：「逐急添茅蓋，連忙畢土田。」

貧無間暇曰窮忙。《老學庵筆記》云：「户度金倉，日夜窮忙。」

弄人喫虧曰討便宜。寒山詩：「凡事莫過分，盡愛討便宜。」

物枯曰乾癟。《七修類藁》：「詩曰：『丞相做事業，專用黄蔡葉。一夜西風起，乾癟。』」

月初曰月頭。花蕊夫人《宫詞》：「月頭支給買花錢。」

月盡曰月盡頭。徐凝詩：「三月盡頭雲葉秀，小姑新著好衣裳。」

望日曰月半。《禮記》：「朔月，月半。」《釋名》云：「弦，月半之名也。望，月滿之名也。」弦曰半，以月體言之。望曰半，以日數言之。

明年曰開年。庾信《行雨山銘》：「開年寒盡，正月遊春。」

躲避曰畔。《言鯖録》：「陳後主時民謡：『齊雲觀，寇來無處畔。』」

以肩舉物曰揵。《後漢書·輿服志》：「騶卒揵弓韣九鞬。」

〔一〕古：原誤作「右」。

藏物曰抗。《周禮·服不氏》:「賓客之事,則抗皮。」藏也。

負而不償曰賴。《晉語》:「已賴其地,而又愛其實。」

多謝。《漢書·趙廣漢傳》:「爲我多謝趙君。」

留神。《漢書·東方朔傳》。

子細。《漢書·源賀傳》。

打算。《元史·劉秉忠傳》。

帳目。《宋史·孫何傳》。

營生曰經紀。《蜀志·楊戲傳》。

太甚謂之忒煞。朱子《答敬夫書》。

指目曰箇般、曰這箇,省作箇。史彌寧詩、寒山詩、《傳燈録》、朱子《語録》習用此。

應辭曰嗄。《龐居士傳》。

事煩無條理曰磊竘。趙宧光《長箋》。

小名冠以阿。《晉書·王蘊傳》、《三國志·吕蒙傳》注。

什麽曰些,已然曰哉,視曰張,乳曰㚢,置物曰安,積物曰頓,日曰日頭,月曰月亮,數錢五文曰一花。此義稍通者。

妄語曰趙,上曰浪,棄曰厾,密曰猛,疏曰稀,物多曰一拍喇。此義難通者。

醫生爲郎中，鑷工爲待詔。此名不正者。

傘曰豎笠，醋曰秀才。諱言而變名者。

精爲即零，秀爲即溜，呼爲唔塗。反切爲字者。

鬼如舉，歸如居，跪如巨，死如洗，兒如倪，虧如驅。相近而音誤者。

瘧爲愕，吹爲痴，二爲膩，孝爲好。音非古者。

圍爲圩，鄙爲啚，浦爲埠，晃爲奣，太爲忒。音異而字訛者。

此皆青浦方言也。若村學易誤四聲，市井更多鄙俚，東冬罔辨，江陽不分，俗語不典者不具載。

〔民國〕青浦縣續志

【解題】于定等修，金詠榴等纂，金詠榴續纂。青浦縣，在今上海市青浦區。「方言」見卷二《疆域下·風俗》中。録文據民國二十三年（一九三四）刻本《青浦縣續志》。

方言

我邑方言備詳前志，然尚有可補者。

如婦稱夫之兄曰阿伯。《五代史補》：「新婦參阿伯。」謂丈夫曰官人。韓愈《王適墓志銘》：「一女。憐之，必嫁官人。」稱士人妻曰奶奶。柳永詞：「願奶奶蘭心蕙質。」稱人曰老兄。《朝野僉載》：「有内狀勘老兄。」呼兒幼曰保保。見《留青日札》。男巫曰太保。見《冷齋夜話》。穩婆曰老娘。見《倦游録》。爲殤亡男女作合曰鬼媒人。見《昨夢録》。以物餂財曰打秋風。見《野獲篇》。食曰一頓。《世説》：「羅友少時伺人祠，曰：欲乞一頓食。」藥曰一帖。白居易詩：「已題一帖紅消散。」人多曰一窩蜂。劉克莊詩：「民散未收蜂一窩。」勸人有所舉動曰攛掇。朱子《與人書》：「且莫相攛掇。」事在兩難曰尷尬。焦竑《俗書刊誤》：「行不恰好曰尷尬。」不潔曰邋遢。《七修類稿》：「鄙猥糊塗之意。」不健舉曰塌颯。范成大詩：「生涯都塌颯。」打扮。《中原雅音》：「今俗以人之裝飾爲打扮。」調戲。後漢馮衍《與婦弟書》：「房中調戲。」話攤。《羅湖野録》：「翻身跳擲百千般，冷眼看他成話攤。」作梗。張衡《東京賦》：「度朔作梗，守以鬱壘。」書札曰信。《東觀餘論》：「古者謂使曰信。」火杖曰掭。見《容齋五筆》。橋下曰堍。吴文英詞：「乍凌波，斷橋西堍。」棺曰材。《南史·謝晦傳》：「買材數里，皆不合用。」棺之兩頭曰和。《魏策》：「見棺之前和。」熱酒曰湯。《山海經》：「湯其酒百樽。」湯，去聲。水沸曰滚。《青箱雜記》：「水滚也未？」蒸糕曰焋。《集韻》側亮切，音壯。久煮曰煠。《廣韻》士洽切，音牐。再煮曰燗。《廣韻》呼罪切，音賄。語言不倫曰嚄。《廣韻》徒落切，「口嚄嚄無度」。手足不靈曰瘸。《集韻》衢韡切，「手足病也」。

他如龜之讀車，王褒《僮約》：「入水捕龜，浚園縱魚。」仄韻餧讀與、貴讀句，可以類推。樓之讀閭，《古詩》：「日出東南隅，照我秦氏樓。」黄渡區有此音，牛讀隅、求讀瞿，可以類推。此支魚虞尤音之轉也。春之言雙，磨之言麻，拖之言他，音如托耶切。此冬江歌麻韻之通也。皆語言之存古音者，若乃詞之鄙俚而無所本者，仍從曩例不録。

〔嘉慶〕珠里小志

【解題】周郁濱纂。珠里，在今上海市青浦區。「方言」見卷四。録文據嘉慶二十年（一八一五）刻本《珠里小志》。

方言

廣谷大川異制，民生其間者異俗，剛柔輕重遲速異齊，方音所由區也。自揚子《方言》後，小説家代有採録，夥矣。兹就吾里通行者著於篇，志方言。

呼祖父曰大大。《史記》：「以大父、父五世相韓。」按，小兒學語多爲疊辭，以大父之大而重言之〔一〕。盧仝詩：「添丁郎小小，别吾來久久。脯脯不得喫，兄兄莫撚搜。」對小兒爲言，因遂作小兒口吻，如此類甚多。

呼祖行曰公公。《吕氏春秋》：「孔子弟子從遠方來，孔子荷杖而問之曰：『子之公不有恙乎？』」公之字昉此。

呼父曰阿爹，陟斜切。又曰爹爹，又曰爺爺，爺作耶。又曰老子。戴良《失父零丁》有「今月七日失阿爹」語〔二〕。陸游《避暑漫鈔》：「太后回鑾，上設龍涎沈腦屑燭，后曰：『爾爹爹每夜嘗

〔一〕原作「大父之大大」，衍一「大」字。
〔二〕今月七日：原誤作「今日七月」。

設數百枝。』上微謂憲聖曰：『如何比得爹爹富貴。』」《宋書》：王彧子絢六歲，讀《論語》「郁郁乎文哉」，何尚之戲曰：「可改『耶耶乎文哉』。」以郁乃其父嫌名也。老子，見《老學庵筆記》。

呼母曰阿姆。《詩·采蘋》箋：「姆者，若今乳母也。」《北史》宇文母與護書曰：「元寶、菩提及汝姑兒賀蘭盛洛〔一〕，并唤吾作阿摩敦。」阿摩疑亦阿母之轉。又曰孃。《南史·齊宗室傳》：帝謂子「何不讀書」，曰：「孃今何處？何用讀書。」帝即召后還。

稱祖母行曰婆婆。《説文》：「奢也。一曰老母稱。」

稱舅姑曰公婆。明《孝慈録》：「舅姑即公婆。」按，公婆之稱，古未有也。《漢書》賈誼《策》：「抱哺其子，與公并倨。」謂舅爲公也。晉樂府：「後來新婦今爲婆。」謂姑爲婆也。

呼父之姊曰媽媽。《廣韻》：「媽，母也。」字本音姥，今轉讀若馬。按，《羣碎録》：「北地馬分羣，每一牡將十餘牝而行，牝皆隨牡，不入他羣。故今呼婦人曰媽媽。」

呼父之妹曰娘娘。作去聲。

呼伯母曰大姆，弟婦呼兄嫂亦曰大姆。吕祖謙《紫薇雜記》：吕氏母母受嬸房婢拜，嬸見母母房婢拜，即答。《集韻》俗弟妻呼兄嫂爲姆姆，即母母也。姆或作媽，俱音姥。

呼叔母曰嬸嬸，兄婦呼弟婦亦曰嬸嬸。《明道雜録》：「經傳無嬸與妗字。考其説，嬸乃世

〔一〕菩：原誤作「苦」。

母二字合呼，妗乃舅母二字合呼。」

呼外祖母曰外婆。《容齋隨筆》：「宋慶歷中，陳恭公爲相，以曾公亮自起居注除天章閣待制。陳之弟婦，曾出也，陳語之曰：『六新婦，曾三做從官，想甚喜。』應聲答曰：『三舅荷伯伯提挈，極喜，只是外婆不樂。』」

呼從兄弟曰堂兄弟。《北史·公孫表傳》：「祖季真云：『二公孫同堂兄弟耳，吉凶會集，便有士庶之異。』」

謂姑之子、舅之子曰表兄弟。《晉書·杜后傳》：「母裴氏，中表之美，高于當世。」《隋書·經籍志》有盧懷仁《中表實録》二十卷、高諒《表親譜》四十卷。

謂兄弟之子曰姪。古稱曰兄子，曰弟子，又曰從子。姪之稱，自晉始之。《晉書·王湛傳》「王濟才氣抗邁于湛，略無子姪之敬」是也。

稱母之兄弟曰母舅，亦曰孃舅。妻之兄弟曰阿舅。《爾雅》：「母之累弟爲舅。」北周童謡：「白楊樹，金鷄鳴，祇有阿舅無外甥。」母舅，古亦稱阿舅。

謂姑之夫曰姑夫，婦人呼小姑之夫亦曰姑夫。《蜀志·李恢傳》：「姑夫爨習爲揵爲令，有違犯事，恢坐習免。」此指姑之夫也。《五代史·唐王淑妃傳》：「石敬瑭兵犯京師，妃謂太后曰：『事急矣，宜少避以俟姑夫。』」此指小姑之夫也。

謂從母之夫曰姨夫，謂友壻亦曰姨夫。《續釋長談》：「元氏小叔與姪大淵書：『吾時在鳳翔，每借書于齊倉曹家，徒走就陸姨夫師受。』」此指從母之夫也。

姊之夫曰姊夫。《漢書・霍光傳》：「夜設九賓，延見姊夫昌邑關内侯。」

妹之夫曰妹夫。《漢書・王子侯表》：「隆元侯坐知女妹夫亡命匿罪免。」

呼夫之兄曰阿伯。《五代史補》：「李濤弟澣取婦竇氏，出參濤，濤答拜，澣曰：『新婦參阿伯，豈有答禮。』」

同宗曰房分。《漢書・石奮傳》：「入子舍。」師古曰：「諸子之舍，若今言諸房矣。」《北魏書・宗室深傳》：「其往世房分，留居京者得上品。」

婦人呼兒幼曰保保。見《留青日札》。

呼女曰小女。《晉書・劉聰載記》：「聰子約死而復蘇，言過一國，引之入宮，曰：『劉郎後年來，必見過，當以小女相妻。』」

迎女待年於壻家曰養媳。《三國志・東夷傳》：「沃沮女至十歲〔一〕，壻家即迎之，長養爲婦。」

妾曰小。《詩》：「慍于羣小。」注曰：「小，衆妾也。」

姻婭相稱曰親家公。《隋書・李渾傳》：「帝謂宇文述曰：『吾家宗社幾傾，賴親家獲

〔一〕沃：原作「沃沃」，衍一「沃」字，據《三國志》删。

全耳。』」

同輩謙稱曰小弟。王季友《觀于舍人畫山水》詩：「于公大笑向予説，小弟丹青能爾爲。」

親之通稱曰親眷。鮑昭《别庾郎中》詩：「已經江海别，復與親眷違。」

同鄉曰鄉親。《晉書·皇甫謐傳》：「其鄉親勸令應命。」

稱諸生、國子生曰相公。今稱相以行第别之。稱貢生、舉人曰大爺。出仕雖佐雜必稱老爺。捐職未任但稱大爺。按六朝人呼父爲爺，唐力士承恩已久，中外畏之，駙馬直呼爲爺，《新唐書》爺作耆。自此相沿，遂爲尊貴之稱。

稱秀才妻曰孃孃。俗作娘。蘇轍《龍川雜志》：「仁宗稱劉氏爲大孃孃，楊氏爲小孃孃。」是孃孃爲母后之稱。今里諺有皇后孃孃、先生孃孃、秀才孃孃之稱。

稱貢生、舉人妻曰嬭嬭。俗作奶。龔熙正《續釋常談》引《焦仲卿妻詩》：「媒人下牀去，諾諾復嬭嬭。」嬭嬭之稱昉此。

稱士官及士人妻之長者曰太太。何良俊《四友齋叢説》：「松江數十年間，凡士夫妻年未三十，即呼太太，前輩未有，此大爲可笑也。」今里中施之長者，猶爲近古。按，近世稱高、曾祖母皆曰太太，戚屬行輩最尊者男女亦皆曰太太。

稱士夫未嫁之女曰小姐。民家未嫁之女曰姑娘。小姐在宋元爲宫婢之稱。錢惟演《玉堂逢辰録》有「掌酒宫人韓小姐」，朱有敬《元宫詞》「簾前三寸弓鞋露，知是蠕蠕小姐來」是也。閨閣稱小娘子，廬陵、山谷集中禮書皆如此，然元人曲如牛小姐、鶯鶯小姐之類，未嘗不施之搢紳也。

奴僕在主家所生子曰家生子。《漢書·陳勝傳》：「秦令少府章邯免驪山徒、人奴産子。」師古注云：「奴産子，猶人云家生子。」

呼奴僕曰底下人。《南史·陳伯之傳》：褚緭謁范雲，雲不見，緭怒曰：「建武以後，草澤底下，悉成貴人，吾何罪而見棄！」唐洋州刺史趙臣《議選舉疏》有曰「授官多底下人，修業抱後室」之嘆。

貌美曰俏。《三夢記》有「鬟梳燎俏學宫妝」句。

生子曰養。《韓詩外傳》：「王季立而養文王。」

行一者曰大。《漢書》淮南厲王「常謂上大兄」。按，孝文帝行非第一也。

謂短視曰近瞡。《説文》：「察也。」《博雅》：「視也。」《集韻》：「衺視也。或作眴。」嵇康《琴賦》：「明嫿瞡惠。」按，俗作覷。考《漢書·張良傳》：「與客徂擊秦皇。」師古注：「徂，本作覰。」《唐書·張説傳》：「北寇覰邊。」覰爲窑伺之義，而字從「且」，其從「虚」者未嘗見字書，惟蘇籀記《欒城遺言》云：「歐陽公讀書，五行俱下，但近覰耳，若遠視何可當此。」疑近本，傳寫訛。

呼人之胸曰胸蒲。《類篇》：「蓬逋切，雉膺肉。」《松漠紀聞》有「殺鷄炙股烹脯」語。《暖姝由筆》：「蒱，謂鷄胸下白肉也。」按，元人《倩女離魂》曲作胸脯。

謂身不重笨曰唧溜。盧仝《送伯齡過江》詩：「不唧溜鈍漢，何由通姓名。」按，盧詩本云「唧溜」，貢父引之作「即溜」，宋景文又作「鯽溜」，《五燈會元》作「唧嚕」。

謂睨視曰乜斜。《儂雅》〔一〕：「眼小一縫，俗呼罝斜。」〔二〕《中原雅音》作乜斜。罝與乜皆彌耶切。

謂人睡眼曰麻嗏。《戒庵漫筆》：唐李涉題宇文秀才《櫻桃》詩：「今日顛狂任君笑，趁愁得醉眼麻嗏。」

謂步立不定曰槃搬。《集韻》：「槃搬，宛轉也。」搬，音炭，或作𨁏𨂿。

謂不究曲直曰含胡。《唐書·顔杲卿傳》：禄山斷其舌，曰「復罵否?」杲卿含胡而絶。

多言曰韲糟。沈周《客座新聞》載顧成章《俚語》詩〔三〕，有「姑姑嫂嫂會韲糟」句。韲糟，喻瑣屑也。

謂責人而始警之曰受記。見《夷堅志》。

騙人曰搪塞。唐彦謙詩：「何母出搪塞。」

〔一〕儂：原誤作「濃」。

〔二〕罝：原誤作「買」。下同，據《儂雅》改。

〔三〕新：原誤作「親」。

問事如何曰能亨。《癸辛雜志》：「天台徐子淵詞云：『他年青史總無名，你也能亨，我也能亨。』」自注：「能亨，鄉音也。」按，能爲那音之轉，亨猶寧馨之馨，助辭也。

與人相詿曰陶寫。見《晉書·謝安傳》。

對神立誓曰發咒。朱子《語録·説論語·子見南子章》云：「夫子似乎發咒模樣。」

謂事覺曰發作。《三國志·孫皎傳》：「權讓之曰：『近聞卿與甘興霸飲，因酒發作，侵凌其人。』」

謂語失實者曰黄六。李氏《疑耀》：「京師勾欄中諢語以詒人者曰黄六，蓋黄巢兄弟六人，巢爲第六而多詐騙，故以爲詈也。」

謂人不良曰心狠。《國語》：「宵之狠在面，瑶之狠在心，心狠敗國，面狠不害。」按狠當作很。

黷麗曰標致。《魏書·文苑傳》：「自昔聖賢之作，賢喆之書，莫不統理成章，蘊氣標致。」

謂不正曰夭斜。《丹鉛録》：「唐詩：『錢唐蘇小小，人道最夭斜』」。按《周禮·形方氏》：「無華離之地。」注云：「華，讀若呱正之呱，使無呱邪離絶。」《説文》又有「竵」字，解云「不正也」，火媧切。俗所書歪，正當書呱、竵字。王安石詩「疆土豈得無離呱」，用入九佳韻。天斜之夭，《香山集》自注云「伊耶切」，則當在六麻，與呱音有别。《玉篇》有「歪奈」，讀若鴉茶，訓憨癡貌。《集韻》亦謂「歪奈」爲不正，乃與香山所云「夭斜」通耳。

不任事曰縮朒。《漢書・五行志》：「王侯縮朒不任事，臣下縱弛，故月行遲。」按《説文》：「朔而月見東方，謂之朒。」本取其初出未申達意。

不謹事曰邋遢。《七修類稿》：「鄙猥糊塗之意。」按《明史》有「張邋遢」。徐楨卿《異林》載其事，作張剌達。《青溪暇筆》作張剌闥。《今言》作張儠㑊。

謂事在兩難曰尷尬。《説文》：「不正也。」古咸、古拜二切。焦竑《俗書刊誤》：「行不恰好曰尷尬」。方以智《通雅》作間介，《説部》作䨲䨲。

謂事物煩積曰磊𣤵。《説文》𣤵，丁罪切。「磊𣤵，重聚也。」《通雅》：「今方言皆作累堆。累，平聲。」

扶持曰擡舉。白樂天《高荷》詩：「亭亭自擡舉。」

向人取利曰尋趁。洪覺範詩：「富貴功名若尋趁。」

誘人爲非曰攛掇。朱子《答陳同甫書》：「告老兄且莫相攛掇。」

謂競勝曰賭賽。《魏書・任城王澄傳》：「高祖令澄爲七言連韻，與高祖往復賭賽。」

自謙言無條理曰亂道。《漢書・張禹傳》：「新學小生，亂道誤人，宜無信用。」

謂醜行曰話欛。《羅湖野録・寄寂音頌》曰：「翻身跳擲百千般，冷地看他成話欛。」按，欛作靶。

多其文貌曰客氣。《左傳》：陽貨僞不見冉猛者，猛逐之，僞顛，虎曰：「盡客氣也。」

一齊作揖曰衆揖。《周禮·司士》：「孤卿特揖，大夫以其等旅揖。」注：「特揖〔一〕，一一揖之。旅，衆也。」

揖曰唱喏。《宋書·恩倖傳》：「前廢帝言奚顯度刻虐，比當除之。左右因唱諾，即日宣旨殺焉。」按喏，本古諾字。倡諾，似即唱喏也。

煩擾曰驚動。《晉書·劉聰載記》：「自當不敢北視〔二〕，況敢濟乎？不勞驚動將士也。」

傲慢不恭曰自大。《孔叢子·居衛》篇：「自大而不修其所以大，不大矣。」

謂居間武斷者曰强中。《潛夫論·斷訟》篇：「貞潔寡婦，或貪其財賄，彊中欺嫁，迫脅遣送。」按彊、强字通，元人《鴛鴦被》劇有「强媒硬保」語。

謂作中曰居間。《史記·灌夫傳》：「賓客居間，遂止俱解。」

謂人不曉事曰趁哄。《過庭録》：「温公曰：范淳父不是趁哄的人。」

謂私語曰咕噥。《廣韻》：「噥，噥語，出《字林》。」《集韻》或從言作譨。咕字不見字書，惟元吴昌齡《斷花雪月》曲有咕噥語。

洩怒曰出氣。《五代史·伶人傳》：「諸伶每侮弄縉紳，羣臣憤嫉，莫敢出氣。」

不遵約束曰放肆。《關尹子》：「一鰕至微，亦能放肆乎大海。」

〔一〕特：原誤作「持」，據《周禮注》改。

〔二〕自：原誤作「目」。北：原誤作「比」，據《晉書》改。

病而呻吟之曰阿唧。《傳燈續録》：「僧問德山鑒：『如何不病者？』曰：『阿唧阿唧。』」

匿非曰護短。嵇康《與山濤書》：「仲尼不假蓋于子夏，護其短也。」

疲勞曰喫力。邵子《擊壤集》：「未喫力時猶有説，到收功處更何言。」按《集韻》𡪳音同喫〔一〕，勤苦用力曰𡪳〔二〕，喫力字當以𡪳爲正。

謂遜讓無節曰太謙。見《毛詩·江漢》傳。

急於畢工曰連忙。《朱子集·雲谷記事詩》：「逐急添茅蓋，連忙畢土田。」

貧無閒暇曰窮忙。《老學庵筆記》：「元豐時，評尚書省曹語云：『户度金倉，日夜窮忙。』」

有志向上曰巴急。張國彬《合汗衫》曲有「空急空巴」語。

事不關心曰託大。《世説》：「庾中郎善于託大，長于自藏。」

替人作事曰代勞。《廣異記》：「魏元忠呼蒼頭，未應，犬忽代呼之，元忠曰：『此犬乃能代勞。』」

謂無心過曰失錯。《周禮》：「太史，讀禮書而協事。」疏云：「恐事有失錯。」

謂嬉遊曰薄相。趙閑閑《遊華山寄元裕之》詩：「山神戲人亦薄相。」按《吴江志》作孛相，《太倉志》作白相，《嘉定志》作薄相。

〔一〕集：原誤作「廣」。

〔二〕苦：原誤作「若」。

謂直遂其意曰索性。《朱子文集·與吕伯恭書》：「騁意過當，遂煞不住，不免索性説了。」

人相隨曰蝻伴。《韻學集成》：蝻，蝗子，蝗飛蔽野，遇水則銜而過，亹亹不絕。俗呼人衆相隨爲蝻伴，義取諸此。按，《集韻》六豪陶紐下有儔字，蓋儔亦讀陶，則言人衆相隨，只當用儔字耳。然《禮記》「方以類聚」注云：「方，蟲名，即蚄也。」《氾勝之書》以馬踐過穀爲種，無蠹蚄。蚄亦蝗屬也。依此則蝻伴説似猶可取。

謂人使乖曰放鵰。《朱子大全集》多見之，猶言使乖也，今俗用刁字，非。

謂言過不留曰耳邊風。杜荀鶴詩：「百歲有涯頭上雪，萬般無染耳邊風。」

謂言無邊際曰海蓋。劉敞《檀州》詩：「市聲衙日散，海蓋午時消。」自注：「每日海氣如霧，土人謂之海蓋。」

謂相去不遠曰左近。《南史·夷貊傳》：「自燃洲有樹生火中，左近人剥皮績布，即火浣布。」

謂行走勞苦曰奔波。《晉書》婁會上慕容垂疏：「杜豪競之門，塞奔波之路。」

謂自然曰天然。《後漢書·賈逵傳》：「通天然之明，建大聖之本。」

謂無依倚曰靠天。史彌寧《友溪乙稿》：「人事當先莫靠天。」

謂疾速曰飛風。《唐六典》：「凡馬入尚乘局，左右閑印以三花。其餘雜馬以風字印右膊，以飛字印左膊。」今言速爲飛風因此。

謂不精潔曰鏖糟。《漢書·霍去病傳》：「合短兵〔一〕，鏖皋蘭下。」晉灼注：「世俗以盡殺死人爲鏖糟。」血流狼藉意也。

謂作事不揚曰連蹇。揚雄《解嘲》：「孟軻雖連蹇，猶爲萬乘師。」

不期然而然曰適值。《列子·説符篇》：「宋元君曰：昔有以技干寡人者，適值寡人有歡心，故賜金帛。」

諂媚富貴曰奉承。樂毅《報燕惠王書》：「臣不佞，不能奉承王命。」按《禮記·祭義》已有「夫婦齊戒，沐浴盛服，奉承而進」之句。

謂夤緣干進者曰鑽刺。班固《答賓戲》：「商鞅挾三術以鑽孝公。」《古杭雜記》〔二〕：「史彌遠用事，士大夫多以鑽刺得官。」

習氣曰毛病。黄山谷《刀筆》云：「此荆南人毛病。」

謂瘧疾曰愕子。見李詡《俗呼小録》。

謂粧飾曰打扮。黄公紹詩：「十分打扮是杭州。」

謂佯爲不知曰假撇清。見李文蔚《同樂院博魚》曲。

謂以物餂財曰打秋風。《野獲編》載都城俗事對偶，以「打秋風」對「撞太歲」。

〔一〕「合」上原衍「鏖」字，據《漢書》删。

〔二〕古：原誤作「右」。

瞎打幹曰撞木鐘。《漢書·百官志》：「將作大匠屬官有主章。」師古注曰：「今所謂木鐘者，蓋章音之轉耳。」按唐有木鐘之官，今俗語或者因此。

弄人喫虧曰討便宜。寒山詩：「凡事莫過分，盡愛討便宜。」

謂多技而不盡善者曰三腳猫。《輟耕録》：「張明善作北樂府，譏時云：『説英雄誰是英雄，兩頭蛇南陽臥龍，三腳猫渭水飛熊。』」《七修類稿》：「俗以事不盡善者謂之三腳猫。」

謂學般演者曰爨戲。《輟耕録》：「國朝院本用五人般演，謂之五花爨弄。或云宋徽宗見爨國人來朝，其衣裝巾裹、舉動可笑，使優人效之，以爲戲焉。按院本只般演而不唱，今學般演者，俗謂之串戲。」

謂拇戰曰豁拳。《六研齋筆記》：俗飲以手指屈伸相搏，謂之豁拳。蓋以目遥覘人爲己伸縮之數，隱機鬬捷，余頗厭其呶號然。唐皇甫松手勢酒令〔一〕，五指皆有名目，大指名蹲鴟，中指名玉柱，食指名鉤棘，無名指名潛虬，小指名奇兵，掌名虎膺，指節名私根，通五指名五峯。則當時已有此戲矣。按，明王徵福有《拇陣譜》，專載此戲令辭。

謂指上螺曰腡。《廣韻》：「手指紋也。」按，東坡文齊安王几上美石「其文如人指上螺」〔二〕，只作螺。

〔一〕勢：原誤作「摯」。
〔二〕人：原脱。

謂臥一覺曰寣。《説文》：「寣，音忽。臥驚也。」《博雅》《廣韻》：「覺也。」《五燈會元》：「酒仙遇賢偈曰：『長伸兩腳眠一寣，起來天地還依舊。』」

謂睡曰踼〔一〕。《集韻》音儻，「申足伏臥也」。按左思《吴都賦》「魂褫氣懾而自踼跌」注引《聲類》訓跌，而《集韻》此訓似亦因之。

謂閒遊曰宕。《公羊傳》：「長狄兄弟三人佚宕中國。」按古蕩、宕通用，蕩子亦稱宕子。

謂無中生有曰趙。《爾雅》：「休，無實李。」注云：「一名趙李。」蓋無實者虛也，疑即此趙字。

謂躲避曰畔。《言鯖》：「陳後主時民謡：『齊雲觀，寇來無處畔。』」

謂疾走曰趯。《玉篇》：「趯，實洽切，行疾也。」俗所謂趯進、趯出。

謂緩行曰踱。司馬相如《大人賦》：「跮踱輵轄。」張揖注：「跮踱，互前卻也。」《越語肯綮録》：「今姚江人言踱索。」是此字。

以肩舉物曰揵。《廣韻》：「渠焉切，舉也。」《後漢書·輿服志》：「驛卒揵弓韣九鞬。」

謂走曰跑，視曰張，扶曰當，去聲。按曰欽。去聲。見《俗呼小録》。

謂小兒黠獪曰乖。邵子《擊壤集》有「安樂窩中好打乖」句。按，乖之本義爲戾、爲睽、爲背

〔一〕踼：原誤作「踼」。下同。

異。羅隱《咏焚書坑》詩：「祖龍算書渾乖角，將謂詩書活得人。」乖角，猶乖張也，而世率以慧爲乖角，其故不解。或云乖者與人相約，稍值利害則背異而避之自全，反以不背者爲癡，此正所謂乖角者。然其説亦多曲折。揚雄《方言》有云：「凡小兒多詐而獪，或謂之姡。」注云：「言黠姡也。」姡字長言之，則轉爲乖。

藏物曰抗。《周禮・服不氏》：「賓客之事，則抗皮。」鄭注謂：「賓客來朝聘布皮帛者，服不氏主舉藏之。」抗讀爲亢，苦浪反。按《隋韻》有伉，《集韻》有囥，俱訓藏，音亢。經典既有明文，用之者宜依經典。

潛逃曰瀏。馬致遠《岳陽樓》劇謂潛逃去曰瀏了。按，瀏，風疾貌。《楚詞・九嘆》：「秋風瀏以蕭蕭。」潛去者若風之無迹，以爲之喻。字本留、柳二音，今俗讀乃如柳平。

謂所言之是曰照。《十國春秋》：「天福末，浙地兒童聚戲，動以趙字爲語助，云得則曰趙得，云可則曰趙可。」照字疑即趙可之遺。又按《度曲須知》：北無入聲，唱着爲照，照即着字耳。

謂物之醜者曰頷。音堪。見《越語肯綮録》。

謂月初曰月頭。花蕊夫人《宮詞》：「月頭支給買花錢。」

月盡曰月盡頭。徐凝詩：「三月盡頭雲葉秀，小姑新著好衣裳。」

望日曰月半。《禮記》：「朔月月半。」《釋名》云：「弦月，半之名也；望月，滿之名也。」弦曰半，以月體言之；望曰半，以日數言之。

明年曰開年。庾信《行雨山銘》：「開年寒盡，正月遊春。」

謂不冷不熱曰温暾。《輟耕録》：「南人方言曰温暾，言懷煖也。」按，温暾與温黁、温馨義同，音亦相近。《説文》「㬈」字下云：「讀若水温黁。」黁，乃昆切。李商隱詩：「疑穿花逶迤，漸近火温馨。」馨，奴敦切。俗作温吞。吕居仁《軒渠録》：「有營婦託一學究寫書寄夫云：天色汪囊，不要喫温吞蠖託底物事。」

謂物不伸挺曰䪅攏。《説文》：「收束也。」即由切。《漢書·律歷志》：「秋，䪅也，物䪅斂，乃成熟。」按《禮記》「秋之爲言揫也」，蓋䪅、揫字通。

謂物之枯病曰乾癟。《玉篇》蒲結切。《七修類稿》：「張士信在姑蘇，專用黄敬夫、蔡彦夫、葉得新三人。民間作詩曰：『丞相做事業，專用黄蔡葉，一夜西風起，乾癟。』」《集韻》省作癟。楊儀《壠起雜事》、徐楨卿《翦勝野聞》作鼈。

以網兜物曰㨟。見吕種玉《言鯖》。《集韻》：「柯開切，觸也。」

挹彼注此曰舀。《傳燈録》：「高沙彌就桶舀一勺飯。」

匿迹前卻曰躽。《廣韻》音偃，「身向前也」。關漢卿《金綫池》曲云：「倉惶倒躽。」

以財物鬬勝及競氣者曰甹。《説文》普丁切，「俠也。三輔謂輕則曰甹」。徐注曰：「任俠用氣也。」

以物自此置彼曰賸。王建《貧居》詩：「蠹生賸藥篋，字脱換書籤。」

負而不償曰賴。《晉語》：「已賴其地，而又愛其實。」

拂逆而唾棄之曰啡。《集韻》啡音配，又鋪枚、普罪二切。俱訓唾聲。按元人劇本有呸字，即啡之俗體。

寄人書札曰信。見《東觀餘論》：「古者謂使曰信。」

肥大曰奘。《爾雅·釋言》：「奘，駔也。」

出言無度曰嗄。《廣韻》：「嗄，徒落切，口嗄嗄無度。」世俗有所云嗄頭者，正謂此也。

更易財物曰嬥。《集韻》音窕，「嬥嬥，往來貌」。

熟食再煮曰燜。《廣韻》呼罪切，直讀若賄。《集韻》：「熟謂之燜。」

謂補綴服飾曰敹。《書·費誓》：「善敹乃甲胄。」〔一〕疏：「鄭氏云：敹，穿徹之也，謂甲繩有斷絶，當使敹理穿治之。」釋文：敹，了彫反。

謂器物緣邊曰掍。《説文》音衮，俗作滚。王褒《洞簫賦》：「帶以象牙，掍其會合。」注云：飾象牙，同其會同之處。

謂物未檢別曰揇。《集韻》：「乃感切，搦也。」李詡云：「美惡麤細兼謂之暖。」非。

凡言然曰唉。《説文》：「唉，譍也。」烏開切〔二〕。又：「欸，譍也。」亞改切。《方言》：「欸，

〔一〕胄：原誤作「胃」，據《書》改。
〔二〕烏：原誤作「鳥」。

醫然也，南楚凡言然曰欸，或曰醫。」按《尸子》：「禹有進善之鼓，備訊唉也。」《莊子·知北遊》：「狂屈曰：『唉！予知之。』」用唉字。《楚詞·九章》：「欸秋冬之緒風。」孟郊詩：「貉謡衆猥欸。」用欸字。唉之與欸，猶嘆之與歎，嘯之與歗，實一字也，其分爲平上，惟辭有輕重長短別耳。又嘆恨發聲之辭曰唉，其字則專讀平聲。《史記·項羽紀》：「亞父曰：『唉！豎子不足與謀。』」〔一〕索隱曰：「虚其反。」又飽聲謂之唉，其字專讀上聲。《類篇》曰：「倚駭切。」元結有《欸乃曲》，其欸字亦讀如倚駭，或作襖音者，非。

驚異之聲曰咦。《説文》：「南陽謂大呼曰咦。」釋氏頌偈中用之甚多。

不可勝數曰無萬。《漢書·成帝紀》：「建始元年六月，有青蠅無萬數集未央殿中。」注云：「言其極多，雖欲以萬數計之而不可得，故云無萬數。」今俗有「無萬大千」語，大千，本佛經三千大千。

謂多曰多夥。《説文》「夥」字注：「讀若楚人名多夥。」按，讀夥在許所之間。《餘冬序録》謂吴人問多少亦曰幾夥。

謂多曰够。《廣韻》：「够，多也。」音遘。《升庵外集》「今人謂多曰够，少曰不够」是也。《文選·魏都賦》：「繁富夥够，不可殫究。」五臣注誤作平聲，不知够、究本文自協韻也。

〔一〕 豎：原作「孺」，據《史記》改。

謂總數曰通共。《漢書·原涉傳》：「官賦斂送葬皆千萬以上，妻子通共受之。」

約計斤數曰十來斤。《隸續》載新莽候鉦銘：「鉦重五十來斤。」

一食曰一頓。《文字解詁續》：「食曰頓。」《世説》：「羅友少時嘗伺人祠曰：『欲乞一頓食。』」

傭工一日曰一工。《律例》：「一日以百刻計，一工以朝至暮計。」

數錢五文曰一花。《俗呼小録》：「數錢以五文爲一花。」按，凡花五出者爲多，故諺云爾。

謂喫用曰火食。《禮·王制》：「夷蠻之俗，有不火食者矣。」《莊子·讓王》篇：「孔子窮於陳蔡之間，七日不火食。」《北史·張纂傳》：「見士卒飢凍者，開門納之，分寄家人，家給其火食。」

餅餌曰茶食。《大金國志》：「金人舊俗，壻納幣，戚屬偕行，以酒饌往，次進蜜糕，人各一盤，曰茶食。」

食無盛饌曰家常飯。《獨醒雜志》：「范文正云：『家常飯好喫。』」《五燈會元》：「道楷曰：佛祖言句如家常茶飯。」

酒曰福水。《留青日札》：「酒曰福水，而陶翰林名曰禍泉。」按，《晉書·地理志》有福禄縣，屬酒泉郡，《水經注》所謂福禄水由是縣出也。俗呼酒爲福水，當因乎此。

齋滿曰開葷。《表異録》：「東昏侯喪潘妃之女，閹豎共營肴羞，曰爲天子解菜。」解菜，猶今云開葷也。

市鋪曰熟食。《鹽鐵論》：古不市食，其後市鋪魚鹽而已，今熟食徧列，殽施成肆。

小食曰點心。《唐書》：「鄭傪夫人曰：『治妝未畢〔一〕，我未及餐，爾且可點心。』」《癸辛雜志》：「阜陵謂趙温叔曰：『聞卿健啖，朕欲作小點心相請。』」〔二〕

多備物曰費。《韓詩外傳》：「子夏過曾子，曾子曰：『入食。』子夏曰：『不爲公費乎？』曾子曰：『君子有三費，飲食不在其中。』」

謝人款宴曰擾。司馬温公《書儀》：「凡弔及送喪葬者，必助其事而弗擾也。」注云：「擾，謂受其飲食。」

器物曰家生。《夢粱録》載「家生動事」，如卓凳、涼牀、交椅、兀子之類。

言物件曰東西。《兔園册》：「明思陵謂詞臣曰：『今市肆交易，止言買東西，而不及南北，何也？』輔臣周延儒曰：『南方火，北方水，昏暮叩人之門户求水火，無弗與者，此不待交易，故惟言東西。』思陵善之。」按，此特一時捷給之對，未見確鑿。古有玉東西，乃酒器名。《齊書·豫章王嶷傳》：「上謂嶷曰：『百年亦何可得，止得東西一百，于事亦濟。』」已謂物曰東西。物産四方，而約言東西，正猶史紀四時，而約言春秋焉耳。

〔一〕治：原誤作「汝」。

〔二〕朕：原誤作「脱」，據《癸辛雜識》改。

家用之器曰什物。《史記·五帝紀》：「舜作什器于壽邱。」索隱曰：「什，數也。蓋人家常用之器非一，故以什爲數，猶今云什物也。」按，元虞裕《談譔》云：「什物者，成周軍法，二伍爲什，食用之器必共之，故器用通謂什物。」似不若索隱説之確也。

飯籃曰筲箕。《説文》：「筲，箝也。」徐鉉注曰：「今言箝箕。」

方几曰八仙卓。晁補之《鷄肋集》有《八仙案銘》，云：「東皋松菊堂，飲中八仙案。八仙何必求，松菊是吾伴。」按，此卓名自北宋有之，而所謂八仙，乃飲中八仙也。

高椅曰太師椅。《桯史》〔一〕：「秦檜賜第，詔就第賜燕，假以教坊優伶。有參軍前褒檜功德，一伶以交椅從參軍，方拱揖就椅，忽墜其幞頭，露巾鐶。伶指問曰：『此何鐶？』曰：『二鐶。』伶曰：『爾但坐太師交椅，此鐶掉在腦後可耶？』檜怒，下伶於獄。」

低者曰橙。《晉書·王獻之傳》：「魏時凌雲殿榜未題，而匠者誤釘，乃使韋仲將懸橙書之。」按舊史橙字屢見，而《傳燈録》作凳。《涪翁雜説》云：「橙，橘屬，今人書凳爲橙，非。」

帳子曰蚊幮。《南史》：宋武帝碧紗蚊幬。謂禪帳也。蚊幮見齊威公事。

稱之小者曰等子。《三器圖義》：「《皇祐新樂圖》有銖稱，其圖一面有星，一面繫一盤，如民間金銀等子。」

〔一〕桯：原誤作「程」。

藏五穀之器曰勃闌。《容齋三筆》：「世人語有以切腳稱者，如以蓬爲勃籠、槃爲勃闌之類。」按元人《陳州糶米》曲：「收了蒲籃罷了斗。」用字不同，而此器無製以蒲者，可見容齋說是。

謂婦人首飾曰頭面。《東京夢華録》相國寺兩廊賣繡作領抹花朵珠翠頭面之類。

謂家私曰家道。皮日休《花翁》詩：「不知家道能多少，只在句芒一夜風。」

謂日間所需曰用度。《後漢書・光武帝紀》：「頃者師旅未解，用度不足，故行什一之税。」

賞饋物者曰腳錢。《朝野僉載》：「監察御史李畬請禄米，送至宅，母問腳錢幾，令史曰：『御史例不還腳錢。』」

任家事曰當家。《史記・始皇紀》：「百姓當家，則力農工。」

謂葺理整齊曰修娖。娖音足。《唐書》：中和二年，修娖部伍。

白手起家者曰暴富。《五代史・安重榮傳》：「重榮起于軍，卒暴於富貴。」

驅物作聲曰庶庶。《周禮・秋官・有庶氏》注曰：「驅除毒蠱之言，字從聲。」疏曰：「庶是去之意，取聲也。」

呼狗曰盧盧。《演繁露》：「紹興中，秦檜專國，獻佞者謂之聖相，無名子爲詩有云『呼犬作盧盧』。」

呼鷄曰喌喌。《説文》：「喌，呼鷄，重言之。」按，《伽藍記》：「沙門寶公曰：把粟與鷄呼朱朱。」朱爲朋之轉音。《風俗通》謂：「鷄本朱氏翁所化，故呼朱必來。」誕矣。俗或借作祝祝，亦作咮咮，又作粥粥。韓退之《琴操》：「隨飛隨啄，羣雌粥粥。」

事物堅者曰劈實。《檀弓》：「君即位爲椑。」注：「漆之堅强，甓甓然。」字當從甓。

飲酒乾，側舉杯對客勸飲曰照。按《曲禮》：「長者舉未釂，少者不敢飲。」注：「釂，子妙反，飲盡爵曰釂。」今所謂照，即釂之譌也。

病不速愈曰淹纏。《方言》：「自關而西，秦晉之間，凡病不甚者曰殗殜。」郭璞注：「殗殜，病半臥半起也。」淹纏，蓋殗殜之誤。

食物熟透曰蘇。按《篇海類篇》「⿰歹蕉」字注〔一〕：「素姑切，音蘇，爛也。」字當從⿰歹蕉。

言語交責曰相駡。《隋書·流球國傳》：「人好相攻，兩陣相當，勇者三五人先出跳躁，交言相駡，因相擊射。」

言語相戲曰陶寫。《晉書·王羲之傳》：「正藉絲竹陶寫。」

按，方言如虛花、牢實、派賴、遵教、陶沈、話靶之類，并有音同字異、字同義異者，難以悉數，尚俟博考，再行補入。

〔一〕⿰歹蕉：原誤作「⿰歹魚」。下同。

〔光緒〕章練小志

【解題】高如圭原纂，光緒六年修；萬以增續纂，民國三年修。章練，今上海市青浦區練塘鎮。「方言」見卷三《風俗》中。録文據民國七年（一九一八）鉛印本《章練小志》。

方言

電謂之霍閃。蝃蝀謂之鱟。日曰日頭。月曰月亮。月初曰月頭。月盡曰月底。望日曰月半。明年曰開年。

呼祖父曰大大。呼父曰阿爹，又曰爹爹，又曰爺爺。稱舅姑曰公婆。呼伯母曰大姆。弟婦呼兄嫂亦曰大姆。呼叔母曰嬸嬸。兄婦呼弟婦亦曰嬸嬸。呼夫兄曰阿伯。相謂曰儂。呼女子之賤者曰丫頭。

斷港謂之浜。田畔曰田頭。酒壺曰滴蘇。挑燈杖曰搽。事穩曰妥帖。扶持曰擡舉。饋人曰作人情。濕飯曰爛。飯變味曰餿。閉門曰閂。浮水曰汆。虚而少實曰空。物闊曰扁。有所倚曰靠。習氣曰毛病。言人不慧曰獃。語不明曰含胡。多言曰嚕嘈。呼詐騙曰黄陸。謂嬉戲爲薄相，亦曰孛相。疲勞曰喫力，又曰奢瘏。人衆相隨曰絢伴〔一〕。人有病曰不快。謂

〔一〕絢：當作「蚼」。

憚煩曰不耐煩。謂人傭工曰客作。不冷不熱曰温吞。謂罷曰罷休。小食曰點心。喫用曰火食。謂謙讓爲客氣。謂諂媚爲奉承。謂干進曰鑽謍。急於畢工曰連忙。貧無閑暇曰窮忙。弄人吃虧曰討便宜。物枯曰乾癟。躲避曰畔。藏物曰抗。以肩舉物曰掮。負而不償曰賴。謝人曰多謝。用心曰留神。畫策曰打算。營生曰經紀。應詞曰嗄。小名冠以阿。密曰猛。疏曰稀。醫生爲郎中。縫工爲布政。數錢五文曰一花。傘曰豎笠。視曰張。乳曰乃丨。浣衣曰汏。滴水曰滴。熟習曰脱熟。物之涣散者曰洋。物之光滑者曰滑撻。斜而不方曰射角。主持家政曰當家。事纏繞曰啜譗。音兜搭。事煩無條理曰磊磓。音堆。以手量物曰庹。以箸取物曰欶。音羇入聲。謂人髪亂曰鬔鬆。衣敝曰襤衫。音三。支物不平曰𡺸。音奠。粗蠢曰笨。事至始急曰抱佛脚。誚人愚暗曰黑漆皮燈籠。謂人輕浮曰滑頭。稱人大言曰吹牛。詬人善媚曰拍馬。

此一隅方言之大略也。

〔光緒〕蒸里志略

【解題】葉世熊纂。光緒九年（一八八三）修。蒸里，在今上海市青浦區。「方言」見卷二《疆域下·風俗》中。録文據宣統二年（一九一〇）鉛印本《蒸里志略》。

方言

蒸里語音與郡城、邑城大同小異。今就其土音之有所本者著之。電謂之霍閃。見顧雲詩。蝃蝀謂之鱟。見《田家雜占》。田畔謂田頭。見《後漢書》。呼祖父曰大大。《史記》：「以大父、父五世相韓。」按，小兒初語多疊辭，以大父之大而重言之。呼父曰爹爹。見陸游《避暑漫鈔》。稱舅姑曰公婆。見明《孝慈録》〔一〕。弟婦呼兄嫂曰大姆。姆音姥，見吕祖謙《紫薇雜記》。呼叔母曰嬸嬸。兄婦呼弟婦亦曰嬸嬸。見《明道雜志》。呼夫兄曰阿伯。見《五代史補》。問辭曰能亨。見《癸辛雜志》〔二〕。事穩曰妥帖。見杜詩。扶持曰擡舉。見白樂天《高荷》詩。饋送曰人情。見杜詩。濕飯曰爛。見《爾雅》。習氣曰毛病。見黄山谷語。閉門曰閂。見《桂海虞衡志》。浮水曰氽。同上。事虛而少實曰空。見《北史·斛律金傳》。物闊曰扁。見崔融大禹碑。斲木而復平之曰鉋。見元微之詩。有所倚曰靠。見范致明《岳陽風土記》。言人不慧曰獃。范成大有《賣癡獃》詞。語辭不明曰含糊。見《唐書·顔杲卿傳》。疲勞曰喫力。見邵子《擊壤集》。人衆相隨曰蚼伴。見《韻學集成》。人有病曰不快。見《華佗傳》〔三〕。小食曰點心。見《唐書》鄭傪夫人語。謂罷曰罷休。見《史記》吴王謂孫武語。謂謙讓爲客氣。見《左傳》陽虎語。謂諂媚爲奉承。見《禮記》及樂毅《報燕昭王書》。貧無閒暇曰窮忙。見《老學庵筆

〔一〕孝：原誤作「教」。
〔二〕辛：原誤作「丑」。
〔三〕佗：原作「陀」。

記》。物枯曰乾癟。見《七修類稿》。月初曰月頭。見花蕊夫人《宫詞》。月杪曰月盡頭。見徐凝詩。望日曰月半。《禮記》:「朔月月半。」明年曰開年。見庾信《行雨山銘》。躲避曰畔。見《言鯖録》。藏物曰抗。見《周禮》。負而不償曰賴。見《晉語》。營生曰經紀。見《蜀志・楊戲傳》。太甚曰忒煞。見朱子《答張敬夫書》。應辭曰嗄。見《龐居士傳》。小名冠以阿。見《晉書・王藴傳》、《三國志・吕蒙傳》注。

此皆蒸里之方言,兹節録邑志以資證據。若夫不典之語及鄙俚之言,亦復不少,姑不具載。

〔康熙〕淞南志

【解題】秦立纂。康熙六十一年(一七二二)修。淞南,今上海市閔行區紀王鎮與諸翟鎮。「風俗」見卷二。録文據嘉慶十年(一八〇五)刻本《淞南志》。

風俗

嘉邑諸鎮俱在吴淞江北,在江南者惟高橋、紀王二鎮。紀王地界松屬之上、青,土音多近青浦,視它處較勁。

〔正德〕華亭縣志

【解題】聶豹修，沈錫等纂。華亭縣，在今上海市松江區。「方言」見卷三《風俗》中。録文據正德十六年（一五二一）刻本《華亭縣志》。

方言

語音皆與蘇、嘉同，間亦小異。如謂人曰渠，自稱曰儂。問如何曰寧馨。寧音如囊，馨音如沆。謂虹曰鱟。言罷必綴以休，及事際、受記、薄相之類，並見於《蘇志》。薄音如勃。又如謂此曰箇裏。箇音如格。謂甚曰忒煞。煞去聲。謂羞愧曰惡模樣。模音如没。謂醜惡曰潑賴。潑音如派。問多少曰幾許。音如夥。皆有古意。至於音之訛，則有以二字爲一字，如叔母爲嬸，舅母爲妗，什麽爲些之類。以上聲爲去聲。呼想如相，呼相如想之類。韻之訛則以支入魚，龜音如居，爲音如俞之類。以灰入麻，以泰入箇，槐音如華，大音如惰之類。如此者不一。細分之，則境内亦自不同，風涇以南類平湖，泖湖以西類吴江，吴松以北類嘉定，趙屯以西類崑山，府城視上海爲輕，視嘉興爲重，大率皆吴音也。金山俗參五方，非南非北，蓋自設衛後始然。

〔乾隆〕婁縣志

【解題】謝庭薰修，陸錫熊纂。婁縣，在今上海市松江區。「方言」見卷三《疆域志》中。録文據乾隆五十三年(一七八八)刻本《婁縣志》。

方言 與華亭同

娘子 婦女之通稱。謂穩婆曰老娘。女巫曰師娘。鄙之曰婆娘。見《輟耕録》。

温暾 暾,忒敦切。見王建《宫詞》。今湯茗諸類不冷不熱,以温暾呼之。謂寒則曰冰冷。

郎當 昔有「鮑老郎當舞袖長」之句。今呼人之衰憊者。

數説 出《左傳》。今謂責人者。

罷休 見《史記》。今謂罷必綴以休字。

多許 許,黑可切。出《隋書》。謂問多少也。

甎磚 出《魏·扈累傳》。磚之通稱。

急須 《菽園雜記》云:「急須,飲器,以其應急而用也。」今以呼酒壺,而急音轉爲的,須更爲蘇云。

喝賜 唐時倡妓當筵舞者有纏頭喝賜。今言犒賞也。

飛風 唐制,凡雜馬送尚乘局者〔一〕,以風字印印右髆,以飛字印印左髆。今呼疾速爲飛風,蓋取義于馬耳。

〔一〕局:原脱。

斤九鼇　弋陽、德興間産梨，頗大，有至一斤九兩者，土人謂之斤九梨，猶芋言魁也。今用以目時人之精慧者。

潑賴　潑，鋪拜切。謂凶惡也。

忒煞　忒，去聲，謂甚也。

以手取物曰摣。　音查。劉熙《釋名》：「摣，叉也。五指俱往叉取也。」〔一〕

事穩曰妥帖。　杜詩：「千里初妥帖。」

饋人曰作人情。　杜詩：「粔籹作人情。」

習氣曰毛病。　黄山谷《刀筆》云：「此荆南人毛病。」

閉門曰閂。　音拴。范石湖《桂海虞衡志》：「閂，門横關也。」

飯濕曰爤。　《爾雅》云：「摶者謂之糷。」〔二〕

扶持曰擡舉。　白樂天《高荷》詩：「亭亭自擡舉。」

虚而少實曰空。　《北史·斛律金傳》：「空頭漢合殺。」

物之闊者曰匾。　崔融《大禹碑》：「螺書扁刻。」劉禹錫詩：「壓扁佳人纏臂金。」

〔一〕叉取：原脱，據《釋名》補。

〔二〕糷：原誤作「爛」，據《爾雅》改。

匠斲木而復平之曰鉋。　去聲。元微之詩：「巨礎荆山采，方椽郢匠鉋。」〔一〕

有所倚曰靠。　范致明《岳陽風土記》云：「江道回曲，或遠或近，雖無風濤之患，而常靠閣。」

不正曰差路。　去聲。唐詩云：「枯木巖前岔路多。」

負而不償、許而不予皆曰賴。　《晉語》云：「已賴其地，而又愛其實。」

疾走曰跑。　跑，邦冒切。

稱我曰儂。　見古樂府。音屬陽聲。由鼻音出，則爾儂二字合謂汝也。由喉音出，則我儂二字合謂我也。《隋書》：「更能使儂誦五教耶。」

什麽　二字合音些。

凡屬商音者，不從牙之内音，而從舌之外音。如書爲須、處爲趣之類。在八庚者，或開口呼，從七陽韻。如羹爲古郎切、争爲側羊切之類。或去聲呼近平聲。如桂音近圭、做音近租、用音近庸之類。又有呼字之切母者。如孔爲窟窿、團爲突欒之類〔二〕。

〔一〕巨：《全唐詩》作「方」；方：《全唐詩》作「修」。

〔二〕團：原誤作「圓」。

〔光緒〕婁縣續志

【解題】汪坤厚等修，張雲望纂。婁縣，在今上海市松江區。「方言」見卷三《疆域志》中。録文據光緒五年(一八七九)刻本《婁縣續志》。

方言

多謝。《漢書·趙廣漢傳》〔一〕：「爲我多謝問趙君。」〔二〕

謂憚煩曰不耐煩。《宋書·庾炳之傳》。

謂人不慧曰獃。《唐韻》。

𪓰蠢曰笨。《王微傳》〔三〕。

言人猶豫不前曰墨屎〔四〕。音如眉癡。皮日休《反招魂》篇。

言人聆言不省曰耳邊風。耳音蟻。杜荀鶴詩：「萬般無染耳邊風。」

〔一〕傳：原誤作「詩」。

〔二〕問：原脱，據《漢書》補。

〔三〕微：原誤作「徵」，據《宋書》改。

〔四〕屎：原誤作「屎」。

人有病曰不快。《華佗傳》〔一〕：「體有不快，作五禽之戲。」

謂嬉戲曰孛相。黄山谷《與范長老書》云：「韓十逐日上鄰學，且護其薄相耳。」薄，當作孛。

謂縧帨之繠曰蘇頭。摯虞曰：「流蘇者，緝鳥尾，垂之若流然〔二〕，以其繠下垂，故曰蘇。」

謂指手環曰手記。鄭康成《詩箋》。

剪柳。唐皋詩：「争奈京師剪柳多。」考《説文》：「緯十縷爲綹。」沈雲卿《七夕曝衣》篇：「上有仙人長命綹。」柳應爲綹。

電謂之霍閃。顧雲詩。

檐冰謂之凙。《楚辭》。

呼詐騙爲黄六。黄巢行六而多詐。沈自南《藝林彙考》。

問辭曰能亨。亨音近去聲。《癸辛雜志》。

應辭曰嗄。龐居士詩。

事煩無條理曰磊諄。趙宧光《長箋》。

石聲曰䃔𨯩。《通志·六書略》。

浣衣曰汏。《説文》。

〔一〕佗：原作「陀」。

〔二〕「流」下原衍「蘇蘇」二字，據《集韻》删。

滴水曰渧。《廣韻》。

沈水底曰潭。《桂海虞衡志》。

浮水曰氽。桑何切。俗作䠷。見《廣韻》。

視曰䀹。

以上見宋志。

腳跟不着地。見郭景純《山海經·跂踵國》注。

稱吴姓曰口天。《三國·薛綜傳》：「無口爲天，有口爲吴。」

熟習曰脱熟。《法華經》：但成佛時而脱熟之。

作横。横，洪亮切。杜詩：「蛟螭深作横。」

物之釋者曰洋。劉熙《釋名》：「餳，洋也。煮米消爛洋洋然也。」〔一〕

酒壺曰滴蘇。《菽園雜記》：「急須〔二〕，飲器。」今急音轉爲滴，須更爲蘇。

物之光滑者曰滑撻。東坡《秧馬歌》：「聳涌滑汰如鳧鷖。」自注云：「汰音撻。」

抱佛腳。孟東野詩：「臨考抱佛腳。」

斜而不方曰射角。崔實《月令》詩：「河射角，堪夜作。」

〔一〕爛：原脱，據《釋名》補。

〔二〕急：原誤作「争」。

作撻。廷秀詩：「懊惱遊人作撻春。」

驀路人。本王遵詩。驀，今改陌。

黑漆皮燈籠。元季民歌曰：「官吏黑漆皮燈籠。」

主持家政曰當家。《秦本紀》：「百姓當家。」

事纏繞曰𠯗諸。音兜搭。見《集韻》。

以手量物曰庹。音託。見《沁園雜志》。

以上間採《明齋小識》。

謂人髮亂曰鬔鬆。音蓬。

以箸取物曰欹。音羈。

謂物之不正曰葽斜〔一〕。音喎。

舉物曰揵。

聲雜曰唧嘈。音即糟。

鐵臭曰鉎。

魚臭曰鮏。音星。

〔一〕葽：似爲「萃」之誤。

飯不中曰餿。音搜。
衣敝曰襤衫。音三。
稱人曰战敠。上丁兼反。
不正曰尴尬。音間介。
物在喉中曰㾂㿈。音忺穫。
矗而不媚曰儱㑩。上武貢切，下音講。
五采鮮明曰䱳。音楚。
飽聲曰唉。音哀。
器破未離有痕曰璺。音問。
酒曰潑醋。下去聲。
挑燈杖曰掭。添去聲。
支物不平曰𡿂。音奠。
舟不平曰䑰。音兀。
垢曰圿。音戛。
以上本《唐韻》，取合於吾邑里語者録之。

〔乾隆〕干山志

【解題】周厚地纂。干山，村名，在今上海市松江區。「風俗」見卷三。録文據乾隆五十一年（一七八六）鈔本《干山志》。

風俗

山中方言語音皆與郡城同，今擇其有本者録如左：

事穩曰妥貼。　杜詩：「千里初妥貼。」

饋人曰作人情。　杜詩：「粔籹作人情。」

習氣曰毛病。　黄山谷《刀筆》云：「此荆南人毛病。」

謂凶惡曰潑賴。　潑，鋪拜切。

謂甚曰忒煞。　忒，去聲。

扶持曰抬舉。　白樂天《高荷》詩：「亭亭自抬舉。」

不正曰差路。　去聲，「枯木巖前差路多。」唐詩。

負而不償、許而不與皆曰賴。　《晉語》云：「已賴其地，而又愛其實。」

謂我曰儂。　見古樂府，音屬徵陽聲，由鼻音出，則爾儂二字合謂汝也；由喉出，則我儂二字合謂我也。

其有音無字者，用翻切可切音以出之。如訶人曰亨加切，聽人之語而不然曰烏登切，不敢明訴而口自言者曰共固切，駡人曰蟻牙切，呼母曰滿加切，怒而睨之曰哀光切。推類甚多。田家占驗所採諺語，皆山中之方言也。

〔乾隆〕奉賢縣志

【解題】李治灝等修，王應奎等纂。奉賢縣，在今上海市奉賢區。「風俗」見卷二。録文據乾隆二十三年（一七五八）刻本《奉賢縣志》。

風俗

其語言東西互異，東半邑與上海南匯相似，西半邑與華亭、婁縣相似。至於字音之有四聲，雖佔畢之士恒不能無誤焉。

〔光緒〕奉賢縣志

【解題】韓佩金修，張文虎纂。奉賢縣，在今上海市奉賢區。「風俗」見卷十九《風土志》中。録文據光緒四年（一八七八）刻本《奉賢縣志》。

風俗

奉賢語音東西稍異，西似華、婁，東似上、南，大率同爲松音，而其間剛柔稍别。志家每撮舉方言名稱，且雜引古書以疏釋其義，復多不確。此類既不能悉數，實亦無補於觀風問俗，不復及。

〔乾隆〕金山縣志

【解題】常琬修，焦以敬等纂。金山縣，在今上海市金山區。「風俗」見卷十七。有乾隆十七年（一七五二）刻本。録文據民國十八年（一九二九）影印乾隆本《金山縣志》。

風俗

金山俗參五方，其音非南非北，蓋自設衛後始然。

方言語音與蘇嘉同，洙涇以南類平湖，泖湖以西類吴江。

娘子，通爲婦女之稱。謂穩婆爲老娘。女巫曰師娘。鄙之曰婆娘。男女締姻者兩家相謂曰親家。呼女子之賤者爲丫頭。家之尊者曰家主翁。稱鄉胥爲書手。善能營生者爲經紀。有諱惡字而呼爲美字者，如傘諱散呼爲聚立，箸諱滯呼爲快子之類。

〔光緒〕重輯楓涇小志

【解題】曹相駿原纂，許光墉增纂。楓涇，今上海市金山區楓涇鎮。「風俗」見卷一《區域》中。録文據光緒十七年（一八九一）鉛印本《重輯楓涇小志》。

風俗

地本吴越舊壤，今分隸江浙，習尚、聲音、方言、稱謂，微有不同。

〔宣統〕續修楓涇小志

【解題】程兼善纂。楓涇，今上海市金山區楓涇鎮。「風俗」見卷一《區域》中。録文據宣統三年（一九一一）鉛印本《續修楓涇小志》。

風俗

地本吴越舊壤，今分隸江浙，習尚、聲音、方言、稱謂，四鄉微有不同。

〔民國〕重輯張堰志

【解題】姚裕廉、范炳垣纂修。張堰，今上海市金山區張堰鎮。「風俗」見卷一《區域》中。録文據民國九年（一九二〇）鉛印本《重輯張堰志》。

風俗

張堰東接華壤，西界平邑，方言、土俗或似郡，或似浙。

江蘇省　凡八十一種　附二種

〔民國〕江蘇省鄉土志

【解題】王培棠纂。「語言」見第十六章《江蘇省之民風》第三節。録文據民國二十七年（一九三八）鉛印本《江蘇省鄉土志》。

語言

語言之歧異，與風俗同樣受地理環境之支配。可謂凡同一語言之地，風俗大致相同。風俗盡同之地，語言相差亦必不過遠。一地方之語言，大别之有官話與方言兩種。細分之，則官話之中有所謂普通話者、國語者；方言之中，有所謂土語、混合語者。如上海閒話。故本省語言，亦不外是。大别爲北方官話、語似北京音，亦稱北京官話。南京官話、揚州官話、上海話及蘇州方言、松江方言等六種。揚州官話、北方官話、南京官話，皆楚語也。以官話所佔區域爲最大，方言不過蘇、松、常、太一帶而已。方駿謨《徐州輿地考》對徐沛之民操楚音者，言之綦詳；《太倉州志》對吴語言之極細，謂有天然之别。

據李長傳著《鎮江地理》一書有云：江蘇之語言，大概分爲二系：江北屬官話區域，江南屬方言區域；但其言語之分界線，並不以長江爲限。據著者之觀察，自茅山脈而北，沿寧鎮山脈向東，渡長江經靖江北，又沿長江北至通州東南，至海門之北而止，爲官話與方言之分界線。鎮江在江南，反操揚州官話；江北話。靖江及海門在江北，反操蘇滬方言。吴語。據丁文江氏之研究，以爲海門、靖江，原爲江心沙洲，當時較近南岸，故語言至今未改。更西則依山嶺爲界，故南京、鎮江語言，出於官話；句容、溧水，則爲官、吴之混合語云。但趙如珩君則謂：除地理之因素外，應加以移民之因素説明之。如句容、溧水語言則屬於官話，而丹陽始爲官、吴之混合語也。以是考之，丹陽因移民之結果，而有官、吴之混合語言，亦即江南官話與吴語之分界線也。鎮江在江南，所以反操揚州官話者，亦可以移民之因素説明之。

總之，江蘇語言，大抵徐海一帶，語似北京話；爲齊魯語音，與楚音混合而成。同時又與南京官話相類，即與楚混合之徵。蓋鎮江、丹陽爲語言分歧之關鍵，以其爲吴楚相交之地也。淮陽一帶，則通行揚州官話；江寧一帶，通行南京官話；過鎮江至丹陽，則語言大異。至蘇州則有蘇白，崑山則有崑腔，松屬各地，以松江方言爲主。不過上海一隅，因通商關係，合全國語言而有之，故語音極爲繁雜，然以事勢之推移，已成一獨立之上海閒話，於上海土白外，雜有寧波語音、蘇州語音在内，閩粵方言在上海雖有一部分之勢力，但對於上海語言之本質，無甚影響也。

以語音之清濁分，則江南之京、鎮，與江北之淮陽、徐海一帶，似成一系，謂之楚語，其音重濁而簡直明晰。鎮江以南，東至蘇、常、松、太、太湖流域諸區，亦似成一系，謂之吴語，語音清脆柔軟。江蘇六十一縣中歸入於北方官話者有銅山豐縣、碭山、沛縣、蕭縣、邳縣、睢寧、宿遷、泗陽、沭陽、漣水、灌雲、東海、贛榆等十四縣；入於揚州官話者，有江都、鎮江、泰縣、泰興、如皋、鹽城、阜寧、興化、東台、淮安、高郵、淮陰、寶應、儀徵、南通等十五縣；入於南京官話者，有江寧、六合、江浦、句容等四縣；入於蘇州方言者，有吴縣、吴江、無錫、武進、常熟、江陰、太倉、靖江、崑山、宜興等十縣；入於松江方言者，有松江、青浦、金山、南匯、奉賢等五縣；入於上海方言者，有上海、寶山、川沙、崇明、海門、啓東、嘉定等七縣。以上不過舉其大要而言。入於官、吴混合語者，有揚中、丹陽、溧水、高淳、金壇、溧陽等六縣。其他一縣而兼有兩種以上語言者，如儀徵、川沙、崑山、海門等四縣，諒亦爲各種語言混合之結果也。而丹陽語音，嚴格言之，與各縣俱不相同，可謂爲一特别語言之區域。

〔民國〕江蘇省地志

【解題】李長傅纂。「語言」見第三編《人文志》第一章《住民及文化》中。録文據民國二十五年（一九三六）鉛印本《江蘇省地志》。

語言

江蘇語言之分布，可分爲官話與方言二區。其分界線據著者之研究，大概沿茅山脈向北，至鎮江南，沿寧鎮山脈折而向東，渡長江，經泰興之南、靖江之北，沿江折而東南至南通東南，海門西北至黄海而止。此線以西者爲南京官話，此線以北者爲江北官話，揚州官話。又北爲淮北官話，徐海官話。此爲官話三系統。此線以南爲江南方言，即所謂吴語。鎮江在江南，反操江北官話，因其交通上爲江北之門户故也。靖江、海門在江北，反操吴語，因其本爲江中沙洲，初近南岸，以後由於長江之沖積，始與江北相連也。

對於我國各地語言之研究，以各地之外國傳教徒研究最早，因其爲自身之應用故也。其集大成而與全國語言作系統之研究者，推瑞典之漢學家高本漢氏（B. Karlgren）。其所著之《中國方言字典》（Etudes sur la Phonologie Chinose），稱浩翰之巨著。我國之趙元任君對於南京語及吴語亦曾加以實地之考研。關於各語言之音韻、文法，當在語言學中研究之，本篇僅述其分布之概況而已。

淮北官話，屬北方官話系統。又可别爲徐州語與海州語二類。前者行於舊徐屬，後者行於舊海屬，尤以徐州語爲最清晰，與山東語相近。

江北官話、南京官話屬南方官話系統。江北官話之特徵，依日本西山榮久君之説，其入聲極爲明瞭，如木讀爲（Muk），石讀爲（Shik），國讀爲（Kok），爲其他官話中所未見。其語言之小別，亦可分爲三類。（一）揚州語，爲江北官話中之標準語，其分布地以江都爲中心，鎮江、揚中、儀徵諸縣及安徽之天長縣屬之。（二）裏下河語，行於舊揚屬之大部分除去江都、儀徵及舊通屬各縣及鹽城、阜寧。（三）淮泗語，行於淮陰、淮安、泗陽、漣水及安徽之盱眙。

南京官話與安徽之舊滁州、太平二府語言相近。其特徵據趙元任君之説，捲舌韻特多，往往將齊齒變爲開口，如今兒，國音作（Jiel），南京作（Gel）或（Jel）；明兒，國音作（Mingle），南京作（Mel）。其語言以南京爲中心，而分布於江浦、六合及句容。至於溧水、高淳二縣，則發音迥異，有南京語與吴語混合語之情形。

吴語爲太湖流域之方言，不但發音與官話迥異，而語法亦不相同。用吴語寫之小説，如《九尾龜》《再生花》等。使太湖流域以外之讀者，瞠目不知所云。其特徵據趙元任君之説，吴語爲並定羣等母帶音或不帶音而有帶音氣流的語言，其語言區内，發音亦各自相異，又可别爲三類。（一）蘇州語，蘇白。爲吴語之標準語，以吴縣爲中心，分布於蘇屬諸縣及無錫。無錫爲蘇常之混合語，亦可另列爲系。（二）常州語，舊常屬諸縣除無錫及丹陽、金壇、溧陽三縣。丹陽爲官吴之混合語。（三）上海語，滬白。分布於舊松屬、太屬及海門縣。

兹將趙元任君所作南京語與蘇州閒話之《太陽故事》列下，以見南京官話與蘇州方言漢字及發音之比較。

《北風跟太陽的故事》

南京語

（漢字）北風高太陽

有一回，北風高太陽在那裏辯論那個本事大，正在吵着，來了一個走路的人，身上穿着一件厚袍子。他們二個人就商意好了説：那個能先叫這個走路的人脱掉他的袍子啊，就算那個的本事大。好，北風就起大勁來儘刮儘刮，但是他刮的越利害，那個人就拿袍子裹的越緊，到後北風没法兒，只好就算了。一刻兒太陽就出來拚命地一晒，那個走路的人馬上就拿袍子脱掉。所以北風不能不説到底該是太陽比他的本事大。

方音羅馬字

Yeou iq-hwei Beqfeng gau Tayyang tzaylahkuay bennluennlaagobdiq beenshyh ah; jenqtzay chaoj laile iq goh tzoouluhdiqreng, sheng-shanq chuangj iq-jienn how paurtz Tamen leanggohreng tziow shang ianghao le shoq, laagoh leng sen jiaw jeqgoh tzooulu hdiq reng toq-diaw tadiq paurtz a, tziow suanq laggoh diqbiq beenshyh dah. Hao, Beqfeng tziow Youq-chü dah jinq laitziing guap tzung gua q, danqsh ta guaq diq yueq lihhay lahgohreng tziow la paurtz goo diq yueq jiing dawhowlai Beqfeng m ifalq, jyq hao tziow suanq le. Ikelq Tayyang tziow chuqlaipingminqdiq iq-shay, lahgoh tzoouluhdiq reng maashanq tziow la paurtz toq-diaw, Sooyü Beqfeng buqleng buq shoq daudü hairsh Tay yang bii tadiq beenshyh dah.

蘇州閒話

（漢字）北風搭太陽

有一轉，北風搭太陽恰恰勒浪爭論，啥人葛本事大，講勒講來仔，一葛走路葛人，身浪著子一件厚襔。俚篤二家頭就商量好仔，說啥人能先叫葛葛走路葛人脱脱俚葛襔啊，就算啥人葛本事大。好，北風就用起仔勁來儘管吹儘管吹，落俚曉得俚吹得越利害歸葛人就拿襔裹得越緊，到後來北風嘸不法子想，只好就算哉。一歇歇，太陽就出來刮喇喇一晒，葛葛走路葛人嗎上就拿襔脱仔下來。所以北風勿能勿承認到底還是太陽比俚本事大。

方音羅馬字

Yoy iqjoh Boqfong taq Tahyang Kaqx leqlanq txanglenn shahgnin geq beenxyh dhow; gaang leq gaang le txyyiqgeq txoelow goq gnin shen lanq jaqtxyy i-jich hhoy m'o, I'idoq lianq-galoi xoy sangliang han txyy sheq, shahgnin nen sic jiah geqx txoelow geq gnin teqteq I' igeq n' oa, sxy soh shahgnin beenxyh dhow. Haa, Boqfonq xoy yonq chii txyy jinn le txiinguoo chy txiinguoo chy. Lohlii sheadeq I' i chy deq yneq lih-hheh gucgeq gnin xoy no m' o goou deq yueq jiin; dah hhoylo Boqfong mbeq faqtxyy, txeq haa xoy soh txe. Iqshiqx Tahyang xoy cheqle guaqlaqx iq soh. geqx txoelow geq gnin m'axhanq xoy no m'o toq txyy hhohle, Soon-ü

Boq fong feq nen feq xhengninn dahdii wexyh Tahyang bü I' i beenxyh dhow.

附國語羅馬字

Yeon i-hwei Beeifeng gen Tayyang txaynall jengluenn sheirde beenshyh dah; shuoj shuoj shuoj, laile ige txooudawlde shenshanq chuanj i-jiaun how paurtx Tamen lea jiowshangliang hao le shuo, sheir neng shian jiaw jehge txooudawlde tuodiow tade paurtx a, jiow suann sheirde beenshyh dah. Hao, Beenfeng jiow yonqchii dah jinn lai jiin gua jiin gua, Keesh ta gua de yueh lihhay, neyge ren jiow baa paurtx guoo de yueh jiin dew howlai Beeifeng mei fal, jyy hao jiow suann le. Ihoel Tayyang jiow chulai rehrhelde i-shay, neyge txooudawlde maashanq jiow baa paurtx tuo-diaw Suooyü Beeifeng buneng bu Cherngrenn dawdii hairsh Tayyang bii tado beenshyh dah.

〔民國〕江蘇六十一縣志

【解題】殷惟龢纂。江蘇省所屬縣之總志。「言語」見上卷《江蘇省總説》中。録文據民國二十五年（一九三六）鉛印本《江蘇六十一縣志》。

言語

大别之，可分爲江北之北部、江北之南部、江南之西部、江南之東部四區。江北之北部，以徐州爲主，其言類似北方官話；江北之南部，以揚州爲主，其言雖略似官話，而帶有靡靡之音，缺少北方剛勁之氣；江南之西部，以南京爲主，通用南京官話；江南之東部，以蘇州爲主，其音婀娜而輕脆，與以上三區口音迥不相同，通稱爲吴語，即所謂蘇白也。

〔同治〕徐州府志

【解題】吴世熊等修，劉庠等纂。徐州府，轄境包括銅山、蕭縣、碭山、宿遷、豐縣、沛縣、睢寧七縣和邳州，府治在銅山，今江蘇省徐州市區。「輿地考」見卷十。録文據同治十三年（一八七四）刻本《徐州府志》。

輿地考

沛楚之民乃操楚音。《寰宇記》引《漢・地理志》。沛人語初發聲皆言其其者，楚言也。漢教令遂以爲常。《史記・高祖本紀》集解引《風俗通義》。

東楚謂橋爲圯。《説文》土部。又或作汜，《漢書》注：「服虔曰：楚人謂橋爲汜。」名缶曰甾。《説文》甾，今畄字也。多謂之夥。《史記・陳涉世家》。亦見楊雄《方言》：「凡物盛多，齊宋之郊、楚魏之際曰夥。」人語而過謂之訏。《方言》：「中齊西楚之間曰訏。」餘謂之孑。《方言》：「青徐楚之間曰孑。」殺謂之虔。《方言》：「青徐淮楚曰虔。」懼謂之脅閱。《方言》：「齊楚之間曰脅閱。」至謂之懷。《方言》：「齊楚之會郊或曰懷。」荂謂之華。《方言》：「齊楚之間謂之華，或謂之荂。」儋謂之攍。《方言》：「齊楚陳宋之間曰攍。」皆西楚語也。《方言》或稱宋楚、陳楚、魏楚、南楚，或但言楚，皆淮南、江漢、衡、湘之域，非徐境也。今不載。

頷頯謂之顔。《方言》：「汝潁淮泗之間謂之顔。」又見《高祖本紀》集解。亭卒謂之求盜。《史記·高祖本紀》索隱：「淮泗謂之求盜。」皆淮泗間語也。今銅、睢、宿境。

愛謂之牟，或謂之憐。往謂之適。失謂之台。息，宋沛之間謂之餽。以上見《方言》。臨汁，宋魯謂之瀋。《釋名》。鷄雛，徐魯之間謂之秋侯子。《方言》。皆宋魯間語也。今豐、沛境。

知謂之哲。哭極音絶謂之唴。大謂之巨，或曰碩。《方言》。皆宋齊間語也。今邳、沛境。

謂至曰艐。謂傷曰悴。宋語也。今蕭、碭方言。

劉熙曰：「天，坦也，坦然高而遠也。青徐以舍頭言之。」「風，放也，氣放散也。青徐蹴口開脣推氣言之。」「腰，在頤。青徐謂之脰，物投其中受而下之也。」「女，青徐州曰娪。娪，忤也。始生時人意不喜，忤忤然也。」「兄，荒也，荒，大也。故青徐人謂兄爲荒也。」「青徐人謂長婦曰稙。長稙，苗之先生者也。」「厚，後也，有終後也。故青徐人言厚曰後也。」「事，傳也〔一〕，傳，立也。故青徐人言立曰傳也。」「籬，以柴竹作之。青徐曰椐〔二〕。椐，居也，居於中也。」「癬，徙也，浸淫移徙處日廣也〔三〕。故青徐謂癬爲徙也。」以上皆見《釋名》。

〔一〕傳：原誤作「偉」，據《釋名》改。下同。
〔二〕椐：原誤作「据」，據《釋名》改。下同。
〔三〕日：原誤作「自」。據《釋名》改。

取曰㩭。好曰釥、曰嫽。黏曰翻、曰𪏮。眄曰晞。居曰慰。相正曰由迪。慙曰怏。熱曰飪。《方言》。

其於物也，徐兖之郊，𧆛履謂之扉，徐土邳圻之間，大𧆛謂之鞠角。《方言》。塵土謂之篷塊。《博物志》。皆徐之通語也。魏晉而後，民靡定居，僑户過半。五方之音，龐雜不辨。然聞其聲率剛厲，少嘽緩，質直不文，得古彊毅果敢之氣。

〔民國〕阜寧縣新志

【解題】焦忠祖修，龐友蘭纂。阜寧縣，今江蘇省鹽城市阜寧縣。「方言」見卷十五《社會志》中。録文據民國二十三年（一九三四）鉛印本《阜寧縣新志》。

方言

《公羊》多齊言，《淮南》多楚語。聞人著述，不免鄉音。此揚子《方言》所由昉也。本縣跨淮瀕海，古屬揚州。境内民族，土著而外，遷自姑蘇者多，其吐辭也，參伍錯綜，遞演遞變，遂合淮揚蘇語而一之，幾與國語相頡頏。析其成分，十之八九近於淮揚，一二近於蘇。鄉里方言大率類此。兹撮其要，凡合古訓悉爲注明，兼及方音，以供言文一致之參考焉。

唉。呼人注意。邑讀如埃去聲。噫嘻。一歎詫之詞，一輕鄙之詞。噫，讀衣亟切。嘍䁥。驚愕之詞。燠休。呼痛也。曾干。猶通言怎樣也，邑讀如怎安。幸虧。反言得益也。犯夕。謂作事不順利。夕音如鵲。蔵頗。謂事不平妥。蔽音如喬；頗，邑讀如播。磬頭。謂擔物不得其平。康貨。指中虛之物。按《方言》：「康，空也。」亭當。謂事物安定也。按《説文》：「亭，民所安定也。」竘巧。謂適如其量。按《廣雅》：「竘，巧也。」曹憲音口，邑讀如可。磊竨。謂事物繁重也。或曰累墜。薀市。謂貨滯不易銷。薀，邑讀烏昏切，俗書作瘟，誤。按《説文》：「薀，積也。」饒頭。指買而復增之物。饒，邑讀如勞。按《説文》：「饒，益也。」虛頭。謂商人索價過格。凡不甚痛苦而呼號者，亦曰多虛頭。行貨。指苦窳之物。按《周禮·地官·司市》注：「物行苦。」一坒。猶一種也，指物言。坒音鼻。按《説文》：「坒，地相次比也。」一伐。猶一起也，指事言。一下。猶一次也，指動作言。

侉子。指山東人。倡子。指鹽城、興化等縣人。蠻子。指蘇、滬等處人。奤子。指皖北人。奤音太。讀如侉，誤。孱孱子。指下劣怯懦之人。按《漢書·張耳傳》：「吾主，孱王也。」孟康注：「冀州人謂懦弱爲孱。」本孨字，旨兖切。今爲初雁切。莊户老。無知農夫也。或曰老實頭。化生子。指敗家子。鹽伮子。指賣私鹽者。老娘婆。即接生婆。或曰老娘娘，邑讀陰平。按老娘語本苗振，見《倦遊録》。疼人子。指可愛小兒。或曰痛人子。小乖乖。呼親愛小兒。按，乖爲佳之轉借。地㔸鬼。指奔走無定之人。㔸，邑讀溜，陰平。按，《説文》：「㔸，側逃也。」㒼竈子。指竈無突者。因以稱不通達之人。㒼音如悶。

弗死猫。以比困難之點。弗，古音弼。略頭子。謂乾没人物之一部。或曰喫頭子。略音如落。按，《方言》：「略，强取也。」蔫瘪蛇。以比人無精采。三腳猫。以比人有特長。按，《七修類稿》：「南京有三腳猫一頭，善捕鼠，而走不成步。」四不像。指人無專長。按四不像爲鹿之一種。殺韃子。凡受損失或侵害者多作此語，亦曰殺狗子，甚或曰殺人。孋孋經。凡婦人迷信事均以此名之。馬虎子。小兒夜啼，每以此語恐之。按，麻祜，古代勇將，邑人讀謁。烏盆鬼。指不景氣者。北鄉稱灰色鵝。鬧街狗。指滋事之人。掯門櫎。謂同室操戈，爲南鄉流行語。按，櫎，關門機也。從《廣雅》數還切。把子賬。沾人小惠者每作此語。亦曰打把子。頑意帳。指無關輕重之事。抽簫子。謂化除芥蒂。按，《新方言》：「凡有横關謂之簫。」拾紅磚。指被人慫恿不顧利害者。或曰紅磚手。搬楥頭。謂攻人之短。揀小錢、揭擔蓋、補補靪，語意均同。婁丘貨。指下劣之物。婁，邑讀如流。殟孫。指昏瞀之人。殟讀如温，俗書作瘟，不合。光棍。指凶頑之人。無妻室者曰光棍堂，或曰光蛋。伿怠。謂作事不努力。伿，邑讀如蟹，平聲。按，《説文》：「伿，隋也。」以豉切。《新方言》：「隋即惰。」諼話。謂言不實也。諼，邑讀如仙，本於袁切。按，《説文》：「諼，詐也。」陶誕。謂不忠實。陶讀如掉。俄頭。指訶人勒錢者。按，《廣雅》：「俄，衺也。」剌子。指很戾之人。皮頑。謂小兒好戲弄。即通語頑皮。或曰皮麻。籑錢。爲人使用金錢而陰有侵盜者。籑音如饌，俗借用饡。按，《方言》：「取物而逆謂之籑。」媢嫪。指婦女所私也。養漢。罵女子不正者。誒詒。謂不活潑也。邑讀如捱猜，俗書呆獃。按，《新方言》：「誒，一音哀。詒，一音臺。」《辭源》呆，讀艾平聲。倜儻。謂不拘束。倜讀如出。能魏。謂才能。按，《方言》：「魏，能也。」氐惆。指小兒煩懣懊憹之狀。讀如躋遭。㖃氣。謂蓄怒也。或曰發㖃。㖃，邑讀毆，去聲。莽戇。謂婞直。訣求。謂人所不願而强請之。求，邑讀如救。茫動。謂動作匆遽。或曰麻動。按，《方言》：「茫，遽也。」皀觜。謂枝格人言。皀，丑略切。雩講。以大言虚嚇人也。雩讀如熏，本音思允切。按，《説文》：「雩，驚詞也。」道詭。二人私語。謱挍。謂人言煩絮也。謱，或讀如羅。對頭。一互相仇視之意，一雙方接近之意。厭祥。謂人私作厭勝。厭讀於冉切，祥讀如羊。㱿筐。以比家盡傾也。按，《説文》：「㱿，從上擊下也。」〔一〕苦角切。站眙。謂逗留觀望而不前也。或曰望眙。眙，邑讀如迨，平聲。

〔一〕上：原脱，據《説文解字》補。

按，《説文》：「眙，直視也。」没殺。即溺死。没，邑讀如勿，本音黄勃切。按，《説文》：「没，沈也。」將養。即保養。按《廣韻》：「將，養也。」啗䶗。狀食也。亦指食品。䶗，邑讀如括。按，《説文》：「䶗，噍聲。」齦皮。謂得薄益也。齦音懇。出田。謂棺柩發軔也。或曰下田。廢腔。即廢話。蘇家嘴一帶流行語。門道。指事之訣竅。公道。謂價值便宜。披挂。衣服之代名詞。如言衣破，則曰披一片、挂一片。帶親。娶妻也。挖掘。謂言行陰險。壽器。棺柩之名。按《後漢書・皇后紀》：「斂財東園畫梓壽器。」注：「稱壽器者，欲其久長也。」〔一〕䉱籃。用以息小兒者。或稱䉱子。䉱，邑讀阿，南人讀謳。口條。爲舌之隱語。南腔北調。指不規則之言語。揀口。婦人初孕擇物而食，故被此名。揀，邑讀如敢。生活。指農家工作，他業亦間用之。活，邑讀輕音。媽母。指事之來歷。或曰娘家，或曰老外婆。菜瓜。指被讓責之人。老漢。最後所生子女多以此名之。邑讀輕音。打虎。謂乾没人物及不認債務者。廓估。大概估計。或曰廓約。極子。指口吃之人。極，邑讀如結。按，《方言》：「極，吃也。」吃，言蹇難也。火計。指長期傭工。滿了。諱言物盡則作此語。小伢。即小孩。或曰小龜龜、小寶寶。北鄉曰小ㄐ。伢，邑讀或如瑕。賴蔞。謂據地不起，因以有所要求。蔞，邑讀如花。按，《釋文》：「蔞，子卦反，又側嫁反。」

乖角落。指街巷曲折之處。乖，俗作拐。落，邑讀平聲。角落。即屋隅。邑讀如格拉。战敠。猶稱量也。敠，邑讀如奪，本音掇。攛掇。勸人有所舉動。攛，邑讀平聲。掇，邑讀如唆。擸搕。指穢壞雜碎之物。猶通語垃圾也，邑讀如遏説。按，擸音臘，搕音颯。邋遢。一不謹事也。邋，邑讀上聲。一不潔也。遢，邑讀如雜。一患瘧曰打邋遢，讀本

〔一〕久長：原誤作「長久」，據《後漢書注》改。

音。黖䵺。以爲不曉事之稱。按，黖，力該切。䵺，丁來切。老小。以爲家屬人口之稱。老，邑讀陽平。小，讀輕音。忙月子。指短期傭工，以月計之。圓果盧都。狀物之圓者。或曰圓其胡盧。其，讀如基。胡，邑讀如忽。吡劉杷刺。木葉果實墮落聲也。凡大聲疾言者，亦以此狀之。謾在兆裏。猶言墮術中也。以聲爲訓，即鞔在鼓裏。滿頭冒火。遇激刺而盛怒多作此語。聑聑錯錯。狀人私語也。

爸。稱父也。南鄉多稱祖父曰爸爸。爺。讀陰平者稱伯，讀陽平者稱叔。南鄉有稱父曰爺爺。媽。稱母。稱僕婦曰媽子。讀本音稱妻。稱老婦皆老媽子，邑讀上聲。爹爹。稱祖父。嬭嬭。稱祖母。老太爺。稱祖父。老太太。稱祖母。外公。稱外祖父。外婆。稱外祖母。嬸子。叔母之稱。姨娘。一稱母之姊妹，一稱妾。妾亦稱小姨娘。當家。稱夫也。女人。稱妻也。親家。男女締婚兩家父母相稱之辭。親，邑讀去聲。娘。稱兒婦也。加行次以別之，如言大娘、二娘。或曰媳婦。小媳婦。稱童養媳。或曰團圓媳婦。公公。稱夫父也。婆婆。稱夫母也。

蔑趣眼。謂眼短視也。趣，邑讀若虛。䀺鍼眼。目眥生創也。䀺，邑讀若偷。本音兜。按，《說文》：「䀺，目蔽垢也。」肩封。即肩甲。封音如邦。蓋膝頭。即膝蓋。蓋，邑讀如克。或曰榑櫨頭。尾把莊。即尾閭骨。腳番底。即腳掌。番讀如板。按，《說文》：「獸足謂之番。從釆，田象其掌。」打耳卦子。謂批耳至頰也。卦，邑讀如括。打壯子。鬍髮傷皮也。壯，邑讀如掌。按，《方言》：「草木刺人謂之壯。」陶屋。即堂屋。按古代宮寢起於陶復陶穴。家帑。家財也。帑音如當，亦讀當去聲。筐當。謂輪廓也。當，邑讀如郎，陰平。銃頭。以比言動過分令人難當也。或曰銃子。吃餈糪。被人讓責多作此語。或曰吃⿱艹兩鼻子。糪讀如巴，本博厄切。邑人以飯結釜底而焦者爲餈糪。大紅臉面。凡於交涉取勝者多以此語〔一〕。添翅龍。比恃愛之小兒。没腳蟹。比失父母之小兒。啞雨。謂夏間無雷而雨。雷暴雨。謂雨雷交作。毛雨。即細雨。按，《爾雅》：「小雨謂之霢霂。」粤中謂細雨爲霢雨，轉作平聲。邑人書作毛，狀雨細也，於義亦通。風箍。月暈也。窟籠。指地之空竅。陀螺。比週近之地。以陀螺旋轉，占地不廣。

羖牛。水牛之未去勢者。字變作牯。特牛。水牛之去勢者。特，邑讀如敦。俗以犉字爲之。按，黄牛黑唇謂之犉。《爾雅》：「牛七尺曰犉。」或言色，或言高，與雄性無關。犍牛。黄牛之已騸者。犍讀若肩。牸牛。水牛之牝者。牿牛。黄牛之牝者。犍子。牡猪。豚子。牝猪。兒馬。牡馬。騸馬。牡馬之去勢者。叫驢。牡驢。草驢。牝驢。兒狗。牡狗。草狗。牝狗。恭喜。慶賀之語。打駒。驢馬交。談雄。鳥交。對子。蟲魚交。起交。蛇交。連精。狗交。跐窠。鳩交。收窠。猪交。

昨箇。昨日。晐箇。今日。明箇。明日。明，亦讀如梅。拉村。好談淫穢之詞。市茶。指下午小食。農家謂之節賞。打閃。指電光。顧雲詩作霍閃。邑人亦曰雷閃霍閃。凍鈴璫。檐冰也。黄六。詐騙之稱。或曰黄六講。黄邑讀王。按，黄巢行六而多詐。沈自南《藝林彙考》。口天。指吴姓，拆字語也。按《三國・薛綜傳》：「無口爲天，有口爲吴。」滑撻。狀物之滑者。按，東坡《秧馬歌》：「聳踊滑汰如鳧鷖。」〔二〕自注云：「汰，音撻。」作撻。騷擾之意。按，廷秀詩：「懊惱遊人作撻春。」黑漆皮燈籠。指人之不明亮者。按元季民歌曰：「官吏黑漆皮燈籠。」腳跟不着地。謂人作事不實。按此語見郭景純《山海經・跂踵國》注。順序。猶吉利也。夾麪亦稱順序。彎彎順。餃子別名。

〔一〕多：原作「勞」。
〔二〕踊：原作「涌」，據《東坡詩集》改。

〔民國〕續修鹽城縣志 附鹽城續志校補

【解題】林懿均修，胡應庚纂。鹽城縣，今江蘇省鹽城市鹽都區。「方言」「方音」見卷三《民俗志》中。録文據民國二十五年（一九三六）鉛印本《續修鹽城縣志》。附胡應庚撰《鹽城續志校補》，録文據一九五一年鉛印本。

目録〔一〕

方言

略依章氏《新方言》方言體例推尋俚語本字，凡章氏書中已經疏證者，間舉一二，不復悉載。

釋言

快意曰愃。《方言》郭注：「江東呼快爲愃。」《廣韻》二仙：「愃，吴人語快。」今鹽城狀人

〔一〕目録爲編者所加。

快意輕動曰愃，音宣。

肆欲曰棣。《説文》：「棣，肆也。」《廣雅》：「棣，緩也；忘也。」《玉篇》棣，他對、他没二切。今狀人肆欲曰棣，讀他乃切。

作事敏捷曰儇。《説文》：「趯，疾也。讀若讙。」字又作儇。《方言》：「儇，疾也。」郭注：「謂輕疾也。」又作翾。《荀子》：「小人喜則輕而翾。」許緣切。今讀呼關切。

貪時廢事曰愒。《左傳》：「翫歲而愒日。」杜預訓「愒，貪也」，韋昭訓「遲也」，釋文苦蓋反。今謂翫延時日曰愒，讀苦蓋反。

身有所倚曰隑。《方言》：「隑，立也。」又「陭也」。《廣雅》曹憲音巨代反。今謂負牆立、倚牀臥曰隑，讀口溉反。

從人求物曰貣。《説文》：「貣，從人求物也。」他得切。俗謂向人求乞曰借貣，音譌如奪。

家道中落曰否。音如否泰之否。

密伺察人曰瞙。《太玄》注：「瞙音麻，竊視之稱。」今讀如馬。

突有所入曰羊。《説文》：「羊，撴也。從干。入一爲干，入二爲羊。讀若飪。」今謂不意而入曰羊，讀若飪。

冷物附着曰瀙。《説文》：「瀙，冷寒也。」字又作瀙。《世説新語注》：「吴人以冷爲瀙。」

《集韻》瀧潪，並楚慶切。段玉裁曰：「今吴俗謂冷物附他物，其語如鄭。即瀧字也。」鹽城讀瀧如赬。

小春曰臿。《説文》：「臿，春麥去皮也。」〔一〕「𣪏，小春也。」今語小春曰臿。

初耕曰塌。王盤《農書》：「初耕曰塌。」今語秋耕曰秋塌。

糞田曰穮。《左傳》：「是穮是衮。」《説文》：「穮，耕禾間也。」今謂秧田施糞曰穮，讀去聲。

斫治樹木曰剢。《廣韻》一屋：剢，丁木切。戴侗《六書故》説剢爲斸之俗字。今人斫治竹木，又伐去樹木枝條皆曰剢，讀丁木切。

手有所把曰撅。《禮・内則》「不涉不撅」，釋文：「撅，居衛反，揭衣也。」今謂手把衣袂及凡有所把皆曰撅，讀居外反。

卑而取之曰戲。陳啓彤曰：「《説文》：『戲，叉卑也。』用手自高取下也。俗語竊鷄者曰戲鷄。蓋竊鷄必卑而叉之也。」

足躡履曰跕。《漢書・地理志》：「彈弦跕躧。」師古曰：「跕音他頰反，謂輕躡之也。」今謂足躡履曰跕，音如答。

〔一〕臿春：原誤作「春臿」。

以箕斂物曰扱。《禮·問喪》：「鷄斯徒跣，扱上衽。」《曲禮》：「以箕自向而扱之。」《説文》：「扱，收也。」今謂扱衽於帶音如霎，以箕扱物音如錯。《廣韻》扱，楚洽切；與霎、錯音並近。

以湯去毛曰燅。《通俗文》：「以湯去毛曰燅。」《古今字詁》燅，詳廉切。今通謂去毛曰燅，字或作㷻、作撏。

以物佐餐曰饡。《説文》：「饡，以羹澆飯也。」今人用羹餚以佐餐下酒曰饡。

食謂之亯。《説文》：「亯，用也。从享从自，自知臭香所食也。讀若庸。」段玉裁曰：「今謂喫爲用是也。」

飲謂之欱。《説文》：「欱，歠也。」

小飲謂之㴎。《説文》：「㴎，飲也。」綿婢切。《周禮·春官》杜子春注讀㴎爲泯。今謂小飲爲㴎，讀如泯。

掌進食謂之唵。《埤蒼》：「唵，哈也。謂掌進食也。」

貪食謂之饞𩞄。《廣韻》引字書及《古今字音》：「饞𩞄，貪食也。」

小兒貪食曰婪。《離騷》：「衆皆競進而貪婪兮。」王逸注：「愛食曰婪。」今謂小兒貪食曰婪食。

食盛饌曰啖䶗。《説文》：「啖，噍啖也。」「䶗，噍聲。」今讀䶗如括。

晡時食曰節餘。《玉篇》：「餘，式掌切。晝食也。」《廣韻》：「餘，書兩切，日西食。」字又作餳。俗語晡時食爲節餘，音同賞。《吴郡志》云以糖糰春璽爲節食。

小兒周晬曰龞周。《方言》：「龞、律，始也。」

擣謂之摧。《説文》：「催，相擣也。」「摧，擠也；挏也。」催、摧義近。今謂相擣或擠物納之曰摧，讀初哀切。

拘謂之纍。《説文》：「纍，約也。」朱駿聲曰：「纍之言拘也。」今謂有所拘束曰纍，音居玉切。

有所立謂之纂。《晉語》：「置茅蕝。」韋昭曰：「蕝謂束茅而立之。」《史》《漢·叔孫通傳》：「爲綿蕞。」應劭曰：「立竹及茅索營之。」如淳曰：「蕞謂以茅翦樹地，爲纂位尊卑之序也。」蕞即蕝之借字。徐廣音子外反，包愷音即悦反。又音纂。何氏《纂文》謂蕝今之纂字。案，今人插物立之曰纂，讀初患切，其本字蓋即蕝。

振動引致之謂攤。《説文》：「挏，攤引也。」《淮南·俶真訓》：「撢掞挺挏。」注：「擁引，來去不定也。」《漢書》「挏馬」，如淳曰：「挏馬，乳取其上肥。」李奇曰：「以馬乳爲酒，撞挏乃成。」案，今人簸穀聚其粒之大者於上曰攤，讀平聲如融。

挻，揉物也。《老子》：「挻埴以爲器。」注：「挻，和也。」《説文》：「挻，長也。」《字林》：「挻，柔也。」朱駿聲曰：「柔，今字作揉。凡柔和之物引之使長，摶之使短，可析可合，可方可圓，謂之挻。」案，今謂揉物曰挻，讀纏去聲。

幟，拭也。《説文》：「幟，拭也。」精廉切。今謂拭物麤布爲幟布。汪東説。

抪，推也，拭也。《説文》：「抪，摧也。」《玉篇》引作「推也。普活切」。案，摧者，拭也。今人以手有所排除曰抪，讀若勃。兼推與拭二義。

盦，覆蓋也。《説文》：「盦，覆蓋也。」案今謂覆蓋爲盦，音如坎。猶戡殺之戡今作砍矣。

廋，隱也。廋語，隱語也。《方言》：「廋，隱也。」《晉語》有「秦客廋辭於朝」，注謂：「以隱伏譎譎之辭問於朝也。」今謂隱匿曰廋，隱語曰廋語，音如韶。

儰，動摇不定也。《方言》郭注：「儰，船動摇之貌也。」《廣韻》四紙：儰，韋委切。今謂凡動摇不定皆曰儰，讀入蟹韻。

燤，壞也。《説文》：「燤，焦也。」作曹切。段玉裁曰：「今俗謂燒壞曰燤。凡物壞亦曰燤。」

㑿，毀也。《説文》：「㑿，毀也。」《玉篇》功勞、渠久二切。今謂有所毀傷曰㑿，讀渠久切。又謂事情敗壞曰燤㑿，讀公勞切。

𤿎，析也。何承天《纂文》：「𤿎，析也。」《玉篇》𤿎，孚彼切。

揳，霑濡也。《説文》：「揳，染也。」而泉切。俗謂霑濡曰揳，乃管切。陳啓彤説。

𣋡，欲乾也。《玉篇》：「𣋡，丘立切，欲乾也。」今以濕物附於燥物使其易乾曰𣋡。

㱿、㲉、㲄，皆擊也。《説文》：「㱿，從上擊下也。」苦角切。「㲉，椎擊物也。」「㲉，擊也。」並竹角切。「㲄，下擊上也。」「抌，深擊也。」並知朕切。

玷捶，以手稱物也。《莊子》：「大馬之捶鉤者。」郭注：「玷捶鉤之輕重。」釋文玷，丁恬反；捶，丁果反。王筠曰：「玷捶，《廣韻》作敁敠，《類篇》作敁挅。」

掇，取之易也。《列子》：「承蜩，猶掇之也。」張湛注：「掇，都括反。拾也。」掇有巧取易得之義。今人謂出不意取之曰掇，讀都括反，音近達。

疌工，作工速也。《鄭風》：「不疌故也。」毛傳：「疌，速也。」釋文疌，市坎切。俗謂作工加速曰疌工。陳啓彤説。

㒼兜，不省事也。《説文》：「㒼，忘也。㒼兜也。」段玉裁曰：「㒼兜，猶今言糊塗不省事。」案，今言不省事而妄爲者曰㒼兜，㒼讀若蠻。

賟，小有財也，又謂之豌豍。《玉篇》：「賟，汝兖切。小有財。」「豌豍，烏管、乎管二切，小財貌。」今謂小有財者曰賟户，音如煗。又曰圓販，乃豌豍語譌。

誧，大言也。《説文》：「誧，大也。」朱駿聲曰：「言之大也。」今謂大言震人曰誧，讀如蒲。

孱蹙，言局促也。《説文》：「孱，迮也。」迮，今窄字。《廣韻》孱，士山切。俗言所居局促曰孱蹙，孱讀如簪。

覼縷，言煩瑣也。《玉篇》：「覼，力和切。覼縷，委曲也。」今謂言事煩瑣曰覼縷覼瑣。

條條秩秩，言有序也。《爾雅》：「條條、秩秩，知也。」

滑稽滑泰，言滑之甚也。楊雄《酒箴》：「鴟夷滑稽。」師古曰：「滑稽，圓轉縱捨無窮之狀。」《説文》：「泰，滑也。」徐鉉曰：「本音他達切。」俗語滑稽滑泰，滑讀如字，泰讀他達切。

磊⿰立享，重貌。《説文》：「磊⿰立享，重聚也。」《廣韻》：「磊⿰立享，木實垂貌。」落猥、都罪二切。又：「膃腺，腫也。」音同磊⿰立享。今謂物之重、事之艱曰磊⿰立享，又曰磊⿰立享果子。

逋峭，好形貌。《魏書·温子昇傳》：「詩章易作，逋峭難爲。」《字林》：「峬峭，好形貌也。」

蔄攤，平衍無孔貌。《説文》：「蔄，平也。讀若蠻。」《廣韻》：「蔄，無穿孔狀。」今謂物平無孔曰蔄攤，蔄讀若蠻。

竨竨，矮貌。《説文》：「竨，短人立竨竨貌。」傍下切。今讀平聲。

從從，徐行貌。《埤蒼》：「從從，走貌也。」

漐漐，微汗貌。《傷寒論》：「通身漐漐微似有汗者。」《廣韻》漐，丑入切。

听听、改改，笑貌。《説文》：「听，笑貌也。」語斤切。「笑不壞顔曰改。」呼來切。

的的、⿰面尞⿰面尞，白貌。的，古音都略切。《説文》作的，段玉裁曰：「的者，白之明也。」《玉篇》：「⿰面尞，力小切。面白⿰面尞⿰面尞也。」今語的的，讀都略切；⿰面尞⿰面尞，讀平聲。

　　悛悛，恐懼貌。《埤蒼》：「悛，慄也。」《鶡冠子》：「昔之登高者，下人代之悛。」吳世拱曰：「今吾鄉謂恐懼曰悛悛。」

　　傱，能也；又賤詞也。《方言》：「庸謂之傱。」郭音相容反。又：「倯傱，罵也。燕之北郊曰倯傱。」郭注：「羸小可憎之名也。」俗謂人有所能曰有傱行。又罵人羸小可憎亦曰傱。

　　貉子，射陽湖以北呼南人之稱也。《新方言》：「晉時，孫秀妻蒯氏常呼秀曰貉子。今江南運河而東，相輕賤則呼貉子。貉音如馬。」案，今射陽湖北人呼湖以南人曰冒子，亦貉之音轉。

　　佰，訶人之詞也。《廣韻》十五海：「佰，不肯也。普乃切。」案，《說文》：「音，相與語唾而不受也。」佰，即音之後出字。

　　若里，猶云彼處也。《新方言》：「夏口而下，濱江南北曰者里、那里音如孔悝之悝，或書作塊。」案，鹽城謂彼處曰若里，音同諾塊。

釋親屬

　　父謂之爸。《廣雅》：「翁、公、叟、爸、爹、㸙，父也。」《新方言》：「今通謂父爲爸，古無輕脣，魚模轉麻，故父爲爸。」夏荃曰：「泰俗呼父皆作擺字平呼。」案，鹽城讀爸與泰縣同。

　　祖父謂之爹。讀丁耶切。《通州志》：「爹爹，稱祖也。」

　　祖母謂之嬭。《廣雅》：「嬭，母也。」《新方言》：「今多謂祖母爲嬭，俗字作奶。」

初生子謂之齠。《新方言》：「浙江紹興謂十五六歲童子爲齠人，杭州云齠牙，音皆如韶。」鹽人謂初生子爲頭齠子。

暮生子謂之鷚鷇。《通俗文》：「暮子曰鷚。」《爾雅》：「雉之暮子爲鷚。」郭音「綢繆」。俗謂暮生子曰鷚鷇，鷚讀如婣嫪之嫪，鷇讀如顧。顧炎武曰：「鷇，古音顧。」

釋形體

䁕眵，眼眥生瘡也。《說文》：「䁕，目蔽垢也。讀若兜。」「眵，目傷眥也。」叱支切。今謂眥生瘡爲䁕眵眼。

𡖶，脣厚下垂也。《說文》：「𡖶，厚脣貌。」《廣韻》：「𡖶，脣下垂貌。陟加切。」今語脣厚下垂曰𡖶觜脣，音如沙。

咼，口戾不正也。《說文》：「咼，口戾不正也。」苦媧切。俗謂不正下垂曰半邊咼，讀快平聲。

耽，耳朵也。《說文》：「耽，耳大垂也。」俗謂耳朵曰耳頭耽子，耽讀如端。

𨂂蹄，偏舉一足也。《聲類》：「偏舉一足曰𨂂蹄也。」今小兒作是語，音謁如隔地。

跢，小兒行也。《廣韻》：「跢，丁佐切。小兒行也。」今謂小兒踞地前行曰跢，讀入聲。

有𠇍，婦人孕也。《詩》：「太妊有身。」字一作𠇍。《玉篇》：「𠇍，妊身也。」

大臭，腋臭也。《呂氏春秋》：「人有大臭者，其親戚、兄弟、妻妾、知識無能與居者，自苦而居海上。」案，大臭，謂腋臭也。俗謂患腋臭者曰大臭子，乃古語。

魃，孕婦人子病也。見《通州志》。《説文》：「魃，小兒鬼。」

劤，多力也。《埤蒼》文。

痱，顛狂也。《漢書·灌夫傳》：「即陽病痱。」《説文》：「痱，風病也。」《廣韻》十四賄：蒲罪切。俗謂女子顛狂曰痱風，讀排上聲，入蟹韻。

紾，腰戾也。《孟子》：「紾兄之臂。」趙注：「紾，戾也。」《考工記》：「老牛之角紾而昔。」釋文：「許慎尚展反。」《方言》：「軫，戾也。」郭注：「相了戾也。江東音善。」今謂傷腰曰紾，讀尚展反。

掣，瘦削也。《考工記·輪人》：「望其輻，欲其掣爾而纖也。」掣音朔。《説文》：「掣，人臂貌。」戴東原曰：「輻有鴻有殺，似人之臂腕，故欲其掣爾而纖，不擁腫也。」俗謂人兩頤瘦削曰掣腮。

矔，轉目顧視也。《方言》：「梁益之間轉目顧視曰矔。」郭音「慣」。今讀平聲。

踒，足跌也。見《説文》，烏過切。今讀入聲，音如勿。字又作踠。《後漢·方術傳》：「馬踠足。」注：「屈損也。」

脪，瘡痛也。《玉篇》：「脪，香靳切。腫起也。」字又作脈、作痛。《廣韻》：「痛，瘡中冷。」俗謂瘡在此、腫痛在彼曰脪。

有病而呻曰㾘。《説文》：「㾘，病息也。」段注：「謂病之鼻息也。」苦叶切。今謂病人呻吟曰哼哼㾘㾘，讀堪入聲。

釋宫

笮謂之宋。《説文》：「宋，棟也。」武方切。「𢱭，複屋棟也。」「笮，迫也。在瓦之下𢱭上。」《釋名》：「笮，迮。編竹相連迫迮也。」今統謂笮爲宋，武方切。

小屋相連謂之㮾。《説文》：「櫓，㮾也。」「㮾，梠也。」《聲類》：「㮾，屋連綿也。」今於大屋旁建小屋曰㮾子。

篇子，有櫺之門也。《通俗文》：「疏門曰櫺。」「篇子，竹障。」

烓，行竈也。《新方言》：「郝懿行説登萊謂竈爲尉烓。《説文》：『烓，行竈也。』口迥切。」〔一〕俗謂竈可移者曰鍋烓，烓讀如腔。

圈，豕閑也。《説文》：「圈，養畜之閑也。」渠篆切。今謂豕牢曰圈，正讀渠篆切。

舟大者舸，《釋名》：「三百斛曰舸。舸，貂也。貂，短也。江南所名短而廣安不傾危者也。」今謂船可行海者曰海舸子。

小者艒。《玉篇》艒音榻，大船。今農家謂小船曰艒子。古艒艓字通，艒即艓也。

〔一〕迥：原誤作「逥」，據《説文解字注》改。

舟著岸謂之艐。《説文》：「艐，舟著不行也。讀若莘。」孫炎、郭璞並云艐古屆字。今謂船著岸曰艐，讀若栽。

釋器

甗，小盌。《説文》：「甗，小桮也。」古送切。今謂常盌微小者曰甗盌，音如工。

鈼，大鍼。《説文》：「鈼，綦鍼也。」《玉篇》：「鈼，長鍼也。」今謂大鍼曰鈼鍼，音如作。

桯，長凳。《方言》：「榻前几，江沔之間曰桯。」郭音刑。《新方言》：「今淮南謂牀前長凳爲桯凳，音如晴。」

褔，涎衣。《方言》：「繄袼謂之褔。」郭注：「即小兒次衣也。褔音漚。」《説文》：「褔，次裹衣也。」次，今涎字，俗謂涎衣曰裹褔。褔，讀如彄。

帵，裁餘。《廣韻》：「帵，裁餘也。」《通州志》：「帵子，剪裁布帛所餘也。」

楥，履範。《説文》：「楥，履法也。」《繫傳》：「織履中模範也。」俗曰鞋楥子。字又作楦。

纓謂之紻。《説文》：「紻，纓卷也。」於兩切。段玉裁曰：「纓卷謂纓之曲繞也。」俗謂冠纓曰紻繩子，小兒作帽多用之。

結謂之乾。《埤蒼》：「乾，急擦縛也。」今謂結子曰乾怛，音如革。《新方言》作紇怛，謂怛字無義，乃餘音也。

裙襞積謂之襵。《埤蒼》：「襵，襵衣也。」梁簡文詩：「熨斗成裙襵。」今音摺。

裳下幅謂之襬。《方言》：「幕，自關而東或謂之襬。」郭音碑。今謂裳下幅爲下襬，音如擺。

絲作繩謂之絛。《内則》：「織紝組紃。」注：「紃，絛也。」孔疏：「似繩者爲紃。」釋文：絛，他刀反。今作此音。僧徒以黄絲繩繫腰曰黄絲絛。

棺前端謂之和。《吕氏春秋》：「欒水齧其墓，見棺之前和。」高誘曰：「棺頭曰和。」今謂棺前端題字曰題和，和讀如壺。

笪，竹席。《方言》：「笴篖。」郭注：「似籧篨而粗。江東呼笪。音靼。」今謂竹席粗可禦雨者曰雨笪。

籧，葦席。《淮南子》高誘注：「籧篨，葦席也。」《方言》郭注：「江東呼籧篨爲籧。音廢。」今通謂葦席爲籧。

以蒲爲薦曰簟。《方言》：「簟，其粗者，自關而東或謂之簟棪。」郭音「盍剡」。《廣雅》簟棪，謂之籧篨。今以蒲爲薦曰蒲簟。

以木爲椎曰斪。《説文》：「斪，柯擊也。」段玉裁曰：「古音當讀如琅。」今人以木爲椎，有柄可擊者曰斪頭。

罳，網也。《吕氏春秋》：「繯網罝罦，不敢出於門。」繯當作罳。《説文》：「罳，网也。」《廣韻》三十諫有繯字，音同擐。今取魚之網，大其口，鋭其末，呼曰擐。平聲。俗字作罻。焦循

《北湖小志》借用纝字，當以作纝爲正。

連枷，柫也。《説文》：「柫，擊禾連枷也。」《淮南》謂之柍。《釋名》：「枷，加也。加杖於柄頭，以撾穗而出其穀也。」今鹽城無柍名，通謂之連枷，讀枷入皆韻。

苿，刈草器也。《説文》：「苿，兩刃臿也。」字又作鋘、作鏵。顧炎武曰：「古音吴。」今農人縛兩刃刈草曰鋘刀。

罌，木器。《淮陰侯傳》：「以木罌渡軍。」韋昭曰：「以木爲器如罌缶，以渡軍。」師古曰：「罌缶，謂瓶之大腹小口者也。」今擔水器，以木爲之，腹或微大，俗曰亮子。亮即罌之音轉。罌轉爲亮，猶纓轉爲絥矣。

落，竹器。《方言》：「桮落。」郭注：「盛杯器籠也。」今謂竹器可提者曰落子。

孿，量穀具。《説文》：「孿，抒滿也。」《通俗文》：「汲取曰孿。」《廣韻》孿，居願切，眈物也；又芳萬切，量也。案，眈即舀字。今謂廚中抒水器曰孿水舀子。柳器可量穀者曰孿子。

鋗，抒酒小盆也。《説文》：「鋗，抒酒小盆也。」火玄切。今人抒酒小盆以銅爲之，曰酒圈子。圈即鋗之語譌。

鏝匕，杇也。《説文》：「鏝，鐵杇也。」《廣韻》：「鏝刀，工人器。」案，今製或以木或以鐵，音並如挽。俗並謂鏝匕。鏝匕，猶鏝刀也。

和灰而漆曰垸。《説文》：「垸，以桼和灰丸而桼也。」今讀垸如瓦。

以石碾布曰碇。《説文》：「碇，以石衦繒也。」尺戰切。今人染布以石輾之使光澤曰碇，音如采。

染丹色曰臒。《書·梓材》：「惟其塗丹臒。」《説文》：「臒，善丹也。」今人以豕血染布作丹色曰臒，音如獲。

漬色曰瀸。《淮南子·要略》：「瀸濇肌膚。」《説文》：「瀸，漬也。」子廉切。今謂密漬食品曰瀸，又漬物染色亦曰瀸，讀去聲。

平物曰概。《月令》：「正權概。」《説文》：「概，所以杚斗斛也。」杚，平也。李善《文選注》概與杚同，古字通。《廣韻》十九代概、杚二字音同。今謂平物曰概，盛物器中減去之亦曰概，讀平聲，字當作杚、作扢。又農家收穀器，一人扶一人挽之，亦曰概。

鈎逆曰亅。《説文》：「鈎逆者謂之亅，讀若橜。」衢月切。今謂杖端小橜可挂物者曰亅，讀諸外切，俗云背擔亅子是也。凡蹶、撅等字讀居衛切者，俗音多作諸外切。

騎縫作記曰鏉縫。《字林》：「鏉，刻也。」《埤蒼》：「鏉，燒鐵久也。一曰灼鐵以識簡次。」《匡謬正俗》：「簡牘縫上刻記呼爲鏉縫，今於紙縫上署名猶取舊語。」案，今讀鏉作平聲，入麻韻。

挑燈曰㮇。《廣韻》：「㮇，火杖。他念切。」今謂挑燈爲㮇。

炗，微燒也。《詩》：「憂心如惔。」《説文》作「炗」，「小爇也」。今謂物微燒著曰炗，讀惔去聲。

熇，火盛也。《詩》毛傳：「熇熇然，熾盛也。」《説文》：「熇，火爇也。」火屋切。

火熾猛曰煬。《方言》郭注：「江東火熾猛爲煬。」

黲，色敗也。《玉篇》：「今謂物將敗時顔色黲也。七感切。」俗謂色敗曰黲，音如喘。

盭，了戾也。《説文》：「盭，弼戾也。從絃省，从盭。盭，了戾之也。」《玉篇》掫，側九切，執掫也。掫即盭字。今謂物相了戾爲盭，讀側九切。

器物磨損曰勦。《説文》：「勦，勞也。」段玉裁曰：「凡物久用而勞敝曰勦。」案，俗謂瓜蓏結實而不長大亦曰勦。

絲革弛緩曰紿。《説文》：「絲勞即紿。」段玉裁曰：「紿之言怠也，如人之券怠然。」今謂凡絲革之屬弛緩曰紿，音如胎。

米久味變曰餲。《論語》：「食饐而餲。」皇侃疏：「饐謂飲食經久而腐臭也。餲謂經久而味惡也。」案，饐今語爲餿。《字苑》：「饐，餿食也。」餲今讀如謁，俗云餲陳味。段玉裁曰：「餲之言鬱也。」

肉久味辛曰熮。《説文》引《逸周書》「味辛而不熮」，烙蕭切。今謂醃肉味變螫喉曰熮，音如荼蓼之蓼。

甚鹹曰鹶。《爾雅》：「滷、矜、鹹，苦也。」釋文矜作鹶。《玉篇》：「鹶，苦也。」

水沸曰涫。《說文》：「涫，鬻也。」段玉裁曰：「今江蘇俗語曰滾水，即涫音之轉。」

砂土不可食曰墋。《通俗文》：「砂土入食中曰墋。」《廣韻》墋，初朕切。

厚味熟肉曰燔。《說文》：「燔，宗廟火熟肉。」燔即膰字。《詩·生民》傳：「傅火曰燔。」今謂熟煮豚蹄曰燔，讀普巴切。凡番聲之字多轉入歌，又轉入麻矣。

細剉切肉曰𠟃。《南史·恩倖傳》：「俗間以細剉肉揉以薑桂曰𠟃。」《廣韻》三十四嘯作𢹂，訓切肉合揉，音同嘯。今謂細切魚肉曰𠟃，音近嘯。

食所遺曰胏。《說文》：「胏，食所遺也。」阻史切。今謂食有賸餘曰胏，音如賜。

糧謂之餱。《詩·大雅》：「乃裹餱糧。」毛傳：「餱，糧食也。」俗謂糧食曰餱糧。

綴衣謂之敹。《書·費誓》：「善敹乃甲冑。」鄭注：「敹，謂穿徹之。」釋文敹，了彫反。

又謂之敿。《說文》：「敿，繫連也。《周書》曰：『敿乃干。』讀若矯。」案，今語讀矯，又讀如敲。

又謂之絎。《廣雅》：「絎，緣也。」曹憲音下孟反。《玉篇》：「絎，縫紩也。」今讀如行列之行。

又謂之紩。《說文》：「紩，縫也。」直質切。

又謂之蠶。《通俗文》：「綴衣曰蠶。」今讀蠶上聲。

又謂之緝。　緝，《説文》作縙，緶衣也。段注：「縙者，緶其邊也。」

製履底謂之捆。　《孟子》：「捆履織席。」趙注：「捆，猶叩椓也。織履欲使堅，故叩之也。」釋文捆，丁音困。今謂製履底曰捆。

粞粲，細碎散之也。　《説文》：「粲，粞粲，散之也。」案，今謂米粟細碎散之曰粲粲地，即粞粲之語譌也。

釋天

虹謂之槓。　《唐韻正》《廣韻》一送：「虹，縣名。」今音絳。唐元稹《送客遊嶺南》詩：「山頭虹似巾。」注：「虹，音近絳。」案，絳本音古巷切，今鹽城呼虹爲槓，正作古巷切。《東臺志》：「虹蜺謂之杠。」

涷洛謂之凇。　凇字説見前志卷十七。《集韻》音思恭、蘇弄二切。俗呼凇音促如朔。

飛沙如霧謂之霾，或謂之霏。　《爾雅》：「風而雨土爲霾。」今上岡以東有此語，他處謂之霏。吴涑《抑抑堂集》：「霏，海霧也。此爲孫休特造字。」今俗音作丹，不足據，然别無以代之。

雭雭、瀧瀧，並雨貌。　《廣韻》二十七合：雭，蘇合切。《廣雅》：「雭雭，雨也。」今云雭雭，讀蘇合切。《廣韻》一東：瀧，盧紅切。《説文》：「雨瀧瀧也。」又四江：瀧，所江切，水名。今云雨瀧瀧，讀所江切。

颾，風低貌。　《埤蒼》：「颾，風遲也。」《玉篇》：「颾，風低貌。」俗謂風漸無力曰颾。

犂星，參中六星也。參中六星似耕犂，俗呼爲犂星。崔寔《四民月令》：「犂星没，水生骨。」是漢時已有此語。

烏鴉星，昴也。昴七星簇聚，俗以其形似烏，故名。

燈草星，心也。心三星，俗謂似人挑燈草也。

石頭星，牽牛也。牽牛三星古又名河鼓，謂似人擔荷兩鼓。俗謂似人挑石頭也。

踏車星，尾上二星也。尾九星，上二星平列似農人踏車之形。

拙婦登帳，匏瓜也。匏瓜四星斜列，如施帳不正者。然焦循《北湖小志》以軫星當之，蓋傳説之異。

釋地

田一區謂之丘。《匡謬正俗》：「古區與丘音不别。今江淮田野之人猶謂區爲丘。」案，今鹽城土田契籍正謂田一區爲一丘，俗字作坵。

隄謂之堆。《匡謬正俗》：「隄防之字並音丁奚反。江南末俗往往讀爲大奚反，以爲風流，恥作低音，是隄字本讀如低。」今語隄爲堆，正低音之轉。

水中積土謂之垛。《通俗文》：「積土曰垛。」《纂文》：「吴人以積土爲垛。垛，堅也。」

田間水道謂之漕。《宋書·二凶傳》：「今欲且開小漕，觀試流勢。」此言漕，蓋小渠之名。今通謂田間水道曰漕。

田中畎謂之場。《玉篇》場，始羊切，訓封場、耕場二義。今謂田中小溝曰場溝，讀始羊切，即封場義。又謂耕田一次曰一場，音如上，即耕場義。

兩畎之間謂之畹。王逸《楚辭注》：「或曰田之長者爲畹。」今謂田中兩畎之間高平而長者曰畹，音如萬。

土黏曰堇。《説文》：「堇，黏土也。」今謂黏土曰堇泥，堇讀如勤。

水乾土堅曰垎。《説文》：「垎，水乾也。一曰堅也。」《齊民要術》注：「濕耕堅垎，數年不佳。」今謂放水乾使土堅曰垎，音如各。

田敗而确堅曰瓦。《釋名》：「瓦，踝也。踝，确堅貌也。」

流下滴曰沰。《説文》：「涿，流下滴也。」段玉裁曰：「今俗謂一滴曰一涿，音如篤，即此字也。又作沰，音當洛反。《廣雅》：『沰，磓也。』崔實書：『上火不落，下火滴沰。』」案，今謂一涿爲一沰，當洛反。

滲，水小漏也。《説文》：「滲，下滲也。」所禁切。今讀森去聲。

澌，水侵入也。《説文》：「澌，土得水沮也。」段玉裁曰：「今俗謂水稍稍侵物入其内曰澌。竹隻切。」

範土爲塊曰墼。《説文》：「墼，令適也。一曰未燒者。」古歷切。今人範土爲塊以砌牆曰土墼。

搕搑，塵穢也。見《通州志》。《廣韻》：「搕搑，糞也。」烏合、私盍二切。今音同。陳啓彤説此二字作蘖糨。

潐，水盡也。《説文》：「潐，盡也。」王念孫説高郵謂水盡爲潐。今俗謂水乾曰潐乾，又謂人無餘財亦曰潐。

阤，土積也。《説文》：「阤，小崩也。」《漢書·東方朔傳》：「宗廟崩阤。」顔師古曰：「阤，積也。」今謂積土漸積曰阤，音如時。

浮謂之洴。《莊子》李頤注：「洴澼絖者，漂絮於水上。」《廣雅》：「浮，漂也。」「漂，潎也。」王念孫曰：「漂澼、洴潎，一聲之轉。」今謂漂潎曰洴，又凡浮皆曰洴，讀普光切。

釋植物

蘋，水廉，又曰浮薔。吴普《本草》：「水萍，一名水廉，葉圓小，一莖一葉，根入水底。五月白花。」案，此非浮萍，乃蘋也。陳藏器《本草拾遺》：「蘋葉闊寸許，葉下有一點，如水沫。一名芣菜。」吴仁傑《離騷草木疏》：「蘋生水上，今呼浮菜。」案，芣浮音同。今俗呼蘋爲水廉花，又曰浮薔菜。浮薔之名見王磐《野菜譜》，即浮菜之遺語。近人著述多以四葉菜爲蘋，其説甚誤。

翹摇車，巢菜也，其大者薇。《爾雅》：「柱夫，摇車。」郭注：「蔓生，細葉，紫華，可食。俗呼翹摇車。」今鹽人呼曰翹翹子，有大小二種，大者俗名翹豌，即大巢菜。《本草拾遺》以小巢菜爲翹搖，大巢菜爲薇。

蒲蘁，苻蘺，上蒚也。《爾雅》：「莞，苻蘺，其上蒚。」《神農本草》「蒲黄」陶注：「即蒲蘁花上黄粉也。」王念孫曰：「蒲穗皆紫茸四周，密密相次〔一〕，長五六寸，形正圓，高郵人謂之蒲棒頭。」案，鹽人謂之蒲蘁棒。蒲蘁，即苻離也。

蕾，旋花也。《爾雅》：「葍，蕾。」即今藥中旋花。俗呼富秧子，乃蕾之遺語。

蘢古，蓼也。《爾雅》：「紅，蘢古。」〔二〕郭注：「俗呼紅草爲蘢鼓。」案，今人呼水蓼爲蘢古。

烏蓲，荻也。《爾雅》：「菼，薍。」〔三〕郭注：「似葦而小，實中。江東呼爲烏蓲，音丘。」案，今呼荻爲烏蓲，音丘。

灰藋，商藋也。《説文繫傳》：「商藋，俗所謂灰藋也。」郝懿行曰：「藜全似藋而葉心赤。」

落藜，王彗也。《説文》：「蕍，王彗。」繫傳：「今落帚草也。」又云：「今落帚或謂落藜，初生可食，藜之類也。」

〔一〕次：原脱，據《廣雅疏證》補。
〔二〕蘢：原誤作「龍」，據《爾雅》改。
〔三〕薍：原誤作「蓲」，據《爾雅》改。

胡繩，橫目也。《離騷》：「索胡繩之纚纚。」戴注：「胡繩，蔓生布地，或謂之結縷。《爾雅》謂之傅，亦謂之橫目。《爾雅》郭注：『結縷，俗謂之鼓箏草。』又《上林賦注》：『結縷，蔓生，如縷相結。』」案，此草即今之巴連根。胡、鼓、傅、巴，一音之轉。橫目云者，謂其縱橫布地，延生細根，如節目也。

羊麻，蕕也。《爾雅》：「莤，蔓于。」莤即蕕。《説文》：「蕕，水邊草也。」《名醫别録》：「馬唐，一名羊麻。」陳藏器曰：「似結縷，葉長。」案，此草俗呼油毛草。油毛，即羊麻，並蕕音之轉。

蜀葵，戎葵也。《爾雅》：「菺，戎葵。」郭注：「今蜀葵也。華如木槿華。」郝疏：「今蜀葵。京師呼秫稭華，登萊呼秫齊華，並蜀葵之聲相轉耳。」案，俗呼蜀葵，作蜀、齊二音。

麞舌，麕舌也。《爾雅》：「菭，麇舌。」釋文本作麇，俱綸反。郝疏：「《本草别録》：麕舌生水中，五月採。麕與麇同。」案，《説文》：「麇，麞也。」今田中穢草俗呼麞舌，即麕舌也。

白鼓丁，哺公也。《廣雅》：「鷄狗獳，哺公也。」《唐本草》：「蒲公草，一名耩耨草。」蘇頌曰：「俗呼蒲公英，譌爲僕公罌。」王磐《野菜譜》：「白鼓丁，一名蒲公英。」王念孫曰：「狗獳耩耨、哺公蒲公，聲相近。」今鹽人呼爲谷谷丁，又僕公罌、白鼓丁之語譌。

稻稿曰穰。《説文》：「穰，黍稴已治者。」〔一〕《内則》鄭注：「墐，塗之有穰草也。」

〔一〕黍：原誤作「禾」，據《説文解字》改。

麥稿曰稍。《説文》：「稍，麥莖也。」古玄切。今謂麥莖曰稍，音譌如莞席之莞。

水中枯草曰苴。《莊子》：「其土苴以治天下。」陸氏音義：苴，側雅反，又知雅反，糞草也。今謂水中泥草曰苴，知雅反。

菰根連結曰葑。《廣韻》葑一音芳用反，菰根也。江東有葑田。今鹽人讀葑如葓。

草木稠曰莽。《新方言》：「浙東謂草木稠曰莽因，以形狀物。」鹽城讀莽如猛，古莽、猛音近字通。《莊子·應帝王》：「莽眇之鳥。」崔本作猛。

麥舂熟謂之䴬。《廣韻》䴬，侯㵎切，音莧。《通州志》：「䴬子，碎麥仁也。」今謂麥舂熟微碎者曰䴬。一作麲。《玉篇》：「麲，余諫切。麥屑也。」

米麥碎謂之粞。《玉篇》：「粞，桑來切。碎米。」又音西。今謂碎米細者曰粞，音如俗語跴緝之跴。《海州志》作糕。

䴱麥，圓麥也。《玉篇》：「䴱，古猛切。大麥。」今謂圓麥曰䴱麥，音譌如滚。

稻秕稃聚者謂之穩。《玉篇》穩字訓「蹂穀聚」。今謂稻中秕稃揚之使聚者曰穩子，又曰偃子。古安穩字通作隱，隱偃二字亦通用，並一音之轉。

稻刈而復生謂之秜。《説文》：「稻今年落，來年自生謂之秜。」段玉裁謂秜音同離字，又作穭、作稆、作旅。案，今謂穀刈而復生者曰再秜子，或音譌曰再撩子。《吴郡志》：「今田間豐歲已刈，而稻根復蒸苗，極易長，旋復成實可掠取，謂之再撩稻。」

楮謂之穀。《詩》毛傳：「楮，惡木也。」《説文》：「穀，楮也。從木㱿聲。」今通謂楮木曰穀樹，穀讀如㱿，苦角切。

杉謂之檉。《廣韻》：「檉，木似杉而硬。」今通謂杉木爲檉木。

釋動物

牛牡者謂之牯。《通州志》：「牯，牛之壯也。」案，羊牡曰羖。牯爲羖之後出字。

牡者謂之犉。《尸子》：「大牛爲犉。」今謂牡牛曰犉。案，羊牡又曰羝。犉乃羝音之轉。

牝者謂之㹀，又謂之牸。《爾雅》：「馬牝曰騇。」《廣雅》：「㹀、牸、牝，雌也。」今讀㹀如沙，牸如雌。

豕牝者謂之豝。《説文》：「豝，牝豕也。」俗謂牝豕曰嫣嫣猪，乃豝之語譌。

既老謂之豟。《尸子》：「大豕爲豟。」今語老豕曰豟猪，豟讀如鬲。

牡豕犗者謂之犍。《爾雅》：「䝅，豶。」釋文：豶，謂犍猪。王念孫《廣雅疏證》：「俗謂牡猪去勢者曰犍猪，聲如建。」

牝豕犗者謂之騬。《新方言》：「騬，犗馬也。登萊移以言猪。」郝懿行《爾雅義疏》：「俗謂小豮猪爲騬猪，東齊言騬如繒。」今鹽城謂牝豕閹者曰騬子猪，言騬如豚。

犬惡毛謂之獶。《説文》：「獶，犬惡毛也。」奴刀切。《新方言》：「今人謂犬毛蒙茸者曰獶師狗。」

喙頸短者謂之猲獐。《説文》：「猲獢，短喙犬也。」許謁切。「獐，短脛犬。」〔一〕薄蟹切。陳啓彤曰：「今俗謂短喙短頸獅毛小狗曰哈巴狗。哈巴當作猲獐。」案，哈巴與曷卑音近。

犬食謂之𤞞。《漢書》：「𤞞糠及米。」《説文》：「𤞞，犬食也。讀若比目魚鰈之鰈。」案，鰈爲鰨之異文。今謂犬竊食曰𤞞，讀若鰨。

鳲鳩謂之郭公。《本草拾遺》：「布穀，鳲鳩也。江東呼爲郭公，北人謂之撥穀。」今鹽城呼郭公，音如刮鍋。

祝鳩謂之勃姑。《詩》毛傳：「鵻，夫不也。」《爾雅》：「隹其，夫不。」郭注：「今鵓鳩。」《説文》：「鵻，祝鳩也。」段玉裁曰：「鵓鳩，俗呼勃姑，鵓勃語之轉，即《爾雅》之夫不也。」

鴟鶨謂之蘆虎。《爾雅》：「鴟鶨，剖葦。」郭注：「江東呼蘆虎，似雀，青班，長尾。」今俗呼蘆聒聒，即蘆虎音轉。

鸊鷉謂之鵽。《方言》：「野鳧，其小而好没水中者，南楚之外謂之鸊鷉，大者謂之鶻蹏。」〔二〕今呼鸊鷉曰鵽子，音如奪。《玉篇》：「鵽，弋雪切。水鳥也。」

鸌，棲樹間水鳥也。《廣韻》：「鸌，烏郭切，水鳥。」今有鳥俗呼鸌子，作巢樹間，喜食魚。

蚓謂之寒蠖。《玉篇》：「蠖，許偃切。寒蠖。」蚯蚓也。

〔一〕脛：原誤作「頸」，據《説文解字》改。
〔二〕蹏：原作「鷉」，據《方言》改。

蟬謂之蠽蟟。郝懿行曰：「蟬，棲霞謂之蠽蟟。」今鹽城語略同。其别一種小者謂之都蟟，乃《夏小正》所謂「寒蟬蝭蠑」也。

蝗子謂之蝻。《説文》：「蝻，蟲食苗葉者。吏乞貣則生蝻。《詩》曰：『去其螟蝻。』」今《詩》蝻字作螣。陸璣曰：「蝗子，兖州人謂之螣。」今鹽城謂蝗子爲蝻子，音如奪。

土螽謂之蛨蚝。《爾雅》：「土螽，蠰谿。」郝懿行曰：「土螽，今土蛨蚝也。登萊人呼蛨蚝音如禡詐，揚州人呼沫扎。」案，今鹽城呼蛨蚝音如抹詐。

蜃謂之蝺。《夏小正》傳：「蜃也者，蒲蘆也。」《説文》：「蝺蠃，蒲蘆，細要土蠭也。」蝺即蜾字。今謂蜃爲蝺，音如不正之㛗。

蟚蜞、蟚螆，皆小蟹也。《古今注》：「蟚蜞，小蟹，生海邊泥中。」《證俗音》：「有毛者爲蟚蜞，無毛者爲蟚蜎，堪食，俗呼彭越，譌耳。」《廣韻》：「蟚蚏，似蟹而小。」《類篇》作蟚螆。《晉書·夏統傳》：「或至海邊，採蠊螆以資養。」

鱖謂之鯚。《廣韻》鱖，居衛切。今通呼鱖爲桂魚。鹽人呼罽花魚。桂、罽皆鱖語之轉。《正字通》云：「鄉語謂鱖爲計是也，俗字作鯚。」

鮤、鱴、母鮆，皆刀魚之名也。《爾雅》：「鮤，鱴刀。」郭注：「今之鮆魚也。」案，此魚通呼刀魚。戴侗《六書故》：「刀魚，大者曰母鮆。」屈翁山《廣東新語》謂之馬鰶，又名鳳尾魚。鹽城呼爲雯子魚，又曰閔子魚，又曰昆毛魚。雯、鮤、閔、母、馬、毛、鱴、鰶、鮆，並音之轉。

鰣生海中謂之鰳。《爾雅》：「鮥，當魱。」《廣東新語》：「粵人呼鰣魚生海中者爲鰽白魚。」鰽即鮥之俗字，江蘇謂之鰳魚。諺曰：「江鰣海鰳。」郝懿行曰：「登萊人謂之魱鮥魚。」鮥鰳音近。

河豚無刺謂之鮭。郭璞《山海經注》：「今名鯸鮐爲鮭魚。」《說文》：「鮐，海魚也。」今海濱人以腹下有刺者爲河豚，無刺者爲花鮭。

石首別一種小者謂之鯼。《廣雅》：「鯼，石首也。」《物理小識》：「石首，白下鮮者，冰溜以來，謂之黃魚。」今海濱別有一種石首，小者長僅二三寸，形狀全似黃魚，土人亦呼鯼魚。

黃花，亦石首類也，謂之鮸。《正字通》：「似鯼而小。」《東臺志》一名黃花魚，俗呼梅頭。

鮸，或謂之鰵。《吳郡志》引《大業雜記》：「鮸魚出海中，鱗細，紫色，含肚時有口味。」案，此魚東臺、海州諸志謂之鰵魚。徐鍇曰「鮸，今人音敏」是也。鹽人呼鮸音或如米。

鯔別一種小者曰胖頭。《本草綱目》：「鯔魚，生東海，狀如青魚。」《東臺志》：「胖頭魚，生竈河中，似鯔而小。」

海魚之美者有鯧鯿、馬嘉焉。《本草拾遺》：「鯧魚，生南海，狀如鯽，身正圓，無硬骨，作炙食至美。」《廣東新語》作鯧魚，云狀如鯿，一名鏡魚。《東臺志》俗呼鯧鯿。宋姚鎔《三說》有馬嘉魚，《海州志》作馬鮫，《通州志》作馬鰝，《廣東新語》謂之馬膏鯽，今鹽城呼馬膏魚。

魥鮈魚，鯷也。《戰國策》：「鯷冠秫縫。」注：「鯷，大鮎，以其皮爲冠。」《海州志》有魥鮈，音同稽鉤。《集韻》作鯷鮈，蓋鯷冠之語譌也。

鍋蓋魚，蒲魚也，又謂之鰷，别一種謂之水箟。　韓詩：「蒲魚尾如蛇，口眼不相謍。」注：「蒲魚，即鰞魚也。今廣州曰蒲魚。」案，蒲魚，《説文》謂之鮹，《西山經》謂之鮃，郭璞《江賦》謂之鱝。蒲鮃鱝，一音之轉。《本草拾遺》謂之海鷂魚，《東臺志》謂之少陽魚，又曰鍋蓋魚，《通州志》謂之黄鰷。又有水箟魚，與鰷相似，乃此魚之别種也。

鞋底魚，王餘也。《吴都賦》：「雙則比目，片則王餘。」郝懿行曰：「王餘單行，非兩兩相合。」《南越志》謂之版魚。今鹽人謂比目魚單行者曰鞋底版。

帶魚，林刀也。　王城《贛榆縣志》：「帶魚，一名林刀。」吴恒宣《雲臺山志》作銀刀，云「形如刀，長數尺」。

八帶魚，章舉也。　韓詩注：「章舉有八足，一曰章魚。」王城《贛榆縣志》有「八帶魚，八足，其二長」。

虎頭鯊，鮀也。《爾雅》「鯊，鮀」郭注：「今吹沙小魚，體圓而有點文。」案，此魚今呼虎頭鯊。又江南有土步魚，形狀全同，而色純黑，尾無歧。虎頭、土步，並鮀語之轉。

鮧斯魚，鮧魟也。《食療本草》：「黄颡，一名鮧魟。」李時珍曰：「身尾俱似小鮎，無鱗，腮下有二横骨。」王念孫曰：「此魚今所在有之，長不盈尺，揚州人謂之鮧斯魚。」

師子魚，四腮鱸也。《新字典》：「松江四腮鱸，狀與吐鮫相似。」此魚鹽城有之，名師子魚，味不美。師子，即四腮語譌。

𦫳角魚，水鑱也。吴恒宣《雲臺山志》有鑱魚，即𦫳角魚也。角左右突出謂之𦫳。《説文》：「𦫳，羊角也。」工瓦切。今讀昆乃切。

罵婆魚，鱵魚也。《東山經》：「枳水其中多箴魚，其狀如鯈，其喙如箴。」《高郵州志》：「鱵魚，一名針口魚，俗呼罵婆魚。」

魚之猛者黄鮎。《廣韻》五十六㮇：「鮎，古念切，魚名。」李時珍曰：「鮎魚，健而難制，力敢而陷物者也。」今有魚名黄鮎，體圓厚而長，扁額長喙，細鱗，兩頰黄，性猛，啖魚，大者二三十斤。鮎，讀兼去聲。

方音

本縣方音紐攝不具，音素多缺。西北建陽、安豐等處，自昔接近郡城，發音較晰。新官河流域以南，紕繆最甚。至於兒赦二奥同呼，模瞞摩謀莫辨，眉梅棉咩混讀，多見於徐氏《類音字彙》，在一縣中又爲例外，本篇不復論及之也。

辨紐

凡照穿牀審禪三母之字，俱讀入精清從心邪，如張昌商讀臧倉桑是。吴敬恒曰：「中部能讀照穿牀，以知徹澄合併之也。其讀法以舌尖平抵齶後上齶之邊脊，音亦感覺於舌葉，若感覺去舌尖稍近，則爲不規則之精從清矣。」

凡精清從心邪之齊撮呼，俱讀入見溪曉匣之齊撮呼，如躋妻西讀基欺希是。

凡疑母開合呼，俱讀入影喻，如礙岸讀愛案、愕讀惡約是。南京音亦然，見趙元任《南京音系》。江永曰：「疑喻易混者也。疑出牙，喻出喉，本相去遠，而人於牙音之第四位不能使氣觸牙，則以深喉音呼之。」

讀日母俱入來母，如柔肉日讀樓六勒是。江永曰：「日爲半齒，而耳二等字似出於舌何也？方音口張而舌抵齶故也。」

沙溝、常盈等處，讀泥母俱入來母，如農女奈讀龍呂賴是。趙元任曰：「從南京溯長江以上，兩岸皆然。」江永曰：「泥必舌頭，勿令出其半舌，方音有呼泥似犂者，則混來母矣。」

一紐中有數字讀入旁紐者，寺邪讀峙澄，今入照，桓匣讀完喻，桓丸並胡官切，今音丸完變深喉，鹽人讀桓隨丸完俱變，暑審讀楚穿，詳邪讀牆從，南京同，侵清讀駸精，且清讀寫心，側照讀測穿，軋影讀札照，偕見讀諧匣，徐邪讀瞿羣，阮疑讀卵來，嵇匣讀夷喻，環匣讀枯遠切溪。

凡俗語呼字，有與讀音異紐者，皆讀音爲變音，語音爲本音。定母之洞同去聲、地徒四切、怠臺去聲，讀音入端母，讀凍帝戴。語音在透母，讀通梯胎。爲定之清。從母之在才去聲、就酋去聲、昨藏入聲，讀音入精母，讀載僦作。語音在清母，讀猜秋錯。爲從之清。並母之抱袍上聲、薄傍入聲，讀音入邦母，讀報博。語音在滂母，讀抛泊。爲並之清。羣母之舊求去聲，讀音入見母，讀救。語音在溪母，讀丘。爲羣之清。又疑母之仰虐上聲、溪母之跪虧上聲、透母之盪湯去聲、澄母之丈長上聲、直懲入聲，皆讀音已變他紐，而語音仍在本紐。泰縣等處呼去爲平，鹽城南境略同。江永曰：牙脣齒舌當第三位，爲最濁，其仄聲必有轉音，乃別於第二位之清聲，而人多溺習俗，最重者反轉爲輕。今鄉俗有用重呼者，是正音。

辨韻

庚青蒸三韻，讀與真文不分。南京音亦然。顧炎武曰：「吴人讀耕青清皆作真音。」

庚青蒸之合口呼及重脣音，多讀與東冬合。如兄彭等字與國音同，惟讀東冬韻用閏音，不與庚青蒸全韻合。

元寒桓山删先仙七韻字，分讀桓寒先三類。凡桓類俱合撮呼，先類俱齊齒呼，此與《中原音韻》分桓歡、寒山、先天三部一例。

覃談鹽添咸銜凡七韻同。泰縣語音呼寒覃談作合口呼，入桓類，鹽城南境亦有之。

麻韻齊齒呼嗟奢社等字，讀國音せ韻；爹遮耶等字仍讀麻部本音。遮耶二字讀開口呼。

尤韻脣音字，多讀入魚蕭韻。浮讀孚，謀讀謨，剖讀鋪，茂貿讀暮、此類與古音近。顧炎武曰：古謀音媒、剖音普、茂貿音耄，魏晉人讀浮爲孚。矛讀茅、彪讀標。此二字爲通行之音。

陽聲之韻有入，東冬江陽庚青蒸真文元寒删先侵覃鹽咸。陰聲之韻無入。支微魚虞齊佳灰蕭肴豪歌麻尤。

平入相配與《廣韻》合，與國音全異。國音せ韻之入，同於方音先韻之入。

入聲韻屋沃燭爲一類，覺藥鐸爲一類。質術櫛物迄没陌麥昔錫職德緝十三韻，開合呼爲一類，如則德等。齊撮呼爲一類。如吉栗等。月曷末黠轄屑薛合盍葉怗洽狎業乏十五韻，月合等爲一類，黠狎等爲一類，屑葉等爲一類。即桓寒先三類之入，此與李漁曲韻分厥月、揵伐、屑葉三部一例。

陌麥德三韻内白北麥墨國獲等字俱讀入屋燭韻。白北墨讀合口呼。

一韻中有數字讀入他韻者，創讀初患切，此與南京寒陽不分一例。也讀矮，者讀宰，兩讀咊，蕊讀乳。語音呼字有與古韻合者，你等、我等之等呼待，母猫之母呼米，漱口之漱呼數，草約之約呼要。古音，等，都在切；母，滿以切；漱，蘇故切；約，於妙切；並見顧氏《唐韻正》。

辨等呼

字有呼開口爲口合者，襯呼寸，删呼拴，孟呼夢，彭朋呼蓬；有呼合口爲開口者，款呼坎，敦呼登，屯豚呼勝；有呼開口爲齊齒者，丐呼介，刊呼慳，恪呼卻；有呼齊齒爲開口者，鹹呼含，鴨壓呼安入聲；語音此例最多。有呼撮口爲齊齒者，劣呼列；有呼合口爲撮口者，遜巽呼殉。字有本呼開口，今變齊齒，語音仍不變者，爲項巷鞋蟹顔眼揀陷絞皺間艱家牙瞎狹江覺下學等字。巷顔眼三字讀音亦開口，江字呼姓作開口。

附鹽城續志校補

又方言釋言

「初耕曰塌」删去，補一條如下：刈禾曰劕。《太玄》注：「劕，翦絶也。」《後漢·劉梁傳》注：「劕，翦絶也。」今謂刈斷禾頸曰劕。《釋詁》：「鋮、磅，穫也。」劕、磅義通。

又「糞田曰穮」改訂如下：加糞於秧曰穮。《説文》：「穮，槈鉏田也。」《齊民要術》謂重復鉏田曰報。鉏，段玉裁曰：「吴下語用鉏曰暴。」報、暴並穮之遺語，今謂秧田加糞曰穮，讀標去聲，有重復施加之義。

又「斫治樹木曰刴」下補二條如下：以繩絡物曰陌。《釋詁》：「貉縮，綸也。」郭注：「綸者，繩也。謂牽縛縮貉之。今俗語猶然。」郝疏：「貉讀『貊其德音』之貊。」字又作陌。《釋名》：「綃頭，或曰陌頭，言從後横陌而前也。」今人以絲繩絡物使不翹起，通曰陌。

以篙止船曰笡。《玉篇》：籊，笡，逆搶也。逆搶爲迎止撑拒之義。今人立篙水中以止船曰笡，讀遷謝反。

又「手有所把曰攄」改易如下：掣而挽之曰扯。《説文》：「扯，捽也。」《通俗文》：「掣挽曰扯。」《廣韻》扯，將此切，又子禮、側買二切。今謂手有所牽挽曰扯，竹買切。俗借拽字爲之。

又「足躡履曰跕」下補三條如下：足有所踐曰癹。《説文》：「癹，以足蹋夷草。」普活切。案夷，平也。今以足蹋物使平曰癹，讀排上聲。

以拳加人曰搋。《通俗文》：「拳手挃曰搋。」《廣韻》：「搋，以拳加物。丑皆切。」又作扠。案挃，擣也。今謂以拳擣人曰搋，山皆切。

以手伸物曰掛。《集韻》：「掛，手伸物也。音腆。」今北人讀掛如琛，鹽人讀掛如頓。掛、頓一音之轉。

又「以箕斂物曰扱」改爲兩條如下：收衽於帶曰扱。《禮·問喪》：「鷄斯跣扱上衽。」《釋器》：「扱衽謂之襭。」〔一〕注：「扱衣上衽於帶。」今謂收衽於帶曰扱，音如進。足有所擷取之趿。

浮而取之曰操。《通俗文》：「浮取曰操，沈取曰撈。」今人以箕斂塵，又以長柄小網浮取魚蝦，並曰操，音促，如綽。字又作罺、作摷。《釋器》：「罺謂之汕。」《詩·南有嘉魚》箋：「摷者，今之撩罟也。」

又「以湯去毛曰燅」下補二條如下：久火熟肉曰㶽。《説文》：「㶽，炮炙也。以微火温肉。」烏痕切。案依烏痕切，字當作煾。《廣雅·釋詁》：「㶽，煸也。」「煾，煴也。」今謂久火煮肉曰㶽，音同歐。

飯再煮曰酘。《抱朴子》：「一酘之酒，不可以方九醖之醇。」酘，謂酒再釀也。音同投。今取熟飯和水再煮之曰酘飯。又以先溲發酵之麪投入新麪中謂之酘酵。

又「小兒周晬曰黿周」删去，補二條如下：强聚食曰窡。《廣韻》十三末：「敪敠，食不喚自來。」音奪銃。今謂聚衆至人家坐食曰喫敪頓子。又禽鳥聚食踐踏田中作物，亦謂之敪。字並應作窡。《説文》：「窡，口滿食。」丁滑切。

饋喪家食且設奠曰殩〔二〕。《廣韻》二十九換：「秦人云饋喪家食曰殩。」音同竄。今人親

〔一〕襭：原誤作「擷」，據《爾雅》改。

〔二〕殩：原誤作「𥗥」，據《廣韻》改。

戚死，於六七之期饋其家以羹飯曰换飯，即綵之遺語。

又「有所立謂之纂」下補一條如下：視物一端斂謂之孚。《説文》：「孚，五指持也。」案持有聚合之義。今謂兩物相並，其一端斂者謂之孚。

又「幟，拭也」下補一句如下：又謂之甐。《廣雅》：「甐甐，磨也。」甐，又作䃰。《方言》：「磑或謂之䃰。」《廣韻》甐，楚佳切，音釵。今謂揩拭爲甐，音如初。

又「掇取之易也」改易如下：拾掇，猶收拾也。《廣韻》十三末：「掇，拾掇也。」丁括切。今謂收拾亦曰拾掇，音如奪。

又「誧，大言也」下補二句如下：又謂之奅。《説文》：「奅，大也。」段注：「此謂虚張之大。」破孝切。《釋名》：「脬，匏也。匏，空虚之言也。」奅、匏音義並同。

趉，猝起走也。《玉篇》：「趉，猝起走也。」《説文》讀若屈。今謂人猝起走，止之不得曰趉，讀若猾。

又釋形體

「耽，耳朵也」下補二條如下：眂，目微視也。《説文》：「眂，病人視也。」讀若迷。俗謂眼微合曰眂覷。

踦，一足跛也。《方言》：「物體不具，梁楚之間謂之踦。」《説文》：「踦，一足也。」今謂跛一足曰踦，讀垂、茄二音。俗字作瘸。

又「疿，顛狂也」删。

又「有病而呻曰痰」下補一條如下：心惡而吐曰歈。《説文》：「歈，心有所惡，若吐也。」俗讀歈如喔。

又釋器

「緌，履範」下補一條如下：繂，大索。《爾雅·釋水》：「紼，繂也。」孫注：「繂，大索也。」《廣韻》六術：「繂，繩，船上用。」音同律。今農家挂篷大繩，用以上下篷者曰繂索，音同律。

又「絲作繩謂之絛」下補一條如下：所以製衣者謂之㡜。《説文》：「㡜，殘帛也。」《廣韻》㡜音薛，又音雪。俗謂衣用絲繒製者曰輭㡜子。

又「染丹色曰臒」删去，補一條如下：裁衣裂一幅謂之㡏。《説文》：「㡏，正耑裂也。」王筠説㡏即繻字，謂裂新帛之正端。山樞切。今人裁衣一幅，翦出餘布成正條者曰㡏，音同樞。

又「鈎逆曰亅」改易如下：杖端小橛曰贅。《釋名》：「贅，横生一肉，屬着體也。」今人以扁擔兩頭小橛有似人體上横生之贅肬，呼之曰贅，而變其音作竹賣切，俗云扁擔贅子是也。《廣韻》十五卦有膪字，豚肉也，竹賣切。正即贅之俗字。

又「米久味變曰餲」删去，補一條如下：食久味變曰餿，或曰饐。《論語》：「食饐而餲。」《字苑》：「饐，餿食也。」通語食臭味變曰餿，縣以東或曰饐。

又「厚味熟肉曰燔」删去，補三條如下：和香爲羹煮肉曰臐膮。《公食大夫禮》：「臐以東膮膮牛炙。」鄭注：「膷臐膮，今時曜也。皆香美之名也。古文膷作香，臐作熏。」王念孫曰：「曜或作膈。」《釋名》：「膈，蒿也。香氣蒿蒿也。」今謂市中雜以芳香煮熟之肉曰臐膮，音同薰燒。

有骨和肉爲醬曰臡。《爾雅・釋器》疏：「以肉作醬名醢，有骨相雜者名臡。」俗言剁成肉泥，字當作臡。今雲南人猶有以骨和肉作醬者。

小兒呼菜肴曰鮭。《南史・庾杲之傳》：「日食鮭菜二十七種。」鮭爲魚菜之總稱。今川滇小兒通呼肉食曰鮭鮭。鹽城小兒爲治飲食之戲曰辦鮭鮭酒。並讀鮭作各雅切。

又釋天

「拙婦登帳匏瓜也」改訂爲兩條如下：拙婦登帳，箕也。梭兒星，匏瓜也。

又釋植物

「米麥碎謂之粞」下補二條如下：糠不破謂之麧。《史記・陳平傳》：「食糠覈。」覈字，《說文》作麧，《玉篇》作籺。孟康曰：「麥糠中不破者也。」今語糠不破者曰䊌子，尤大者曰麧䊌子，音如革。

製新麥爲餌曰𪎊䵎。《廣韻》：「大麥新熟作䵎𪎊也。」音善輦。陸游詩：「拭盤堆連展。」注云：「淮人以名麥餌。」案今語製新麥爲餌曰冷軫連展。冷軫，並䵎𪎊二音之倒轉。

又方音辨紐

「讀入旁紐」條補一句如下：斜邪讀茄羣。

〔嘉慶〕東臺縣志

【解題】周古修，蔡復午等纂。東臺縣，今江蘇省鹽城市東臺市。「方言」見卷十五《風俗考》中。録文據嘉慶二十一年（一八一六）刻本《東臺縣志》。

方言

物謂之東西，亦謂之稿子。無謂之没有。不潔謂之齷齪。假寐謂之盹。愁悶謂之焦。睍視謂之張。呻吟謂之哼。廁謂之茅缸。庭謂之天井。頜謂之合腮。膝謂之波羅。脛謂之孤拐。虹霓謂之杠。電謂之閃。避人謂之躲。籧篨謂之駝子。戚施謂之鷄胸，亦謂之睖天。呼父曰爺爺，亦曰爸爸。土音拜平聲。小兒謂之伢子。乳婦謂之嫣子。長工謂之漢子。僕謂之小伙。婢謂之丫頭。詈子弟廢業曰不長進。不肖曰不脹湯。蚯蚓謂之蟥蟮。蟬謂之嗟留。口吃謂之急子，亦曰結子。與人争吵謂之淘氣，亦曰疙禿。土音格答。角口曰纏蠻，亦曰講口，亦曰撥嘴。作佛事謂之做齋。味鹹謂之燥。辣謂之麻人。瑣屑謂之囉嗻。止小兒忿争曰吧呀。汙穢謂之邋遢，亦謂之醃臢。鹵莽謂之笨。杯謂之鍾子。碟謂之盤子。盆謂之鉢頭。荻謂之蘆柴。藏謂之囥。不明白謂之鶻突，亦曰囫圇吞。諧謔謂之打諢，亦謂之打油。誑謂之哄。亡命無賴謂之没攔筋，亦謂之搨皮子，又謂之魂亭。受人欺謂之喫虧。窮經營謂之炒光棍，亦謂之求上聲渴。

其他不能悉載，姑記其略如此。至於以稻爲滔、以豆爲偷、以鹹爲寒、以地爲梯、以丈爲昌之類，則聲之轉也。其閒巷之俚語，市儈之流言，有可舉之以資採訪者，再更端數之。彼此相妒忌曰醋。示若不置人於意中者曰淡。持人之陰事使不敢肆焉曰拿捏。以語漸漬之俾其從曰熏。姑置其事而待之曰冷。若置之若不置之似有係焉者，又或與而不必與、不盡與也曰弔。尾人之後偵其所之與所爲曰躧。土音米。羣口而嬲其人曰嘈。以言呴沫人令其意靡靡焉曰水。以言兩排之使動或鬬鬩焉曰抰。添去聲。故以言與事招人使我應曰撩。置一言若一物於人令猝不我釋也曰鈎。設法範圍於人曰箍。故陷人於過或令其處負曰耍、曰弄。夤緣干進乘閒而入之曰鑽。以漸而刮劘其所有曰鏇。土音圈。誣訟人於官而詐其財物亦曰鏇。限人之所至曰量。造是非佐使人怒曰嗾。四走而追人或捕人曰撲。强以事物委人曰栽、曰儂賴。言之多而厭聽曰激聒、曰瑣碎、曰嘈噆，音匝。曰哰叨、曰的達、曰絮聒。其小語可厭曰呱噥、曰唧噥。作事不果決曰摸索、曰䐈膩。人之谿刻者曰嶢嵠、曰撓搭。用財之吝曰拈掐。人之無情曰寡辣。矜誇曰招謠、曰倡揚。勉强營爲曰綳拽、曰拼揍。曲處以應人曰騰挪。恰相當曰促恰。不合事宜曰差池。與世乖舛曰蹭蹬。不得意曰落魄。音樸。精神不健王音旺曰萎䝐。土音威雖。不輕便曰礌堆。不分辨是非曰含糊。厚顔曰膾。音唱。羞澀曰面靦。嘔吐曰作嗀。音惡。以事難人曰揉挼。人之發迹曰升騰。談笑不誠恪曰欷歌。音希哈。擾人曰聒噪。以言慫慂人曰攛掇。抝抑人曰麤擦。曠大不拘束曰浪音朗蕩。事有歸着曰與結。無分別曰儱侗。物事就理曰條直。欲了不了曰丢跌。不爽潔、煩汙曰漬淖。刺鬧。雹之小者曰雪珠。雨細曰毛。天初曉謂之矇矇亮。後三日謂之外後日。俄頃謂之登時。咽謂之打嗌。强力謂之硬偃。争上聲，土音去聲。蹴謂之踼。推擊謂之搡。相扶謂之攙。以臂拉謂之搚。音脅。揖謂之唱喏。倚謂之靠。使力正屋謂之牮。音薦。支不平謂之岾。音店。加不緊謂之屆。音煞。以肩荷物謂之夯。曳謂之拖。相助謂之幫。臥謂之儻。緩步曰踱。音鐸。久立曰站。棄謂之丢。稱意謂之够。音遘。少謂之不够。慳吝謂之澀。自誇謂之賣弄。語言重複謂之兜搭。不知嫌忌謂之没答颯。愈盛謂之越發。私語謂之打耳擦子。應聲曰唉。本音愛，其音襖，則聲之轉也。入水聲曰汩洞、曰骨都。凡物之聲急疾曰忽刺。蕩費謂之告作。酒帘謂之幌子。嘗試其事曰試撚年上聲子。以田産典人曰榷。箸謂之篩子。袍謂之坐馬。外褂謂之外套，亦曰罩子。補衣布角謂之補丁。衣若物經夏雨而生斑謂之黴。面垢亦曰黴。器破未離謂之璺〔一〕。本音問，土音悶聲之轉也。户樞謂之轉肘。户牝謂之門窩。兩物和匀曰拌。飯壞謂之餿。音搜。凡蟹蝦用椒鹽酒漬謂之嗆。以酒母發麵謂之酵。音告。以手裂紙及布帛曰斯。竈突謂之烟囱。木屐謂之套子。曝衣物謂之曬。日曝乾謂之乾癟。音鼈。强與人物謂之掗。瘤之最細者曰瘊子。喉嚨謂之嗓子。小兒迷藏謂之紮閃盲。小兒羣鬧曰憚恎。小兒學步曰蹬蹬。呼犬曰呵嚧。呼羊

〔一〕璺：原誤作「罌」。

曰咩咩。呼鷄曰喌喌。音粥。五方之言語不同，聲音各異，不可以更僕盡也。

方言，古今沿習，輾轉各殊。如漢人所謂齊語、魯語，今齊魯無其語。六朝人所謂吴語，今亦無其語也。十場壤接趾錯，語音相似，略記數則，以見一斑。按《泰州志》未載方言，今録場志，參之邑人易曉者，略爲考核訂正。至近泰之西村等處，清濁略異，以多鼻音故耳。

〔光緒〕東臺采訪見聞録

【解題】又題《東臺縣志稿》。王璋纂。光緒十九年（一八九三）修，未刊。東臺縣，今江蘇省鹽城市東臺市。「方言」見卷一。有稿本及泰州新華書店一九七三年鈔本兩種。録文據鈔本，凡稿本之不同處，以腳注出之。

方言

圭窬謂之丁頭虎[一]。卸冬衣謂之脱單[二]。無作爲曰忠厚。呼伯父曰大大。大，打去聲。呼叔父曰爺爺。爺音牙。狡猾從事謂之游兒。作事荒唐謂之没腦子。人殁訃喪謂之把信。恒爲人解紛謂之爛好人。肱謂之腳子。呼母之父曰公公。呼母之母曰婆婆。言語齟齬謂之鬭氣。冷語侵人謂之尖。牀謂之鋪。瓶謂之罐子。留有餘以待人曰厚道。言行迂拘謂之謬。處人

[一] 窬：稿本作「竇」。
[二] 卸：稿本作「褪」。

不直謂之奸。有意憚勞謂之躲嬾。言行切實謂之有學問。貌陋曰難看。貌美曰不醜、曰體面、曰標致〔一〕。卷施草謂之爬依草。不靈動謂之呆。走謂之跑。貪得謂之討便宜。呼猫曰迷迷。呼小兒曰保保、曰狗狗。粥厚曰爛飯〔二〕。撞之謂碰。不苟曰至誠。捏人是非謂之酸子。性直謂之綆〔三〕。天曉謂之發白。呼女兒曰外家。家，土音缸〔四〕。毁謂之壞〔五〕。寢其事曰没事〔六〕。私行請託謂之走線索。與人初見面謂之面覗〔七〕。大雨曰瓢倒〔八〕。厚己曰不顧人。女紅刺繡曰做針線。人亡曰不在。向人張羅謂之打漉。如以嚴爲年音、韓爲何音之類，皆土人音聲之轉變也〔九〕。

〔一〕曰標致：稿本無。
〔二〕粥厚曰爛飯：稿本無。
〔三〕性直謂之綆：稿本無。
〔四〕缸：稿本作「剛」。
〔五〕毁謂之壞：稿本無。
〔六〕寢：稿本作「儘」。
〔七〕與人初見面謂之面覗：稿本無。
〔八〕倒：稿本誤作「例」。
〔九〕音聲：稿本作「聲音」。

〔民國〕王家營志

【解題】張煦侯撰。王家營，今江蘇省淮安市淮陰區王營鎮。「方言」見卷四《禮俗》中。録文據民國二十二年（一九三三）鉛印本《王家營志》。

方言

舊邑志稱王營盛時，雖輿臺賤隸，能爲京師音。地接徐方，欲爲朔響，誠未甚難，然非營民之常言也。

王營方音，蓋與清淮爲近，辜陳其略。若發聲無齒頭、正齒之別。如咨與支、私與師。泥娘與來，並歸一讀。如泥與尼與離。收聲則東冬、江陽、青蒸諸部，其音相混；元寒刪等部，聲勢亦未較若畫一。其小變而近本株者，則有濕之爲赤、蹲之爲登、樞之爲魚、齒音之變。環之爲寬、陽平。鴉之爲禨、喉音之變。芒之爲亡。脣音之變。或韻部相鄰，偶有出入，若都爲兜、魚侯旁轉。謎爲命、支青對轉。殷爲恩、青真旁轉。還爲孩。寒泰對轉。其例至廣，難可悉陳也。以上變聲轉韻之例，皆操語云爾，非指讀書正音。而方言之中，雖畔諺雜出，亦有冥合雅故者。若誇大其説曰訏，鄭玄曰：「訏，誇也。」由此達彼曰徂，《爾雅》：「徂，往也。」引申爲至。與其事曰攪，《説文》：「攪，亂也。」引申爲和同義。超乘而前曰邁，《詩・小雅》：「後予邁焉。」俯首曰磬，用磬折義。物不鮮曰蔫，《説文》：「蔫，菸也。」「菸，鬱也。」里有諺曰：「一代蔫，一代鮮。」路賒難至曰淹，《爾雅》：「淹、留，久也。」牀前横木曰杠，《説文》舊訓如此。鼠穴四旁之土曰墳，《左傳》：「公祭之地，地墳。」背肉曰脢，市牛肉者云然，與《説文》合。小兒自稱曰某之類皆是。又有假借舊文，别傳新義，其造辭乃益巧。若罷休曰海，物相比曰映，露頭角曰漏，力作曰活，以力受直曰苦，玉成之曰挑，損直贖産曰爛，出其所得曰吐，買非其肆曰回，兩囊相爲注曰脱，言非實曰水，儀文朴野曰土，狡於逃責曰皮，中無實際曰充，能人所難曰猴，事險曰懸，見幾曰亮，標榜聲勢曰架。欲備舉之，亦不能盡也。其或故爲反語，如謂杯空曰滿。巧作歇後，如謂險巧曰促，乃促壽義。則鄰於市井，不悉書焉。

〔光緒〕通州直隸州志

【解題】梁悦馨等修，季念貽等纂。通州直隸州，轄境包括今江蘇省南通市如皋市及泰州市泰興市，州治在今江蘇省南通市。「方言」見卷一《疆域志·風氣》中。録文據光緒元年（一八七五）刻本《通州直隸州志》。

方言

囥，藏也。匵，蓋也。掀，揭也。苫，蓋之周也。躴躿，長大也。僄偞，美而輕也。[illegible]笮，不謹飭也。欣，哇也。鬾，孕婦子病也。打嗌，咽也。[illegible]，口吃也。豥，老健也。硬[illegible]〔一〕，强力

〔一〕[illegible]：原誤作「儖」。

也。猏，兒不純也。紮閃盲，小兒迷藏也。䐈，髮黏也。沰，垢也。次，液也。腉，乳也。曉，深目也。眼眵，目凝汁也。侈，口張也。跧，折腰也。踼，蹴也。跐，蹈物也。困，臥也。蹬蹬，兒學步也。蹚，涉水也。捅，前後移也。抋，轉捩也。掐，爪刺也。攎，聚起也。拲，束也。掜，指撅也。掿，揉也。搋〔一〕，拳使力也。錧，剜取也。鑇，刀截也。捼，相摩也。撼，輕擊也。搡，推擊也。攙，扶也。搢，以臂拉也。攥，抱緊也。瞥，乍見也。㐁，舌取物也。唱喏，揖也。瞭，遠望也。囟，驚聲也。頓，熱物也。彀，滿足也。頭面，首飾也。腳手，鞋也。山頭，屋旁也。丫頭，婢也。篾片，媚於人者也。胖，體肥也。調羹，杓也。籃，筐也。鱟，虹也。嗄呀，驚也。欲，美也。嗔，叱也。覶瑣，言之多也。歀，唾面也。𧩙𧩙，悲狀也。蚘蚘，笑貌也。駡，相詬也。𢡟〔二〕，小睡也。靠，倚也。周捉，整疊也。囫圇，完全也。簸，蘆蓆也。旗子，酒帘也。箴子，筯也。篦，密櫛也。補帄，補衣布角也。涮，滌也。汏，漂也。鏩刀，截草具也。碌碡，石碌也。窟刺，瓦礫也。垈，土塊也。搕揰，塵穢也。餕，食變味也。䬶，臭敗也。韌，不脆也。砝實，堅牢也。𤏬，煮豆也。灼，生火也。烼烼，火盛也。卣，盛物也。餑，糝餅麪也。饊子，油煠環餅也。飥飣，蕎麵條也。豆脯，菽乳也。菜蕻，春菜心也。䭃，貪飽也。䏣䏣，味厚也。丟，棄也。掗，值也。忒殺，甚也。不尷尬，不適用也。拗黎，固執也。埵，落也。欶，吮也。歁，歠

〔一〕搋：原誤作「摅」。
〔二〕𢡟：原誤作「毳」。

也。够，多也。不够，少也。菸，色不鮮也。黴，衣斑也。麨⿰黹少，不浄也。⿰女屈⿰女屈，物之短也。⿰黍多，物相沾也。⿰黍易，不黏也。璺，器破未離也。鉛，磨物漸薄也。穭，田禾不播種而自生也。牯，牛之牡也。特，牛之牝也。笮，駕牛繩也。靄襖，負重號子也。呵嚧，呼犬也。⿰牛盧⿰牛盧，呼牛也。□□，呼猪也。咩咩，呼羊也。都都，呼馬驢也。喌喌，呼鷄也。頤黟，呼鴨也。綻，穀實飽滿也。⿸疒需，不飽滿也。氽，水驟涌也。涵涵，下濕也；一曰濕⿰氵致⿰氵致。⿰氵七，水自下潛上也。淋澤〔一〕，冰牙也。揎，欹斜也。牮，使力正屋也。⿱山氣，支不平也。扂，加不緊也。扆，門關也。⿸户艮，閾也。捭，剡木入竅也。摚，⿰扌者門也。轉肘，户樞也。門窩，户牝也。爺爺，稱父也。媽媽，稱母也。爹爹，稱祖也。奶奶，稱祖母也。賣弄，自誇也。兜搜，不倜儻也。冒失，愚惷不知禮法也。兜答，言語瑣碎重複也。邋遢，不潔净也。藍縷，衣衫破敝也。没答煞，不知嫌忌也。嚌嘈，詬誶聲也。告作，蕩費也。笨人，不靈秀也。膝兒，粗笨不練達也。⿰阝西青，無賴之尤者也；一名罔兩。欸，與唉同，音哀；又音襖。聲低而和柔者，然其言而應之也；聲高而厲者，不然其言而斥之也；仰首張口而聲長者，歎恨之聲也。阿歆，負痛聲也。皴，皮肉凍裂也。⿰目長，私窺也。跁，匍匐也。跳，急行，又踴身而起也。⿰足婆，緩步也。站，久立也。幫，相助也。躺，臥也。挑擔，肩承重物也。拖，曳物也。拌，兩物和勻也。澆，布帛紕薄也。粯子，碎麥仁也。煠熬，

〔一〕澤：原誤作「澤」。

油極熱而熟物也。酵，以酒母發麵也。燈栎，燈杖也。烟囱，竈突也。撕，以手裂紙及布帛也。瘊子，瘤之最細者也。抻，扯物令長也。俯就，不得已而姑從之也。惋子，剪裁布帛所餘也。打扮，裝飾也。戳，以物刺物也。找，補不足也。掗，强與人物也。甏子，大口甕也。褦襶，不曉事也。套子，木屐也。晒，曝衣物也。打耳擦子，私語也；一作説唧唧話。

〔民國〕二十年來之南通

【解題】陳翰珍纂。南通，今江蘇省南通市。「言語」見上篇第三章《南通之風俗及言語》中。録文據民國二十七年（一九三八）鉛印本《二十年來之南通》。

言語

至於南通之言語，依所據之地而各不同。近江邊者多操海門話，與上海語略似，較爲普通。其餘多操土語，支離咭咯，頗難了解；甚至同縣之人，都有不能懂者。近來各高小以下之學校，多注重國語教授，所以求根本之改革也。

〔乾隆〕如皋縣志

【解題】鄭見龍修，周植等纂。民國之前的如皋，轄境包括今江蘇省南通市如皋市、如東縣以及海安縣部分地區。「方言」見卷三《方俗志》中。録文據乾隆十五年（一七五〇）刻本《如皋縣志》。

囥，藏也。㔸，蓋也。掀，揭也。苫，蓋之周也。躴躿，長大也。僄傑，美而輕也。[illegible]笮，不謹飭也。欹，哇也。魃，孕婦子病也。打嗌，咽也。謳，口吃也。豩，老健也。硬偃，强力也。㰝，極貧也。狣，兒不純也。紮閃盲，小兒迷藏也。膪，髮黏也。垽，垢也。次，液也。脫，乳也。曉，深目也。眼眵，目凝汁也。㑳，口張也。跧，折腰也。踼，蹴也。跐，蹈物也。蹬蹬，兒學步也。跿，涉水也。捅，前後移也。挖，轉捩也。掐，爪刺也。抐，按也。揞，掩也。攎，聚起也。拳，束也。捝，指撅也。捲，揉也。搋，拳使力也。鋺，剜取也。鐟，刀截也。掕，伸物也。拆，手承物也。挼，相摩也。撼，輕擊也。掼，擲地也。搡，推擊也。攙，相扶也。搰，以臂拉也。攥，抱緊也。瞥，乍見也。㐁，舌取物也。唱喏，揖也。睒，遠望也。欸，應聲也。卤，驚聲也。嗄呀，驚也。歆，美也。嗔，叱也。㕧，聲高也。覼瑣詛，言之多也。歎，唾面也。誓誓，悲狀也。欸欸，笑貌也。唧唧，耳語也〔一〕。罵，相詬也。㥏，小睡也。靠，倚也。周捉，整疊也。囫圇，完全也。嚅兒，蟀蠍，蚌殼也。䉬，蘆蓆也。簱子，酒帘也。簸子，筯也。篦，密櫛也。甂，椀底也。補盯，補衣布角也。鞝，履底加皮也。䄯，束帶也。涮，滌也。汏，漂也。舀，掠取也。戽，潑去也。鏩刀，截草具也。碌碡，石磟也。窟刺，瓦礫也。垡，土塊也。搕搐，塵穢也。餕，食變味也。䭲，臭敗也。燖，沃去毛也。温暾，微熱也。韌，不脆也。砝實，堅牢也。燂，煮

〔一〕耳：原誤作「爾」。

豆也。熯，微火熟物也。灼，生火也。烁烁，火盛也。滰，去汁也。[illegible]，盛物也。餑，糝餅麵也。酵糖，飴也。饊子，油煠環餅也。飥飣，蕎麵條也。豆脯，菽乳也。菜蕻，春菜心也。䭃，貪飽也。肥肥，味厚也。丟，棄也。掽，值也。忒殺，甚也。不尷尬，不適用也。拗棃，固執也。埵，落也。欶，吮也。歆，歠也。够，多也。不够，少也。菸，色不鮮也。黴，衣斑也。[illegible][illegible]，不净也。[illegible][illegible]，物之短也。[illegible][illegible]，物相沾也。[illegible]，不黏也。齾，缺邊也。璺，器破未離也。鋊，磨物漸薄也。穭，田禾不播種而自生也。牯，牛之牡也。牸，牛之牝也。笮，駕牛繩也。[illegible]襖，負重號子也。呵嚧，呼犬也。[illegible][illegible]，呼牛也。欶欶，呼猪也。咩咩，呼羊也。都都，呼馬驢也。喌喌，呼鷄也。頤夥，呼鴨也。穀實飽滿曰有，不飽滿曰癟。氽，水驟涌也。漎，水自上而下也。涵涵，下濕也，一曰濕[illegible][illegible]。汔，水自下滲上也。淋澤，冰牙也。揎，欹斜也。牮，使力正屋也。[illegible]，支不平也。[illegible]，加不緊也。扆〔一〕，門闗也。[illegible]，閾也。[illegible]，剡木入竅也。撐，揞門也。轉肘，户樞也。門窩，户牝也。

〔嘉慶〕如皋縣志

【解題】 楊受廷等修，馬汝舟等纂。民國之前的如皋，轄境包括今江蘇省南通市如皋市、如東縣以及海安縣部分地區。「方言」見卷八《方俗》中。有嘉慶九年（一八〇四）、十三年（一八〇八）刻本。録文據

〔一〕 扆：原作「扆」。

方言

囥，藏也。𩕄，蓋也。掀，揭也。苫，蓋之周也。躴躿，長大也。僄僷，美而輕也。[illegible]管，不謹飭也。欣，哇也。鬾，孕婦子病也。打嗌，咽也。[illegible]，口吃也。豩，老健也。硬傴，强力也。[illegible]，兒不純也。紮閃盲，小兒迷藏也。䐈，髮黏也。涾，垢也。次，液也。䏶，乳也。曉，深目也。眼眵，目凝汁也。侈，口張也。跧，折腰也。踼，蹴也。跐，蹈物也。蹬蹬，兒學步也。蹇，涉水也。捅，前後移。扡，轉捩也。掐，爪刺也。攎，聚起也。揫，束也。捝，指擫也。掿，揉也。搋，拳使力也。鋺，剜取也。鑇，刀截也。捼，相摩也。摵，輕擊也。搡，推擊也。攙，相扶也。擠，以臂拉也。攥，抱緊也。瞥，乍見也。丙，舌取物也。唱喏，揖也。瞵，遠望也。欸，應聲也。卤，驚聲也。嗄呀，驚也。歆，美也。嗔，叱也。覼瑣詛，言之多也。歀，唾面也。誓誓，悲狀也。欸欸，笑貌也。罵，相詬也。㥶〔一〕，小睡也。靠，倚也。周捉，整疊也。囫圇，完全也。簸，蘆席也。旐子，酒帘也。簁子，篩也。篦，密櫛也。補衦，補衣布角也。淛，滌也。汏，漂也。鐁刀，截草具也。碌碡，石磟也。窟刺，瓦礫也。垈，土塊也。搕捶，塵穢也。餕，食變味也。[illegible]，臭敗也。韌，不脆也。砝實，堅牢也。熗，煮豆也。灼，生火也。炢炢，火盛也。齒，

〔一〕㥶：原誤作「毳」。

盛物也。餑，糝餅麪也。酵糖，飴也。饊子，油煠環餅也。飥飣，蕎麪條也。豆脯，菽乳也。菜蕻，春菜心也。餸，貪飽也。肥肥，味厚也。丟，棄也。掽，值也。忒殺，甚也。不尷尬，不適用也。拗黎，固執也。墥，落也。欶，吮也。歀，歡也。够，多也。不够，少也。菸，色不鮮也。黴，衣斑也。麨尟，不浄也。𡟴𡟴，物之短也。穇穇，物相沾也。䵒，不黏也。璺，器破未離也。鋊，磨物漸薄也。穭，田禾不播種而自生也。牯，牛之牡也。牸，牛之牝也。笮，駕牛繩也。靄襖，負重號子也。呵嚧，呼犬也。𤛓𤛓，呼牛也。欶欶，呼猪也。咩咩，呼羊也。都都，呼馬驢也。喌喌，呼鷄也。頤夥，呼鴨也。穀實飽滿曰綻，不飽滿曰癟。氽，水驟涌也。涵涵，下濕也；一曰濕潡潡。氿，水自下潛上也。淋澤〔一〕，冰牙也。揎，攲斜也。牮，使力正屋也。𡷾，支不平也。扂，加不緊也。扊〔二〕，門關也。扊，閾也。摔，剡木入竅也。摚，揞門也。轉肘，户樞也。門窩，户牝也。爺爺，稱父也。媽媽，稱母也。爹爹，稱祖也。奶奶，稱祖母也。賣弄，自誇也。兜搜，不倜儻也。冒失，愚惷不知禮法也。兜答，言語瑣碎重複也。邋遢，不潔浄也。藍縷，衣衫破敝也。没答煞，不知嫌忌也。嚌嘈，詬誶聲也。告作，蕩費也。笨人，不靈秀也。𦢊兒，粗笨不練達也。陋青，無賴之尤者也；一名罔兩。欸，與唉同，音哀，又音襖〔三〕。聲低而和柔

〔一〕澤：原誤作「滜」。
〔二〕扊：原作「扊」。
〔三〕與唉同音哀又音襖：八字原誤入正文。

者，然其言而應之也；聲高而厲者，不然其言而斥之也；仰首張口而聲長者，歎恨之聲也。阿歆，負痛聲也。皴，皮肉凍裂也。眼，私窺也。跁，匍匐也。跳，急行，又踴身而起也。踱，緩步也。站，久立也。幫，相助也。儻，臥也。挑擔，肩承重物也。拖，曳物也。拌，兩物和勻也。澆，布帛紕薄也。粯子，碎麥仁也。煠，熬油極熱而熟物也。酵，以酒母發麪也。燈桸，燈杖也。烟囪，竈突也。撕，以手裂紙及布帛也。瘊子，瘤之最細者也。抻，扯物令長也。俯就，不得已而姑從之也。惋子，剪裁布帛所餘也。打扮，裝飾也。戳，以物刺物也。找，補不足也。掗，強與人物也。髡子，大口甕也。褦襶，不曉事也。套子，木屐也。晒，曝衣物也。打耳擦子，私語也；一作説唧唧話。

〔民國〕如皋縣志

【解題】劉焕等修，沙元炳等纂。如皋縣，今江蘇省南通市如皋市。「方言」見卷五《典禮志》中。録文據民國十八年（一九二九）鉛印本《如皋縣志》。

方言

囥，音亢。藏也。㔶，案字書無此字，蓋⿷匚贛音感，與⿱贛皿同。⿱贛皿，又音勘，《增韻》訓器蓋。今人稱蓋覆器皿，其音正作勘上聲。⿷匚贛本訓箱類，翟灝《通俗編》云：「焦竑《俗書刊誤》、李翊《俗呼小録》皆作⿷匚贛，非。」蓋也。掀，音軒。揭也。苫，詩詹切。蓋之周也。躴躿，音郎康。長大也。僄偞，音飄葉。美而輕也。蓋笮，案《玉篇》作蓋䔿；李實《蜀語》𡙏音戀上聲，𡙏音鮓；趙叔向《肯綮録》作𡙏槎，上力瓦切，下除瓦切；《通俗篇》引《傳燈録》皆作𡙏苴。不謹飭也。欨，音嘔。哇也。魃，音芰。孕婦子病也。打嗌，音厄。咽也。誣，音極。口吃也。豴，呼關切。老健也。硬五更切儖音筝上聲〔一〕，强力也。㹳，音羌。兒不純也。㸚閃盲，案閃當作睒。《吹景集》：「俗謂人來而避曰閃。《説文》：『睒，不媚，前卻睒睒也。』失冄切。」〔二〕小兒迷藏也。膱，音職。髮黏也。涇，案舊志作沍誤。《集韻》沍音沂，赧愧皃，無垢義。涇音銀去聲，滓也。今俗言衣服垢汙作壄去聲，與音銀去聲蓋語音輕重耳。垢也。次，案即涎字之本字。液也。腒，居佳切。乳也。曉，音歐，一作䁓。深目也。眼眵，叱支切。目凝汁也。哆，昌者切，舊志作侈，張也，無口張義。口張也。跧，阻頑切。折腰也。踢，音逖。蹴也。跐，音此。蹈物也。蹬蹬，音登。兒學步也。䟺，皮凡切。涉水也。捅，音桶。前後移也。扒，音别。轉捩也。掐，音恰。爪刺也。擄，音盧。聚起也。揫，音鳩。束也。捏，音孽，案俗作捏。指攦也。掿，音搦。揉也。摢，居佳切，與扠同。拳使力也。鎚，音彄，舊志譌作鎠。剜取也。鑇，牋西切。刀切也。挼，奴未切。相摩也。摵，音策。輕擊也。搡，音顙。推擊也。攙，初銜切。相扶也。擸，落合切。案《公羊傳》：「擸幹而殺之。」擸，即拉字。以臂拉也。攥，案字書無此字，或當作撮。抱緊也。瞥，音擎。乍見也。丙，音忝。舌取物也。唱喏，音惹。揖也。睒，音猋。遠望也。卤〔三〕，音仍。驚聲也。欸，音靄。應聲也。嗄於邁切

〔一〕儖：原誤作「儖」。
〔二〕冄：原誤作「再」。
〔三〕卤：原誤作「逌」。

呀五加切，驚也。猗欠，音猗。美也。嗔，案即噴字之譌。叱也。𩾍盧戈切瑣詛音姐，言之多也。歘，音崇。唾面也。⿱斯言音西⿱斯言，悲狀也。欪音西欪，笑貌也。罵，相詬也。⿱毳心〔一〕，小睡也。靠，倚也。周捉，整疊也。囫圇，音忽倫。完全也。簸，蘆蓆也。旐音恍子，酒帘也。箴音快子，箸也。篦，方迷切。古書多作比。《廣雅》：「比，櫛也。」《倉頡篇》：「靡者爲比，麤者爲疏。」又作鎞，杜甫詩：「短髮不勝鎞。」密櫛也。補衵，案字書無此字。補衣布角也。涮，生慣切。滌也。汰，漂匹妙切也。鏩音札。案《集韻》《類篇》俱作鍘刀，切草具也。碌碡，音淥毒。石碾也。䃰刺，音辣。瓦礫也。垡，音伐。土塊也。搕烏合切搕私合切，塵穢也。餿，音搜。食變味也。餌，五根切。臭敗也。韌，而進切。不脆也。砝音劫實，堅牢也。㷖，音遏。煮豆也。灼，音酌。生火也。㸌音滇㸌，火盛也。齨，音著。盛物也。餑，音勃。糁餅麪也。酵糖，酵音教。飴也。饊音散子〔二〕，油煤，士洽切。環餅也。飥音氣。案此字當作麧，或作粍，音紇。麧飣，即俗所謂麧疙瘩音之轉耳飣音訂，蕎麪條也。豆脯，音脯，俗作腐。菽乳也。菜蕻，音閧。春菜心也。饞，音淙。貪飽也。䏠案字書無此字。舊志及同治《通州志》俱如此寫，疑爲肥字之譌。《正字通》：「肥，肥也。」與味厚義近肥，味厚也。丟，丁羞切。棄也。掽，彭去聲。值也。忒殺，甚也。不尷尬，音甘介。案字當從九，或從兀，非。不適用也。拗於教切犟音別，固執也。墬，音殺。落也。軟，音朔。吮徂究切也。欿，歡也。够，音構。多也。不够，少也。菸，音焉。一作蔫。色不鮮也。黴，音眉。舊志譌作黴。衣斑也。勦勦，音勞曹。不

〔一〕⿱毳心：原誤作「⿱毳毛」。
〔二〕饊：原誤作「鏾」。

浄也。⿰矢屈音屈⿰矢屈，物之短也。⿰黍多陟加切黏，物相黏也。⿰黍易，音曬。不黏也。璺，音問。器破未離也。鋊，音欲。磨物漸薄也。穭，田禾不播種而自生也。牯，音古。牛之牡。牸，音字。舊志誤作犗。案字書無犗字。牛之牝也。笮，音咋。駕牛繩也。靄襖，負重號子也。呵嚧，音訶盧。呼犬也。⿰牛虘且五切，呼牛也。欶音逾欶，呼猪也。咩音乜咩，呼羊也。都都，呼馬驢也。喌音祝喌，呼鷄也。頣夥，户果切。呼鴨也。穀實飽滿曰綻〔一〕，不飽滿曰癟。音鼈。氽，吞上聲。水驟涌也。涵涵，下濕也；水自下滲上一曰濕漐漐。音致。或作濕蟄蟄。見《二老堂詩話》。⿰氵乙，音即。案舊志從七作⿰氵七。考字書無⿰氵七字。淋澤，音鐸。案舊志誤作澤。冰牙也。揸，子夜切。舊志訛作揸。欹斜也。⿱代牛，音薦。使力正屋也。⿰占豈，音坫。支不平也。⿸尸舌，音殺。或作戳。元好問《中州集》周馳有《戳子》詩。加不緊也。⿸广辰，音拴，一作⿰扌⿸广辰。俗作門。舊志譌作⿸广辰。門關也。⿸户艮，音限。閾也。榫，音筍。舊志誤作⿰扌隼。剡木入竅也。摚，音根。揞門也。轉肘，户樞也。門窩，户牝也。爺音耶。案古《木蘭辭》作耶爺，稱父也。媽馬平聲媽，稱母也。爹屠可切。音舵。案今土音作都加切爹，稱祖也。奶奶，稱祖母也。賣弄，自誇也。兜當侯切搜，不倜音遏儻也。冒失，愚惷春上聲不知禮法也。兜答，案《通俗篇》作兜搭。言語瑣碎重複也。邋遢，音臘榻。不潔浄也。藍縷，音婁。衣衫破敝也。没答煞，音殺。不知嫌忌也。嚌嘈，音齊曹。詬誶聲也。告作，蕩費也。笨蒲本切。一作体人，不靈秀也。⿰月暴音雹兒，粗笨不練達也。⿰阝西青，無賴之尤者也；

〔一〕實：原誤作「食」。

一名罔兩。欸，與唉同，音哀，又音襖。聲低而和柔者，然其言而應之也；聲高而厲者，不然其言而斥之也；仰首張口而聲長者，歎恨之聲也。阿歆，音阿育。負痛聲也。皴，音村。皮肉凍裂也。睍，音張。私窺也。跁，蒲巴切。匍匐也。跳，徒弔切。急行，又踊身而起也。踱，音鐸。緩步也。站，音贊。久立也。幫，音邦。一作挷。相助也。踢，案舊志作儻。《通州志》作躺。檢字書無躺字。今據《集韻》作踼。臥也。挑擔，肩承重物也。拖，曳物也。拌，音潘。兩物和勻也。澆，堅堯切。布帛紕音毗薄也。粯音莧子，碎麥仁也。煤，熬油極熱而熟物也。酵，以酒母發麪也。燈椓，添去聲。燈杖也。烟囪，音聰。竈突也。撕，音斯。以手裂紙及布帛也。瘊音侯子，瘤之最細者也。抻，申去聲。扯車上聲物令長也。俯就，不得已而姑從之也。帨烏丸切子，剪裁布帛所餘也。打扮，班去聲。裝飾也。戳，敕角切。案此俗寫當作籍，或作擉。以物刺物也。找，案字書無此字，俗作早。補不足也。掗，音亞。強與人物也。甏彭去聲子，大口甕也。褦襶，音耐戴。不曉事也。套土皓切子，木屐也。晒，音舍。曝衣物也。打耳擦音察子，私語也；一作説唧唧話。

〔民國〕泰縣志稿

【解題】王景濤修，單毓元纂。泰縣，今江蘇省泰州市姜堰區。「方言」見卷二四《社會志》中。志中「增」「補」部分，由陳啓彤、高裕端纂。録文據民國二十年（一九三一）稿本《泰縣志稿》。

方言

泰邑方言因遷徙交通之遞嬗，一變於元明之際，再變於太平天國之時，三變於民元交通日便以後。蓋我泰位居江北下河，壤地褊僻，試徵諸氏族譜牒，大都贛皖名族於元明之際遷泰，江南氏系遷於太平天國之時。自輪舶大通，我泰則爲下河各邑出入之門户。於是考音徵諺，可以識時代之變遷矣。惟是方音屢改，方言猶存，始纂泰邑方言之書，有高爾庚氏分天地人物四部，録入續纂州志，而未刊行。繼而有陳啓彤、高裕端二氏雖搜羅寖廣，不專爲泰邑之言。兹採陳、高兩家之作，續高氏之後，其尚有可增者，更爲補之。

天部

麻眨眼　天初明謂之麻眨眼，一作矇眨眼。《説文新附》：「目動也。」《集韻》眨或作睞。《廣韻》側洽切。

礙黑　傍晚謂之礙黑。古作礙夜，一作礙燈。按《異苑》有「欲進路，礙夜不得前去」語，李義山《朱槿花》詩云：「恨有礙燈還。」白香山詩云：「東家典錢歸礙夜，南家貰米出凌晨。」

瀑頭雨　雨之疾者曰瀑頭雨。《説文》：「瀑，疾雨也。」《詩》曰「終風且瀑」，毛傳作「暴」。《淮南子》曰：「飄風瀑雨，日中不須臾。」《老子》曰：「飄風不終朝，暴雨不終夕。」

温暾熱　温暾亦作安鸃。《説文》：「鸃，安鸃，温也。」猶温存也。泰俗謂半熱曰温暾熱，亦曰勿忒，曰烱湯，皆安鸃之轉也。王建詩云：「新晴草色緑温鸃。」

濛霥《説文》：「霥，小雨也。」職戎切。俗謂小雨曰濛霥雨。

瞮　瞮又作晒。白香山詩云：「中庭瞮服玩。」當作瞮。

翋　《説文》：「翌也。」翌者，異之假借，别於今日之稱也。《尚書》五言「翌日」，皆訓明日。按翋之古音爲誤郎切，泰州謂明日曰門朝，古今音之轉也。

地部

磽确　謂磬石也。磬，堅也。俱見《説文》石部。作澆埆非。按泰俗謂事有阻礙不易就緒者謂之磽确。

土墼《説文》：「令適也。一曰未燒者。」古歷切[一]。段注義同。

瀚　水之暴溢者曰瀚。讀若飯，胡萬切。亦作繁，又作瀿。《淮南子》曰：「人莫鑒於流瀚，而鑒於澄水。」許注：「楚人謂水暴溢爲瀚。」

增

塳　塵起貌。《字彙》塳，蒲濛切，音捀。《廣韻》作埲。俗有灰塳塳語。按《字典》作从土从逢。

煻灰　煻，音唐。《集韻》：「熱灰謂之煻煨。」[二]

[一] 歷：原誤作「思」，據《説文解字》改。

[二] 謂：原誤作「諸」。煨：原誤作「灰」。據《集韻》改。

㡉㡋《説文》：「㡉，屋㡉㡋也。」〔一〕「㡋，㡉㡋也。」與空落之音義相近。泰俗謂屋角之空處曰格那，㡉㡋之轉也。

埲　音颯。《廣韻》埲，土墮聲。引申之凡物墮皆謂之埲。俗以人心有所不願而形之言語間曰埲屑子，或曰窮話埲埲。

人部

在家在家　按莊二十八年《公羊春秋傳》「伐者爲客」、何注：「伐人者爲客，讀伐長言之，齊人語也。」「伐者爲主」，何注：「見伐者爲主，讀伐短言之。」此即吾泰「在家」讀平聲、「在家」讀上聲之例也。

周正　謂忠信人曰周正，或曰周倨。此本《國語》「忠信爲周」也。又《詩・皇皇者華》毛傳：「忠信爲周。」《都人士》傳亦云：「周，忠信也。」

奘奘　麤者謂奘。《説文》大部：「奘，駔大也。」《釋言》：「奘，駔也。」《方言》：「奘，大也。秦晉之間〔二〕，凡人之大者謂之奘。」

趙　作事不順謂之趙。呼平聲。《詩》：「其鎛斯趙。」按今俗大致用此説〔三〕，謂事不順曰糟糕。

吺嗲　吺，讀反去聲。吾泰呼黠小兒或倔强者爲吺嗲。《論語集解》引鄭注云：「子路之

〔一〕原文「㡉㡉㡋」，衍一「㡉」字，據《説文解字》删。
〔二〕秦：原誤作「泰」。
〔三〕此：原誤作「北」。

行，失於吸哆也。」皇疏引《廣韻》云：「吸哆，即失容也。」

闒𡣚　《説文》：「𡣚，遲鈍也。」闒𡣚亦如此。《長箋》：「浙省方言曰阿帶，愚憨貌。阿，入聲。帶，平聲。」王筠以闒𡣚字爲未詳。

瞢覚　瞎撞之撞當作瞢覚。《説文》：「瞢覚，視不明也。从見。」

尉　不正之歪當作尉，亦作咼。《説文》騧之籀文作䯄。

臎　脆弱之脆當作臎。《説文》：「臎，耎而易破也。」又作脆。「脆，小耎易斷也。」

𣪩　《集韻》粗送切，音銃。𣪩𣪩，不迎自來也。泰諺有「買乾麪，不要向石灰店裏𣪩」之語。

縒　不著緊謂之縒。《説文》糸部：「縒，偏緩也。」《詩》『檀車幝幝』，韓作縒縒。」按泰俗斥人作事不認真曰瞎縒。

害唫吚　不著緊亦曰害唫吚。《説文》口部：「唫吚，呻吟也。」即《詩》之「殿屎」。

歡　出話不和平如生氣者曰歡。《説文》：「歡，盛氣怒也。」

遻　遲延不言謂之遻呼作罊平聲不説。《詩》：「遻不謂矣。」

奅　説大話曰奅話。《説文》大部：「奅，大也。」

音　不然之詞曰音。《説文》丶部：「音，相與語唾而不受也。从丶、否聲。」或从豆欠作𣢑。《廣韻》作歆。

户　驟見危境及怪異之物曰户户。魚毀切。《説文》厂部。

承　直言以斥人曰承。《左》哀公四年《傳》：「蔡昭侯將如吴，大夫恐其又遷也。承。」杜注：「承，音懲。蓋楚言也。」

歍唈　有所沮而不得言者爲啞咽。啞咽當歍唈。《淮南·覽冥訓》云：「孟嘗君增欷歍唈。」高注曰：「歍唈，失聲也。」歍讀如鴛鴦之鴦，唈讀如《左傳》「嬖人婤始」之始。按失聲者，無聲也，義正合。

詽　言語固執謂之詽詽。《説文》：「諍語詽詽也。」汝堅切〔一〕。

説誎話　誎，言不實也。《集韻》時占切。

咅嘴　小兒不聽話曰潑嘴，當作咅。《説文》口部：「咅，語相訶相歫也。」

嘴勞讘辯　嘴勞舌别，舌别，當作讘辯。《説文》：「讘，多言也。」

歐吐　嘔吐，當作歐吐。《説文》：「歐，吐也。」

㱿〔二〕　歐謂之㱿。《左》哀公二十五年《傳》：「吾將㱿之。」

詎　口吃謂之詎。按丁度《集韻》：「詎，訥言也。」

齾　齒缺謂之齾。呼作曷。《説文》：「齾，缺齒也。从齒獻聲。」五轄切。按泰人謂器有所

〔一〕汝：《説文解字注》作「呼」。

〔二〕㱿：原作「㱿」，據《説文解字》改。下同。

缺者亦曰齾子。

齜齚　齧骨聲。《説文》齜，齧齒也，「齚齒也」。又齰齵、口部噂同。齬齚，皆聲也。

頷　低頭謂之頷。頷去聲。《説文》頁部：「頷，低首也。《春秋傳》曰：迎于門，頷之而已。」《左》襄二十六年《傳》，説衛獻公反國，大夫逆于竟者，執其手而與之言。道逆者，自車揖之。逆于門者，頷之而已。按《説文》：「頷，面黄也。」又杜注：「頷，摇頭貌。」均異。

顋　揹住頭欲水曰顋。《説文》：「顋，内頭水中也。」

眉　睡謂之眉。許介切。《説文》尸部：「眉，臥息也。」又高氏有「愒」字注「《説文》息也」。又有所倚亦曰愒，讀開去聲。

宣髮　少年髮白謂之蒜髮。按洪邁《容齋隨筆》六之九云：「《考工記》：『車人之事，半矩謂之宣。』頭髮顥落曰宣。《易》：『《巽》爲宣髮。』字本或作寡。《周易》：『《巽》爲寡髮。』釋文云又作宣，黑白雜爲宣髮。」蓋蒜髮即宣髮也。

打𢁈掌　把巴掌之巴當作𢁈〔一〕。《説文》巴部：「𢁈，《唐韻》博下切。掍擊也。从巴帚。」按掍者，反手擊也。从巴亦聲是正字。

一捺叡　以手量物也。《説文》又部：「叡，叉取也。」王筠曰：「吾鄉叉大指中指以量物之

〔一〕把：疑爲「打」字之誤。

長短謂之戲。」《方言注》音摣梨之摣〔一〕。

鎌　以手取物曰鎌。《說文》：「鎌，嘰也。」「嘰，小食也。」力鹽切。讀與拈同。又以箸取食亦曰鎌，亦作搛，讀與兼同。

図　手取物而藏之曰図，呼作念。見《說文》口部，讀若聶。一本讀若籥。按泰俗呼手帕亦曰手図兒。

奪　持物失去而不覺曰奪。《說文》奞部：「手持隹而失之也。」

敦　小兒以泥坺擲人謂之敦。《詩》「王事敦我」箋：「敦，擲也。」

𣦼花　篸花之篸當作𣦼。《說文》部首云「殘也」「穿也」。

灑水　灑呼作衰。上聲。按韻書灑收九蟹，則此讀不盡俗矣。

捘　子寸切。《說文》：「推也。」《左》定八年《傳》：「涉陀捘子寸切衛侯之手。」杜注：「捘，擠也。」吾泰用爲摸摩之義。

拉盧合切　摧也。吾泰用爲牽率之義。

撟捎　自關以西，取物之上者曰撟捎。吾泰呼爲挑上聲，未審是撟是捎。

敲敲㱿㱿　《說文》殳部：「㱿，從上擊下也。一曰素也。」是皮㱿之義。與敲同音，義亦略

〔一〕摣：《方言注》作「柤」。

近。《説文》殳部：「敂〔一〕，擊頭也。」一曰擊聲也。《左》定二年《傳》「奪之杖以敲之」，釋文云：「《説文》作㱿。」

𣪍　縣物𣪍擊也。市流切。是鞭抽之正字。

𣪚　椎擊物也。冬毒切。是椎物之聲𣪚然。

𣪝　𣪝，擊空聲也。火宮切。

躧　人行步踏謂之躧。呼作采。

夋　有所躧而遲謂之夋。讀皴去聲。見《説文》夊部云：「行夋夋也。」

夊　躧而遲且曳謂之夊。讀若拖。見《説文》部首云：「行遲曳夊夊也。」

趍　人行步履不離地謂之趍。呼作癡。《説文》：「趍，趍趙，呼作操。夊也。」「趙，趍趙也。」

蹻　腳騰起謂之蹻。呼平聲。《詩》：「小子蹻蹻。」

跑　以足鈎人謂之跑。《説文》：「跑，行脛相交也。」《方言》：「以足鈎之爲跑。」

趉　卒然起行曰趉。《説文》云：「走也。从走出聲。讀若無尾之屈。」

訄　逼迫人有所爲曰訄。《説文》：「訄，迫也。从言九聲。讀又若丘。」

寁忙　趧急、趧忙之趧當作寁。《説文》：「居之速也。」《爾雅》舍人注：「寁，意之速也。」

〔一〕敂：原誤作「㱿」，據《説文解字》改。

《詩》毛傳：「疌，速也。」又《説文》：「趧，舉尾走也。」

皰　皮起泡曰皰。《説文》旁教切。《淮南・説林訓》：「潰小皰而發痤疽。」許訓「面生熱氣」，非此義也。

腨　肥肉甚者謂之腨。《説文》：「腨，腓腸也。从肉耑聲。」市沇切。釋玄應曰：「或言腳。」腨，今呼揣去聲。

䑋　饜肥肉而辭筋者曰䑋。《説文》肉部䑋下云：「益州鄙言人盛，諱其肥謂之䑋。从肉襄聲。」如兩切。今呼央去聲。

餀　凡物不食而强之食者曰餀。呼作掗，平聲。見《説文》食部云：「食臭也。」《爾雅・釋器》：「餀謂之餯。」餯即穢，飯傷熱也。凡人不欲食者，皆若其物之臭敗，故曰「食臭也」。又許注次餀於飽、飷、饒、餘之下，則其因厭足、厭棄、饒餘使然，情狀更合。

拆剥夫　即《秋官》之赤犮氏。《説文》魃下云：「《周禮》有赤魃氏，除牆屋之物也。」遂借爲拆屋之義。

卯眼　木匠鑿空曰卯眼。《晉書》論展有陰卯、露卯之異。

冐摸摸魚　冐，从冂从見〔一〕。冐〔二〕，突前也。莫紅、亡沃二切。

〔一〕見：原誤作「几」。
〔二〕冐：原誤作「几」。

分數　鄉農當收穫時輒互相勞曰「今年分數如何」。俗以每畝穫稻一秤爲一分，遞加至七八分、十數分不等，皆謂之分。范石湖《濃霧作雨不成》詩注云：「吴人謂立秋後虹爲天收，雖大稔亦減分數。」

富家郎　紈袴謂之富家郎。韋莊詩：「閑客不須燒破眼，好花多屬富家郎。」

裁縫　縫人謂之裁縫。蔣維翰有《春夜裁縫》詩。

祀牀公　楊循吉詩：「祭神迎竈帝，酹酒祀牀公。」

增

嘴諣諣　《説文》：「疾言也。」今俗謂好言論者曰嘴諣諣。

苜衺　《説文》：「苜，目不正也。」摸結切。吾泰謂目視不莊者曰苜衺，苜，讀如末鴉切，雙聲也。衺讀如敲鴉切，音轉也。又謂垂目欲睡者，亦曰苜衺。呼如斜。

𤼵𤼵　《説文》：「𤼵，大也。」古回切。泰人驚稱物大每曰𤼵𤼵，讀若廿。

𠀀喅𤺌　《説文》：「𠀀，反丂也。讀若呵。」「喅，音聲喅喅然。」余六切。「𤺌，劇聲也。」於賣切。「劇，病甚也。」今人劇病呻吟輒曰𠀀喅𤺌。

秀頂　今俗謂無髮曰禿，謂頂禿又曰秀。《説文》：「禿，無髮也。从儿，上象禾粟之形，取其聲。」段注云：「粟當作秀，以避諱改之也。采下云：禾成秀也。然則秀采爲轉注[一]。象禾

[一] 轉：原誤作「博」。

秀之形者，謂禾秀之穎屈曲下垂，莖屈處圓轉光潤如折釵股。禿者全無髮，首光潤似之，故曰象禾秀之形。秀與禿古音皆在三部，故云禿取秀之聲爲聲也。許書兩言取其聲。世下曰：从卅而曳長之，亦取其聲，謂取曳聲也。此云象禾秀之形，取其聲，謂取其秀聲也。蓋會意兼形聲也。秀與禿古無二字，殆小篆始分之。」今泰人禿頂亦曰秀頂，是古遺語。凡物老而椎鈍皆曰秀，如鐵生衣曰鏽。按采下云：禾成秀人所收也，从爪，象采之形。秀，从禾人，人者，穀實也。故俗謂桃李之實曰仁。仁，人也。禾實粒上有穎，秀則指其穎穭內之仁而言。秀本謂無穎穭之禾仁。故小篆變其形而訓爲無髮，竟相近也。後此古音猶存，故有秀頂之語。

歜唾沫　《説文》：「歜，且唾也。一曰小笑。」許壁切。段注云：「且唾者，聊唾也。」今俗謂迫口吻而噭唾出之曰歜唾沫，又謂小笑曰笑歜歜，或曰笑唏唏。

斝觚　《説文》：「斝〔二〕，玉爵也。夏曰醆，殷曰斝，周曰爵。从斗，冂象形。與爵同意。或説斝受六升。」古雅切。「觚，鄉飲酒之爵也。一曰觴受三升者謂之觚。」〔三〕古乎切。按二器皆有棱角，故泰俗謂人性情古執者曰斝觚，此引申義也。

奃　《説文》：「奃，瞋大也。」火戒切。瞋者，張目也。瞋大目皆若裂也。吾泰謂瞋大目怒視曰奃，音如偕。

〔二〕「斝」下原衍「觚」字，據《説文解字》删。
〔三〕謂之：原脱，據《説文解字》補。

尷尬　《説文》：「尷尬，行不正也。」尷〔一〕，古咸切。尬，古拜切。段注云：「蘇州謂事乖剌者曰尷尬。」蘇人多遷泰者，故吾泰至今有不尷不尬語。

矮𥪕𥪕　《説文》：「𥪕，短人立𥪕𥪕也。」傍下切。泰俗謂人短小曰矮𥪕𥪕，讀如榜巴切。

蹲　《説文》：「蹲，居也。」徂蹲切〔二〕。泰俗謂居處，音讀若登，邑之鄉人則讀若神。唐人詩「莫笑蹲鴟少風味」，蹲字亦讀如神，皆蹲之轉也。

攪　《説文》：「攪，亂也。《詩》曰：『祇攪我心。』」吾泰語謂小兒相鬥皃曰攪，謂心中濁亂不安亦曰攪，謂混亂什物亦曰攪，應人招飲曰打攪，皆本義也。

䁲　《説文》：「䁲，小視也。」莫佳切。《太玄》：「旌旗絓羅，干戈蛾蛾〔三〕。師孕唁之，哭且䁲。」注：「䁲音麻，竊視也。」泰人謂密伺人行動者。䁲音讀若馬，䁲之轉也。

讓　《説文》：「相責讓。」人漾切。《小爾雅》：「詰責以辭謂之讓。」《廣雅・釋詁》：「讓，責也。」《左》昭二十年《傳》：「且讓之。」《周語》：「讓不貢。」《史記・齊世家》：「魯人以爲讓。」《漢書・項籍傳》：「二世使人讓章邯。」此讓之本義也。後多用爲謙讓字，本義遂晦。吾泰謂呵責小兒曰讓，古遺語也。音如壤。

〔一〕「尷」下原衍「尬」字。
〔二〕蹲：《説文解字》作「尊」。
〔三〕蛾蛾：原誤作「哦哦」，據《太玄》改。

朾　《説文》：「朾，撞也。」宅耕切。《通俗文》曰：「撞出曰朾。」俗作打，昔有德冷、都挺二切。近代讀德下切。泰俗謂以足撞人，音如宅耕切。以拳擊人，音如都挺切。以手擊人，音如德下切。又謂朾曰㱿，按口部：「㱿，歐貌。」手部：「搉，敲擊廌也。」音義同。

廌直　《説文》：「廌，解廌，獸也。似牛，一角。古世決訟，令觸不直者。」廌，宅買切。今泰俗謂人之戇正不阿者曰廌直。俗作者直，誤。此亦古遺語。

厞峭　《説文》：「厞，石間見。讀若敷。」段注謂：「間讀去聲，間見謂突兀忽見。厞，《史》叚逋爲之。《魏書》《北史・温子昇傳》云：『子昇詣梁客館，不修容止。謂人曰：詩章易作，峬峭難爲。』《字林》云：『峬峭，好形貌。』峬即厞之隸變。凡字因時而作，故《説文》厞，《字林》作峬。《説文》衹有㱯，《字林》有𪐴。近世波俏之語，又音字之遷移變也。」按厞、峬本謂山石之高出尋常者，故引申爲贊美出衆之詞。

姅　姅音丰。揚子《方言》：「凡好而輕者，趙魏燕代之間曰姅。」亦作妦。泰俗喻家人嘻嗃謂之姅式，女子輕狂亦曰姅事。事音如司。

摥　摥音湯。《字彙》：「以手阻物也。」俗以有意延宕爲摥。

噇　噇，宅江切，音幢。《玉篇》：「喫貌。」《集韻》作饉，「食無廉也」。俗以譏饕餮者，讀若牀。

趑趙　行不進也。趑，《廣韻》音恣。趙，《廣韻》音秋，《集韻》音揫，俗讀如忸怩之忸。引申之，凡言行不爽者，俗皆謂之趑趄。

俔嘴　俔音趑。《説文》：「俔覷，闚觀也。」〔一〕《字彙》：「俔，食不請自來也。」

嘰呱　嘰，《玉篇》：「歎聲。紂爲象箸，而箕子嘰。」《説文》：「呱，小兒啼聲。《書·大禹謨》：『啓呱呱而泣。』」皆怨聲也。

戝翁　《篇海》戝音哉，財也。俗稱財主曰戝翁，又稱銀錢曰戝蚧。音如尉。

搋　俗謂以拳觸人曰搋。《集韻》搋，初佳切〔二〕，音揣平聲。《五方元音》釋爲懷藏物，蓋以拳撫胸，猶以拳觸人懷也。泰人讀若衰，與《五方元音》之訓正合。亦作摠。

慢儯儯　或作哼哼，延緩也。儯，音滕。《玉篇》：「長貌。」哼，《廣韻》他昆切，音如吞。《詩·王風》「大車哼哼」傳：「哼哼，重遲貌。」

搁頭搁腦　謂癡頑也。《説文》：「頑，搁頭也。」《唐韻》搁音魂。

圝　荀緣切，音宣。《集韻》：「面圓也。」俗讀如楦。　腹飢則癟，飽則鼓。凡滿皆謂飽圝，俗讀如楦。

剶　音宣。《五方元音》：「去木枝也。」

邎打　邎音邊。《玉篇》：「振繩墨也。」工師計木料之材，必先施繩墨，故謂預計事物曰

〔一〕觀：原脱，據《説文解字》補。
〔二〕初：《集韻》作「攄」。

遜打。

叏　他刀切。《説文》：「取也。」讀如弢。取物於囊也謂之叏，求教於人亦謂之叏學。

趖　音莎。《説文》：「走意。」《集韻》〔一〕：「走意也。」吾泰小兒賧錢爲戲曰趖道道錢。

癢鼽　鼽音求。《説文》：「病寒鼻窒也。」鼻欲嚏之。

吺搭　吺音兜。《説文》：「讘吺，多言也。」《廣韻》：「吺，輕出言也。」俗以不當言而言爲吺搭。

㦐　㦐，呼孔切。《廣韻》：「心神恍惚也。」《五方元音》：「誘也。」心神恍惚，故易受人之愚。亦作嗊。

盎口　酒冽難入口也。《周禮・天官・酒正》：「辨五齊之名，三曰盎齊。」盎，猶翁也。

講謡言　謡，毁也。俗謂毁人之言爲講謡歌。《字彙》：「和也。」謂一人言之，衆人和之。諸字書皆古項切，音港，不作蔣。此正音也。亦與蘇人音讀正同。

唻　唻，來上聲，讀若乃，謂口大而偏也。俗有吱牙唻嘴之語。

擤　擤，呼梗切，亨上聲。《篇海》：「手捻鼻膿也。」焦竑《俗用雜字》音省，同醒。俗讀如嗊。

〔一〕集：原誤作「廣」。

睕賰户　《集韻》音盌短。《玉篇》：「睕賰，小有財也。」俗音如豌登。

攋　攋，揚子《方言》：「挻，竟也。」郭璞注：「攋，恪潁切。」俗以推拒爲攋，讀若挭。

揞　揞，烏感切，音宛。揚子《方言》：「藏也。」[一]以手揜物謂之揞。

髮螺　髮，《篇海》：「好髮髩也。」俗讀如窩。

脗嘴　脗音敏。《莊子・齊物論》：「爲其脗口。」注：「無波際之貌。」泰人謂閉口曰脗嘴。

惷　惷，丑用切，音甕。《説文》：「愚也。」《集韻》：「騃昏也。」引申爲凡不通事理而妄作妄言者，泰俗稱之爲瞎鱑。瞎鱑，猶謂胡鬧也。

趟　音縱。《集韻》：「急行也。」亦作縱。《玉篇》：「縱，放也，恣也。」行不中規，是放恣也。俗讀如沖去聲。

囥　《集韻》囥音伉，口浪切，藏匿也。康去聲。

韀　韀音掙。《廣韻》：「張皮也。」一作扽。俗謂引夾使廣曰韀。音如鄧。

扣　扣音欠。《篇海》：「以手扣物也。」俗以調麪使和爲扣麪。

瞖　瞖音性。《玉篇》：「腫病也。」《廣韻》：「腫起也。」俗以因腫而痛曰瞖得疼。

兢兢遐遐　《説文》遐，音救，「恭謹行也」。俗以慎而無禮、儉不中禮者皆謂之兢兢遐遐。

[一] 藏：原作「滅」，據戴震《方言疏證》改。

蓒　蓒，他貢切，音痛。《博雅》：「好也。」吾泰稱好小子爲蓒保保。

慪憹　《集韻》慪憹音謳扣，「恪也」「勤力也」〔一〕。即專心致志之義。俗以作事不見諒於人，中心鬱悒爲慪憹，亦曰發憹。讀去聲。

脈　一作嚜。《集韻》嚜音目。揚子《方言》：「江湘之間凡人多詐而猾或謂之嚜。」〔二〕又作脈。《方言》：「脈蜴，欺謾也。」又作驀。俗謂欺人曰脈人。

木竹　喻心不靈通之人也。《筍譜》：「木竹中空。」

貯　《篇海》貯音作，「財也」。又貨也。俗謂多財爲有貯。

蠚騙　蠚音郝。《山海經》：「崑崙之山有鳥名曰欽原，蠚鳥獸則死，蠚木則枯。」蠚亦作隺。《說文》：「隺，高至也。从隹上欲出冂。」與之接近也。吾泰謂依傍人曰蠚，依人飲食曰喫蠚騙。按蠚與涸同。

擺⿰革頁　⿰革頁音粕。《廣韻》：「面大貌。」亦作跛。音泊蹈。俗以大言不慚爲擺⿰革頁。

憋氣　憋音鼈。揚子《方言》：「急性也。」俗謂蘊怒曰憋氣。

⿰兑頁頢　《廣韻》⿰兑頁頢，音刷括，强可貌。又作⿰兑頁頢，小頭貌。俗以小巧伶俐謂之⿰兑頁頢，音如刷括。

〔一〕勤：原誤作「勳」，據《集韻》改。
〔二〕嚜：《方言》作「嚜杘」。

湉湉《説文》湉，古括切〔一〕，「善自用也」。亦作聒。《説文》聒，本作䀩，「讙語也」。俗謂自矜才能曰能湉湉，贊許之亦曰湉湉叫。

啖欱　欱音括。《荀子注》〔二〕：「啖欱〔三〕，并呑貌。」《玉篇》：「欱，飲聲。」〔四〕俗以享飲食爲啖欱。

諙　《集韻》諙音插，儳言也，多言也。俗以從旁羼言爲諙嘴，或曰諙話。音叉。

搫　搫音敦。《集韻》：「擊也。」俗謂拳曰拳頭搫。

娖　娖，測角切，音綽。《説文》：「謹也。」手扶持之不使顛覆也。《後漢書》有軍校名「稱娖」。注：「稱娖，守捉也。」〔五〕大將出，則左右衛護，如後世貴官之扶輿官。

㿭皮　㿭音斥。《五方元音》：「皮裂見肉也。」俗以揭穿内幕使無從作弊曰㿭皮。

補

奡　饑號切，音傲。《玉篇》：「矯健貌。」泰俗謂仰首曰奡起來。

〔一〕括：《説文解字》作「活」。
〔二〕注：原脱。
〔三〕欱：《荀子・王霸》作「啖」。
〔四〕「飲」下原衍「水」字，據《玉篇》删。
〔五〕見《正字通》。守：原作「手」，據《正字通》改。

踶　踶，迪詣切，音弟，以足蹢人也。《漢書》：「故馬或奔踶而致千里。」《説文》：「踶，躗也。」俗作踼。

㓷　㓷音遲，破魚腹也。通作剚，亦作傳。

華　以刀切物而弗殊曰華。《爾雅》：「瓜曰華之。」注：「中裂之而不四析曰華。」即半破之意。

𤔲　《説文》：「引也，从又𤔲聲。」泰人謂提物曰𤔲起來。

瞟　瞟，《字彙》必昭切，音摽，著眼視也。《篇海》亦作瞟瞟。泰邑東鄉人謂視察事物曰瞟。

𣥐輔　《廣雅》：「𣥐，口也。」《説文》：「輔，人頰骨也。」《易·咸卦》：「咸其輔頰舌。」〔一〕注：「輔，上頷也。」古無輕脣音，讀如補，轉巴。俗作嘴巴。

腡　《廣韻》落戈切，《集韻》盧戈切，並音騾。《玉篇》：「手理也。」《廣韻》：「手指文也。」俗作螺。

儾　《廣韻》《集韻》並奴浪切，囊去聲，緩也。皮寬緩不帖肉曰儾。顧鄰初《客座贅語》：「物寬緩不帖者曰儾。」泰俗有皮儾儾之語。

物部

芇　以物比物曰芇。《説文》𠂇部：「芇，相當也。」今人賭物相折謂之芇。武延切。泰俗謂

〔一〕舌：原誤作「吉」，據《易》改。

以相當之物互易曰芇，音如延去聲。按芇亦作賯。《廣韻》：「賯，物相當也。」

絫　以物相積曰絫。呼作怒平聲。《説文》厽部：「絫，增也。」一曰一黍之重也。

盪　器皿以水洗之而又以水潔之者謂之盪。呼平聲。《説文》：「盪，滌器也。」徒朗切。

茶䖒　茶吹之吹當作䖒。《説文》部首，「古匋器也。」許羈切。言古者，謂今無其器，惟茶䖒尚存其名耳。

茶盄　《説文》皿部：「盄，器也。」

茶敄　《説文》：「敄，彊也。」

湥　《清波雜志》：「高宗詔有司毀棄螺填倚卓等物，謂淫巧之物，不可留。仍舉：『向自相州渡大河，荒野中寒甚，燒柴，借半破甆盂〔一〕，温湯湥飯，茆檐下與汪伯彦同食，今不敢忘。』」按，泰人今謂湥茶或茶湥飯，正用此字。

代飵　代茶，當作代飵。《説文》：「楚人相謁食麥曰飵。」謂請人吃點心也。

酒箵　酒箅之箅當作箵。《説文》：「箵，笠蓋也。」顔注《急就篇》曰：「大而有把，手執之以行謂之箵；小而無把，戴之以行謂之笠。」按，俗以有把之訓，故通作量名也。把箵，呼如端。

酘子酒　梁簡文《樂府歌》云：「宜城酘酒今行熟，停鞍繫馬暫棲宿。」顧俠君云：「宜城，在荆州

〔一〕甆：原誤作「甕」，據《清波雜志》改。

之北。」《集韻》：「酘，酒再釀。」《抱朴子·金丹卷》：「猶一酘之酒，不可以方九醖之醇耳。」

饛簋　飲酒滿杯謂之饛鼓。《詩》：「有饛簋飧。」饛，滿簋貌。

饡　飲酒而佐以肴饌曰饡酒。《説文》食部：「饡，以羹澆飯也。」非此義。《楚辭·九思》：「時混混兮澆饡。」又由澆而引中之，故油鋪舀油而求益者亦曰饡，但呼作平聲耳。

寒肉　醃肉謂之寒肉。《獨醒雜志》四十云：「曹子建《七啓》云：寒芳連之巢龜，鱠西海之飛鱗。」注：「今之肶寒也。」〔一〕按，今《文選》李注作「寒，今之肶肉也」。古樂府《名都》篇亦有「寒鼈炙熊膰」之句〔二〕。

蘊　麥穰謂之蘊。按，泰俗今呼爲麥芒。蘊，即《左傳》「芟夷蘊崇之」之蘊，釋文作藴。《説文》：「蘊，積也。」

麧麫　煮麥麪堅著以致成圓、成餅者曰麧麫，呼作隔達。《説文》：「麧，堅麥也。」呼没切。「麫，餅籟也。」户八切。

衉　饅首之包裹曰衉。《説文》血部：「衉，羊凝血也。」陶氏《本草注》云宋帝時太官作衉云云〔三〕，知衉是血羹，不專指羊也。凝之則可包可裹。按泰俗今多呼爲包心。

〔一〕肶：原作「膭」，據《獨醒雜志》改。下同。
〔二〕膰：原誤作「蟠」，據《獨醒雜志》改。
〔三〕帝：原脱，據《本草注》補。太：原作「大」。

黏冟冟　謂飯堅柔調也，義本《玉篇》。《説文》皀部：「飯剛柔不調相著。」《廣韻》：「冟，飯堅柔相著。」則皆謂黏也。

酸劉劉　按，劉劉，木也，其名杙，見《説文》木部及《爾雅・釋木》，郭注云：「劉子實如梨，酢甜。」此酸之所以起義也。劉劉謰言，從《説文》段注。

麩炭　白樂天《自勸》詩：「日暮半爐麩炭火，夜深一盞紗籠燭。」按，《説文》：「麩，小麥屑皮也。」或作麱。《玉篇》䴸同。

鍋　《説文》鬲部作䰙，云：「秦名土鬴曰䰙，从鬲㐄聲，讀若過。」古禾切。按，从㐄，㐄者，反夊也。夊部訓「跨步」。

𩱹　炊釜溢也，从䰜孛聲。蒲没切[一]。段氏謂俗語作鋪，王氏亦云。

淘盧　淘籮之籮，當作盧。《説文》皿部：「盧，飯器也。」

抽屜　屜亦作替。《南史》十一《宣貴妃傳》：「殷淑儀薨，帝孝武常思見之，遂爲通替棺，欲見輒引替覩屍。贈貴妃謚曰宣。」庾子山《鏡賦》：「還抽鏡屜。」

輾場　碾場之碾當作輾。《説文》：「輾，轢也。」《集韻》：「輾，轉輪治穀也。」

鏩　鏩草刀砧。《説文》金部鈇下云：「斫莝刀也。」[二]王筠曰：「鈇今謂之鏩，鏩牀古謂

[一] 蒲：原誤作「蔣」。
[二] 斫莝刀：原作「莝斫」，據《説文解字》改。

之椹質，椹，《説文》所無，借作甚。又謂之藁砧。」

討　弓衣、鏡衣，凡用物之衣謂之討，讀去聲。見《小戎》詩毛傳。

絲綿給　《説文》系部云：「絲勞即給。」

翠藍布　按，高似孫《緯略》云：「翠，鮮明貌，非色也。」又《老學庵筆記》云：「東坡詩云：『一朵妖紅翠欲流，春光回照雪霜羞。化工只欲呈新巧，不放閒花得少休。』初不解『翠欲流』爲何語。及遊成都，有大署市肆曰『鮮翠紅紫鋪』〔一〕，問土人，乃知蜀語鮮翠猶鮮明也。東坡蓋用鄉語。」今泰俗呼鮮明之物亦曰翠。

靸鞵　《説文》革部：「靸，小兒履也。」

打芟　打鋪之鋪，當作芟。《説文》：「芟，亂藁也。」王筠曰：「今諺藉稾曰打芟。」

䅜子　茄兒，當作䅜子。《史記・貨殖傳》「果隋」，《漢書》作「果蓏」。《史正義》曰：「隋，今爲䅜。音同。」《集韻》䅜，是棰切。按，《集韻》又音惢、音瑞。《韻會》云「小積也」，是本作垂，後人加禾耳。見始《廣韻》。

纍纍縢　艸也，呼作擄擄藤。此即《詩》之藟也。《楊王孫傳》顏注：「藟，葛之類也。」《中山經》：「卑山其上多纍。」此借字。郭注：「一名縢。」吾故曰纍纍縢。

〔一〕署：原作「書」。紫：原作「紙」。據《老學庵筆記》改。

鳥蘠草　《釋草》：「荿，蘮。」注：「江東呼作鳥蘠。」〔一〕《説文》：「蘠，草也。」去鳩切。

抓蕕草　《説文》：「蕕，水邊艸也。」

⿰犭召　禿尾狗也。按，丁度《集韻》：「⿰犭召，音貂。犬之短尾者。」

⿰犭翏　謂狡獪也。按，揚子《方言》：「姡〔二〕，獪也〔三〕。江湘之間謂之無賴，或謂之⿰犭翏。」⿰犭翏，音巧平聲，今呼作交。又按，郭注：「⿰犭翏，価⿰忄电，多智也。」《玉篇》：「価⿰忄电，鬼黠也。」郭注：「姡，言黠姡也。」是黠姡字亦吾泰閃躲黠姡溜溜之語之正字也。

竭　獸之尾短而易掉者謂之竭。俗呼卒。《説文》部首彑下云：「竭其尾，故謂之彑。」王筠曰：「負舉也。」

㐁　《靈光殿賦》：「玄熊㐁⿰舌炎。」一作舑。吾泰謂蛇舌曰㐁。《説文》：「從谷省，象形。舌貌。」他念切。《集韻》：「㐁，以舌鈎取也。」是以㐁爲餂，餂見食部。餂下王説。按，《説文》無餂字。《孟子音義》一作銛，一作⿰飠占。許云：「⿰飠占，相謁食麥也。」《韻會》十四鹽引《説文》作餂，説曰「舌聲」。又按，舌部：「⿰舌易，以舌取物食也。䑛，或體。」

黄焉　黄鶯當作黄焉。《廣韻》：「鶯，鳥羽文也。」按，《説文》鳥部雖有「鶯，鳥也」之文，然

〔一〕東：原誤作「泰」，據《爾雅注》改。
〔二〕「姡」上原衍「惓」字，據《方言》删。
〔三〕獪：原誤作「儈」，據《方言》改。

鳥下實有闕文，故王菉友據《詩》「有鶯其領」毛傳增「有文章」三字，蓋以《詩》本不以鶯爲鳥名也。《説文》鳥部焉下云：「焉鳥，黄色，出於江淮。象形。」此即出谷遷喬之鳥也。吾泰呼此鳥曰黄焉。焉鶯雙聲。自焉借爲助語，又黄焉之焉亦借鶯爲之，遂不復有還其原者。幸吾泰之土音猶存古也。

璺　謂器破而未離者爲璺。李賀詩：「山璺滴清漏。」

格子　窗欞謂之格子。元稹詩：「格子碧油糊。」又云：「朧月斜穿格子明。」

號簿　日記謂之號簿。王建詩：「向晚臨堦看號簿〔一〕，眼前風景任支分。」

一秤　稻三十斤爲一秤，四秤爲一石，石百二十斤。《小爾雅》：「斤十謂之衡〔二〕，衡有半謂之秤，秤二謂之鈞。」古所謂秤，乃十五斤。今以三十斤爲一秤，乃古所謂鈞也。

增

乘豆　《説文》：「乘，覆也。」泰人謂種豆曰乘豆，以土覆之，故曰乘。

篅　《説文》：「篅，以判竹，圜字盛穀者。」〔三〕市緣切。今以盛油酒之類。

衹衣　《説文》：「衹，衹裯，短衣也。」都衣切。今泰人謂喪殮之服其短者曰衹衣。

〔一〕堦：原誤作「街」，據《全唐詩》改。
〔二〕衡：原誤作「衝」，據《小爾雅》改。下同。
〔三〕判竹：原誤作「竹制」，據《説文解字》改。「盛」下原衍「米」字，據《説文解字》删。

門棖《説文》：「棖，門樞謂之棖。」烏恢切。《釋宮》謂樞所隱謂之棖，棖猶淵也。宛中爲樞所居。今泰人讀棖爲烏，雙聲也。

扃頭舍《説文》：「扃，屋迫也。」言卑低而局促也。今泰人謂卑低局促之屋曰扃頭舍。

鬴鬵《説文》：「鬴，秦名曰土鬴曰鬴。」按，鬴，俗作鍋。土釜，謂出於匋也。「鬵，鬻也。」式羊切。泰俗謂土竈曰鬴鬵，鬵亦作鬺、作鬻。《毛詩》叚湘爲之。

糂飯《説文》：「粒，糂也。」「糂，以米和羹也。从米甚聲。一曰粒也。」桑感切。今泰人謂飯粒爲米糂，以羹煮飯曰糂飯，音讀若酸。

𪏁火飯 泰俗謂飯之亱而不飪者曰急火飯。按，急當作𪏁。《説文》：「𪏁，炊餔疾也。」餔者，申時食也，晚飯恐遲，炊之疾速，故字从火。

豆腐灦《説文》：「灦，豆汁也。」乎老切。灦，白汁也，豆之汁白，故曰灦。吾泰豆腐之極嫩者曰豆腐灦，灦讀若老，音之轉也。

㱾 按，《説文》：「㱾，食所遺也。」〔一〕阻史切，讀若剩，雙聲也。今俗謂□餘之物曰剩〔二〕，泰人則讀如阻史切。

膊脆 泰俗謂乾脆之茶曰膊脆。按，《説文》：「膊，薄脯，膊之屋上。」匹各切。《釋名》：

〔一〕遺：原誤作「餘」，據《説文解字》改。

〔二〕□：原文此處空一格。

「膊，迫。薄豕肉〔一〕，迫著物使燥也。」《方言》：「膊，暴也。」膊之本義爲乾燥，故用乾脆之稱。

衮　烏痕切。《説文》：「衮，炮炙也。以微火昷肉。」〔二〕段注云：「以微火昷肉，所謂炰也。今俗語曰烏〔三〕，或曰煨，或曰燜，皆此字之雙聲疊韻。」按，衮，《集韻》同熝，亦作衱，於刀切，音鏖。《説文》：「鏖，昷器也。」泰俗有鏖湯之語，蓋引申義也。故後世作从火之熝以別之。

爢　《説文》：「爢，爛也。」古多假糜爲之。糜訓糝，爢訓爛，義不同也。泰俗謂煮物使爛曰爢爢。

孚挋乾　《説文》：「挋，給也。」章刃切。給者，相足也。《士喪禮》曰〔四〕：「乃沐櫛，挋用巾。」又曰：「浴用巾，挋用浴衣。」注曰：「挋，晞也，清也。」按，晞者，乾之也。浴用巾，既以巾拭之矣〔五〕，而復以浴衣挋之。謂抑按之使乾。此乾彼濕，可互相給足，故曰給也。泰人謂吝嗇者亦曰孚挋。孚，五指持也。持財不舍，故曰孚挋。又謂濕物將乾曰孚挋乾，言孚之而猶濕也。孚作勒，亦訓抑也。

〔一〕薄：原脱，據《釋名》補。
〔二〕微火：原誤作「火微」，據《説文解字》改。
〔三〕語：原誤作「謂」，據《説文解字注》改。
〔四〕禮：原誤作「記」。
〔五〕巾：原誤作「布」，據《説文解字注》改。

密卙卙　《説文》卙訓：「卙卙，盛也。从十甚聲。汝南名蠶盛曰卙。」按，《詩》曰：「宜爾子孫蟄蟄兮。」蟄乃卙字之假字。今江蘇俗語謂物之密盛曰密卙卙，音讀如蟄。泰人則讀如集。

丵　《説文》：「丵，叢生艸也。象丵嶽相並出也。讀若浞。」泰俗謂叢物齊等無參差曰齊丵丵。

⿺走夋　《説文》：「⿺走夋，行⿺走夋⿺走夋也。从走夋聲。」泰人謂鼠行迅速曰捘。

⿰糸巟坯　⿰糸巟音荒。《説文》：「絲曼延也。」坯音胚，製物工未畢，如絲未理、瓦未燒。泰俗謂器物未成功者曰⿰糸巟坯，坯讀胚平聲。

瓪望　《集韻》瓪音版，牝瓦。古不用磚，而用瓦仰閣椽上，故爲牝瓦。仰面可見，故曰瓪望。《釋名》：「檼或謂之望，言高而可望也。」

躴躿　一作⿰良欠⿰康欠。《玉篇》：「躴躿，身長也。」泰俗稱物之長大笨重者曰躴躿。

桊　《唐韻》居倦切，音眷。《説文》：「牛鼻上環也。」《廣韻》：「牛拘也。」泰俗直讀爲拘。

刉　刉，《唐韻》居依切，音基，斷切也。泰俗以手捻麪或以綫截粽子皆曰刉。

齊亲亲〔一〕　《集韻》亲音臻，草木叢齊貌〔二〕。俗謂物之整齊者曰齊亲亲。

〔一〕亲：原誤作「亲」，本條同。

〔二〕叢：原誤作「重」，據《集韻》改。

䛃　音嵁，鳥啄物曰䛃。

閕　虚加切。《集韻》：「閕，開裂也。」〔一〕泰俗謂門小開曰閕。音如啞平聲。

打碎　礎基下打莊木曰打碎。碎又作夯，呼講切。呼如莊。

儴篷　《集韻》：「儴，乃浪切。行也。」謂以篷駛行，故乘風張帆曰向前儴，俗讀浪上聲。

滰　滰音犟。《説文》：「浚乾漬米也。」揚子《方言》：「乾黏曰滰。」俗謂飯堅硬者曰滰，音如搶去聲。

阤　音豕，屋小頹也。《後漢書·李膺傳》：「綱紀頹阤。」俗讀如時。

帍　帍音户，緣領也。揚子《方言》：「帍裱謂之被巾。」俗讀作平聲。

瘤瘤釲釲　瘤音留。《説文》：「腫也。」《五方元音》：「肉塊起也。」釲，知靄切，音釲。《五方元音》：「金銀塊之不方正者。」俗以地面或物之不平者曰瘤瘤釲釲。釲音乖上聲。

挸布　《集韻》：「挸，拭也。」音繭。挸布，拭巾也，俗讀如展。

黬　黬音晻。《説文》：「果實黯黑也。」〔二〕泰俗謂色不鮮明者爲黬，讀如眼。

榫　榫音笋。周圻《名義考》引程顥《語録》云：「枘鑿者〔三〕，榫卯也。榫卯圓則圓，榫卯

〔一〕閕開：原誤作「門門」，據《集韻》改。

〔二〕黯：原誤作「黬」，據《説文解字注》改。

〔三〕枘：原誤作「柄」。

方則方。」泰俗謂剡木納竅曰榫。

槸　槸音藝。《爾雅·釋木》：「木相磨，槸。」郭注：「樹枝相切磨。」或从艸作蓺〔一〕，意謂相磨而蝕也。陳作勩。《説文》：「勩，勞也。」段注：「凡物久用而勞敝曰勩。」泰俗讀如衣。

㮇〔二〕　㮇，《廣韻》音忝去聲，撥火杖也。俗謂加薪於竈曰㮇一把。又引申爲從旁以言語挑撥者曰㮇嘴。又作掭。洪容齋《五筆》：「剔燈火之杖曰掭。」《廣韻》：「他念切，火杖也。」

⿰𣌭欠⿰𣌭欠　蘆管之屬吹之有聲者謂之⿰𣌭欠⿰𣌭欠。敫音叫。《正字通》：「今樂器壎篪之屬有⿰𣌭欠子，俗稱叫柴。」上讀若叫，下讀若繳。

煿　煿音博。《集韻》同爆。《玉篇》：「灼也，熱也。」洗魚入釜，以油煿之，乾其水也。

焯　焯音綽。《五方元音》：「湯煠也。」俗以熱水煮菜爲焯菜。

罯　罯，遏合切，音姶，宛入聲。《説文》：「覆也。」俗謂煮豆以苫蓋覆使生黴曰罯，煮物密蓋釜使爛曰罯。又米麪發黴氣味亦曰罯醭味。或作晻醭。晻，敗也。醭，色暗也。泰俗以凡物霉爛生黴曰罯。

⿰酉伐　⿰酉伐音伐。《類篇》：「釀酒一成曰⿰酉伐。」俗有前⿰酉伐後繼之語，謂一時或一事爲一⿰酉伐。又⿰白帀音伐。《廣韻》：「舂米一臼曰⿰白帀。」

〔一〕蓺：原誤作「槸」。
〔二〕㮇：原作「搥」，據文義改。下同。

鍋　鍋音華。《玉篇》：「以鐵縛物。」《宋史·李全傳》：「全造舟益急，至發冢取粘板，鍊鐵錢爲釘鞠，熬人脂擣油灰。」泰俗謂銅鐵合破器曰鍋。

花花皶皶　皶音鹿。《集韻》：「獸皮有文貌。」俗謂文采雜亂者爲花花皶皶。

糳　糳音作。《說文》：「糲米一斛舂爲八斗曰糳。」〔一〕舂爲九斗曰毇〔二〕。毇亦音作，故製物剔去棄材曰糳頭。引申爲凡物之不必拋棄而棄之者曰糳掉。

補

爪袖　爪，《說文》：「覆手曰爪。」《釋名》：「爪，紹也。筋極爲爪，紹續指端也。」〔三〕今衣工謂袂頭接袖曰爪袖。

迦　迦，苦馬切。《說文》：「迦，令不得行也。」今關津置木於水中，以止舟行，曰迦子，俗作卡，即古水衡也。吾泰謂强止人行及强人作事皆曰迦住。

攩　攩，朵撞切，音黨，遮遏，亦讀如儻。泰俗以帷幕遮蔽窗櫺曰攩子。《廣韻》攩爲幌，古今字。

犖山芋　《廣雅》犖作焅，書作炕，火乾物也。《玉篇》：「乾也。」

問盌　問，《釋文》呼雅切。《說文》：「大杯亦爲問。」揚子《方言》：「問，杯也。其大者謂

〔一〕糲：原脱，據《說文解字》補。八：原誤作「九」，據《說文解字》改。
〔二〕九：原誤作「八」，據《說文解字》改。
〔三〕紹：原脱，據《釋名》補。端：原誤作「短」，據《釋名》改。

之問。」俗作垮。

甗　《唐韻》《集韻》《韻會》並古送切，音貢。《說文》：「小桮也。从匚贛聲。」泰俗謂中盌曰甗盌，音轉如工。

甈　《唐韻》《集韻》並音弟。《玉篇》：「小盆也。」《廣韻》：「小瓮。」《博雅》：「甈，甂也。」揚子《方言》：「甂，音邊。陳魏宋楚之間謂之甈。」〔一〕今泰人呼盤小而卑者曰甈，俗作碟，《方言》作甂。《呂蒙正傳》作楪，皆一。

夬　《廣韻》《集韻》《韻會》並古邁切，音噲。泰人作書籍者，取義於夬，語亦甚古。《說文》：「分決也。」以箸可分決羹肉，故謂之夬，俗作筷，易稱。

臭蜚　《集韻》《韻會》並父沸切，音扉。《爾雅·釋蟲》：「蜚，蠦蜰。」疏：「蜚，越之所生，其爲蟲臭惡，南方濕氣之所生也〔二〕。《本草》曰：『蜚，厲蟲也。』然則蜚是臭惡之蟲，害人之物〔三〕。故《春秋左氏傳》：『有蜚不爲災，亦不書也。』」又《正韻》芳未切，音費，蟲名，負蠜也。泰人讀如畢。

毻毛　《廣韻》《集韻》並音唾。《博雅》：「解也。」謂鳥獸解毛羽也。揚子《方言》：「隋、

〔一〕音邊陳：原誤作「陳音字」，據《方言》改。
〔二〕濕：原誤作「溼」，據《爾雅注疏》改。
〔三〕之：原誤作「衣」，據《爾雅注疏》改。

毻，易也。」郭璞《江賦》：「産毻積羽，往來勃碣。」注：毻音唾，落毛也，與毤同。

鼨鼠　《説文》：「指鼩鼠也。」《爾雅·釋獸》：「鼩鼠。」郭璞注：「小鼱鼩也。亦名鼨鼩。」〔一〕泰人謂之松鼠。

鍋檗　檗音檗。《説文》：「炊，米者謂之檗。」又音霹。《爾雅·釋器》：「米者謂之檗。」注：「飯中有腥。」疏：「飯中有腥米者謂之檗。李巡曰：飯半腥半熟名檗。」又《集韻》音汃，並普八切〔二〕，餅半熟也。音轉如巴，俗作粑。又磑米粉煎食者爲饔檗。

槶臉　音貴。《説文》：「槶，匡當也。」〔三〕假面具，亦筐當也。又《五音集韻》：「譈，面也。」槶之爲言譈也。泰俗呼兒童所著假面爲槶臉子。

槷　槷，《説文》：「椴也。」〔四〕《周禮·冬官·考工記·輪人》：「直以指牙，牙得則無槷而固。」今謂以木塞瓶口爲槷子，俗作塞，非。

彤船　彤，《唐韻》《集韻》並音琛。《説文》：「彤，船行也。」《正字通》：「舟行相續也。」俗作撐。

〔一〕鼩：原誤作「鼠」，據《爾雅注疏》改。
〔二〕八：原誤作「汃」，據《集韻》改。
〔三〕匡：原誤作「筐」，據《説文解字》改。
〔四〕《説文解字注》無此條，出《周禮》鄭衆注。

秕　秕音匕。《説文》：「秕，不成粟也。」《書·仲虺之誥》：「若粟之有秕。」泰人讀如畢，俗作癟。

梟茈　茈菰　茈，蔟移切，音疵。《爾雅·釋草》：「芍，梟茈。」《後漢·劉玄傳》：「王莽末，南方饑饉，人庶羣入野澤，掘梟茈而食之。」〔一〕《本草》一名梟芙，俗名勃薺。又《韻會》：「茈菰，似梟茈而白。」

攱　攱，《廣韻》私盍切，《集韻》悉盍切，並音僁。《廣韻》：「攱，攱起也。」凡物有縫以木益之曰攱。《中州集》周馳《詠攱子》詩：「勿以微材棄，安危任不輕。誰憐一片小，能使四方平。」按，高裕瑞書作㞕，係據《正字通》注「加榫使滿竅也」。

掍邊　《唐韻》《集韻》並音衮。《説文》：「掍，同也。」王褒《洞簫賦》：「帶以象牙，掍其會合。」注：「飾之象牙，同於會合之處。」泰人以衣服器具緣邊謂之掍，俗作滚，非。

秚　秚，《集韻》：「部滿切。物相和也。」今俗作拌。拌，揚子《方言》訓爲揮棄，與秚不可通。

〔光緒〕泰興縣志

【解題】楊激雲修，顧曾烜纂。泰興縣，今江蘇省泰州市泰興市。「方言」見卷三《區域志三》中。録文

〔一〕掘：原誤作「捉」，據《後漢書》改。

據光緒十二年（一八八六）刻本《泰興縣志》。

方言

《荀子》言楚辭每言羌，羌者，方音也。《淮南鴻烈》大率楚語。張華論韻謂士衡多楚，劉真長譏王丞相惟解作吴語，支公見子猷兄弟以爲羣烏啞啞、鴂舌之音，不可改耳。邑當吴楚之交，偏方謡諺，不盡與古合。紀其有所本者，而俚俗不典之語，概無取焉。

恒概，廣大也。譩譆，審也。逞，疾也。諈，累也。拫，引也；亦曰拫格。戲泄，息也。抱嬔，耦也。憐職，愛也，言相愛憐也。娃，美也，好也。惃、愬，惽也。軫，相乖戾也。㥏，慙也。脅鬩，畏怖也。蛩烘，戰栗也。憚，怒也。唏，痛也，哀也。彈憸，强聒也。鐕，堅也。煦煆，熱也，乾也。讓、極、軋、蹇，吃也。㱲，僗也，極也。譑，黠也。緍綿，施也；又脱衣相被也。拏，羞窮也；又謂之惹，又謂之䛳。飵，相謁而餐也。襜褕謂之𧝓褣。複襦謂之䘿〔一〕。汗襦謂之䙢〔二〕。帬謂之下裳。蔽膝謂之禕，又謂之袚衣。褾謂之䘼。小瓶謂之甂。箸筩謂之筲，或謂之籯。擊榖杖謂之柍。車下鐵謂之畢，大者謂之綦。車弓謂之筱，或謂之篕。籧篨謂之䉬。符篖謂之笪。簙謂之蔽，又謂之簙毒，又謂之夗專，又謂之匽璇。薰籠謂之牆居。鉤謂之鹿

〔一〕䘿：原誤作「䙕」，據《方言》改。
〔二〕䙢：原誤作「襘」，據《方言》改。

觡，又謂之鉤格。矛謂之鈐釘。鳲鳩謂之鴶。布穀謂之穫穀。雁謂之鴚。蟬謂之蜩，大者謂之螃，又謂之蛔馬。趣織謂之蛬，又謂之蟋蟀。蟪蛄謂之蟂蟧。蜻蛉謂之蝀蛜。蚱蜢謂之蚝蛨。蚰蜒謂之蚰。米蠹謂之蛆。鼅鼄謂之蝃蝥。守宫謂之蛤蚧。此揚雄所云江淮揚楚吴越閒通語也。

其見於劉熙《釋名》、郭璞《爾雅注》所云江東、江南人語者：亡賴曰嚜尿。以手取物曰摣。饊飯以餹餅之曰粰粇。橋曰圯。筆曰不律。白芷曰苻離。木通曰燕薆。天名精曰豨首。葛曰龍尾。棠棣曰夫栘。虎曰於䖘。鷁曰鶂。斑鳩曰鶻鵃。睢鳩曰鶚。鷓鴣曰逐隱。杜宇曰謝豹。鵓鴿曰布母。

其通俗之語見於諸書者：數説。《左傳》。罷休。《史記》。多謝。留神。子細。鏖糟。並《漢書》。經紀。《三國志》。多許。《隋書》。不耐煩。《宋書》。含胡。修音搜娖。並《唐書》。帳目。《宋史》。打算。《元史》。湯茗在涼熱間爲温暾。王建《宫詞》。門關爲閂。《桂海虞衡志》。聽言不省爲耳邊風。杜荀鶴詩。饋遺爲作人情。事穩爲妥帖。並杜甫詩。習氣爲毛病。黄庭堅文。扶持爲擡舉。白居易詩。負而不償爲賴。《國語》。虚而少實爲空頭。《北史》。不正爲差去聲路。唐詩。不慧爲獃。麤爲笨。並《唐韻》。滴水爲滯。沈水中爲潭。並《廣韻》。浮爲氽。《虞衡志》。檐冰爲澤。《楚辭》。雷爲霍閃。顧雲詩。虹爲鱟。本雩字。《爾雅注》于句切，音之轉也。

他如爾儂、我儂、什麽、忒煞、箇般、這箇，古樂府及《傳燈録》、宋人語録亦習用之，不盡俚也。

〔咸豐〕靖江縣志稿

【解題】于作新修，潘泉纂。靖江縣，今江蘇省泰州市靖江市。「方言」見卷五《食貨志》中。録文據咸豐七年（一八五七）活字本《靖江縣志稿》。

方言

與人方便，自己方便。喫飯防噎，走路防跌。若要好，大做小。不聽老人言，終有悽惶淚。小心天下去得，大膽寸步難行。扒得高，跌得重。前船便是後船眼。識人多處是非多。求人不如求己。饒人不是痴，過後得便宜。閉口深藏舌，安身處處樂。身寬不如心寬。若要寬，先辦官。爺頑賴，兒還債。貴買良田，子孫得用。未來休指望，過去莫思量。早起三光，晏起三慌。世上無難事，只怕有心人。學無前後，達者爲先。自家有病自家醫。借的猫兒不過宿。好漢吃拳不叫痛。酒中不語真君子，財上分明大丈夫。不痴不聾，難做家主公。識得破，忍不過。路遥知馬力，日久見人心。人無千日好，花無百日紅。人争一口氣，佛争一爐香。有麝自然香，何用當風立。君子愛財，取之有道。

靖語謂甚麽曰底高。謂何處曰喇裡。謂所在曰宕子。謂村莊曰埭。謂未跌倒曰亮傖。去聲。謂爾我曰你些、我些。音近心韻。謂不慧曰獃。謂頑耍曰象象。謂虹曰鱟。詳候切。謂針爲引線。謂亂談曰瞎嚙。謂機巧曰伶利。謂糊塗曰懵懂。謂葺理曰修促。音捉。《唐書》：「修促部伍。」謂醜物曰噶古。謂以鹺醃物曰鹽。去聲。《内則》：「屑薑與桂，以洒諸上而鹽之。」謂搬運曰摙。力展切。《南史》：「何遠爲武昌太守，以錢買井水，不受錢者摙水還之。」謂不決絶曰棉牵。謂湊合無罅隙曰泯縫。去聲。謂葦席曰蘆蓆。宋琅琊王敬胤遺命〔一〕，以一蘆蓆藉下。謂有事曰事體。讀若替。謂笑人曰阿育。謂冷熱適中曰温暾。唐王建詩：「新晴草色暖温暾。」謂走曰跪。謂睡聲曰打呼。謂偵視曰張。謂看曰望。羞曰怕醜。扶曰擋。去聲。按曰揿。去聲。浮曰氽。去聲。流曰淌。蓋曰㔶。藏避曰躲。藏物曰囥〔二〕。稠密曰猛。布帛薄者曰澆。門之關曰閂。非常事曰咤異。貨物初售曰發利市。作事不順曰鈍市。揖曰唱喏。階級曰僵礤。此處曰這音至郎去聲。彼處曰箇郎。謂人無能曰没用處。謂兒童曰小囝。謂慳吝曰臭肉麻。謂言語支離曰嚕嗦。嚕，六平聲；嗦，音梳。謂假寐曰打渴睡。謂不認真幹事曰打渾。謂儉不中禮曰小器。謂不便平聲捷曰笨，亦曰不即伶。自誇大曰賣弄。事之適相值曰湊巧。六畜總曰衆平聲生。數錢五文曰一花。覓利曰賺錢。首飾曰頭面。鞵襪曰脚手。器用曰傢伙。以兩物比較長短曰燕。疾趨曰打歪歪行濕地。站立不穩曰打滑塌。以兩手移物曰掇，又曰捅。取挪動意。斟酒曰篩酒。天明曰天亮。尖巧曰尖鑽。誇口曰喇天。能幹事曰在行。數人罪過曰羞削。騙人曰串局。受騙曰上檔。室中汙

〔一〕胤：原誤作「徹」。
〔二〕囥：原誤作「园」。

穢曰邋遢，又曰吭惡平聲臧。粧體面曰擺架子。剛纔曰姜纔。物件曰東西。

亦有反言者，神氣不振曰葳𤞞，木榮盛意。不要曰要平聲他，不做曰做平聲他，不肯曰倒肯，無曰倒有之類。

〔光緒〕靖江縣志

【解題】葉滋森等修，褚翔等纂。靖江縣，今江蘇省泰州市靖江市。「方言」見卷五《食貨志》中。録文據光緒五年（一八七九）刻本《靖江縣志》。

方言

與人方便，自己方便。喫飯防噎，走路防跌。若要好，大做小。不聽老人言，終有悽惶淚。小心天下去得，大膽寸步難行。扒得高，跌得重。識人多處是非多。求人不如求己。饒人不是痴，過後得便宜。閉口深藏舌，安身處處樂。身寬不如心寬。若要寬，先辦官。爺頑賴，兒還債。貴買良田，子孫得用。未來休指望，過去莫思量。早起三光，晚起三慌。世上無難事，只怕用心人。學無前後，達者爲先。自家有病自家醫。借的猫兒不過宿。好漢吃拳不叫痛。酒中不語真君子，財上分明大丈夫。不痴不聾，難做家主公。識得破，忍不過。路遥知馬力，日久見人心。人無千日好，花無百日紅。人争一口氣，佛争一炷香。有麝自然香，何用當風立。君子愛財，取之有道。

靖語謂甚麽曰底高。謂何處曰喇裡。謂所在曰宕子。謂村莊曰埭。謂未跌倒曰亮傖。去聲。謂爾、我曰你些、我些。音近心韻。謂不慧曰獃。謂頑耍曰象象〔一〕。謂虹曰鱟。詳候切。謂針爲引線。謂亂談曰嗐嚼。謂機巧曰伶利。謂糊塗曰懵懂。謂葺理曰修促。音捉。《唐書》：「修促部伍。」謂以鹽漬物曰醃。謂不決絶曰綿牽。謂湊合無罅隙曰泯縫。去聲。謂葦席曰蘆蓆。宋琅琊王敬胤遺命〔二〕，以一蘆蓆藉下。謂有事曰事體。讀若替。謂笑人曰阿育育。謂冷熱適中曰温暾。唐王建詩：「新晴草色暖温暾。」謂走曰跑。謂睡聲曰打呼。謂偵視曰張。謂看曰望。羞曰怕醜。扶曰擋。去聲。按曰拏。去聲。浮曰氽。上聲。流曰淌。蓋曰㢓。藏避曰躲。藏物曰囥。稠密曰猛。布帛薄者曰澆。門之關曰閂。非常事曰咤異。貨物初售曰發利市。作事不順曰鈍市。階級曰僵礤。此處曰這音至郎去聲。彼處曰箇郎。謂人無能曰没用處。謂兒童曰小囝。謂慳吝曰臭肉麻。謂言語支離曰嚕嗦。嚕，六平聲。嗦音梳。謂假寐曰打渴睡。謂不認真幹事曰打渾。謂儉不中禮曰小器。謂不便平聲捷曰笨，亦曰不即伶。自誇大曰賣弄。事之適相值曰湊巧。六畜總曰衆平聲生。數錢五文曰一花。覓利曰賺錢。首飾曰頭面。鞵襪曰腳手。器用曰傢伙。以兩物比較長短曰燕。疾趨曰打歪歪。行濕地站立不穩曰打滑塌。以兩手移物曰掇，又曰捅。取挪動意。斟酒曰篩酒。天明曰天亮。尖巧曰尖鑽。誇口曰喇天。能幹事曰在行。數人

〔一〕耍：似爲「耍」字之誤。
〔二〕胤：原誤作「徹」。

罪過曰差削。騙人曰串局。受騙曰上檔。室中汙穢曰邋遢,又曰吭惡平聲臧。粧體面曰擺架子。剛纔曰姜纔。物件曰東西。亦有反言者,神氣不振曰葳蕤,本榮盛意。不要曰要平聲他,不做曰做平聲他,不肯曰倒肯,無曰倒有之類。

〔康熙〕揚州府志

【解題】雷應元纂修。揚州府,轄區包括今江蘇省寶應縣以南、長江以北、東臺市以西、儀徵市以東地區,府治在今揚州市區。「方言」見卷二十《風俗》中。録文據康熙三年(一六六四)刻本《揚州府志》。

方言

漢揚子雲所載方言,在江淮之間者,愛曰憐;雙曰顥〔一〕,或曰膌〔二〕;盛曰泡;眄曰矙,或曰略〔三〕;堅曰鐕;罵奴曰臧,罵婢曰獲;鷄頭曰芡;快曰逞;尻曰尉;殺曰虔;代曰侹;禪衣謂之褋〔四〕,古謂之深衣;襜褕謂之襜褣;汗襦謂之襘;蔽膝謂之褘,或謂之袚;褌謂之

〔一〕雙:原誤作「隻」。
〔二〕膌:原誤作「䁢」。
〔三〕略:原誤作「賂」。
〔四〕褋:原誤作「渫」。

⿰衤松；鍑謂之錡，或謂之鏤；畚鍤之屬謂之臿；僉謂之柍；刈鉤謂之鉊，或謂之鐹〔一〕；薄謂之苖，或謂之麴；槌謂之植〔二〕，其橫謂之㯙，胡以縣㯙謂之繯，或謂之環；生而聾謂之聳；强曰彈憸；貔謂之⿰豸來〔三〕；矛謂之鍦，箭謂之鍭；舟謂之蔦，方舟謂之潢，艁舟謂之浮梁；楫謂之橈，或謂之櫂；所以隱櫂謂之⿱竹槳〔四〕，所以縣櫂謂之緝，所以刺船謂之篙；維舟謂之鼎，首謂之閣閭，或謂之艗艄；後曰舳，舳，制水也〔五〕；僞謂之仡；草曰⿱屮廾；視謂之貼，或謂之覗〔六〕；凡相候謂之占，占，猶瞻也；蛥蚗謂之⿰虫刃蟧，或謂之蝭蟧，或謂之蜓蚞；蜻蛚謂之蟋蟀，或謂之蛬；蜻蛉謂之蠊蚲〔七〕；庵螌謂之鼅鼄，或謂之蠾蝓；蠾蝓者，侏儒語之轉也；餳謂之糖，凡飴謂之餳；冢謂之丘〔八〕，小者謂之塿，大者謂之丘；凡葬而無墳謂之墓〔九〕，所以墓謂之

〔一〕鐹：原誤作「鍋」。
〔二〕植：原誤作「柤」。
〔三〕⿰豸來：原誤作「騋」。
〔四〕隱：原誤作「引」。⿱竹槳：原誤作「槳」。
〔五〕制：原誤作「刺」。
〔六〕覗：原誤作「視」。
〔七〕蠊蚲：《方言》作「蝍蛉」。
〔八〕丘：原誤作「廿」。下同。
〔九〕葬：原誤作「墳」；墳：原誤作「封」。

嫵〔一〕。按，古字典奥，今江淮間不能悉解，姑紀之已資辯質。

今方言，處所謂高頭，無爲没得，不謹爲攫掉，不潔爲齷齪，不慧爲獃，假寐爲盹，覘視爲睄，廁爲坑，庭爲天井，額爲業樓，頷爲頰腮，膝爲波羅，脛爲孤拐，虹霓爲杠，電爲閃，小兒爲芽子，乳婦爲妳子，蓐醫爲姥姥，蝙蝠爲别伏，烏鴉爲老呱，寒蟬爲遮留，蚯蚓爲曲鱔；又口吃爲急子，猫爲毛，鴈爲案，鹹爲寒，鞋爲孩，蟹爲海，則音之轉也，其類不可殫記，姑識其略。

〔民國〕揚州風土記略

【解題】徐謙芳纂。初稿修完於民國四年，題名《揚州風土小記》；民國三十四年（一九四五）定稿，未刊。該志所記範圍包括其時揚州所轄江都、泰縣、高郵、興化、寶應、儀徵、東臺七縣。「方言」見卷中《風俗》中。録文據揚州大學圖書館藏民國鈔本《揚州風土記略》。

方言

五方水土異宜，地勢不同，故其語言區别，《管子》《淮南》久言之矣。揚州之地，其水波揚，其氣燥勁，其民禀性輕揚，故土著之人，發音以之。但方言既雜，殊語日滋，《淮南》之言，不無歧出。然邗東謂我爲戎，謂夜爲亞；泰縣謂蛇爲佘，謂兒爲倪；儀徵謂蓋爲苫；東臺

〔一〕嫵：原誤作「撫」。

謂割草爲劁，則猶有古音古義之遺。故語言承之在昔，各有本株。不獨事逾其期謂之愒，而「翫愒」之訓，載於《左傳》；身傾於前謂之磬，而「磬折」之義，著於《禮經》也。惟在觸類引伸，側重音轉，博採旁稽，或達古義。第自東晉以來，經鮮卑、胡、羯、氐、羌之亂，繼以遼、金、元、清入宅中夏，南北播遷，華夷雜處，既羼夷音，又兼古語，豈竟能保故言而勿失乎？兹就其習聞者言之。

謂指物示人曰歹，謂以物予人曰把，謂研磨作價爲傿，音如奥。謂愛憐小兒爲瘝，讀若慣。謂追賊爲撚，謂以肩任物爲抗，謂立爲⿰足長，音如撐。謂藏物曰亢，讀如炕。謂鷄伏卵爲菢，謂企立久待爲躞，謂凡事相失爲達，謂煮菜爲鏖，謂以濕餅承火爲煦，已鍋切。謂生醃蘆菔菹蝦爲將，七羊切。以鹽、酒菹蟹爲墜，謂粗縫爲絎，細縫爲納，謂兩物相覆、參次不正爲夕，音如鵲。以圈席蓄米爲宛，謂器裂爲璺，謂覆未冥合爲罅，音如蝦。謂人性句沓爲殟，不知其事問曰怎干，謂賭博翻本爲莛本，謂空言無實爲丘里，謂物請益爲撈頭，謂人之有才者爲踢跳，謂婦女多姿態爲窔奈，謂人無成就爲不梱，謂人言煩絮爲嚕蘇，謂出柩爲出田，謂報復爲報巴，謂縫被爲勾被，謂蒸之浮浮爲鋪鋪，遇事物之繁重者爲累堆，謂打人爲雷捶，謂頮面爲湔臉，謂刈草爲薅草，謂行路中途小憩爲打㱇，謂寐中切齒爲齘牙，鄉人稱丈夫爲老奢，謂小被爲褓被，謂藁秸之席爲藁薦，謂題字柩前爲題和，音壺。謂蘸祭以竿張門分左右爲和門，音如歡。謂敗瓦爲瓦瓯，謂草初生微芽爲耑子，謂鳥獸易毛爲毻毛，蛇蟬解皮爲蜕皮，謂人所私爲媩嫪，謂小兒腦蓋爲囟門，謂黑髮中有白髮爲蒜髮，謂鬈髮傷皮爲打壯，側亮切。謂優人所被假面爲槶臉，謂物之虚懸下垂者爲格郎，謂飯筥爲筲箕，謂水漿愈渴爲殺渴，謂不曉事情爲索鐸，謂不顧一切爲判命，謂人欺詐爲陶音如掉誕，又爲掉佊，謂無賴訶人受錢爲誐王〔一〕，謂假寐暫覺爲充盹，謂翻金斗爲跌跟頭，謂以虚語欺人爲跳駝子，謂言語蹇難爲極輔子，音巴。謂以手搥擊爲拍祀掌，狀扁曰扁逋逋，狀黄色曰黄鞋鞋，呼土虺蛇爲土骨蛇，或土谷蛇，謂胡蜨爲蛺蜨子，立木爲表爲木樴子，立石爲表爲石樴子，謂被頭綴布爲被屌頭，此處、彼處爲者里、那里，謂落拓爲二五蘭單，驚事物奇異爲恢恢儱倲，狀物之多爲塵千塵萬，是亦可見一斑矣。

淮南江北，居南北之中，人民方言，其音重濁而略涉輕揚，此劉師培之説也。以是推之，江都東鄉之音，與泰縣相近。江都爲一音，高、寶爲一音，儀徵又爲一音。興化之音近於輕而濁，東臺之音則又介於興、泰之間，與裏河相近。

嘲揚人俗語有云：「教場胡爲教，西傲切。家兄不在家。已揠切。」同一字而音各別，似不同於北京呼六爲溜，呼緑爲慮也。

李汝珍《音鑑》云：方音之異，不惟南北有别；即南與南，北與北，亦有不同。如揚州謂去爲抗意切，泰州謂二爲讓至切，東臺謂豆爲太侯切，儀徵謂堂爲陶延切，此則揚州方言見於書

〔一〕「受」上原衍「曰」字。

籍者。此外謂葠爲羊蹄，則見於賈思勰《齊民要術》；謂蒻爲斑杖，則見於崔豹《古今注》；呼渡船爲灘，則見於《方言》郭注；謂兩堉爲連袂，則見於馬永卿《懶真子》；謂鯱鯋爲柳串，謂蒳爲馬尾，謂蛣蟩爲翻跟兜蟲，則見於朱駿聲《説文通訓定聲》。至於著於王念孫《廣雅疏證》者尤多。如謂蟬爲都蟟，謂蚣蝑色青者爲青抹札，班黑者爲土抹札，謂蛈爲蓑衣蟲，謂蛐蟮爲寒蠊，謂鼁爲水鷄，謂大鮎爲鰱子，謂魟爲鰊斯魚，謂蝸牛爲旱蠃，謂燕之小者爲草燕，大者爲盧燕，謂布穀爲卜姑，謂鵋爲夜猫，謂牝牛爲犉牛，皆是也。

〔民國〕曹甸鎮志 附鉛印本《曹甸鎮志》

【解題】郝澍撰。始作於民國二十九年（一九四〇），稿成於民國三十三年。曹甸，今江蘇省揚州市寶應縣曹甸鎮。「方言」見《民俗志》中。有民國三十五年（一九四六）油印本、一九五二年油印本，録文綜合二本，二本間有出入者，則擇善而從。

方言

曹甸方言，讀堤題曰堆，讀虹曰岡，以箸爲筷，以石爲擔，口吸曰嗽，音朔。物敝曰勚，音意。沾水曰濺，音站。去水曰滰，不下曰甹，如説甹話。本質曰坯，如壞坯子。趁勢曰起坋，憤。煩擾曰擺弄，又曰弄敵，音誦。人乳曰奶，人溺曰尿，不和曰嫍，默視曰愣，讚人曰嘖嘖，看人曰瞧瞧，盛物曰裝，置物曰安，簸箕曰畚音憤箕，水瓢曰水舀，摇上聲。父曰爺，音宜。祖曰爹，音抵。伯曰大大，打去聲。孩子讀瑕子，外婆誤讀爲外符，或爲特語，或爲誤音。一時未易盡憶。附鄙作舊文一段：

《與焯東論小學書》：上略。都或因俗爲俗，以訛傳訛。如初音粗誤讀磋，梳書誤讀梭，秘敝誤讀密，鼻敝誤讀必，靴誤讀虚，傾誤讀穹之類；以及舊日口談，熨宜讀物，翅宜讀剃，俗讀刺。拉宜讀納，那宜讀努，俗皆誤拿。慳宜讀艱。今日考之辭源，慳，欺簡切，其右從堅音也。他如佳本音該，不讀家；阮本音遠，不讀暖；而本音尼，非歐；些本音蝦，非西；遐本音假，卒本音朮諸字，難以枚舉。中略。若夫爛熟之字，兒當讀尼，從兒者，倪蜺輗睨皆然。榮當讀寅，鶯營縈塋螢熒皆然。偶然正音讀兒女爲尼女，兒媳爲尼息，榮華爲寅華，光榮爲光寅，人且瞠目不知，成笑談矣。噫，此沿誤之害人也。中略。考其謬誤之因，多由《康熙字典》反切不明，注音不準，或附音太多之故。靴字注許訛切，入歌韻，當讀呵音，人乃但以許字平音讀之。加以人無細心，如畫字正音讀或，副音假借讀化，《字典》音劃爲畫，人都讀化，誤副音爲正音也。下略。

附鉛印本《曹甸鎮志》

【解題】鉛印本《曹甸鎮志》，一九八五年寶應縣檔案館等印行。據整理前言，該本爲一九五二年油印本之增補本。

方言

曹甸方言，讀堤曰堆，音題。讀虹曰岡，去聲。音箸爲快，音石爲旦，口吸曰嗽，朔。沾水曰濺，音站。人乳曰奶，人溺曰尿，猒視曰發愣，難清曰滿纏，鑾前。沈重曰磊堆，破壞曰糟糕，去水曰泌，不下曰强，去聲。本質曰坯，趁勢曰起憒，煩擾曰擺弄，又曰弄送，讚人曰嘖嘖，看人曰瞧瞧，盛物曰裝，置物曰安，簸箕曰紛箕，水瓢曰水舀，摇上聲。父曰爸，祖曰爹，伯曰大大，孩子讀瑕子，外婆誤外符，烈帝廟誤一帝廟，小奈溝誤小南溝，愜意曰下意，竊物曰馬，借錢曰奪，掇。目垢曰眵，癡。食剩曰剩，味腐曰餿，竊鷄曰斜，攫陰平。謂人口音之異曰蠻、曰貉、卯。曰夯。垮。

附《廣曹甸志》卷下數則：面北土地，多管一方。樹按，考《鹽城縣志》，管當作矔，音關。如曰眼關四方。《鹽志》之眼患手快。樹按，患當作睊。音還陰平。又米糊俗誤麻糊，其實音彌，目迷離也。

附余《與煒東論小學書》：上略。都或因俗爲俗，以訛傳訛。如初音粗誤讀磋，梳音書誤讀梭，秘蔽誤讀密，靴呵誤讀虛，傾青誤讀穹之類；以及舊日口談，尉宜讀物，翊宜讀剃，俗讀剌。拉宜讀納，那宜讀努，俗讀拿。慳宜讀艱。右從堅，鷄安切。他如佳本音該，不讀家；阮本音遠，不讀暖；而本音尼，非讀歐；些本音蝦，非西；蝦本音假，卒本音朮諸字，難以枚舉。中略。若夫爛熟之字，從兒者倪蜺睨字，皆從尼音轉讀，可知讀而者非。從雙火者鶯營螢等，皆從寅音，可知榮當讀寅，然若讀兒女爲尼女，讀兒媳爲尼息，讀榮華爲寅華，光榮爲光寅，人且不知，成笑談矣。噫，此沿誤之害人也。考其得誤之因，多由《康熙字典》反切不明，注音不準，或附音太多之故。如許訛切，當讀呵，人乃但以許字平音讀之。加以人無細心，如畫字正音讀或，副音讀化，假借。《字典》音劃爲畫，人都讀化，誤副音爲正音也。下略。

〔光緒〕丹陽縣志

【解題】凌焯等修，徐錫麟等纂。丹陽縣，今江蘇省鎮江市丹陽市。「方言」見卷二九《風土》中。録文據光緒十一年（一八八五）刻本《丹陽縣志》。

方言

鵲曰喜鵲。鴉曰惱鴉。雀曰瓦雀。雉曰野鷄。百舌曰春鳥。鸕鷀曰水老鴉。八哥曰水滴溜。黄雀曰淮揚兒。鮆曰刀魚。鱓曰長魚。鼈曰團魚。黿曰癩頭黿。蟬曰吱嘹。螳曰斮螂。蚓曰曲蟺。蛙曰田鷄。蟅曰地鼈。蠅曰蒼蠅。竈馬曰竈鷄。守宫曰蝎虎。俗云壁虎。蜈蚣曰百腳。芡曰鷄頭子。檉曰觀音柳。月季花曰月月紅。

媌條。言人物之長也。標致。言美也。乾浄。蠲潔也。齷齪、邋遢、腌臢、廛糟。皆言不蠲潔也。臺傘。上歇平，下音遮。言事之軒昂也。穩重。老成也。孟浪、莽撞、麤糙、麤笨。俱言不雅馴。爽俐、乖覺、秀麗、活絡。皆言俊快可喜。鶻突、糊塗、懵懂、勺鐸、音韶道。温暾、悶渾。皆言不聰明也。打扮。修容止也。激聒、瑣碎、嘮叨、的達、絮聒。言之多而躁也。摸捺。手捫也。又言作事不果決。疙瘩、跎落。音各扯。言人之谿刻也。尷尬。言不順適也。招摇、倡揚。言彰著也。巴結。勉强營爲也。促恰。恰相當也。差池。不合事宜。蹭蹬。與世乖忤。落魄。同上。虺𧄈。灰頽。萎蕤。言少精彩也。壘堆。言敗壞之甚。又累贅,言不清脱也。倔僵。言堅執也。翻騰。言好搬弄也。含糊。不分辨是非也。靦腆。面羞澀也。瓜葛。交關人物也。首尾。同上。揉挱。以事難人也。升騰。人之發迹也。欷歌。談笑不誠恪〔一〕。音希哈。夾插。闌入人中、事中。聒躁。言擾人也。度量。籌處事也。攛掇。以言從臾也。窟窿。事有隙可指也。囫圇。言整也。儱侗。不分別也。條直。事就理也。拖拉。不了結也。撲騰。身之失跌。汩洞。入水聲也。𡂿床。音迷兮。笑之態也。忽刺。物之急疾聲。砰磅。音硑行。聲之大者。颮颬〔二〕,音律忽。颬䬞〔三〕。音或六。皆聲也。作獺。言廢棄物也。老傖。訢人之稱。鴉頭。小女也。輕賤之稱。俗物。鄙薄人也。

《風俗通》云:周秦時遣輶軒使採異俗方言,藏之秘府。按是自不宜以瑣細而忽之也,因次於此。

〔康熙〕江寧縣志

【解題】佟世燕修,戴務楠纂。江寧縣,今江蘇省南京市江寧區。「方音」見卷十二《雜志》中。録文據

〔一〕恪:原誤作「恰」。

〔二〕颮:原誤作「颮」,據《客座贅語》改。

〔三〕颬:原誤作「颬」,據《客座贅語》改。

康熙二十二年(一六八三)刻本《江寧縣志》。

方音

五土異宜,五方異音,此天地自然之氣也。故察之可以辨風俗,通性情,達古今音韻文字之變。《爾雅》「釋詁」「釋言」以及《國語》《方言》,何嘗不與經史相表裏也。江寧風物都雅,詞旨清麗,即一郭之中,且吐音互異,況加之以殊方異壤,四民駢集,宜其駋訛拉雜爲然耳。亦安可以其俚淺而忽之。

顧文莊曰:江寧里中字音,有相沿而呼,而與本音謬;相習而用,而與本義乖者。或亦通諸海内,而不知所從始。姑舉一二言之。

如惹之音人者切,野之音羊者切,寫之音悉姐切,且之音七也切,姐之音子野切,在二十一馬韻中,音宜與鮓叶;而南都惹作熱之上聲,野作曳之上聲,寫作屑之上聲,且作切之上聲,姐作接之上聲,未有作馬韻呼者。士之音鉏里切,是與氏之音承紙切、視之音承豕切,在四紙韻中,上聲也;而作去聲,呼皆如四〔一〕。跪之音去委切,兄弟之弟徒禮切,上聲也;而音作貴與第,呼屬去聲。皂隸之皂,造作之造,音與早同;而讀作去聲,如躁字。大之音不作徒蓋切,亦不作口箇切;而别音打之去聲。入之音本與日同也,而作肉音。此與本音謬,而呼相沿者也。

〔一〕 四:《客座贅語》作「肆」。

又如鈔，略取也；而寫書曰鈔書，官曰鈔案，造紙曰鈔紙。弔，問終也；而官府取文書曰弔卷，或曰弔錢糧。打，作都冷切，今作丁把切，本取擊爲義也；而今預事曰打疊，探事、探人曰打聽，先計較曰打量，臥曰打睡，買物曰打米、曰打肉，治食具曰打餅，張蓋曰打傘，屬文起草曰打藁。禀，賜穀也，與也，供也，給也，受也；而今以下白事于上曰禀。毆，以杖擊也，律有鬭毆之條；而今人故以言相謔嬲曰毆。帳之爲言張也，一曰幬謂之帳；而呼簿册記物事用度者曰帳。仰，恃也，資也，下託上曰仰；今公文自上而行下曰仰。票，一作慓，疾也，急疾也；今官府有所分付，勾取于下，其札曰票。疋，正也，音與雅同，《詩》「大疋」「小疋」，用此字，今借爲段布之疋，音辟〔一〕。者，分別事辭也，稱此箇爲者箇是也；今以稱人之不老實者曰者。假，音賈，至也，又借也；今官府借爲休暇之假，音如稼，曰告假、給假。兑，通也，穴也，直也，卦名，象口之能言；今以天平稱金銀曰兑，以物交易曰兑，民以糧付軍曰兑。剳，刺着也，唐人刺身文曰剳青，又奏事非表非狀謂之剳子；今官籍没人物曰抄剳。閘，水門也，字一作牐；今借爲稽查之用，朝中點入班官員曰閘朝，凡以事查點人曰點閘，又民間辨治官物曰閘辦。插，刺而入也，扱衽曰插；今借爲安置之用，如屯兵聚民曰安插某處某所。折，言斷也，又拗折、屈曲也，又毀棄也；今作抵當之義，官司徵糧支俸曰折色，民間債負曰准折，以金貝代儀曰折儀，曰

〔一〕辟：《客座贅語》作「匹」。

折席。姪，今音質，謂兄弟之子也，古以稱兄弟之女，又謂吾姑者吾謂之姪，似惟以女子臨女子宜名之，古自音徒結切也。轄，車軸端鍵也，《論語》，五經之輨轄，輨以冒轂，轄以鍵輪；今借爲管轄之用。掺，子末切，逼也，韓詩「崩騰相排掺」；今官府刑手之具曰掺指，音咎，而民間但呼爲掺子。柺，拄杖也；今爲誘略之用，曰拐帶，其略人之人，俗曰拐老。祠，春祭名也，品物少而多文詞，故曰祠；今凡廟之祀神者，皆曰祠。自漢有生祠，始基之矣。刁斗以銅爲之，軍中用，晝炊，擊以行夜；刁刁，風微動貌；今謂人之狡獪者曰刁頭，律有刁姦之文。饒，飽也，益也，多也。漢張霸曰：「我饒爲之。」今免人之辠罰曰饒減，所徵財賄亦曰饒。嫖，一作僄，輕也，蓋僄姚之義；今蕩子之宿倡者曰嫖。梢，木枝末也，舟之舵尾曰梢，舟子曰梢工，婦曰梢婆；今驢馬馱物曰梢，人以物附寄行李亦謂之梢。包，容也，裹也；今任人物足其數曰包賠，代人上納官貨曰包攬，雇覓舟車騾馬曰包至，庖人爲主治辦酒食曰包酒，子弟宿勾闌中，計年月，不許接待他客，亦曰包。駝，負荷也，橐駝負囊橐而馱物；今無錢而買人物，徐酬其直者曰馱。那，何也，又多也，安也，又語絶之韻也；今謂移趾者曰那步，設法備用物曰騰那，轉假曰那借。科，條也，本也，坎也，程也，等也，科舉、科糧意近之，以設官名科，寖遠矣；今芟樹木蔬茹者曰科，頭不冠者曰科。巴，象形字，蛇也，巴水曲折三迴像之；今人之盱衡望遠曰巴，不足而營營曰巴，日晒肉曰巴，凡物之乾如腊者皆曰巴。凡此皆習而用之，與本義乖者也。

閭巷之俚語，駔儈之流言，一二可紀者，戲解剥之，以資嗢噱。阿承顯富曰趨，曰呵。慣依人而得財若飲食曰吹。徐吞而取其資曰吸。以言誑人而沁入之曰滷。彼此相妒娼曰醋。示若不置人于意中者曰淡。持人之陰事，使不敢肆焉，曰拿，或曰捏。以言呴煦人曰暖。風而使其從我曰鯁。以語漸漬之，俾其從，曰熏。姑置其事而待之曰冷。若置之，若不置之，似有係焉者，又或與而不必與，不盡與也，曰弔。以事急脅持人而出其賄曰紮。尾人之後，偵其所之與所爲曰躧。羣口而嬲其人曰嘈。以事迫而熁之，或得其物曰炙，又曰燒。以言呴沫人，令其意靡靡焉輭也曰水。以言兩挑之，使動或鬬鬩焉曰黎。如黎燈之黎。故以言與事招人，使我應曰撩。置一言若一物于人，令猝不我釋也曰鈎。自我而料人與料事曰划。設法範圍于人曰箍。故陷人于過或令其處負也，曰要，曰弄。乘間而入之曰鑽。以漸而刮劘其所有曰鏇。大言嚇人曰烹，又曰潑。限人之所至曰量。造是非佐使人怒曰嗾。四走而追人，或捕人曰撲。咀唼人之飲食曰嚼，又曰噍。其猛取人之財物曰齦。音懇。專以事務委人曰栽。泥人不已曰纏。抽取人之財物曰秋。從臾人使爲之，或奮而往曰撮，或曰鼓，或又曰獎。言語籠罩人使不覺曰蒙。詈人之傲而難制曰牛，曰驢。嘲事之失度、人之失意也曰狗。長軀而癡者曰鵝。解兩家之忿，或調劑成其事曰抄，或反言曰攪。刺人之隱失曰鍼。有所比合而不能解曰黏。又强附而必不可得去也曰釘。突然從中而攙入者曰剗。內無實而外飾可觀曰晃。善迎人之意而助長之曰搊。計去同事者而已得容焉曰撑。陷人于不可居之地曰坑。徒餔啜以膏其口曰油。言之鑿空而杜撰也曰穳。其最無倫脊者曰謅、曰胡。以言謔人曰喉，又或刺而曰揹。與人期必而背之，使失望焉曰閃。有所避而倏遯曰溜；不告其人而私取其有，若盜焉，亦曰溜。不遇而貧，若不幸而禍也曰否。空乏而不可支曰燋。作事之已甚曰孔。矜而自高曰喬。面勃然怒而不解也曰悻。其不色懌也曰喪。衣服什器，時之所競者曰興。目料人之上下曰估。共事而偏得利焉曰采。一無所得者曰毛。彊割人之有曰斫。逐人而驅之曰輾。人之壯大而不慧者曰笨，或曰騃，或曰獃，或曰傻。性輭而滯曰餳。其跳宕不馴謹曰浪。小兒之嘻戲曰頑，曰憨。淫泆曰嫪。音澇。貌寢而不揚曰矬。羸小可憎曰㞞。長無度者曰倰儯。事非耳目之常曰詫。一人而衆人者叢而奉焉若蟻曰宗，或曰扛。家敗而姑安之、事壞而姑待之、病亟而姑守之，凡皆曰膿。攘己所有以與人角勝負曰背。音卑。不當與而覗焉，附人以入之曰雌。彌縫其事之闕失曰糊。人之被震恐，而不能自立也曰散，或曰酥，或曰壚，或曰矮。不知其人之隱曲也，以言探出之曰透。謾人與爲人所謾也曰迷。知事與物可求之所而捷得之曰鍬，又曰挖。初非有所要質也，猝而與之遇曰撞。馮怒而以語詬詈之也曰攫。其盡所欲言也曰捲。兩心相憐曰疼，反是而交相背曰彼。無事而遨翔焉曰蹌，音搬。或曰幌。黄去聲。老而拘滯，不與時偶也曰簡。其回曲不可方物曰鬼。又身之或見或隱也曰影。在數中倖而逃者曰卯。卯，冒也。覓人而抓梳求之曰爪。證人之辭也，堅不可移曰嗇。與人有桑中之期曰偷。相挑曰刮。相調曰撣。私合曰有。乍相近曰湯。久而益暱也曰熱。推折之使興敗而反曰掃。物寬緩不帖帖者曰儴。音囊去聲。若事之敗而不可收拾也曰崩，曰裂。

南都方言，言人物之長曰媌條，美曰標致。齺曰乾浄，其不齺曰齷齪，惡綽。曰邋遢，曰腤臢，曰鏖糟。言事之軒昂曰𡒄奮。上歇平，下遮。有圭角曰支查。老成曰穩重，其輕薄曰姑姼。不雅馴曰藞苴，臘上聲，查上聲。曰朗伉，平聲。曰磊砢，曰孟浪，曰靊蒲併反銃，曰莽撞，曰粗奘，曰倔彊，曰麤糙。其俊快可喜曰爽俐，曰乖角，曰踢跳，曰⿰亻秀⿰亻留，秀溜。曰活絡。其不聰敏者曰鶻突，曰糊塗，與上一也，音稍異。曰懵懂，曰勺鐸，音韶道，似當爲少度，以無思量也。以中原音少爲韶、度爲道，字改爲此。曰温暾，似當爲混沌，訛爲此音耳。曰没汩，曰⿰亻悶渾，曰秃儂。修容止曰打扮。形惡者曰脥膗。人之無賴曰儱賴。言之多而躁曰喳哇，曰激聒，曰瑣碎，曰嘈噆，下音匝，一作哳。曰囔咄，曰哰叨，曰的達，曰絮聒。其小語而可厭曰呱噥，曰唧噥，曰唧嘈。齆而呻者曰哼唧。作事之不果決曰摸⿰扌素，曰⿰月直膩，曰乜斜，曰落索，曰塌偛。其捧物而不敬曰㚤奊，烈挈。曰蹀躞。其敗事曰郎當。人之谿刻者曰趷落，音各拉。曰疙瘩，曰嶢嵠，曰挩搭，曰刁蹬，曰雕鑴，曰窶數；其果而窒者曰裂決。用財之吝曰拈掐，曰寡辣，曰尷尬。能不彰著曰隱宿，其反是曰招摇，曰倡揚。或徜徉也。人之貧乏曰褊短。勉强營爲曰掤拽，曰巴結，曰扯拽。曲處以應之曰騰那。展轉造端曰拐揣。恰相當者曰促恰。不合事宜曰差池。與世乖舛曰趷蹬，曰蹭蹬，曰落魄。下音薄。其少精彩曰虺憒，灰頽。或曰萎䝐。威雖。敗壞之甚曰壘堆。性堅執曰直紂。好搬弄曰翻騰，曰估倒。自矜尚曰支楞，曰崚嶒。不分辨是非曰含胡。面羞澀曰腼腆。一作眠娗。行不端徐曰踉蹌。俱去聲。交關人物曰瓜葛，或曰首尾；男女之私相通者亦曰首尾。以事難人曰揉抄。人之發迹曰升騰。談笑不誠恪曰欷吹，希哈。或曰哈哄。闌入人中、事中曰夾插。擾人曰聒躁。籌處事曰度量。上音刀，北韻也。檢物用曰拾掇。以言從臾曰攛掇。批抑人曰拄擦，曰敦捽。曠大不拘束曰浪蕩。音朗倘。物之細小者曰些娘。娘，女之小者。事之有隙可指曰窟竉。其有歸着曰撻煞，曰合煞，曰與結。無破敗者曰囫圇，曰團圞。不分別曰儱侗。物事就理曰條直。不了結曰拖拉。欲了不了曰丢搭。身之孤獨曰伶仃。可憎曰臭厭。其不爽潔、煩汙曰漬淖。刺鬧。眼之視不定曰的歷都盧。手之捉物曰捫搎、摸㨼。身之失跌曰撲騰。入水聲曰汩洞，或曰骨都。心之不快曰懊憹。敖撓。笑之態曰嚜床〔一〕。上音迷，下音兮。氣勃鬱曰籧篨。渠除，不能俯也。上訛氣。凡物之聲急疾曰忽剌，又大聲砰磅，上音畊〔二〕，下音行。曰颮颰，忽律。曰颰飀。或六。

〔康熙〕上元縣志

【解題】唐開陶纂修。上元縣，今江蘇省南京市江寧區。「南都方言」見卷二四《摭佚》中。南都，指南京。録文據康熙六十年（一七二一）刻本《上元縣志》。

南都方言

言人物之長曰媌條，美曰標致。齷曰乾淨，其不齷曰齷齪，惡綽。曰邋遢，曰腤臢，曰鏖糟。

〔一〕床：原誤作「尿」。
〔二〕畊：原誤作「䎢」，據《客座贅語》改。

言事之軒昂曰⿱臺䖵⿱奄龜。上歇平，下遮。有圭角曰支查。老成曰穩當，其輕薄曰姑㛰。不雅馴曰藞苴，臘上聲，查上聲。曰朗伉，平聲。曰磊砢，曰孟浪，曰靐蒱併反銃，曰莽撞，曰粗奘，曰倔彊，曰麤糙。其俊快可喜曰爽利，曰乖角，曰踢跳，曰綉縚，秀溜。曰活絡。其不聰敏者曰鶻突，曰糊塗，與上一也，音稍異。曰懵懂，曰勺鐸，音韶道，似當爲少度，以無思量也〔一〕。以中原音少爲韶、度爲道，字改爲此。曰温暾，似當爲混沌，訛爲此音耳。曰没汩，曰倜渾，曰秃儂。修容止曰打扮。形惡者曰脥臞。人之亡賴曰儯賴。言之多而躁曰喳哇，曰激聒，曰瑣碎，曰嘈噆，下音匝，一作咂。曰囔咄，曰啐叨，曰的達，曰絮聒。其小語而可厭曰呱噥，曰唧噥，曰唧嘈。⿱覃手而呻者曰哼唧。作事之不果決曰摸捺，曰膗膩，曰乜斜，曰落索，曰塌偅。其捧物而不敬曰奊𡗡〔二〕，烈挈。曰蹀躞。其敗事曰郎當。人之谿刻者曰趷落，音各拉。曰疙瘩，曰嶢㟧，曰挩搭，曰刁蹬，曰雕鑴，曰窶數；其果而窒者曰裂決。用財吝曰拈掐，曰寡辣，曰尷尬。能不彰著曰隱宿，其反是曰招摇，曰倡揚。或徜徉也。人之貧乏曰褊短。勉强營爲曰掤拽，曰巴結，曰扯拽。曲處以應之曰騰那。展轉造端曰拐揣。恰相當者曰促恰。不合事宜曰差池。與世乖舛曰趷蹬，曰蹭蹬，曰落魄。下音薄。其少精彩曰虺𧄼，灰頹。或曰萎蕤。威雖。敗壞之甚曰壘堆。性堅執曰直紂。好搬弄曰翻騰，曰估倒〔三〕。

〔一〕無：原誤作「爲」，據《客座贅語》改。
〔二〕奊：原誤作「葜」，據《客座贅語》改。
〔三〕估：原誤作「佑」，據《客座贅語》改。

自矜尚曰支楞，曰崚嶒。不分辨是非曰含胡。面羞澀曰腼腆。一作眠娗。行不端徐曰踉蹌。俱去聲。交關人物曰瓜葛，或曰首尾；男女之私相通者亦曰首尾。以事難人曰揉抄。人之發迹曰升騰。談笑不誠恪曰欷歌，希哈。或曰哈哄。闌入人中、事中曰夾插〔一〕。擾人曰聒躁。籌處事曰度量。上音刀，北韻也。檢物用曰拾掇。以言從臾曰攛掇。抝抑人曰拄擦，曰敦摔。曠大不拘束曰浪蕩。音朗倘。物之細小者曰些娘。事之有隙可指曰窟竉。其有歸着曰撻煞，曰合煞，曰與結。無破敗者曰囫圇，曰團圞。不分別曰儱侗。物事就理曰條直。不了結曰拖拉。欲了不了曰丢搭。身之孤獨曰伶仃。可憎曰臭厭。其不爽潔曰漬淖。刺鬧。眼之視不定曰的歷都盧。手之捉物曰捫搎、摸索。身之失跌曰撲騰。入水聲曰汨洞，或曰骨都。心之不快曰懊憹。熬撓。笑之態曰嚶庥〔二〕。迷兮。氣勃鬱曰籧除。凡物之聲急疾曰忽剌，又大聲砰磅，䀎行〔三〕。曰颮颬，忽律。曰颼飀〔四〕。或六。

〔一〕中：原脱，據《客座贅語》補。
〔二〕庥：原誤作「尿」。
〔三〕䀎：原誤作「䀎」，據《客座贅語》改。
〔四〕颼：原誤作「颼」，據《客座贅語》改。

〔乾隆〕上元縣志

【解題】藍應襲修，何夢篆、程廷祚纂。上元縣，今江蘇省南京市江寧區。「南都方言」見卷末《摭佚》中。南都，指南京。録文據乾隆十六年（一七五一）刻本《上元縣志》。

南都方言

言人物之長曰媌條，美曰標致。齺曰乾浄，其不齺曰齷齪，惡綽。曰邋遢，曰腤臢，曰鏖糟。言事之軒昂曰轟奤。上歇平，下遮。有圭角曰支查〔一〕。老成曰穩當，其輕薄曰姑㛂。不雅馴曰蕏苴，臘上聲，查上聲。曰朗伉，平聲。曰磊砢，曰孟浪，曰䨟蒲併反銃，曰莽撞，曰粗奘，曰倔強，曰麤糙。其俊快可喜曰爽利，曰乖角，曰踢跳，曰綉緇，秀溜。曰活絡。其不聰敏者曰鶻突，曰糊塗，與上一也，音稍異。曰懵懂，曰勺鐸，音韶道，似當爲少度，以無思量也〔二〕。以中原音少爲韶、度爲道，字改爲此。曰温暾，似當爲混沌，訛爲此音耳。曰没汩，曰倜渾，曰秃儂。修容止曰打扮。形惡者曰脥膗〔三〕。人之亡賴曰儯賴。言之多而躁曰嗒哇，曰激聒，曰瑣碎，曰嘈嘈，下音匝，一作哳。曰嚷咄，曰哰叨，曰的達，曰絮聒。其小語而可厭曰呱噥，曰唧噥，曰唧嘈。齆而呻者曰哼唧。作事之不果決曰摸

〔一〕文：原誤作「文」，據《客座贅語》改。
〔二〕無：原誤作「爲」，據《客座贅語》改。
〔三〕脥：原作「脨」，據《客座贅語》改。

摖，曰膗膩，曰乜斜，曰落索，曰塌倕。其捧物不敬曰臾㚖〔一〕，烈挈。曰蹀躞。其敗事曰郎當。其果而窒者曰裂決。用財吝曰拈掐，曰寡辣，曰尷尬。能不彰著曰隱宿，其反是曰招摇，曰倡揚。或徜徉也。人之谿刻者曰扢落，音各拉。曰疙瘩，曰嶢崺，曰挽搭，曰刁蹬，曰雕鐫，曰寠數；人之貧乏曰褊短。勉强營爲曰掤拽，曰巴結，曰扯拽。曲處以應之曰騰那。展轉造端曰拐揣。恰相當者曰促恰。不合事宜曰差池。與世乖舛曰跎蹬，曰蹭蹬，曰落魄。下音薄。其少精彩曰虺尵，灰頹。或曰萎蕤。威雖。敗壞之甚曰壘堆。性堅執曰直紂。好搬弄曰翻騰，曰估倒〔二〕。自矜尚曰支楞，曰崚嶒〔三〕。不分辨是非曰含胡。面羞澀曰腼腆。一作眠娗。行不端徐曰踉蹌。俱去聲。交關人物曰瓜葛，或曰首尾；男女之私相通者亦曰首尾。以事難人曰揉抄。人之發迹曰升騰。談笑不誠恪曰欷歌，希哈。或曰哈哄。闌入人中、事中曰夾插〔四〕。擾人曰聒噪〔五〕。曠籌處事曰度量。上音刀，北韻也。檢物用曰拾掇。以言從臾曰攛掇。抋抑人曰拄擦，曰敦摔。大不拘束曰浪蕩。音朗倘。物之細小者曰些娘。事之有隙可指曰窟竉。其有歸著曰撻煞，曰合

〔一〕臾：原誤作「葜」，據《客座贅語》改。
〔二〕估：原誤作「佑」，據《客座贅語》改。
〔三〕崚：原誤作「峻」，據《客座贅語》改。
〔四〕中：原脱。據《客座贅語》補。
〔五〕擾：原誤作「優」，據《客座贅語》改。

煞，曰與結。無破敗者曰囫圇，曰團圞。不分别曰儱侗。物事就理曰條直。不了結曰拕拉。欲了不了曰丢搭。身之孤獨曰伶仃。可憎曰臭厭。其不爽潔曰漬淖。刺鬧。眼之視不定曰的歷都盧。手之捉物曰捫搎、摸索。身之失跌曰撲騰。入水聲曰汩洞〔一〕，或曰骨都。心之不快曰懊憹。熬撓〔二〕。笑之態曰嘐庥〔三〕。迷兮。氣勃鬱曰籧除。凡物之聲急疾曰忽剌，又大聲砰磅，眪行〔四〕。曰颮颬，忽律。曰颰飉〔五〕。或六。

〔同治〕上江兩縣志

【解題】莫祥芝、甘紹盤修，汪士鐸等纂。上江，指上元、江寧兩縣，今江蘇省南京市江寧區。「南都方言」見卷二八《摭佚》中。有同治十三年（一八七四）刻本。録文據光緒二年（一八七六）重印本《上江兩縣志》。

南都方言

言人物之長曰媌條。美曰標致。齺曰乾浄，其不齺曰齷齪，惡綽。曰邋遢，曰膪膹，曰鏖

〔一〕汩：原誤作「汨」。
〔二〕撓：原作「蹺」，據《客座贅語》改。
〔三〕態：原誤作「熊」。庥：原誤作「尿」。
〔四〕眪：原誤作「眻」，據《客座贅語》改。
〔五〕颰：原誤作「颬」，據《客座贅語》改。

糟。言事之軒昂曰轟䡎。上歇平，下遮。有圭角曰支查。老成曰穩重，其輕薄曰姑嫪。不雅馴曰藞苴，臘上聲，查上聲。曰朗伉，平聲。曰磊砢，曰孟浪，曰靁蒲併反銃，曰莽撞，曰粗奘，曰倔彊，曰麤糙。其俊快可喜曰爽俐，曰乖角，曰踢跳，曰綉緇，秀溜。曰活絡。其不聰敏者曰鶻突，曰糊塗，與上一也，音稍異。曰懵懂，曰勺鐸，音韶道，似當爲少度，以無思量也。以中原音少爲韶，度爲道字改爲此。曰温暾，似當爲混沌，訛爲此音耳。曰没汨，曰倜渾，曰禿儂。修容止曰打扮。形惡者曰脥臢。人之亡賴曰憊賴。言之多而躁曰喳哇，曰激聒，曰瑣碎，曰嘈囋，下音匝，一作咂。曰囔咄，曰哰叨，曰的達，曰絮聒。其小語而可厭曰呱噥，曰唧噥，曰唧嘈。轝而呷者曰哼唧。作事之不果決曰摸㨨，曰膗膩，曰乜斜，曰落索，曰搨倕。其捧物不敬曰臾叀，烈挈。曰蹀躞。其敗事曰郎當。人之谿刻者曰趷落，音各拉。曰疙瘩，曰嶢嵠，曰挽搭，曰刁蹬，曰雕鐫，曰寠數。其果而窒者曰裂決。用財吝曰拈搯，曰寡辣，曰尷尬。能不彰著曰隱宿，其反是曰招搖，曰倡揚。或徜徉也。人之貧乏曰褊短。勉强營爲曰掤拽，曰巴結，曰扯拽。曲處以應之曰騰那。展轉造端曰拐揣。恰相當者曰促恰。不合事宜曰差池。與世乖舛曰趷蹬，曰蹭蹬，曰落魄，下音薄。其少精彩曰虺隤，灰頹。或曰萎蕤。威雖。敗壞之甚曰壘堆。性堅執曰直紂。好搬弄曰翻騰，曰估倒。自矜尚曰支楞，曰崚嶒。不分辨是非曰含胡。面羞澀曰靦腆。一作眠娗。行不端徐曰踉蹌。俱去聲。交關人物曰瓜葛，或曰首尾。男女之私相通者亦曰首尾。以事難人曰揉抄。人之發迹曰升騰。談笑不誠恪曰欷歌，希哈。或曰哈哄。闌入人中事中曰夾插。擾人曰聒躁。籌處事曰度量。上音刀，北韻也。檢物用曰拾掇。以言從臾曰攛掇。挖抑人曰拄擦，曰敦捽。曠大不拘束曰浪蕩。音朗倘。物之細小者曰些娘。娘，女之小者。事之有隙可指曰窟窿。其有歸著曰撻煞，曰合煞，曰與結。無破敗者曰囫圇，曰團圞。不分別曰儱侗。物事就理曰條直。不了結曰拖拉。欲了不了曰丢搭。身之孤獨曰伶仃。可憎曰臭厭。其不爽潔煩汙曰漬淖。刺鬧。眼之視不定曰的歷都盧。手之捉物曰捫搎、摸捺。身之失跌曰撲騰。入水聲曰汩洞，或曰骨都。心之不快曰懊憹。熬撓。笑之態曰嚜庥。上音迷，下音兮。氣勃鬱曰籧篨。渠除，不能俯也。上訛氣。凡物之聲急疾曰忽刺，又大曰砰磅，上音眪〔一〕，下音行。曰颮颰，律忽。曰颰飁。或六。

〔道光〕上元縣志

【解題】武念祖等修，陳栻等纂。上元縣，今江蘇省南京市江寧區。「南都方言」見卷六《摭佚》中。南都，指南京。録文據道光四年（一八二四）刻本《上元縣志》。

南都方言

言人物之長曰媌條，美曰標致。蠲曰乾浄，其不蠲曰齷齪，惡綽。曰邋遢，曰腤臢，曰鏖糟。言事之軒昂曰轟夅。上歇平，下遮。有圭角曰支查。老成曰穩當，其輕薄曰姑姼。不雅馴曰藞苴，臘上聲，查上聲。曰朗伉，平聲。曰磊砢，曰孟浪，曰靁蒲併反銃，曰莽撞，曰粗奘，曰倔彊，曰麤

〔一〕眪：原誤作「眪」，據《客座贅語》改。

糙。其俊快可喜曰爽利，曰乖角，曰踢跳，曰綉縚，秀溜。曰活絡。其不聰敏者曰鶻突，曰糊塗，與上一也，音稍異。曰懵懂，曰勺鐸，音韶道，似當爲少度，以無思量也〔一〕。以中原音少爲韶，度爲道，字改爲此。曰温暾，似當爲混沌，訛爲此音耳。曰没汩，曰倜渾，曰秃儂。修容止曰打扮。形惡者曰脥臛。人之亡賴曰傯賴。言之多而躁曰喳哇，曰激聒，曰瑣碎，曰嘈噆，下音匝，一作咂。曰囔咄，曰咔叨，曰的達，曰絮聒。其小語而可厭曰呱噥，曰唧噥，曰唧嘈。齆而呻者曰哼唧。作事之不果決曰摸搸，曰膧膩，曰乜斜，曰落索，曰塌偅。其捧物不敬曰㚇㚇，烈挈。曰蹀躞。其敗事曰郎當。人之谿刻者曰跎落，音各拉。曰疙瘩，曰嶢嵠，曰挽搭，曰刁蹬，曰雕鎸，曰寠數。其果而窒者曰裂決。用財吝曰拈搯，曰寡辣，曰尷尬。能不彰著曰隱宿，其反是曰招摇，曰倡揚。或徜徉也。人之貧乏曰褊短。勉强營爲曰掤拽，曰巴結，曰扯拽。曲處以應之曰騰那。展轉造端曰拐揣。恰相當者曰促恰。不合事宜曰差池。與世乖舛曰跎蹬，曰蹭蹬，曰落魄。下音薄。其少精彩曰虺憒，灰頹。或曰萎蕤。威雖。敗壞之甚曰壘堆。性堅執曰直紂。好搬弄曰翻騰，曰估倒。自矜尚曰支楞，曰崚嶒〔二〕。不分辨是非曰含胡。面羞澀曰腼腆。一作眠娗。行不端徐曰踉蹌。俱去聲。交關人物曰瓜葛，或曰首尾。男女之私相通者亦曰首尾。以事難人曰揉抄。人之發迹

〔一〕無：原作「爲」，據《客座贅語》改。
〔二〕崚：原誤作「峻」，據《客座贅語》改。

曰升騰。談笑不誠恪曰欷吹，希哈。或曰哈哄。闌入人中、事中曰夾插〔一〕。擾人曰聒噪。籌處事曰度量。上音刀，北韻也。檢物用曰拾掇。以言從臾曰攛掇。㧙抑人曰拄擦〔二〕，曰敦捽。曠大不拘束曰浪蕩。音朗倘。物之細小者曰些娘。事之有隙可指曰窟竉。其有歸著曰撻煞，曰合煞，曰與結。無破敗者曰囫圇，曰團圞。不分別曰儱侗。物事就理曰條直。不了結曰拖拉。欲了不了曰丟搭。身之孤獨曰伶仃。可憎曰臭厭。其不爽潔曰漬淖。刺鬧。眼之視不定曰的歷都盧。手之捉物曰搿搎、摸索。身之失跌曰撲騰。入水聲曰汩洞，或曰骨都。心之不快曰懊憹。敖撓。笑之態曰嚜床〔三〕。迷兮。氣勃鬱曰籧除。凡物之聲急疾曰忽刺，又大曰砰磅，咞行〔四〕。曰颮颬〔五〕，忽律。曰颬飅。忽六。

〔民國〕首都志

【解題】柳詒徵等編著。首都，指江蘇省南京市。「方言」見卷十四。録文據民國二十四年（一九三五）

〔一〕「事」下「中」字原脱，據《客座贅語》補。
〔二〕㧙：原誤作「扎」，據《客座贅語》改。
〔三〕床：原誤作「尿」。
〔四〕眪：原誤作「䀶」，據《客座贅語》改。
〔五〕颬：原誤作「颰」，據《客座贅語》改。

鉛印本《首都志》。

方言

南京方言，言人物之長曰媌條，美曰標致，蠲曰乾浄，其不蠲曰齷齪、惡綽。曰邋遢、曰腤臢、曰鏖糟。言事之軒昂曰臺傘。上歇平、下遮。有圭角曰支查。老成曰穩重，其輕薄曰姑嫪。不雅馴曰蘟苴、臘上聲、查上聲。曰朗伉、平聲。曰磊砢、曰孟浪、曰䨰蒲併反銃、曰莽撞、曰粗奘、曰倔彊、曰麤糙。其俊快可喜曰爽俐、曰乖角、曰踢跳、曰綉緇、秀溜。曰活絡。其不聰敏者曰鶻突、曰糊塗、與上一也，音稍異。曰懵懂、曰勺鐸、音韶道，似當爲少度，以無思量也。以中原音少爲韶、度爲道，字改爲此。曰温墩、似當爲混沌，訛爲此音耳。曰没汨、曰倜渾、曰秃儂。修容止曰打扮。形惡者曰腺臞。人之亡賴曰儢賴。言之多而躁曰喳哇、曰激聒、曰瑣碎、曰嘈嚁、下音匝，一作呭。曰嚷咄、曰啐叨、曰的達、曰絮聒。其小語而可厭曰呱噥、曰唧噥、曰唧嘈。齆而呻者曰哼唧。作事之不果決曰摸捺、曰膩膩、曰乜斜、曰落索、曰搨僿。其捧物不敬曰臾㚞、烈挈。曰蹀躞。其敗事曰郎當。人之谿刻者曰趷落、音各拉。曰疙瘩、曰嶢崺、曰挽搭、曰刁蹬、曰雕鎸、曰宴數。其果而窒者曰裂決。用財之吝曰拈掐、曰寡辣、曰尷尬。能不彰著曰隱宿，其反是曰招摇、曰倡揚。或徜徉也。人之貧乏曰褊短。勉强營爲曰掤拽、曰巴結、曰扯拽。曲處以應之曰騰那。展轉造端曰捞揣。恰相當者曰促恰。不合事宜曰差池。與世乖舛曰趷蹬、曰蹭蹬、曰落魄。下音薄。其少精彩曰虺𩓿，灰頽。或曰萎蕤。威雖。敗壞之甚曰壘堆。性堅執曰直紂。好搬弄曰翻騰、曰估倒。自矜尚曰支楞、曰崚嶒。不分辨是非曰含胡。面羞澀曰腼腆。一作眠廷。行不端徐曰踉蹌。俱去聲。交關人物曰瓜葛，或曰首尾。男女之私相通者亦曰首尾。以事難人曰揉抄。人之發迹曰升騰。談笑不誠恪曰欹歌，希哈。或曰哈哄。闌入人中、事中曰夾插。擾人曰聒躁。籌處事曰度量。上音刀，北韻也。檢物用曰拾掇。以言從臾曰攛掇。扡抑人曰拄擦、曰敦摔。曠大不拘束曰浪蕩。音朗倘。物之細小者曰些娘。娘，女之小者。事之有隙可指曰窟窿。其有歸著曰撻煞、曰合煞、曰與結。無破敗者曰囫圇、曰團圞。不分別曰儱侗。物事就理曰條直。不了結曰拖拉。欲了不了曰丢搭。身之孤獨曰伶仃。可憎曰臭厭。其不爽潔煩汙曰漬淖。刺鬧。眼之視不定曰的歷都盧。手之捉物曰捫搽、摸搽。身之失跌曰撲騰。人水聲曰汩洞，或曰骨都。心之不快曰懊憹。熬撓。笑之態曰嚜床。上音迷，下音兮。氣勃鬱曰籧篨。渠除，不能俯也。上訛氣。凡物之聲急疾曰忽刺，又大曰砰磅、上音哶〔一〕，下音行。曰颰颰、律忽。曰颰飀。或六。

《雙硯齋筆記》云：方言諺語，有最近古者，不可概以里俗忽之。金陵人以草索束物謂之草約，音似要。即《左傳》尋約之約，《說文》：「約，纏束也。」从勺之字聲，古音如《論語》樂節、禮樂之樂。婦人耳上綴鐶，老婦所綴謂之耳塞，即《毛詩》「玉之瑱也」傳「瑱，塞耳也」之塞耳。市間買物，欲其增益曰饒，即《說文》「饒，益也」之饒。所謂買菜求益也。去菜之敗葉枯莖而留其

〔一〕 哶：原誤作「耕」，據《客座贅語》改。

佳者曰擇菜，即《禮記・少儀》「爲君子擇葱薤，則絶其本末」之擇〔二〕。

音系　據趙元任《南京音系》

一、南京之語音以國際音標表之如下

（甲）聲母

白 p	拍 p'	墨 m	拂 f
得 t	忒 t'	勒 l	
格 k	克 k'	黑 x	
基 tɕ	欺 tɕ'	希 ɕ	
知 tʂ	蚩 tʂ'	施 ʂ	日 ʐ
兹 ts	雌 ts'	思 s	

(a)發音方法

[p，t，k]爲不吐氣之破裂音(Plosives)，[tɕ，tʂ，ts]爲不吐氣之破裂摩擦音(affricates)。

第二横行[p'，t'，k'，tɕ'，tʂ'，ts']皆爲吐氣音。

[l]母略帶鼻音，與[i][y]音相叶，幾變 n 音。

〔二〕　禮記：原誤作「説文」。

[ʐ]母音摩擦甚少，較北平發音尤軟，與英文[ɹ]音異，蓋[ʐ]不必有脣之作用，而英文[ɹ]則與脣有關耳。

(b)發音部位

[x]部位甚後，輕讀時有變成喉音[h]之傾向。

[tɕ、tɕ‘、ɕ]較北平音略後。

[tʂ、tʂ‘、ʂ、ʐ]較北平音稍前。

[ts、ts‘、s]與中國他處發聲相似，較英文爲前。

（乙）韻母

ʅ	ɿ	ɒ	o	ɔ	ə	ɛ〔一〕	e	æ	əi	au	əu	ẽ	ã	ən on	əʳ
(施	思)	(他)	痾	惡	捨	厄	(爹)	哀	(杯)	嗷	歐	天	安	恩 翁	兒

i	iɒ	iɔ	ie	iaæ	iau	iəu	iẽ	iã	in	ion
衣	鴉	藥	爺	(鞋)	腰	幽	烟	央	因	雍

u	uɒ	uɛ	uaæ	uəi	uən	uã
烏	蛙	(國)	歪	威	温	汪

〔一〕 ɛ：原誤作「ɜ」，本篇「國」「月」及元音舌位圖中等均誤，徑改。

(y)　(yə)　(yɛ)　(yẽ)　(yin)

迂　靴　月　寃　氳

[ɿ]、[ʅ]一爲舌尖後之元音，一爲舌尖前之元音，與北平發聲相似。

[ɒ]爲什暗之[ɑ]音，與蘇州之買啥野等字之收韻相同。

[o]單用時略有讀成 oó 或 òo 之勢，以其變動之範圍極小，故不寫作 ɔo 或 ou 等複合式，[o]在[oŋ]是一部位高而略前之[o]。

[ɔ]惟見入聲，部位較第六標準元音略高。

[ɛ]單用在[u]後者，惟見入聲字，其音偏後偏低，稍有轉[a]之傾向。

[æ]在[aæ]時，爲甚前之[æ]音。

[ə]單用甚前，幾爲[e]音，在[əi]在[əu]音偏後，在[əŋ]或在輕音字爲中性[ə]。

[əʳ]前有聲母者，較近捲舌純元音單讀（加在兒耳二）有分爲[əɹ]之傾向。

[a]在[aæ]比在[ã]較前。

[ã]之元音微偏後。

[e]部位甚高，與法文 é 相仿佛，且略上移，似 ei 而範圍甚小，故不立二母。

[ẽ]部位與[e]相同。

[i]單用在[iəu]或在[iŋ]爲韻母之主元音，他處僅作韻頭，或韻尾，聲母如爲[tɕ、tɕʻ、ɕ]韻頭

之[i]甚短，例如香[ɕiã]幾變[ɕã]。

[u]之唇位近乎英文長縫式之合口作用，（不作圓形）[u]在韻尾者如[au，iau，əu，iəu]甚前甚哆。

[y]爲韻頭時，較爲主元音時短，南京人有全無撮口者，凡[y]皆改用[i]，而月[yɛ]字改讀齊齒時元音亦變爲[e]，與[ie]葉同音。

[ẽ][ã]表示前半無鼻音後半有半鼻音之韻，此種韻甚易受下字之同化作用，例如，天[tʻẽ]邊[pẽ]相連成[tʻembẽ]；當頭[tã，tʻəu]成[tantʻəu]；鮮果[sẽ，ko]成[seŋko]。

[ŋ][n]之韻尾亦有時受同樣之同化作用，其中以[əŋ，iŋ]最不穩，[uən，yin]次之，[oŋ，ioŋ]最不受影響。

[əŋ]韻字單讀時，往往又用[ən]，大致是奔噴門風，用 əŋ 時多，登疼倫庚肯很，ən、əŋ 任用，真稱勝人曾襯生用 ən 時多。

[ʔ]（喉部關閉作用）在入聲字單讀或在短句尾入聲字重讀時有之，平常入聲字不過較短，並無喉部關閉作用。

照標準元音（cardinal vowel）圖，南京元音之舌位，大約如上圖，（圖中之綫代表複合元音之路綫，號碼即八標準元音之次第）。

圖中僅注單元音與真複合元音（即先開後關的），帶介母音者，除 iəu 一韻 i 音較長，其餘

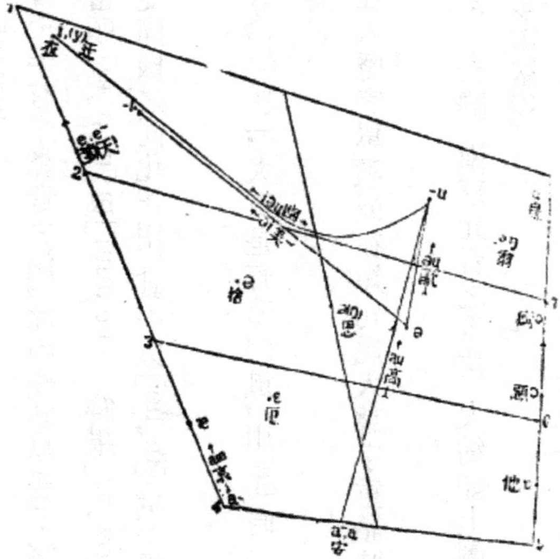

未列入，以無新音素在內故。

（丙）聲調

南京有陰平（衣）陽平（移）上（椅）去（意）入（一）五聲，其音值以下列二圖表之。

二、南京之音韻以羅馬字表之

聲母

白b 拍p 墨m 弗f

得d 忒t 勒l

格g 克k 黑h

基j 欺ch 希sh

知j 蚩ch 施sh 日r

兹tz 雌ts 思s

移y 吴w 于y(u)

韻母

y(施，思)à(他)o 痾 e(遮)é(爹)ai 哀 ei(杯)au(蒿)ou 歐 én(天) ang 安 eng 恩 ong 翁 el(杯兒)

yr(時，詞)àr(爬)or 鵝 er(蛇)ér(斜)air 呆 eir(肥)aur 熬 our(侯)érn(綿) arng 昂 erng(痕)orng(紅)erl 兒

yy(使，死)àà(把)oo 我 ee(者)éé(姐)ae 矮 eei(美)ao 襖 oou 偶 één(臉) aang(仿)eeng(肯)oong(孔)eel(耳)

yh(世，四)àh(霸)oh 臥 eh(赦)éh(謝)ay 愛 ey(妹)aw 奥 ow 慪 énn(線) anq 暗 enq(恨)onq(甕)〔一〕 ell 二

yq(失)àq(八)oq 惡 eq 厄 éq(別)〔二〕

i 衣 ià 鴉 iai(街) iau 腰 iou 幽 ien 煙 iang 央 ing 因 iong 兄

yi 移 yà 牙〔三〕 ye 爺 yai 捱 yau 搖 you 由 yen 言 yang 洋 yng 銀 yong 容

ji 椅 eá 雅 iee 野 eai(解) eau 咬 eou 有 ieen 眼 eang 養 iing 影 eong 永

〔一〕 anq、enq、onq：原誤作「ang、eng、ong」。

〔二〕 yq、àq、oq、eq、éq：原誤作「yg、àg、og、eg、ég」。

〔三〕 yà：原誤作「ày」。

in 意 iàh 亞 ieh 夜 iay(界) iaw 要 iow 又 ienn 厭 ianq 樣 inq 印 ionq 用〔一〕

iq 一 iàh 鴨 ioq 約 ieq 葉

u 烏 uà 蛙 uai 歪 uei 威 uen 温 uang 汪

wu 吴 wà 娃 wai(懷) wei 圍 wen 文 wang 王

uu 五 oà 瓦 oai 拐 oei 委 oen 穩 oang 往

uh 務 uàh 話 uay 外 uey 衛〔二〕 uenn 同 uanq 萬

uq 屋 uaq 挖 ueq(國)〔三〕

iu(虛) iue(靴)

yu 魚

eu 雨

iuh 遇

iuq 菊 iueq 月〔四〕

〔一〕ianq、inq、ionq：原誤作「iang、ing、iong」。

〔二〕uey：原誤作「ney」。

〔三〕uq、uaq、ueq：原誤作「ug、uag、ueg」。

〔四〕iuq、iueq：原誤作「iug、iueg」。

寃 iuen 元 yuen 遠 euen 怨 iuenn

氳 iuin 雲 yuin 允 euin 運 iuinn〔二〕

從上表可以得下列南京音系之性質

(1)聲母方面

濁音僅有 m，l，r 三種軟音(liquids)(官話均爲軟濁音即舊名之次濁)。

l，n 不分皆併入 l(奈讀如賴)(從南京起溯長江以上兩岸皆如此)。

j，ch，sh(章昌商)與 tz，ts，s(臧倉桑)不混(但分法與國音略有不同，看下面)。

無 ng 母，别處用 ng 母者皆用元音起頭(礙讀如愛)。

(2)韻母方面

en 真 eng(蒸)不分，現在寫作 eng(實在之讀音是 en，eng 混用)；in(今)ing(京)不分，現在寫作 ing。

an(山)ang(商)不分，現在寫作 ang；uan(官)uang(光)不分，現在寫作 uang。

o(渴)e(客)不混。

有 o 而無 uo(鍋讀如歌)。

〔二〕 iuinn：原誤作「ininn」。

（3）聲調方面

有陰陽平上去各一種，有入聲。

（4）聲母與韻母

f系聲母不與ong韻拼，（風不讀fong而讀feng）（與北方同，與一般南方官話不同）。

b系聲母除u韻外，不與u-類iu-類韻母拼（多數現代方音如此）。

f母並且不與i-類韻母拼。

d系聲母與uei拼而不與ei拼（對內作duey luey不作duey ney）。

g系聲母與除給去兩字白話音讀gii，kih以外，不與i-類iu-類韻母拼。

ji系聲母只拼i-類iu-類韻母。

j系聲母只拼開口u-類韻母。

tz系聲母可以有i-類iu-類，（tzi，tsi，si）（躋妻西）不與ji，chi，shi（基欺希）混。

（5）聲母與聲調

b，d，g，ji，j，tz無陽平。

m，l，r除媽拉拾等少數數字外，無陰平。

因爲只有一種入聲，故濁母m，l，r之入聲字（密落日）不另成陽入，音值類似一般吴語之陰入，亦一也無分別。

(6)韻母與聲母

é，én不單見，不拼g，ji，j系聲母，只拼b，d，tz系聲(別列接邊天先)。

ie，ien只單見(爺烟)，或拼ji系聲母(結謙)。

ei限於拼b系字(杯)。

ong不拼b系聲母(風讀feng不讀fong與國語同)。

ià只單見，或拼ji系聲母(牙家)。

uà只單見，或拼g系j系聲母(瓦花撾)。

ue只拼g系聲母(國)。

uai只單見，或拼g系j系聲母(歪快衰)。

iu類韻母除liu，音四聲外，只單見，或拼ji系tz系聲母(雨去須)。

(7)韻母與聲調

y韻拼tz系聲時缺入聲(有雌慈此次而無ts y g)。

io，ue iue只有入聲(學闊血)。

有-i，-u，-n，-ng，-l韻尾的無入聲(杯乎生通二)，但入聲字與詞尾兒字合拼者，不在此例(如碟兒delg仍是入聲)。

(8)聲調與聲母

看上（5）。

（9）聲調與韻母

看上（7）。

〔民國〕江浦縣新志稿

【解題】江浦縣委黨史資料徵集辦公室油印本題名「江浦縣續志稿」。詹其桂等編修。江浦縣，今江蘇省南京市浦口區。「方言」見卷五《禮俗志·風俗》中。録文據民國鈔本《江浦縣新志稿》。

方言 仿《通志》例增

中國幅員遼闊，山川阻深，南北異宜，語言之不能齊一，勢使然也。就狹義言之，不獨省與省異，惟縣亦然；不獨縣與縣異，同縣亦然。吾邑浦口與下關，僅隔一江，故語音相近。縣城稍遠，則較不同。西、南、北三區，毗連皖省之滁、來、全、和，則幾與同化。兹擇五區普通語，臚舉於下，代表一邑之方言，或庶幾乎。

鄉人呼祖父曰爺爺，亦曰老老。呼父曰達達。呼父之姊曰姑老子。呼父之妹曰小姑子。呼伯父曰大大。呼叔父最小者曰老叔，又曰老爺子。長輩呼排行最小者曰老家。呼小女兒曰老巴子。

鄉人喚鷄曰祝祝。喚狗曰嚼嚼。喚鴨曰伊約。喚猫曰苗迷。喚牛曰安樂。喚羊曰咩。

唤猪曰囉囉。唤驢曰都都。

送人生子彌月禮曰粥米。送人小孩周歲禮曰抓周。人患痧疸後用香燭鑼鼓酬神曰送太太。鄉人賣産後上上業索款曰拿過手。養媳成親曰圓房。

〔紹定〕吴郡志

【解題】范成大纂。紹熙三年(一一九二)修。紹定二年(一二二九)經汪泰亨等增訂,始刊刻付印,記事亦止於該年。吴郡,平江府舊稱,轄境包括今江蘇省蘇州市及上海市的一部分。「風俗」見卷二。録文據民國三年(一九一四)影刻宋本《吴郡志》。

風俗

吴語謂來爲釐,本於陸德明「貽我來牟」「棄甲復來」皆音釐。德明吴人,豈遂以鄉音釋注,或自古本有釐音耶?吴謂罷必綴一休字曰罷休。《史記》吴王語孫武曰:「將軍罷休。」蓋亦古有此語。

〔洪武〕蘇州府志

【解題】盧熊纂。蘇州府,轄境包括吴縣、長洲、常熟、吴江、昆山、嘉定、崇明七縣和太倉州,府治在吴縣,即今江蘇省蘇州市吴中區。「風俗」見卷十六。録文據洪武十二年(一三七九)鈔本《蘇州府志》。

風俗

風土不同，語言亦異。

吴人以來爲釐，蓋有所本。范蠡曰：「得時無怠，時不再來。」吴氏《補韻》云：「怠，讀作怡。」來讀作釐，又本於陸德明「貽我來年」「棄甲復來」皆音釐。德明吴人，豈遂以鄉音釋注？或自古本有釐音邪？

謂罷必綴一休字，曰罷休。《史記》吴王孫武曰：「將軍罷休。」蓋古有此語。

又多用寧馨二字爲問〔一〕，猶言若何也。

謂中州人曰傖。晉周玘以憂憤謂子勰曰：「害我者，諸傖子也。」〔二〕陸玩食酪得疾，與王導牋云〔三〕：「僕雖吴人，幾作傖鬼。」蓋輕易之詞。

又自稱我爲儂。按，《湘山野録》：「《錢王歌》：『你輩見儂的懽喜，永在我儂心子裏。』」

又謂人爲獃子。宋淳祐中，吴樵任平江節度推官，嘗謂人曰：「樵居官久，深知吴風。吴人尚奢争勝，所事不切，廣置田宅〔四〕，計較微利，殊不知異時反貽子孫不肖之害。」故人以獃目

〔一〕問：原誤作「間」，據《吴郡志》改。

〔二〕諸：原脱，據《吴郡志》補。

〔三〕導：原誤作「道」，據《吴郡志》改。

〔四〕置：原誤作「豎」，據《平江紀事》改。

之。蓋以此也。

〔康熙〕蘇州府志

【解題】盧騰龍等修，沈世奕等纂。蘇州府，轄境包括吴縣、長洲、元和、崑山、新陽、常熟、昭文、吴江、震澤九縣和太湖廳。府治在吴縣，即今江蘇省蘇州市吴中區。有康熙三十年（一六九一）刻本。録文據《古今圖書集成》本《蘇州府志》。

方言

有方言，有方音，謡俗相仍，或襲古義，或譌土語。如：

相謂曰儂。嘉定號三儂之地，隔户問人曰「誰儂」，應曰「我儂」，出視之，識，曰「卻是你儂」。

謂不慧曰獃。范成大詩：「千貫賣汝癡，萬貫賣汝獃。」又《賣癡獃詞》：「除夕更闌人不睡，厭禳遲鈍迎新歲。小兒呼叫走長街，云有癡獃招人買〔一〕。二物於人誰獨無，就中吴儂仍有餘。巷南巷北賣不得，相逢大笑相揶揄。櫟翁塊坐重簾下〔二〕，獨要買添令問價。兒云翁買不須錢，奉賒癡獃千百年。」又《白獺髓》記石湖戲答同參詩云：「我是蘇州監本獃。」

問爲何如曰寧馨。宋洪容齋《隨筆》：「寧馨，晉宋間人語助耳。」今吴語多用寧馨爲問，猶言若何也。城陽居士《桑榆雜録》云：「寧，猶言如此。馨，語助也。」今以晉山濤謂王衍「何物老嫗，生寧馨兒」、南宋皇太后恚子業「那得生寧馨兒」二語觀之，

〔一〕云：原作「街」。招：原作「叫」。據《范石湖集》改。

〔二〕櫟：原作「鑠」，據《范石湖集》改。

則《雜録》所釋爲是。謂罷必綴一休字。《史記》吴王謂孫武曰：「將軍罷休。」謂嬉劣無益曰薄相。薄音教。謂不任事爲縮朒。《漢·五行志》：「王侯縮朒。」罵傭工曰客作。《漢·匡衡傳》：「衡乃與客作，而不求價。」謂貪縱爲非曰放手。《後漢書》：「殘吏放手。」謂錢之美者曰黄撰。《平準書》：漢武造白金三品，其名一曰白撰。錢乃銅造，故云黄撰。謂緌帨之檾爲蘇頭。摯虞云：「流蘇者，緝鳥尾，垂之若流然，以其檾下垂，故曰蘇。」謂葺理整齊之曰修娖。娖音捉。唐中和二年，修娖部伍。謂當筵犒賞爲喝賜。唐人娼妓當筵舞者，亦有纏頭喝賜。謂責人而姑警之曰受記。警諭以伺其悛改也。謂責人曰數説。如漢高之數項羽，范雎之數須賈，數其罪而責之也。謂睡聲曰唔塗。北人謂之打呼，吴人則曰打唔塗。唔塗二字，疑即呼字之反切，如孔稱窟窿、團稱突欒之例耳。謂語不明曰含胡。唐顔杲卿含胡而死。謂機巧曰儇利。鄉音譌爲還賴。謂指鐶曰手記。鄭康成《詩箋》云：「后妃羣妾以禮御於君所，女史書其日月，授之以鐶。當御者著於左手，既御者著於右手。」今俗亦呼爲戒指。謂煖酒曰急須。今譌爲滴蘇。《菽園雜記》云：急須，飲器也。趙襄子殺智伯，漆其頭爲飲器。注：飲，於禁切，溺器也。今人以煖酒爲急須，蓋飲字誤之耳。謂以醝醃物曰鹽。去聲。《内則》：「屑薑與桂，以灑諸上而鹽之。」謂數人罪過曰撫選。《左傳》：「弗去，懼選。」杜預注：「選，數也。」謂搬運曰摙。力展切。《南史》：「何遠爲武昌太守，以錢買井水，不受錢者，摙水還之。」今吴語搬茶摙水。謂不倜儻爲眠娗。《列子》：「眠娗諈諉。」注：「眠，莫典切〔一〕，娗，徒典切。瑟縮不正之貌。」謂合口無際曰脗。美韻切，吴人謂合脣曰脗嘴。合而無間曰脗縫。縫音去聲。謂甓曰甋甎。《魏·扈累

〔一〕典：原誤作「曲」。

傳》：「獨居道側，以甑甎爲障。」謂葦蓆曰蘆蕟。宋琅琊王敬胤遺命〔一〕，一蘆蕟藉下。謂多衆曰多許。許字音若黑可切。謂所在亦曰場許。語後每曰那。音乃賀切。《後漢書》：「公是韓伯休那？」注：「那，語餘聲。」謂祀竈爲謝歡喜。忌惱燥字也。謂虹爲鱟。許候切。謂有事曰事際。《南史》：王晏專權，帝雖以事際須晏，而心惡之。謂死爲過世。《秦苻登傳》：「陛下雖過世爲神。」嘲笑人曰阿噲噲。亦招呼也。謂冷熱適中曰温暾。王建詩：「新晴草色煖温暾。」謂亮窻曰庫露格。古以玲瓏空虛曰庫露。皮日休詩：「襄陽作髹器，中有庫露真。」今人以名窻槅，但庫露用平聲。謂髮粘曰䏶。音織。見《考工記·弓人》注。謂物之不齊曰參差。土音參如倉含切，差如倉何切。或云七參八差。謂惡少趫捷曰佽飛。即漢佽飛字，佽音如側。事之已了者，郡城曰哉，崑山曰賚，太倉曰借，吴江曰藉，嘉定曰嗟。走字義，郡城曰奔，吴江曰跳，常熟曰跑，崑山曰跌，太倉、崇明、嘉定俱曰躟，皆方言也。至於聲之轉而爲訛者，若呼兒與倪同音，呼羮、庚與岡同音，呼行、衡與杭同音，呼死與洗同音，呼争爲側羊反，皆方音也。

〔乾隆〕蘇州府志

【解題】雅爾哈善等修，王峻等纂。蘇州府，轄境包括吴縣、長洲、元和、崑山、新陽、常熟、昭文、吴江、震澤九縣和太湖廳。府治在吴縣，即今江蘇省蘇州市吴中區。「風俗」見卷二。録文據乾隆十三年（一七四八）刻本《蘇州府志》。

〔一〕胤：原誤作「徹」。

風俗

吴謂善伊謂稻緩。《春秋穀梁傳》。謂來爲釐。《吴郡志》：「本陸德明『貽我來牟』『棄甲復來』皆音釐。德明吴人，豈遂以鄉音釋注？或自古本有釐音邪？」謂罷必綴一休字，曰罷休。《史記》：「吴王謂孫武曰：『將軍罷休。』」相謂曰儂。自稱我儂，稱人你儂、渠儂。隔户問人云「誰儂」。《湘山野録》記錢武肅王歌云：「你輩見儂的歡喜，在我儂心子裏。」謂中州人曰傖。《晉書·周玘傳》：「害我者，諸傖子也。」謂不慧曰獃。《唐韻》：「小獃大癡，不解事者。」謂虹曰鱟〔一〕。鱟，詳候切。謂嬉劣曰薄相。薄音教。謂不任事曰縮朒。《漢書·五行志》：「王侯縮朒。」駡傭工曰客作。《漢書·匡衡傳》：「衡乃與客作，而不求價。」謂貪縱曰放手。《後漢書》：「殘吏放手。」謂錢之美者曰黄撰。撰與選同。《史記·平準書》：「白金三品，其一曰重八兩，圜之，其文龍，名曰白選。」錢乃銅造，故云黄撰。謂緣帨之垂曰蘇頭。晉摯虞云：「流蘇者，緝鳥尾，垂之若流然。以其蕊下垂。故曰蘇。」謂葺理整齊曰修娖。娖音捉。《唐書》：「修娖部伍。」謂當筵犒賞曰喝賜。唐時倡妓有纏頭喝賜。謂責人而姑警之曰受記，責人曰數説。如漢高之數項羽。謂語不明曰含胡。《唐書·顔杲卿傳》：「含糊而絶。」謂機巧曰儇利。鄉音訛還賴。謂指鐶曰手記。《詩》鄭箋：「后妃羣妾以禮御於君所，女史書其日月，授之以鐶。當御者著於左手，既御者著於右手。」今俗亦稱戒指。謂煖酒曰急須。《菽園雜記》：急須，飲器也。趙襄子殺智伯，漆其頭爲飲器。注：飲，於禁切，溺器也。今人誤以煖酒爲急須，蓋飲字誤之耳。俗又譌爲滴蘇。謂以鹺醃物曰鹽。去聲。《内則》：「屑薑與桂，以洒諸上而鹽

〔一〕曰：原脱。

之。」謂般運曰揵。力展切。《南史》：「何遠爲武昌太守，以錢買井水，不受錢者，揵水還之。」謂不倜儻爲眠娗。《列子》「眠娗諈諉」注：眠，莫典切〔一〕。娗，徒典切。瑟縮不正之貌。謂湊合無罅隙曰膌縫。膌，美韻切，合脣也。縫，去聲。脣合無間。謂甓曰甀甄。《爾雅》：「瓴甋謂之甓。」注：「甀甄也。」謂葦席曰蘆蓆。宋琅邪王敬胤遺命〔二〕，以一蘆蓆籍下。謂衆多曰多許。許字音若黑可切。謂所在亦曰埸許。語尾每曰那。那，乃賀切。《後漢書》：「公是韓伯休那？」謂有事曰事際。《南史》：王晏專權，帝雖以事際須晏，而心惡之。謂死曰過世。《晉書・秦苻登傳》：「陛下雖過世爲神。」嘲笑人曰阿儈儈。亦招呼聲。謂冷熱適中曰温暾。唐王建詩：「新晴草色煖温暾。」謂髮粘曰膱。膱音織。《周禮・考工記・弓人》注：「樴，脂膏膱敗之膱。膱亦粘也。」疏：「若今人頭髮有脂膏者，則謂之膱。」謂物之不齊曰參差。參音如倉含切，差音如倉何切。亦云七參八差。謂惡少趫捷曰佽飛。佽音側。《漢書》謂佽飛，即此。事已了、將了皆曰哉。常熟曰且，音若嗟，即詩中句尾助字。吳江曰蹇，疑即《楚辭》之發語聲。謂走曰奔。崑山曰跌，常熟曰跑，吳江曰跳。謂睡聲曰惽塗。北人曰打呼，惽塗疑即呼字反切。孔曰窟籠。團曰突欒。偵視曰張。看曰望。羞曰鈍。扶曰當。去聲。按曰欽。去聲。轉曰跋。浮曰吞。上聲。流曰倘。蓋曰匬。捧曰掇。藏避曰伴。藏物曰囥。稠密曰猛。積物曰頓。布帛薄者曰澆。門之關曰閂。美惡兼曰暖。見陵於人曰欺負。非常事曰咤異。喜事曰利市。憂事曰鈍事。下酒具曰添按。物完全曰囫圇。揖曰唱喏。階級曰僵礤。所居曰窠坐。托盤曰反供。此處

〔一〕典：原誤作「曲」。
〔二〕胤：原誤作「徹」。

曰閒邊。彼處曰箇邊。作事無據曰没雕當。入聲。謂人不能曰無張主。不便利曰笨，亦曰不即溜。自誇大者曰賣弄。事之相值曰偶湊。六畜總曰衆作平聲生。數錢五文曰一花。覓利曰賺錢。鋤地曰倒地。首飾曰頭面。鞵韤曰腳手。器用曰家生，亦曰家伙。常熟謂何人曰遐箇。《詩》：「遐不作人。」注：「遐，何也。」灰韻入支。即來爲釐之類。支韻入齊。兒爲倪之類。庚韻入陽。羹爲岡之類。虞韻入麻，又入東。小兒爲孥兒之類，常熟以吴塔爲紅塔。

〔道光〕蘇州府志

【解題】宋如林等修，石韞玉纂。蘇州府，轄境包括吴縣、長洲、元和、崑山、新陽、常熟、昭文、吴江、震澤九縣和太湖廳。府治在吴縣，即今江蘇省蘇州市吴中區。「風俗」見卷二。録文據道光四年（一八二四）刻本《蘇州府志》。

風俗

吴謂善伊謂稻緩。《春秋穀梁傳》。謂來爲釐。《吴郡志》：「本陸德明『貽我來牟』『棄甲復來』皆音釐。德明吴人〔一〕，豈遂以鄉音釋注？或自古本有釐音邪？」謂罷必綴一休字，曰罷休。《史記》：「吴王謂孫武曰：『將軍罷休。』」相謂曰儂。自稱我儂，稱人你儂、渠儂。隔户問人云「誰儂」。《湘山野録》記錢武肅王歌云：「你輩見儂的歡喜，在

〔一〕人：原作「郡」，據乾隆《蘇州府志》改。

我儂心子裏。」謂中州人曰傖。《晉書・周玘傳》：「害我者，諸傖子也。」謂不慧曰獃。《唐韻》：「小獃大癡，不解事者。」謂虹曰鱟。鱟，詳候切。謂嬉劣曰薄相。薄音教。謂不任事曰縮朒。《漢書・五行志》：「王侯縮朒。」罵傭工曰客作。《漢書・匡衡傳》：「衡乃與客作，而不求價。」謂貪縱曰放手。《後漢書》：「殘吏放手。」謂錢之美者曰黄撰。撰與選同。《史記・平準書》：「白金三品，其一曰重八兩，圜之，其文龍，名曰白選。」錢乃銅造，故云黄撰。謂絲帨之垂曰蘇頭。晉摯虞云：「流蘇者，緝鳥尾，垂之若流然。以其蕊下垂。故曰蘇。」謂葺理整齊曰修娖。娖音捉。《唐書》：「修娖部伍。」謂當筵犒賞曰喝賜。唐時倡妓有纏頭喝賜。謂責人而姑警之曰受記，責人曰數説。如漢高之數項羽。謂語不明曰含胡。《唐書・顔杲卿傳》：「含糊而絶。」謂機巧曰儇利。鄉音訛還賴。謂指鐶曰手記。《詩》鄭箋：「后妃羣妾以禮御於君所。女史書其日月，授之以鐶。當御者著於左手，既御者著於右手。」今俗亦稱戒指。謂煖酒曰急須。《菽園雜記》：急須，飲器也。趙襄子殺智伯，漆其頭爲飲器。注：飲，於禁切，溺器也。今人誤以煖酒爲急須，蓋飲字誤之耳。俗又譌爲滴蘇。謂以醝醃物曰鹽。去聲。《内則》：「屑薑與桂，以灑諸上而鹽之。」謂般運曰摙。力展切。《南史》：「何遠爲武昌太守，以錢買井水，不受錢者，摙水還之。」謂不倜儻爲眠娗。《列子》「眠娗諈諉」注：眠，莫典切〔一〕。娗，徒典切。瑟縮不正之貌。謂湊合無罅隙曰脗縫。脗，美韻切，合脣也。縫，去聲。脣合無間。謂甓曰甗甎。《爾雅》：「瓴甋謂之甓。」注：「甗甎也。」謂葦席曰蘆蕟。宋琅邪王敬胤遺命〔二〕，以一蘆蕟籍下。謂衆多曰多許。許字音若黑可切。謂所在亦曰場許。語尾每曰那。那，乃賀切。《後漢

〔一〕典：原誤作「曲」。
〔二〕胤：原誤作「徹」。

書》：「公是韓伯休那？」謂有事曰事際。《南史》：王晏專權，帝雖以事際須晏，而心惡之。謂死曰過世。《晉書・秦苻登傳》：「陛下雖過世爲神。」嘲笑人曰阿膾膾。亦招呼聲。謂冷熱適中曰温暾。唐王建詩：「新晴草色暖温暾。」謂髮黏曰膱。膱音織。《周禮・考工記・弓人》注：「樴，脂膏膱敗之膱。膱亦黏也。」疏：「若今人頭髮有脂膏者，則謂之膱。」謂物之不齊曰參差。參音如倉含切，差音如倉何切。亦云七參八差。謂惡少趫捷曰佽飛。佽音側。《漢書》謂佽飛，即此。事已了、將了皆曰哉。常熟曰且，音若嗟，即詩中句尾助字。吴江曰蹇，疑即《楚辭》之發語聲。謂走曰奔。崑山曰趹，常熟曰跑，吴江曰跳。謂睡聲曰惛塗。北人曰打呼，惛塗疑即呼字反切。孔曰窟籠。團曰突欒。偵視曰張。看曰望。羞曰鈍。扶曰當。去聲。按曰欽。去聲。轉曰跋。浮曰氽。上聲。流曰倘。蓋曰匲。捧曰掇。藏避曰伴。藏物曰囥。稠密曰猛。積物曰頓。布帛薄者曰澆。門之關曰閂。美惡兼曰暖。見陵於人曰欺負。非常事曰咤異。喜事曰利市。憂事曰鈍事。下酒具曰添按。物完全曰囫圇。揖曰唱喏。階級曰僵礤。所居曰窠坐。托盤曰反供。此處曰間邊。彼處曰箇邊。作事無據曰没雕當。去聲。謂人不能曰無張主。不便利曰笨，亦曰不即溜。自誇大者曰賣弄。事之相值曰偶湊。六畜總曰衆作平聲生。數錢五文曰一花。覓利曰賺錢。鋤地曰倒地。首飾曰頭面。鞵襪曰腳手。器用曰家生，亦曰家伙。常熟謂何人曰遐箇。《詩》：「遐不作人。」注：「遐，何也。」灰韻入支。即來爲釐之類。支韻入齊。兒爲倪之類。庚韻入陽。羹爲岡之類。虞韻入麻，又入東。小兒爲孥兒之類，常熟以吴塔爲紅塔。舊志。

吴下方言已詳舊志，然尚有當記者。如：

呼婦人曰女客。《高唐賦》：「妾巫山之女也，爲高唐之客。」打亦謂之敲。《左傳》：「執其戈以敲之。」刺亦謂之擉。《莊子》：「冬則擉鼈於江湖。」相連曰連牽，亦曰牽連。《晉書・五行志》：「符堅初，童謠曰：阿堅連牽三十年。」《淮南子》：「以摸蘇牽連物之微妙。」折花曰拗花。元微之詩：「今朝誰是拗花人。」言人逞獨見而多忤者曰臾㚐。音如列的。《漢書》：「臾㚐而無志節。」〔一〕言人無所可否而多笑貌者曰墨屎。音如迷癡。《俗呼小録》作眉西，出《列子・力命篇》。言人胸次耿耿曰佁儗。音如熾膩。司馬相如賦：「仡以佁儗。」言人無用曰不中用。《史記・秦始皇本紀》〔二〕：「始皇怒，曰：吾前收天下書不中用者盡去之。」言人聆言不省曰耳邊風。杜荀鶴詩：「百歲有涯頭上雪，萬般無染耳邊風。」人有病曰不耐煩。劉宋《庾炳之傳》〔三〕：「爲人强急而不耐煩。」謂人之愚者曰不知薡董。《爾雅》薡注：「似蒲而細。」不知鼎董者，即不辨菽麥意。習氣曰毛病。黄山谷《刀筆》云：「此荆南人毛病。」物不潔曰鏖糟。《前漢書・霍去病傳》注：「盡死殺人爲鏖糟。」〔四〕蓋血肉狼籍意。言戲擾不已曰嬲。音如嫋去聲。嵇叔夜書：「嬲之不置。」小食曰點心。《能改齋漫録》：「唐鄭傪夫人云：我未及餐，爾且可點心。」憎人而不與接曰不倸。《北齊書》：「后不倸輕霄。」以網兜物曰揞兜。揞，呼孩切，音海平聲，見《類聚・音韻》。誘人爲惡曰攛平聲掇。見《韻會小補》。疾速曰飛風。唐制，凡雜馬送上乘局者，以風字印印右髆，以飛字印印左

〔一〕《漢書》無此文字。此説下多見，不出校。
〔二〕紀：原作「記」。
〔三〕庾：原作「瘦」。
〔四〕死：據《漢書注》補。

觵。胡説曰扯談。宋時梨園市語。問何人曰陸顧。吴中陸、顧兩姓最多，故以爲問。言人舉止倉皇曰麕麞馬鹿。蓋四物善駭，見人則跳躍自竄，故以爲喻。《俗呼小録》載，忍謂之熬。足謂之縠。移謂之捅。按《集韻》捅，他總切，進前也，引也。熱物謂之頓。熱酒謂之錫。瀉酒謂之篩。遥相授受曰冑干。求請託謂之鑽。斷港謂之浜。鳥獸交感，鷄鵝曰撩水，餘鳥曰打雄。蠶蛾曰對。狗曰練。蛇曰交。竅謂之洞。概謂之盪。通稱一頓。《世説》：「欲乞一頓食。」《漢書》：「一頓而成。」《唐書》：「打汝一頓。」語物事曰牢曹。瘧疾曰愣子。俗牽連之辭，如指某人至某人、某物及某物，皆曰打。按張晉公詩：「赤洪崖打白洪崖。」俗作入聲，讀如笪。事在兩難曰尷尬。

廣中俗字最多，如𡘙、穩。𡚻、矮。𠀾、亦音矮。奀勒之類，見范石湖《桂海虞衡志》。吾蘇亦有之，如謂積穢物曰垃圾，音臘閘。謂人能幹曰唓亦作唫嗻，上音如庫平聲，下音遮。垃字、唓字不載字書。圾，《集韻》同岌，危也；嗻，《類篇》多言也，其解不同。又物殘缺不齊曰⿰齒頁⿰齒贊，上顏入聲，下殘入聲。又齾⿱獻缶二字，俱五鎋切，上字齒缺也，下字器皿缺也。四字見《俗呼小録》。以上《吴門補乘》。

〔同治〕蘇州府志

【解題】李皖銘修，馮桂芬等纂。同治十三年（一八七四）修。蘇州府，轄境包括吴縣、長洲、元和、崑山、新陽、常熟、昭文、吴江、震澤九縣和太湖廳。府治在吴縣，即今江蘇省蘇州市吴中區。「風俗」見卷三。録文據光緒八年（一八八二）刻本《蘇州府志》。

風俗

吴謂善伊爲稻緩。《春秋穀梁傳》。謂來爲釐。《吴郡志》：「本陸德明『貽我來牟』『棄甲復來』皆音釐。德明吴人，豈遂以鄉音釋注？或自古本有釐音邪？」謂罷必綴一休字，曰罷休。《史記》：「吴王謂孫武曰：『將軍罷休。』」相謂曰儂。自稱我儂，稱人你儂、渠儂。隔户問人云「誰儂」。《湘山野録》記錢武肅王歌云：「你輩見儂的歡喜，在我儂心子裏。」謂中州人曰傖。《晉書・周玘傳》：「害我者，諸傖子也。」謂不慧曰獃。《唐韻》：「小獃大癡，不解事者。」謂虹曰鱟。鱟，詳候切。謂嬉劣曰薄相。薄音教。謂不任事曰縮朒。《漢書・五行志》：「王侯縮朒。」罵傭工曰客作。《漢書・匡衡傳》：「衡乃與客作，而不求價。」謂貪縱曰放手。《後漢書》：「殘吏放手。」謂錢之美者曰黄撰。撰與選同。《史記・平準書》：「白金三品，其一曰重八兩，圜之，其文龍，名曰白選。」錢乃銅造，故云黄撰。謂縧帨之垂曰蘇頭。晉摯虞云：「流蘇者，緝鳥尾，垂之若流然。以其蘂下垂。故曰蘇。」謂葺理整齊曰修娖。娖音捉。《唐書》：「修娖部伍。」謂當筵犒賞曰喝賜。唐時娼妓有纏頭喝賜。謂責人而姑警之曰受記，責人曰數説。如漢高之數項羽。謂語不明曰含胡。《唐書・顔杲卿傳》：「含糊而絶。」謂機巧曰儇利。鄉音訛還賴。謂指鐶曰手記。《詩》鄭箋：「后妃羣妾以禮御於君所。女史書其日月，授之以鐶。當御者著於左手，既御者著於右手。」今俗亦稱戒指。謂煖酒曰急須。《菽園雜記》：急須，飲器也。趙襄子殺智伯，漆其頭爲飲器。注：飲，於禁切，溺器也。今人誤以煖酒爲急須，蓋飲字誤之耳。俗又譌爲滴蘇。謂以鹺醃物曰鹽。去聲。《内則》：「屑薑與桂，以灑之上而鹽之。」謂般運曰摙。力展切。《南史》：「何遠爲武昌太守，以錢買井水，不受錢者，摙水還之。」謂不倜儻爲眠娗。《列子》「眠娗諈諉」注：眠，莫典切。娗，徒典切。瑟縮不正之貌。謂湊合無罅隙曰脗縫。脗，美韻切，合脣也。縫，去聲。脣合無間。謂甓曰甋甎。《爾雅》：「瓴甋謂之甓。」注：「甋甎也。」謂葦席曰蘆蓆。宋琅邪王敬胤遺命〔一〕，以一蘆蓆籍下。謂衆多曰多許。許字音若黑可切。謂所在亦曰場許。語尾每曰那。那，乃賀切。《後漢書》：「公是韓伯休那？」謂有事曰事際。《南史》：王晏專權，帝雖以事際須晏，而心惡之。謂死曰過世。《晉書·秦苻登傳》：「陛下雖過世爲神。」嘲笑人曰阿儈儈。亦招呼聲。謂冷熱適中曰温暾。唐王建詩：「新晴草色暖温暾。」謂髮黏曰膱。膱音織。《周禮·考工記·弓人》注：「樴，脂膏膱敗之膱。膱亦黏也。」疏：「若今人頭髮有脂膏者，則謂之膱。」〔二〕謂物之不齊曰參差。參音如倉含切，差音如倉何切。亦云七參八差。謂惡少趫捷曰佽飛。佽音側。《漢書》謂佽飛，即此。事已了、將了皆曰哉。常熟曰且，音若嗟，即詩中句尾助字。吴江曰蹇，疑即《楚辭》之發語聲。謂走曰奔。崑山曰趹，常熟曰跑，吴江曰跳。謂睡聲曰惛塗。北人曰打呼，惛塗疑即呼字反切。孔曰窟籠。團曰突欒。偵視曰張。看曰望。羞曰鈍。扶曰當。去聲。按曰欽。去聲。轉曰跋。浮曰氽。上聲。流曰倘。蓋曰匭。捧曰掇。藏避曰伴。藏物曰囥。稠密曰猛。積物曰頓。布帛薄者曰澆。門之關曰閂。美惡兼曰暖。見陵於人曰欺負。非常事曰咤異。喜事曰利市。憂事曰鈍事。下酒具曰添按。物完全曰囫圇。揖曰唱喏。階級曰僵礤。所居曰窠坐。託盤曰反供。此處曰間邊。彼處曰箇邊。作事無據曰没雕當。去聲。謂人不能曰無張主。不便利曰笨，亦曰不即

〔一〕胤：原誤作「徹」。
〔二〕謂：原誤作「爲」。

溜。自詩大者曰賣弄。事之相值曰偶湊。六畜總曰衆作平聲生。數錢五文曰一花。覓利曰賺錢。鋤地曰倒地。首飾曰頭面。鞋襪曰脚手。器用曰家生，亦曰家伙。常熟謂何人曰遐箇。《詩》：「遐不作人。」注：「遐，何也。」灰韻入支。即來謂鼇之類。支韻入齊。兒謂倪之類。庚韻入陽。羹謂岡之類。虞韻入麻，又入東。小兒爲拏兒之類，常熟以吴塔爲紅塔。以上乾隆志。

吴下方言已詳舊志，然尚有當記者。如：

呼婦人曰女客。《高唐賦》：「妾巫山之女也，爲高唐之客。」打亦謂之敲。《左傳》：「執其戈以敲之。」刺亦謂之擉。《莊子》：「冬則擉鼈於江湖。」相連曰連牽，亦曰牽連。《晉書・五行志》：「符堅初，童謡曰：阿堅連牽三十年。」《淮南子》：「以摸蘇牽連物之微妙。」折花曰拗花。元微之詩：「今朝誰是拗花人。」言人逞獨見而多忤者曰奊㚖。音如列的。《漢書》：「奊㚖而無志節。」言人無所可否而多笑貌者曰墨杘。音如迷癡。《俗呼小録》作眉西，出《列子・力命篇》。言人胸次耿耿曰佁儗。音如熾膩。司馬相如賦：「仡以佁儗。」言人無用曰不中用。《史記・秦始皇本紀》：「始皇怒，曰：吾前收天下書不中用者盡去之。」言人聆言不省曰耳邊風。杜荀鶴詩：「百歲有涯頭上雪，萬般無染耳邊風。」人有病曰不耐煩。劉宋《庾炳之傳》：「爲人强急而不耐煩。」謂人之愚者曰不知薡蕫。《爾雅》薡注：「似蒲而細。」不知鼎蕫者，即不辨菽麥意。習氣曰毛病。黄山谷《刀筆》云：「此荆南人毛病。」物不潔曰鏖糟。《前漢書・霍去病傳》注：「盡死殺人爲鏖糟。」〔一〕蓋血肉狼籍意。言戲擾不已曰嬲。音如嫋，去聲。

〔一〕死：據《漢書注》補。

嵇叔夜書：「嬲之不置。」小食曰點心。《能改齋漫録》：「唐鄭傪夫人云：我未及餐，爾且可點心。」憎人而不與接曰不倸。《北齊書》：「后不倸輕霄。」以網兜物曰㨟兜。㨟，呼孩切，音海平聲，見《類聚・音韻》。誘人爲惡曰攛平聲掇。見《韻會小補》。疾速曰飛風。唐制，凡雜馬送上乘局者，以風字印印右髆，以飛字印印左髆。胡説曰扯談。宋時梨園市語。問何人曰陸顧。吴中陸、顧兩姓最多，故以爲問。言人舉止倉皇曰麞麈馬鹿。蓋四物善駭，見人則跳躍自竄，故以爲喻。《俗呼小録》載，忍謂之熬。足謂之彀。移謂之捅。按《集韻》捅，他總切，進前也，引也。熱物謂之頓。熱酒謂之錫。瀉酒謂之篩。遥相授受曰冑干。求請託謂之鑽。斷港謂之浜。鳥獸交感，鷄鵝曰撩水，餘鳥曰打雄。蠶蛾曰對。狗曰練。蛇曰交。竅謂之洞。概謂之盪。通稱一頓。《世説》：「欲乞一頓食。」《漢書》：「一頓而成。」《唐書》：「打汝一頓。」謂物事曰牢曹。瘧疾曰愕子。俗牽連之辭，如指某人至某人、某物至某物，皆曰打。按張晉公詩：「赤洪崖打白洪崖。」俗作入聲，讀如笪。事在兩難曰尷尬。

廣中俗字最多，如𡘜、穩。𦤀、矮。𨱽、亦音矮。奀勒之類，見范石湖《桂海虞衡志》。吾蘇亦有之，如謂積穢物曰垃圾，音臘鬧。謂人能幹曰啅亦作唫嗻，上音庫平聲，下音遮。垃字、啅字不載字書。圾，《集韻》同岌，危也；嗻，《類篇》多言也，其解不同。又物殘缺不齊曰齴齾，上顔入聲，下殘入聲。又齾齾二字，俱五鎋切，上字齒缺也，下字器皿缺也。四字見《俗呼小録》。《吴門補乘》。

他如電曰霍閃。顧雲詩。滴水曰渧。《廣韻》。飯粒曰米糝。《莊子》：「藜羹不糝。」喫食曰嗘。《禮記》。附近曰左近。《梁書・扶南傳》：「左近人剥取樹皮織布。」婢曰丫頭。劉禹錫詩：「花面丫頭十三四。」共事曰火。《唐書》兵志：「十人爲火。」呼痛曰安偉。《北史・儒林傳》：「道暉徐呼：『安偉安偉。』」饋人曰作人情。杜詩：「粔籹作人情。」問辭曰能亨。《癸辛雜識》。事煩無條理曰磊𥫗。《説文長箋》。謂事曰正經。桓譚《新論》篇目。謂物曰物事。《隋書・張衡傳》：「我爲人作何物事？」浣衣曰汏。《説文》。几下函謂之替。宋武帝爲殷淑儀作通替棺。謂詐騙曰黄六。黄巢行六而多詐，故詐騙人者曰黄六，見《藝林彙考》。扶持曰擡舉。白居易詩：「亭亭自擡舉。」物之闊者曰扁。劉禹錫詩：「壓匾佳人纏臂金。」有所倚曰靠。范致明《岳陽風土記》：「雖無風濤之患，而常靠閣。」料事曰打算。《元史・劉秉忠傳》。畏懼曰寒毛卓卓豎。《晉書・夏統傳》：「不覺寒毛盡戴。」負而不償、許而不予，皆曰賴。《晉語》：「已賴其地，而又愛其實。」〔一〕計簿曰帳目。《宋史・孫何傳》。擘橙橘之屬曰朳。《廣雅》。匠斲木而復平之曰鉋。元微之詩：「方椽郢匠鉋。」石聲曰䃇䃔。《通志・六書略》。人物作鬭聲曰擊轂。《國策》：「車擊轂。」〔二〕此雖俚俗無稽，徵諸古籍，往往適合，又不獨如《補乘》所稱引矣。又案《淥水亭雜識》：姑蘇臺，臺因山名，合作胥，今作蘇者，蓋吴音聲重，凡胥鬚字皆轉而爲蘇，故直曰姑蘇。

〔一〕實：原誤作「寶」，據《國語》改。
〔二〕轂：原誤作「聲」，據《戰國策》改。

〔光緒〕楊舍堡城志稿

【解題】葉長齡纂，葉鍾敏重輯。楊舍堡城，今江蘇省蘇州市張家港市楊舍鎮。「方言」見卷六《風俗》中。録文據光緒九年（一八八三）活字本《楊舍堡城志稿》。

方言

日曰熱頭。俗呼日、熱並如業。熱頭謂熱物之首。方俗縣舌音、牙音多混也〔一〕。月曰亮兀。亮取夜明象，兀月雙聲兼疊韻也。霧曰眯露。眯象霧形，支虞古通轉。方俗呼輕脣多作重脣也。虹曰犼。犼本惡獸，呼吸能害物。虹患隱有呼吸意，或可作孔，亦有呼吸意也。邑志作鬣，無義。郭姓曰各。合口誤開口也。江姓曰缸。等小誤等大也。繆姓曰貌。尤侯蕭豪古通轉也。盛姓曰剩。通庚轉陽，亦古音也。邑志曰綻，謬甚。吴胡呼無分別。方俗牙喉多混也，獨呼五午不誤。村民呼許姓曰喜、俞姓曰夷。夷曰于，雨曰以。魚模支之古通轉也。呼王黄姓及旺字，獨依母有别。讀書識字者皆混爲一聲，反不如方俗也。亡曰芒，網曰莽，望曰忘，聞曰門，問曰悶，味曰眯，萬曰漫，蚊曰蝱。方俗呼輕脣音多作重脣，古少重脣音，出切亦用類隔也。夢曰恾。東江古通也。何事、何物曰舍箇。舍審雙聲，方俗又變審入照母，蓋即怎字轉上爲入聲。邑城曰到則乃怎之合聲，而混齒於舌也。箇爲語助，猶樂府之添字贕聲也。如何曰那哼。日泥兩母字形聲有互通者，如何亦那之二合。哼亦贕聲也。歸曰居，

〔一〕縣：原作「懸」。

去曰扣。支魚尤韻古通轉也。覘人曰張。聲轉訛別也。不好曰邱。醜之訛別也。美曰齊整、曰體面。睡曰困。取其義也。嬉游曰白相。質言之也。乳曰奶。穀之俗字，音亦變也。大曰惰。韻分收泰箇二部，方俗多呼入箇韻，惟大麥、大蒜、大黄呼入泰韻也。邑志曰杜音既全乖，韻亦失檢，誤甚。弗曾曰分。二合急呼也。器具曰物事。托盤曰飯供。方俗物呼重脣音，飯上聲，俗多濁誤清也。邑志曰末曰反，殊無理。禽獸曰畜生。方俗呼畜若中，知徹之誤。邑志不察也，或謂是衆生，然衆生兼人言之義，不可也。呼鳥爲雕上聲。方俗呼音獨正，士人呼入疑母反訛誤也。雉曰野鷄。沿漢舊也。豕曰猪哪，羊曰羊咩咩。並取其鳴聲也。猪舌曰賺頭。舌蝕聲近，諱蝕爲賺，市井俗忌也。諱十爲全同。鼠曰老蟲。形小類蟲，故加老别之也。鼈曰甲魚。以有殼也。蚌曰水菜。謂多水也。蛙曰田鷄。以生於田而聲似哺鷄也。蜈蚣曰百腳。取多足也。蚓曰曲蟮。象其形也。蜰蟦曰臭蟲。因其臭味也。繼異姓子曰野鷄，又曰野猫。以别於親生也。

以上諸條，但據一鄉所聞知者述之，訛者略辨之，有邑志承訛襲謬者訂正之，至方俗讀字音舛誤者十之八九例，不得泛及也。

〔萬曆〕常熟縣私志

【解題】姚宗儀纂。萬曆四十五年（一六一七）修。常熟縣，今江蘇省蘇州市常熟市。「方言」見《叙俗》中。録文據民國曬印明鈔本《常熟縣私志》。

方言

相謂曰儂，如隔户問人曰「誰儂」，應曰「我儂」，開户識之，曰「卻是你儂」。謂不慧曰獃。俗作呆。謂虹曰鱟。謂嬉戲曰薄相。薄音勃。助語詞曰子、曰哉、曰且〔一〕。音嗟。問何人曰遐箇。遐，何也。呼道袍曰海青。呼章爲臧。呼吴爲紅。呼季爲踞。呼彈爲團。呼傘爲筭。呼王爲巷。平聲則方音也。

〔康熙〕常熟縣志

【解題】高士鸃等修，錢陸燦等纂。康熙二十二年（一六八三）修。常熟縣，今江蘇省蘇州市常熟市。「方言」見卷九《風俗》中。録文據康熙二十六年（一六八七）刻本《常熟縣志》。

方言

人之囿於方言，非特五方也。同一吴語，而郡邑異之，鄉城異之，界於他邑之邊鄙者又異之。大抵口與耳相因，則或襲古義，或譌土音，其所由來久矣。

如相謂曰儂。謂不慧曰獃。俗作呆。謂不任事曰縮朒。《漢·五行志》：「王侯縮朒。」謂嬉戲曰薄相。薄音勃。謂機巧曰儇利。鄉音譌爲還賴。謂睡聲曰唔塗。北人謂之打呼，吴人則曰打唔。唔塗二字，疑即

〔一〕「且」上原衍「嗟」字，據康熙《常熟縣志》、乾隆《常昭合志》删。

呼字之反切。謂葺理整齊曰修㚬。㚬音捉。唐中和二年，修㚬部伍。謂搬運曰摙。力展切。《南史》：「何遠爲武昌太守，以錢買井水〔一〕，不受錢者，摙水還之。」今吴語搬湯摙水。謂以醝醃物曰鹽。去聲。《内則》：「屑薑與桂，以洒諸上而鹽之。」〔二〕謂指鐶曰手記。《詩》鄭箋：「后妃羣妾以禮御于君所，女史書其日月，授之以鐶。當御者著左，既御者著右。」今俗亦呼曰戒指。謂絲帨之棨曰蘇頭。摯虞云：「流蘇者，緝鳥尾，垂之若流然。以其棨下垂，故曰蘇。」謂葦席曰蘆蓆。謂虹曰鱟。音許候切〔三〕。嘲笑人曰阿噲噲。亦招呼也。助語詞曰子、曰哉、曰且、音嗟。曰那。

若聲之轉而爲訛者：呼兒曰倪，呼章曰滅，呼吴曰紅，呼季曰踞，呼歸曰居，呼王曰巷，平聲。呼彈曰團，皆虞邑之方音也。

〔乾隆〕常昭合志

【解題】王錦等修，言如泗等纂。常，指常熟縣；昭，指昭文縣。常昭，即今江蘇省蘇州市常熟市。「方言」見卷一《風俗》中。有乾隆六十年（一七二一）刻本。録文據光緒二十四年（一八九八）活字本《常昭合志》。

〔一〕水：原脱，據《南史》補。

〔二〕洒：原誤作「酒」，據《禮記》改。

〔三〕許：原誤作「訏」。

方言

人之囿於方言，非特五方也。同一吳語，而郡邑異之，鄉城異之，界於他邑之邊鄙者又異之。大抵口與耳相因，則或襲古義，或謁土音，其所由來久矣。

如相謂曰儂。謂不慧曰獃。俗作呆。謂不任事曰縮朒。《漢·五行志》：「王侯縮朒。」謂嬉戲曰薄相。薄音勃。謂機巧曰儇利。鄉音譌爲還賴。謂睡聲曰唃塗。北人謂之打呼，吳人則曰打唃。唃塗二字，疑即呼字之反切。謂葺理整齊曰修娖。娖音捉。唐中和二年，修娖部伍。謂搬運曰搥。力展切。《南史》：「何遠爲武昌太守，以錢買井水〔一〕，不受錢者，搥水還之。」今吳語搬湯搥水。謂以醯醃物曰鹽。去聲。《内則》：「屑薑與桂，以灑諸上而鹽之。」謂指鐶曰手記。鄭康成《詩箋》云：「后妃羣妾以禮御於君所，女史書其日月，授之以鐶。當御者著左，既御者著右。」今俗亦呼曰戒指。謂絲帨之縈曰蘇頭。摯虞云：「流蘇者，緝鳥尾，垂之若流然，以其縈下垂，故曰蘇。」謂葦席曰蘆蓆。謂虹曰鱟。音許候切〔二〕。嘲笑人曰阿噲噲。亦招呼也。

助語詞曰子、曰哉、曰且、音嗟。曰那。

若聲之轉而爲訛者，呼兒曰倪，呼章曰滅，呼吳曰紅，呼季曰踞，呼歸曰居，呼王曰巷，平聲。呼彈曰團，皆虞邑之方音也。

〔一〕水：原脱，據《南史》補。
〔二〕候：原作「侯」。

〔光緒三年〕常昭合志稿

【解題】楊泗孫纂。常，指常熟縣；昭，指昭文縣。常昭，即今江蘇蘇州市常熟市。該志記事訖於光緒三年（一八七七），不分卷。「方言」見《風俗》中。録文據光緒鈔本《常昭合志稿》。

方言

人之囿於方言，非特五方也。同一吴語，而郡邑異之，鄉城異之，界於他邑之邊鄙者又異之。大抵口與耳相因，則或襲古義，或譌土音，其所由來久矣。

如相謂曰儂。謂不慧曰獃。俗作呆。謂不任事曰縮朒。《漢·五行志》：「王侯縮朒。」〔一〕謂嬉戲曰薄相。薄音勃。謂機巧曰儇利。鄉音譌爲還賴。謂睡聲曰唔塗。北人謂之打呼，吴人則曰打唔。唔塗二字，疑即呼字之反切。謂葺理整齊曰修娖。娖音捉。唐中和二年，修娖部伍。謂搬運曰摙。力展切。《南史》：「何遠爲武昌太守，以錢買井水〔二〕，不受錢者，摙水還之。」今吴語搬湯摙水。謂以醝醃物曰鹽。去聲。《內則》：「屑薑與桂，以灑諸上而鹽之。」謂指鐶曰手記。鄭康成《詩箋》云：「后妃羣妾以禮御於君所，女史書其日月，授之以鐶。當御者著左，既御者著右。」今俗亦呼曰戒指。謂縧帨之橤曰蘇頭。摯虞云：「流蘇者，緝鳥尾，垂之若流然，以其橤下垂，故曰

〔一〕王侯：原誤作「行候」。
〔二〕水：原脱，據《南史》補。

蘇。」謂葦蓆曰蘆蔴。謂虹曰鱟。音許候切〔一〕。謂何人曰遐箇。《詩》：「遐不作人。」注：「遐，何也。」謂走曰跑。嘲笑人曰阿噲噲。亦招呼也。助語詞曰子、曰哉、曰且、音嗟。曰那。

若聲之轉而爲訛者，呼兒曰倪，呼章曰滅，呼吴曰紅，呼季曰踞，呼歸曰居，呼王曰巷，平聲。呼彈曰團，皆虞邑之方音也。

〔光緒三十年〕常昭合志稿

【解題】鄭鍾祥等修，龐鴻文等纂。常，指常熟縣；昭，指昭文縣。常昭，即今江蘇省蘇州市常熟市。「風俗」見卷六。録文據光緒三十年(一九〇四)活字本《常昭合志稿》。

風俗

鄉俗呼父曰爹。或曰爸爸，音如伯伯，或稱爲老子。母曰孃。或曰姥姥，音如姆姆。稱子曰倪子，《孟子》：「反其旄倪。」注：「小兒也。」女曰囡。《柳南隨筆》：「囡者，吴人呼女之辭。」稱人之子，貴之則曰官人，沿自唐人。賤之則曰囝、字見白香山《樂府》。曰猴子。子讀入聲。女曰細娘。呼夫父母曰公公、婆婆，婦稱舅姑亦如之。舅姑呼婦及婦自稱皆曰新婦。沿自六朝。至女子稱謂，多從男子，如稱姑母爲伯伯、叔叔，母姨爲舅舅。蓋緣稱人之妾曰姑娘，曰姨娘，呼人家女僕曰娘姨，故易稱以避之。至稱姊妹亦或爲哥

〔一〕許：原誤作「訐」。

哥、弟弟，則鄉俗之異也。鄉人謂妻曰娘子，子讀入聲。謂夫爲小官人。鄉里人泛稱年長者曰爺叔，猶常州人之稱爲表叔，蘇州人之稱爲娘舅也。

右稱謂，相沿之風俗。

附方言 言志方言剿襲《府志》，致與鄉音不合，非今昔方言有異也。兹别加審訂，略舉大凡，以昭核實。

邑方言多用古義，而轉其音。如謂游嬉曰婆娑，《詩》：「市也婆娑。」呼爲白相。與媻珊、勃窣諸音同，爲婆娑之轉音，白相與勃窣音尤相近。《晉書》：「張憑勃窣理窟。」謂不解事曰籠東，《北史》：「籠東軍士。」呼爲落沰。沰，《集韻》當各切。謂心中不了了曰糊塗，《宋史》：「吕端小事糊塗。」呼爲惑突。諸如此類，皆雙聲轉也。又寧馨二字爲六朝人常語，吾邑轉寧爲能，獰奴，謾罵，寧、奴爲雙聲，奴、能亦雙聲，可證寧、能亦雙聲之轉也。轉馨爲梗。疊韻轉也。如「何物老嫗生寧馨兒」〔一〕，土語若云「啥等樣婆娘養能梗箇倪子」是也。「冷如鬼手馨」，土語若云「像鬼手梗冷」是也。馨亦或轉呼如哼，那哼，即那馨也。又許字亦南朝常語，鄉音則讀同滸音，近蝦字之上聲。

有二字合爲一字音者，如弗曾，音如分。弗要，弗要切音無此字。皆並二字爲一音。又傳授爲冑，什麽爲啥，音近奢。奈何爲那音近奶之類皆是也。又有一字分爲二字者，如謂孔爲窟籠，窟籠即孔字切音。團爲突欒突欒即團字切音之類皆是也。又二字合爲一音，輕重呼之仍爲二字者，如謂

〔一〕嫗生：原誤作「生嫗」。

蠻橫音如牤盲，蠻橫切哆口呼之音如牤，斂口呼之音如盲之類是也。

邑人言語多按字義不相渾淆。茲就手部之字考之。謂舁物曰扛。《説文》：「横關對舉也。」高舉物曰掀。音軒。《左傳》：「乃掀公以出於淖。」或亦呼如欣、如亨。拘執人物曰捉。杜詩：「村吏夜捉人。」邑人取染物亦曰捉。牽引人曰拉。本盧合切，今讀平聲。《正韻》：「諺言邀人同行曰拉。」以箕帚埽物曰扱。《禮記》：「以箕自向而扱之。」本讀如吸，邑人則讀如《唐韻》音楚洽切，云扱垃圾。去塵曰拂。《禮記》：「進几杖者拂之。」以巾拭物曰揩。梅堯臣詩：「塵埃鏡已揩。」重揩曰擦。《字彙》：「摩之急也。」擦臥席曰抳。《集韻》：「研也。」使物向外曰推，向裏曰扳。《孟子》：「推而納之溝中。」《公羊傳》：「扳隱而立之。」方言推扳二字相對，如行船者云推艄、扳艄是也。亦爲活動之詞，如購物論價曰要推扳些。以肩承物曰搋。《通雅》：「《漢書》矯虔吏，即撟搋。趙氏曰：吴言以身肩物曰搋，借相訐告亦曰搋。」《集韻》渠言切，音健，平聲。今俗別造爲掮字。以手握物曰搦。《廣韻》：「捉，搦也。」提物曰拎。《玉篇》：「手懸捻物也。」轉物曰捩。王安石詩：「東西捩柁萬舟回。」散物曰撒。《集韻》：「散之也。」歷取物曰捋。《詩》：「薄言捋之。」兩手揉物曰搓。蘇軾詩：「手香新喜緑橙搓。」以手稱物輕重曰掂。即敁敠之敁，俗字。指擇物曰揀。《三國志·袁紹傳》：「無所揀擇。」指擠物曰捘。《左傳》：「涉佗捘衛侯之手。」兩指輕取物曰拈。周邦彦詞：「針綫慵拈午夢長。」重取曰捻。《青瑣高議》：「牡丹名一拈紅。」三指取物曰撮。《禮記》：「一撮土之多。」俗謂買藥爲撮藥。摘花曰採。陶潛詩：「採菊東籬下。」折花曰拗。《增韻》：「折也。」舉碗曰摙。《南史·何遠傳》：「摙水還之。」兩手舉器曰掇。凡可掇之器即名爲掇。如錫掇、甏掇之類是也。或轉爲平聲，則音近端。傅粉曰搽。即塗抹之塗俗字，邑人直讀如茶。强取曰搶。《韻會》：「争取也。」强與曰掗。《字彙》：「强以物與人也。」以掌索物曰摸。《集韻》：「摸，索也，捫也。」宛轉撫之曰摩。《易》：「剛柔相摩。」重摩之曰挼。奴禾切，如沐謂之挼頭。向下撫之曰按。《史記》：「按劍歷階而上。」注：「撫也。」重按之曰揿。《集韻》：「按也。」欽去聲。掌擊物曰拍。郭璞詩：「右拍洪厓肩。」手捉物曰搲。《類篇》：「吴俗謂手持物曰搲，音蛙。」指甲取物曰掐。《玉篇》：「爪按曰掐。」爬物曰搔。《禮記》：「敬抑搔之。」以指勾物曰挖。音如《孟子》揠苗之揠。以器挖物曰掘。《孟子》：「掘井。」以器掘物曰撬。牽幺切。水中取物曰撈。去草曰拔。《易》：「拔茅茹。」拔毛曰撏。《集韻》徐廉切。言各有當，未易悉舉。惟北人恒言如扔挏拴捽諸字，則罕聞其音。又如目部字，北人用瞧看二字，吾邑不用瞧字。而於尋人覓物別曰睃，音梭。看視産婦別曰瞟。若五月十三日雨，俗謂白龍瞟孃，亦此義也。

凡於事物用形容之詞，皆以雙聲輾轉分别之，其源蓋出於秦漢間詞賦家。譬如零星二字，其義爲瑣碎，而方言謂毛羽之散者曰褵褷，布帛敝者曰絡索，米穀之碎者曰粒屑，塵土之雜者曰垃圾，風之尖者曰料峭，雨之細者曰廉纖，言語之煩者曰嚕囌，意興之散者曰闌珊，絲綫之垂鬢者曰流蘇，亦曰蘇頭。帷幙之重疊者曰罣罭，竹籠之細密者曰笭箵，雖取意各殊，其爲義則一，皆零星二字雙聲之轉也。諸如此類别用二字雙聲轉相形容之語，不可勝數。

凡語意當加甚字者，率用蠻字或奇字。如謂甚好爲蠻好或奇好，猶蘇州人謂之怪好，常州人謂之惡好也。謂走曰跑，猶蘇州人曰奔，昆山人曰跌，吴江人曰跳也。

謂日曰太陽，亦曰日頭。謂月曰亮月。謂露曰露水。呼虹曰鱟，呼候切。亦曰蜂。音絳。呼雹曰冰牌。謂電曰霍閃。音如顯。

邑人讀書，於平聲、入聲字均極準。惟上聲字間有因曳長其音，與去聲相類者。至俗語字音，亦或偶與北人相似。如蛋黄之黄呼如荒，滴水之滴呼如帝之類是也。又鐘幾記，記字實亦擊字之北音。近人每謂幾句鐘，因嘉興人讀句如記，故借用之耳。

吾邑鄉音非特與郡城異，即東西鄉亦多不同。如船、傳等字，東鄉人讀之似與支韻之追、隨等音相叶，西鄉人讀之似與元韻之園、垣等音相叶，此類不能偏舉。又五渠人讀門如瞞，讀魂如垣，與元韻之字多叶，至讀渠如球，讀拘如糾，則虞、尤韻本通，合於古音也。又邑人姓氏，稱季作踞，是西鄉人沿江陰土音。稱吴作紅，是南鄉人沿蘇州土音。蘇人讀吴音從鼻出。稱王作巷平聲，是東鄉人沿太倉土音。城市中與彼鄉人語，不得不改而從之。舊志謂是吾邑方言，非也。至呼歸如居，呼龜如車，魚韻。呼鬼如舉，呼物價貴賤之貴如踞，則誠土音耳。

〔民國〕重修常昭合志

【解題】丁祖蔭等重纂。民國六年（一九一七）始修，民國二十四年（一九三五）告成。常，指常熟縣；昭，指昭文縣。常昭，即今江蘇省蘇州市常熟市。「方言」見卷十四《風俗志》中。録文據民國三十八年（一九四九）鉛印本《重修常昭合志》。

方言

方言郡邑有異，鄉城有異，界於他邑邊鄙又有異。或襲古義，或譌土音，其所由來久矣。

如謂人不慧曰猷。《唐韻》：「小猷大癡，不解事者。」不任事曰縮朒。《漢書・五行志》：「王侯縮朒。」人無用曰不中用。《史記・秦始皇本紀》：「吾前收天下書，不中用者盡去之。」人愚昧曰不知薡董。《爾雅》：「蘱，薡董。」不便利曰笨，亦曰不即溜。不能幹曰無主張。語不明了曰含糊。《唐書・顏杲卿傳》：「含糊而絶。」自誇大曰賣弄。習氣曰毛病。黄山谷《刀筆》云：「此荆南人毛病。」潑悍凶惡曰潑賴。《餘冬序録》云：「雲南夷俗牒言誣陷人曰毕賴之事。」今人猶有潑賴之語。纏擾不已曰嬲。音如裊，去聲。嵇叔夜書：「嬲之不已。」戲弄曰打顛。《吕氏童蒙訓》引《詩話總龜》：「顛即諢，今打顛是也。」《唐書・元結傳》：「諧臣顛官，怡愉天顔。」稱量人曰敁敠。《莊子》「捶鉤者」，注：「玷捶鉤之輕重。」玷音點，捶音朵。澹園曰：「以手稱量物之輕重曰敁敠。焦音顛掇。」憎人不交接曰不保。《北齊書》：「后不保輕霄。」問辭曰能讀若捺亨。見《癸辛雜識》：《世説新語》真長見王導曰：「何乃渹？」渹當作亨康切。吴人意以爲何如則曰那行。行亦音亨康切。乃渹猶云那行也。《老學庵筆記》曰：「閣門促人曰那行。」饋人曰作讀若做人情。杜甫詩：「粔籹作人情。」誘人爲惡曰攛平聲掇。見《韻會小補》。詐騙曰黄六。黄巢行六而多詐，故詐騙人者曰黄六。見《藝林匯考》。《疑耀》曰：「今京師勾欄中，諢以紿人者曰黄六。」欣羡曰眼熱。鄙吝曰小氣。禮貌曰客氣。羞愧曰攤充。去聲。忍耐曰熬。持重曰把穩。《晉書・載記》：「後秦諸將謂姚萇曰：不令苻登至，陛下將牢太過耳。」將牢，猶俗言把穩也。慎密曰子細。《北史・源思禮傳》：「爲政當舉大綱，何必太子細也。」杜甫詩：「野橋分子細。」料事曰打算。暗中營求曰鑽。約而不踐曰賴。《晉語》：「已賴其地，而又愛其實。」〔一〕聞言不省曰耳邊風。杜荀鶴詩：「萬般無染耳邊風。」心厭動作曰不耐煩。《宋書·庾炳之傳》：「爲人强急而不耐煩。」争訟曰打官司。補不足曰找。更换財物曰嬥音窕换。正事曰正經。見桓譚《新論》篇目。事之繁雜累墜曰磥堆。《説文長箋》：「竨，磊竨，重聚也，丁罪切，今吴方言有之。凡事物煩積而無條理曰磊竨。」今方語皆作累堆。事不恰好曰尷尬。《説文》：「尷尬，不正也。」尷，古咸切。尬，古拜切。段注云：「蘇州俗語謂事乖剌者曰尷尬。」非常事曰吒異。喜事曰利市。憂事曰鈍事。事之相值曰湊巧。共事曰火。《唐書·兵志》：「十人爲火。」鋪設曰鋪排。《方言》：「東齊曰鋪頒，猶秦晉言抖藪也。」今謂治辦鋪設亦有鋪扮、鋪排之語。縱逸曰放手。《後漢書》：「殘吏放手。」扶持曰擡舉。白居易詩：「亭亭自擡舉。」藏避曰畔。偵視曰張。看曰望，亦曰瞟。尋覓曰梭。呼痛曰安偉。《北史·儒林傳》：「道暉徐呼安偉安偉。」睡聲曰唔塗。北人曰打呼，唔塗，疑即呼字反切。懔懼曰寒毛卓卓竪。《晉書·夏統傳》：「不覺寒毛盡戴。」物曰物事，《隋書·張衡傳》：「我爲人作何物事。」亦曰牢曹，又曰東西。《齊書·豫章王嶷傳》上曰：「百年亦何可得，止得東西一百，於事亦濟。」藏物曰囥。稠密曰猛。闊者曰扁。劉禹錫詩：「壓扁佳人纏臂金。」浮曰吞。上聲。流曰淌。蓋曰㔰。足曰瞉。移曰捅。《集韻》：「他總切，進前也，引也。」濺水衣上曰濽。洗濯曰汰。《説文》：「淅灡也，徒蓋切。」倚曰靠。范致明《岳陽風土記》：「雖無風濤之患而常靠閣。」打亦曰敲。《左傳》：「執其戈以敲之。」刺亦曰擉。《莊子》：「冬則擉鼈於江湖。」熱物曰燉。去聲。熱酒曰湯。去聲。斟酒曰篩。似釃之轉音。去渣曰

〔一〕實：原誤作「寳」，據《國語》改。

滜。音泌。以鹺醃物曰鹽。去聲。《内則》：「屑薑與桂，以灑諸上而鹽之。」葺理整齊曰修娖。音捉。《唐書》：「中和二年，修娖部伍。」相連曰連牽。《晉書・五行志》：苻堅初童謡曰「阿堅連牽三十年」。疾速曰飛風。唐制：凡雜馬送上乘局者，以風字印右膊，以飛字印左膊。物完全者曰囫圇。《俗書刊誤》：「物完曰囫圇。」與渾侖同義。渾統曰儱侗。直行曰儱侗，未成器曰儱侗，身不端正曰軃𨈆，衣寬曰襱褈。湊合無隙曰脗縫。脗，美韻切，合脣也。縫，去聲。脣合無間。半暖曰温暾。王建詩：「新晴草色緑温暾。」《説文》：「𢅥，讀若水温㬈。」乃昆切。即温暾也。物不潔曰䰞糟，《漢書・霍去病傳》：殺人爲䰞糟，蓋血肉狼藉意。亦曰㜗贓。匠斲木而復平之曰刨。元微之詩：「方椽郢匠鉋。」撑屋使不欹斜曰牮。音箭。石聲曰䠙髭。見《通志・六書略》。人物鬧聲曰擊轂。《國策》：「車擊轂。」〔一〕階級曰疆礤。所居曰窠坐。此處曰俚邊。彼處曰個邊。婢曰丫頭。劉禹錫詩：「花面丫頭十三四。」六畜總曰衆生。器用曰家生，亦曰傢伙。几下函曰替。宋武帝爲殷淑儀作通替棺。首飾曰頭面。指環曰手記。《詩》鄭箋：「后妃羣妾以禮御於君所，女史書其日月，授之以環，當御者著左，既御者著右。」今俗亦呼曰戒指。縧蜕之縈曰蘇頭。晉摯虞云：「流蘇者，緝鳥尾，垂之若流然，以其縈下垂，故曰蘇。」計簿曰帳目。《宋史・孫何傳》：「總知帳目。」飯粒曰米糝。《莊子》：「藜羹不糝。」小食曰點心。《能改齋漫録》：唐鄭傪夫人云：「我未及餐，爾且可點心。」助語詞曰子、曰哉，若音之轉而訛者，呼兒曰倪之類，皆方音也。錢《志》《府志》，參《吴門補乘》及《通雅》。

〔一〕轂：原誤作「聲」，據《戰國策》改。

邑方言多有所本。就《肯綮録》所引俚俗字義，屬於身體者曰髼松，音蓬鬆，髮亂也。曰膖肛，音厖缸，肥大也。曰痠。身體痛曰痠，音酸。頭凹曰𩑶。於交反。目深曰窅。同上音。面不平曰眑。同上音。聲雜曰唧嘈。音即糟，按今讀若足。面色紫曰糖。音唐。腳細曰跉[illegible]。音零丁。麤而不媚曰[illegible]傋。上武當切，下音講。瘦曰瘦瘖。音省。行不正曰躘踵。上良用切，下丑用切。不伸曰趜[illegible]。上居六反，下音縮。屬於事物者曰菱斜。物之不正曰菱斜。菱音喎，按喎即夭字，俗作歪。舉物曰揵。音虔。以肩負物曰[illegible]。音陀。鐵臭曰鉎。魚臭曰鮏。音星。飯不中曰餿。音搜。不潔曰腌臢。庵匝，上聲。湯中瀹肉曰燅。音燖。不正曰尷尬。間介。塵土曰埲塕。上蒲儚切，下烏孔切。物垂下曰陲[illegible]。上音蕾，下都罪切。魚敗曰鮾。音綏。圓曰顐。音混。火燒物曰燎。音了。物軟而不斷曰韌。音刃。染藍曰[illegible]，亦作澱。音殿。米不佳曰[illegible]。與糙同。蛇退皮曰蜕。音唾。挑燈杖曰㮇。添去聲。支物不平曰[illegible]。音奠。農具曰磟碡。音六軸。舟不穩曰刖。音兀。去水曰[illegible]。音豁。今時所通用，皆原本於陸法言《唐韻》也。

古今音義相同之字，其可考之載籍者，尚不勝枚舉。其屬於狀貌者，熱氣曰熱烔烔。《廣韻》引《字林》：「熱氣烔烔。」冷静曰冷清清。宋玉賦：「清清泠泠。」李注：「清涼貌。」遲緩曰慢哼哼。《詩》：「大車哼哼。」毛傳：「重遲貌。」繁密曰密斟斟。《説文》：「斟斟，盛也。」物乾曰乾䐹䐹。《説文》：「乾魚尾䐹䐹也。」體肥曰壯腜腜。《廣雅》：「腜腜，肥也。」面白曰白[illegible][illegible]。《玉篇》：「面白[illegible][illegible]也。」微笑曰笑唏唏。《廣雅》：「唏唏，笑也。」屬於聲音者，聲之急曰懋朴。《方言》：「猝也。」擦米之聲曰[illegible]糤。《説文》：「散之也。」雨聲斷續曰滴沰。崔實《四民月令》：「上火不落，下火滴沰。」約舉其例，與古悉相合也。

方言多用古義而轉其音。如謂遊嬉曰婆娑，《詩》：「市也婆娑。」呼爲勃相。與般姍、勃窣諸音同，爲婆娑之轉音。白相與勃窣音尤近。《晉書》：「張憑勃窣理窟。」謂不解事曰籠東，《北史》：「籠東軍士。」呼爲落沰。《集韻》當各切。謂心中不了了曰糊塗，《宋史》：「吕端小事糊塗。」呼爲惑突。諸如此類，皆雙聲轉也。又寧馨二字爲六朝人常語，吾邑轉寧爲能，獰奴，謾駡，寧、奴爲雙聲，奴、能亦雙聲，可證寧、能亦雙聲之轉也。轉馨爲梗。疊韻轉也。馨亦或轉呼如哼，那哼即那馨也。又許字，亦南朝常語，鄉音則讀同滸，幾許曰幾滸，音近蝦字之上聲。

有二字合爲一字音者。如弗曾、音如分。弗要，弗要切音無此字。皆並二字爲一音。又傳授爲胄，什麽爲啥，音近奢。奈何爲那音近奶之類皆是也。

又有一字分爲二字者。如謂孔爲窟籠，窟籠即孔字切音。團爲突欒突欒即團字切音，轉爲勃欒，爲盤類之類皆是也。

又二字合爲一音，輕重呼之仍爲二字者，如謂蠻横音如牤盲，蠻横切哆口呼之音如牤、斂口呼之音如盲之類是也。

邑人言語，多按字義，不相渾淆。玆就手部之字考之。謂舁物曰扛。《説文》：「横關對舉也。」高舉物曰掀。音軒。《左傳》：「乃掀公以出於淖。」或亦呼如欣、如亨。拘執人物曰捉。杜詩：「村吏夜捉人。」邑人取染物亦曰捉。牽引人曰拉。本盧合切，今讀平聲。《正韻》：「諺言邀人同行曰拉。」以箕帚埽物曰扱。《禮記》：

「以箕自向而扱之。」本讀如吸，邑人則讀如《唐韻》音楚洽切，云扱垃圾。去塵曰拂。《禮記》：「進几杖者拂之。」以巾拭物曰揩。梅堯臣詩：「塵埃鏡已揩。」重揩曰擦。《字彙》：「摩之急也。」擦臥席曰抳。《集韻》音尼，研也。使物向外曰推，向裏曰扳。《孟子》：「推而納之溝中。」《公羊傳》：「扳隱而立之。」方言推扳二字相對，如行船者云推艄、扳艄是也。亦爲活動之詞，如購物論價曰要推扳些。以肩承物曰揵。《通雅》：「《漢書》矯虔吏，應作撟揵。吴言以身肩物曰揵，借相訐告亦曰揵。」《集韻》渠言切，音健，平聲。今俗字爲掮。以手握物曰搦。音踖。《廣韻》：「捉，搦也。」提物曰拎。《玉篇》：「手懸捻物也。」邑人讀如領之平聲。轉物曰捩。戾，入聲。王安石詩：「東西捩舵萬舟回。」散物曰撒。《集韻》音薩，散之也。邑人讀如速。歷取物曰捋。鸞，入聲。《詩》：「薄言捋之。」兩手揉物曰搓。蘇軾詩：「手香新喜緑橙搓。」以手稱物輕重曰掂。即战敠之战，俗字。指擇物曰揀。《三國志·袁紹傳》：「無所揀擇。」指擠物曰捘。尊，去聲。《左傳》：「涉佗捘衛侯之手及捥。」兩指輕取物曰拈。周邦彦詞：「針綫慵拈午夢長。」重取曰捻。念，入聲。《青瑣高議》：「牡丹名一拈紅。」三指取物曰撮。《禮記》：「一撮土之多。」俗謂買藥爲撮藥。以指按物曰捺。《集韻》難入聲，手重按也。摘花曰採。陶潛詩：「採菊東籬下。」折花曰拗。《增韻》：「折也。」元微之詩：「今朝誰是拗花人。」舉椀曰摙。力展切。《南史·何遠傳》：「以錢買井水，不受錢者，摙水還之。」兩手舉器曰掇。讀若朵，入聲。凡可掇之器即名爲掇。如錫掇、瓷掇、瓦掇之類。或轉爲平聲，則音近端。傳粉曰搽。即塗抹之塗俗字，邑人直讀如茶。强取曰搶。《韻會》：「争取也。」强與曰掗。音啞。《字彙》：「强以物與人也。」以掌索物曰摸。《集韻》《韻會》并音莫，索也，捫也。宛轉撫之曰摩。《易》：「剛柔相摩。」重摩之曰挼。奴禾切。《禮》：「共飯不澤手。」注：「澤謂挼莎也。」今沐首謂之挼頭。向下撫之曰按。《史記》：「按劍歷階而上。」注：「撫也。」重按之曰掀。《集韻》：「按也。」欽去聲。掌擊物曰拍。《釋名》：「以手搏其上也。」手捉物曰搲。《類篇》：「吴俗謂手持物曰搲，音蛙。」指甲取物曰掐。《玉篇》：「爪按曰掐。」爬物曰搔。《禮記》：「敬抑搔之。」以指勾物曰挖。音如《孟子》揠苗之揠。以器挖物曰掘。《説文》：「搰也。」《孟子》：「譬若掘井。」以器掘物曰撬。《集韻》牽幺切，音驍，舉也。水中取物曰撈。《集韻》音勞，沈取曰撈。去草曰拔。《易》：「拔茅茹。」拔毛曰撏。《集韻》徐廉切，摘也。言各有當，舉此可見一斑。以上三則參《志稿》。

凡於事物用形容之詞，皆以雙聲輾轉分别之，其源蓋出於秦漢間詞賦家。譬如零星二字，其義爲瑣碎，而方言謂毛羽之散者曰襤褸，布帛之敝者曰絡索，米之碎者曰粒屑，塵土之雜者曰垃圾，風之尖者曰料峭，雨之細者曰廉纖，言語之煩者曰嚕嗦，意興之散者曰闌珊，絲綫之垂鬚者曰流蘇，亦曰蘇頭。帷幕之重疊者曰罘罳，竹籠之細密者曰笭箵，雖取意各殊，其爲義則一，皆零星二字雙聲之轉也。諸如此類别用二字雙聲轉相形容之語，不可勝數。

凡語意當加甚字者，率用蠻字或奇字。如謂甚好爲蠻好或奇好，猶蘇州人謂之怪好，常州人謂之惡好也。謂走曰跑，猶蘇州人曰奔，昆山人曰趺，吴江人曰跳也。並《志稿》。

謂日曰太陽，亦曰日頭。月曰亮月。露曰露水。虹曰鱟，呼候切。亦曰蜂。音絳。雹曰冰牌。電曰霍閃。音如顯。見顧雲詩。霧曰迷露。《志稿》，參《府志》。

邑人讀書，於平聲、入聲字均極準。惟上聲字間有因曳長其音，與去聲相類者。至俗語字音，亦或偶與北人相似。如蛋黄之黄呼如荒，滴水之滴呼如帝之類是也。又敲鐘之數曰幾記，記字亦擊字之北音。近人又訛記爲句矣。

吾邑鄉音非特與郡城異，即東西鄉亦多不同。如船、傳等字，東鄉人讀之似與支韻之追、隨等音相叶，西鄉人讀之似與元韻之園、垣等音相叶，此類不能偏舉。又五渠人讀門如瞞，讀魂如垣，與元韻之字多叶，至讀渠如球，讀拘如糾，則虞、尤韻本通，合於古音也。又邑人姓氏，稱季作踞，是西鄉人沿江陰土音。稱吴作紅，是南鄉人沿蘇州土音。蘇人讀吴音從鼻出。稱王作巷平聲，是東鄉人沿太倉土音。邑境毗連，鄉音相習，久而從之，舊志謂是吾邑方言，非也。至呼歸如居，呼龜如車，呼鬼如舉，呼物價貴賤之貴如踞，則純粹土音矣。許讀爲吼，去讀爲扣，鋸讀爲彀，櫃讀如柜，虧讀如祛，跪讀如具，圍讀爲餘，喂讀爲飫，魚爲兀回切，渠爲兀勾切，皆本歸、車音類推之，亦土音之特異者。並參《志稿》。

〔道光〕虞鄉志略

【解題】鄧琳纂。虞鄉，今江蘇省蘇州市常熟市的舊稱，本志指舊常熟、昭文二縣。「方言」見卷八。録文據道光二十年（一八四〇）鈔本《虞鄉志略》。

方言

人之囿於方言，非特五方也。同一吴語，而郡邑異之，鄉城異之，界於他邑之邊鄙者又異之，大抵口與耳相因，或襲古義，或譌土音，其所由來久矣。

如相謂曰儂。謂不慧曰獃，俗又曰呆。謂不任事曰縮朒。《漢書・五行志》：「王侯縮朒。」謂嬉戲曰薄相。薄音勃。謂機巧曰儇利，鄉音譌爲還賴。謂睡聲曰㖧塗，北人謂之打呼，吴人則曰打㖧。㖧塗二字疑即呼字之反切。謂葺理整齊曰修娖。娖音捉。《唐書》：中和二年，修娖部伍。謂搬運曰摙。摙，力展切。《南史》：「何遠爲武昌太守，以錢買井水〔一〕，不受錢者，則摙水還之。」〔二〕今吴語搬埸摙水〔三〕。謂以鹺醃物曰鹽。去聲。《禮記・内則》：「屑薑與桂，以灑諸上而鹽之。」謂指鐶曰手記。鄭康成《詩箋》云：「后妃羣妾以禮御於君所，女史書其日月，授之以鐶，當御者著左，既御者著右。」今俗亦呼曰戒指。謂緐帨之綮爲蘇頭。晉摯虞云：「流蘇者，緝鳥尾，垂之若流然，以其綮下垂，故曰蘇。」謂葦席曰蘆蔽。謂虹曰鱟。鱟，許候切。嘲笑人曰阿噲噲，亦爲招呼之詞。助語詞曰子、曰哉、曰且、且音嗟。曰那。若聲之轉而訛者，呼兒曰倪，呼章曰滅，呼吴曰洪，呼季曰倨，呼歸曰居，呼王曰巷平聲，呼彈曰團，皆虞邑之方音也。縣志。

〔一〕水：原脱，據《南史》補。
〔二〕則：原作「曰」，據《南史》改。
〔三〕埸：似爲「湯」之誤。

〔嘉靖〕太倉州志

【解題】周士佐修，張寅纂。太倉州，轄境包括今江蘇省蘇州市太倉市及上海市嘉定區，州治在今江蘇省蘇州市太倉市。「方言」見卷二《風俗》中。有嘉靖二十七年（一五四八）刻本。録文據崇禎二年（一六二九）重刻本《太倉州志》。

方言

風土不同，語言亦異。

吴人以來爲釐，蓋有所本。范蠡曰：得時無怠，時不再來。吴氏《補韻》云：怠讀作怡。來讀作釐。又本於陸德明「貽我來牟」「棄甲復來」皆音釐，德明吴人，豈遂以鄉音釋注，或自古本有釐音邪？

謂罷必綴一休字，曰罷休。《史記》吴王謂孫武曰：「將軍罷休。」

又多用寧馨二字爲問，猶言若何也。箕按，洪邁《容齋隨筆》云：寧馨字，晉宋間人語助耳。今吴語多用寧馨爲問，猶言若何也。盧氏之説蓋本諸此。滹南王若虚乃曰：邁引吴語爲證，是矣，而云若何，則義未允。惟城陽居士《桑榆雜録》云：寧，猶言如此，馨，語助也。此得其當。今以晉山濤謂王衍「何物老嫗生寧馨兒」、南宋王太后恚子業「那得生寧馨兒」二語觀之，則《雜録》所釋決是。

又自稱我爲儂。按《湘山野録·錢王歌》：「你輩見儂的歡喜，永在我儂心子裏。」右盧氏《郡志》。

謂生事凌人爲鈔暴。漢建武九年，匈奴轉盛，鈔暴日增。

謂不任事爲縮朒。《漢·五行志》：「王侯縮朒。」

駡傭工曰客作。《漢·匡衡傳》：衡乃與客作，而不求價。

謂事不實爲粃。國語「軍無粃政」，《後漢書》〔一〕：「粃政日亂。」〔二〕皆以粃喻之也。

謂事已然爲哉。《詩》「盍云歸哉」，又「亦已焉哉」，皆止語詞，猶云了也。

謂以手執人爲捽。《左傳》「捽而出之」，捽音卒。箕按，《漢書注》顔師古曰：「捽，持頭髮也。音才兀切。」

謂貪縱爲非爲放手。《後漢》：「殘吏放手。」

謂食惡味而傷其口爲蜇。《列子》：「蜇於口，慘於腹也。」蜇，音哲。

謂緣帨之縈爲蘇頭。摯虞云：「流蘇者，緝鳥尾，垂之若流然。以其縈下垂，故曰蘇。」

謂錢之美者爲黄撰。《平準書》：「漢武造白金三品，其名一曰白撰。」錢乃銅造，故名黄撰。

〔一〕後：原脱。

〔二〕「亂」下原衍「益」字，據《後漢書》删。

謂以醯醢物爲醯。《内則》：「屑桂與薑，以洒諸上而鹽之。」鹽，去聲。

謂葺理整齊之爲修娖。唐中和二年，修娖部伍。娖，音捉。

謂當筵犒賞爲喝賜。唐人倡伎當筵舞者，亦有纏頭喝賜。

北鄉語尾綴且。且，音嗟。《國風》「彼留于且」者，蓋止語尾辭。

至于聲之轉而隣于訛者，古詩叶音亦多有之。乃若呼兒與倪音同。《漢·兒寬》亦然。呼羹、庚與岡音同，《烈祖》「亦有和羹」、《蕩》「如沸如羹」並叶盧當反〔一〕，《七月》「有鳴倉庚」，叶古郎反。呼又與以音同，《賓之初筵》「矧敢多又」「室人入又」並叶于記反。呼行、衡與杭音同，《北風》「攜手同行」、《大明》「維德之行」、《閟宫》「夏而福衡」皆叶户郎反。呼死與洗音同，《陟岵》「猶來無死」叶想止反。呼争爲側羊反，《烈祖》「時靡有争」。其餘可以類推，然去漢音大都不甚相遠也。右龔氏《方言考》。

唘塗，北人謂鼾睡聲曰打呼，吴人則曰打唘塗。唘塗二字，疑即呼字之反切，如孔稱窟嚨，團稱突欒之例耳。

含胡，唐顔杲卿含胡而絶。蘇東坡詩：「臧否兩含胡。」其《石鍾山記》内又作函胡。

奔，疾走也。《漢書》多作犇。又逋悶切者，義同。今吴語二音兼有。

〔一〕「羹」上原脱「如」字，據《蕩》補。

幡布，晉人云：「不見酒家幡布乎？用久則爛。」□□□□猶言幡布，至船家則云抹布，忌□□□□也〔一〕。

䃑膝股，䃑，音蒲官切，屈足也。今吴人□□□□䃑膝股跏以即祁僧所謂□□□□□。

儇利，《詩》：「揖我謂我儇兮。」注：「利也。」吴人謂機巧□才者多曰儇利〔二〕。鄉音讀若還賴二字。

鏖〔三〕，《漢·霍去病傳》：「合短兵，鏖臯蘭下。」〔四〕顏師古曰：「鏖謂苦擊而殺之也。」今俗謂打擊之甚者曰鏖。予謂以□繫爲鏖，惟吴下猶然爾，未聞北人道之也。

手記，鄭玄《詩箋》云：「后妃羣妾以禮御於君所〔五〕。女史書其日月，授之以鐶。當御者著于左手，既御者著于右手。」事無大小，記以成法。今俗呼指鐶爲戒指，吴人則呼爲手記，本此。

霞，《增韻》：「日邊彤雲。」通作赮。《漢·天文志》：「雷電、赮蝱。」今吴音呼作胡瓜切，諺云：「朝霞不出市，晚霞行千里。」

〔一〕□：原書殘缺。下同。
〔二〕機巧：原書殘缺，據嘉慶《太倉州志》補。
〔三〕鏖：原書殘缺，據文意補。
〔四〕合：原誤作「在」。臯蘭：原誤作「蘭臯」，據《漢書》改。
〔五〕羣妾：原書殘缺，據嘉慶及民國《太倉州志》補。

參差，《詩》：「參差荇菜。」注：「長短不齊之貌。」今吳言物之不齊曰參差，或曰七參八差，但其音如倉含、倉何二切爾。

男，《詩》：「乃生男子。」吳中凡生丈夫子則曰男兒。鄉音合男兒二字爲一，若以平聲呼，煖字而稍輕；女兒則呼如本字而稍重爾。

面孔，唐《傳信記》：「面孔不似胡孫。」

歡喜，《史記》：「民得以接歡喜。」《唐書》：「后令賦《歡喜詩》。」今吳人道憐愛此物爲歡喜。心有歡樂者亦云。又里俗祀竈曰謝歡喜，蓋忌惱、躁字也。

急須，沈括《忘懷録》有「行具二肩」，其附帶雜物内有虎子、急須子。先公《菽園雜記》云：急須，飲器也，以其應急而用故名。趙襄子殺智伯，「漆其頭以爲飲器」，注：「飲，於禁切。溺器也。」今人以煖酒器爲急須，飲字誤之爾。吳音須與蘇同。

數說，今俗謂責人曰數說。《左傳》：「乃執子南而數之。」〔一〕又如漢高之數項羽、范雎之數須賈。所謂數其罪而責之者也。

鐵犂，吳農呼墾田鐵器有四齒者音若鐵懶，恐懶即犂音之轉。如班孟堅《賓戲》内賴字，吳才老作力制切，是音利也。《戰國策》「漆身爲厲」，厲即癩也。吳正傳注謂癩、厲聲近假借。而

〔一〕南：原誤作「商」，據《左傳》改。

《中吴紀聞》謂吴人呼來爲鼇，自陸德明始，盧公武以爲或自古已有此音。即此而觀，則錢犂之犂，似亦可證。

糝，桑感切。《毛韻》：「米粒和羹也。」《莊子》：「孔子厄於陳蔡，藜羹不糝。」今俗云米糝、飯糝，秖謂米粒爾。俗又有作散粲之義者，如云糝鹽、糝沙。杜《漫興》詩「糝徑楊花鋪白氈」是也。

脗，美隕切。《正韻》：「合脣也。」又脗合無□□□□亦作緡，他本作脗，誤。今吴人謂合脣□□曰脗觜，合而無際曰脗縫，縫音去□□□。

撫選，《左傳》：「弗去，懼選。」〔一〕杜預注：「選，數也。」

摙，力□遠□受錢者摙水還之〔二〕。今吴語有般茶摙水。

那，乃可切。《韻會》：「何也。」今言何人曰那個。右陸公《儂渠録》。

眠娗，《列子》：「眠娗諈諉。」注：「眠，莫典切。娗，徒典切。瑟縮不正之貌。」今俗謂不倜儻任事者曰眠娗。

搰搰，《莊子》：「搰搰然用力甚多。」注：搰，苦骨切。杜詩：「功夫兢搰搰，除草置岸傍。」

〔一〕選：原書殘缺，據《左傳》補。

〔二〕兩「□」處均殘缺十字。嘉慶《太倉州志》此條爲：「摙，力展切。《南史》：何遠爲武昌太守，以錢買水，不受錢者，摙水還之。今俗呼搬茶摙水。」

今俗謂勞力治事曰搰搰。

百姓，《前漢·蒯通傳》：「臣范陽百姓蒯通也。」唐王師範亦自稱百姓。今吾城軍衛人多呼鄉民爲百姓。

卒暴，《前漢·陳湯傳》：「興卒暴之師。」注：「卒讀曰猝。」今俗謂人性急者亦曰卒暴。

寒毛，《晉·夏統傳》：「聞君之談，不覺寒毛盡戴，白汗四匝。」今俗謂嚇得我寒毛孑孑豎，亦此意也。

那，《後漢書》：「公是韓伯休那？」注：「那，語餘聲也。音乃賀切。」今吴人語後亦多那字。

甗甎，《魏·扈累傳》：「獨居道側，以甗甎爲障。」今吴人呼甓曰甗甎。

多許，《隋書》：「天下何處有多許賊？」許字，吴音若黑可切。又謂所在亦曰場許，音同。

蘆蓆，宋瑯琊王敬胤遺命〔一〕，一蘆蓆藉下。今吴人謂葦席曰蘆蓆。

綿絮，《隋·徐則傳》：「雖隆冬沍寒，不服綿絮。」今鄉人謂衣貯綿花者曰綿絮。

過世，《秦符登傳》：「陛下雖過世爲神。」今俗亦謂人死爲過世。又謂來世亦爲過世。

一片，唐薛能《省試夜》詩云：「一片承平雅頌聲。」今俗謂衆聲高亦曰一片響。

〔一〕胤：原誤作「徹」。

活計，白樂天詩：「休厭家貧活計微。」今俗謂治生理者亦曰做活計。

中飯，唐權德輿詩：「山僧相勸期中飯。」今俗謂午飱亦曰中飯。右《長白漫筆》。

〔崇禎〕太倉州志

【解題】錢肅樂、張采纂修。崇禎十五年（一六四二）修。太倉州，轄境包括今江蘇省蘇州市太倉市、上海市嘉定區等地，州治在今江蘇省蘇州市太倉市。「方言」見卷五《風土志》中。録文據康熙十七年（一六七八）遞修本《太倉州志》。

方言

方言存古者

利市　謂得財及如意也。出《易經》。

哉　謂事已然，止語辭也。

且　音嗟，語尾綴辭。皆《詩經》。

捽　音惻。以手執人也。《左傳》：「捽而出之。」

數説　謂責人也。《左》：「乃執子南而數之。」〔一〕

〔一〕南：原誤作「商」，據《左傳》改。

撫選　數人罪過也。《左》：「弗去，懼選。」杜注：「選，數也。」以上皆《左傳》。
粃　事不實也。「軍無粃政。」見《國語》。
扳　以手摘高。《公羊傳》。
鹽　去聲。以鹺醃物。《内則》：「屑桂與薑，以洒諸上而鹽之。」
月半　謂望日。皆《禮記》。
械數　謂執變。見《荀子》。
榾榾　苦骨切。《莊子》：「榾榾然用力甚。」
糝　桑感切。《莊子》：「藜羹不糝。」今俗云米糝。又有作散粲義者，如云糝鹽、糝沙是也。
脗　美隕切。兩合無漏貌。《莊子》亦作緡。俗謂脗縫。以上皆《莊子》。
眠娗　眠，莫典切。娗，徒典切。《列子》：「眠娗諈諉。」俗謂不倜儻者。
蜇　音哲。《列子》：「蜇于口，慘于腹。」以上皆《列子》。
抓　音笆。搔也，掃也。見《淮南子》。
歡喜　《史記》：「民得以接歡喜。」里俗祀竈曰謝歡喜，諱躁也。
罷休　吴王謂孫武曰：「將軍罷休。」俗言罷必綴休。
揵　音乾。擔也。以上皆《史記》。

百姓《蒯通傳》：「臣萬陽百姓也。」今軍衛多呼州人爲百姓，又曰有司。

卒暴《陳湯傳》：「興卒暴之師。」卒，音猝。俗謂性急。

放手《後漢》：「殘吏放手。」

縮朒《五行志》：「王侯縮朒。」

鈔暴 建武九年，匈奴轉盛，鈔暴日增。

客作《漢・匡衡傳》：「衡乃與客作，而不求價。」

鏖《霍去病傳》：「合短兵，鏖皋蘭下。」〔一〕顔師古曰：「鏖者，苦擊而多殺之也。」俗謂打擊甚曰鏖。

黄撰 漢武帝造白金三品，一曰白撰。錢乃銅造，故俗呼黄撰。

那「公是韓伯休那？」注：「那，語餘聲。」乃賀切。吴人語後多那字。又乃可切。今俗音乃打切。言何人曰那個也。以上皆《漢書》。

甂甋《扈累傳》：「獨居道側，以甂甋爲障。」

功夫 勤動也。

日子 逐日計數也。以上皆《魏書》。

〔一〕皋蘭：原誤作「蘭皋」，據《漢書》改。

寧馨　寧猶言如此，馨，語助也。山濤所謂寧馨兒。今音更變如云那樣，而粗其聲。

寒毛　《夏統傳》：「聞君之談，不覺寒毛盡戴。」

綿絮　《徐則傳》：「雖隆冬沍寒，不服綿絮。」

幡布　晉人云：「不見酒家幡布乎？」今俗呼幡布，亦曰抹布。船中則云展布，諱翻、沒也。

孛窣　急遽意。以上皆《晉書》。

蘆蓙　琅琊王敬胤遺命〔一〕，一蘆蓙藉下。

抽替　櫃有板匣者。以上皆《宋書》。

指望　期預也。見《梁書》。

多許　「天下何處有多許賊？」許音若黑可切。

修娖　整葺也。唐中和二年，修娖部伍。娖音捉。

面孔　唐《傳信記》：「面孔不似胡孫。」

含胡　顔杲卿含胡而絕。

辜負　謂虚人意也。

〔一〕胤：原誤作「徹」。

温暾　熱不透也。
郎當　不强健也。
眼麻嗏　倦眼也。
直籠統　不委曲也。以上皆《唐書》。
阿儈儈　笑人落計，亦招呼也。
邀喝　叱咤也。又邀呼，又邀遏。
撲水　善没者。
勾當　音彀。有事做也。以上皆《宋史》。
手記　俗呼指鐶也。出鄭玄《詩箋》。
唱喏　宋以前揖必聲喏，婦人亦然。
來釐　范蠡云：「得時無怠，時不再來。」吴氏《補韻》云：「怠，讀作怡；來讀作釐。」今俗應人呼則曰來釐。
一片　衆聲高也。出薛能詩。
活計　生理也。出白樂天詩。
中飯　俗謂午飱。以上皆唐詩。
儂　稱我也。《錢王歌》：「你輩見儂的歡喜，永在我儂心子裹。」出《湘山野録》。

蕩户　破家也。

腩腩　語不休也。

袜　婦人圍胸。以上皆古詩。

異古者

看曰張、曰望、曰睃。執曰當，兩手曰掇。臥曰困。藏曰囥。音抗。移曰捅。誇曰賣弄。忍曰熬。按曰欽。去聲。轉曰跋。助曰挈。妄語曰趙。積物曰頓。上聲。避曰躲。得利曰賺。巧曰摟搜，曰尖鑽。苛細曰毴毴。音兜達。能曰張主。主去聲。弱曰㞇㞂。機變曰乖、曰唧嗆。無着落曰尷尬。一番曰一潑，有幾番者曰頭潑、二潑。已往曰過頭。熱物曰頓。熱酒曰湯。去聲。遮闌曰湯。貯物曰坐。蓋曰㔶。滿足曰彀。浮曰氽。上聲。流曰倘。帛薄曰澆。瀉曰篩。稠曰猛。首飾曰頭面。䡵曰腳手。衣曰身命。器曰家生。物曰牢曹。住處曰窠座。夾室曰落葉。夏屋旁曰山頭。階磴曰礓礤。斷港曰浜。筋曰快。女人拜曰屈。音去上聲。城郭稱戲謔曰頑，音還。又曰草、曰摟；東北鄉曰潰。閒遊曰白相。白音鼻，相去聲。

緐語爲字者

團爲突欒。孔爲窟籠。圈爲屈攣。精爲即零。壺爲葫蘆。呼爲唔塗。縛羅爲波波。舅母爲妗。

方音存古者

兒與倪同。又與以同。死與洗同。争，側羊反。晷鬼音舉。大音惰。歸龜叶居。兄音況。那去聲。烹庚更彭朋盲箏撑錚生聲成轟行横羹坑，並陽韻。石白百伯宅尺赤格客額擇迫拍陌麥嚇，並藥韻。梗，養韻。妟，翰韻。

音轉者

認爲紹。授爲胄。江爲崗。瘧爲愕。商爲喪。泰爲忒。水爲暑。霞爲華。男爲煖。平聲。積爲際。如柴際之類。鐵犂如鐵懶。儇利爲還賴。手記爲巾。熨斗爲雲斗。尺赤折如察。糊塗爲鶻突，又葫蘆蹄，亦爲鶻〔一〕，又和羅槌，皆一意。相音廝。入聲。枇杷音弼杷。二音唐人已然。

音轉而字亦轉者

團爲圩。厲爲賴。癩爲瘷。愈爲越。揭爲傑。平聲。浦爲步，又爲埠，又或音蒲。⿰亻匡爲碎。者爲這。姊爲姐。頓躓爲鈍置。核桃爲胡桃。

音不轉而字誤者

廢格爲閣。捝爲揑。濾爲悶。緣爲沿。盤博爲剥。依爲捱。幺邪爲歪。姥爲媽。坫爲

〔一〕原文如此，疑有脱文。

店。捌爲撥。嗊爲哄。

按州並兩衛，故時衛家操漢語曰打官話，居民土音曰打鄉談，打字義不審何解。今或老軍間漢語，揮使下皆土音矣。茲就仲超氏所輯分類釋注，固欲通斐于天下爾。

〔嘉慶〕直隸太倉州志

【解題】鼇圖等修，王昶纂修。太倉直隸州，轄境包括鎮洋、嘉定、寶山、崇明四縣，即今江蘇省蘇州市和上海市蘇州河以北地區；州治在今江蘇省蘇州市太倉市。「方言」見卷十七《風土下》中。録文據嘉慶七年（一八〇二）刻本《直隸太倉州志》。

方言

太倉州

利市，見《易經》。謂得財也。

指望，期預也。見《梁書》。

哉，已然之詞，如來哉、去哉之類，見《詩經》〔一〕。

那，語助聲，音乃賀反。

〔一〕詩：原脱。

數說，責人也。《左傳》：「乃執子南而數之。」〔一〕

粃，事不實也。《國語》：「軍無粃政。」

鹽，去聲，以鹺醃物也。見《禮記》。

月半，見《禮記》。

械數，謂執變。見《荀子》。

榾榾，用力貌。見《莊子》。

糝，《莊子》：「藜羹不糝。」今俗云米糝，又作散義，如糝鹽、糝沙之類。

縐，美隕切。兩合無漏貌。俗稱縐縫。見《莊子》。

蜇，音哲。《列子》：「蜇於口，慘于腹。」

歡喜，《史記》：「民得以接歡喜。」

百姓，《史記》：「蒯通曰：臣范陽百姓。」今軍衛呼州人曰百姓。

揵，以肩承物也。見《史記》。

以手執人曰捽。《左傳》：「捽而出之。」

貪縱爲非曰放手。《後漢書》曰：「殘吏放手。」

〔一〕南：原誤作「商」，據《左傳》改。

絛帨之蘂爲蘇頭。摯虞曰：「流蘇者，緝鳥尾，垂之若流然。」以其蘂下垂，故曰蘇。

錢之美者曰黄撰。漢武帝造白金三品，一曰白撰，錢乃銅鑄，見《漢書·食貨志》，故俗呼黄撰。

葺理整齊爲修娖。音捉，唐中和二年，修娖部伍。

語尾綴且。音嗟，語助聲。《詩》：「彼留子且。」

含糊，唐顔杲卿含糊而絶。

唕塗，謂鼾睡聲曰打唕塗。

幡布，晉人云：「不見酒家幡布乎？」亦曰抹布。船家則曰展布，忌與翻、没同聲也。

儇利，謂機巧者曰儇利。鄉音讀若還賴二字。

手記，鄭康成《詩箋》：「后妃羣妾，當御者，授之以鐶〔一〕，著于左手；既御者，著于右手。事無大小，記以成法。」今男子所著曰戒指，女子曰手記。

面孔，唐《傳信記》：「面孔不似胡孫。」

急須，沈括《忘懷録》行具有虎子、急須。《菽園雜記》注：「飲器，謂溺器也。」

揵，力展切。《南史》：「何遠爲武昌太守，以錢買水，不受錢者，揵水還之。」今俗呼搬茶

〔一〕授：原誤作「投」，據《詩》鄭箋改。

摙水。

寒毛，《晉書》：「聞君之言，不覺寒毛盡戴。」

甂甎，魏扈累獨居，甂甎以爲障。

多許，俗呼許爲黑可切。《隋書》：「天下何處有多許賊？」又呼所在曰場許。

蘆蘺，葦蓆也。見《宋書》。

棉絮，俗呼衣貯棉花曰棉絮。見《晉書》。

過世，俗呼人死爲過世，謂來世亦曰過世。見《晉書·載記》。

活計，謂治生理者。唐白居易詩：「休厭家貧活計微。」

中飯，午餐曰中飯。唐詩：「山僧相勸期中飯。」

眠娗，眠，莫典切。娗，徒典切。俗謂不倜儻任事者曰眠娗。見《列子》。

荒唐，語不經也。見《莊子》。

日子，逐日計數也。見《魏書》。

抽替，謂櫝之有板匣者。見《宋書》。

温暾，微暖曰温暾。唐王建詞：「新晴草色暖温暾。」〔一〕

〔一〕 暖：原誤作「正」。

唱喏，作揖曰唱喏。《崔煒傳》：「使者唱喏。」宋以前揖必聲喏。

直籠統，不委曲也。見《唐書》。

麩炭，鬆炭也。見《老學庵筆記》。

生活，謂以手做事也。

家生子，凡奴婢所生曰家生子。《漢書》：「免驪山徒、人奴産子。」師古注：即家生兒。

勃窣，俗呼人體短而行步鈍澀曰勃窣。《漢書》：「媻珊勃窣上金隄。」

落度，音鐸，疏略之意。俗呼人不管事者曰落度蟲。《宋書》：「元超兄弟太落度。」

啓晝，雨晝止也。啓音牽去聲。楊慎曰：「雨而晝見日曰啓。」

瓜葛，有親曰瓜葛。王導與子圍棋争道，導笑曰：「相與有瓜葛，那得爾耶？」

弄，俗呼小兒曰弄，亦作衖。見《南史》。

襶襶，俗呼人性呆劣者曰襶襶〔一〕，音如賴獃。古樂府：「今世襶襶子。」

磨鉛，鉛，俗呼如異，物漸磨耗也。見《史記·平準書》。

耳邊風，謂聆言不省也。唐杜荀鶴詩：「萬般無染耳邊風。」

鶻突，俗以瞶瞶不曉事曰鶻突。見朱子《語録》。

〔一〕 性：原誤作「姓」。

彭亨，俗稱腹脹曰彭亨。亨從陽韻。唐韓愈《石鼎聯句》：「家腹脹彭亨。」

飛風，唐制，馬入上乘局者印以三花，其餘雜馬，于左膊印飛〔一〕，于右膊印風字。俗以疾速爲飛風本此。

子細，唐杜甫詩：「野橋分子細。」

瓦刺骨，瓦剌國人最醜陋。今俗呼婦女之不正者曰瓦刺骨，轉其音如歪懶姑。

雜種，俗罵小兒之桀猾者曰雜種。《晉書·前燕紀》：「蠢兹雜種。」

眼孔淺，俗呼見物生羨曰眼孔淺。《書言故事》云：「桑維翰愛錢，上曰：『措大，眼孔淺，與錢十萬貫，塞破屋子矣。』」

婳嫪，妓稱游壻曰婳嫪。按士之無行者曰嫪毐本此。

蝻伴，人衆相隨曰蝻伴。蝻，蝗屬，飛則羣聚，故云。

黴顆，濕氣蒸物色變青黑也。

姏婆，駡老婦曰姏婆，姏音虔，謂能以甘言悦人也。

一出，謂一番也。《世説》：「林道人云：『今日與謝孝劇談一出來。』」又云一潑。

滑澾，行步欲傾跌曰打滑澾。唐皮日休《苦雨》詩：「蘚地滑澾足。」

〔一〕左：原誤作「右」。

白衣人，俗呼未進身者曰白衣人。唐制，士子入試皆白衣，語本此。

經紀，俗鄙人營生者曰經紀。見《唐書》。

流落，俗謂人漂流在外曰流落。《明皇雜録》：「流落不偶。」

習慣，練于事曰習慣。《賈子》：「習慣如自然。」

耐可，俗呼寧可曰耐可。唐李白詩：「耐可乘明月。」耐讀如能。

天花板，藻井也。《山房隨筆》：「元好問妹手自補天花板。」〔一〕

墨尿，音如瀰痴，謂猶預不前曰墨尿。《列》：「墨尿，單至。」

佁儗，音如滋膩，謂人進退不果也。司馬相如賦：「仡以佁儗。」

兒爲倪。《漢·兒寬》亦然。又與異同。死與洗同，《詩》「猶來無死」叶想止反。争爲側羊反〔二〕。

以上方言近古者。

看曰張、曰望、曰睃。執曰當。去聲。兩手曰掇。臥曰困。藏曰囥。移曰捅。音統。誇曰賣弄。忍曰熬。按曰揿。音慶。轉曰跋。助曰幫。妄語曰趙。積物曰頓。避曰躲、曰叛。得利曰賺。巧曰摟搜、曰尖鑽。苛細曰甦甦。音兜搭。能曰張主。弱曰𢞁㥏。機變曰乖、曰唧嘧。

〔一〕手：原誤作「子」，據《山房隨筆》改。
〔二〕「羊」下原衍「吉」字。

無著落曰尷尬。一番曰一潑，有几番曰頭潑、二潑。已往曰過頭。熱物曰頓。熱酒曰湯。去聲。遮攔曰攩。貯物曰坐。蓋曰匧。滿足曰彀。浮曰氽。音吞上聲。流曰淌。帛薄曰澆。瀉曰篩。稠曰綢。疏曰稀。首飾曰頭面。鞋曰脚手。衣曰身命。器曰家生。物曰牢曹。住處曰窠座。夾室曰落葉。屋旁曰山頭。階磴曰礓礤。斷港曰浜。筯曰快。女人拜曰屈。去聲。戲謔曰頑、曰抄、曰摟，東北鄉曰潰。閒遊曰白相，亦曰闖。手記曰巾。子女曰大細。男曰囝。音煖平聲。女曰囡。音煖去聲。奴曰猴子。婢曰丫頭。妾曰姬娘。內姊妹之夫曰聯襟。謂人之僕曰鼻頭。隨母再嫁者曰他有名。俗呼如拖油瓶。猷謂之犺。呆謂之度。入聲。媚于人者曰篾片。拙于逢時曰秋。富人曰財主、曰從容。不循理曰蠻門。事難理曰累墜，又爲僂兜。誘人成事曰攛掇。不認曰賴。償物曰賠。習聲歌者曰清客。作事無據曰没雕當。入聲。好爲張大曰擺架子。眼作細縫曰買斜。音瀰妻。目脂曰眼眵。體肥曰胖。體瘦曰清減。不豪爽曰皺悬。音練簡。糾纏曰嚕唆。悔心曰懊憹。犯上曰衝撞。事煩瑣曰粃細。物穢曰鏖糟。積穢曰垃圾。音勒塞。衣服破曰襰裰。袖籠手曰相籠鬆。太甚曰忒煞。物不中程曰𣩮𣧽頭。物不適用曰呆剩貨。物下垂曰離提。音如。不滿人意曰促恰。物不鮮潤曰乾癟。膩曰醲釅。托他人名以取物曰頂泛供。音龔。據地行曰遈。細行曰𡰿。音色。相觸曰碰。倚物曰戤。提物曰拎。擲物曰殿，音真。亦曰攢。手扳曰抈。音宕入聲。手握曰捘。音尊。爪掐曰扚。音的。去涕曰擤。音狠。平曰戥子。酒壺曰注子。蟋蟀曰賺績。杓曰調羹。物已賣再賣曰樓上樓。霧曰迷路。

豕曰玀玀。少曰零星。全曰薑當。整物使潔曰撇打。犂曰鐵笧。鋤曰耜頭。針曰引線。髻曰纂。裝潢曰裱褙。筐曰籃。舂米曰碓。醋曰秀才。浄花曰縟子。賣買曰生意。虹曰鱟〔一〕。圍曰圩。認曰紹。授爲冑。江爲岡。瘧爲癆。泰爲忒。水爲暑。霞爲華。厲爲賴。精積爲際。如柴際之類。癩爲瘷。音臘。愈爲越。揭爲傑。團爲突欒。孔爲窟籠。圈爲屈攣。精爲即零。壺爲葫蘆。錍鑼曰波波。今俗又呼鏜鏜。晷鬼爲舉。大爲惰。二爲膩。歸龜爲居。姊爲姐。緣爲沿。姥爲嫣。格爲閣。挽爲捏。濊爲悶。盤搏爲剥。浦爲步、爲埠。者爲這。核桃爲胡桃。幺邪爲歪。熨斗爲雲斗。玷爲店。尺爲察。赤拆亦爲察。烹庚更彭朋棚肓爭錚撑生聲行橫羹坑，並陽韻。石白百伯宅格客額擇迫拍陌麥嚇魄，並藥韻。梗，養韻。晏，翰韻。

以上方言通俗者。

嘉定縣

古稱三儂之地，謂自稱曰我儂，稱人曰你儂，謂他人曰渠儂也。時俗稱謂與州境略同，惟音節稍帶南音。至于清濁之異，則隨人性而殊。

寶山縣 與嘉定同

崇明縣

邑舊隸揚州，故以蘇郡爲江南，今猶相沿不改。稱人雜曰三州七縣，亦以隸揚州，故相仍。

〔一〕鱟：原誤作「黌」。

栽秧者謂之蒔秧相公，養生，故重之。舵工謂之老大，則一船之司命也。體寒而震謂之扈竹抖。自稱曰儂，亦曰壯。走曰躟。其餘悉同。

按方言之辯，原爲官斯土者聽訟而設，人情之真僞，事物之繁賾，胥于是乎在。苟言語不通，聽辭者曷賴焉？釋方言，所以通婁于天下也。州屬僻在海隅，尤多俚俗之語，採諸舊志，綴以近聞，非謂委巷叢談遂無關乎政治也。

〔光緒〕太倉直隸州志

【解題】吴承潞修，葉裕仁等纂。太倉直隸州，轄境包括鎮洋、嘉定、寶山、崇明四縣，即今江蘇省蘇州市和上海市蘇州河以北地區；州治在今江蘇省蘇州市太倉市。「方言」見卷六《風土志》中。録文據光緒四年（一八七八）稿本《太倉直隸州志》。

方言

太倉州 鎮洋縣同

語了曰哉，見經傳。又曰且。《詩經》「只且」「狂且」，讀如嗟音。語餘曰那。《後漢書》〔一〕：「公是韓伯休那？」不曰弗。指人曰其、曰伊。見經傳。稱我曰儂。《湘山野録·錢王歌》〔二〕：「永在我儂心子裏。」寧可曰

〔一〕後漢書：原誤作「世說」。

〔二〕湘：原誤作「補」。

耐可。唐李白詩：「耐可乘明月。」耐讀如能。米之零碎者曰糝。《莊子》：「藜羹不糝。」今俗云米糝。又作散義，如糝鹽、糝沙之類。事不實曰粃。《國語》：「軍無粃政。」兩合無漏曰脗。美隕切。《莊子》：「爲其脗合〔一〕，置其滑涽。」以手按物曰拏。音欽去聲。《南史》齊主蕭道成：「人有罪，輒付桓康拏殺之。」以肩舉物曰揵。見《史記》。音乾。又《後漢書》：「揵弓韣九揵。」以手執人曰捽。音測。《左傳》：「捽而出之。」以手擠人曰捘。音尊。《左傳》：「捘衛侯之手及捥。」以手搬物曰摙。《南史》：「何遠爲武昌太守，以錢買井水，不受錢者，摙水還之。」以手摘高曰扳。《公羊傳》：「扳隱而立之。」横關對舉曰扛。《史記》：「力能扛鼎。」兩手取物曰掇。見《易·訟卦》《詩·芣苢》。葺理齊整曰修娖。音捉。《唐書》：「中和二年，修娖部伍。」預期曰指望。見《梁書》。責人曰數説。《左傳》：「乃執子南而數之。」〔二〕衆多曰多許。呼許爲黑可切。《隋書》：「天下何處有多許賊。」又呼所在曰場許。委曲曰直籠統。見《唐書》。語不經曰荒唐。見《莊子》。不管事曰落度。音鐸。《宋書》：「元超兄弟太落度。」體短而行步澀曰勃窣。《漢書》：「媻珊勃窣上金隄。」行步欲傾跌曰打滑澾。唐皮日休《苦雨》詩：「薛地滑澾足。」腹脹曰彭亨。亨從陽韻。唐韓愈《石鼎聯句》：「豕腹脹彭亨。」瞶瞶不曉事曰鶻突。見朱子《語録》。猶豫不前曰墨屎〔三〕。音如瀰癡。《列子》：「墨屎單至。」進退不果曰佁儗。音如滋膩。司馬相如賦：「仡以佁儗。」漂流在外曰流落。《明皇雜録》：「流落不偶。」事已了曰罷休。《史記》：「吴王謂孫武曰：將軍罷休。」不粗疏曰

〔一〕爲：原作「脗」，據《莊子》改。
〔二〕南：原誤作「商」，據《左傳》改。
〔三〕屎：原誤作「尿」。下同。

子細。唐杜甫詩：「野橋分子細。」平穩曰妥帖〔一〕。韓詩：「妥帖力排奡。」不舒展曰縮朒，退後亦曰縮朒。《漢書・五行志》〔二〕：「王侯縮朒。」疾速曰飛風，唐制：馬入上乘局者印以三花，其餘雜馬于左膊印飛，于右膊印風。俗語蓋本此。亦曰流水。漢明德皇后曰：「車如流水。」滿足曰彀。弓滿也。俗又作够。性急曰卒暴。《漢書・陳湯傳》：「興卒暴之師。」語不明曰含胡。《唐書》：「顔杲卿含胡而絶。」人習氣曰毛病。黄山谷《刀筆》曰：「此荆南人毛病。」人物作鬧聲曰擊轂。《國策》：「車擊轂。」物相類曰一樣能。《漢書》不相能謂不相合也，能取相合意。如此曰是蓋。古文承接通用。得財曰利市。見《易傳》。以手做事曰生活。見《孟子》。人衆相隨曰蜪伴。蜪，蝗屬，飛則羣聚，故云。一番曰一出。《世説》：「林道人云：今日與謝孝劇談一出來。」不慧曰獃。《唐韻》：「小獃大癡。」麤蠢曰笨。音朋去聲。《宋書・王微傳》亦有麤笨之語。缺齒曰齾。見韻書，牛瞎切。見物生羨曰眼孔淺。《書言故事》曰：「桑維翰愛錢。上曰：『措大，眼孔淺，與錢十萬貫，塞破屋子矣。』」躲避曰畔。王隱《晉書》：「鄧伯道避石勒難，以車馬負妻子以叛。」叛與畔通。聆言不省曰耳邊風。唐杜荀鶴詩：「萬般無染耳邊風。」口取食曰嘬。《曲禮》：「無嘬羹。」舌取物曰舐。見《孟子》。熱酒曰湯。去聲，韻書：「熱水灼也。」以鹺醃物曰鹽。《内則》：「屑桂與薑，而洒諸上而鹽之。」〔三〕去聲讀。微暖曰温暾。唐王建詞：「新晴草色暖温暾。」〔四〕物漸磨

〔一〕穩：原誤作「隱」。
〔二〕志：原誤作「傳」。
〔三〕洒：原誤作「晒」。上：原誤作「日」，據《禮記》改。
〔四〕暖：原誤作「正」。

耗曰磨鉛。俗呼如異，見《史記・平準書》。以事訂人曰丁一確二。取著實不爽之意。見朱子《語録》。責人而姑警之曰受記，亦曰摩頂受記。蓋襲用釋氏語，又訛記爲句。人死曰過世。《晉書・秦苻登傳》：「陛下過世爲神。」傭工曰客作。《漢書・匡衡傳》：「乃與客作。」治生理曰活計。唐白居易詩：「休厭家貧活計微。」鄙人營生者曰經紀。見《唐書》。有親曰瓜葛。王導與子圍棋，争道，導笑曰：「相與有瓜葛，那得爾耶？」未進身者曰白衣人。《史記》：「公孫弘以白衣爲天子三公。」奴婢所生子曰家生子。《漢書》：「免驪山徒、人奴産子。」師古注：「即家生兒。」罵小兒之桀猾者曰雜種。《晉書・前燕記》：「蠢兹雜種。」面曰面孔。唐《傳信記》：「面孔不似胡孫。」毫曰寒毛。《晉書・夏統傳》：「聞君之言，不覺寒毛盡戴。」喉曰胡嚨。《詩》：「狼跋其胡。」胡，頸下垂肉。《漢・金日磾傳》：「捽胡，投胡羅殿下。」晉灼曰：「胡，頸也。」胡嚨亦作嚨胡。《漢・五行志》：「請爲諸君鼓嚨胡。」日曰日子。見《魏書》。望曰月半。見《祭統》。午餐曰中飯。唐詩：「山僧相勸期中飯。」〔一〕櫃有板匣者曰抽替。見《宋書》。凳之長者曰春凳。《事物紺珠》：「凳，長跳坐。有春凳、靠凳。」凳之小者曰馬杌。錢世昭《錢氏私志》：「賢穆有荆雍大長公主撮角紅藤下馬杌子，國朝貴主乘馬故有之。」厚磚曰甋磚。《魏書・扈累傳》〔二〕：「以甋磚爲障。」藻井曰天花板。《山房隨筆》：「元好問妹手自補天花板。」〔三〕蘆席曰蘆蓆。見《宋書》。衣貯棉花曰棉絮。見《晉書》。絛帨之橤下垂者曰蘇頭。摯虞曰：「流蘇者，緝鳥尾，垂之若流然。以其橤下垂，故曰蘇。」指環曰手

〔一〕山僧：原誤作「僧山」。
〔二〕扈累：原誤作「累扈」。
〔三〕手：原誤作「子」，據《山房隨筆》改。

記。《詩》鄭箋：「后妃羣妾，當御者，授之以鐶，著于左手；既御者，著于右手。事無大小，記以成法。」今男子所著曰戒指，女子曰手記，本於此。滌氣之布曰幡布。晉人云：「不見酒家幡布乎？」亦曰抹布。船家曰展布，忌與幡、没同音也。鬆炭曰麩炭。見《老學庵筆記》。

已上並方言之有本者。

看曰張、曰瞔。執曰當。去聲。臥曰困。藏曰囥。取深穴意。移曰捅。音統，取挪動意。忍曰熬。取煎迫意。轉曰跋。取移足意。貯物曰坐。取放下意。置物曰安。取平穩意。積物曰頓。取頓舍意。指物曰那。拿去聲。倚物曰戤。提物曰拎。妄語曰趙。蓋造之轉音，造言生事之意。謊言曰搗鬼。怒曰氣〔一〕。得利曰賺。失利曰折本。讀折如入。富曰從容。巧曰摟搜、曰尖鑽。苛細曰合搭。合呼如升合之合。弱曰㥿㥾。獃曰犺。呆癡曰鐸〔二〕。昏愚曰懵懂。拙於逢時曰秋。不循理曰蠻門。機變曰乖、曰唧嚁。有能曰本事。戲謔曰蠻，鄙俗之意。又曰草，率略之意。又曰摟，牽惹之意。又曰取笑。取讀若楚。閑遊曰白相。速往曰跌。自誇曰賣弄、曰説嘴。不豪爽曰敕昰。音練簡。糾纏曰嚕唆、曰纍堆、曰兜搭。悔心曰懊憹。犯上曰衝撞。能幹事曰在行，亦曰在道。讀若調。事幸相值曰偶湊。僥倖曰造化。事已了曰過頭。事完曰連牽，又曰結題。事決裂曰索哉。不利曰倒運、曰悔氣。不滿人意曰促恰。物完全者曰囫圇。物不中程曰曰癩㧬頭。物不

〔一〕怒：原誤作「恕」。
〔二〕呆：原誤作「半」。

適用曰呆剩貨。物不鮮潔曰乾癟。物聚少成多曰薹當，些微曰粒屑。不收拾曰邋遢。穢雜曰拉圾。騙人曰串局。受騙曰上檔。强出尖曰行霸。謝人曰打攪。一番曰一潑，有幾番曰頭潑、二潑。熱物曰頓。火乾曰熯。音逼。點茶酒曰篩。浮曰汆。呑上聲。流曰淌。蓋曰匳。以杓取水曰舀。遥上聲。擲物曰豁，又曰丟。當入聲。手扳曰抈。音巖入聲。爪掐曰扚。音的。去涕曰擤。音狠。袖籠手曰相籠鬆。下垂曰離提。音如。物穢雜曰鏖糟，心煩懣亦曰鏖糟。安身處曰窠坐。夾室曰落葉。屋旁曰山頭。階級曰礓礤。門之關橫曰閂，豎曰閅。首飾曰頭面。鞋曰腳手。器曰家生。物多曰一拍剌。物多而雜曰𡖋𥢇。《集韻》：「物未精也。」布帛薄曰澆，稠密曰猛。疏曰稀。膩曰醲釅。貨之低曰邱，亦曰鄒。衣服破曰襴裰。剛纔曰姜亨。太甚曰忒殺。事無礙曰弗反道。事難處曰尷尬。不清楚曰夾膩。彼此錯誤曰兩雙閃。作事無據曰沒雕當聲，又曰無影子。沮事曰打破句。多事曰掀格喇。誚人誇張曰擺架子。狀貌曰意裏。男人揖曰唱喏。宋以前必聲喏，俗呼唱如倉去聲。喏如乍。女人拜曰屈。上聲，讀取屈曲之意。眼作細縫曰買斜。音濔妻。目脂曰眼眵。音剌。乳曰奶。體肥曰胖。體瘦曰清減。手足並行曰䟢。相觸曰碰。數錢五文曰一花。取五出意。賣買曰生意。子女曰大細。男曰囝。煖平聲。女曰囡。煖去聲。奴曰猴子。妾曰姨姨，曰小。呼庶母曰姨娘，曰姨媽。謂人之僕曰鼻頭。鼻入聲。隨母再嫁者曰他有名。俗呼已爲轉音。罵老婦曰姏婆。傭工人曰雇工人。從嫁相禮者曰伴娘，亦曰賣婆。收生者曰老娘。女巫曰師娘。昏喪贊禮曰司務。樂工曰鼓手。習歌曲者曰清客。庖人曰廚子。

日曰日頭。呼日如躡。月曰月亮。呼月如兀。霧曰迷露。雹曰冰牌。霞曰華。虹曰鱟。天未明曰烏曨曨。自晨至午曰上晝。未申時曰下晝。祀神祭先曰齋。祀竈曰謝竈。年終祀神曰燒利市。田邊高地曰畂頭。呼畂如杭去聲。田不貯水者曰漏羅。港之不通者曰浜兜。犂曰鐵賴。鋤曰耜頭。鋤地曰倒。插秧曰蒔。木下有鐵齒而長柄者曰攩。去聲。苗已長而用以去草者曰攩稻。積稻曰稻羅。羅蓋樓之訛。積柴曰柴際。際蓋積之轉音。打禾麥曰摜。採棉花曰捉。淨花曰綀子。棉花已紡者曰紗。麻之已緝者曰綀。女人髻曰纂。新嫁假髻曰鬏頭。鬏如吼平聲。小兒總角曰丫角郎。盤曰反供。油燈曰油盞，竹者曰燈絡。熨斗曰雲斗。早韭曰韭牙。晚菘曰藏菜。核桃曰胡桃。葡萄曰𤬌桃。枇杷曰𤬌杷。三者皆音之轉。

蟋蟀曰賺績。鼃黽曰蛣蛛。蛣讀如決。蚓曰曲蟮。曲讀如觸。肌求曰合騷。合如升合之合。螢曰油火郎。孑孓曰打拳蟲。伊威曰駱駝。絡緯之屬曰紡績娘、曰績綀娘。蝸牛曰乾蛄。蝦蟆曰癩蛤霸、曰癩團。蛙曰田鷄、曰水鷄。小白魚曰魚、曰參條。參如攙平聲。鼈曰甲魚、曰團魚。鱮曰胖頭。胖讀如滂。鵂鶹曰猫頭鷹、曰喔拉鳥。鵓鳩曰鵓哥哥。蜎曰偷瓜盃。音血。豕曰猪玀。羊曰羊乖乖。綿婢切，俗轉如媽。呼鴨曰奚奚。呼鷄曰朔朔。音晝。俗轉促上聲。呼狗曰獹獹。

以上並方言之通行者。

呼母曰媽媽、曰阿媽。呼母之女兄曰大姨，女弟曰娘姨。呼伯母曰大媽，叔母曰嬸娘。呼弟曰兄弟，妹曰姊妹。呼曾孫曰元孫，外孫爲外甥。呼女人執役者亦曰阿媽、曰媽媽、曰嬸嬸、曰娘姨。呼神道爲佛、爲菩薩。呼典夥曰朝奉，醫生爲郎中，鑷工爲待詔。呼魚肉曰菜蔬。

此皆名稱之不正者。

諱散，呼傘曰豎笠。諱極，呼屐曰木套。諱死，呼洗曰浄。諱滯，呼筯曰快。諱挫，呼醋曰秀才。

此皆忌諱而變其名者。

媚人者曰篾片。輭弱曰衣皮。託他人名以紿取曰頂反供〔一〕。物賣而又賣曰樓上樓。瞞人曰掄眼皮。伺隙加害曰踏沈船。武斷曰横撑船。插入事中曰夾篙撑。附和曰一窩蜂。無用曰水統蟹。醵錢共飲曰扛櫃。許物不償曰拔短梯。輕易舉事曰撻木梢。

此皆以借喻爲義者。

團爲奪欒。孔爲窟籠。盤爲跋欒。精爲即零。邨爲秋根。鄙人邨俗。呼爲唔塗。

此以翻切爲字者。

兒音同倪。又音同亦。死音同洗。大音同惰。作音同做。兄音同況。鬼音同舉。龜音同居。此皆音之近於古者。他如烹庚更彭朋盲撑争羹行横耕坑鶯櫻橙等並作陽韻，梗養之硬梗盛並作漾韻，石白百宅尺赤拆格客射額擇擲迫拍麥嚇雙晝磧責並作藥韻，開口呼。又如水爲暑，署又轉爲處，税爲世，授爲胄，詔爲召，江爲岡，戊爲武，人壬並爲迎，認賃並爲佞，賒爲

〔一〕曰：原脱。

沙,遮爲許平聲,蛇爲茶,傷爲喪,忘爲忙,嘗爲藏,降寒並爲杭,旺爲巷,耳爲你,二爲膩,貴爲句,孝爲好去聲,讓爲釀,唱爲倉去聲,鼻爲弼,肉爲恧,覺爲閣,日爲躡,月爲額,熱爲業,物爲末,瘧爲愕,吹爲癡,吕爲李,圍爲圩,愈爲越,太爲忒。吴魚無並作鼻音,讀三字併爲一音。畝母五午並作鼻音,讀亦併爲一音,母如丈母、親家母之類。讀三如山,而聲生甥笙牲亦如山。宏讀如紅。看讀如康。忌諱之諱爲覰。小兒毁齒之毁爲煦。喫虧之虧爲區。支韻與徽灰齊相亂,庚青侵與烝真相亂,語音之不正有如此者。

按,太倉地瀕海隅,出聲重而舌不圓,與崑山同者十之八九,與嘉定、常熟同者十之二三。城與鄉不皆同,四鄉又各微異。纂志方言本於張采志,然所載吴下通俗語居多,太倉獨異者絶少。今據前志而增損之,删其今之所無,補其俗之所有,略存梗概云。

〔宣統〕太倉州志

【解題】王祖畬等纂。太倉州,轄境包括鎮洋、嘉定、寶山、崇明四縣,即今江蘇省蘇州市和上海市蘇州河以北地區;州治在今江蘇省蘇州市太倉市。「方言」見卷三《風土》中。録文據民國八年(一九一九)刻本《太倉州志》。

方言

天時人事之徵應,人情風俗之同異,下至農夫野老春秋祈報,所謂百日之蜡,一日之澤,弛張之義，文武之道，喜怒哀樂之發，無一不本乎性，率乎情。顧自漢唐來雜以二氏之教，亂以愚夫愚婦之説，吾州勝國末陸陳諸先生，昌明正學，蔚爲巨儒。然一傳衆咻，迄今二百餘年，益凌夷衰微，卒無以革敝俗而反之正，是可憂也。州地割自三邑，而土音亦因之微異。大抵出聲重而舌不圓，近崑山者十之六，近常熟、嘉定者十之三四。而今昔稍殊，雅俗亦判。如：

語了曰哉。見經傳。語餘曰那。《後漢書》〔一〕：「公是韓伯休那？」指人曰其、曰伊。見經傳。以肩舉物曰揵。音乾，見《史記》。以手擠人曰挼。音尊，見《左傳》。以手摘高曰扳。見《公羊傳》。以手搬物曰揵。見《南史》。橫關對舉曰扛。見《史記》。兩手取物曰掇。見《易》《詩》。以手按物曰搴。見《南史》。滿足曰彀。見《孟子》，俗又作够。贏蠢曰笨。見《宋書》。不慧曰獃。《唐韻》：「小獃大癡。」舌取物曰餂。見《孟子》。躲避曰畔。王隱《晉書》：「鄧伯道避石勒難，以車馬負妻子以叛。」按叛與畔通。得財曰利市。見《易·繫辭》。責人曰數説。《左傳》：「乃執子南而數之。」〔二〕預期曰指望。見《梁書》。衆多曰多許。見《隋書》。語不經曰荒唐。見《莊子》。葺理齊整曰修娖。見《唐書》。不管事曰落度。音鐸，見《宋書》。腹脹曰彭亨。見唐韓愈詩。體肥曰胖。見《大學》。貪縱爲非曰放手。見《後漢書》。體短步澀曰勃窣。見《漢書》。猶豫曰墨杘〔三〕。音如瀰癡，見《列子》。漂流在外曰流落。見《明皇雜録》。事了曰罷休。見《史記》。不粗疏曰

〔一〕後漢書：原誤作「世説」。
〔二〕南：原誤作「商」，據《左傳》改。
〔三〕杘：原誤作「尿」。

子細。見唐杜甫詩。平穩曰妥貼。見唐韓愈詩。退後曰縮朒。見《漢書》。疾速曰飛風。唐制，馬入上乘局者印以三花，其餘雜馬于左髆印飛，于右髆印風。俗語蓋本此。性急曰卒暴。見《漢書》。語不明曰含胡。見《唐書》。習氣曰毛病。黄山谷《刀筆》曰：「此荆南人毛病」。以手做事曰生活。見《孟子》。人死曰過世。見《晉書》。有親曰瓜葛。晉王導與子圍棋，争道，導笑曰：「相與有瓜葛，那得爾邪？」午餐曰中飯。見唐詩。呆劣曰褦襶。古樂府：「今世褦襶子。」人衆相隨曰蜪伴。蜪，蝗屬，飛則羣聚，故云。寧可曰耐可。見唐李白詩。作揖曰唱喏。《崔煒傳》：「使者唱喏。」宋以前揖必唱喏。微暖曰温暾。見唐王建詩。鄙人營生曰經紀。見《唐書》。人物作鬧聲曰擊轂。見《國策》。聆言不省曰耳邊風。見唐杜荀鶴詩。見物生羨曰眼孔淺。《書言故事》云：「桑維翰愛錢，上曰：『措大，眼孔淺。』」以事訂人曰丁一確二。取著實不爽之意，見《朱子語類》。責人而姑警之曰受記，亦曰摩頂受記。蓋襲用釋氏語，或訛記爲句。練事曰習慣。見《賈子》。進退不果曰佁儗。音如滋膩。司馬相如賦：「仡以佁儗。」不委曲曰直籠統。見《唐書》。奴婢所生曰家生子。《漢書》：「免驪山徒、人奴産子。」師古注：「即家生兒。」罵小兒之桀猾者曰雜種。《晉·前燕記》：「蠢兹雜種。」行步欲傾跌曰打滑澾。唐皮日休詩：「蘇地滑澾足。」喉曰胡嚨。《詩》：「狼跋其胡。」亦作嚨胡。《漢·五行志》：「請爲諸君鼓嚨胡。」指環曰手記。《詩》鄭箋：「后妃羣妾當御者，授之以鐶，著於左手。既御，著於右手。事無大小，記以成法。」今男子所著曰戒指，女子曰手記，本於此。滌器之布曰幡布。晉人云：「不見酒家幡布乎？」亦曰抹布。船家曰展布，忌與翻、没同音也。鬆炭曰麩炭。見陸游《老學庵筆記》。衣貯棉花曰棉絮。見《晉書》。櫃之有板匣者曰抽替。見《宋書》。藻井曰天花板。《山房隨筆》：「元好問妹手自補天花板。」〔一〕此皆方言之有本者。

而兒音同倪，又音同異，死音同洗，大音同惰，作音同做，鬼音同舉，龜音同居，此音之與古近者。

其看曰張、曰望、曰睃。執曰當。去聲。臥曰困。藏曰囥。移曰捅。忍曰熬。轉曰跋。貯物曰坐。置物曰安。積物曰頓。指物曰那。拿去聲。提物曰拎。妄語曰趙。謊言曰搗鬼。得利曰賺。失利曰折本。折，讀若入。富曰從容。巧曰摟搜、曰尖鑽。苛細曰合搭。獃曰犺。呆曰鐸。昏愚曰懵懂。拙於逢時曰秋。不循理曰蠻門。機變曰乖、曰唧嚕。有能曰本事。戲謔曰摟、曰取笑。閑遊曰白相。自誇曰賣弄、曰説嘴。不豪爽曰敹悬。音練簡。糾纏曰嚕唆、曰累堆、曰兜搭。悔心曰懊憹。犯上曰衝撞。能幹事曰在行，亦曰在調事。幸相值曰偶湊。僥倖曰造化。事已了曰過頭。事完曰連牽。決裂曰索哉。不利曰倒運、曰悔氣。不滿人意曰促恰。物完全曰囫圇。物不中用曰癩痂。不鮮潔曰乾癟。下垂曰離提。提，讀若如。些微曰粒屑。不收拾曰邋遢。穢雜曰拉圾。騙人曰串局。受騙曰上當。强出尖曰行霸。太甚曰忒煞。熱物曰頓。火幹曰熯。浮曰氽。吞上聲。流曰淌。蓋曰㔶。以杓取水曰舀。遥上聲。擲物曰豁，又曰丟。當入聲。手扳曰拐。音巖入聲。爪掐曰扚。音的。去涕曰擤。音狠。袖籠手曰相籠鬆。物

〔一〕手：原誤作「子」，據《山房隨筆》改。

穢雜曰鏖糟，心煩懣亦曰鏖糟。安身處曰窠坐。門之關横曰閂，豎曰閂。首飾曰頭面。鞋曰腳手。器曰家生。布帛薄曰澆，稠密曰猛。疏曰稀。膩曰醲醲。貨低曰邱，亦曰鄒。事難處曰尷尬。不清楚曰夾膩。作事無據曰無影子。沮壞事體曰打破句。誇張曰擺架子。有意逢迎曰湊奉。女子拜曰屈。讀上聲。眼作細縫曰買斜。音瀰妻。目脂曰眼眵。乳曰奶。體瘦曰清減。賣買曰生意。子女曰大細。男曰囝。煖平聲。女曰囡。煖去聲。僕曰鼻頭。吴音主同嘴，豪僕聲勢出主人上，猶鼻頭之居嘴上也。從嫁相禮者曰伴娘，亦曰賣婆。收生者曰老娘。女巫曰師娘。昏喪贊禮者曰司務。樂工曰鼓手。庖人曰廚子。日曰日頭。呼日如聶。月曰月亮。呼月如兀。霧曰迷露。雹曰冰牌。霞曰華。虹曰鱟。天黎明曰烏黑朧朧。自晨至午曰上晝。未申時曰下晝。積田邊高地曰畂讀若旱頭。港不通者曰浜兜。犂曰鐵賴。鋤曰耜頭。鋤地曰倒。插秧曰蒔。積柴曰柴際。針曰引線。髻曰纂。盤曰反供。讀若襲。舂米曰碓。蟋蟀曰賺績。螢曰油火郎。蛤霸曰癩團。蛙曰田鷄、曰水鷄。熨斗曰雲斗。豕曰猪玀玀。羊曰羊乖乖。俗轉如媽。呼鴨曰奚奚。呼鷄曰喌喌。音晝，俗轉如促。呼狗曰獹獹。此方言之通行者。

他若因忌而變稱，如：諱散，呼繖曰豎笠；諱極，呼屐曰木套；諱死，呼洗曰淨；諱滯，呼筯曰快；諱挫，呼醋曰秀才之類。

借喻爲取義，如：媚人者曰篾片，軟弱曰衣皮，託他人名以取物曰頂反供，讀若襲。物一賣再賣曰樓上樓，伺隙加害曰踏沈船，武斷曰横撑船，插人事中曰夾篙撑，無用曰水通蟹，醵錢飲食曰扛櫃，許物不償曰拔短梯，輕易舉事曰撻木梢，借端詐曰敲竹竿之類。

其以翻切成字，如：團爲奪欒，孔爲窟籠，盤爲跋欒，精爲即零，村爲秋根，呼爲唔塗之類。

至名稱之淆亂不正者，如：呼母曰媽媽、曰阿媽，呼從母曰大姨、曰娘姨，呼伯叔母曰大媽、曰嬸娘，呼女傭亦曰阿媽、曰媽媽、曰嬸嬸、曰娘姨，近且統呼姑母、從母曰伯伯，呼神爲佛、爲菩薩，呼典夥曰朝奉，醫生曰郎中之類。

又如：烹庚更彭朋盲撑争羹行横耕坑鶯櫻橙等並作陽韻，硬梗盛並作漾韻，石白百宅尺赤拆客射額拍麥嚇雙磧責並作藥韻。

又如：税爲世。授爲冑。詔爲召。江爲岡。戊爲武。人壬爲迎。認賃爲佞。賒爲沙。蛇爲茶。傷爲喪。忘爲忙。寒爲杭。旺爲巷。耳爲你。二爲膩。貴爲句。孝爲耗。讓爲釀。鼻爲弼。肉爲恧。覺爲閣。日爲躡。月爲額。熱爲業。物爲末。瘧爲愕。吹爲癡。吕爲李。圍爲圩。愈爲越。太爲忒。吴魚無並爲鼻音，讀併三字爲一音。畝母五午並作鼻音，讀併四字爲一音。讀三如山，而聲生甥笙牲亦如山。讀宏如紅。看如康。忌諱之諱爲覷。小兒毁齒之毁爲煦。喫虧之虧爲區。支韻與微灰齊相亂，庚青侵與烝真相亂，皆語音之不正者。

夫聲音之道與政通，雖俚俗人之語，而人情之真僞，事物之繁賾，胥於是乎。在官斯土者，苟言語之不通，何以聽辭而折獄哉？

〔清〕璜涇志略

【解題】清乾隆、嘉慶間馮恒原纂，趙曜删輯。稿本，不分卷。璜涇，在今江蘇省蘇州市太倉市。録文據江蘇廣陵古籍刻印社一九八六年影印稿本《璜涇志略》。

方言

呼父曰阿爹，亦曰爹爹。韓文：「阿爹阿八。」

呼母曰阿媽，亦曰媽媽。《博雅》：「媽，母也。」

呼兄曰哥。《韻會》：「穎川語小曰哥。」今以配姐字，爲兄弟之稱。

弟妻謂夫嫂曰大姆，兄婦謂弟妻曰阿嬸。吕祖謙《紫薇雜記》：「吕氏母母受嬸房婢拜，嬸見母母房婢拜即答。」今俗兄婦呼弟妻曰嬸，弟妻呼兄婦曰姆姆，即母母也。

呼妻兄弟曰舅。《楚策》：「李園不治國，王之舅也。」按園於考烈王爲妻兄，而云舅，當如今郎舅之謂。

毛曰寒毛。《魏書・夏統傳》：「聞君之談，不覺寒毛盡戴。」

面曰面孔。唐《傳信記》〔一〕：「面目不似胡孫。」

喉嚨曰胡嚨。《詩》：「狼跋其胡。」胡，頷下垂肉。《漢・金日磾傳》：「捽胡投何羅殿下。」晉灼曰：「胡，頸也。」胡

〔一〕傳信記：原誤作「詩信紀」。

嚨亦可作嚨胡。《後漢·五行志》童謡云：「吏置馬，君具車，請爲諸君鼓嚨胡。」

以手執人曰捽。音惻。《左傳》：「捽而出之。」

以手擠人曰捘。音尊去聲。《左傳》：「捘衛侯之手及捥。」

以手搬物曰揵。《南史》：「何遠爲武昌太守，以錢買井水，不受錢者，揵水還之。」

以手摘高曰扳。《公羊傳》：「扳隱而立之。」

以肩舉物曰揵。《後漢》：「揵弓韣九鞬。」

横關對舉曰扛。《史記》：「力能扛鼎。」

以物散粲曰糝，米之零碎者亦曰糝。《莊子》：「藜羹不糝。」

以物相償曰賠。即古備字。《北齊書》高歡立法，盜私家十備五，盜官物十備三。後周侵盜倉庫，雖經赦免徵，備如法。

以布濯器曰幡布。《晉書》云：「不見酒家幡布乎？」今俗呼幡布亦曰抹布。

以鹺醃物曰鹽。去聲。《内則》：「屑桂與薑，以洒諸上而鹽之。」〔一〕

兩合無漏曰脗。《莊子》：「爲其脗合〔二〕，置其滑涽。」

得財曰利市。《易》。

事已然曰哉。語尾綴辭曰且。音嗟。俱見《詩》。

〔一〕上：原誤作「曰」。

〔二〕爲：原作「脗」，據《莊子》改。

責人曰數説。《左傳》：「乃執子南而數之。」〔一〕
目人不正曰差路。唐詩：「枯木巖前差路多。」
人習氣曰毛病。黄山谷《刀筆》曰：「此荆南人毛病。」
語不明曰含胡。《唐書》：「顔杲卿含胡而絶。」
性急曰卒暴。《漢·陳湯傳》：「興卒暴之師。」
不任事曰縮朒。《五行志》：「王侯縮朒。」
非常曰侅事。見楊子《方言》。《説文》：「奇侅，非常也。」
事已了曰罷休。《史記》：「吴王謂孫武曰：『將軍罷休。』」
速曰流水。漢明德皇后曰：「車如流水。」
隱避曰畔。陳後主時謡曰：「齊雲觀，寇來無處畔。」
事不實曰粃。《國語》：「軍無粃政。」
物寒暖適中曰温暾。王建詩：「新晴草色煖温暾。」〔二〕
整葺曰修娖〔三〕。唐中和二年，修娖部伍。

〔一〕南：原誤作「商」，據《左傳》改。
〔二〕煖：原誤作「寒」。
〔三〕葺：原誤作「輯」。

平穩曰妥帖。杜詩：「千里初妥帖。」韓詩：「妥帖力排奡。」

名屋上窗曰天窗。《魯靈光殿賦》：「天窗綺疏。」

櫃有板匣曰抽替。見《宋書》〔一〕。

凳之長者曰春凳。《事物紺珠》：「凳，長跳坐器〔二〕，有春凳、靠凳。」

凳之小者曰馬杌。錢世昭《錢氏私志》：「賢穆有荆雍大長公主金撮角，紅藤下馬杌子。國朝貴主乘馬，故有之。」

望曰月半。見《禮記》。

逐日計數曰日子。見《魏書》。

死曰過世。《晉書·秦符登傳》：「陛下過世爲神。」

生曰出世。

揖曰唱喏。宋以前揖必聲喏，婦女亦然。

以事訂人曰丁一確二。蓋取着實不爽之意。朱子《語録》有之。

責人而姑警之曰受記，亦曰摩頂受記。蓋襲釋氏之詞。今訛記爲句。

右皆方言而見之傳記者也。

看曰張。執物當兩手曰掇。臥曰困。藏曰囥。移曰囲。貯曰坐、曰安、曰放、曰擺。忍曰

〔一〕書：原誤作「史」。

〔二〕器：原脱，據《事物紺珠》補。

熬。按曰欽。去聲。按五代時曾有此語。齊主蕭道成，人有罪輒付桓康拏殺之。助曰幫。妄語曰趙。《爾雅》：「休，無實李。」〔一〕郭注：「一名趙李。」爲無實，似即此義。給人曰黃六。王氏萱云：「黃巢行六而多詐，故云。」未知是否。積物曰頓。熱物曰頓。熱物曰湯。去聲。遮蔽曰湯。避曰躲。蓋曰厭。浮曰吞。上聲。瀉曰篩。稠曰猛。喜事曰造化。憂事曰痗氣。貿易而得利曰賺。不得利曰入本。巧曰尖鑽。弱曰⿺尢畏⿺尢䍃。苛細曰兜搭、曰累墜。機變曰兇、曰乖、曰唧嚁。《元亭閑話》云：「俗人不識字，稱人子弟曰兇、曰乖，其意爲美詞，而不知相反也。」無着落曰尷尬。作事無畏避曰太。上聲。作事有能幹曰跏。羨人作事鋪張曰𧻓平聲蓋。事之相值曰偶湊。憎人管事曰閑窮健。憎人多事曰見有做。走曰跑。疾走曰奔、曰跌。首飾曰頭面。鞋襪曰手腳。器用曰家生。六畜統名曰衆平聲生。物曰牢曹。住處曰窠坐。夾室曰落葉。箸曰筷。斷港曰浜。鋤地曰倒地。女子揖曰屈。平聲。閑遊曰白相。戲人曰摟、曰稿。父子曰賢兩个。數錢五文曰一花。一番曰一潑，有幾番曰頭潑、二潑。已往曰過頭，亦曰過斷。非常曰利害。

右皆不見之古書者也。

團爲突欒。孔爲窟籠。精爲即零。呼爲唶塗。

右皆翻語爲字者也。

〔一〕實：原脫，據《爾雅》補。

兒與倪同。又與以同。死與洗同。争，側羊反。晷鬼皆音舉。大音惰。歸龜叶居。兄音況。那去聲。烹庚更彭朋盲箏撐錚生聲成轟行橫羹坑，並陽韻。石白百柏伯宅尺赤格各額擇迫拍陌麥嚇，並藥韻。梗，養韻。晏，翰韻。

右皆方音存古者也。

認爲紹。授爲胄。江爲崗。瘧爲愕。商爲喪。泰爲忒。水爲暑。霞爲華。男爲煖。平聲。積爲際。如柴際之類。鐵犂爲鐵懶。儇利爲還賴。手記爲巾。熨斗爲雲斗。糊塗爲鶻突。相爲廝。入聲。枇杷音弼杷。二字唐人已然。

右皆音轉者。

圍爲圩。厲爲賴。癩爲瘷。愈爲越。揭爲傑。平聲。浦爲步，又爲埠，又或音蒲。僊音碎。者爲這。姊爲姐。頓躓爲鈍置。核桃爲胡桃。

右皆音轉而字亦轉者。

廢格爲閣。捝爲捏。懣爲悶。緣爲沿。盤博爲剥。依爲捱。幺邪爲歪。姥爲媽。坫爲店。捌爲潑。嗊爲哄。

右皆音不轉而字誤者。

補

呼巷曰弄。《南史》：蕭諶接欝林王出至延德殿西弄殺之〔一〕。弄，巷也。背呼人曰伊。《詩》：「所謂伊人。」體肥爲胖。普謗切。《大學》：「心廣體胖。」古注：胖，大也。陸氏釋文：「胖，步丹切。」則今特變去聲耳，然俗謂鯿爲胖頭魚，仍讀步丹切，蓋平聲二音兼用之。編竹爲竹簰，木爲木簰。音牌，古作箄。《後漢·岑彭傳》：「公孫述遣其將乘枋箄下江關。」注：「枋箄，以竹木爲之，浮水上。」不委曲曰直籠統。州志云：「見《唐書》。」應人呼曰來耋。范蠡云：「得時無怠，時不再來。」吴氏《補韻》云：「怠讀作怡，來讀作耋。」

張受先志「方言」分類釋注最爲精當，今本其文稍廣之，而去其吾里所無者也。

〔道光〕璜涇志稿

【解題】施若霖纂修。璜涇，在今江蘇省蘇州市太倉市。「方言」見卷一《風俗志》中。有道光十年（一八三〇）鈔本。録文據民國二十九年（一九四〇）鉛印本《璜涇志稿》。

方言

按，以得爲登，以來爲離。五方之民，言語不通。固宜會意以諧聲，假借以轉注者也。張受先志方言，分類注釋最爲精當，馮氏本其文稍廣之，而去其里中所無者。

〔一〕接：原誤作「按」，據《南史》改。

呼父曰阿爹，亦曰爹爹。韓文：「阿爹阿八。」

呼母曰阿媽，亦曰媽媽。《博雅》：「媽，母也。」

呼兄曰哥。《韻會》：「潁川語小曰哥。」今以配姐字，爲兄弟之稱。

弟妻謂夫嫂曰大姆，兄婦謂弟妻曰阿嬸。吕祖謙《紫薇雜記》：「吕氏母母受嬸房婢拜，嬸見母母房婢拜，即答。」今俗兄婦呼弟妻曰嬸，弟妻呼兄婦曰姆姆，即母母也。

呼妻兄弟曰舅。《楚策》：「李園不治國，王之舅也。」按園于考烈王爲妻兄，而云舅，當如今郎舅之謂。

毛曰寒毛。《魏書・夏統傳》：「聞君之談，不覺寒毛盡戴。」

面曰面孔。唐《傳信記》〔一〕：「面目不似胡孫。」

喉嚨曰胡嚨。《詩》：「狼跋其胡。」胡，頷下垂肉。《漢・金日磾傳》〔二〕：「捽胡投何羅殿下。」晉灼曰：「胡，頸也。」胡嚨亦可作嚨胡。《後漢・五行志》童謡云：「吏置馬，君具車，請爲諸君鼓嚨胡。」

以手執人曰捽。音恻。《左傳》：「捽而出之。」

以手擠人曰捘。音尊去聲。《左傳》：「捘衛侯之手及腕。」

以手搬物曰摙。《南史》：「何遠爲武昌太守，以錢買井水，不受錢者，摙水還之。」

以手摘高曰扳。《公羊傳》：「扳隱而立之。」

〔一〕傳信記：原誤作「詩信紀」。

〔二〕日：原誤作「石」。

以肩舉物曰掮。《後漢》：「掮弓韣九鞬。」〔一〕
横關對舉曰扛。《史記》：「力能扛鼎。」
以物散粲曰糝，米之零碎者亦曰糝〔二〕。《莊子》：「藜羹不糝。」
以物相償曰賠。即古備字。《北齊書》高歡立法，盜私家十備五，盜官物十備三。後周侵盜倉庫，雖經赦免徵，備如法。
以布濯器曰幡布。《晉書》云：「不見酒家幡布乎？」今俗呼幡布亦曰抹布。
以鹺醃物曰鹽。去聲。《内則》：「屑桂與薑，以洒諸上而鹽之。」〔三〕
兩合無漏曰脗。《莊子》：「爲其脗合〔四〕，置其滑涽。」
得財曰利市。《易》。
事已然曰哉。語尾綴聲曰且。音嗟。俱見《詩》。
責人曰數説。《左傳》：「乃執子南而數之。」〔五〕
目人不正曰差路。唐詩：「枯木巖前差路多。」

〔一〕九：原誤作「久」，據《後漢書》改。
〔二〕糝：原誤作「摻」，下同。
〔三〕上：原誤作「内」，據《禮記》改。
〔四〕爲：原作「脗」，據《莊子》改。
〔五〕南：原誤作「商」，據《左傳》改。

人習氣曰毛病。黄山谷《刀筆》曰：「此荆南人毛病。」

語不明曰含胡。《唐書》：「顔杲卿含胡而絶。」

性急曰卒暴。《漢·陳湯傳》：「興卒暴之師。」

不任事曰縮朒。《五行志》：「王侯縮朒。」

非常曰侅事。見楊子《方言》。《説文》：「奇侅，非常也。」

事已了曰罷休。《史記》：「吴王謂孫武曰：『將軍罷休。』」

速曰流水。漢明德皇后曰：「車如流水。」

隱避曰畔。陳後主時謡曰：「齊雲觀，寇來無處畔。」

事不實曰粃。《國語》：「軍無粃政。」

物寒暖適中曰温暾。王建詩：「新晴草色煖温暾。」〔一〕

整葺曰修娖〔二〕。唐中和二年，修娖部伍〔三〕。

平穩曰妥帖。杜詩：「千里初妥帖。」韓詩：「妥帖力排奡。」

名屋上窗曰天窗。《魯靈光殿賦》：「天窗綺疏。」

〔一〕煖：原誤作「寒」。

〔二〕葺：原誤作「輯」。

〔三〕伍：原誤作「五」。

櫃有板匣曰抽替。見《宋書》〔一〕。

凳之長者曰春凳。《事物紺珠》：「凳，長跳坐器〔二〕，有春凳、靠凳。」

凳之小者曰馬杌。錢世昭《錢氏私志》：「賢穆有荆雍大長公主金撮角，紅藤下馬杌子。國朝貴主乘馬，故有之。」

望曰月半。見《禮記》。

生曰出世。見一物出世。

揖曰唱喏。宋以前揖必聲喏，婦女亦然。

以事訂人曰丁一確二。蓋取着實不爽之意。朱子《語録》有之。

責人而姑警之曰受記，亦曰摩頂受記。蓋襲釋氏之詞。今訛記字爲句。

右皆方言而見之傳記者也。

看曰張。執物當兩手曰掇。臥曰困。藏曰囥。移曰圅。貯曰坐、曰安、曰放、曰擺。忍曰熬。按曰欽。去聲。按五代時曾有此語。齊主蕭道成，人有罪輒付桓康撳殺之。助曰幫。妄語曰趙。《爾雅》「休，無實李」〔三〕，注：「一名趙李。」爲李。郭無實，似即此義。給人曰黄六。王氏萱云：「黄巢行六而多詐，故云。」未知

〔一〕書：原誤作「史」。

〔二〕器：原脱，據《事物紺珠》補。

〔三〕實李：原脱，據《爾雅》補。

是否。自惱而惱人曰桓靈。東漢桓帝、靈帝無道，故人以爲戒。未知是否。積物曰頓。熱物亦曰頓。熱物曰湯。去聲。遮蔽曰湯。避曰躲。蓋曰匽。浮曰呑。上聲。寫曰餙。稠曰猛。喜事曰造化。憂事曰痗氣。貿易得利曰賺。不得利曰跕本。巧曰尖鑽。弱曰鬼㞞。苛細曰兜搭、曰累墜。機變曰兇、曰乖、曰唧嚁。《元亭閒話》云：「俗人不識字，稱人子弟曰兇、曰乖，其意爲美詞，而不知相反也。」無着落曰尲尬。作事無畏避曰太。上聲。作事有能幹曰踋。羨人作事鋪張曰氣蓋。事之相值曰偶湊、曰有湊頭。憎人管事曰閑窮健。憎人多事曰見有做。走曰跑。疾走曰奔、曰趺。首飾曰頭面。鞋襪曰手脚。器用曰家生。六畜統名曰衆平聲生。物曰牢曹。住處曰窠坐。夾室曰落葉。箸曰筷。平聲。斷港曰浜。鋤地曰倒地。女子揖曰屈。平聲。閑游曰白相。戲人曰摟、曰稿。父子曰賢兩箇。數錢五文曰一花。一番曰一潑，有幾番曰頭潑、二潑。已往曰過斷，亦曰過頭。非常曰利害，亦曰交鋒。

右皆不見之古書者也。

團爲突欒。孔爲窟籠。精爲即零。呼爲唿塗。

右皆翻語爲字者也。

兒與倪同。又與以同。死與洗同。争，側羊反。晷鬼皆音舉。大音惰。歸龜叶居。兄音況。那去聲。烹庚更彭朋盲箏撐錚生聲成轟行横羹坑，並陽韻。石白百柏伯宅尺赤格各額擇迫拍陌麥嚇，並藥韻。梗，養韻。晏，翰韻。

右皆方音存古者也。

認爲紹。授爲胄。江爲岡。瘧爲愕。商爲喪。泰爲忒。水爲暑。霞爲華。男爲煖。平聲。積爲際。如柴際之類。鐵犂爲鐵懶。儇利爲還賴。手記爲巾。熨斗爲雲斗。糊塗爲鶻突。相爲廝。入聲。枇杷音弼杷。二字唐人已然。

右皆音轉者。

圍爲圩。厲爲癩。癩爲辣。愈爲越。揭爲傑。平聲。浦爲步，又爲埠，又或音蒲。僊音碎。者爲這。姊爲姐。頓躓爲鈍置。核桃爲胡桃。

右皆音轉而字亦轉者。

廢格爲閣。捝爲捏。懑爲悶。緣爲沿。盤博爲剥。依爲捱。幺邪爲歪。姥爲姆。坫爲店。捌爲潑。嗔爲哄。

右皆音不轉而字誤者。州志以上。

呼巷曰弄。背呼人曰伊。體肥爲胖。普謗切。呼鰱爲胖平聲頭魚。不委曲曰直籠統。應人呼曰來鳌。馮氏補。

〔道光〕雙鳳里志

【解題】時寶臣纂修。雙鳳里，今江蘇省蘇州市太倉市雙鳳鄉。「方言」見卷一《地域志》中。録文據道光六年（一八二六）活字本《雙鳳里志》。

方言

凡方音隨地而分，而犬牙相錯處，時雜出於他邑。吾里舊隸常熟，南數百步越寺涇即崑山。後分隸太倉，西北三里即常熟，今爲昭文。直西五里即崑山，今爲新陽。方音每錯見焉，常音儇，崑音輕，太音滯。並有一字數音、一物數稱者，皆以地濱兩邑故耳。

〔康熙〕崑山縣志稿

【解題】董正位修，葉奕苞、盛符升纂。未刊。崑山縣，今江蘇省蘇州市崑山市。「方言」見卷六《風俗》中。有清鈔本。録文據江蘇科學技術出版社一九九四年點校本《康熙崑山縣志稿》。

方言

方言之近古而異於他方者

語了曰哉。《書經》：「股肱喜哉。」「元首起哉。」語了曰且。《詩經》「只且」「狂且」。音嗟。又語餘曰那。《後漢書》〔一〕：「公是韓伯休那？」不曰弗。《中庸》：「弗知弗措也。」數人罪過曰數選。《左傳》：「弗去，懼選。」杜注：「選，數也。」又曰數説。如漢高之數項羽。指人曰其，《論語》：「非其罪也。」又曰伊。《詩經》：「矧伊人兮。」

〔一〕後漢書：原誤作「世説」。

木片曰柹。《晉書·王濬傳》：「木柹蔽江而下。」音廢。飯粒曰米糝。《莊子》：「藜藿不糝。」桑感切。滿足曰彀。弓滿也。兩合無漏曰脗。出《莊子》，亦作縃，俗云脗縫。美隕切。十五日曰月半。出《禮記》。勞苦曰掽僕。《孟子》：「僕僕爾亟拜。」〔一〕整理曰修娖。音捉。《唐書》：「修娖部伍。」〔二〕以肩舉物曰揵。出《史記》。音乾。不舒展曰縮朒，退後曰縮朒。《漢書·五行志》：「王侯縮朒。」傭工曰客作。《漢書·匡衡傳》：「乃與客作。」打擊甚曰鏖。《漢書·霍去病傳》：「合短兵，鏖皋蘭下。」〔三〕顏注：「鏖者，苦擊而殺之。」人物作鬧聲，俱曰擊轂。《國策》：「車擊轂〔四〕，人肩摩。」指環曰手記。《詩》鄭箋：「后妃羣妾以禮御於君所〔五〕，女史書其日月，授之以環。當御者著於左手，既御者著於右手。」今俗亦稱戒指。厚磚曰甂甎。《魏書·扈累傳》：「以甂甎爲障。」畏懼曰寒毛卓卓豎。《晉書·夏統傳》：「不覺寒毛盡戴。」衆多曰多許。《隋書》：「天下何處有多許賊？」許音同滸。《詩經》：「伐木許許。」所在曰場許。《世説》：「桓大司馬先過王、劉諸人許。」汙穢曰惡臭。《大學》：「如惡惡臭。」〔六〕臭，俗音近觸。聲鬧曰擊戛。《書經》：「擊戛鳴球。」清雅曰宿留。唐詩：「宿留洞庭。」音秀溜。稱我曰儂。《湘山野録》：「《錢王歌》：『永在我儂心子裏。』」熱不透曰温暾。《楚辭》：「暾將出兮東方。」音吞。日初出。唐王建詩：「新晴草色煖温

〔一〕原脱一「僕」字，據《孟子》補。
〔二〕伍：原誤作「位」。
〔三〕合：原誤作「舍」。皋蘭：原誤作「蘭皋」。據《漢書》改。
〔四〕擊轂：原誤作「轂擊」，據《戰國策》改。
〔五〕於君：原脱，據《詩箋》補。
〔六〕原脱一「惡」字，據《大學》補。

瞰。」物相類曰一樣能。《漢書》「不相能」，謂不相合也。俗相比曰能，取相合意。如今曰乃今。《漢書》：「吾乃今知皇帝之貴也。」兩手取物曰掇。《易》注：「掇，自取也。」蓋物曰磩，亦曰匵。出《漢書》。石蓋也。音感。不慧曰獃。《唐韻》：「小獃大癡。」蠃蠢曰笨。《宋書·王微傳》亦有「蠃笨」之語〔一〕。音朋去聲。種秧曰莳。古注：「植也。」熱酒曰湯。《集韻注》〔二〕：「熱水灼也。」去聲。以鹺醃物曰鹽。去聲。《内則》：「屑薑與桂，灑諸上而鹽之。」缺齒曰齾。見韻書。牛瞎切。喫食曰噯。出《禮記》，大啜也。如此曰是蓋。古文承接通用。死曰過世。《晉書·秦苻登傳》：「陛下雖過世爲神。」嘲笑曰阿儈。亦招呼聲。

異古異他方而義稍通者

此所以曰呼吸道。取語脈相應意。走曰上。俗音。自雲間來，取上程意。竊視曰張。遠視曰望。近視曰睃。張，取開眼義。望、睃與看意相通。睡曰困。取偃伏意。睡聲曰惛塗。藏曰壙，或作囥。取深穴意。忍曰熬。取煎迫意。轉曰跋。取移足意。積物曰頓。取頓舍意。巧曰摟搜、曰尖鑽。皆取得竅意。伶俐曰即溜。自誇曰賣弄〔三〕。事幸相值曰偶湊。貯物曰坐。取放下意。謂人不能曰無主張。謂人有疾曰無張主。作事無據曰没雕當。置物曰安。取平穩意。完全曰囫圇。布帛薄者曰澆。點茶酒曰篩。取出物意。門之關曰閂。首飾曰頭面。取飾容意。托盤曰反供。指物曰那。拿去聲，

〔一〕微：原誤作「徵」，據《宋書》改。
〔二〕集：原脱。
〔三〕弄：原誤作「美」。

猶言那個。家伙曰家生。住處曰窠坐。取藏身意。階級曰僵礤。此處曰間邊。彼處曰箇邊。男人揖曰唱喏。取聲喏意。女人拜曰屈。去上聲，取屈曲意。戲謔曰蠻，取鄙俗意。又曰取笑，取，音同楚。取笑樂意。又曰草，取草率意。又曰摟。取牽惹意。躲避曰畔。宜作叛。速走曰跌。强出尖曰行霸。取雄據意。非常事曰咤異。移物曰捅。取進前意。不料理曰喇麻。西域之名，亦蠻意。富曰從容。取寬展意。遇可喜事曰利市，亦曰造化。得利曰賺錢。鋤地曰倒地。日曰日頭。取尊陽意。月曰月亮。取明意。怠惰曰邋遢。明初有張邋遢。取闒茸不理意。謝人曰聒噪，取攪擾意。幫話曰搭嘴。取救搭意。祭牲曰牲少。取少牢意。屈抑曰鬱捺。取困屈意。在曰來到。取不去意。極至曰得勢〔一〕。猶他處曰緊、曰狠。取威勢非常意。折紙曰夭。夭，亦折也。以杓取水曰舀。遥上聲。《字彙》：「杵臼也。」蓋借用之。數錢五文曰一花。呼六畜總曰衆生。衆作平聲。

異古異他方而義難通者

何人曰囉個。何物曰奓個。那裡曰囉裡。怎的曰那滂，又曰那哼。或即「寧馨」二字。按語氣亦不相通。在此曰來裡。何説曰那話。恰纔曰姜纔。狀貌曰意裡。糾纏逼迫曰擂堆。了曰子。執物曰當。去聲。按物曰拏。妄語曰趙。苛細曰兜搭。不潔曰喇搭。一番曰一潑，有幾番者曰頭潑、二潑。熱物曰頓。物浮曰氽。吞上聲。稠密曰猛。鞋曰鞋腳手。物曰牢曹。閑游曰白

〔一〕至：原誤作「主」。

相，又曰鼻相。怒曰氣。擲物曰豁，又曰彭，又曰豖。當入聲。上曰浪。如言書上、臺上，則曰書浪、臺浪。柴餘曰拉撒。烹飪曰掙理。在行曰罾得。沮毀曰打破鬼。多言曰饒格喇。多事曰掀格喇。物多曰一拍喇。能曰本事。事難處曰間架。摸物曰婆。

反言者

神氣不振曰葳蕤。二字本榮盛意。舉筯曰按。宰牲曰活。不要曰極要。決不肯曰不知阿肯。決無曰不知阿有。以上三語，明季始有之，亦風俗自淳而澆之一端。

名不正者

呼妻父爲伯伯。呼姪爲孫。呼外孫爲甥。呼曾孫曰玄孫。呼神道爲佛，爲菩薩。呼肉曰菜蔬。音師。呼醫曰郎中。呼鑷工曰待詔。呼馬鞍山爲崑山。

諱言而變其名者

諱散，呼傘曰豎笠。諱滯，呼筯曰快。諱死，呼洗曰浄。諱没，呼抹布曰展布。諱挫，呼醋曰忌諱。諱窮，呼蛩曰賺積。諱離，呼梨曰秋白。諱極，呼屐曰木套。

翻語爲字者

團爲奪欒。孔曰窟籠。盤爲跋欒。精爲即零。村爲秋根。譏人村俗也。呼爲唔塗。

借喻者

陪堂幫襯曰篾片。闖席曰吹木屑。武斷曰横撑船。瞞人曰掄眼皮。柔軟曰衣皮。雷同附和曰一窩蜂。無用曰跍跌倒。夾雜曰夾篙撐。糊塗曰葫蘆提。羣飲曰扛匱。存私得錢曰網巾圈。無知曰黑漆皮燈籠。外貌好曰金漆糞桶。懊悔曰惜尸還魂。婦人健爭曰磕槍頭。

音存古而異於他方者

兒音同倪。又音同以。死音同洗。争音側羊反。晷鬼音同舉。大音同惰。作音同做。兄音同況。歸龜音同居。那去聲。烹庚更彭朋盲争撐錚聲生行横羹耕坑鶯城等字〔一〕，並陽韻。梗，養韻。硬盛，並漾韻。石白百宅尺赤折格客射額擇擲迫拍陌麥嚇只晝磧責等，並藥韻。

音異他方而非古者

認爲召。稅爲世。授爲胄。江爲岡。瘧爲愕。吹爲痴。莊爲臧。葵爲蘧。人爲迎。賒爲沙。遮爲詐。平聲。蛇爲茶。傷爲喪。忘爲忙〔二〕。嘗爲藏。王爲降。降爲杭。任爲迎。水爲暑。癸爲舉。耳爲你。二爲膩。取爲楚。蟹爲海。罷爲敗。去爲棄。貴爲句。胖爲滂。去聲。孝爲好。巧爲考。讓爲娘。去聲。唱爲倉。去聲。肉爲恧。覺爲閣。日爲逆。月爲額。熱爲稔。物爲没。鐵犂爲鐵賴。儇利曰賴。枇杷爲弼杷。

〔一〕盲：原誤作「肓」。
〔二〕忘：原誤作「忌」。

字音口誦不正者

之爲兹。支爲孜。章爲粧。詩爲思。微爲肥。文爲焚。紙爲子。是爲士。旨爲梓。矢爲使。始爲史。齒爲此。吾爲鵝。筍爲損。永爲勇。義爲異。幟爲恣。嶽爲鶴。山爲三。玉爲衄。朔爲索。卓爲竹。琢爲竹。剥爲卜。握爲屋。萬爲飯。晚爲凡。上聲。畿爲幾。魚爲余。徐爲齊。無爲符。武爲拊。黄爲王。胡爲何。吕爲李。問爲忿。去聲。爰爲碗。年爲妍。沿爲言。褰爲蹇。寧爲迎。宏爲紅。賞爲爽。末爲吠。外爲壞。

音異而字亦訛者

圍爲圩。都爲保。鄙爲圖。姪爲侄。浦爲埠，又爲步。愈爲越。太爲忒。晃爲奣。地名有奣子。劒爲及〔一〕。地名有楊及涇。一帶爲一答。掌故爲帳簿。核桃爲胡桃。惱鴉爲老鴉。惱鴉之名本與喜鵲爲對。

音不異而字訛者

盤博爲盤剥。鈞銷爲弔銷。姥爲媽。

〔乾隆〕崑山新陽合志

【解題】張予介等修，王峻等纂。崑山，今江蘇省蘇州市崑山市。新陽，雍正時從崑山中析置，民國初

〔一〕劒：原誤作「劊」。

又併入崑山縣。「方言」見卷一。録文據乾隆十六年(一七五一)刻本《崑山新陽合志》。

方言

方言之近古而異於他方者

語了曰哉。《書經》:「股肱喜哉。」語了曰且。《詩經》:「只且」「狂且」。語餘曰那。《後漢書》〔一〕:「公是韓伯休那?」不曰弗。《中庸》:「弗知弗措。」不慧曰獃。《唐韻》:「小獃大癡。」麤蠢曰笨。《宋書·王微傳》亦有「麤笨」之語〔二〕。指人曰其,《論語》:「非其罪也。」又曰伊。《詩經》:「矧伊人兮。」稱我曰儂。《湘山野録》:「《錢王歌》:在我儂心子裏。」滿足曰彀。弓滿也。兩合無漏曰脗。出《莊子》,亦作緡,俗云脗縫。以肩舉物曰揵。出《史記》。打擊甚曰鏖。《漢書·霍去病傳》:「合短兵,鏖皋蘭下。」〔三〕顔注:「鏖,苦擊而殺之。」種秧曰蒔。古注:「植也。」熱酒曰湯。《集韻注》〔四〕:「熱水灼也。」缺齒曰齾。見韻書。以鹺醃物曰鹽。《内則》:「屑薑與桂,以灑諸上而鹽之。」喫食曰嚃。出《禮記》,大啜也。兩手取物曰掇。見《易注》。蓋物曰磡,亦曰匵。出《漢書》。木片曰柹。《晉書·王濬傳》:「木柹蔽江而下。」十五曰月半。出《禮記》。如今曰乃今。《漢書》:「吾乃今知皇帝之貴也。」數人罪過曰撫選。《左傳》:「弗去,懼選。」杜注:「選,數也。」又曰數説。如漢高之數項羽。汙

〔一〕後漢書:原誤作「世説」。
〔二〕微:原誤作「徵」,據《宋書》改。
〔三〕合:原誤作「舍」。皋蘭:原誤作「蘭皋」。據《漢書》改。
〔四〕集:原脱。

穢曰惡臭。如惡惡臭，俗音近觸。勞苦曰擗僕。《孟子》：「僕僕爾亟拜。」整理曰修娖。《唐書》：「修娖部伍。」〔一〕不舒展曰縮朒，退後亦曰縮朒。《漢書·五行志》：「王侯縮朒。」傭工曰客作。《漢書·匡衡傳》：「乃與客作。」飯粒曰米糝。《莊子》：「藜藿不糝。」指環曰手記。《詩》鄭箋：「后妃羣妾以禮御於君所，女史書其日月，授之以環，當御者著於左手，既御者著於右手。」今俗亦稱戒指。厚磚曰甋甎。《魏書·扈累傳》：「以甋甎爲障。」衆多曰多許。《隋書》：「天下何處有多許賊？」在其處曰裏許。《世説》：「桓大司馬先過王、劉諸人許。」人物作鬧聲曰擊轂。《國策》：「車擊轂。」〔二〕熱不透曰温暾。《楚辭》：「暾將出兮東方。」物相類曰一様能。《漢書》：「不相能。」謂不相合也。嘲笑曰阿癐癐。亦招呼聲。畏懼曰寒毛卓卓豎。《晉書·夏統傳》：「不覺寒毛盡戴。」人死曰過世。《晉書·秦苻登傳》：「陛下雖過世爲神。」

異古異他方而義稍通者

竊視曰張。遠視曰望。近視曰睃。張取開眼義，望、睃與看意相通。藏曰壙。或作囥，取深穴意。忍曰敖。取煎迫意。轉曰跋。取移足意。貯物曰坐。取放下意。置物曰安。取平穩意。移物曰捅。取挪動意。積物曰頓。取頓舍意。布帛薄者曰澆。澆，亦薄也。點茶、點酒曰篩。取出物意。折紙曰夭。夭，亦折也。以杓取水曰舀。指物曰那。戲謔曰蠻，鄙俗之意。又曰草，率略之意。又曰摟，牽惹之意。又曰

〔一〕伍：原誤作「位」。

〔二〕擊轂：原誤作「轂擊」，據《戰國策》改。

取笑。俗云楚笑。躲避曰畔。速往曰趺。門之關曰閂。睡曰困。取偃伏意。睡聲曰惛塗。或作昏鼉。天明曰天亮。巧曰摟搜，亦曰尖鑽。皆取得窾意〔一〕。伶俐曰即溜。自誇曰賣弄，亦曰喇天。能幹事曰在行，亦曰奢遮。事幸相值曰偶湊。數人罪過曰羞削，亦曰牙鈍。騙人曰串局。受騙曰上檔。强出尖曰行霸。取雄據意。屈抑人曰鬱捺。謝人曰聒噪，取攪擾意。亦曰打攪。非常事曰咤異。心不定曰鶻突。怠惰曰邋遢。闒冗之意。富曰從容。取寬展意。遇可喜事曰利市，亦曰造化。物完全曰囫圇。事完全曰連牽。事決裂曰了哉。悔氣曰不色骰，亦曰倒運。得利曰賺錢。聚小成大曰躉當。極至處曰得勢。取非常意。安身處曰窠坐。取退藏意。此處曰間邊。彼處曰箇邊。在曰來到。取不去意。日曰日頭。取尊陽意。月曰月亮。取明照意。男人揖曰唱喏。聲喏之意。女人拜曰屈。俗作去，屈曲意。首飾曰頭面。取飾容意。托盤曰反供。家伙曰家生。階級曰僵礤。鋤地曰倒地。呼六畜總曰衆生。數錢五文曰一花。取五瓣意。謂人不能曰無主張。謂人有疾曰無張主。作事無據曰没雕當，又曰無影子。作事不清楚曰膩夾夾。彼此錯誤曰兩雙閃。説人粧體面曰擺架子。此所以曰呼吸道。語意相應。

異古異他方而義難通者

執物曰當。按物曰拏。擲物曰豁，又曰丟。摸物曰摟。熱物曰頓。物浮曰氽。稠密曰

〔一〕窾：康熙《崑山縣志稿》、道光《崑新兩縣志》等作「竅」。

猛。妄語曰趙。怒曰氣。上曰浪。如書浪、臺浪。貨之低曰邱，曰鄒。何人曰囉個。何物曰奓個。那裡曰囉裡。怎的曰那滂，又曰那哼。何説曰那話。剛纔曰姜纔。狀貌曰意裡。糾纏逼迫曰擂堆。苛細曰兜搭。不潔曰喇搭。一番曰一潑，幾番曰頭潑、二潑。渾舉物件曰東西。指物之多曰牢曹。閒遊曰白相，又曰鼻相。柴餘曰拉撒。烹飪曰挣理。在行曰罶得。能曰本事。事難處曰尷尬。沮事曰打破句。多言曰鐃格喇。多事曰掀格喇。物多曰一拍喇。

反言者

神氣不振曰葳蕤。本榮盛意。舉筯曰按。宰牲曰活。不要曰極要。不肯曰倒肯。無曰倒有。

名不正者

呼姪爲孫。呼外孫爲甥。呼曾孫曰玄孫。呼神道爲天地。呼醫生曰郎中。呼鑷工曰待詔。呼魚肉曰菜蔬。

諱言而變其名者

諱散呼傘曰豎笠〔一〕。諱極呼屐曰木套。諱離呼梨曰秋白。諱没呼抹布曰展布。諱死呼洗曰浄。諱滯呼筯曰快。諱挫呼醋曰秀才。

翻語爲字者

團爲奪欒。孔曰窟籠。盤爲跋欒。精爲即零。村爲秋根。呼爲唔塗。

〔一〕 豎：原誤作「竪」。

借喻者

鞱閒曰篾片。軟弱曰衣皮。瞞人曰掄眼皮。闖席曰吹木屑。横逆曰横撑船。多事曰夾篙撑。附和曰一窩蜂。無用曰水統蟹。醵錢共飲曰扛匱。婦人健争曰磕鎗頭。懊悔曰惜尸還魂。外貌好曰金漆馬桶。無知曰黑漆皮燈籠。

音存古而異於他方者

兒音同倪。又音同亦。死音同洗。大音同惰。作音同做。兄音同況。晷鬼音同舉。歸龜音同居。争音側羊反。那去聲。烹庚更彭朋盲撑鋅聲生甥笙牲行横羹耕坑鶯櫻鸚橙等字並陽韻,梗養韻,硬盛並漾韻,石白百宅尺赤折格客射額擇擲迫拍陌麥嚇雙畫磧責等並藥韻。

音異他方而非古者

税爲世。授爲胄。認爲紹。江爲岡。瘧爲愕。吹爲痴。莊爲臧。葵爲蘧。人爲迎。賒爲沙。遮爲詐。蛇爲茶。傷爲喪。忘爲忙。嘗爲藏。王爲降。降爲杭。壬爲迎。水爲暑。耳爲你。二爲膩。取爲楚。蟹爲海。罷爲敗。去爲棄。貴爲句。胖爲滂。孝爲好。巧爲考。讓爲釀。唱爲倉。肉爲恧。覺爲閣。日爲躡。月爲額。熱爲業。物爲没。鐵犂爲鐵賴。枇杷爲弼杷。

字音口誦不正者

之爲兹。支爲孜。章爲粧。詩爲思。微爲肥。文爲焚。紙爲子。是爲士。旨爲梓。矢爲使。始爲史。齒爲此。吾爲鵝。筍爲損。永爲勇。義爲異。幟爲恣。獄爲鶴。山爲三。

玉爲屻。朔爲索。卓爲竹。琢爲竹。剥爲卜。握爲屋。萬爲飯。晚爲凡。畿爲幾。魚爲佘。徐爲齊。無爲符。武爲拊。黄爲王。胡爲何。吕爲李。問爲忿。爰爲碗。年爲妍。沿爲言。褰爲蹇。寧爲迎。宏爲紅。賞爲爽。未爲吠。外爲壞。

音異而字亦訛者

圍爲圩。都爲保。鄙爲啚。姪爲侄。浦爲埠，又爲步。愈爲越。太爲忒。晃爲奣。地名有奣子。劍爲及。地名有楊及涇。掌故爲帳簿。一帶爲一荅。惱鴉爲老鴉。惱鴉本與喜鵲爲對。

〔道光〕崑新兩縣志

【解題】張鴻等修，王學浩等纂。崑新，指崑山、新陽。崑山，今江蘇省蘇州市崑山市。新陽，雍正時從崑山中析置，民國初又併入崑山縣。「方言」見卷一《風俗》中。録文據道光六年（一八二六）刻本《崑新兩縣志》。

方言

方言之近古者

語了曰哉，多見經傳。又曰且。《詩經》：「只且」「狂且」。語餘曰那。《世説》：「公是韓伯休那？」不曰弗。不慧曰獃。《唐韻》：「小獃大癡。」矗蠢曰笨。音朋去聲。《宋書·王微傳》亦有「矗笨」之語〔一〕。指人曰

〔一〕微：原誤作「徵」，據《宋書》改。

其，又曰伊。多見經傳。稱我曰儂。《湘山野録》：「《錢王歌》：『在我儂心子裏。』」滿足曰彀。弓滿也。以肩舉物曰揵。出《史記》，音乾。打擊甚曰鏖。《漢書・霍去病傳》：「合短兵，鏖皋蘭下。」〔一〕顔注：「鏖者，苦擊而殺之。」種苗曰蒔。古注：「植也。」熱酒曰湯。去聲。《集韻注》〔二〕：「熱水灼也。」缺齒曰齾。見韻書。牛瞎切。以鹺醃物曰鹽。出《禮記・内則》。去聲。喫食曰嘬。出《禮記》，大啜也。兩手取物曰掇。見《易經・説卦》。蓋物曰礚，亦曰匽。出《漢書》。十五日曰月半。出《禮記》。數人罪過曰數説，又曰撫選。《左傳》：「弗去，懼選。」杜注：「選，數也。」汙穢曰惡臭。見《大學》。俗音臭近觸。勞苦曰擗僕。《孟子》：「僕僕爾亟拜。」整理曰修娖。《唐書》：「修娖部伍。」〔三〕不舒展曰縮朒，退後亦曰縮朒。《漢書・五行志》：「王侯縮朒。」傭工曰客作。《漢書・匡衡傳》：「乃與客作。」飯粒曰米糝。桑感切。《莊子》：「藜藿不糝。」厚磚曰瓴甋。《魏書・扈累傳》：「以瓴甋爲障。」衆多曰多許。《隋書》：「天下何處有多許賊？」人物作鬧聲曰擊轂。《國策》：「車擊轂。」熱不透曰温暾。《楚辭》：「暾將出兮東方。」物相類曰一様能。《漢書》：「不相能。」謂不相合也。能取相合意。畏懼曰寒毛卓卓竪。《晉書・夏統傳》：「不覺寒毛盡戴。」人死曰過世。《晉書・秦苻登傳》：「陛下雖過世爲神。」如此曰是蓋。古文承接通用。

〔一〕合：原誤作「舍」。皋蘭：原誤作「蘭皋」。據《漢書》改。
〔二〕集：原脱。
〔三〕伍：原誤作「位」。

異古異他方而義稍通者

看曰張、曰望、曰睃。藏曰擴。或作囥，取深穴意。忍曰熬。取煎迫意。轉曰跋。取移足意。貯物曰坐。取放下意。置物曰安。取平穩意。移物曰捅。取挪動意。積物曰頓。取頓舍意。布帛薄者曰澆。澆，亦薄也。點茶酒曰篩。取出物意。折紙曰夭。夭，亦折也。以杓取水曰舀。遥上聲。《字彙》：「杵，臼也。」蓋借用之。指物曰那。拿去聲。猶言那個。戲謔曰蠻，鄙俗之意。又曰草，率略之意。又曰摟，牽惹之意。又曰取笑。俗音楚笑。躲避曰畔。速往曰趺。門之關曰閂。睡曰困。取偃伏意。睡聲曰惽塗。天明曰天亮。巧曰摟搜，亦曰尖鑽。皆取得竅意。伶俐曰即溜。自誇曰賣弄、曰説嘴，亦曰喇天。能幹事曰在行，亦曰在道。事幸相值曰偶湊。數説人過曰羞削，亦曰牙鈍。騙人曰串局。受騙曰上檔。强出尖曰行霸。屈抑人曰鬱捺。謝人曰聒噪，取攪擾意。亦曰打攪。幫話曰搭嘴。可怪事曰咤異。心不定曰鶻突。怠惰曰邋遢。取闒茸意。富曰從容。取寬展意。事可喜曰利市，亦曰造化。物完全曰囫圇。事完全曰連牽，又曰結題。事決裂曰了哉。悔氣曰不色骰，亦曰倒運。得利曰賺錢。聚小成大曰蔓當。些微曰粒屑。安身處曰窠坐。此處曰該邊。彼處曰箇邊。在曰來到。取不去意。日曰日頭。取尊陽意。月曰月亮。取明照意。男人揖曰唱喏。聲喏之意。女人拜曰屈。俗作上聲，取屈曲意。首飾曰頭面。取飾容意。托盤曰反供。家伙曰家生。階級曰礓礫。鋤地曰倒地。呼六畜曰衆生。數錢五文曰一花。取五瓣意。藐視物之多曰麨⿰曹少。《集韻》：「麨⿰曹少，物未精也。」事無礙曰不反道。昏愚曰懵懂。謊言曰搗鬼。作事不清楚曰膩夾夾。

彼此錯誤曰兩雙閃。天微明曰烏朧朧。不料事曰喇嘛。西域名，亦取蠻意。作事無據曰没雕當，又曰無影子。誚人誇張曰擺架子，又曰擺攤。此所以曰呼吸道。語意相應。自主意曰杜田。萬峯禪師偈曰：「七十九年，一味杜田。懸崖撒手，白日杲天。」

異古異他方而義難通者

執物曰當。去聲。按物曰拿。擲物曰豁，又曰丟。當入聲。摸物曰摟。熱物曰頓。物浮曰氽。吞上聲。稠密曰猛。妄語曰趙。妄語謂喜造言生事，當是造字，音誤爲趙。癡曰鐸。明鄭文康有友十人，忌者呼爲十鐸。怒曰氣。上曰浪。如言書上、臺上，則曰書浪、臺浪。貨之低曰邱，亦曰鄒。何人曰囉個。何物曰奓個。那裏曰囉裏。怎的曰那澇，又曰那哼。在此曰來裏。何説曰那話。剛纔曰姜纔。狀貌曰意裏。糾纏曰纍堆。苛細曰兜搭。嘲笑曰阿膾膾。不潔曰喇搭。一番曰一潑，幾番曰頭潑、二潑。閒遊曰白相。穢雜曰拉撒。有能曰本事。事難處曰尷尬。沮事曰打破句。多事曰掀格喇。物多曰一拍喇。滴曰帝〔一〕。

反言者

神氣不振曰葳甤。本草木榮盛意。舉節曰按。宰牲曰活。

名不正者

呼姪爲孫。呼外孫爲甥。呼曾孫爲元孫。呼父爲老土地。呼母爲阿媽。呼神道爲佛、爲

〔一〕帝：光緒《崑新兩縣續修合志》作「渧」。

菩薩。呼醫生爲郎中。呼鑷工爲待詔。呼魚肉爲菜蔬。

諱言而變其名者

諱散呼傘曰豎笠〔一〕。諱極呼屐曰木套。諱離呼梨曰秋白。諱沒呼抹布曰展布。諱死呼洗曰浄。諱滯呼筯曰快。諱挫呼醋曰秀才。

借喻者

幫閒曰篾片。軟弱曰衣皮。瞞人曰掄眼皮。闖席曰吹木屑。伺隙加害曰踢痛腿，又曰踏沈船。武斷曰横撑船。插入事中曰夾篙撑。附和曰一窩蜂。無用曰水統蟹。醵錢共飲曰扛櫃。許物不償曰拔短梯。輕易舉事曰揵木梢。狀人狠戾曰横牙神。婦人健争曰磕鎗頭。懊悔曰借尸還魂。外貌好曰金漆馬桶。無知曰黑漆皮鐙籠。

翻語爲字者

團爲奪欒。孔爲窟籠。盤爲跋欒。精爲即零。村爲秋根〔二〕。譏人村俗也。呼爲唘塗。

音存古而異於他方者

兒音同倪。又音同亦。死音同洗。大音同惰。作音同做。兄音同况。鬼音同舉。歸龜音同居。争音側羊反。他如，烹庚更彭朋盲撑錚聲生甥笙牲行横羹耕坑鶯櫻鸚橙等並作陽

〔一〕豎：原誤作「竪」。
〔二〕秋：原誤作「秌」。

韻，梗養韻之硬梗盛並作漾韻，石白百宅尺赤折格客射額擇擲迫拍陌麥嚇雙畫磧責等並作藥韻，開口呼。

音異他方而非古者如

水爲暑。稅爲世。授爲胄。詔爲召。江爲岡。葵爲蘧。人爲迎。賒爲沙。遮爲詐。平聲。蛇爲茶。傷爲喪。忘爲忙。嘗爲藏。王爲降。降爲杭。壬爲迎。耳爲你。二爲膩。取爲楚。貴爲句。孝爲好。去聲。讓爲釀。唱爲倉。去聲。肉爲恧。覺爲閣。日爲躡。月爲額。熱爲業。物爲末。鐵犂爲鐵賴，亦作鐵搭。枇杷爲弼杷。莊爲臧。瘧爲愕。吹爲癡。

字音口誦不正者

之支並作玆。詩作思。章爲妝。文爲焚。紙爲子。是爲士。旨爲梓。卓琢並爲竹。剥爲卜。萬爲飯。晚爲凡。徐爲齊。無爲符。武爲拊。胡爲何。呂爲李。問爲忿。爰爲碗。賞爲爽。外此如微惟、朱諸之類，尚不可枚舉。

音異而字亦訛者

圍爲圩。都爲保。鄙爲啚。愈爲越。太爲忒。晃爲奣。劒爲及。一帶爲一答。惱鴉爲老鴉。惱鴉與喜鵲對，悞作老鴉。

〔光緒〕崑新兩縣續修合志

【解題】金吴瀾等修，汪堃等纂。崑新，指崑山、新陽。崑山，今江蘇省蘇州市崑山市。新陽，雍正時從崑山中析置，民國初又併入崑山縣。「方言」見卷一《風俗》中。録文據光緒六年（一八八〇）刻本《崑新兩縣續修合志》。

方言

方言之近古者

語了曰哉，多見經傳。又曰且。《詩經》：「只且」「狂且」。問語曰那。《世説》：「公是韓伯休那？」不曰弗。不慧曰獃。《唐韻》：「小獃大癡。」麤蠢曰笨。音朋去聲。《宋書・王微傳》亦有「麤笨」之語〔一〕。指人曰其，又曰伊。多見經傳。稱我曰儂。《湘山野録》：「《錢王歌》：『永在我儂心子裹。』」滿足曰彀。弓滿也。以肩舉物曰揵。出《史記》。音乾。打擊甚曰鏖。《漢書・霍去病傳》：「合短兵〔二〕，鏖皋蘭下。」顔注：「鏖者，苦擊而殺之。」種苗曰蒔。古注：「植也。」熱酒曰湯。去聲。《集韻》注〔三〕：「熱水灼也。」缺齒曰齾。見韻書。牛瞎切。以鹺醃物曰鹽。出《禮記・内則》。去聲。喫食曰嚃。出《禮記》，大啜也。兩手取物曰掇。見《易經・説卦》。蓋

〔一〕微：原誤作「徵」，據《宋書》改。
〔二〕合：原誤作「舍」，據《漢書》改。
〔三〕集：原脱。

物曰礮，亦曰匭。出《漢書》。十五日曰月半。出《禮記》。數人罪過曰數説，又曰撫選。《左傳》：「弗去，懼選。」杜注：「選，數也。」汙穢曰惡臭。見《大學》。俗音臭近觸。勞苦曰掰僕。《孟子》：「僕僕爾亟拜。」整理曰修妮。《唐書》：「修妮部伍。」〔一〕不舒展曰縮朒，退後亦曰縮朒。《漢書・五行志》：「王侯縮朒。」傭工曰客作。《漢書・匡衡傳》：「乃與客作。」飯粒曰米糝。桑感切。《莊子》：「藜藿不糝。」厚磚曰瓴甋。《魏書・扈累傳》：「以瓴甋爲障。」衆多曰多許。《隋書》：「天下何處有多許賊？」人物作鬧聲曰擊轂。《國策》：「車擊轂。」熱不透曰温暾。《楚辭》：「暾將出兮東方。」〔二〕物相類曰一樣能。《漢書》：「不相能。」謂不相合也。能取相合意。畏懼曰寒毛卓卓豎。《晉書・夏統傳》：「不覺寒毛盡戴。」人死曰過世。《晉書・秦苻登傳》：「陛下雖過世爲神。」如此曰是蓋。古文承接通用。湊錢共飲曰公醵。公音訛剛，醵見《禮記》。

異古異他方而義稍通者

看曰張、曰望、曰睃。即「胥，相也」，古胥音若蘇。藏曰壙。或作囥，取深穴意。忍曰熬。取煎迫意。轉曰跋。取移足意。儲物曰坐。取放下意。置物曰安。取平穩意。移物曰捅。取挪動意。積物曰頓。取頓舍意。布帛薄者曰澆。澆，亦薄也。點茶酒曰篩。取出物意。篩即釃。《詩》：「釃酒有藇。」折紙曰夭。夭，亦折也。以杓取水曰舀。遥上聲。《字彙》：「杵，臼也。」蓋借用之。指物曰那。拿去聲。猶言那個。兒戲曰鑾。鄙俗之意，頑聲之轉。相謔曰草，草當作吵，調笑之意。又曰摟，牽惹之意。又曰取笑。俗云楚笑。躲避曰

〔一〕伍：原誤作「位」。
〔二〕兮：原誤作「分」，據《楚辭》改。

叛。取相反意。速往曰跌。門之關曰門。睡曰困。取偃伏意。睡聲曰惛塗。即呼字之緩聲。天明曰天亮。巧曰摟搜，亦曰尖鑽。皆取得竅意。伶俐曰即溜。自誇曰賣弄、曰説嘴，亦曰喇天。能幹事曰在行，亦曰在道。事幸相值曰偶湊。數説人過曰羞削，亦曰牙鈍。騙人曰串局。受騙曰上黨。强出尖曰行霸。屈抑人曰鬱捺。謝人曰聒噪，取攪擾意。亦曰打攪。幫話曰搭嘴。可怪事曰咤異。心不定曰鶻突。怠惰曰邋遢。取闒茸意。富曰從容。取寬展意，即充字之緩聲。事可喜曰利市，亦曰造化。物完全曰囫圇。即渾字之緩聲。事完全曰連牽，又曰結題。事決裂曰了哉。悔氣曰不色骰，亦曰倒運。得利曰賺錢。聚小成大曰蔓當。些微曰粒屑。安身處曰窠坐。此處曰該邊。彼處曰箇邊。在曰來到。取不去意。音如勒得。日曰日頭。取尊陽意。月曰月亮。取明照意。男人揖曰唱喏。聲喏之意。女人拜曰屈。俗作上聲，取屈曲意。首飾曰頭面。取飾容意。托盤曰反供。家伙曰家生。階級曰礓礤。鋤地曰倒地。呼六畜曰衆生。數錢五文曰一花。取五瓣意。藐視物之多曰⿰劣少⿰曹少。《集韻》：「⿰劣少⿰曹少，物未精也。」事無礙曰不反道。昏愚曰懵懂。謊言曰搗鬼。作事不清楚曰膩夾夾。彼此錯悞曰兩雙閃。天微明曰烏曨曨。不料事曰喇嘛。西域名，亦取蠻意。作事無據曰没雕當，又曰無影子。誚人誇張曰擺架子，又曰擺攤。此所以曰呼吸道。語意相應。自主意曰杜田。萬峯禪師偈曰：「七十九年，一味杜田。懸崖撒手，白日杲天。」

異古異他方而義難通者

執物曰當。去聲。按物曰搻。擲物曰豁，又曰丟。當入聲。摸物曰摟。即摩挲二字之合聲。熱物曰頓。物浮曰氽。吞上聲。稠密曰猛。妄語曰趙。妄語謂喜造言生事，當是造字，音誤爲趙。癡曰鐸。明鄭文康有友十人，忌者呼爲十鐸。怒曰氣。上曰浪。如言書上、臺上，則曰書浪、臺浪。貨之低曰邱，亦曰鄒。何人曰囉個。何物曰奓個。那裏曰囉裏。怎的曰那湧，又曰那哼。在此曰來裏。何説曰那話。剛纔曰姜恐當作將纔。狀貌曰意裏。糾纏曰纍堆。事多牽率曰兜搭。嘲笑曰阿詹詹。不潔曰喇搭。一番曰一潑，幾番曰頭潑、二潑。閒遊曰白相。穢雜曰拉撒。有能曰本事。事難處曰尷尬。沮事曰打破句。多事曰掀格喇。物多曰一拍喇。滴曰渧。音之轉。

反言者

神氣不振曰葳㹀。本草木榮盛意。舉筯曰按。宰牲曰活。

名不正者

呼姪爲孫。呼外孫爲甥。呼曾孫爲元孫。呼父爲阿伯。呼母爲阿嬀。呼神道爲佛、爲菩薩。呼醫生爲郎中。呼鑷工爲待詔。呼魚肉爲菜蔬。呼店夥爲堂官。

諱言而變其名者

諱散呼傘曰豎笠〔一〕。諱極呼屐曰木套。諱離呼梨曰秋白。諱没呼抹布曰展布。諱死呼洗曰浄。諱滯呼筯曰快。諱挫呼醋曰秀才。

〔一〕豎：原誤作「竪」。

借喻者

幫閒曰篾片。軟弱曰衣皮。瞞人曰掄眼皮。闖席曰吹木屑。伺隙加害曰踢痛腿，又曰踏沈船。武斷曰横撑船。插入事中曰夾篙撑。附和曰一窩蜂。無用曰水統蟹。醵錢共飲曰扛櫃。許物不償曰拔短梯。輕易舉事曰撻木梢。狀人狠戾曰横牙神。婦人健爭曰磕鎗頭。懊悔曰惜尸還魂。外貌好曰金漆馬桶。無知曰黑漆皮鐙籠。

翻語爲字者

團爲奪欒。孔爲窟籠。盤爲跋欒。精爲即零。邨爲秋根。譏人邨俗也。呼爲唿塗。壅爲烏貢。

音存古而異於他方者

兒音同倪。又音同亦。死音同洗。大音同惰。作音同做。兄音同況。鬼音同舉。歸龜音同居。爭音側羊反。他如，烹庚更彭朋盲撑錚聲生甥笙牲行横羹耕坑鶯櫻鸚橙等字並作陽韻，梗養韻之硬梗盛並作漾韻，石白百宅尺赤折格客射額擇擲迫拍陌麥嚇雙畫磧責等並作藥韻，開口呼。

音異他方而非古者如

水爲暑。税爲世。授爲胄。詔爲召。江爲岡。葵爲蘧。人爲迎。賒爲沙。遮爲詐。平聲。蛇爲茶。傷爲喪。忘爲忙。嘗爲藏。王爲降。降爲杭。壬爲迎。耳爲你。二爲膩。取爲楚。貴爲句。孝爲好。去聲。讓爲釀。唱爲倉。去聲。肉爲恧。覺爲閣。日爲躡。月爲額。

熱爲業。物爲末。鐵犂爲鐵賴，亦作鐵搭。枇杷爲弼杷。莊爲臧。瘧爲愕。吹爲癡。

字音口誦不正者

之支並作兹。詩作思。章爲妝。文爲焚。紙爲子。是爲士。旨爲梓。卓琢並爲竹。剥爲卜。萬爲飯。晚爲凡。徐爲齊。無爲符。武爲拊。黄爲王。胡爲何〔一〕。吕爲李。問爲忿。爰爲碗。賞爲爽。外此如微惟、朱諸之類，尚不可枚舉。

音異而字亦訛者

圍爲圩。都爲保。鄙爲啚。愈爲越。太爲忒。晃爲奣。劒爲及。一帶爲一答。惱鴉爲老鴉。惱鴉與喜鵲對，悮作老鴉。

〔民國〕崑新兩縣續補合志

【解題】連德英修，李傳元纂。崑新，指崑山、新陽。崑山，今江蘇省蘇州市崑山市。新陽，雍正時從崑山中析置，民國初又併入崑山縣。「方言」見卷一《風俗》中。録文據民國十二年（一九二三）刻本《崑新兩縣續補合志》。

方言

虹見曰挂雩。《爾雅・釋天》：「蝃蝀謂之雩。蝃蝀，虹也。」音義雩，于句切。俗呼若

〔一〕黄爲王胡爲何：原作「爲胡何」，據乾隆《崑山新陽合志》補。

吼。有「東吼日頭西吼雨」之諺。《丹鉛録》作黨，《湖壖雜記》作垢。

暫時曰一曏。《説文》：「曏，不久也。」段注：「今人語曰向年、向時，向即曏字。俗作晌。」

瞬息曰霅時。《説文》：「霅，雷電貌。」段注：「音素洽反。俗作霎。」

日未午曰上晝，過午曰下晝。《説文》：「晝，日之出入，與夜爲介。」俗以上下分别之。

十月朔曰十月朝。《程子遺書》：「十月一日拜墳，感霜露也。俗例於是月祭其先人，曰過十月朝。間有於是月展墓者。」

甚涼曰洞涼。《説文》：「洞，滄也。」「滄，寒也。」音户裴迴二切〔一〕。讀若映。

談鬼神事曰陰風颼颼。《集韻》颼音搜。俗讀若慘。

敗興曰殺風景。李義山《雜纂》品目數十〔二〕，其一曰殺風景，如清泉濯足、燒琴煮鶴之類。

田一行曰一棱。《説文》：「棱，柧也。」魯登切。俗作楞。

糞田曰惡田，又曰惡壅。惡與汙同。《説文》：「汙，薉也。」「薉，蕪也。」今作穢。《説文》：「惡，過也。」《漢書・昌邑王傳》注：「惡，矢也。越王句踐爲吴王嘗惡。」是二字亦不妨通

〔一〕「迴」上疑脱反切上字。

〔二〕纂：原作「組」。

用。二字並烏故切。今俗音變爲開口呼，讀如丫去聲。

熟悉道路曰地理鬼。《元曲選》馬致遠《青衫淚》曲有地頭鬼語。

微濕曰潮溚溚，又曰濕滋滋。《集韻》：「溚，濕也。」音答。又音劄。滋，液也。

水清曰潷清。《集韻》音筆。《博雅》：「盝也。」一曰去汁也。盝，《玉篇》：「瀝也。」《周禮·考工記·㡛氏》：「清其灰而盝之。」《集韻》通作漉。俗謂水之清者曰潷清，以水之清無過於潷。又譌作祕音。不可因泌有祕音而赴會之也。

漉物使乾曰瀝乾。《説文》：「瀝，浚也。一曰水下滴瀝。」〔一〕《玉篇》：「𣽡，滴也。」渧，《説文》作渧，都歷切。《埤蒼》有渧字〔二〕，讀去聲，即滴字也。又云𣽡、渧，漉也。乾音干。

湛没於水曰揾。《説文》：「揾，没也。」《集韻》引《字林》：「揾、抐，没也。」揾，烏困切，又烏没切。抐，奴困切。

徒涉曰淜水、䟃水。《説文》：「淜，無舟渡河也。」皮冰切。《集韻》音砰。䟃，《廣韻》：「白銜切，小兒覆行也。」《集韻》皮咸切，音淜，步渡水也。《越語肯綮録》以匍匐爲䟃，以不能行走爲䟃𨂢。𨂢，他銜切。《篇海》音炭。

游涌曰泅水。《説文》：「汓，浮行水上也。」或作泅，從囚聲。《列子》：「習於水，勇於

〔一〕瀝：原脱，據《説文解字》補。

〔二〕蒼：原誤作「倉」。

泗。」游，《説文》从㫃汓聲。汓，似由切。

投水聲曰撲通。《元曲選》馬致遠《青衫淚》曲：「撲通的瓶墜井。」今人跳入河中，或以物投水，均曰撲通，狀其聲也。

擊柝聲曰膈膊。《韻會》：「擊聲。」音逼博。《古兩頭纖纖》詩：「膈膈膊膊春冰裂。」今人稱擊柝聲曰膈膈膊。

水至清曰澈底清。冰至堅曰連底凍。《厚德録》：「應山二連，伯氏君錫爲人清修孤潔，人號爲連底清。仲氏元禮加以駿肅，人號爲連底凍。」今俗謂清理事件曰澈底清，冰厚不解曰連底凍。

火聲曰熚爆，又曰必力八剌。《説文》：「熚，熚㷭，火皃。」〔一〕卑吉切。「爆，灼也。」蒲木切。《集韻》音必剥。《通俗編》：「《元曲選》孫仲章《勘頭巾》劇：『必律八剌。』又李行道《灰闌記》作『必力八剌』。剌，音瘌。」

掃灰曰坌灰。《説文》：「坌，埽除也。」方問切。《少儀》作拚，《曲禮》作糞。今讀若奔。

積灰曰灰𠂤。《説文》：「𠂤，小𠂤也。」段注：「都回切。」《廣韻》《集韻》並云堆本字。

物不鮮明曰灰毛勃六禿。《通俗編》：「俚語集對『灰勃六禿，泥拌千鰍』。」崑俗多毛字。

〔一〕火：原脱，據《説文解字》補。

勃，讀若博。」

空洞無物曰直角儱侗。《集韻》音龍通。《五燈會元》有「瓠子曲彎彎，冬瓜直儱侗」。

屋之四隅曰壁角落頭。《通俗編》：「壁角落頭，見《東坡集・大慧真贊》。」

久屈得伸曰瓦瓪翻身。《說文》：「瓪，敗瓦也。」布綰切。今人語如辦之平聲。

不潔曰⿰巤皮⿰盍皮。《廣韻》⿰巤皮，音臘。⿰盍皮，都盍切。今讀如臘榻。

譏人無能曰大老官。《南史・沈慶曇傳》：「吾處世無才能，圖作大老子耳。」《通俗編》：「按即流俗所謂大老官是也。」

老而自誇者曰倚老賣老。見《元曲選・謝金吾》劇。

年老不健曰龍鍾。《廣韻》：「龍鍾，竹名。」年老如竹枝搖曳，不自禁持。俗以老人不豩健者，謂之龍鍾。

年老曰風中之燭。《古樂府》：「百年未幾時，奄若風中燭。」

入殮曰黃金入櫃。《明一統志》：「金櫃山在揚州府南七里，山多葬地。諺曰：葬此地者，如黃金入櫃。故名。」今以人死而就木者謂之黃金入櫃，非也。

稱人趨時曰時髦，又曰漂亮。《後漢書・順帝紀》贊：「孝順初立，時髦允集。」《南史・齊高帝紀》〔一〕：「正情與皦日同亮。」

〔一〕紀：原作「記」。

稱人才能曰能幹，又曰有才情。《後漢書·循吏傳》：「孟嘗清行出俗，能幹絶羣。」《世説新語》林公謂孫興公、許元度曰：「二賢故自有才情。」

舉止安詳曰文傷傷，又曰書卷氣。見《元曲選》關漢卿《謝天香》曲。傷，音縐。

作事無根據曰脱空祖師。《雲笈七籤》：「脱空王老，時人莫知其年歲。」《通俗編》：「按俚俗有脱空祖師之説，豈即指其人歟？」見《穀梁傳》文六年：「詭辭而出。」

誑語曰黄六。見《藝林彙考》：京師句欄中諢語以紿人者曰黄六。蓋黄巢兄弟六人，巢爲第六，而多詐騙，故詐騙人者則詈之曰黄六。

又曰説鬼話。《避暑録》：「子瞻在黄州及嶺表，所與游者，各隨其人高下，談諧放蕩，不爲畛畦。有不能談者，則强之説鬼。」此即説鬼話也。

稱人謹愼曰把穩，又曰把細。《晉書》諸將謂姚萇曰：「陛下將牢太過。」注云：「將牢，猶言把穩。」猶言子細也。

謂人明白曰明輔。《元曲選》張國賓《薛仁貴》劇有「做箇明輔」語，猶云作證見也。今俗稱人明輔，並非指作證見，猶言最明白。

中有主曰定盤星〔一〕。朱子詩：「記取淵冰語，莫錯定盤星。」今俗以凝神不語者謂之打

〔一〕「中」上疑脱「心」或「胸」字。

定盤星。

現本相曰露馬腳，又曰叉袋裏釘自矗出。諺云：「雲端裏放轡頭，露出馬腳來。」以贗亂真曰鬼畫符。元好問詩：「真書不入時人眼，兒輩從教鬼畫符。」

心驚曰踤踤跳。《五燈會元》楊大年與石霜圓參證，楊曰：「三腳蝦蟆跳上天。」圓曰：「一任踤跳。」即俗所謂急得踤踤跳也。踤，音勃，俗讀如薄。

危懼不安曰惿心悼膽。《說文》：「悼，懼也。」徒到切。《集韻》惿音提，怯也。悼當讀若弔。

假寐曰打磕𥉂。《新方言》：「《莊子·外物》篇：『𥉂𩞳不得成。』案淮南謂假寐爲𥉂𩞳，上音如沖，下音如惇。」今俗謂之打磕𥉂，讀若沖去聲。

寐而寤曰一寣。《說文》：「寣，臥驚也。」火滑切。音忽。俗云：「一寣困到大天明。」

管閒事曰多嘴多舌。《元曲選·瀟湘雨》劇有「多嘴多舌」語。

閒話曰嚼蛆。《北夢瑣言》：僞蜀親騎軍人，各有名號，如姜癩子、李嗑蛆等〔一〕。今俗云嚼蛆。有「嚼蛆」詩。

事之接連者曰富貴不斷頭。《博古圖》：「《漢千秋萬歲鐵鑑銘》曰：『千秋萬歲，富貴

〔一〕李：原脱，據《北夢瑣言》補。

不斷。』」

積錢不散曰看財童子、守錢奴。　見《後漢書·馬援傳》。又元人有《看錢奴》雜劇。

自謙作事曰窮忙。　《老學庵筆記》：「元豐時，評尚書省曹語云：戶度金倉，日夜窮忙。」

襤褸不堪曰窮鬼。　韓愈《送窮文》：「三揖窮鬼而告之。」

且圖目前曰得過且過。　《輟耕録》：「五臺山有鳥名號寒蟲，當夏儀采絢爛，自鳴曰『鳳凰不如我』。比至深冬，毛羽脱落，遂自鳴曰『得過且過』。」今窮人亦有「得過且過」之語。

物價相懸曰皴頒。　《集韻》皴，推去聲。今買物者少與人錢，賣者必云「價錢皴頒」。

顢若畫一曰三眼一板，又曰板板六十四。　《通俗編》：「板板六十四，見《豹隱紀談》。按凡鼓製錢，每一板六十四文，乃定例也。」

驚其事曰夏，亦曰芋。　見徐鉉《説文》芋字注。俗讀如呃。

美好曰俏。　當作釥。見揚子《方言》。

相尊讓曰擡舉。　見白居易詩。

難得曰希罕。　見《爾雅》。

浣衣曰汏。　見《説文》。

酒充飢曰耎飽。　見《冷齋夜話》。

失便宜曰喫虧。　見宋人詩。

信然曰真正。　見《後漢書》。
總言之曰通共。　見《漢書·原涉傳》。
婦謂夫曰儀。　《詩》：「實維我儀。」
問多少曰幾許。　《漢書·疏廣傳》：「問其家金尚有幾所。」師古曰：「猶言幾許。」「讀如『伐木滸滸』之滸。」蓋雙聲字也。
羊豕肉一肩曰一腳。　見《元典章》。
瘡潰曰虹。　《詩》「實虹小子」箋：「虹，潰也。」
不潔淨曰鏖糟。　見晉灼《漢書·霍去病傳》注：「殺人爲鏖糟，蓋血肉狼藉意。」
人死曰不在。　《左》哀二十七年。
手爪毀物曰攋。　《方言》：「壞也。」《集韻》洛駭切。
懸物曰鳥。　《玉篇》：「丁了切。懸物也。」
地濕難行曰打滑澾。　見朱子《楚詞注》。
待曰等。　見宋人詩。
藏物曰抗。　見《周禮·服不氏》鄭注。字亦作伉。
物醜曰鄒。　揚子《方言》。

病容曰面白𪊲𪊲[一]。力小反，見《廣雅》。

門之關，横者曰門，豎者曰閅。字當作棖，亦作撑。

伶俐曰即零。見盧仝詩。

裝束曰打扮。見黄公紹《競渡》曲。

手析物曰斯。《爾雅》：「斯，離也。」又：「斧以斯之。」

畫分曰華。見《曲禮》「爲國君削瓜者華之」鄭注：「華，中裂之。」又四析也。

作事曰做事體。作工曰做生活。見《後漢書・胡廣傳》。

煖酒器曰急須。音如蘇。見《三餘贅筆》。

馬曰生口。見《魏志・王昶傳》注、《晉書・武帝紀》。

感激曰頂戴。見王泠然《與高昌宇書》、顔真卿《争坐位帖》。

混同曰籠統。見《三國志・鍾會傳》注。

呼犬曰阿六六。《演繁露》有呼犬作盧盧之語。案盧、六雙聲字。蓋本《齊風・盧令》。

已甚曰殺。如《晉書・衛玠傳》「京師人士聞其姿容，觀者如堵。時人謂看殺衛玠」、李白詩「武陵桃花笑殺人」之類。

[一] 𪊲：原誤作「醿」。

行資曰盤纏。　見《元典章》。

穢雜曰攦揰，又曰齷齪。　見《史記·司馬相如傳》：「委瑣握齪。」《漢書·酈生傳》：「握齪，好苛禮。」

衣破曰𧝋𧝠。　見《類篇》。

不謹曰没傝㒊。　見《廣雅》《廣韻》。

翻悔曰懊憹。　都到切，見《集韻》。

事物煩積曰累堆。　《説文》：「磊㦃，重聚也。」趙宧光《長箋》云：「今吴中方言有之。凡事物煩積而無條理曰磊㦃。」《通雅》：「今方言作累堆。」

饋送禮物曰人情。　醵錢贈人曰分子。　人情見杜甫詩「粔籹作人情」，分子見耐得翁《都城紀勝》。

出言自謙曰亂道。　見《漢書·張禹傳》、歐陽修文。

瑣屑曰蘁糟。　見沈周《客座新聞》。

人衆相隨曰儔伴。　《集韻》儔有陶音。

繖曰雨具。　見《論衡》。

燈盞曰燈富。　釜借。

失意曰倒竈。　《太玄》：「竈滅其火，惟家之禍。」

喜人奉承曰戴高帽子。見《北史·熊安生傳》，喻妄自尊大。
無才曰無出頭。見《三國志·吕布傳》注。
不事生業曰遊手好閒。見《後漢書》章帝詔、《唐書·竇軌傳》。
有恙曰毛病。見《韓非·五蠹》篇。
愛之至者呼曰心肝。見《劉曜載記》《隴上歌》。

〔乾隆〕陳墓鎮志

【解題】陳尚隆原纂，陳樹穀續纂。雍正二年（一七二四）修，乾隆三十五年（一七七〇）續修。陳墓鎮，今江蘇省蘇州市昆山市陳墓鎮。「方言」見卷三《風俗》中。録文據民國三十五年（一九四六）鈔本《乾隆陳墓鎮志》。

方言

言之近古而異於他方者如

罷休。《史記》謂〔一〕：「吴王謂孫武曰〔二〕：將軍罷休。」相謂曰儂。如你儂、我儂。不慧曰獃。《唐韻》：「大獃小癡。」不任事曰縮朒。《漢·五行志》：「王侯縮朒。」駡傭工曰客作。《漢·匡衡傳》：「衡乃與客作，而不求價。」

〔一〕「記謂」原誤作「謂記」。
〔二〕王：原脱，據《史記》補。

葺理曰修娖。唐中和二年，修娖部伍〔一〕。姑警曰受記。警諭以俟其悛改也。責人曰數說。如漢高之數項羽〔二〕、范雎之數賈須。語不明曰含胡。《唐書》：「顔杲卿含胡而死。」指環曰手記。鄭康成《詩箋》云：「后妃羣妾以禮御於君所，女史書其日月，授之以環，當御者著於左手，既御者著於右手。」熱不透曰温暾。王建詩：「新晴草色暖温暾。」語後每曰那，《後漢書》云：「是韓伯休那？」亦曰哉。《書經》：「股肱喜哉。」《左氏》：「諸哉。」「與君王哉。」不曰弗。《中庸》：「弗知弗措。」粗蠢曰笨。《宋·王微傳》亦有「粗笨」之語〔三〕。指人曰伊。《詩經》：「矧伊人兮。」以肩舉物曰揵。出《史記》。熱酒曰湯〔四〕。《集韻注》〔五〕：「熱水灼也。」缺齒曰齾。見韻書。喫食曰嚃。出《禮記》，大啜也。兩手取物曰掇。見《易注》。葢物曰⿰石感，亦曰⿷匚敢。出《漢書》。木片曰柹。《晉書·王濬傳》：「木柹蔽江而下。」十五日曰月半。出《禮記》。勞苦曰辦僕〔六〕。《孟子》：「僕僕爾亟拜。」飯粒曰米糝〔七〕。《莊子》：「藜藿不糝。」物相類曰様能。《漢書》：「不相能。」畏懼曰寒毛卓卓豎。《晉書·夏統傳》：「不覺寒毛盡

〔一〕部：原誤作「步」。

〔二〕高：原脱。

〔三〕微：原作「徵」，據《宋書》改。又「傳」上原衍「詩」字。

〔四〕酒：原誤作「後」。

〔五〕集：原脱。

〔六〕苦：原脱，據康熙《崑山縣志稿》補。

〔七〕糝：原誤作「滲」。

戴。」人死曰過世。《晉書・秦苻登傳》：「陛下雖過世爲神。」葦席曰蘆蕟。宋瑯琊王敬胤遺命〔一〕，以一蘆蕟藉下。

言之異而義可通者

竊視曰張。遠視曰望。近視曰睃。藏曰坑。忍曰熬。煎迫也。轉曰跋。貯物曰坐〔二〕，又曰安。移物曰桶。積貨曰頓。布薄曰澆。點茶、點酒曰篩。以杓取水曰舀〔三〕。指物曰那。謔曰蠻，又曰草，又曰摟，又曰取笑。避曰畔。睡曰困。睡聲曰惛塗。自誇曰喇天。能幹事曰在行。事幸相值曰偶湊，亦曰湊巧。數人罪曰羞削。騙事曰串局。受騙曰上擋。强出尖曰行霸。屈抑曰鬱捺。謝人曰打攪。非常曰咤異。富曰從容。可喜事曰造化。物全曰囫圇。事全曰連牽。事決裂曰了哉。悔氣曰弗色骰，又曰倒運。得利曰賺。聚小成大曰蔓當。安身處曰窠坐。此處曰間邊。彼處曰箇邊。在曰來到。不在曰不來到。男揖曰唱喏。女拜曰屈。俗曰去，屈曲意。首飾曰頭面。家伙曰家生。階級曰僵礤。呼六畜曰衆生。數錢五文曰一花。取梅花之意。謂人不能曰無主張。作事無據曰無影子，又曰没雕當〔四〕。作事不清曰膩夾夾。説人裝體面曰擺架子。招呼曰瘡。

〔一〕胤：原誤作「撤」，據《南史》改。
〔二〕坐：原誤作「望」。
〔三〕曰：原脱。
〔四〕「雕」下原衍「彫」字。

言之異而義有難通者

執物曰當。按物曰搴。擲物曰豁，又曰丟，又曰丢，又用，又甩。摸物曰摟。熱物曰頓。何物浮曰氽。密曰猛。妄語曰趙。怒曰氣。上曰浪。貨之低曰邱，又曰鄒。何人曰囉顧。何物曰奓個。那裏曰囉裡，曰囉蕩。怎的曰那滂，又曰那哼。何説曰那話。即刻曰姜姜，又曰剛剛。糾纏曰壘堆。苛細曰兜搭。不潔曰喇搭。一次曰一通。舉物曰東西。閒遊曰白相。柴之餘曰拉撒。稱好曰罶得。能曰本事。事難處曰尷尬。沮事曰打破句。多曰掀格。物多曰一拍喇。物有人買曰趮，少去聲。無人買曰遲。比匪之輩曰道兄。物好曰斬貨。可是曰阿實梗。爲什麼曰足奓滂。求訓曰告當。高聲曰錯訾，又曰訾離。多言曰激谷。背後多言曰谷東谷東。不該應曰鑾上聲孜孜。無人聲曰末同同。不響曰寂測測。誠實人曰牢實頭。不知趣曰討惹厭，又曰討淹涾。步聲曰囉笛馬獨囉馬。急行曰鯨欣吐鯨吐。邪人曰健練傔檢。語不和曰硬嗆。細切曰剩速没。扎緊曰紉緊。炭柴聲曰熚焰。有孕曰軀平聲身。手冷曰殭殉。物少缺曰齾。不正曰歪艙扯。物乾曰乾晰。香曰香馠馠蓬。臭曰臭膀膀彭。物不潔曰邋遢。催討急曰呃呃鼻響。多話曰齊唎囃喇。用力曰訖力。不知曰瞢𧼮音夢扶。衆人多言曰齊唑之聲〔一〕。不聽曰搖搖額弗動。怒行曰斢來斢去。訴於人手足舞曰庹托手庹腳。物投水聲曰撲

〔一〕原文作「言言」，衍一「言」字。

涵。不正當曰𡟆㚬。少年曰小夥子。連聲曰占伶⿱下口烏扛切焬。羞曰坦眼。

言之反者如

神氣不振曰葳甤〔一〕。本榮盛意。舉筋曰按。不要曰極要。不肯曰倒肯。無曰倒有。

言之名不正者

呼侄爲孫。曾孫爲玄孫。元邑稱祖母曰親娘。崑邑祖母曰漊〔二〕。稱母曰阿嬃。呼神曰天地。呼醫曰郎中。呼魚肉曰菜。

言之諱而變其名者

諱醋呼挫曰秀才〔三〕。諱筯呼滯曰快。諱洗呼細曰浄。諱抹布曰汰郎。諱梨呼離曰秋白。諱屐呼極曰木套。諱傘呼散曰豎笠〔四〕。

言之翻語爲字者

團曰奪欒。孔曰窟籠。小曰□□〔五〕。精曰即零。村爲秋根。呼爲唔塗。盤爲跋欒。

〔一〕振：原作「正」。
〔二〕祖：原誤作「租」。
〔三〕呼挫曰：原作「曰挫呼」。
〔四〕豎：原誤作「竪」。
〔五〕原書空二格。

言之借喻者

幫閒曰篾片。軟弱曰衣皮〔一〕。瞞人曰掄眼皮。多事曰夾篙撑。附和曰一窩蜂。無用曰水統蟹。醵錢共飲曰扛匱〔二〕。婦人健争曰磕鎗頭。懊悔曰借尸還魂。無知曰黑漆皮燈籠。

言之音存古而異他方者

兒，倪。又，亦。死，洗。大，惰。作，做。兄，況。昬、鬼，舉。歸、龜，居。争，側羊反。那，去聲。烹庚更彭朋盲撑諍聲生甥笙牲行横羹耕坑鶯樱鸚橙等字，並陽韻。梗，養韻。硬盛，並漾韻。石白百宅尺赤折格客射額擇擲迫拍陌麥嚇雙畫磧責等，並藥韻。

言之音異他方而非古者

税，世。江，岡。瘧，愕。吹，痴。章，莊。莊，臧。人，迎。賒，沙。蛇，茶。傷，喪。忘，忙。嘗，藏。水，暑。耳，你。二，膩。取，楚。蟹，海。罷，敗。去，棄。貴，句。胖，滂。孝，好去聲。讓，釀去聲。唱，創。肉，恧。覺，閣。日，躡。月，額。熱，業。物，末。

字音之口誦不正者

之，兹。支，孜。詩，思。微，肥。文，焚。紙，子。是，士。齒，此。吾，我。筍，損。永，

〔一〕 衣：原書爲空格。據康熙《崑山縣志稿》補。

〔二〕 「共」上原衍「曰」字。

勇。義，異。嶽，鶴。山，三。朔，索。剥，卜。萬，飯。魚，余。徐，齊。無，符。黄，王。胡，何。年，妍。沿，言。褰，蹇。寧，迎。宏，紅。賞，爽。未，吠。外，壞。

音之異而字亦訛者

圍爲圩。都爲保。鄙爲圖。姪爲侄。掌故爲帳簿。一帶爲一答。惱鴉爲老鴉。惱鴉與喜鵲對。

〔光緒〕周莊鎮志

【解題】陶煦纂。光緒六年（一八八〇）修。周莊鎮，今江蘇省蘇州市崑山市周莊鎮。「風俗」見卷四。録文據光緒八年（一八八二）刻本《周莊鎮志》。

風俗

府志有方言一則，元和、吴江兩縣志俱摘録之。今亦即各志之合者載之，而參以鎮中土語焉。如：

謂之人不慧曰獃子，亦謂之獨頭。謂人不利便曰笨，一作体。亦謂之夯。呼港切。謂人愚魯曰不知鼎董，亦謂之呆徒。謂人能幹曰奢遮，奢，式牙切；遮，之加切。亦謂之道地。謂語事不明白曰含胡，亦謂之搭橋。謂嬉戲曰薄相，薄音勃，相去聲。亦謂之兜兜。謂作事乖張曰曳奊。音列及。謂胸次耿耿曰佁儗。音注膩。謂心有不寧曰鏖糟。謂瘧疾曰愕子。謂睡聲曰惛塗。謂人妄語曰熱惛。謂事出非常曰詫異。謂事在兩難曰尷尬。謂事多舛誤曰纏夾。古鴨切。謂行爲不順曰塞結。謂無可如何曰直死。音洗。謂纏擾不已曰嬲，女教切。亦謂之格里糊塗。謂膚癢曰痰。音軒。技癢亦曰痰。少年好事曰痰夾夾。謂你曰那。乃嘉切，本吴江土語。謂我曰奴。去聲。謂此處曰間邊。間，古山切。謂彼處曰箇邊。謂衆多曰多許。許〔一〕，黑可切，花上聲。謂所在曰場許。同上。謂物微暖曰温暾。音吞。謂物不齊曰參差。參，産平聲；差，錯去聲。亦曰七參八差。謂無罅隙曰腦縫。音閔鳳。謂謀事可成曰連牽。謂如此曰入骱。謂物件曰牢曹。謂汙穢曰邋遢。音臘榻。謂積塵穢曰垃圾。音捋刷。問何人曰啥人。啥，所駕切。問何事曰啥事。啥，同上。打曰敲。刺曰擉。音齪。扶曰當。去聲。按曰揿。浮曰氽。吞上聲。捧曰掇。積物曰頓。藏物曰囥。康去聲。挹水曰舀。堯上聲。比長短曰𣄃。音晏。此皆所謂方言也。

〔弘治〕吴江志

【解題】莫旦纂。吴江縣，今江蘇省蘇州市吴江區。「風俗」見卷六。録文據弘治元年（一四八八）刻本《吴江志》。

風俗

風土不同，語言亦異。古稱吴爲東夷，其言缺舌，以今觀之，則有未盡然者。大抵正音多，

〔一〕許：原誤作「多」。

而缺音少。如謂吴人以來爲釐，蓋范蠡有「時不再來」，与陸德明「棄甲復來」之來，皆音釐。今吴人於來字直讀作來，其音最正。意所謂釐音，或古詩叶韻如此，非吴音也。又謂稱吴而加以句曰句吴，謂中州人曰傖子，皆非也，或古有而今無之耳。謂罷必綴一休字，吴王謂孫武曰：「將軍罷休。」蓋古有此語。又有三儂，自稱曰我儂，稱人曰你儂，指他人而稱曰渠儂。儂亦有所本。《湘山野録》記《錢王歌》有云：「你輩見儂底歡喜，永在我儂心子裡。」其他以若何爲能亨，以能事爲還賴，以嬉戲曰孛相，以癡獃爲戇管。又凡語畢必帶蹇厄二字，若尾聲，然此其最異者也。

〔正德〕姑蘇志

【解題】王鏊等纂。姑蘇，今江蘇省蘇州市。「風俗」見卷十三。録文據正德元年（一五〇六）刻本《姑蘇志》。

風俗

有方言，有方音，大氐語必有義，最爲近古。如相謂曰儂。《湘山野録》記《錢王歌》云：「你輩見儂的歡喜〔一〕，在我儂心子裏。」《平江記事》云：「吴有渠儂等

〔一〕歡：原誤作「觀」，據《湘山野録》改。

稱，故嘉定號三儂之地。謂隔户問人曰『誰儂』，應曰『我儂』，視之乃識，曰『卻是你儂。』」

謂中州人曰傖。周玘曰：「害我者，諸傖子也。」陸玩曰：「幾作傖鬼。」〔一〕顧辟彊曰：「不足齒之傖。」宋孝武目王玄謨爲老傖。

謂不慧曰獃。范成大詩：「千貫賣汝癡，萬貫賣汝獃。」又《賣癡獃詞》：「除夕更闌人不睡，厭禳滯鈍迎新歲。小兒呼叫走長街，街有癡獃召人買。二物於人誰獨無，就中吴儂仍有餘。巷南巷北賣不得，相逢大笑相揶揄。鑠翁塊坐重簾下，獨要賣添令問價。兒云翁買不須錢，奉賒癡獃千百年。」又《白獺髓》記石湖戲荅同參詩云：「我是蘇州監本獃。」

問爲何如曰寧馨。見《晉書》《世説》等，不備載。

謂虹曰鱟，謂罷必綴一休字。《史記》吴王語孫武曰：「將軍罷休。」又如曰事際。謂舉事之際。《南史》：「王晏專權，帝雖以事際須晏，而心惡之。」

蔑面。謂素昧平生者，蓋即《左傳》鬷明所言蔑心、蔑面之遺。

佽飛。謂惡少趫捷者，蓋即漢佽飛，佽音如側。

受記。欲責人而姑警諭以伺其悛之詞，《夷堅志》亦記。

薄相。謂嬉劣無益，兒童作戲。薄音如勃凡〔二〕。

哉。凡謂已然、將然皆曰哉，猶北人之曰了。

〔一〕傖：原誤作「搶」，據《晉書》改。

〔二〕凡：似爲衍文。

又如吴江之曰蹇，每語絶必綴蹇字。按《楚辭》以蹇爲發語聲，吴楚接壤，恐即此。常熟之曰且、音若嗟，即詩中句尾助音。曰遐箇，猶言何人。按《詩》「遐不作人」注：「遐，何也。」此方言也。

灰韻入支，來音如釐之類，陸德明至用以釋經。支韻入齊，兒若倪，古曰耄倪亦然。庚韻入陽，羹音若岡之類。宥韻入寘，又音若異之類。虞韻入麻、又入東，呼小兒爲孥兒，孥，子孫也。常熟以吴塔爲紅塔。此方音也。

〔嘉靖〕吴江縣志

【解題】曹一麟修，徐師曾等纂。嘉靖三十七年（一五五八）修。吴江縣，今江蘇省蘇州市吴江區。「語言」見卷十三《典禮志・風俗》中。録文據嘉靖四十年（一五六一）刻本《吴江縣志》。

語言

古稱吴爲東夷，其言駃舌。由今觀之，則有未盡然者。大抵語必有義，最爲近古。如相謂曰儂。隔户問人曰「誰儂」，應曰「我儂」，視之乃識，曰「卻是你儂」。指他人而稱之曰「渠儂」。《湘山野録》記《錢王歌》云：「你輩見儂的歡喜，在我儂心子裏。」謂中州人曰傖。周玘曰：「害我者，諸傖子也。」陸玩曰：「幾作傖鬼。」顧辟疆曰：「不足齒之傖。」宋孝武目王玄謨爲老傖。言寧可曰耐可，音如能可。《漢書》：「楊越之人耐暑。」注：「與能同。」李太白詩：「耐可乘明月。」又：「耐可乘流直上天。」皆讀如能。言人胸次不坦夷、逞獨見以迕人者曰奊𡗧，音如列挈。《漢書》：「奊𡗧而無志節。」言人不慧曰獃，音如儓。范成大有《賣癡獃》詞。言人猶與不前猛者曰墨尿，音如眉癡。皮日休《反招魂》：「上曖昧而下墨尿。」言人蘊藉不躁暴者曰眠娗，音如緬忝，出《列子》。言人進退不果曰佁儗，音如熾膩。司馬相如賦：「仡以佁儗。」柳子厚《夢歸賦》：「紛若倚而佁儗兮。」問爲何如曰寧馨，音如寧莫志作能，非亨。山濤見王衍曰：「何物老嫗，生寧馨兒。」罵人曰老狗。《漢武故事》：「上嘗語栗姬，怒弗應，又罵上爲老狗。」詈小兒桀猾不循理曰雜種。《晉書·前燕載記》贊曰：「蠢兹雜種，弈世彌昌。」見人有不當意者曰看嘴鼻。《金史》：宋破金泗州，守將畢資倫不肯降，繫獄十四年，及盱眙守將納合買住降，北望哭拜，謂之辭故主。資倫見買住罵曰：「國家未嘗負汝，何所求死不可，乃作如此嘴鼻也。」言人聆言不省曰耳邊風。杜荀鶴詩：「百歲有涯頭上雪，萬般無染耳邊風。」物微暖曰温暾。王建《宫詞》：「新晴草色暖温暾。」白樂天詩：「池水暖温暾。」人有病曰不快。《華陀傳》：「體有不快，起作一禽之戲。」言人疏朗曰不耐煩。《庾炳之傳》：「爲人强急而不耐煩。」言不潔曰鏖糟。《霍去病傳》：「鏖皋蘭下。」注云：「盡死殺人爲鏖糟。」蓋血汗狼籍之意。詬人傭工曰客作。《三國志》：「焦先飢則爲人客作〔一〕，飽食而已。」呼女子之賤者曰丫頭。劉賓客詩：「花面丫頭十二三。」男女冠笄曰上頭。花蕊夫人《宫詞》：「新賜雲鬟使上頭。」草木穉而初萼者曰始花，音如試。《月令》：

〔一〕先：原誤作「光」。

「桃始華，蟬始鳴。」注皆去聲。言人戲擾不已及作事不循理者曰嬲，音如裹。嵇叔夜書：「嬲之不置。」鄙人營生曰經紀。唐高宗敕滕王蔣王曰〔一〕：「滕叔蔣兄，自能經紀，不須賜物。」鄙人之庸賤微薄者曰小家子。《霍光傳》：「任宣謂霍禹曰：使樂成小家子得幸大將軍。」言日間小食曰點心。《唐史》：鄭修夫人云：「我未及餐，爾且可點心。」言人作事無據者曰沒雕當，又曰沒巴鼻。蘇長公詩云：「有甚意頭求富貴，沒些巴鼻使奸邪。」言人虛僞不檢者曰樓頭。蓋宋時臨安何家樓下多亡賴，以濫惡物欺人，其時有何樓之號。樓頭者，何樓之惡魁也。謂事曰事際。《南史》：「王晏專權，帝雖以事際須晏，而心惡之。」謂罷曰罷休。《史記》吴王謂孫武曰：「將軍罷休。」語畢助辭曰蹇。《楚辭》以蹇爲發語聲，此則以爲語助也。問何人曰遐箇。《詩》云：「遐不作人？」注云：「遐，何也。」恨人而姑驚諭以伺之曰受記。見《夷堅志》。又如謂虹曰鱟。謂已然曰哉。謂嬉戲曰薄莫志作孛相。又如以秀爲鯽溜，以團爲突欒，以精爲鯽令，是以二字反切一字以成聲也。凡此皆方言也。他若兒音若倪，則支韻入齊。羹音若岡，則庚韻入陽。又音若異，則宥韻入寘。孥音若拏，則虞韻入麻。呼小兒爲孥兒。孥，子孫也。此方音也。莫志又以來音若釐，則灰韻入支，今不盡然，或古有之而今改耳。右語言。

〔一〕高：原誤作「太」，據《資治通鑑》改。

〔乾隆〕吴江縣志

【解題】陳莫纕等修，倪師孟等纂。吴江縣，今江蘇省蘇州市吴江區。「語音」見卷三九。録文據乾隆十二年（一七四七）刻本《吴江縣志》。

語音

徐志曰：古稱吴爲東夷，其言鴃舌。由今觀之，則有未盡然者。大抵語必有義，最爲近古。如相謂曰儂。隔户問人曰「誰儂」，應曰「我儂」，視之乃識，曰「卻是你儂」。指他人而稱之曰「渠儂」。《湘山野録》記《錢王歌》云：「你輩見儂的歡喜，在我儂心子裏。」謂中州人曰傖。周玘曰：「害我者，諸傖子也。」陸玩曰：「幾作傖鬼。」顧辟疆曰：「不足齒之傖。」宋孝武目王玄謨爲老傖。言寧可曰耐可，音如能可。《漢書》：「楊越之人耐暑。」注：「與能同。」李太白詩：「耐可乘明月。」又：「耐可乘流直上天。」皆讀如能。言人胸次不坦夷、逞獨見以迕人者曰㚗㚖，音如列挈。《漢書》：「㚗㚖而無志節。」言人不慧曰獃，音如儓。范成大有《賣癡獃》詞。言人猶與不前猛者曰墨杘，音如眉癡。皮日休《反招魂》：「上曖昧而下墨杘。」言人蘊藉不躁暴者曰眠娗，音如緬忝，出《列子》。言人進退不果曰佁儗，音如熾膩。司馬相如賦：「仡以佁儗。」柳子厚《夢歸賦》：「紛若倚而佁儗兮。」問爲何如曰寧馨，音如寧莫志作能，非亨。山濤見王衍曰：「何物老嫗，生寧馨兒。」罵人曰老狗。《漢武故事》：「上嘗語栗姬，怒弗應，又罵上爲老狗。」詈小兒桀猾不循理曰雜種。《晉書・前燕載記》贊曰：「蠢兹雜種，奔世彌昌。」見人有不當意者曰看嘴鼻。《金史》：宋破金泗州，守將畢資倫不肯降，繫獄十四年，及盱眙守將納合買住降，北望哭拜，謂之辭故主。資倫見買住罵曰：「國家未嘗負汝，何所求死不可，乃作如此嘴鼻也。」言人聆言不省曰耳邊風。杜荀鶴詩：「百歲有涯頭上雪，萬般無染耳邊風。」物微暖曰温暾。王建《宫詞》：「新晴草色暖温暾。」白樂天詩：「池水暖温暾。」人有病曰不快。《華陀傳》：「體有不快，起作一禽之戲。」言人疏朗曰不耐煩。《庾炳之傳》：「爲人强急而不耐煩。」言不潔曰鏖糟。《霍去病傳》：「鏖皋蘭下。」注云：「盡死殺人爲鏖糟。」蓋血汙狼籍之意。詬人傭工曰客作。《三國志》：「焦先飢則爲人客作[一]，飽食而已。」呼女子之賤者曰丫頭。劉賓客詩：「花面丫頭十二三。」男女冠笄曰上頭。花蕊夫人《宫詞》：「新賜雲鬟使上頭。」草木穉而初萼者曰始花，音如試。《月令》：「桃始華，蟬始鳴。」注皆去聲。言人戲擾不已及作事不循理者曰嬲，音如褭。嵇叔夜書：「嬲之不置。」鄙人營生曰經紀。唐高宗敕滕王、蔣王曰[二]：「滕叔蔣兄，自能經紀，不須賜物。」鄙人之庸賤微薄者曰小家子。《霍光傳》：「任宣謂霍禹曰：使樂成小家子得幸大將軍。」言日間小食曰點心。《唐史》：鄭傪夫人云：「我未及餐，爾且可點心。」言人作事無據者曰没調當，又曰没巴鼻。蘇長公詩云：「有甚意頭求富貴，没些巴鼻使奸邪。」言人

[一] 先：原誤作「光」。
[二] 高：原誤作「太」，據《資治通鑑》改。

虛僞不檢者曰樓頭。蓋宋時臨安，何家樓下多亡賴以濫惡物欺人，其時有何樓之號。樓頭者，何樓之惡魁也。謂事曰事際。《南史》：「王晏專權，帝雖以事際須晏，而心惡之。」謂罷曰罷休。《史記》吴王謂孫武曰：「將軍罷休。」語畢助辭曰蹇。《楚辭》以蹇爲發語聲，此則以爲語助也。問何人曰遐箇。《詩》云：「遐不作人？」注云：「遐，何也。」恨人而姑驚諭以何之曰受記。見《夷堅志》。又謂虹曰鱟。謂已然曰哉。謂嬉戲曰薄莫志作孛相。又如以秀爲鯽溜，以團爲突欒，以精爲鯽令，是以二字反切一字以成聲也。凡此皆方言也。他若兒音若倪，則支韻入齊。羹音若岡，則庚韻入陽。又音若異，則宥韻入寘。孥音若拏，則虞韻入麻。呼小兒爲孥兒。孥，子孫也。又唐宋時來音若釐，則灰韻入支，今不盡然，或古有之而今改耳，此則所謂方音也。

按此篇乃本莫志及盧、王二郡志而增益爲之。今吴江縣語音亦尚多同者。

又按康熙間府志於方言云：謂緌帨之縈爲蘇頭。摯虞云：「流蘇者，緝鳥尾，垂之若流然。以其縈下垂，故曰蘇。」謂葺理整齊之曰修娖〔一〕，娖音捉。唐中和二年，修娖部伍。謂睡聲曰唔塗，北人謂之打呼，吴人則曰打唔塗。唔塗二字，疑即呼字之反切。如孔稱窟嚨，團稱突欒之例耳。謂語不明曰含胡。唐顔杲卿含胡而死。謂指鐶曰手記。鄭康成《詩》箋云：「后妃羣妾，以禮御於君所。女史書其日月，授之以鐶。當御者著於左手，既御者著於右手。」今俗

〔一〕葺：原誤作「緝」。

亦呼爲戒指。謂以醝醃物曰鹽去聲。《内則》：「屑薑與桂，以洒諸上而鹽之。」謂脗合無際曰脗，美韻切，吴人謂合脣曰脗嘴，合而無間曰脗縫，縫去聲。謂甓曰甗甎。《魏・扈累傳》：「獨居道側，以甗甎爲障。」謂葦席曰蘆蓆。宋琅琊王敬胤遺命〔一〕，一蘆蓆藉下。謂多衆曰多許，許音若黑可切。謂所在亦曰場許。語後每曰那，音乃賀切。《後漢書》：「公是韓伯休那。」注：「那，語餘聲。」謂死曰過世。《秦符登傳》：「陛下雖過世爲神。」嘲笑人曰阿儈儈，亦招呼也。謂髮黏曰膱，音織。見《考工記・弓人》注。謂物之不齊曰參差，參音如倉銜切，差音如倉何切。於方音云：呼行與杭同音，呼死與洗同音，呼争爲側羊反。此以上又皆吴江與一郡所同之語音，而舊志皆未載者也，故補録之。

〔乾隆〕吴縣志

【解題】姜順蛟等修，施謙纂。吴縣，今江蘇省蘇州市吴中區。「風俗」見卷二四。録文據乾隆十年（一七四五）刻本《吴縣志》。

風俗

有方言土語，其詞似俗，而出處甚典者。如：不慧者謂之獃子。范成大有《賣癡獃》詩。怕見人

〔一〕胤：原誤作「徹」，據《南史》改。

謂之縮朒。《漢・五行志》:「王侯縮朒。」罵傭工曰客作。《漢・匡衡傳》:「乃與客作,而不求價。」謂貪縱爲放手。《後漢書》:「殘吏放手。」〔一〕緣帨之蕊爲蘇頭。即流蘇之意。謂葺理整齊曰修音收婭。音捉。《唐書》:中和二年,修娖部伍。不冷不熱曰温暾。王建詩:「新晴草色暖温暾。」髮久不梳而不通曰脜。音織。見《考工記・工人》注。

〔民國〕吴縣志

【解題】吴秀之等修,曹允源等纂。吴縣,今江蘇省蘇州市吴中區。「風俗」見卷五二《輿地》中。録文據民國二十二年(一九三三)鉛印本《吴縣志》。

風俗

吴音輕清而柔緩,故音韻之學獨盛於南方。雖土音各限方隅,不若中州之正,而流利明晰,纖悉必分,舒齊宛轉,則其所長。故吴音自古獨重,其作爲歌詠,始見於《帝王世紀》。禹省南土,塗山氏之女令其妾候禹于塗山之陽,女作歌,爲南音之始。今見於《樂府》諸録者如《江南曲》《子夜歌》之類,皆踵是而作,後有擬者,又祖其聲而和之。自漢以來入諸清商樂,即相和三調是也。《唐・樂志》云平調、清調、瑟調,皆周房中曲之遺音,《漢書》謂之三調。東晉播遷,樂皆散失,宋武得

〔一〕吏:原誤作「夫」,據《後漢書》改。

於關中，故其聲亦入清商。隋平陳獲之，爲置清商署以管之，謂之清樂。唐貞觀中，用十部樂，清樂亦列焉。以後漸次失傳，與吴音轉遠，議者於是取吴人之能歌者，使之傳習焉。宋以後，聲音之學盡失其傳，而民俗歌謠，廟堂亦不采以入樂。今民間所作之歌謂之山歌，其上者辭語音節，尤爲獨擅，其唱法則高揭其音，而以悠緩收之，清而不靡，其聲近商，不失清商本調。其體皆贈答之辭，或自問自答，不失相和本調。其詞多男女燕私離別之事，不失房中本義。其旁引曲喻假物借聲之法，淳樸纖巧，無所不全，不失古樂府之本體，實能令聽者移情。惜無采風者爲之摭拾，而整理其詞，布之管絃，以備樂官散曲之一格也。沈彤《聲歌説》。

吴謂善伊爲稻緩。《春秋穀梁傳》襄五年文。

謂來爲釐。《吴郡志》：「本陸德明『貽我來牟』『棄甲復來』皆音釐。德明吴人，豈遂以鄉音釋注？或自古本有釐音邪？」案《詩》「貽我來牟」，《漢書·劉向傳》作「飴我釐麰」，《匡衡傳》：「無説《詩》，匡鼎來。」來，注亦音離。

謂罷必綴一休字，曰罷休。《史記》：「吴王闔閭語孫武曰：『將軍罷休。』」

相謂曰儂。自稱我儂，稱人你儂、渠儂。隔户問人曰「誰儂」。《湘山野録》記錢武肅王歌云：「你輩見儂的歡喜，在我儂心子裏。」

謂中州人曰傖。《晉書·周玘傳》：「害我者，諸傖子也。」案陸玩曰：「幾作傖鬼。」顧辟彊曰：「不足齒之傖。」宋孝武目王玄謨爲老傖。

謂不慧曰獃。音如儓。《唐韻》：「小獃大癡，不解事者。」案范成大有《賣癡獃》詞。

謂虹曰鱟。鱟，許候切。案《説文》：「虹，螮蝀也。」朱駿聲《説文通訓定聲》：「蘇俗有『東吼日頭西吼雨』之諺。」

謂嬉戲曰薄相。薄音教。案趙閑閑《游華山寄元裕之》詩：「山神戲人亦薄相。」〔一〕蘇軾詩：「天公戲人亦薄相。」黄庭堅《與范長老書》：「韓十逐日上鄰學，且護其薄相耳。」

謂不任事曰縮朒。《漢書・五行志》：「王侯縮朒不任事。」注：「朒，音忸怩之忸。不任事之貌也。」

謂傭工曰客作。案《三國志》：「焦先饑則出爲人客作。」〔二〕

謂貪縱曰放手。《後漢書・明帝紀》：「殘吏放手。」注：「謂貪縱爲非也。」

謂錢之美者曰黄撰。撰與選同。《史記・平準書》：「白金三品，其一曰重八兩，圜之，其文龍，名曰白選，值三千。」錢乃銅造，故云黄撰。

謂絲帨之蕊曰蘇頭。晉摯虞《決疑要録》曰：「流蘇者，緝鳥尾，垂之若流然。以其蕊下垂。故曰蘇。」按吳音蘇、胥同呼，故姑蘇一作姑胥。

謂葺理整齊曰修娖。娖音捉。《唐書》：「修娖部伍。」

謂當筵犒賞曰喝賜。唐時娼妓有纏頭喝賜。

謂責人而姑警之曰受記。見《夷堅志》。

責人曰數説。《左傳》：「乃執子南而數之。」《史記》漢王之數項羽。

謂語不明曰含胡。《唐書・顔杲卿傳》：「含胡而絶。」

〔一〕山：原誤作「此」。

〔二〕先：原誤作「光」。

謂機巧曰儇利。鄉音訛還賴。

謂指鐶曰手記。《詩》鄭箋：「后妃羣妾以禮御於羣所。女史書其日月，授之以鐶。當御者著於左手，既御者著於右手。」今俗亦稱戒指。

謂以鹺醃物曰鹽。去聲。《内則》：「屑薑與桂，以灑諸上而鹽之。」

謂般運曰撻。力展切。《南史》：「何遠爲武昌太守，以錢買井水，不受錢者，撻水還之。」

謂不倜儻爲眠娗。《列子》「眠娗諈諉」注：眠，莫典切。娗，徒典切。瑟縮不正之貌。

謂湊合無罅隙曰脗縫。脗，美韻切，合脣也。縫，去聲。脣合無間。

謂葦席曰蘆蓆。宋瑯邪王敬胤遺命〔一〕，以一蘆蓆藉下。

謂衆多曰多許。許字音若黑可切。謂所在亦曰場許。

語尾每曰那。那，乃賀切。《後漢書》：「公是韓伯休那？」注：「那，語餘聲。」

嘲笑人曰阿膾膾。按阿膾膾聲三義。一嘲笑聲。《朝野僉載》：「皮縣丞郭勝静因姦民婦被鞭，羞諱其事，曰：勝静不被打，阿膾膾是也。」一軍士呐喊聲。《輟耕録》：「淮人寇江南，臨陣之際，齊聲大喊阿膾膾以助軍威是也。」一呼痛聲。其字或作脩。《蒼頡篇》脩字訓詁云：痛而謼也。音羽罪反，今北人痛則呼之。《聲類》音于來反，今南人痛或呼之。

謂冷熱適中曰温暾。按《輟耕録》：「南人方言曰温暾者，言懷煖也。」唐王建《宫詞》：「新晴草色煖温暾。」白居易詩：「池水煖温暾。」

〔一〕胤：原誤作「徹」。

謂髮黏曰膱。膱音織。《周禮・考工記・弓人》注：「樴，脂膏膱敗之膱。膱亦黏也。」疏云：「若今人頭髮有脂膏者，則謂之膱。」

謂睡聲曰惛塗。北人曰打呼，惛塗疑即呼字反切。

孔曰窟籠。案《宋景文筆記》：「孔曰窟籠，語本反切。」《集韻》別有竉字，訓云孔。竉，穴也。

團曰突欒。案《宋景文筆記》：「孫炎本俚俗所作反切謂團曰突欒。」

偵視曰張。案今人《新方言》引揚子《方言》：「凡相竊視謂之睃，或謂之䀡，今音轉如張。」

看曰望。案望，視也。《廣雅・釋詁》：「望，遠視也。」

羞曰鈍。案刀鏽曰鈍。鏽與羞音相類，假借以爲用，故以羞爲鈍。

扶曰當。去聲。案埠頭之扶欄，今曰當木。

按曰欽。去聲。案一作搇。《集韻》：「搇，邱禁切，按物也。」又作撳，見《南史》。

轉曰跋。案楊雄《羽獵賦》：「跋犀犛。」《漢書》師古注：「跋，反戾也。」轉即反戾之意。

浮曰吞。案吞亦作氽，上聲。水推物也。《桂海虞衡志》載粵中俗字有氽，云「人在水上也」。今俗云水氽。《允都山水志》有水氽塔。又人浮水面上亦曰氽。

流曰淌。水貌。見《淮南子・本經訓》。

蓋曰㔶。案㔶本作𠥻，音感。揚子《方言》箱類。《增韻》器蓋。《廣韻》又作䉛，篋類。

藏物曰囥。案《廣韻》：「囥，藏也。」

積物曰頓。案《字彙補》：「躉，敦上聲。俗字。零躉也。」

布帛薄者曰澆。案《説文》：「澆，薄也。」《言鯖》：「澆薄者，酒不雜爲淳，以水澆之，則味漓。」

門之關者曰閂。案《字彙補》：「數還切，音櫺，門橫關也。」

見陵於人曰欺負。案《史記・高祖本紀》：「乃紿爲謁。」索隱：「劉氏云：紿，欺負也。」

喜事曰利市。案《易・説卦傳》：「利市三倍。」又《戒庵漫筆》：「唐子畏有一巨册，自録所作雜文，簿面題曰利市。」

憂事曰鈍事。按《廣韻》：「鈍，不利也。」吴人藉以爲不利市也。

物完全曰囫圇。案朱子《語録》：「道是箇有條理底，不是囫圇一物。」字亦作鶻圇。《朱子文集・答楊至之》曰：「聖人之言自有條理，非如今人鶻圇儱侗，無分別也。」

揖曰唱喏。按《宋書・恩倖傳》：「前廢帝言奚顯度刻虐，比當除之，左右因唱諾，即日宣制殺焉。」喏，本古諾字。唱喏，似即唱諾也。

階級曰僵礤。案《談徵》：「寺院階級曰僵礤。」

所居曰窠坐。案窠當作薖。《詩》：「碩人之薖。」《廣雅》《集韻》薖，並苦禾切，讀若科。《俗呼小録》：「俗謂所居曰科坐。」實當爲薖坐也。

作事無據曰没雕當。當，去聲。案朱彧《可談》：「都下市井謂作事無據曰没雕當。不知名義所起。」方以智《通雅》：「今語不的當，即此聲也。漢有雕捍之語，唐以來有勾當之語，故合之。」《玉篇》有佛儅二字，總訓不常。《集韻》平上去三聲皆收，訓義略同，則雕當應作佛儅，朱氏不得其字，故滋惑也。

謂人不便利曰笨。音朋去聲。案《宋書・王微傳》：「王樂小兒時尤麤笨。」

自誇大曰賣弄。案《後漢書·朱浮傳》：「浮代竇融爲大司空，坐賣弄國恩免。」

事之相值曰偶湊。案本作豆湊。田汝成《遊覽志餘》：「杭人以事相邂逅曰豆湊，蓋鬭湊之訛也。」

數錢五文曰一花。案《俗呼小録》：「數錢以五文爲一花。」《通俗編》：「凡花五出者爲多，故諺云爾。」

覓利曰賺錢。案吴諺云：「摸摸春牛脚，賺錢賺得着。」

首飾曰頭面。案《乾淳起居注》：「太上太后幸聚景園，皇后先到宫中起居，入幕次，换頭面。」《通俗編》：「俗呼婦人首飾曰頭面。」據此，則宋已然矣。

鞋襪曰脚手。按《筆談》：「樂府雙行纏，蓋婦人襯韈中者。」今俗謂裹脚也。

器用曰家生，亦曰家伙。案《夢粱録》載：「家生動事如卓凳、涼牀、交椅、兀子之類。」乾隆《府志》。

吴下方言已詳舊志，然尚有當記者如下：

打謂之敲。《左傳》：「執其戈以敲之。」

刺謂之擉。案擉古作籍。《通俗篇》：「《周禮·天官》：『以時籍魚鼈龜蜃。』《莊子·則陽》篇：『冬則擉鼈於江湖。』《集韻》籍，擉二字俱敕角切，刺取也。」

折花曰拗花。案《説文》：「拗，手拉也。」《增韻》：「拗，折也。」《尉繚子》：「拗矢折矛。」此拗之始見於載籍也。其用於拗花者，《輟耕録》：「南方謂折花曰拗花。元微之詩：『今朝誰是拗花人。』」

言人逞獨見而多忤者曰臾叀。音如列的。《漢書·賈誼傳》注：「臾叀而無志節。」

言人無所可否而多笑貌者曰墨𡱁。今音如迷癡。《列子·力命篇》：「墨𡱁、單至。」張湛注：「墨音墨。𡱁音眉，勒夷反。」案揚雄《方言》：「江淮間凡小兒多詐而獪，或謂之墨尿。」丁度《集韻》：「墨尿，黠詐貌。」皮日休《反招魂》：「上曖昧而下墨尿。」

言人胸次耿耿曰佁儗。音如熾膩。《漢書》司馬相如《大人賦》：「仡以佁儗。」

言人無用曰不中用。《史記·秦始皇本紀》〔一〕：「始皇怒，曰：吾前收天下書不中用者盡去之。」

言人聆言不省曰耳邊風。杜荀鶴《唐風集》：「百歲有涯頭上雪，萬般無染耳邊風。」

人有病曰不耐煩。《宋書·庾登之傳》：「弟炳爲人强急而不耐煩。」

謂人之愚者曰不知薡董。《爾雅·釋草》：「蘱，薡董。」不知蘱董，即不辨菽麥意。

習氣曰毛病。黃山谷《刀筆》云：「此荊南人毛病。」

物不潔曰鏖糟。《漢書·霍去病傳》：「合短兵，鏖臯蘭下。」〔二〕晉灼注：「世俗盡死殺人爲鏖糟。」〔三〕案《輟耕録》：「今以不潔爲鏖糟。」《通俗編》謂：「如晉灼所云，固血肉狼藉矣。於不潔浄義，亦略相通云。」

言戲擾不已曰嬲。音如嫋去聲。嵇康《與山巨源書》：「足下若嬲之不置。」

小食曰點心。案《唐書》：鄭傪爲江淮留後，家人備夫人晨饌，夫人顧其弟曰：「治妝未竟，我未及餐，爾且可點心。」

憎人而不與接曰不保。《北齊書》：後主皇后穆氏母名輕霄，本穆子倫婢也，后既立，以陸大姑爲母，更不保

〔一〕始皇：據《史記》補。
〔二〕臯蘭：原誤作「蘭臯」，據《漢書》改。
〔三〕死：原脱，據《漢書注》補。

輕霄。

以網兜物曰揩兜。揩，呼孩切，音海，見《類聚·音韻》。

誘人爲惡曰攛平聲掇。《韻會小補》：「誘人爲惡曰竄。」俗曰攛掇。

疾速曰飛風。《唐六典》：凡馬入尚乘局，左右閑印以三花，其餘雜馬以風字印右膊，以飛字印左膊。案今言速爲飛風本此。

問何人曰陸顧。吴中陸、顧兩姓最多，故以此爲問。

言人舉止倉皇曰麏麞馬鹿。蓋四物善駭，見人則跳躍自竄，故以爲喻。見《遊覽志餘》。

忍謂之熬。案揚子《方言》：「熬、聚、煎、僬〔一〕、鞏，火乾也。」今人於事之忍耐不下曰火冒實逼處，此曰動火，正與以忍爲熬之意相印證〔二〕。

足謂之彀。案彀當作𣪊，弓滿也。《孟子》曰：「變其𣪊率。」《漢書·匈奴傳》：「平城之下亦誠苦。七日不食，不能𣪊弩。」凡不勝任、不滿意，俱借此以爲辭，故俗以滿足爲𣪊，未足爲不𣪊。《雲間志·方言》作不够。

移謂之捅。案《集韻》捅，他總切，進前也，引也。

熱物謂之頓。案頓當作𦏁。《新方言》引《説文》：「𦏁，孰也。讀如純。」孰亦從𦏁。凡孰曰𦏁，孰之亦曰𦏁。今人謂以火温肉使極孰爲𦏁，音頓。

〔一〕僬：原誤作「儦」，據《方言》改。
〔二〕正：原誤作「工」。

熱酒謂之錫。按錫當作煬。《新方言》引揚子《方言》：「煬，暴也。」又云：「煬，熾也。」今俗以火熾物爲煬，讀他浪切。

瀉酒謂之篩。此爲出物意，非篩酒之義也。考其字義當作釃。《詩·小雅》：「釃酒有藇。」

干求請託謂之鑽。案班固《答賓戲》：「商鞅挾三術以鑽孝公。」注：「鑽，取必入之義。」《宋史》：「王安石秉政，鄧綰、李定之徒俱以趨媚擢用，士論有十鑽之目。」《古杭雜記》：「史彌遠用事，士夫多以鑽刺得官。」

斷港謂之浜。案《集韻》：「溝納舟者謂之浜。」

謂物事曰牢曹。案牢曹當作㔁䒭。《集韻》：「㔁䒭，物不精也。」

瘧疾曰㥒子。

指某人至某人、某物至某物皆曰打。俗作入聲，讀如笪。張晉公詩：「赤洪崖打白洪崖。」

事在兩難曰尷尬。案《説文》：「尷尬，行不正也。」此字段氏補一行注云：「尷尬，雙聲字也，今吴俗謂事乖剌者曰尷尬。」

謂積穢物曰垃圾，音臘闀。案《夢粱録》：「諸河有載垃圾糞土之船。」又：「每日掃街搬垃圾者，支錢犒之。」道光《府志》。

電曰霍閃。顧云詩：「金蛇飛狀霍閃過。」

滴水曰渧。《廣韻》滴音帝，滴漉也。《集韻》一曰滴水。

飯粒曰米糝。《莊子》：「藜羹不糝。」

喫食曰嚃。《曲禮》：「毋嚃羹。」他答反。疏云：「含而歠吞之也。」

附近曰左近。《南史·夷貊傳》：「自燃洲有樹，生火中，左近人剥樹皮績布，即火浣布。」

婢曰丫頭。劉禹錫《寄小樊》詩：「花面丫頭十三四。」

共事曰火。案元魏時軍人同食者稱火伴。

呼痛曰安偉。《北史·儒林傳》：「宗道暉好著高翅帽、大屐，州將初臨輒服以謁。後齊任城王湝鞭之，道暉徐呼『安偉！安偉！』」

饋人曰作人情。杜甫詩：「粔籹作人情。」

問辭曰能亨。周密《癸辛雜識》：「天台徐子淵詞云：『他年青史總無名，你也能亨？我也能亨？』」自注：「能亨，鄉音也。」

事煩無條理曰磊⿰立享。《説文長箋》：「今吴中方言，凡事物煩積而無條理曰磊⿰立享。」案《通雅》：「今方言皆作累堆，累字平聲。」

謂事曰正經。桓譚《新論》篇目。

謂物曰物事。《隋書·張衡傳》：「我爲人作何物事。」

浣衣曰汏。《説文》：「汏，徒蓋切，淅灡也。」《玉篇》：「汏，洗也。」

几下函謂之替。《南史·殷淑儀傳》：「既薨，孝武帝思見之，遂爲通替棺，欲見輒引替覩屍。」

謂詐騙曰黄六。案李氏《疑耀》：「京師勾欄中諢語以紿人者曰黄六，蓋黄巢兄弟六人，巢爲弟六，而多詐騙，故以爲詈也。」

扶持曰擡舉。白居易詩：「亭亭自擡舉。」

物之闊者曰扁。劉禹錫詩：「壓扁佳人纏臂金。」

有所倚曰靠。案唐曹松詩：「靠月坐看山。」宋范致明《岳陽風土記》：「雖無風濤之患，而常靠閣。」《朱子文集・答吴伯起札》：「不可只靠一言半句便以爲足。」

料事曰打算。案《錢唐遺事》：「賈似道忌害一時任事閫臣，行打算法以汙之。」

畏懼曰寒毛卓卓豎。《晉書・夏統傳》：「聞君之言，不覺寒毛盡戴。」又案《唐書・鄭從讜傳》：「捕反賊，誅其首惡，皆寒毛惕伏。」

負而不償、許而不予皆曰賴。案《左傳》：「今鄭人貪賴其田〔一〕，而不我與。」又《外傳・晉語》：「已賴其地，而猶愛其實。」〔二〕

計簿曰帳目。案《周禮・遺人》疏：「當年所税多少，總送帳於上。」《後漢書・光武紀》注：「郡國計，若今之諸州計帳也。」《北史・高恭之傳》：「祕書圖籍多致零落，詔令道穆總集帳目。」〔三〕

擘橙橘之屬曰扒。《廣雅》：「扒，擘也。」

匠斲木而復平之曰鉋。案《玉篇》：「鉋，平木器。」唐元稹詩：「方椽郢匠鉋。」

石聲曰蹁跧。《通志・六書略》跧，蒲孟切。蹁跧，蹋地聲。

〔一〕今：原誤作「令」，據《左傳》改。

〔二〕實：原誤作「竇」，據《國語》改。

〔三〕詔：原誤作「謂」，據《北史》改。

人物作閙聲曰擊轂。《國策》：「車擊轂。」〔一〕同治《府志》。

吴下方言自馮修《府志》外，續得如干條，彙録如下：

霧曰迷路。吴諺云：「三朝迷路發西風。」《清嘉録》：「案陶穀《清異録》謂霧曰迷空步障，《表異録》作迷天步障。吾鄉以霧爲迷路，謂霧重迷，不辨路徑也。」

疾風曰風暴。讀若報。《爾雅》：「日出而風爲暴。」《詩·邶風》云：「終風且暴。」毛傳：「暴，疾也。」

當時曰登時。《魏志·管輅傳》注：「注《易》之急，急於水火。水火之難，登時之驗。」

清晨曰侵早。《傳燈録》：「行者曰：五更侵早起，更有夜行人。」杜甫詩：「天子朝侵早。」《通俗編》：「侵早，即凌晨之謂。作清早者非。」

午後曰下晝。《新方言》：「《玉篇》：『餔，日加申時食也。』字變作晡。」按俗又稱下晚頭，晚讀邁，即晡字之音轉。

十五日曰月半。顧炎武《日知録》：「今人謂十五爲月半，古經已有之。《儀禮》：『月半不設奠。』《禮·祭義》：『朔日月半，君巡牲。』而亦有以上下弦爲月半者。《釋名》云：『弦，月半之名也。望，月滿之名也。』弦曰半，以月體言之。望曰半，以日數言之。」

事隔已久曰長遠。《晉書·明帝紀》：「若如公言〔二〕，晉祚復安得長遠？」

〔一〕 轂：原誤作「聲」，據《戰國策》改。

〔二〕 公：原誤作「今」，據《晉書》改。

物之舊者曰古老。《書・無逸》傳：「小人之子，輕侮其父母，曰：『古老之人，無所聞知。』」

土阜曰高敦。《新方言》：「《説文》：『𠂤〔一〕，小阜也。』此即今堆字。《大雅》：『敦彼行葦。』傳：『敦，聚貌。』《廣雅》：『敦，聚也。』古敦、屯皆可讀𠂤。《爾雅》郭注：『今江東呼地高堆者爲敦。』〔二〕是敦借爲堆也。」按晉有謝公墩，敦加土爲墩，後起字也。今俗謂之高墩，墩當作敦。

田陌曰畈岸。杭世駿《續方言》：「《説文》：『趙魏謂陌爲畈。』」《新方言》：「《説文》：『畈，一曰陌也。古郎切。』今人謂田上陌曰田畈，音古杏切，亦作埂。」

村居曰莊子。《爾雅》：「六達謂之莊。」郭璞引《左傳》曰：「得慶氏之木百車於莊。」今人通名田家村落謂之莊，山居園囿亦謂之莊。

河埠曰馬頭。《通鑑》：「史憲誠據魏博，於黎陽築馬頭，爲渡河之勢。」注云：「附岸築土，植木夾之〔三〕，以便兵馬入船，謂之馬頭。」《晉書・地理志》武昌郡鄂縣有新興馬頭。

灰塵曰蓬塵。《漢書・賈山傳》：「蓬顆蔽冢。」晉灼曰：「東北人名土塊爲蓬顆。」今浙西謂塵爲蓬塵與墣坋坒，皆聲之轉。蓬又作埲。《廣韻》：「埲埲，塵起。」蒲蠓切。吴俗謂塵垢飛起爲埲起。

物之真實者曰道地。《漢書・田延年傳》：「霍將軍召問延年，欲爲道地。」師古曰：「爲之開通道路，使之有安全之地。」

〔一〕𠂤：原誤作「阜」，據《説文解字》改。
〔二〕堆：原脱，據《爾雅注》及《新方言》補。
〔三〕夾：原誤作「隔」，據《通鑑注》改。

事之困難者曰盩厔。《漢書・地理志》：「右扶風有盩厔縣。」《太平寰宇記》：「山曲曰盩，水曲曰厔。」按二字音若輈質。今以事費曲折者曰盩厔。

入冬河膠曰連底凍。《厚德録》：「仲氏元禮，加以駿肅，人號爲連底凍。」

庭心曰天井。《通俗編》：「《孫子・行軍篇》：『凡地有天井、天牢。』按今江以南，人多稱庭墀際曰天井，或云即本《孫子》，以其四周檐宇高而此獨下也。」

竈突曰煙囱。讀作匆。《廣雅》窖謂之竈，其窗謂之堗。《説文通訓》：「今蘇俗謂之煙囱。」

葦籬曰搶籬。《新方言》：「《説文》：『搶，歫也。』《漢書・揚雄傳》：『木雍槍纍，以爲儲胥。』注：『雍作擁。』今浙西謂籬爲搶籬。」

碎瓦曰瓦瓸。《説文》：「瓸，敗瓦也。」段注：「今俗所謂瓦瓸，是此字也。今人語如辧之平聲耳。」

私蓄財物曰私房。《北史・崔昂傳》：「孝芬兄弟孝義慈厚，一錢尺帛不入私房。」

言人失意謂之倒竈。《通俗編》：「《太玄經》：『竈滅其火，惟家之禍。』此即俗人語所本。」

語女曰媛婄。揚子《方言》：「吴人謂女曰婄。」《集韻》牛居切，音魚。

謂女壻曰補代。《猗覺寮雜記》：「謂之補代。人家有女無子，恐世代從此而絶，不肯出嫁，招壻以補其世代耳。」

言人應得罪愆曰自作自受。《五燈會元》：「僧問金山穎：一百二十斤鐵枷，教阿誰擔？穎曰：自作自受。」

言人不務正業曰流宕。《蜀志・許靖傳》：「袁徽與荀彧書曰〔一〕：『許文休自流宕以來，與羣士相隨。』」《樂

〔一〕袁徽與荀彧書曰：原作「荀彧言」，據《三國志》改。

府・豔歌行》：「兄弟兩三人，流宕在他縣。」

當面羞人曰剥面皮。裴氏《語林》：「賈充謂孫皓曰：何以剥人面皮？皓曰：憎其顔之厚也。」

事已誤而不服輸曰錯到底。《周禮・太史》疏：「恐事有失錯。」按此錯字轉去聲，音如挫。《老學庵筆記》：「宣和間，婦人鞋底尖，以二色帛合而成之，名錯到底。」此錯字本讀入聲。今俗有錯到底之語，則以事言之錯，音亦如挫。

高自位置曰作聲價。《後漢書・袁紹傳》：「趙忠曰：袁本初坐作聲價，好養死士。」

言人不明是非曰無皂白。《毛詩・桑柔》箋：「賢者見此事之是是非非〔一〕，不能分別皂白，言之于王也。」又《三國志・鍾繇傳》注：「李膺謂鍾覲曰：弟於人何太無皂白耶？」

事之勞苦者曰毄力。邵子《擊壤集》：「未喫力時猶有説。」《通俗編》：「按《廣韻》毄音同喫，勤苦用力曰毄。」

事之妥適者曰妥聑。《説文》：「帖，帛書署也。」段注：「今人所謂箋也，引申爲帖服，爲帖妥。俗作貼。」王逸《楚辭序》〔二〕：「事不妥怗。」《通俗編》：「怗字從心，不當從巾從貝。」〔三〕又《説文》：「聑，安也。」段注：「凡帖妥當作此字〔四〕，帖，其假字也。」

作事敏捷曰僻脱。《文選・景福殿賦》：「僻脱承便，蓋象戎兵。」注云：「蹴踘之徒，便僻輕脱。」

規避曰躲閃。《元典章》：「出使人員，每將站官人等非理拷打，站官人等避怕躲閃，轉致違誤。」

〔一〕是是：原作「是」，據《鄭箋》補。

〔二〕序：原誤作「注」。

〔三〕貝：原誤作「占」，據《通俗編》改。

〔四〕帖妥：原作「妥聑」，據《説文解字注》改。

絮煩曰嘮叨。《通俗編》：「《説文》：『嘮呶，讙也。』按俚俗有云嘮叨，即此。元曲云絮絮叨叨。」叨字從刀，故吴俗讀嘮叨若勞刀，以一人多言爲嘮叨。

詬誶聲曰齏糟。《集韻》嚌嘈音劑曹。按今俗讀若祭遭，當作齏糟。沈周《座客新聞》載顧成章俚語詩云：「姑姑嫂嫂會齊糟。」《通俗編》：「喻瑣屑也。」

厖雜聲曰嘈嚽。《抱朴子》：「管弦嘈雜。」《新方言》：「吴語謂多聲爲嘈嚽，音才曷反。」

然其言，不然其言皆曰欸。按此字之音有二，一音哀，一音襖。聲低而和柔者，然其言而應之也。聲高而厲者，不然其言而斥之也。仰首張口而聲長者，歎恨之聲也。《唐韻》欸，烏開切，音哀。按吴俗言欸亦作襖音。

凡發語之辭曰阿。《吴志·吕蒙傳》注：「魯肅撫蒙背曰：非復吴下阿蒙。」《世説注》：「阮籍謂王渾曰：與卿語，不如與阿戎語。」

謂事物果實之類，其助字曰子，《通俗編》：「俗呼服器之類，以子字爲助詞。《舊唐書》：『裴冕自創巾子，其狀新奇。』《中華古今注》：始皇元年詔近侍宫人，皆服衫子，三妃九嬪，當暑戴芙蓉冠子，手把雲母扇子，宫人戴蟬冠子，手把五色羅扇子，又有釵子、帽子、鞋子等。」稱果之稱子，如梅子、杏子、桃子、松子、瓜子等是。或曰頭。《通俗編》：「世言裏頭，外頭之屬。如李白詩：『素面倚蘭鈎，嬌聲出外頭。』項斯詩：『願隨仙女董雙成，王母前頭作伴行。』曹松詩：『下頭應有茯苓神。』頭，亦助辭也。即人體言，眉曰眉頭。駱賓王詩：『眉頭畫月新。』鼻曰鼻頭。白居易詩：『聚作鼻頭辛。』舌曰舌頭。杜荀鶴詩：『唤客舌頭猶未穩。』指曰指頭。薛濤詩：『言語殷勤一指頭。』器用之屬，如鉢頭，見張祐詩。杷頭，見蘇軾詩。至江頭、渡頭、田頭、市頭、橋頭、步頭。用之尤多。」

謂甚麽曰舍。俗作啥，本余字也。《説文》：「余，語之舒也，從八，舍省聲。」通借作舍。《孟子·滕文公》篇：「舍皆取諸其宫中而用之。」猶言何物皆取諸其宫中而用之也。今通言曰甚麽，舍之切音也。

待曰等。《說文》：「待，竢也。」今人易其語曰等。

太曰忒。《月令》注：「不貸，不得過差也。」貸，本作忒。今人謂過曰忒，如過長曰忒長，過短曰忒短。

鄉曰享。鄉，所也。《左傳》曰：「毁於而鄉。」《匡謬正俗》曰：「俗呼某人處曰某享。」是鄉音之轉。今吴俗方言謂内曰裏享，音如向，本鄉字也。

思曰侖。《說文》：「侖，思也。力屯切。」字通作論。《大雅》：「於論鼓鐘。」毛傳：「論，思也。」今吴俗令人自反省曰肚裏侖一侖，即此意。

汝曰耐。《大雅》：「予豈不知而作。」箋云：「而，猶汝也。」音轉爲乃。今吴俗言汝爲而，音如耐，本此。蓋耐從而聲，而，古音耐。

增益曰鐃。《說文》：「鐃，益也。」市間買物欲其增益曰鐃。

捧物曰掇物。

變色曰蔫。《廣韻》：「蔫，物不鮮也。」

壓酒曰醡。《廣雅疏證》：「醡，壓酒具也。」

淅米曰洮。一作淘。

以肩舉物曰揵。《正韻》：「揵，以肩舉物也。」

以手去汁曰潷。《通俗編》：「潷，音筆。《博雅》訓盪，《集韻》訓去滓。」

以指取物曰寽。《說文》：「寽，五指寽也。」段注《說文》：「捋，取易也。寽，五指寽也。凡今俗用五指持物引取之曰寽。《詩·芣苢》『薄言捋之』，當作寽。」

以身度物曰偃。《新方言》：「《爾雅》：『隱，占也。』《廣雅》：『隱，度也。』以身及手比挈物之高下長短爲偃。偃、隱古通。」

一十五之一讀若束。揚子《方言》：「一，蜀也。」《廣雅》：「蜀，弌也。」《管子・形勢》曰抱蜀，不言謂抱一也。蜀音市玉切，音小變則如束。今吴下一十之名，皆無更改，獨謂十五爲蜀五，音亦如束。

二十並寫之廿讀爲念。《説文》：「廿，二十并也。人汁切。」徐鉉曰：「自古以來，二十字從省，并爲廿字。」《金石文字記》：「開業碑陰多宋人題名，有曰『元祐辛未陽月念五日題』，以廿爲念始此。」楊慎謂廿字韻皆音入，惟市井商賈音念，而學士大夫亦從其誤者也。

此皆吴俗方言，三縣舊志所未載者也。采訪稿。以上聲歌方言之屬。

〔乾隆〕元和縣志

【解題】許治修，沈德潛纂。元和縣，今江蘇省蘇州市吴中區。「風俗」見卷十。録文據乾隆二十六年（一七六一）刻本《元和縣志》。

風俗

郡志有方言一段，其中有不合於今者去之，合者存之。如：

相謂曰儂。如你儂、我儂也。謂不慧曰獃。范成大有《賣癡獃》詩。問爲何如曰寧馨。晉山濤謂王衍：「何物老嫗，生此寧馨兒。」謂嬉戲曰薄相。薄音勃。謂不任事曰縮朒〔一〕。《漢・五行志》：「王侯縮朒。」駡傭

〔一〕朒：原誤作「胸」，下同。

工曰客作。《漢・匡衡傳》：「衡乃與客作而不求價。」謂縧脱之蘂爲蘇頭。摯虞云：「流蘇者，緝鳥尾，垂之若流然。以其蘂下垂，故曰蘇。」謂葺理整齊之曰修娖。唐中和二年，修娖部伍〔一〕。謂責人而姑警之曰受記。警諭以俟其悛改也。責人曰數説。如漢高之數項羽、范雎之數須賈，數其罪而責之。指鐶曰手記。鄭康成《詩箋》云：「后妃羣妾以禮御於君所，女史書其日月，授之以鐶。當御者著於左手，既御者著於右手。」謂虹曰鱟。許候切。嘲笑人曰阿癐癐。謂冷煖適中曰温暾。王建詩：「新晴草色暖温暾。」髮粘曰䐈。音織。《考工記》「凡昵之類」注。物之不齊曰參差。參音攙，差音叉，七參八差是也。謂多聚曰多許。許字音若黑可切。語後每曰那，《後漢書》：「公是韓伯休那？」亦曰哉。《左傳》「諸哉」「與君王哉」。

〔嘉慶〕吴門補乘

【解題】錢思元纂，錢士錡補輯。嘉慶八年（一八〇三）纂，二十五年（一八二〇）補輯。蘇州舊稱吴門。「風俗」見卷一《風俗補》中。録文據嘉慶二十五年刻本《吴門補乘》。

風俗

吴下方言已詳郡邑志，然尚有當記者。如：

呼婦人曰女客。《高唐賦》：「妾巫山之女也，爲高唐之客。」

〔一〕部：原誤作「步」。

打亦謂之敲。《左傳》：「執其戈以敲之。」

刺亦謂之擉。《莊子》：「冬則擉鼈於江湖。」

相連曰連牽，亦曰牽連。《晉書·五行志》：「符堅初，童謡曰：阿堅連牽三十年。」《淮南子》：「以摸蘇牽連物之微妙。」

折花曰拗花。元微之詩：「今朝誰是拗花人。」

言人𨒪獨見而多忤者曰㚟㝀。音如列的。《漢書》：「㚟㝀而無志節。」

言人無所可否而多笑貌者曰墨㞑。音如迷癡。《俗呼小録》作眉西。出《列子·力命篇》。

言人胸次耿耿曰佁儗。音如熾膩。司馬相如賦：「仡以佁儗。」

言人無用曰不中用。《史記·秦始皇本紀》：「始皇怒曰：吾前收天下書不中用者盡去之。」

言人聆言不省曰耳邊風。杜荀鶴詩：「百歲有涯頭上雪，萬般無染耳邊風。」

人有病曰不耐煩。劉宋《庚炳之傳》：「爲人强急不耐煩。」

謂人之愚者曰不知蕭董。《爾雅》「蘱，蕭董」注：「似蒲而細。」不知蕭董者，即不辨菽麥意。

習氣曰毛病。黄山谷《刀筆》云：「此荆南人毛病。」

物不潔曰鏖糟。《前漢書·霍去病傳》注：「盡死殺人爲鏖糟。」〔一〕蓋血肉狼籍意。

〔一〕死：原脱，據《漢書注》補。

言戲擾不已曰嬲。音如嫋去聲。嵇叔夜書：「嬲之不置。」

小食曰點心。《能改齋漫録》：「唐鄭傪夫人云：我未及餐，爾且可點心。」

憎人而不與接曰不倸。《北齊書》：「后不倸輕霄。」

以網兜物曰揞兜。揞，呼孩切，音海平聲，見《類聚·音韻》。

誘人爲惡曰攛掇。見《韻會小補》。

疾速曰飛風。唐制：凡雜馬送上乘局者，以風字印印右髆，以飛字印印左髆。

胡説曰扯談。宋時梨園市語。

問何人曰陸顧。吴中陸、顧兩姓最多，故以爲問。

言人舉止倉皇曰麕麞馬鹿。蓋四物善駭，見人則跳躍自竄，故以爲喻。

又《俗呼小録》載：忍謂之熬。足謂之彀。移謂之捅。按，《集韻》捅，他孔切，進前也，引也。熱物謂之頓。熟酒謂之錫。瀉酒謂之篩。遥相授受曰胄干。求請托謂之鑽。斷港謂之浜。鳥獸交感，鷄鵝曰撩水，餘鳥曰打雄，蠶蛾曰對，狗曰練，蛇曰交。竅謂之洞。概謂之盪。通稱一頓。《世説》「欲乞一頓食」，《漢書》「一頓而成」，《唐書》「打汝一頓」。語物事曰牢曹。瘧疾曰愣子。俗牽連之辭，如指某人至某人、某物及某物皆曰打。按，張晉公詩：「赤洪崖打白洪崖。」俗作入聲，讀如笪。事在兩難曰尷尬。

廣中俗字最多，如𡙇、穩。𡚻、矮。𡘯、亦音矮。𡗶勒之類，見范石湖《桂海虞衡志》。吾蘇亦有之，如謂積穢物曰垃圾，音臘闡。謂人能幹曰唓亦作唫嗻，上音如厙平聲，下音遮。垃字、唓字不載字書。圾，《集韻》同岌，危也；嗻，《類篇》多言也，其解不同。又物殘缺不齊曰⿰齒頁⿰齒贊，上顏入聲，下殘入聲。又齾⿱獻缶二字，俱五鎋切，上字齒缺也，下字器皿缺也。四字見《俗呼小録》。

〔乾隆〕長洲縣志

【解題】李光祚修，沈德潛等纂。長洲縣，今江蘇省蘇州市吴中區。「風俗」見卷十一。録文據乾隆十八年（一七五三）刻本《長洲縣志》。

風俗

五方音各不同，里語方言，絶然各異。《世説》：「劉真長見王丞相〔一〕，既出，人問見王公云何，答曰：『未見他異，惟聞作吴語耳。』」然著書作文，古人亦有用土音者。《公羊》多齊言，《淮南》多楚語。今録吴下方言，備審音者察焉。

如相謂曰儂。自稱我儂，稱人你儂、渠儂。隔户問人云「誰儂」。《湘山野録》記錢武肅王歌云：「你輩見儂的歡喜，在我儂心子裏。」謂不慧曰獃。《唐韻》：「小獃大癡，不解事者。」謂嬉戲曰薄相。薄音勃。謂不任事曰縮朒。《漢書・五行志》：「王侯縮朒。」罵傭工曰客作。《漢書・匡衡傳》：「乃與客作，而不求價。」謂貪縱曰放手。《後漢

〔一〕長：原作「常」，據《世説新語》改。

書》：「殘吏放手。」謂緣帨之蕊曰蘇頭〔一〕。晉摯虞云：「流蘇者，緝鳥尾，垂之若流然。以其蕊下垂，故曰蘇。」謂葺理整齊曰修娖〔二〕。娖音捉。《唐書》：「修娖部伍。」謂責人而姑警之曰受記。警諭以俟其悛改也。責人曰數説。如漢高之數項羽。謂語不明曰含胡。《唐書·顔杲卿傳》：「含胡而絶。」謂指鐶曰手記。《詩》鄭箋：「后妃羣妾以禮御於君所。女史書其日月，授之以鐶。當御者著於左手，既御者著於右手。」今俗亦稱戒指。謂以鹺醃物曰鹽。去聲。《内則》：「屑薑與桂，以洒諸上而鹽之。」謂搬運曰攆。力展切〔三〕。《南史》：「何遠爲武昌太守，以錢買井水，不受錢者，攆水還之。」謂虹曰鱟。許候切。謂不倜儻爲眠娗。《列子》：「眠娗諈諉。」注：「眠，莫典切。娗，徒典切。瑟縮不正之貌。」謂湊合無罅隙曰脗縫。脗，美韻切，合脣也。縫，去聲。脣合無間。謂甓曰甂甎。《爾雅》：「瓴甋謂之甓。」注：「甂甎也。」謂葦席曰蘆蓆。宋琅琊王敬胤遺命〔四〕，以一蘆蓆藉下。謂衆多曰多許。許字音若黑可切。謂所在亦曰場許。語尾每曰那。那，乃賀切。《後漢書》：「公是韓伯休那。」謂死曰過世。《晉書·秦苻登傳》：「陛下雖過世爲神。」嘲笑人曰阿儈儈。招呼聲。《輟耕録》：「大家齊唱阿儈儈。」窺曰張。看曰望。不齊曰參差。參音攙，差音叉。七參八差是也。事已了、將了皆曰哉。《左傳》「諸哉」「與君王哉」。走曰奔。睡聲曰惛塗。北人曰打呼。惛塗疑即呼字反切。孔曰窟籠。團曰突欒。冷暖適中曰温暾。唐王建詩：

〔一〕緣：原誤作「繡」。
〔二〕娖：原誤作「妮」。本條下同。
〔三〕展：原誤作「屑」。
〔四〕胤：原誤作「徹」。

「新晴草色暖温暾。」髮粘曰膱。音織。《考工記・弓人》疏。羞曰鈍。扶曰當。去聲。按曰欽。去聲。轉曰跋。浮曰氽。流曰倘。蓋曰㔶。捧曰掇。藏避曰伴。藏物曰囥。稠密曰猛〔一〕。布帛薄者曰澆。門之關曰閂。美惡兼曰暖。見陵於人曰欺負。非常事曰咤異。喜事曰利市。憂事曰鈍事。物完全曰囫圇。揖曰唱喏。階級曰僵礤。所居曰窠坐。托盤曰反供。此處曰間邊。彼處曰箇邊。謂人不能曰無張主。不便利曰笨，亦曰不即溜。自誇大曰賣弄。事之相值曰偶湊。六畜總曰衆平聲生。數錢五文曰一花。覓利曰賺錢。鋤地曰倒地。首飾曰頭面。鞋襪曰腳手。器用曰家生，亦曰家伙。

〔乾隆〕震澤縣志

【解題】陳和志修，倪師孟纂。震澤縣，今江蘇省蘇州市吴江區。「語音」見卷二六《風俗》中。有乾隆十一年（一七四六）刻本。録文據光緒十九年（一八九三）重刻本《震澤縣志》。

語音

吴江徐志曰：古稱吴爲東夷，其言鴃舌。由今觀之，則有未盡然者。大抵語必有義，最爲近古。如相謂曰儂。隔户問人曰「誰儂」，應曰「我儂」，視之乃識，曰「卻是你儂」。指他人而稱之曰「渠儂」。《湘山

〔一〕「曰」原作「曰曰」，衍一「曰」字。

野録》記《錢王歌》云：「你輩見儂的歡喜，在我儂心子裏。」謂中州人曰傖。周玘曰：「害我者，諸傖子也。」陸玩曰：「幾作傖鬼。」顧辟疆曰：「不足齒之傖。」宋孝武目王玄謨爲老傖。言寧可曰耐可，音如能可。《漢書》：「楊越之人耐暑。」注：「與能同。」李太白詩：「耐可乘明月。」又：「耐可乘流直上天。」皆讀如能。言人胸次不坦夷、逞獨見以迕人者曰奊𡗝，音如列挈。《漢書》：「奊𡗝而無志節。」言人不慧曰獃，音如儓。范成大有《賣癡獃》詞。言人猶與不前猛者曰墨杘，音如眉癡。皮日休《反招魂》：「上曖昧而下墨杘。」言人蘊藉不躁暴者曰眠娗，音如緬忝，出《列子》。言人進退不果曰佁儗，音如熾膩。司馬相如賦：「仡以佁儗。」柳子厚《夢歸賦》：「紛若倚而佁儗兮。」問爲何如曰寧馨，音如寧莫志作能，非亨。山濤見王衍曰：「何物老嫗，生寧馨兒。」駡人曰老狗。《漢武故事》：「上嘗語栗姬，怒弗應，又駡上爲老狗。」詈小兒桀猾不循理曰雜種。《晉書·前燕載記》贊曰：「蠢茲雜種，弈世彌昌。」見人有不當意者曰看嘴鼻。《金史》：宋破金泗州，守將畢資倫不肯降，繫獄十四年，及盱眙守將納合買住降，北望哭拜，謂之辭故主。資倫見買住駡曰：「國家未嘗負汝，何所求死不可，乃作如此嘴鼻也。」言人聆言不省曰耳邊風。杜荀鶴詩：「百歲有涯頭上雪，萬般無染耳邊風。」物微暖曰温暾。王建《宫詞》：「新晴草色暖温暾。」白樂天詩：「池水暖温暾。」人有病曰不快。《華陀傳》：「體有不快，起作一禽之戲。」言人疏朗曰不耐煩。《庾炳之傳》：「爲人强急而不耐煩。」言不潔曰鏖糟。《霍去病傳》：「鏖皋闌下。」注云：「盡死殺人爲鏖糟。」蓋血汗狼籍之意。詬人傭工曰客作。

《三國志》：「焦先飢則爲人客作〔一〕，飽食而已。」呼女子之賤者曰丫頭。劉賓客詩：「花面丫頭十二三。」男女冠笄曰上頭。花蕊夫人《宫詞》：「新賜雲鬟使上頭。」草木穉而初萼者曰始花，音如試。《月令》：「桃始華，蟬始鳴。」注皆去聲。言人戲擾不已及作事不循理者曰嬲，音如裊。嵇叔夜書：「嬲之不置。」鄙人營生曰經紀。唐高宗敕滕王、蔣王曰〔二〕：「滕叔蔣兒自能經紀，不須賜物。」鄙人之庸賤微薄者曰小家子。《霍光傳》：「任宣謂霍禹曰：使樂成小家子得幸大將軍。」言日間小食曰點心。《唐史》鄭傪夫人云：「我未及餐，爾且可點心。」言人作事無據者曰没雕當，又曰没巴鼻。蘇長公詩云：「有甚意頭求富貴，没些巴鼻使奸邪。」言人虚僞不檢者曰樓頭。蓋宋時臨安，何家樓下多亡賴，以濫惡物欺人，其時有何樓之號。樓頭者，何樓之惡魁也。謂事曰事際。《南史》：「王晏專權，帝雖以事際須晏，而心惡之。」謂罷曰罷休。《史記》吴王謂孫武曰：「將軍罷休。」語畢助辭曰蹇。《楚辭》以蹇爲發語聲，此則以爲語助也。問何人曰遐箇。《詩》云：「遐不作人？」注云：「遐，何也。」恨人而姑驚諭以伺之曰受記。見《夷堅志》。又謂虹曰鱟。謂已然曰哉。謂嬉戲曰薄（莫志作孛）相。又如以秀爲鯽溜，以團爲突欒，以精爲鯽令，是以二字反切一字以成聲也。凡此皆方言也。他若兒音若倪，則支韻入齊。羹音若岡，則庚韻入陽。又音若異，則宥韻入寘。弩音若拏，則虞韻入麻。（呼小兒爲弩兒。）

〔一〕先：原誤作「光」。

〔二〕高：原誤作「太」，據《資治通鑑》改。

孥，子孫也。又唐宋時來音若釐，則灰韻入支。今不盡然，或古有之而今改耳，此則所謂方音也。

按此篇乃本莫志及蘇州盧、王二郡志而增益爲之。今震澤縣語音亦尚多同者。

又按康熙間府志于方言云：謂緌帨之櫱爲蘇頭。摯虞云：「流蘇者，緝鳥尾，垂之若流然。以其櫱下垂，故曰蘇。」謂葺理整齊之曰修娖。娖音捉。唐中和二年，修娖部伍。謂睡聲曰唶塗。北人謂之打呼，吴人則曰打唶塗。唶塗二字，疑即呼字之反切。如孔稱窟嚨，團稱突欒之例耳。謂語不明曰含胡。唐顔杲卿含胡而死。謂指鐶曰手記。鄭康成《詩箋》云：「后妃羣妾以禮御于君所。女史書其日月，授之以鐶。當御者著于左手，既御者著于右手。」今俗亦呼爲戒指。謂以醝醃物曰鹽去聲。《内則》：「屑薑與桂，以灑諸上而鹽之。」謂脗合無際曰脗。美韻切，吴人謂合脣曰脗嘴，合而無間曰脗縫，縫，去聲。謂甓曰瓴甋。《魏・扈累傳》：「獨居道側，以瓴甋爲障。」謂葦席曰蘆蓆。宋琅琊王敬胤遺命〔一〕，一蘆蓆藉下。謂多衆曰多許。許音若黑可切。謂所在亦曰場許。語後每曰那。音乃賀切。《後漢書》：「公是韓伯休那？」注：「那，語餘聲。」謂死曰過世。《秦符登傳》：「陛下雖過世爲神。」嘲笑人曰阿儈儈，亦招呼也。謂髮黏曰膱。音織。見《考工記・弓人》注。謂物之不齊曰參差。參音如倉銜切，差音如倉何切。于方音云：呼行與杭同音，呼死與洗同音，呼争爲側羊反。

〔一〕胤：原誤作「徹」。

此以上又皆震澤縣與一郡所同之語音，而舊志皆未載者也，故補録之。

〔民國〕相城小志

【解題】陶惟坻修，施兆麟等纂。相城，在今江蘇省蘇州市吴中區。「方言」見卷三《風俗》中。録文據民國十九年（一九三〇）活字本《相城小志》。

方言

啥人。啥落。啥場化。拉格篤。格篤化。多篤化。洛裏去。拉篤洛裏。格篤場化。唔尔。佰伲。陸顧。問人也，吴中陸、顧爲大姓，非陸即顧。布代。稱女之夫。阿伯。稱父。阿媽。稱母。大娘。稱伯母。囡。稱女。伲子。稱男。女眷。阿爹。稱祖父。佁儗。言人胸次耿耿。奞[illegible]。言人逞獨見而多忤。墨狀。言人無所可否而多笑貌。嬲。謂戲擾不已也。不睬。不禮人也。兜。覆也，盛物也。不中用。耳邊風。不耐煩。不知丁董。毛病。有習氣也。攛掇。唆使也。東西。謂物件也。飛風。迅捷也。扯淡。言不答題也。麕麞馬鹿。舉止倉皇。尷尬。或出或進之意。牢曹。物事也。愣子。瘧疾也。一頓。吃飯也，打小兒亦曰一頓。刺謂之觸。相連曰連牽。折花摘葉皆曰採。折物曰拗。忍耐曰熬。已足曰彀。移謂之動。蒸物曰燉。斟酒曰篩。請託曰鑽。斷港曰浜。竅謂之眼眼，亦謂之洞。概曰盪。某人與某人、某物與某物曰搭。錫槍頭。言何底人外雖凶横内實無用。賒讐記。喻空記讐恨也。折倒。人送禮物盡受曰折倒。《南唐書·浮屠傳》後主大起蘭若，廣聚生徒，日設齋供，有不盡食者明日再供，名曰折倒。

墾荒田。喻初入學之小兒。掮木梢。受人哄騙。攛跳板。披濕布衫。言受人之賈禍。上甏。罵人，喻火燒檢骨入甏也。

〔同治〕盛湖志

【解題】仲廷機纂。同治十三年（一八七四）修。盛湖，指盛澤，今江蘇省蘇州市吴江區盛澤鎮。「方言」見卷二。録文據民國十四年（一九二五）覆刻吴江仲氏本《盛湖志》。

方言

古稱吴爲東夷，其言鴂舌。然語皆有本，舉其大略。

如相謂曰儂。隔户問人曰「誰儂」，應曰「我儂」，視之乃識，曰「卻是你儂」。指他人而稱之曰「渠儂」。出《湘山野録》，記《錢武肅王歌》云：「你輩見儂的歡喜，在我儂心子裹。」

言人不慧曰獃。《唐韻》：「小獃大癡。」不解事者。又見范成大有《賣癡獃》詞。

言人逞獨見而多忤者曰㓞㓣。音如列的。出《漢書》：「㓞㓣而無志節。」

言人無所可否而多笑貌者曰墨屎。音如迷癡。《俗呼小録》作眉西。皮日休《反招魂》：「上曖昧而下墨屎。」

言人藴藉不躁暴者曰眠娗。音如緬忝。出《列子》：「眠娗諈諉。」注：「眠，莫典切〔一〕。娗，徒典切。瑟縮不

〔一〕典：原誤作「曲」。

正之貌。」

言人進退不果曰佁儗。音如熾膩。司馬相如賦：「佁以佁儗。」

言人無用曰不中用。《史記・秦始皇本紀》：「始皇怒曰：『吾前收天下書不中用者盡去之。』」

言人聆言不省曰耳邊風。杜荀鶴詩：「百歲有涯頭上雪，萬般無染耳邊風。」

言人急躁曰不耐煩。《庾炳之傳》：「爲人强急而不耐煩。」

言人之愚者曰不知蕭董。《爾雅》：「藾，蕭董。」注：「似蒲而細。」不知蕭董者，即不辨菽麥意。

言人戲擾不已曰嬲。音如嫋，去聲。稽叔夜書：「嬲之不置。」

言人而不與接曰不保。出《北齊書》：「后不保輕霄。」

呼婦人曰女客。《高唐賦》：「妾，巫山之女也，爲高唐之客。」

男女冠笄曰上頭。花蕊夫人《宮詞》：「新賜雲鬟使上頭。」

稱奴僕曰底下人。《陳伯之傳》河南褚緭曰：「草澤底下，悉成貴人。」又李商隱《與陶進士書》云：「僕此世固不待學奴婢下人，指誓神佛而後已。」

奴僕自稱曰小的。《金史・百官志》有云：「奉御十六人，舊名入寢殿小底；奉職三十人，舊名不入寢殿小底，又名外帳小底。」〔一〕即今奴僕小的之稱。

名婢女曰丫頭。劉賓客詩：「花面丫頭十二三。」

〔一〕「外帳」下原脱「小底」二字，據《金史》補。

鄙人營生曰經紀。唐高宗敕滕王、蔣王曰〔一〕：「滕叔蔣兄，自能經紀，不須賜物。」

鄙人之庸賤微薄者曰小家子。《霍光傳》：「任宣謂霍禹曰：『使樂成小家子得幸大將軍。』」

言人有病曰不快。《華佗傳》：「體有不快，起作一禽之戲。」

物不潔曰鏖糟。《霍去病傳》注：「盡死殺人爲鏖糟。」〔二〕蓋血肉狼籍意。

午飯、小食皆曰點心。《唐史》：「鄭傪夫人云：『我未及餐，爾且可點心。』」

物微暖曰温暾。王建《宫詞》：「新晴草色煖温暾。」白樂天詩：「池水暖温暾。」

作事無據者曰没調當，又曰没巴鼻。蘇長公詩：「有甚意頭求富貴，没些巴鼻使姦邪。」

虚僞不檢者曰樓頭。蓋宋時臨安何家樓下多亡賴，以濫惡物欺人，其時有何樓之號。樓頭者，何樓之惡魁也。

語不明曰含胡。《顔杲卿傳》：「含胡而絶。」

習氣曰毛病。黄山谷《刀筆》云：「此荆南人毛病。」

疾速曰飛風。唐制，凡雜馬送上乘局者，以風字印印右髆，以飛字印印左髆。

謂事曰事際。《南史》：「王晏專權，帝雖以事際須晏，而心惡之。」

謂罷曰罷休。《史記》吴王謂孫武曰：「將軍罷休。」

〔一〕高：原誤作「太」，據《資治通鑑》改。

〔二〕死：原脱，據《漢書注》補。

謂不任事曰縮朒。《漢書・五行志》：「王侯縮朒。」

謂傭工曰客作。《匡衡傳》：「衡乃與客作，而不求價。」

謂貪縱曰放手。《後漢書》：「殘吏放手。」

謂縧帨之蘂曰蘇頭〔一〕。摯虞云：「流蘇者，緝鳥尾，垂之若流然。以其蕊下垂，故曰蘇。」

謂葺理整齊曰修娖。娖音捉。《唐書》：「修娖部伍。」

謂責人而姑警之曰受記。

責人曰數説。如漢高之數項羽。

謂指鐶曰手記。《詩》鄭箋：「后妃羣妾以禮御於君所，女史書其日月，授之以鐶，當御者著於左手，既御者著於右手。」今俗亦稱戒指。

謂以鹺醃物曰鹽。去聲。《内則》：「屑薑與桂，以洒諸上而鹽之。」

謂湊合無罅隙曰脗縫。脗，美韻切，合脣也。縫，去聲，脣合無間。

謂甓曰甗甎。《爾雅》：「瓴甋謂之甓。」注：「甗甎也。」

謂葦席曰蘆蕟。宋琅邪王敬胤遺命〔二〕，以一蘆蕟藉下。

謂衆多曰多許。許，音若黑可切。謂所在曰場許。

〔一〕蘂：原誤作「垂」。

〔二〕胤：原誤作「徹」。

語尾每曰那。那，乃賀切。《後漢書》：「公是韓伯休那？」

謂死曰過世。《秦符登傳》：「陛下雖過世爲神。」

嘲笑人曰阿㑳㑳。亦招呼聲。

謂髮粘曰膱。膱，音織。《周禮·考工記·弓人》注：「樴，脂膏膱敗之膱。膱亦粘也。」疏：「若今人頭髮有脂膏者，則謂之膱。」

謂物之不齊曰參差。參音如倉含切，差音如倉何切。亦云七參八差。

謂睡聲曰惛塗。北人謂之打呼。惛塗，疑即呼字反切。

打亦謂之敲。《左》：「使執其戈以敲之。」

刺亦謂之擉。《莊子》：「冬則擉鱉於江。」

折花曰拗花。元微之詩：「今朝誰是拗花人。」

草木穉而初蕚者曰始花。音如試。《月令》：「桃始華，蟬始鳴。」注皆去聲。

見人有不當意者曰看嘴鼻。《金史》：宋破金泗州，守將畢資倫不肯降，繫獄十四年。及盱眙守將納合買住降，北望哭拜，謂之辭故主。資倫見買住，罵曰：「國家未嘗負汝，何所求死不可，乃作如此嘴鼻也。」

言寧可曰耐可。音如能可。《漢書》：「揚越之人耐暑。」注：「與能同。」李白詩：「耐可乘明月。」又：「耐可乘流直上天。」皆讀如能。

語畢助詞曰蹇。《楚辭》以蹇爲發語聲，此則以爲語助也。

問何人曰遐箇。《詩》云：「遐不作人。」注云：「遐，何也。」

又俗語無本者：

謂虹曰鱟。海中有魚名鱟，其形最長。

嬉戲曰薄相。周永年云：「趙閑閑《游華山寄元裕之》詩有云：『山神戲人亦薄相。』俗語薄相之見於詩句者若此。」

自稱曰呃奴。《説文》：「吾，我，自稱也。從口，五聲。」五乎切。今俗書作呃，吴音如是，字書無之。奴音怒，轉爲去聲。

稱人曰倨吶。倨亦俗字，字書無之。吴音曰倨朵，今轉爲吶，亦曰嗏。

稱己之家曰呃裏。稱人之家曰伊拉。對人稱其家曰倨哪。以示人曰伊嗏。

眼音若限。耳音若眤。鼻音若勃。牙音若鞋。白音若拔。赤音若尺。藕音若厚。鵝音若何。謔曰陶寫。寫音若先。蓋地居吴境之極邊，音近於浙矣。

〔光緒〕盛湖志補

【解題】仲虎騰纂。盛湖，指盛澤，今江蘇省蘇州市吴江區盛澤鎮。「方言」見卷一中。録文據光緒二十六年（一九〇〇）刻本《盛湖志補》。

方言

吴江一邑，方言與一郡略同，已詳載前志。然尚有可記者，補録之。

躲避曰畔。陳後主創齊聖觀，民謡。鬭毆曰相打。《南史·黄回傳》。手牽物曰扯。《宋史·杜紘傳》。

干求、請謁曰鑽。班固《答賓戲》言。呼箸曰筷。《菽園雜記》〔一〕。謂多曰够。音如遘。《文選・魏都賦》：「繁富夥够。」又見《廣雅》。嗔人勿慧曰笨。《晉書》。目物多爲無萬。《漢書》。水流物去曰淈。吞稛切。見《留青日札》。惡人自誇曰賣弄。《南史》。財不期得而得曰横財。《獨異志》。謂人喜過甚曰脱下頦。《癸辛雜志》。陰地不如心地好。同上。知其一，不知其二。《史記》漢高祖語。大人不責小人過。沈作喆《寓簡》。人微言輕。《史記》《後漢書》。好不須多。晉元帝曲宴賦詩。十八層地獄。《梁書》。垂頭喪氣。《唐書・韓全誨傳》。掩耳盜鈴。唐高祖起兵時語。上不上，下不下。《唐書・田季安》。見笑大方。《秋水》篇。黑漆皮燈籠。《輟耕録》。解圍釋急。《吴志・吕蒙傳》。各爲其主。《魏志・曹爽傳》注。算無遺策。《魏志》陳壽評荀攸、賈詡語。罵人曰忘八。明人小説謂忘「禮義廉恥孝弟忠信」八字也。雜種。《晉書》。老狗。《漢武故事》。禽獸。《孟子》：「則近於禽獸。」「於禽獸奚擇焉？」放屁。《癸辛雜志》。人面獸心。《宋書・明帝紀》。五逆不孝。梁釋僧祐《宏明集》載劉勰《滅惑論》。矮𥏫獨倈，衣破襤衫。《集韻》。七零八落。《五燈會元》。瞎打把勢。《遼金備考》。酒囊飯袋。王充《論衡・别通》篇。寄居。《漢書・息夫躬傳》。累重。《漢・西域傳》。什物。《後漢・宣秉傳》。便宜。《齊書》顧憲之《疏》。對手。《唐書・宣宗紀》。滑汰。蘇軾《秧馬歌》：「聳踊滑汰如梟鶩。」齷齪。《文選・吴都賦》。流落。《孔氏雜説》。冤家。《煙花記》。分付。《漢・原涉傳》。手下。《吴・太史慈傳》。我輩。《晉・石苞傳》。不便。《魏・陳植傳》。謡言。《蜀志・劉焉傳》。報應。《漢華山碑》：「靡不報

〔一〕園：原誤作「原」。

應。」年紀、修理。俱《後漢・光武紀》。難爲人。《表記》。有瓜葛。《後漢・禮儀志》。商量。《易・商兑》注。致意。《晉・簡文紀》。料理。《晉・王徽之傳》。消息。《魏・少帝紀》。長進。《晉・和嶠傳》。鄭重。《漢書・王莽傳》。生活。梁武帝謂臨川王宏曰：「阿六，汝生活大可。」多謝。《趙廣漢傳》。布施。《周語》。行頭。《吴語》。比校。《齊語》。當日。《晉語》。分外。魏程曉上疏。本色。《唐・劉仁恭傳》。古老。《書經・無逸》注。孩兒。《書・康誥》注。老成人。《書・盤庚》上篇。又見《詩》：「雖無老成人。」兩造、奈何。俱出《尚書》。文書見在官府。《周禮》。軍師消摇。《檀弓》。别號。《月令》注。老境。《曲禮正義》。好人萋菲。《詩經》。發財。《大學》。一撮。《中庸》。先生、後生、仍舊、下流。《論語》。市井人力。《孟子》。受業。《國語》。歡喜、事情、張羅、畫蛇添足、自相矛盾。《國策》。斲喪、客氣、奉承、告老、行李、請安、如夫人。《左傳》。天下太平。《禮記・仲尼燕居》篇。放債。《搜采異聞録》。新鮮。《太玄經》。附近。附，古作傅。出仲長統《昌言》。債主。《後漢・陳重傳》。連日。《後漢・王符傳》。中飯。《魏・王修傳》。門客。《南史・戴發興傳》。搜括。《南史・梁武紀》。鄉風。蘇軾《饋歲》詩：「亦欲舉鄉風，獨唱無人和。」又何遜詩：「鄉鄉自風俗。」破費。蘇詩：「破費八姨三百萬，大唐天子要纏頭。」門生。徐幹《中論・譴交》篇云：「有榮名於朝，稱門生於富貴者。」阿舅。稱妻兄弟。出《元史・桂完澤傳》。夫人。白居易詩：「惟有夫人笑不休。」姊姊。司空圖詩：「姊姊教人且抱兒。」偏房。《列女傳・趙衰妻頌》：「身雖尊貴，不妒偏房。」婊子。倡伎之稱。出《輟耕録》。校書。亦妓之稱。胡曾《詩贈薛濤》云：「萬里橋邊薛校書，枇杷花下閉門居。」口臭、擇日、廢物。並出《吴越春秋》。封君、處士、舅父、大姊、賢弟、子壻、敗子、小鬼、寡居、良家子、小兒醫、府上、居間、果然、罪過、抵罪、招摇、亡賴、負荆、草藁、數見不鮮、傍若無人、壹敗塗地、武斷鄉曲、有何面目、不值一錢、死灰復然、後來居上、多多益善。並見《史記》。結髮、同學、同門、偶然、權柄、發覺、風聞、如意、惶恐、逗遛、相思、底裏、輕薄、切齒、主人翁、積少成多、和氣致祥、談何容易、延年益壽、稠人廣衆、見事風生、妄自尊大、爲善最樂、盗不入五女之家。並見《漢書》。姊夫、妹夫、晚生、不成人、竹頭木屑。《晉書》。豈有此理、名士風流。《齊書》。酒令、一身兩役。《梁書》。名下無虚。《陳書》。有始無終。《魏書》。潤筆。《隋書》。良辰美景。《北齊書》。前輩、後輩。《唐書》，又《論語注》。關節、笑殺、斬草除根。《唐書》。快活、子細、脚色、十字街、風流罪過。《北史》。大房、小房、脱空、相駡、不快活、做手勢、利上生利、酒有別腸、前功盡棄。《五代史》。宗師、生熟、偏枯、風波、開口笑、不近人情。《莊子》。官長。《墨子》。放生。《列子》。深根固柢、金玉滿堂。《老子》。吹毛求疵。《韓非子》。四通八達。《子華子》。煩難、請詳、算計、不見天日。《淮南子》。告示、本分。《荀子》。脚着實地。《宋史》。過橋拆橋。《續通鑑》。容情。《搜神記》。鯽溜。郊、祁《筆記》。打草驚蛇。《續常談》。讀書種子。《鶴林玉露》。福至心靈。《幕府燕閒録》。人傑地靈、老當益壯。王勃文。飛黄騰踏。韓昌黎詩。丈人、丈母。《柳柳州集》。相公。王粲賦。令弟。《謝靈運集》。令妹。《陶淵明集》。夫君。孟浩然、李義山詩。老家人。孟郊有《弔老家人春梅》詩。手段。元遺山詩。處分。《焦仲卿妻》詩。蛇無頭不行。宋雲庵真浄禪師語録。天高皇帝遠。《間中今古録》云元末諺語。高談闊步。魏文帝《太宗論》。一客不煩二主。《山谷集·題跋》。

又有土語。圓曰團圞。《説文》、梵書。浮曰氽。吞上聲，《字林撮要》。蓋曰匵。《增韻》。藏曰匟。

《集韻》。積物曰頓。《隋書·煬帝紀》：「每之一所，輒數道置頓。」關門曰閂。《字彙補》。完全曰囫圇。《俗書刊誤》。六畜曰畜牲。《左傳》僖十九年注疏：「養之曰畜，用之曰牲。」吾鄉誤呼畜爲中。斷港曰浜。李翊《俗呼小録》。忍耐曰熬。《漢書·陳湯傳》：「衆庶熬熬苦之。」

其未知所本者，如孔曰窟窿。看曰望。扶曰當。去聲。按曰揿。轉曰跋。捧曰掇。稠密曰猛。布帛薄者曰澆。非常事曰咤異。喜事曰利事。憂事曰鈍事。此處曰該面。彼處曰箇面。事之相值曰偶湊數。錢五文曰一花。執物曰墩。熱酒曰燙。瀉酒曰篩。物事曰齣齣。瘧疾曰瘦子。得利曰賺錢。首飾曰頭面。鞋襪曰腳手。器用曰家生，亦曰家伙。

〔光緒〕黎里續志

【解題】蔡丙圻纂。黎里，在今江蘇省蘇州市吴中區東南。「方言」見卷一。録文據光緒二十五年（一八九九）刻本《黎里續志》。

方言

里中方言相沿而呼，其字音本義間有乖謬者，與郡邑各處亦都不同焉，紀之以資噱噱。凡人自稱曰㕶从口从五，音午。聲从俗，字書不載奴。稱人曰那。稱旁人曰伊奴。稱己之家曰㕶嗰。稱人之家曰伊拉。稱其家曰㕶哪。言人物之美曰趣，曰標致，形惡者曰難看。蠲曰乾淨，其不蠲曰齷齪，曰邋遢，曰鏖糟。大而重笨者曰齪撲。小而齊整者曰精緻。言人之老成曰克實，輕薄曰佻㒓。不雅馴曰粗坯。其俊快可喜曰伶俐、曰乖巧。其不聰明者曰笨壯，而不慧者曰騃、曰獃。無賴者曰落貨。谿刻者曰疙瘩。財多者曰發迹。用財之吝曰滴惜、曰撚尖。貧乏之者曰澀拮。處事能幹曰蝦胡牙切撾。夜寐曰困。夙興曰陪起。坐而假寐曰磕銃。欠伸曰懶腰。呃逆曰格都。身之失跌曰拍撻。勉强行爲曰拉扯，或曰扯挪。性堅執曰方柁梗。好搬弄是非曰亂説。自矜尚曰擺架子。修容止曰打扮。少精采曰萎蕤。阿承顯富曰趨奉。以語恐嚇人曰熛。故陷人於過令其處負曰捉弄。乘間而入曰鑽。大言嚇人曰烹。泥人不已曰纏。言語籠罩人曰蒙。解兩家之忿曰落肩或，反是曰攛聳。强附而必使之從曰活訂。糾纏不休曰臭𪖐。内無實而外飾可觀曰晃。不量力而好矜尚曰哈哈吽。有所趨避而倏遯曰溜。作事不果決曰摸摖。談笑不誠恪曰欷音希歌音哈。行不端徐曰踉蹌。交關人物曰瓜葛。闌入人中、事中曰夾插。曠大不拘束曰浪蕩。人物之無用而勉强以之充數焉曰抓疲。言之鑿空而杜撰也曰造，多而躁者曰沸翻摇天。其語小而可厭者曰嚕囌。不分辨是非曰含糊。言事之軒昂曰闊綽。事物就理曰條直。事多支離曰壘堆。敗壞之甚曰撻煞。能不彰著曰隱宿，音羞。其反是曰彰揚。曲處以應之曰騰挪。事無決斷曰瓮。不了結曰拖拉。欲了不了曰搭橋。了而不了曰搨撥。可憎曰討厭。家敗而姑安之、事壞而姑待之曰膿拌。己之所有以與人角勝曰背。音卑。人之被震恐而不能自主也曰酥，或曰矮。不知其人之隱曲而以言探出之曰透。知事與物可求之所而捷得之曰挖。初非有所要質也猝而與之遇曰撞。證人之辭也堅不可移曰齩。不告其人而私取其有若盜焉曰促搭。事之敗而不可收拾曰坍。事理未明而好辨曰瞎帳，又强辨曰蠻帳。探事探人曰打聽。慫慂人使爲之曰攛掇。被人哄騙曰上擋。與人鉏鋙曰支難。口角曰嗾支。凡物之聲急疾曰砉虎伯切剌，入聲。曰劈拍，又大曰砰磅。入水聲曰汩涑，又大曰殼痛，更大曰共洞。無事閒遊曰白相。與人戲謔曰逃仙。

〔民國〕垂虹識小録

【解題】費善慶纂。垂虹，舊指吴江、震澤，即今江蘇省蘇州市吴江區。「方言」見卷三。録文據民國元年（一九一二）鈔本《垂虹識小録》。

方言

方言土語，不但有遠近之别，且有今昔之殊，此理殊不可解。相傳河南地居九州之中，其音較正，吴越兩境大不相同。前賢有《吴諺集》《越言釋》之刻，讀之可以概見。今以吾邑江、震兩縣論之，其方言語音有足述者。凡字之屬在九泰者，或開口呼從二十一箇韻，如大音如惰之類；又有呼字母之切者，如團爲突欒之類〔一〕。然恒談亦頗有所本而不關臆造者，如電謂之霍閃，見顧雲詩中。蝴蝀謂之鱟，見《田家雜

〔一〕團：原誤作「圓」。

占》。納舟者謂之浜集。嬉游謂之孛相，見黄山谷《與范長老書》稱〔一〕：「韓十逐日上學，且護其薄相耳。」擘橙橘曰扒，見《廣雅》。隱迹曰畔，見陳時謡〔二〕。田畔曰田頭，見《後漢書》。不正曰差路，見唐詩。小名冠以阿，見《晉書》及《三國志》。太甚爲忒煞，見朱子《答敬夫書》。指目曰個般、曰這個，類省作個，見《朱子語類》。應詞曰嗄，見《龐居士集》。事煩無條理曰磊[立享]，見趙宧光《長牋》。石聲曰蹏[髟是]，見《通志》。浣衣曰汏，見《説文》。滴水曰渧，見《廣韻》。浮水曰氽〔三〕，見《桂海虞衡志》。乳曰乃丨，見《直語類録》。問語曰那，見《世説》。不曰弗，不慧曰獃，見《唐韻》。粗蠢曰笨，見《宋書・王微傳》〔四〕。指人曰伊，見《詩經》。稱我曰儂，見《湘山野録》。滿足曰彀。弓滿也，見《論語》。以肩舉曰揵，出《史記》。種苗曰莳，熱酒曰湯，見韻書。以鹺醃物曰鹽，出《禮記・内則》，去聲。兩手取物曰掇，見《易經》。蓋物曰[石感]，亦曰㔶，見《漢書》。十五日曰月半，見《禮記》。飯粒曰米糝，見《莊子》。整理曰修娖，見《唐書》。衆多曰多許，見《隋書》。熱不透曰温暾，見《楚詞》。物相類曰一様，見《漢書》。畏懼曰寒毛卓卓竪，見《晉書・夏統傳》。人死曰過世，見《晉書・秦符登傳》。

〔一〕書：原脱。
〔二〕時：原誤作「詩」。
〔三〕氽：原誤作「汆」。
〔四〕微：原誤作「徽」，據《宋書》改。

又有異古異他方而義稍通者。看曰望。藏曰壙。取深穴意。忍曰熬。取煎迫意。置物曰安。平穩意。指物曰那。猶言那個。兒戲曰蠻皮。頑聲之轉，鄙俗之意。相謔曰吵，取調笑意。又曰摟、曰取笑。門之關曰門。睡曰困。取偃伏意。睡聲曰惽塗。天明曰天亮。能幹事曰在行，亦曰在道。騙人曰串局。受騙曰上黨。幫話曰插嘴，亦曰搭嘴。可怪事曰詫異事。可喜曰利市。物完全曰囫圇。晦氣曰不色骰，亦曰倒運。得利曰賺錢。聚小成大曰蔓當。些微曰粒屑。安身處曰窠坐。此處曰該邊。彼處曰箇邊。日曰日頭。月曰月亮。男人揖曰唱喏。首飾曰頭面。家伙曰家生。數錢五文曰一花。取五瓣意。不清楚曰膩夾夾。天微明曰黑朧朧。誚人誇張曰擺架子。

又有異他方而義難通者。執物曰當。按物曰拏。擲物曰豁。稠密曰猛。妄語曰造。癡曰鐸。怒曰動氣。貨之低曰邱，亦曰鄒。剛纔曰姜纔。糾纏曰累堆。不潔曰喇塔。有能曰本事。事難曰尷尬。沮事曰打破句〔一〕。多事曰掀格喇〔二〕。

若名不正者。呼曾孫爲元孫。呼父爲阿伯。呼神道爲佛、爲菩薩。呼醫生爲郎中。

有諱言而變其名者。諱散呼傘曰豎笠。諱極呼屐曰木套。諱死呼洗曰浄。諱滯呼箸曰筷。

有借喻者。幫閒曰篾片。伺隙加害曰踏沈船。武斷曰横撑船。插入事中曰夾篙撑。附

〔一〕沮：原誤作「阻」。
〔二〕曰：原脱。

和曰一窩蜂。無用曰水統蟹。醵錢共飲曰扛櫃。許物不償曰拔短梯。輕易舉事曰掮木梢。外貌好曰金漆馬桶。無知曰黑漆皮燈籠。

有音異他方而非古者。稅爲世。人爲迎。賒爲沙。蛇爲茶。傷爲喪。二爲膩。忘爲忙。孝爲好。讓爲釀。覺爲閣。熱爲業。物爲末。鐵犂爲鐵搭。枇杷爲弼杷。瘧爲愕。吹爲癡。又有音異而字亦訛者。圍爲圩。都爲保。鄙爲啚。愈爲越。太爲忒。此外尚有音不同而義無可考者。則鬼如舉。歸如居。跪如巨。虧如驅。椅或讀爲於據切。小兒毀齒之毀讀爲許聲。皆以相近而致悮者也。其餘字音爲合郡之所從同者,姑不備録。

〔弘治〕江陰縣志

【解題】黄傅修,方謨等纂。弘治年修。江陰縣,今江蘇省無錫市江陰市。「方言」見卷七《風俗》中。録文據正德十五年(一五二〇)刻本《江陰縣志》。

方言

天文言,虹謂之吼。

地理言,竅謂之洞,坎謂之潭,江濱漲沙流溝通浦謂之涬,呼亘反。絶潰斷港謂之浜。音繃。

人物言,童兒謂之老小,誰何謂之倒箇。

宮室言,夾室謂之兩葉,階磴謂之僵礫。

器用言，布袋謂之丫口，鐮刀謂之吉鑁，托槃謂之反供，大抵器物通謂之家生。服飾言，釵釧謂之頭面，履襪謂之腳手。飲食言，時釀謂之小酒，臘釀謂之大酒，冬笋謂之團笋。人事言，覘謂之張，認謂之紹，盡謂之辦，卑謂之燦，遥相授謂之冑，妄相荅語謂之召，賣租田謂之推，整疊謂之用捉，此處謂之間邊，彼處謂之箇邊，在此謂之來邊。

〔嘉靖〕江陰縣志

【解題】趙錦修，張袞纂。江陰縣，今江蘇省無錫市江陰市。「風俗記」見卷四。録文據嘉靖二十六年（一五四七）刻本《江陰縣志》。

風俗記

有方言，有方音。如謂人曰你儂，自謂曰我儂，私覘人曰張，承認曰紹，物盡曰辦，如何曰那滓，什麼曰得告，此方言也。音之訛，則以支韻入齊，兒音若倪。又入魚，龜音如居。庚韻入陽，羹音若岡。以泰韻入箇，大音如惰。此方音也。舉其略，而聽言察音其審矣。

〔崇禎〕江陰縣志

【解題】馮士仁修，徐遵湯、周高起纂。江陰縣，即今江蘇省無錫市江陰市。「方言」見卷二《經野志・風俗》中。録文據崇禎十三年（一六四〇）刻本《江陰縣志》。

方言

有俗談，有土音，有隱語。

如謂虹曰鱟，港曰浜，謂人曰你儂，自稱曰我儂，視曰張，認曰召，筯曰快，托盤曰反供，布袋曰叉口，如何曰到則，曰那滓，西鄉曰告了，皆俗談也。

吴曰洪，盛曰綻，章曰臧，季曰攄，此土音也。

趙曰歪肖，李曰木子，陳曰耳東，張曰弓長，林曰雙木，此拆字之隱語也。

王曰主蒙，尹曰君蒙，袁曰團采，楊曰羶采，此市井之隱語也。

略舉之，聽言察理者可以審矣。

〔康熙〕江陰縣志

【解題】龔之怡修，沈清世續修；陳芝英纂，朱廷鉉等續纂。江陰縣，今江蘇省無錫市江陰市。「方言」見卷二《風俗記》中。録文據康熙二十二年（一六八三）刻本《江陰縣志》。

方言

《禮》：「入國問禁，入門問諱。」方言之不辨，將無禁諱之不明乎？是以一方之言，不盡通於他國者，烏容弗志。

有方言，有方音。

如謂人曰你儂，自謂曰我儂，私覘人曰張，承認曰紹，物盡曰辦，如何曰那涬，什麼曰得告，此方言也。

音之訛，則以支韻入齊，兒音若倪。又入魚，龜音如居。庚韻入陽，羹音若岡。以泰韻入箇，大音如惰。此方音也。

舉其略，而聽言察音其審矣。

〔乾隆〕江陰縣志

【解題】蔡澍纂修，羅士瓚續修。江陰縣，今江蘇省無錫市江陰市。「方音」見卷三《風俗》中。録文據乾隆九年（一七四四）刻本《江陰縣志》。

方音

江邑東接琴川，南通梁谿，西連毗陵，言語聲音，各從所近。前志已舉其大概，今更綴以所聞云。足謂之㲉。認謂之召。扶謂之當。捧謂之掇。視謂之張。看謂之望。虹謂之吼。箸謂之快。團謂之突欒。孔謂之窟洞。所居曰窠坐。所用曰家生。呼六畜曰中牲。語物件曰牢曹。布袋曰叉口。托盤曰反供。首飾曰頭面。鞋襪曰腳手。何物曰到則。商議曰□□[一]。西鄉什麽曰得告。沙洲如何曰怎能。東南□□□相謂曰你儂、我儂。吴姓曰洪。盛姓曰綻。章曰臧。季曰據。兒曰倪。龜曰居。大曰惰。學曰罥。

按先儒云：平、上、去、入聲者爲經，宫、商、角、徵、羽、半徵、半商七音爲緯，而後《切韻》、協韻興焉。方音之不能叶於正韻者，各郡縣皆然。因方音之誤，以致方言之訛，或有言之自訛，不由於音者。邑地負江扼險，民氣剛勇，其聲奮末廣賁之音多，而和平嘽緩之音少。學士大夫澤以《詩》《書》，歸於和平，大雅以□移□氣，此樂操土風者之責也。

〔道光〕江陰縣志

【解題】陳廷恩修，李兆洛等纂。江陰縣，即今江蘇省無錫市江陰市。「方言」見卷九《風俗》中。録文據道光二十年（一八四〇）刻本《江陰縣志》。

方言

虹曰鱟。坎曰潭。孔曰洞。支港曰浜。堂庭曰天井。箸曰快。托盤曰反供。飲食曰吃。

[一] □：漫漶不清。下同。

器物曰家生、曰末事。覘人曰張。足曰彀。何物曰到則、曰舍個。如何曰那呢。六畜曰中牲。認曰佞。扶曰檔。捧曰掇。首飾曰頭面。翟姓曰宅。盛姓曰綻。章姓曰臧。季姓曰據。吳姓曰洪。兒曰倪。歸曰居。大曰杜，惟大黄、大蒜、大麥曰代。學曰斛。

〔光緒〕江陰縣志

【解題】盧思誠等修，季念貽等纂。江陰縣，今江蘇省無錫市江陰市。「方言」見卷九《風俗志》中。録文據光緒四年（一八七八）刻本《江陰縣志》。

方言

虹曰鱟。坎曰潭。孔曰洞。支港曰浜。堂庭曰天井。箸曰快。托盤曰反供。飲食曰吃。器物曰家生、曰末事。覘人曰張。足曰彀。何物曰到則、曰舍個。如何曰那呢。六畜曰中牲。認曰佞。扶曰檔。捧曰掇。首飾曰頭面。翟姓曰宅。盛姓曰綻。章姓曰臧。季姓曰據。吳姓曰洪。兒曰倪。歸曰居。大曰杜，惟大黄、大蒜、大麥曰代。學曰斛。

〔民國〕江陰縣續志

【解題】陳思修，繆荃孫纂。江陰縣，今江蘇省無錫市江陰市。「方言」見卷九《風俗》中。録文據民國十年（一九二一）刻本《江陰縣續志》。

方言

三代以上因語言而造文字，故語言與文字不分。至漢魏之時，略存古意。六朝以降，則幾絶然不通矣。故讀後世書易，讀古時書難。讀古書而能深究其聲音訓詁之原因，以悟語言文字所以離合之故，唐以下，十不獲一，此俗字之所以孳多也。蓋不明古語，不能明古義；不通今音，亦無以明今語。方言雖多俗音，其輾轉遞變皆有所本。兹就吾邑言之。

如何曰那行。那行者，奈何之聲轉也。如何，本奈何之聲轉。那何不見經籍。《世説·排調》篇：「劉真長見王丞相，時盛暑，丞相以腹熨彈棊局，曰：『何乃渹？』」劉知作吴語。」《癸辛雜識》：「徐淵子《一剪梅》詞：『他年青史總無名，我也能亨，你也能亨。』」案，乃渹、能亨，皆行那。行音隨俗變，各以意書，而説者不解，竟謂吴人以冷爲渹矣。《世説注》。

何事曰到只。到只者，猶靖江人言底皋也。皋爲語助聲，則只亦爲語助聲。到與底聲相轉，亦曰到交易，武陽人謂之底東西，即底事也。古詩多有此語。顔師古《匡謬正俗》以爲底非本字，實是等字，實即何等事之省文耳。

游戲曰勃相。勃相者，勃窣也。《晉書》：「張憑勃窣爲理窟。」〔一〕亦曰嫳姍。皆雙聲之轉。實則皆《詩》婆娑之變。宋玉《神女賦》：「又婆娑乎人間。」李善注：「婆娑，猶盤姗是也。」凡雙聲疊韻語多

〔一〕爲：原脱，據《晉書》補。

有如此類者。

水之不冷不熱者曰揾忒，亦曰温吞。兩音當以温吞爲正，而吞亦非本字。《説文》𢅰字注云：「讀若水温㬈。」是古有是語，其字作㬈。

事之不經見者曰雜齾。初不解其何意，及考《説文》：「丵，叢生草也。象丵嶽相並出也。」段玉裁注以爲「吴語不經見者謂丵嶽」，然則當作此二字矣。此皆由音變既遠，幾不知有本字者也。

亦有因聲音既變，別造俗字或沿用借字，一時難得其本字者。釋例如下：

投物曰丟。經典中夙有此義。《詩》：「王事敦我。」鄭箋：「敦，猶投擲也。」依鄭義，則敦我者即丟與我也。但敦亦借字，其正字作搥。

懸物曰弔。據湯臨川《牡丹亭》曲「高弔起文章鉅公」，則明人已作此字。然考《方言》：「佻，縣也。趙魏之間曰佻，燕趙之郊縣物於臺上謂之佻。」〔一〕郭璞注：「了佻，懸物貌。」字亦作𠄏。然則此義當作佻、作𠄏。

拭物曰擔，所以拭物之帚曰擔帚。擔字於義無取。經典亦作膽。《禮記》：「桃曰膽之。」膽謂拭去其毛也。然經之膽、俗之擔，皆非本字。《説文》：「幟，拭也。」此正字也。

〔一〕縣：原作「懸」，據《方言》改。

換物曰兑，於義無取。《説文》：「㑣，市也。」朱駿聲以爲即今俗兑換之正字也。兒慧謂之乖。案，《方言》：「慧，晉謂之㦫。」郭璞注「音悝」。盧文弨云：「今以小兒慧者曰乖，當即㦫之轉音。」據此則乖當作㦫。

貌美謂之俏。案，《方言》：「釥、嫽，好也。青齊海岱之間曰釥，或謂之嫽。」盧文弨云：「釥，即今所謂俏也。」據此則俏當作釥。

亦有文字雖多孳乳，歷代相傳，其音義至今不變者。釋例如下：

熱烔烔，即《廣韻》引《字林》「熱氣烔烔」之義也。冷清清，此即宋玉賦「清清泠泠」，李注「清涼貌」之義也。慢哼哼，此即《詩》「大車哼哼」，毛傳「哼哼，重遲貌」之義。密㪷㪷，此即《説文》「㪷㪷，盛也」之義〔一〕。乾臐臐，此即《説文》「乾魚尾臐臐」之義。壯脵脵，此即《廣雅》「脵脵，肥也」之義。短䂚䂚，此即《玉篇》「䂚，吴人呼短」之義。白醲醲，此即《玉篇》「面白醲醲」之義。笑唏唏，此即《廣雅》「唏唏，笑也」之義。

聲之急曰懋朴。見《方言》云：「懋朴，猝也。」痛之甚曰憡刺。亦見《方言》云：「憡、刺，痛也。」物之長曰蹽蹻。《廣韻》：「蹽蹻，長貌。」事不謹曰傝㑇。《廣韻》：「傝㑇，不謹貌。」二字毛西河文曾用之。其序吾邑《翁霽堂詩集》云「方洋擺落，截去拘管，而身入傝㑇而不自知」是也。擦米之聲曰糭

〔一〕即：據體例補。

粲。《説文》：「䊝粲，散之也。」今語仍同。落雨之聲曰滴沰。音砣。崔實《四民月令》：「上火不落，下火滴沰。」今語亦同。分物曰八。《説文》：「八，别也。」今猶云八。與人舁物曰扛。《史記》項羽「力能扛鼎」。《匡謬正俗》云：「吴楚之俗謂對舉物曰剛。今正，俗譌作扛。」抒物曰舀。音杳。《説文》：「舀，抒臼也。」今俗云舀水。《生民》詩以揄爲之。濯物曰汏。《楚辭》：「齊吴榜以擊汏。」今俗云汏衣。色敗謂之黴〔一〕。音梅。《淮南子・修務訓》「舜黴黑」，即此義。器裂謂之璺〔二〕。音問。《方言》：「秦晉器破而未離謂之璺。」即此義。去汁謂之潷。《衆經音義》五引《通俗文》「去汁曰潷」，江南言逼，義同。煨肉謂之熝。音鏖。《廣雅》：「熝，煴也。」《齊民要術》作鯉魚脯法曰：「草裹泥封，煻灰中熝之。」凡在此類與前條所言，雖吾邑語，亦江南通語也。

亦有用字之引申義，與本義不甚相涉者。例如下：

問人曰張取。張，望義也，與無錫人言瞟、常熟人言睃音梭意同。俞樾《春在堂隨筆》云：「吴仲英大令家居時，有李君覺仙館其家。一日晨起，有客來訪，覺仙臥未起，乃去。已而又至窗外觀之。仲英笑曰：『覺仙還未覺。』客應聲曰：『張子又來張。』仲英大驚，延入，問姓名，乃張君日熙，亦武林名下士也。」據此則杭人語亦同。

候人謂之等。蓋取齊等之義。范石湖《州橋》詩：「州橋南北是天街，父老年年等駕回。」則此字亦入詩文。

〔一〕〔二〕　謂：原誤作「爲」。

代謂之替。《北史·李德林傳》:「文帝令自選一好宅作替。」《匡謬正俗》云:「替,廢也。前人既廢,後人代之,故謂代爲替。」此説近之。

能謂之會。祝允明《載記》:「姚廣孝始見文皇。上問:『能卜乎?』姚以吴語對曰:『會。』」蓋會合與成就義亦近,故謂能爲會。此皆非字之本義也。

若夫父曰爹,母曰孃,亦有本。《南史·始興王憺傳》:「憺爲荆州刺史,民歌曰:『始興王,民之爹。』」荆土方言謂父爲爹,故云。《古文苑·木蘭詞》:「不聞耶孃唤女聲。」事皆在唐前也。

兄曰哥,姊曰姐,亦有本。《日知録》引唐元宗與寧王憲書稱大哥。《集韻》:「今俗弟呼女兄曰姐。」則又皆唐以後語。

夫謂之官人。考《昌黎集·王適墓志銘》:「一女憐之,必嫁官人。」妻謂之娘子。考《唐書·平陽公主傳》:「高祖女柴紹妻軍號娘子軍。」據此則二語皆本於唐人。

婦稱姑曰娘娘。案,《鐵圍叢談》載宋宫禁中帝后稱姑皆曰娘娘。姪稱叔母曰嬸嬸。案,《野客叢書》載《富鄭公帖》皆書「弼百拜幾叔、幾嬸」。據此則二語又皆本於宋人。

至妻父稱曰伯伯,鄉俗繼父亦稱曰伯伯,以妻母稱曰娘娘例之,則伯非伯叔之伯,當是爸爸之聲誤。《集韻》:「爸,吴人呼父也。」《常熟縣志》載:「鄉俗稱父或曰爸爸,音如伯伯。」與《集韻》説合,又與吾邑音同。吾邑雖無以之稱父者,竊謂其字其義,妻父與繼父亦依此例。尊長之人,無論其年與己之父大小,動稱之曰老伯。以靖江人稱老爹例之,亦非伯叔之伯矣。此又稱謂之語不可不知者也。

又古人言語有急言、緩言之别。急言之，則二字可合爲一字，如蒺藜爲茨之類。緩言之，則一字可引爲二字，如乘爲壽夢之類。俗語亦然。言什麽則曰啥，言弗曾則曰吩，言不要則曰標，標讀去聲，此沙洲語，言傳授曰胄。皆急言之例也。言盤則曰勃欒，言孔則曰窟籠，言團則曰突欒，言惡則曰渥沰，言渾則曰囫圇，言了則曰拉倒。皆緩言之例也。

至於城廂四境，口音又互有不同。東南鄉平聲多讀爲上聲，西北鄉曳長其聲，又多近乎去聲，而沙洲一域水土重濁，則多重脣之音。此其大較也。魚讀爲兀回切，渠讀如其回切。此東南鄉音也，而許讀爲吼，去讀爲扣，鋸讀爲彀，煦讀爲鬻，傴讀爲謳去聲。則又通邑皆然。鬼讀爲舉，貴讀如踞，櫃讀如懼，虧讀如祛，龜讀如車，歸讀如居，跪讀如具。此東鄉沿常熟土音也，而緯紗之緯讀爲裕，圍岸、圍瀺之圍並讀爲餘，餵兒、餵畜之餵並讀爲飫。則又通邑皆然。

謂月曰亮月，通語也，而俗或呼爲亮兀。考《説文》跀或作𧿹，《易》云：「𪖱鼿。」《長笛賦》作槷刖，是月、兀古音同。此合乎古者也。

謂田曰某區，通語也。而俗或呼爲某丘。考《素問》「鬼臾區」，《亢倉子》作「鬼容丘」。又晉《宮閣銘》某舍若干區者，列爲丘字，以爲區、丘不别之證。今江淮田野之人猶謂區爲丘，則是區、丘古音亦同。此又合乎古者也。至姓氏異讀，盛姓字讀如常去聲，王姓字讀如巷平聲，季讀如據，而椅或讀如與。此又流俗喉舌輕重之變。

又有語意當加甚字，率用鑾字狠字者。如云甚好則云鑾好、狠好，蓋猶武陽人之言惡好，常熟人之言猛好也。

又有名物之字率加子字以足之者。如椅子、杌子、轎子、車子、帽子、鞋子之類皆是。考《詩》言「妻子好合，如鼓瑟琴」，下文孥字始言子好合，但言妻耳，而云妻子。豈古語已有是耶？案，王建《宫詞》云：「未戴柘枝花帽子，兩行宫監在簾前。」帽子之稱，唐以前已見矣。方言又有因忌諱者。陸容《菽園雜記》云：「民間俗諱，各處有之，而吴中爲甚。如舟行諱住、諱翻，以箸爲快兒，幡爲抹布，諱離散以梨爲圓菓，傘爲豎笠等，通俗皆然。」吾邑忌諱亦有一事宜知者，東鄉楊厙、馬嘶等鎮讀死如洗，故與彼處晤言宜避洗字。此又采風問俗之宜知者也。